David F. Laubach

Ein Liebesroman mit viel Rock 'n' Roll

oder

ein Rock-'n'-Roll-Roman mit viel Liebe

oder

ein Rock-'n'-Roll-Liebesroman

– *sucht es euch aus.*

Bibliografische Information der Deutschen Nationalbibliothek:
Die Deutsche Nationalbibliothek verzeichnet diese Publikation
in der Deutschen Nationalbibliografie; detaillierte bibliografische Daten sind im Internet über http://dnb.dnb.de abrufbar.
© 2022 David F. Laubach
Umschlaggestaltung: Romy Uhlig
Herstellung und Verlag: BoD – Books on Demand, Norderstedt
ISBN: 978-3-7534-9067-0

"We know alchemy, we bring you rock 'n' roll!"[1]

(Lemmy)

---

[1] Zitiert aus 'We Are Motörhead', einem Song vom gleichnamigen *Motörhead*-Album aus dem Jahr 2000.

Personen

Die Band und das musikalische Umfeld:
Leon Finderling – Sänger, nebenbei Schürzenjäger, liebt auch seine Gitarren
Enno Wittstock – Schürzenjäger, nebenbei Rhythmusgitarrist, singt auch gerne
Adam Fleischer – Leadgitarrist, Liebhaber großer Brüste, Aushilfskeyboarder
Kilian Sandner – Bassist, Backgroundsänger, Ruhepol
Julius Langemesser – Schlagzeuger, Backgroundsänger, Spaßvogel
Bodo – Teilzeitmanager und väterlicher Freund, selbst Gitarrist einer anderen Band
Locke – Fahrer, Roadie und Freund
Felix – Tontechniker mit absolutem Gehör
Einige Kollegen, Konkurrenten, Ex-Mitstreiter, Wichtigtuer und Fans

Die Frauen:
Sibylle – frühe Freundin von Enno
Linda – Leons erste Langzeitbeziehung
Svenja – Lebensgefährtin von Kilian, Grafik-Designerin
Mia – Freundin von Julius, später seine Ehefrau
Nancy – Adams Problem
Imke – Ennos Nachbarin
Marion – Imkes Tochter
Elena – Wirbelwind
Annette, Penelope und **Darina** – Kolleginnen
Diverse kurze oder längere Bekanntschaften, Affären, Ex-Freundinnen und Groupies

Andere:
Armand Noack – Mister Nullplan
Captain Rudu – Vorbild
Undine – Barbesitzerin und Veranstalterin
Dragan – Sandkastenfreund von Enno
Lale – Imkes ältere Schwester, Ex-Freundin von Bodo
Sigrid – Nancys Blitzableiter
Evil-Fresse – lästiger Nutznießer
Eberhard – Elenas Ehemann
Philipp und **Sebastian** – Elenas Söhne
Brigitte – Elenas Alibi
Truffaut – ein zutraulicher Kater

Sonstige Nebenrollen und Statisten:
Adams Oma, Ennos Mutter, Kilians Vater, Bodos Bruder, der Schwager von Lockes Onkel, Freundinnen von Marion, Truffauts Dosenöffner, etwa eine Handvoll Kleinkinder, organisierte Obdachlose, drei oder vier Polizisten, zwei Dorfproleten, zwei Rechtsanwälte, eine Psychotherapeutin, ein Trauerredner, ein Schönling, ein virtueller Liebhaber, verschiedene Journalisten, mehrere Konzert- oder Partyveranstalter, Wirte und ihre Angestellten, unzählige Diskotheken-, Konzert- und Partygäste, viele Flohmarkt- und Kinobesucher. Dazu jene Personen, die in dieser Übersicht vergessen wurden.

2008

Werbung

Dicht an dicht standen die Tische zu beiden Seiten des Wegs und lockten Kunden mit einer bunten Mischung aus Babykleidung, Batiktüchern, selbstgebasteltem Schmuck, Büchern, CDs und Krimskrams jeglicher Couleur. Ein paar übermütige Flohmarkthändler schreckten auch nicht davor zurück, Passanten durch laute Musik, frische Waffeln oder bemüht lustige Sprüche auf ihre Ware aufmerksam machen zu wollen.

Leon Finderling war nicht hier, um Geld zu verbrennen, er hatte kaum mehr dabei, als er für eine Tasse Kaffee benötigen würde. Er verteilte Flyer für ein Rockfestival. Normalerweise hielt er die Methode für relativ ineffektiv, doch da es sich um ein Benefizkonzert handelte, hatte er sich bereiterklärt, bei der Werbeaktion mitzuwirken, und den Flohmarkt als gutbesuchtes Terrain mit Potenzial ausgemacht, nicht zuletzt, weil das Festivalgelände nur ein paar hundert Meter entfernt lag.

"Hey, habt ihr Bock, euch nachher ein paar gute Rockbands anzuhören?", fragte er zwei Teenager mit bunten Aufnähern auf den ärmellosen Jeansjacken, in Fachkreisen 'Kutten' genannt. "Könnte euch gefallen, wenn ihr auf *AC/DC*[2] und *Iron Maiden*[3] steht."

"Kostet das was?"

"Ja, zehn Euro pro Nase", erklärte er. "Dafür gibt es aber auch fünf Bands und der Erlös geht an *Home Is Hope*, eine Obdachlosenselbsthilfegruppe hier aus der Stadt. Ist also guter Sound für einen guten Zweck."

"Klingt nicht schlecht", meinte der eine. "Gib' mal her, so'n Flyer."

Die Jungen studierten den Zettel.

"Den Namen *Hole of Fame* hab' ich schon mal gesehen", meinte der eine. "Auf 'nem Plakat oder in der Zeitung, glaub' ich."

"Nee, Tammy hat die mal erwähnt. Sollen gut abgehen, die Jungs."

"Für'n Mädchen hat Tammy 'n ziemlich guten Geschmack", urteilte der erste.

---

[2] *AC/DC,* australische Rockband, gegründet 1973, erstes Album 1975.
[3] *Iron Maiden*, britische Heavy-Metal-Band, gegründet 1975, erstes Album 1980.

Finderling grinste. Er fand es immer wieder spannend, von Unbekannten etwas darüber zu erfahren, in welchem Ruf seine Band stand.
"Lass' uns ruhig hingehen", beschloss der zweite Junge. "Was kost' das noch?"
"Zehn pro Nase", wiederholte Leon.
"Also zwanzig, wenn ein Typ zwei Nasen hätte."
"Genau."
Ein Pluspunkt für schrägen Humor wurde vermerkt.
"Okay, wir hören uns das an. Danke für den Tipp."
"Sehr gerne. Wir sehen uns!"
Finderling schlenderte weiter. Eine adipöse Mutti mit violetten Leggins ließ er aus, ebenso einen Anzugträger, der sich an einem Stand mit alten Büchern darüber echauffierte, dass bei einer sechsbändigen Goethe[4]-Ausgabe Band 2 fehlte.
"Sie müssen sie ja nicht nehmen", rechtfertigte sich der Verkäufer. "Aber wo kriegen Sie sonst fünf Bände Goethe für fünf Euro?"
An einem Stand mit Lederbändern entdeckte Leon einen bärtigen Biker. Er stellte sich neben ihn und reichte ihm, zunächst wortlos, einen Flyer. Der Biker schaute den Musiker an, zog die Augenbrauen hoch und besah sich den Zettel.
"Könnte passender Sound für dich sein", merkte Finderling an.
"Auf dem Parkplatz vor dem *Bienenkorb*", las der Mann in Lederkluft. "Wo ist das denn? *Bienenkorb* klingt wie ein Jungmädelpuff."
"Leider nicht. Das ist das ehemalige *TÜV*-Gelände. Der *Bienenkorb* ist das Clubhaus von *Home Is Hope*, dem Obdachlosenverein, dem die Einnahmen zugutekommen."
"*TÜV*? Nicht gerade meine Lieblingsgegend", murrte der Biker.
"Ehemaliger *TÜV*. Ich bin da öfter. Keine Sorge, von deutscher Ingenieurskunst hab' ich da schon lange nichts mehr gesehen."
"Na, gut, ich schau' mal vorbei."
"Alles klar, bis nachher!"
Ein halbes Dutzend Handzettel brachte Leon noch unter die Leute, dann erreichte er das Ende des Flohmarktgeländes. Er sah auf die Uhr. Für eine Tasse Kaffee war noch genug Zeit. Die beiden Straßencafés in nächster Nähe platzten, wie immer

---

[4] Johann Wolfgang von Goethe (1749 – 1832), deutscher Schriftsteller.

wenn Flohmarkt und gutes Wetter zeitgleiche Ereignisse waren, aus allen Nähten. Dennoch ließ er seinen Blick durch die Tischreihen schweifen und entdeckte einen einsamen freien Stuhl an einem Dreiertisch, den zwei Frauen auf Einkaufstour mit ihren Tüten vollgestellt hatten. Ohne Hast ging er auf die beiden Damen zu. Er schätzte, dass sie ein paar Jahre älter als er selbst waren, aber älter als Mitte Vierzig sahen sie nicht aus.

"Würde es die Ladies sehr verstören, wenn ich mich für eine Tasse Kaffee mit an den Tisch zwänge?", fragte er. "Ich werde auch nicht lange bleiben, versprochen."

"Aber überhaupt nicht, kein bisschen – wir müssen nur schnell den Stuhl räumen", lud ihn die Rechte – sie hatte schulterlanges, leicht gelocktes Haar dessen Farbton nicht genau wusste, ob er braun oder doch rötlich sein wollte – freundlich ein und griff nach ihren erworbenen Utensilien, um sie neben ihrem Sitz auf dem Boden zu platzieren.

"Bei langhaarigen Männern hat Elena noch nie abgelehnt", frotzelte ihre Begleiterin, eine Blondine mit glatten, noch etwas längeren Haaren, aber einer etwas verhärmten, nicht ganz so lebenslustigen Ausstrahlung, wie Finderling auf Anhieb fand. "Das war schon zu Schulzeiten so und gilt noch heute."

"Elena", nahm er den Steilpass sofort dankbar auf. "Sehr angenehm. Ich heiße Leon."

"Hallo Leon", antwortete Elena fröhlich und reichte ihm die Hand, die er nahm und einen Kuss andeutete. "Das ist meine Freundin Brigitte und sie erzählt Märchen. Bei uns in der Schule gab es überhaupt keine langhaarigen Jungs. Jedenfalls nicht, wenn man deine Haarlänge zum Maßstab macht."

"Hallo Brigitte. Es ist mir eine Ehre."

"Hallo Leon."

Auch bei ihr simulierte er einen Handkuss, nahm auf dem geräumten Stuhl Platz und nutzte die Gelegenheit, einer vorbeihuschenden Kellnerin seine Bestellung zuzurufen.

"Und? Habt ihr fette Beute gemacht?", fragte er zwinkernd mit kurzer Geste auf die prallen Einkaufstüten zu Füßen der Damen.

"Viel zu viel", lachte Elena. "Ich darf gar nicht nachrechnen. Mein Mann wird die Hände über dem Kopf zusammenschlagen. Aber ich bin halt viel zu selten in der Stadt – und bei uns auf dem Land gibt es einfach nicht so viel Auswahl."

"Deshalb habe ich auch nicht so zugeschlagen", ergänzte Brigitte. "Ich bin den Verlockungen des Konsums täglich ausgesetzt."

"Den Flohmarkt habt ihr auch schon abgeräumt?"
"Nein, der kommt gleich dran. Wir brauchten eine kurze Verschnaufpause."
"Verstehe."
Angesichts der Überfüllung des Lokals hatte er nicht damit gerechnet, dass die bestellte Tasse Kaffee so schnell kommen würde, deshalb gab er auch reichlich Trinkgeld, um den prompten Service angemessen zu würdigen.
"Gut, gleich geht es also noch über den Flohmarkt", nahm er den Faden wieder auf. "Wenn ihr heute Nachmittag und Abend noch nichts vorhabt, möchte ich euch einladen, euch ein paar gute Bands anzuhören. Sie spielen ganz hier in der Nähe."
Er legte beiden Damen einen Flyer vor die Nase.
"Organisierst du das?", wollte Brigitte wissen.
"Nein, ich mache nur ein wenig Werbung. Nachher spiele ich mit."
"Du spielst?", fragte Elena sichtlich interessiert. "In einer von diesen Bands?"
"Ja. In der Letzten."
"Das Beste zum Schluss", lächelte sie.
"Hoffentlich", zwinkerte er.
"Bestimmt."
"Würde mich freuen, euch dort zu sehen."
"Wir wollten doch heute Abend ins Kino", wandte Brigitte ein.
"Kino geht jeden Tag", widersprach Leon. "Dieses Festival gibt es nur heute. Außerdem ist das Wetter viel zu schön, um sich in einem Kinosaal zu verstecken."
"Aber wir sehen uns auch nicht jeden Tag."
"Dann ist Kino doch erst recht die falsche Wahl", argumentierte er, "da unterhält man sich schließlich kaum."
Er sah Elena an, dass sie Feuer und Flamme war – ihre Augen leuchteten.
"Er hat Recht, Brigitte", nahm sie nun Partei, "so ein Rockkonzert im Freien an einem lauen Sommerabend – das wäre doch ein echtes Highlight!"
"Aber wir wollten schon so lange ins Kino!"
"Beim nächsten Mal, ganz bestimmt!"
"Wir haben es schon so oft verschoben."
"Schau mal, da spielen fünf Bands, nicht nur eine. Trotzdem kostet es gar nicht viel Eintritt, nur einen Zehner. Billiger ist Kino auch nicht."

"Das Geld ist sogar für einen guten Zweck", warf Finderling ergänzend ein und erklärte kurz den Sachverhalt rund um *Home Is Hope*.

Während Brigitte ihrer Freundin aufzählte, wie oft sie den gemeinsamen Kinobesuch nun schon verschoben hatten, trank er gemütlich seinen Kaffee. Elena war geschickt genug, Brigittes Unwillen mit dem Hinweis zu beschwichtigen, dass es doch keine Rolle spiele, auf welche Weise die beiden den Abend zusammen verbrächten. Wichtig sei doch nur, dass sie es überhaupt täten. Offenbar, so konnte Leon Elenas Ausführungen entnehmen, hatte diese schon häufiger aus familiären Gründen kurzfristig absagen müssen.

"Was macht ihr denn für Musik?"

Die Frage hatte natürlich noch kommen müssen. Er mochte sie nicht, weil er über die mehr als 15 Jahre, die es die Band schon gab, häufig die Erfahrung gemacht hatte, dass die Leute ganz unterschiedliche Vorstellungen mit den Schubladenbegriffen verbanden. Dass sie so ähnlich klängen wie dieser oder jener bekannte Act, hätte er aber erst recht nicht über die Lippen gebracht, weil es insgesamt auch nicht gestimmt hätte. Allenfalls einzelne Songs hätten sich auf diese Weise zuordnen lassen, nicht aber das gesamte Repertoire.

"Manche nennen es Rock, andere sagen Hardrock, wieder andere sprechen von Heavy Metal", führte er aus. "Mir ist der Begriff 'Rock 'n' Roll' sehr lieb, weil er schön schlicht ist und das alles einschließt. Auf jeden Fall haben wir zwei Gitarren, Bass und Schlagzeug, keine Keyboards und viel Gesang – und es geht nach vorne."

"Schön", sagte Elena.

Brigitte sagte nichts.

"Das Beste wird sein, ihr hört es euch einfach an."

Wieder glänzten Elenas Augen so stark, dass er sie am liebsten gleich mitgenommen hätte. Brigitte starrte in ihre Kaffeetasse. Er nahm sich vor, nicht weiter zu drängen.

"Leider muss ich euch auch gleich schon wieder verlassen, denn üblicherweise muss die letzte Band eines Festivals als erste den Soundcheck absolvieren. Ich kann die anderen nicht warten lassen."

Er trank aus und erhob sich.

"Es war mir ein Vergnügen. Ich würde mich freuen, euch heute Abend wiederzusehen. Oder zu einem anderen Termin. Wir spielen ab und zu in der Stadt oder dem Umland und ihr kennt nun unseren Namen. Macht's gut!"

Die Damen erwiderten seinen Abschiedsgruß, und noch einmal fiel ihm auf, wie unterschiedlich die beiden auf ihn reagierten – Brigitte höflich, aber reserviert, Elena aufgeschlossen und neugierig. Grinsend trottete er von dannen, ohne sich umzusehen.

Soundcheck

Auf der Bühne, die auf dem Parkplatz vor dem *Bienenkorb* aufgebaut war, wuselten noch zwei Lichttechniker herum, als Finderling vor Ort eintraf. Die beiden für den Ton verantwortlichen Männer waren damit beschäftigt, Mikrofone auf Stativen zu befestigen. Julius Langemesser, Schlagzeuger von *Hole of Fame*, hatte bereits einige Teile seines Instrumentariums aus dem Proberaum geholt, der sich praktischerweise im Keller des Clubhauses von *Home Is Hope* befand. Er saß neben seinem Kram im Schatten auf dem Boden, rauchte eine Zigarette und trank ein Bier. Leon ging hin.
"Na, du altes Snaredrumgesicht", begrüßte er ihn.
"Moin, Rostkehlchen! Alles fit im Schritt?"
"Bei mir schon. Aber hier hat wohl jetzt schon alles Verspätung, was?"
"Klar, wie immer", bestätigte der Trommler. "Adam und Kilian sind unten, Enno ist noch nicht da. Aber macht auch nichts, 'ne Viertelstunde dauert das bestimmt noch, bis wir an die Reihe kommen. Lustig sind die Jungs von *Lack of Remorse*. Die proben noch mal ihr Zeug für nachher. Als ob jetzt noch was besser werden würde."
Die Band *Lack of Remorse* bestand aus fünf Teenagern, die erst vor einigen Wochen im *Bienenkorb* ihren Proberaum bezogen hatten, und für die der Auftritt als Opener des Festivals erst der zweite in ihrer Karriere werden sollte.
"Das haben wir nie gemacht", schmunzelte Leon.
"Und womit?", fragte Langemesser, ebenfalls grinsend.
"Mit Recht!"
Er ging ins Haus, bemerkte den erheblichen Temperaturunterschied zwischen draußen und drinnen und ärgerte sich insgeheim doch ein wenig, dass er Zeit mit Warten zu verbringen hatte. Lieber hätte er noch ein wenig mit der eben im Straßencafé kennengelernten, fröhlichen Elena geflirtet. Da deren Freundin Brigitte dem Konzertabend eher negativ gegenübergestanden hatte und er erfahren hatte, dass Elena außerhalb wohnte

und offenbar das spießige Eheleben normaler Mittvierziger führte, nahm er nicht an, sie jemals wiederzusehen. Umso mehr hätte er es genossen, wenn der Moment etwas länger gedauert hätte. Er traf Adam Fleischer in der Couchecke vor den Proberäumen, damit beschäftigt, neue Saiten auf seine *Gibson Les Paul*[5] zu ziehen. Auf dem Tisch vor dem Gitarristen qualmte eine Zigarette im Aschenbecher, neben einer offenen Bierflasche und einem Stimmgerät.

"Hi, Alter", wurde der Sänger begrüßt. "Wie weit sind die da oben?"

"Lass' dir Zeit. Die machen immer noch mit den Lichttraversen rum."

"Setz' dich zu mir, nimm dir 'n Bier!"

"Kein Bier vor vier, kein Sex vor sechs, weißt du doch."

"Was? Scheiße! Schon zweimal gesündigt heute", lachte Fleischer.

Sie klatschten sich ab und Finderling ging durch die offene Tür in den Proberaum, wo Kilian Sandner gerade damit beschäftigt war, seinen Bassverstärker samt Box auf ein Rollbrett zu hieven.

"Ich hätte Blockflöte lernen sollen, dann müsste ich nicht so viel schleppen", stöhnte dieser, als er Leon kommen sah.

"Hast du etwa heute früh nicht brav dein Müesli gegessen?"

Sie umarmten sich zur Begrüßung. Sandner und Finderling standen sich sehr nah, waren oft zusammen im Urlaub gewesen und hatten während des Studiums gemeinsam in einer WG gewohnt. Sie verstanden sich blind.

"Ist eigentlich noch Hauptsaft im Kühlschrank?", fragte Leon.

Hauptsaft war seit inzwischen eineinhalb Jahrzehnten die bandinterne Bezeichnung für Multivitaminsaft. Hervorgegangen war sie aus einem Versprecher Fleischers. Während einer Probe am Tag nach einer heftigen Party hatte er, von Nachdurst geplagt, Bier verschmäht und eigentlich 'Hauptsache Saft' sagen wollen.

---

[5] Die *Gibson Les Paul* ist eins der beliebtesten E-Gitarrenmodelle in der Rockmusik. Der heute in Nashville/Tennessee (USA) sitzende Hersteller *Gibson Guitar Corporation* entwickelte das Modell in Zusammenarbeit mit dem Gitarristen Les Paul (1915 – 2009) und brachte es 1952 in Serie. Die nach ihm benannte Schöpfung wurde mit der Zeit berühmter als der Musiker selbst: "Wenn ich mich den Leuten vorstelle, sind sie stets überrascht festzustellen, dass ich keine Gitarre bin und auch nicht tot!", pflegte er bei Auftritten zuweilen anzumerken.

Zehn Minuten später traf mit Enno Wittstock auch der zuvor vermisste Rhythmusgitarrist der Band ein und begrüßte jeden mit einer herzlichen Umarmung.

"Julius baut gerade seine Drums auf", berichtete er vom Fortschritt, der draußen auf der Bühne inzwischen erzielt worden war. "Ich denke, wir können die Verstärker nach oben bringen. Wusstet ihr eigentlich, dass die Tochter von meiner Nachbarin bei den Jungs von *Lack of Remorse* auf der Schule ist?"

"Die mit der Modelfigur, von der du erzählt hast?"

"Ja, genau. Sie will vorbeikommen. Dann kriegt ihr sie endlich auch mal zu sehen und glaubt mir endlich, dass die Kleine eine Augenweide ist."

"Die ist 17, sagtest du?"

Wittstock nickte.

"Finger weg, Enno!", mahnte Adam, der fertig gestimmt hatte und seine Gitarre nun in ihrem schwarzen Koffer verstaute. "Halt' dich lieber an die Mutter, falls du dich gar nicht beherrschen kannst."

"Pah, was ihr wieder denkt."

"Die hatte er doch schon", spottete Kilian.

Oben auf dem Parkplatz hatten die Tontechniker derweil mit den ersten technischen Tests der Anlage begonnen.

"Eins, eins, eins", sprach einer von ihnen auf der Bühne in ein Mikrofon, während sein Kollege am Mischpult Regler bediente.

"Ich wundere mich immer, dass die meisten Mixer nicht einmal bis zwei zählen können", lästerte Finderling augenzwinkernd.

"Erinnerst du dich noch an den Typen, der unbedingt vor unserem Auftritt eine Ansprache halten wollte, als wir vor hundert Jahren mal auf diesem Festival in Dingenskirchen gespielt haben?", fragte Sandner. "Das war bis heute die Krönung der Soundchecksprüche."

"So dunkel – da war was. Was hat der noch gesagt?"

"Dies ist eine Mikrofonprobe."

"Oh, ja", prustete der Sänger. "Sehr kreativ."

"Erklärt mir mal", bat Fleischer, der sich zu ihnen gesellte, "was 'dicke Lichttechnik' sein soll. Will man uns suggerieren, dass es sich um voll die fetten Strahler handelt, die hier heute für uns im Einsatz sind?"

Der Rest der Band sah Adam fragend an.

"Steht auf dem Lieferwagen von den Beleuchtern: www.dicke-lichttechnik.de."

Es dauerte einen Moment, bis Verständnis einsetzte.

"Argh! Du Sonntagsfrisör!", lästerte Langemesser. "Hast du deinen Abschluss in der Baumschule gemacht? Die Firma, die hier die Lichttechnik macht, heißt Dicke! Beziehungsweise ihr Inhaber. Kurt Dicke oder Heinz Dicke oder was auch immer."
"Ach so."
"Dicke Lichttechnik gleich fette Strahler. Oh, Mann!"
Der Schlagzeuger klatschte erst sich und dann dem Leadgitarristen mit der flachen Hand vor die Stirn.
"Du glaubst wahrscheinlich auch, dass man Rundschreiben nicht in eckigen Umschlägen verschicken darf!"
Darauf stieg auch Wittstock ein.
"Dir könnte man wahrscheinlich auch eine Kolbenrückholfeder andrehen!", mutmaßte er. "Für 189 Euro im Sonderangebot!"
"Das liegt nur an der Reihenfolge", rechtfertigte sich der Fragesteller, obwohl er nicht umhin konnte, nun selbst mitzulachen, "wenn da www.lichttechnik-dicke.de gestanden hätte, wäre sofort alles klar gewesen."
"Mit dem Namen müsste man sowieso etwas ganz anderes anbieten als Licht", fand Sandner, "Soundanlagen zum Beispiel: www.dicke-anlagen.de hat doch was."
"Oder Motorräder!", schlug Leon vor. "www.dicke-maschinen.de."
"Oder Silikonimplantate", war nun Enno Feuer und Flamme. "www.dicke-titten.de!"
Während alle noch grübelten, wie dieser Vorschlag zu über- (bzw. hinsichtlich des Niveaus zu unter-) bieten sei, bekam die Band vom Chef der Tontechniker einen Wink, sich zur Bühne und an die Instrumente zu begeben. Es war Zeit, an die Arbeit zu gehen.
Alle spulten ihr Programm professionell ab. Für *Hole of Fame* war ein Soundcheck nach über 400 Konzerten Routine, und auch die beiden Techniker hatten viel Erfahrung, wie sich schnell herausstellte. Nachdem alle Instrumente einzeln kurz angespielt worden waren, intonierte die Band aus dem Stehgreif eine Instrumentalversion ihres uralten Songs 'Premonition', der für den Tag gar nicht auf der Setlist stand. Finderling, der neben dem Mischpult stand und auf das gesamte Klangbild achtete, musste nicht einmal anmerken, dass nach seinem Eindruck die Rhythmusgitarre etwas zu leise war, weil der Mischer schon selbst zu dieser Einschätzung gekommen war.
"Okay, jetzt du", sagte der Techniker zu ihm.
Der Sänger schwang sich auf die Bühne.

"Eins, zwo, drei, vier, kalte Pizza, warmes Bier", begann er seine Testansage. "Ich kann übrigens noch viel weiter zählen. Sogar weiter als bis tausend. Tausendeins, tausendzwei, tausenddrei, tausendzehn!"

Die letzte Silbe hatte er mit Absicht lauter und höher von sich gegeben. Sehr früh im Laufe ihrer Bandgeschichte hatten sie einmal ein Mikrofon gehabt, das immer an genau dieser Stelle, bei 'zehn', des ursprünglich von Langemesser stammenden Gefasels eine pfeifende Rückkoppelung von sich gegeben hatte. Seither war 'Eins, zwei, tausendzehn!' zu ihrem Schlachtruf geworden, mit dem sie unmittelbar vor Beginn eines jeden Konzerts backstage den Gemeinschaftsgeist beschworen.

Während Backgroundsänger, zumindest in jungen Jahren, beim Soundcheck zur Not 'Alle meine Entchen'[6] intonieren, weil sie aus Mangel an Gewohnheit nicht so recht damit klar kommen, ohne instrumentale Begleitung laut zu singen, sind Leadsänger dabei naturgemäß entspannter. Sie nerven ihre Bandkollegen mit ihren aktuellen oder allzeitfavorisierten Lieblingsliedern oder zitieren Helge-Schneider[7]-Sketche. Finderling war da nicht anders, entweder er scherzte, oder er sang Passagen aus 'Dream On'[8] von *Aerosmith*[9] und 'Like a Hurricane'[10] von Neil Young[11].

"Okay, stopp! Wir haben's gleich", bremste ihn der Mixer ein. "Ich muss nur noch den Pegel nach oben begrenzen. Schrei' mal!"

Leon holte tief Luft.

"OH, BABY, PLEASE, YEAH! – wie Ian Astbury[12] von *The Cult*[13] sagen würde."

Sandner und Langemesser prusteten vor Lachen.

"Sehr gut, jetzt noch die ganze Band zusammen", kam die Anweisung.

"Schreien oder Spielen?"

---

[6] 'Alle meine Entchen' ist ein deutschsprachiges Kinder- und Volkslied, Verfasser und Komponist sind unbekannt – nachweisbar ab 1859, ist es vermutlich deutlich älter.
[7] Helge Schneider (*1955), deutscher Musiker und Komiker.
[8] Aus dem Album 'Aerosmith' (1973).
[9] *Aerosmith*, amerikanische Hardrockband, gegründet 1969, erstes Album 1973.
[10] Aus dem Album 'American Stars 'n Bars' (1977).
[11] Neil Young (*1945), kanadischer Folk- und Rockmusiker, erstes Album 1968.
[12] Ian Astbury (*1962), eigentlich Ian Robert Lindsay, Sänger der britischen Rockband *The Cult*.
[13] *The Cult*, britische Rockband, besteht mit Unterbrechungen seit 1983, erstes Album 1984.

"Refrain von 'Money'", bestimmte Kilian.

Julius zählte ein. Die Band ließ es krachen. Eine halbe Minute genügte dem Mann an den Reglern. Er winkte mit beiden Händen, machte dann das aus dem Sport bekannte internationale Zeichen für Auszeit, worauf die Band sofort abbrach. Auch diese Art der Disziplin war Routine.

"Passt alles. Die nächste Band bitte."

Bassist und Gitarristen von *Hole of Fame* verstauten ihre Instrumente unten im Proberaum. Fünf Minuten später versammelten sich alle neben dem Eingang zum *Bienenkorb*, wo Langemesser Finderling gerade erklärte, dass die relativ hohe Bühne im Falle eines Massenandrangs ideal zum Stagediving geeignet wäre.

"Mann, das würde ich so gern mal machen. Aber so richtig! Also mit Anlauf in die Menge springen und dann auf den Händen der Fans durch den Saal schwimmen – oder halt über den Parkplatz hier. Das muss ein irres Gefühl sein."

"Wenn du das machst, müsstest du aber auch beim Anlaufnehmen irgendeinen Kampfschrei ausstoßen", mischte Wittstock, der mit einem frischen Bier herankam, sich direkt ein, "das kommt authentischer rüber. 'Banzai[14]' oder so."

"PIZZAFUNGHI!", brüllte Julius.

Enno spuckte Bier aus und sorgte damit bei den anderen für den zweiten Lacher in unmittelbarer Folge.

"Okay, mal was anderes", warf Kilian in die Runde, "was machen wir jetzt bis zu unserem Auftritt? Das sind noch ein paar Stunden. Nichts gegen die anderen Bands, aber ich muss jetzt nicht unbedingt den ganzen Tag hier abhängen."

"Im unwahrscheinlichen Fall, dass der Zeitplan eingehalten wird, sind wir um 20 Uhr dran. Da reicht es doch, wenn wir uns um 19 Uhr unten im Proberaum treffen", schlug Enno vor, der sich in der Zwischenzeit den Mund an einem Taschentuch abgeputzt und auch die Hände abgewischt hatte. "Ich hätte nichts dagegen, nach Hause zu fahren und mich noch ein Stündchen aufs Ohr zu hauen."

"Gilt für mich auch", stimmte Leon zu, "und meine Haare könnte ich auch noch waschen, wenn ich's mir recht überlege."

"Dein Haupthaar?"

---

[14] Banzai, japanisch, wörtlich 'zehntausend Jahre', wurde ursprünglich als Ausruf großer Freude verwendet, später aber auch von frontal angreifenden Kriegern als Ausdruck ihres Kampfesmuts.

"Vorrangig. Wenn ich allerdings dusche, wird für alle anderen Haare wohl auch ein wenig Wasser und Shampoo abfallen."

"Also ich bleib' hier", verkündete Langemesser. "Ich muss doch überprüfen, ob Ennos junge Nachbarin wirklich so geil aussieht, wie er immer sagt."

"Na, ich hoffe doch, die wird auch noch da sein, wenn wir spielen", drückte Wittstock seine Erwartung aus und zwinkerte: "Sie soll doch auch mal miterleben, wie das richtig geht, was ihre Schulfreunde gerne eines Tages mal machen würden."

"Sei nicht so gemein! Wir waren auch mal Anfänger."

"Unsinn, wir sind als Genies geboren worden."

"Ich bleib' auch hier", beschloss Fleischer. "Hier gibt's Bier und Würstchen, und zu Hause ist es langweilig. Julius, alter Freund – wir halten hier die Stellung!"

"Das ist doch perfekt", befand Sandner, "dann habt ihr auch unsere Verstärker im Auge und keiner wird sie klauen. Alles klar! Dann bis um 19 Uhr, würd' ich sagen."

"So machen wir's! Haut rein! Bis später!"

"So alt sind wir inzwischen geworden", murmelte Finderling auf dem Weg zum Parkplatz. "Wir halten lieber Mittagsschlaf als uns bei ein paar Bier andere Bands anzuhören. Ist das Rock 'n' Roll?"

Er freute sich auf sein Bett.

Open Air

Es war bereits kurz nach 19 Uhr als Finderling sich durch die erfreulich große Menge von Zuschauern vor der Bühne auf dem *Bienenkorb*-Parkplatz gekämpft und in Fleischer, Sandner und Langemesser drei seiner Mitstreiter entdeckt hatte. Im Publikum hatte er zuvor schon die beiden Kuttenträger vom Vormittag erblickt und ihnen anerkennend zugenickt, weil sie tatsächlich aufgetaucht waren. Das gleiche galt für den Biker, den er aus der Ferne am Bierstand stehen sah.

"Mahlzeit", grüßte er seine Freunde. "Bin ich letzter?"

"Ja. Enno steht irgendwo in der Masse mit seiner Nachbarin und der Jungmieze", berichtete Julius. "Ist echt ein scharfes Geschoss, die Kleine."

"Aber die Mutter auch", ergänzte Adam grinsend.

"Wie sind die Bands so?"

Sofern am Line-up der Veranstaltung nichts mehr geändert worden war, stand gerade *Desert Snow* auf der Bühne – die einzige Combo des Programms, die ihre Heimatbasis, also den Proberaum, nicht im Keller des Clubhauses von *Home Is Hope* hatte. Dazu passte, dass Leon keinen der Musiker kannte.

"Also die hier sind furchtbar", bekundete der Schlagzeuger seinen Unmut. "Die spielen ausschließlich nach, wandern dabei von Schlagern bis zu Hardrock, aber trotzdem klingt ein Song wie der andere. Das mögen zwar grundsolide Instrumentalisten sein, aber wenn man 'Highway to Hell'[15] vom Klangbild her nicht von 'Macarena'[16] unterscheiden kann, finde ich das irgendwie ziemlich gruselig."

"Außerdem hätten sie 'Highway to Hell' besser einen Halbton tiefer gespielt. Der Vogel hat die hohen Lagen nie sauber getroffen", wusste Kilian hinzuzufügen.

"Hat nicht die Tussi gesungen?"

Im Zentrum der Bühne stand eine Frau, deutlich jünger als die Musiker um sie.

"Nee", klärte Fleischer ihn auf. "Die singt nur Background. Leadgesang machen der Gitarrist und der Keyboarder. Eigentlich wackelt sie nur die ganze Zeit mit dem Arsch und den geilen dicken Dingern und lenkt damit von der Hässlichkeit ihrer Kollegen ab. Ich hab' mehr Respekt vor ihrer sportlichen als vor ihrer musikalischen Leistung."

"Dabei sieht sie eigentlich bestenfalls durchschnittlich aus", befand Sandner.

"Aber der Minirock hilft", zwinkerte Langemesser.

"Na ja, 'ne Gesichtsfünf ist sie jetzt auch nicht."

"Was seid ihr doch für widerliche Machos", grinste Finderling. "Ich sollte mir einen besseren Umgang suchen, sonst werd' ich am Ende auch so."

"Leon, wir haben das von dir."

"Unmöglich! Wie war es sonst?"

"Na ja, die anderen Bands kennst du, proben ja alle hier im Haus", erfuhr er. "Die Jungs von *Lack of Remorse* waren extrem nervös und haben entsprechend ziemlich schlecht gespielt, hatten aber zum Glück genug jubelnde Freunde dabei. Der Rest war wie immer. Willst du 'n Bier?"

"Nö. Ist übrigens ganz schön heiß geworden heute Nachmittag, kann das sein?"

---

[15] Aus dem gleichnamigen, 1979 erschienenen Album der australischen Rockband *AC/DC*.
[16] Sommerhit des spanischen Duos *Los del Río* aus dem Jahre 1993, mit dem ein Modetanz verbunden war.

"Ich sag's dir", bestätigte Julius. "Und ich hab' eine Überraschung für dich! Schau' dir mal die Bühne genau an – wir werden voll in der Sonne sein."

"Oh, Tatsache! Krass! Da wird wohl nach langer Zeit mal wieder ein Gig mit Sonnenbrillen fällig, was?"

"Worauf du einen lassen kannst!"

"Aber bitte nicht hier!", verlangte Adam.

"Nö, nachher auf der Bühne."

"Bad idea!"

"Letztens hab' ich mal so laut gefurzt, dass eine meiner Akustikgitarren leise mitgeklungen hat. Ich glaube, es war ein A."

"Ein Einzelton? Schwach! Du hättest mindestens einen Dominantseptakkord[17] zustande bringen können."

"Okay. Künftig geb' ich mir mehr Mühe."

"Vielleicht sollte ich auch bei der Bühnenkleidung noch umdisponieren und lieber Jeans und T-Shirt nehmen als Hemd und Lederhose?", überlegte der Sänger laut und kehrte damit thematisch zum bevorstehenden Auftritt zurück.

"Mach' doch! Du kennst doch unsere Kleiderordnung auf der Bühne: Es ist jede Farbe erlaubt, Hauptsache, sie ist schwarz!"

"Natürlich weiß ich das. Ich hab' diese Regel schließlich erfunden!"

Als sie etwa eineinhalb Stunden später längst umgezogen und aufgewärmt die Bühne enterten, stand die Sonne so tief, dass es tatsächlich angenehmer war, dunkle Brillen zu tragen, was Julius, Adam und Enno dann auch taten. Dennoch wurden die Lichttechniker nicht müde, immer wieder Strahler als Spot auf einen der Musiker zu richten und so die ohnehin hohe Temperatur auf den Brettern zu erhöhen. Der Schweiß floss in Strömen, besonders bei den bewegungsfreudigen Leon und Kilian. Julius entschied sich bald, mit nacktem Oberkörper zu trommeln, woraufhin aus dem Publikum auch entsprechende Forderungen an die anderen gerichtet wurden:

"AUSZIEHEN! AUSZIEHEN!"

"Das wollt ihr nicht wirklich!", antwortete Finderling trocken und hatte die Lacher auf seiner Seite.

Um für sich selbst keine Langeweile aufkommen zu lassen, war es bei *Hole of Fame* gute Gewohnheit, niemals zwei Konzerte mit exakt identischer Setlist zu spielen. So hatten sie für

---

[17] Ein Dominantseptakkord wird auf der Dominante (der fünften Tonstufe) der jeweiligen Tonart gebildet. Zum normalen Dur-Dreiklang wird die kleine Septime hinzugefügt (z. B. G^7, der Dominantseptakkord der Tonart C-Dur, besteht also aus den Tönen g, h, d und f).

diesen Tag mit 'The Opera of the Phantom' und 'Alien Blues' zwei Songpremieren im Programm. Sie machten keine Probleme und kamen bei den Zuhörern genauso gut an wie der Rest des Programms. Einige ihrer Stammhörer, von denen sie im Laufe der Jahre in ihrer Heimatstadt doch eine ganze Menge gesammelt hatten, grölten die Refrains ihrer älteren Songs lauthals mit. Leon liebte das.

"Noch geiler als ein Konzert an sich ist es, einem Teil des Publikums schon so bekannt zu sein, dass Leute deine Lieder mitsingen", hatte er ziemlich wahllos jedem vorgeschwärmt, der ihm begegnet war, nachdem es vor vielen Jahren zum ersten Mal passiert war. "Das zu erleben, ist unglaublich!"

Es fühlte sich noch immer gut an, und es war nicht anzunehmen, dass es jemals zu einer lästigen Routine werden würde.

Ebenfalls gut gefiel ihm eine Entdeckung, die er etwa zur Mitte des Konzerts von seinem günstigen, weil erhöhten Beobachtungspunkt im Zentrum der Bühne machte: Brigitte und Elena, die er am Vormittag im Café kennengelernt hatte, waren anwesend. Ob sie möglicherweise den Beginn des Auftritts von *Hole of Fame* verpasst hatten, wusste er nicht. Er freute sich einfach, dass seine persönlichen Ansprachen noch ein paar Zuschauer hatten anlocken können.

Sie beendeten den Hauptteil ihres Auftritts mit dem furios krachenden Finale von 'Black Princess'. Für Laien musste es dabei immer wie ein Wunder wirken, dass trotz des scheinbaren Durcheinanders, in dem Langemesser fast wie bei einem Solo auf seine Felle eindrosch und beide Gitarristen eine Menge Rückkoppelungen erzeugten, am Ende alle auf den Punkt wieder zusammen waren und einen gemeinsamen Schlussakkord fanden. Natürlich war das Geheimnis ein verstecktes Zeichen in Julius' Trommelwirbeln, anhand dessen seine Mitstreiter wussten, wie viele Takte noch kommen würden. Aber vermutlich musste man eben Musiker sein, um solche Tricks zu durchschauen.

Als auch die Zugaben erledigt waren, trafen sie sich im Foyer des *Bienenkorbs* und klatschten ab.

"Mann, war das heiß", stöhnte Sandner, "unglaublich!"

"Hätte ich das vorher gewusst", erklärte Langemesser, "hätte ich mir einen Ventilator hinter die Schießbude gestellt."

"War es nicht Heraklit[18], der gesagt hat, 'alles fließt'[19]?", wollte Finderling wissen. "Muss sich öfter mal auf Rockkonzerten herumgetrieben haben, der alte Philosoph."

"Ich hab' so geschwitzt, ich hab' schon Gelatine in der Arschritze", behauptete Wittstock, ohne eine Miene zu verziehen.

Sie blieben nicht lang allein mit ihren Handtüchern und Wasserflaschen. Enno bekam Gratulationen von seiner Nachbarin und ihrer schlanken Tochter, und Leon wurde von Elena aufgesucht, Brigitte nicht überraschend zwei Schritte dahinter.

"Ich fand es toll", platzte sie gleich heraus. "Danke für die Einladung!"

"Danke fürs Kommen", lächelte der Sänger.

"Ihr macht Super-Stimmung!", lobte sie. "Die Lieder sind richtig mitreißend!"

"Wir geben uns auch richtig Mühe."

"Ja, das merkt man. Wie ihr untereinander harmoniert – einfach Weltklasse! Das merkt man schon, wenn man euch zum ersten Mal sieht. Ich bin total beeindruckt!"

"Das freut mich."

"Ich finde das wahnsinnig spannend und hätte tausend Fragen an dich. Leider drängelt Brigitte schon. Wir haben uns geeinigt, erst hier vorbei zu schauen und danach noch in die Spätvorstellung im Kino zu gehen. Wir müssen gleich los."

Wie zur Bestätigung mischte sich die Freundin nun ein.

"Elena, komm' bitte, sonst verpassen wir den Anfang."

"Ja, Moment noch."

"Ich muss noch kurz verschwinden, das kann ich auch hier machen. Aber danach müssen wir wirklich aufbrechen."

"Okay."

Sie verschwand, und Elena wartete, bis sie außer Hörweite war.

"Ich würde dich unheimlich gerne wiedersehen", bekannte sie strahlend.

"Mich oder die Band?", vergewisserte Finderling sich lächelnd.

Elena grinste.

"Beides!"

"Hm", machte Leon. "Hast du den Flyer von heute Vormittag noch?"

---

[18] Heraklit von Ephesos (um 520 – um 460 v. Chr.), griechischer Philosoph.
[19] Gemeint ist 'Panta rhei', ein Aphorismus, der tatsächlich Heraklit zugeschrieben wird, in dieser Kurzform allerdings erst ca. 1.000 Jahre später in den Schriften des Philosophen Simplikios belegbar ist.

"Ja. Warum?"
"Und einen Stift?"
Sie kramte beides aus ihrer Handtasche und bekam seine Telefonnummer.
"Nun liegt es bei dir, ob wir uns wiedersehen."
Weil Brigitte schon wieder zurückkam, stopfte die fröhliche Frau beide Utensilien in ihre lederne Schatzkiste und wagte eine schnelle Umarmung des Sängers.
"Danke! Es war wirklich toll! Wir sehen uns!"
"Einen schönen Abend noch!", wünschte Finderling. "Auch dir, Brigitte. Schön, dass ihr da wart. Es war mir eine Freude."
"Adieu!"
Die Frauen verschwanden eilig in Richtung Parkplatz. Auch Ennos Gratulantinnen hatten sich schon verabschiedet und Kilian und Julius waren bereits dabei, Teile ihres Equipments von der Bühne Richtung Proberaum zu verfrachten. Leon fasste sofort mit an.

Nachdem alles verstaut war, gingen sie zusammen zum Bierstand, wo Finderling von dem Biker ein anerkennendes Nicken bekam und einige Zuschauer die Gunst der Stunde nutzten, um mit den Musikern ins Gespräch zu kommen. Auch die anderen Bands des Tages waren zum größeren Teil noch da, und so unterhielten sich alle noch gute zwei Stunden lang prächtig und genossen die laue Sommernacht.

Kilian und Adam verabschiedeten sich kurz nach Mitternacht, Leon, der Julius mitnahm, folgte eine halbe Stunde später.

"Herr Wittstock", deutete Langemesser eine Verneigung an, "es war mir wie immer ein großes Vergnügen mit Ihnen."

"Ganz meinerseits, du Penner!", lachte ihn der Rhythmusgitarrist ob der gestelzten Ausdrucksweise aus. "Kommt gut nach Hause – wir telefonieren. Müssen noch die nächste Probe ausmachen."

"Werden wir", bestätigte Finderling.

"Hasta la vista, Baby![20]"

"Wir sollten nur noch hier spielen", schlug der Schlagzeuger auf dem Weg zu Leons Auto vor. "Ist einfach geiler, wenn man nicht noch nach dem Gig spät in der Nacht den Kram wieder aus dem Wagen holen muss."

---

[20] Enno zitiert hier aus dem Film 'Terminator 2 – Tag der Abrechnung' (1991).

Der Schatten der Vergangenheit[21]

Es war etwa halb eins, als Adam die Beifahrertür von Kilians Wagen schwungvoll zuschlug und seinen schwarzen Gitarrenkoffer aus dem Heck des Fahrzeugs fischte. Der Bassist hatte ihn im Anschluss an das Benefizkonzert und die anschließende gemütliche Runde vom *Bienenkorb* nach Hause gebracht, winkte noch einmal zum Abschied und fuhr in die Dunkelheit davon.

Fleischer ging auf das Mehrparteienhaus zu, in dem seine Wohnung lag, ohne den Schlüssel hervorzukramen. Meistens war die Außentür sowieso nicht fest verschlossen, und es genügte sanfter Druck, um sie zu öffnen. So war es auch heute. Er wohnte im Hochparterre. Zu seiner Wohnung waren nur vier Stufen zu überwinden, und er kannte sich gut genug aus, um das Licht nicht einschalten zu müssen. Am Fuß der kurzen Treppe allerdings stockte der Gitarrist. Jemand saß auf den Stufen.

"Hallo?"

"Adam?"

Diese weibliche Stimme kannte er so gut wie sonst allenfalls die seiner Mutter.

"Nancy?"

Die Geschichte von Nancy und Adam war so lang wie ereignisreich. Sie waren auf dem Gymnasium in einer Klasse gewesen, im Laufe der Oberstufenzeit ein Paar geworden und schon bald nach dem Abitur in eine gemeinsame Wohnung gezogen. Nancy hatte studiert und nach den Zwischenprüfungen Universität und Stadt gewechselt, womit beide nicht klargekommen waren und sich wild streitend getrennt hatten, nur um nach einigen Wochen tränenreich Versöhnung zu feiern. Dann hatten sie sich an einer Fernbeziehung versucht, die ein gutes halbes Jahr später gescheitert war, weil sich Nancy in einen Kommilitonen in der neuen Stadt verliebt hatte. Diese andere Beziehung hatte jedoch nicht gehalten, auch eine folgende nicht, und als Nancy nach Abschluss ihrer Studienzeit zurückgekehrt war, hatte es nicht lange gedauert, bis sie ihren Adam wiedergefunden hatte. Danach hatten sie ihre glücklichste Zeit erlebt. Auf deren Höhepunkt hatte Adam, gelernter Goldschmied, all seine Künste und einiges Geld in einen Ring gesteckt, den er ihr eines Tages kniend vor die Nase gehalten und zugleich um ihre Ehezusage

---

[21] Dass der Titel dieses frühen Kapitels dem Titel eines frühen Kapitels aus J. R. R. Tolkiens 'Der Herr der Ringe' entspricht, ist kein Zufall, denn in beiden geht es um …

gebeten hatte. Er hatte sie bekommen. Geheiratet hatten sie dann aber doch nicht. Zunächst hatten sie es aus finanziellen Gründen aufgeschoben. Sie hatten sich auf eine große Feier mit allen Freunden und beiden Familien geeinigt und waren beide nicht daran interessiert gewesen, ihre Eltern zu bitten, die Party zu spendieren. Das wäre nötig gewesen, da Adams Einkünfte als Goldschmied zwar zum Leben gereicht hatten, Nancys Arbeitslosigkeit jedoch zur Folge gehabt hatte, dass sie keine Reserven hatten bilden können. Im Laufe dieser Phase hatten sie sich entfremdet, obwohl sie Tisch und Bett geteilt hatten. Er war als Teil der arbeitenden Bevölkerung selten daheim gewesen, während sie aufgrund ihrer erzwungenen Untätigkeit in schlechter Laune versunken war und diese mehr als einmal ungerechterweise an ihm ausgelassen hatte. Immer häufiger hatten sie gestritten, sie war zeitweise aus dem Schlaf- ins Wohnzimmer umgezogen, um auf der Couch zu nächtigen, und nachdem in ihrer Wohnung über Monate ein Klima latenter Explosionsgefahr geherrscht hatte, war es schließlich soweit gekommen. Er hatte ihr vorgeworfen, ihm nur auf der Tasche zu liegen, und sie ihm unterstellt, seine Position als einziger Verdiener auszunutzen und sie entsprechend unterzubuttern und zu erniedrigen. Die seelischen Verletzungen, die sie sich in diesen Tagen gegenseitig beigebracht hatten, hatten befürchten lassen, sie würden eines Tages vielleicht sogar handgreiflich gegeneinander werden. Deshalb hatte er schließlich entnervt seine Gitarren, seine Musiksammlung, seine Kleidung und ein paar weitere wichtige Utensilien eingepackt und die Wohnung verlassen. Nach ein paar Nächten, die er abwechselnd bei seinen Bandkollegen und einmal sogar im Proberaum verbracht hatte, war er zurückgekehrt und hatte in einem vergleichsweise von Vernunft und Sachlichkeit geprägten Gespräch die Abwicklung des gemeinsamen Lebens auf den Weg gebracht. Er hatte Nancy sogar mit ihren Möbeln geholfen, als sie für den Anfang mangels bezahlbarer Alternativen wieder bei ihren Eltern eingezogen war. Sie wiederum hatte sich per Kistenpacken revanchiert, als er seine restlichen Sachen abgeholt und in eine in der Zwischenzeit gefundene neue, kleinere Wohnung verfrachtet hatte. Danach waren sie sich aus dem Weg gegangen, mehrere Jahre lang. Bis heute.

"Ich hab' auf dich gewartet", sagte sie.

Er war nicht überrascht, dass sie wusste, wo er wohnte, obwohl er nach der Trennung noch zweimal umgezogen war. Nun schaltete er doch die Treppenhausbeleuchtung ein.

"Sitzt du schon lange hier?"
"Nicht der Rede wert."
"Warum hast du nicht angerufen, um zu fragen, ob ich da bin?"
"Wollte dich überraschen. Hattet ihr ein Konzert?"
Zur Antwort schwenkte Fleischer den Gitarrenkoffer in seiner Hand.
"Wie geht es denn den anderen Jungs so? Julius zum Beispiel, der war immer so witzig. Oder Leon mit der feinen Nase."
"Gut soweit."
Sie schwiegen sich betreten an. Adam wurde der Koffer in der Hand schwer, aber er wagte nicht, ihn abzustellen, weil er ihr nicht das Gefühl geben wollte, für eine längere Unterhaltung aufgeschlossen zu sein.
"Warum bist du hergekommen?", fragte er schließlich, als sie keine Anstalten machte, von sich aus etwas zu sagen.
"Wollte mal sehen, wie es dir geht."
"Gut soweit."
"Und ich wollte dich wissen lassen", fügte sie zögerlich an, "dass ich viel nachgedacht habe. Ich hab' mich geändert. Mein Leben hat sich geändert. Ich hab' jetzt Arbeit und wohne auch nicht mehr bei meinen Eltern."
"Oh, Glückwunsch."
"Du glaubst gar nicht, wie demütigend es damals für mich war, zu ihnen zurückkehren zu müssen. Ich hab' mich geschämt."
"Tut mir leid."
"War nicht deine Schuld. Du hattest Recht. Ich hab' alles falsch gemacht. Ich war ungerecht. Ich hab' meine Unzufriedenheit auf dich projiziert und an dir ausgelassen. Das war nicht in Ordnung."
"Ich hab' aber auch nicht alles richtig gemacht damals."
"Kann sein. Aber es war auch schwer, alles richtig zu machen. Ich hab' nur nach Fehlern gesucht, um sie dir aufs Butterbrot schmieren zu können. Ich möchte mich bei dir entschuldigen. Vielleicht etwas spät, nach all den Jahren. Aber ich hab' leider so lange gebraucht, um alles zu verstehen."
Fleischer sagte nichts. Er spürte, dass dies kein Gespräch war, welches man nachts um halb eins in einem Treppenhaus führen sollte, erst recht nicht, wenn man todmüde von einem Konzert kam und einige Biere getrunken hatte. Als er gerade nach einem nicht zu unhöflichen Satz suchte, um sie loszuwerden, weil er schlafen gehen wollte, räusperte sie sich und kam ihm zuvor:

"Ich hab' dir etwas mitgebracht. Ich möchte dir etwas zurückgeben."

Sie holte ein Schmuckkästchen aus ihrer Handtasche. Adam kannte es genau und wusste auch, dass es das schönste Schmuckstück enthielt, welches er jemals angefertigt hatte. Sein ganzes Herzblut hatte er damals in diesen Verlobungsring fließen lassen.

"Ich weiß sehr zu schätzen, dass du ihn nach unserer Trennung nicht zurückgefordert hast", sagte sie, "aber ich kann ihn jetzt nicht mehr guten Gewissens behalten. Eigentlich gehört er doch dir, darum sollst du ihn zurückhaben."

Nach einer kurzen Pause, in der sie tief eingeatmet hatte, ergänzte sie:

"Vielleicht schenkst du ihn mir eines Tages ein zweites Mal. Du kannst es dir ja überlegen."

Sie streckte die Hand mit dem Kästchen in seine Richtung aus. Er griff mechanisch danach und steckte das Päckchen sofort in seine Jackentasche.

"Danke", sagte er ziemlich tonlos. "Ich werd's mir überlegen."

Wieder schwiegen sie sich an. Adam spürte, wie Nancy versuchte, in seinen Augen zu lesen, doch er wich ihrem Blick aus. Er fühlte sich vollkommen erschöpft und in diesem Moment zudem auch noch emotional überfordert.

"Ich bin fix und fertig", sagte er, "war ein anstrengender Tag. Nimm' mir bitte nicht übel, dass ich jetzt reingehen und schlafen muss. Ich kann nicht mehr. Aber es war gut, dass wir gesprochen haben. Ich danke dir dafür."

Nancys Nicken sah nach Verständnis aus, dennoch hegte der Gitarrist den Verdacht, sie hätte auf eine andere Reaktion von ihm gehofft. Sie stand auf und nahm ihre Handtasche auf. Fleischer trat zur Seite, um sie vorbeizulassen.

"Darf ich dir noch meine Handynummer geben?", fragte sie, als sie schon fast an ihm vorbei war.

"Kannst du machen."

Sie wühlte einen Stift aus ihrer Handtasche hervor und schrieb die Nummer auf eine Zigarettenschachtel, von der sie das entsprechende Stück Pappe anschließend abriss und ihm überreichte. Er steckte es ebenso schnell weg, wie zuvor den Verlobungsring.

"Du kannst jederzeit anrufen."

"Danke! Komm' gut nach Hause!", wünschte er ihr.

"Schlaf' gut!"

"Werd' ich", antwortete er, obwohl er sich dessen gar nicht so sicher war.
"Bis dann!"
In ihrer Stimme schien Erwartung mitzuschwingen.
"Bis dann!"
Seine blieb ausdruckslos.
Sie zog die Haustür auf und er stieg die wenigen Stufen zu seiner Wohnung hinauf. Er schloss erst auf, nachdem die Außentür hinter ihr zugefallen war. Drinnen schaltete er kein Licht ein, sondern ging im Dunkeln in die Küche und sah aus dem Fenster auf die Straße hinab. Nancy fuhr in einem Kleinwagen davon. Erst als die roten Rücklichter um eine Ecke verschwanden, wandte Adam sich vom Fenster ab und zog sich aus.
Da sein Kopf vollkommen leer war, wie er beim Zähneputzen feststellte, nahm er nun an, er würde doch tief und fest – und gut – schlafen können. Ring[22] und Telefonnummer blieben über Nacht in der Jackentasche.

Ein Weckruf

Auch Elena brauchte kein Licht, um sich auszuziehen. Im Schlafzimmer hatte das leise Schnarchen ihres Mannes sie begrüßt und auf dem vertrauten Weg zur Bettkante war sie nirgendwo angestoßen. Es war warm, daher deckte sie sich nur die Nieren zu. Sie drehte sich auf die Seite und sah zum Fenster. Es war eine helle Sommernacht. Ihr Ohr lag auf ihrem Knautschkissen. Sie hörte es rauschen.
Die Band war laut gewesen. Doch ihre Gedanken galten weniger den akustischen Nachwirkungen, als den überraschenden Empfindungen, die sie während des Konzerts übermannt hatten – so heftig, dass sie während des anschließenden Kinobesuchs mit Brigitte den Inhalt des Films kaum wahrgenommen hatte. Zum Glück war es die Spätvorstellung gewesen, dadurch war ihr erspart geblieben, mit der Freundin anschließend bei einem Drink über die Story diskutieren zu müssen, wobei dieser sicher aufgefallen wäre, wie wenig Elena davon mitbekommen hatte.
Da Brigitte auch nach dem Gang über den Flohmarkt zunächst recht ausdauernd gegen Elenas Wunsch genörgelt hatte, die Band dieses netten Mannes aus dem Café anzuhören, waren sie zu spät auf dem Festivalgelände eingetroffen. *Hole of Fame*

---

[22] Wie war das noch mit dem Titel dieses Kapitels?

hatte bereits auf der Bühne gestanden. Der Sänger hatte andere Kleidung getragen als bei der Begegnung am Rande des Flohmarkts, doch wiedererkannt hatte sie ihn gleich. Wie groß er gewirkt hatte, dort oben zwischen den Boxen und Lichttraversen – und so souverän!

Dass es draußen noch hell gewesen war, hatte der Atmosphäre überhaupt keinen Abbruch getan. Anfangs hatte Elena die Menschenmenge als bedrohlich empfunden – und sich gleich darauf gewundert, woher diese Angst nur gekommen war, hatte sie doch schon als Jugendliche das eine oder andere Konzert mit weit größerem Publikum erlebt und auch genossen. *Genesis*[23] hatte sie einmal gesehen und *Queen*[24].

Diese weit weniger bekannte Band war vollkommen anders – Elena durchlebte ihre ersten Eindrücke in der Erinnerung noch einmal. Alles am Auftritt von *Hole of Fame* schien pure Energie zu sein. Nicht nur die Rhythmen waren treibend und hart, auch waren die Musiker ständig in Bewegung. Leon schien mit allen zu kommunizieren. Mit den Mitmusikern tauschte er Blicke, seine Gestik bezog ständig die erste Reihe der Zuhörer ein, und die Mimik richtete sich überall hin und strahlte reine Freude aus.

Elenas Blick verlor sich in jenem Stückchen Sternenhimmel, das der Fensterausschnitt freigab. Sie beneidete den Sänger. Sie fragte sich einerseits, zu welcher Gelegenheit sie zum letzten Mal derart intensiv Lebensfreude empfunden hatte, und andererseits, wodurch diese ihr so gründlich abhandengekommen war. Was war nur aus ihren Träumen geworden? Was aus ihr? Sie fühlte sich alt.

Auch auf dem Konzert hatte sie sich in den ersten Minuten alt gefühlt. Viele andere Zuschauer hätten ihre Kinder sein können, wenn Eberhard und sie schon früher Eltern geworden wären, und nicht erst, als sie schon über 30 waren. Unbekümmert und ausgelassen hatten einige junge Mädchen in den hinteren Reihen getanzt. Eine war dabei Brigitte auf den Fuß getreten. Zum Glück hatte die Tänzerin sich sofort entschuldigt und nichts weiter war passiert, denn schon zu jenem frühen Zeitpunkt hätte Elena den Platz nicht wieder verlassen wollen. Sie hatte es nicht bewusst gespürt, doch die Band hatte begonnen, sie einzufangen, mit der Musik, der Energie – und der Ausstrahlung.

---

[23] *Genesis*, britische Rockband, gegründet 1967, erstes Album 1969.
[24] *Queen*, britische Rockband, gegründet 1970, erstes Album 1973. Seit dem Tod des Sängers Freddie Mercury 1991 ist der Rest der Band nur noch sporadisch aktiv.

Wenn sie die Augen schloss, sah sie Leon vor sich, wie er neben seinem Bassisten stand, beide die Köpfe schräg gegeneinander gelehnt, und synchron in ihren Bewegungen. Es hatte ganz natürlich ausgesehen, nicht wie einstudiert. Oder wie der Sänger hinter einem seiner Gitarristen stand, und sie gemeinsam simulierten, das Instrument vierhändig zu spielen. 'Sie sind eine Einheit', hatte Elena gedacht, 'sie sind eins mit sich und ihrer Musik.'

Oder wie Leon auf das Schlagzeugpodest geklettert war und von dieser erhöhten Position aus das Publikum beim Mitsingen eines Refrains dirigiert hatte. Es war der Moment gewesen, in dem sie ihre Ängste vergessen und sich in die Mitte der Menschenmenge vorgewagt hatte, ohne etwas darauf zu geben, dass Brigitte ihr nur widerwillig gefolgt war. Enge, Hitze, Schweißgeruch und Lautstärke, Minuten zuvor noch abschreckende Faktoren, waren plötzlich zu Magneten geworden. Als wären bleischwere Jahre von ihr abgefallen.

Dann hatte Leon eine Ballade angekündigt. Zunächst hatte sich einer der Gitarristen an den Bühnenrand gestellt und allein gespielt, bald darauf hatte der Gesang eingesetzt. Die warme Stimme hatte sie augenblicklich ergriffen. Elena hatte gespürt, wie sich die Haare auf ihren Armen aufgerichtet hatten – und nun, Stunden danach, da sie im Bett lag und daran zurückdachte, taten sie es ansatzweise wieder.

Zu gern hätte sie sich an Einzelheiten des Textes erinnert. Insgesamt hatte sie wenig davon verstanden, dazu war alles viel zu schnell gegangen, und sie viel zu sehr damit beschäftigt gewesen, die große Menge von auf sie einströmenden Eindrücken zu verarbeiten, doch bei der Ballade hatte sie mehr mitbekommen, da die Instrumentierung ruhiger gewesen war. Irgendetwas hatte ihr eine Ganzkörpergänsehaut beschert. Irgendetwas mit 'to meet you again' und mit 'hope' – an mehr erinnerte sie sich nicht.

Doch nicht so sehr die Texte, von denen nur Bruchstücke bei ihr angekommen waren, sondern die Musik hatte zu ihr gesprochen, das begriff sie nun. Die Energie hatte sie durchfahren. Das wilde, ungezügelte Leben. War sie nicht selbst einst wild gewesen? Unbekümmert wie das junge Mädchen in der letzten Reihe, von dem Brigitte versehentlich getreten worden war? Sagte nicht schon das Wort, dass ihr Leben sich ins Gegenteil verkehrt hatte? War sie nicht heute ständig genau dies – bekümmert?

Elena hatte plötzlich das Gefühl, aus einer Leichenstarre erwacht zu sein. Dieses Konzert, diese Band, diese Musik hatte ihr neues Leben eingehaucht. Es war, als hätte sie an diesem Abend nach vielen toten Jahren wieder zu atmen begonnen. Sie wollte sich nicht wieder alt fühlen, nicht so lange sie es nicht wirklich war. Es war Zeit für einen Neubeginn und dieser Neubeginn duldete keinen Aufschub.

Sie drehte sich auf die andere Seite und schob ihre Hand unter die Decke ihres Gemahls, bis sie seinen Arm berührte. Eberhard wandte sich auf der Stelle ab. Er rollte sich von ihr fort, ging auf Abstand. Für einen Moment entgleisten Elena die Gesichtszüge. Dann drehte auch sie sich wieder um und suchte erneut nach dem Sternenhimmel.

Während Brigitte im Kino auf die Leinwand gestarrt hatte, war Elena mit der Überlegung beschäftigt gewesen, welcher Floh im Ohr sie dazu getrieben hatte, den Sänger im Anschluss an das Konzert nach einem Wiedersehen zu fragen. Nun hatte sie plötzlich das Gefühl, dass diese seltsame, spontane Laune ein Glücksfall gewesen war.

Es war längst nach vier, als sie endlich einschlief.

Immer auf dem Sprung

Der Deckenventilator über dem Bett zog langsam und gleichmäßig seine Kreise, wie es die Art von Deckenventilatoren war. Irritierend für Enno Wittstock, der gerade seine Augen aufgeschlagen und das rotierende Gerät entdeckt hatte, war die Tatsache, dass er keinen Deckenventilator besaß, schon gar nicht in seinem Schlafzimmer.

Langsam drehte er den Kopf zur Seite, und das braune Haarknäuel auf dem Kissen neben ihm half seiner Erinnerung auf die Sprünge. Es gehörte zu Darina, der Backgrundsängerin von *Desert Snow*, die er nach dem Konzert im *Bienenstock* beim Bier kennengelernt hatte. Sie konnte zwar nicht besonders gut singen und war auch nicht beeindruckend hübsch, zeigte aber bei allem, was sie tat, vollen Körpereinsatz. Enno glaubte nicht, jemals zuvor so ausdauernd geritten worden zu sein wie in der zurückliegenden Nacht.

Um sie nicht zu wecken, schälte er sich sehr behutsam aus der Bettdecke. Seine Kleidung war ziemlich weit über den Fußboden des Zimmers verstreut. Vorsichtig schlich er Richtung Tür. Die Toilette zu finden, sollte keine Herausforderung sein.

Während er Wasser ließ, dachte er an den Vorabend zurück. Sie hatten ein Taxi zu ihr genommen. Sein Auto musste also noch am *Bienenstock* stehen. Er würde es auf dem Heimweg mitnehmen können, das Haus von *Home Is Hope* lag ohnehin beinahe auf der Strecke, ein erträglicher Umweg.

Sie hatten gut gespielt, fand er, energiegeladen wie fast immer, und seiner netten Nachbarin und ihrer bildschönen Tochter hatte es gut gefallen, wie beide unmittelbar im Anschluss an das Konzert bestätigt hatten.

"Oh, Shit!"

An dieser Stelle hatte tief in seinem Gedächtnis etwas gerappelt.

Hektisch sah er sich um, weil er dringend wissen wollte, wie es spät es war. Seine Armbanduhr und sein Handy mussten in Bettnähe sein. Auf dem Bord über dem Waschbecken befand sich ein Radio mit Uhrzeitanzeige. Es war kurz nach zehn.

"Scheiße!"

Trotz seiner Restmüdigkeit begriff Wittstock, dass er seine Verabredung per Taxi noch würde einhalten können. Er stand auf und zog ab, dann wusch er sich Hände und Gesicht. Duschen würde er lieber zu Hause, dann wüsste er auch, wie viel Zeit er unter der Brause verbringen durfte. Imke, die Nachbarin, und Marion, ihre Tochter, hatten ihn nach dem Konzert, unmittelbar bevor sie gegangen waren, für elf Uhr zum Brunch eingeladen. Für nichts in der Welt hätte er diesen Termin verpassen wollen.

Er schlich ins Schlafzimmer zurück, klaubte seine Kleidung vom Boden auf und huschte wieder hinaus. Er wollte Darina nicht stören und – wichtiger noch – ihr auch nicht erklären müssen, warum er so eilig fort wollte. Innerhalb von zwei Minuten war er angezogen. Die Armbanduhr fand er in einer Hosentasche bei Haus- und Autoschlüsseln, das Handy in einer anderen. Es gelang ihm, unbemerkt in seine Schuhe zu steigen und die Wohnungstür sehr leise von außen zuzuziehen. Das Taxi rief er per Mobiltelefon, allerdings erst, als er außer Sichtweite des Hauses war.

Eine Dreiviertelstunde später saß er frisch geduscht auf dem Balkon seiner Nachbarn und bekam dampfenden Kaffee in eine Tasse geschüttet.

"Na, gut geschlafen nach dem anstrengenden Konzert?", fragte ihn das junge Modellgesicht mit freundlichem Lächeln.

"Nicht besonders, um ehrlich zu sein. Aber das ist häufig so nach Konzerten."

"Zu viel Aufregung?"

"Zu viel Adrenalin."

"Wann bist du denn nach Hause gekommen?", mischte sich die Mutter in das Gespräch ein und gab ihm direkt aus der Pfanne eine große Portion Rührei auf den Teller. "Ich hab' keine Türen im Treppenhaus gehen hören – und ich war noch eine ganze Weile wach."

"Oh, das weiß ich wirklich nicht mehr", redete Enno sich heraus. "Ist ganz schön spät geworden, glaub' ich."

"Wie haben dir denn die Jungs von *Lack of Remorse* gefallen?", wollte Marion wissen. "Die sind doch bei mir auf der Schule – wahrscheinlich löchern sie mich morgen in jeder Pause, ob du etwas gesagt hast."

"Ich hab' sie gar nicht gesehen", musste der Gitarrist zugeben. "Aber mein Schlagzeuger hat erzählt, es wäre ganz okay gewesen. Natürlich müssen sie noch Einiges lernen. Aber ihr Engagement ist großartig. Sie haben sogar mittags noch einmal für ihren Auftritt geprobt – während wir Soundcheck gemacht haben."

Das Gespräch blieb nicht bei dem Vorabend hängen, sondern brachte auch andere kurzweilige Themen rund um das Haus, in dem sie alle wohnten, Arbeit und Marions Pläne für die Zeit nach dem Abitur hervor. Enno spürte allerdings bald, nämlich als er satt war, wie das Gewicht seiner Augenlider von Minute zu Minute zunahm. Die wilde Nacht mit Darina hatte ihm mehr zugesetzt, als er sich vorher eingestanden hätte – er war eben inzwischen auch nicht mehr Anfang 20. Nach einer Tasse Espresso zum Nachtisch erlöste ihn Imke, die seinen Kampf gegen die Müdigkeit bemerkt hatte.

"Na, haben wir den Brunch zu früh angesetzt? Deine Augen sind ganz klein geworden. Du siehst aus, als bräuchtest du einen Mittagsschlaf."

"Ja, wenn nicht einmal ein Erpresso hilft, wird ein Schläfchen wohl nicht schaden", gab Wittstock zu. "Seid ihr mir böse, wenn ich rüber gehe und mich noch einmal hinlege? Wir können das hier gern wiederholen, wenn ich mal kein Konzert am Vorabend hatte."

Sie entließen ihn gnädig. Er bedankte sich artig für die Einladung und das leckere Essen. In seiner Wohnung fiel Enno auf der Stelle auf sein Bett und war keine fünf Minuten später bereits viele Meilen weit ins Reich der Träume vorgedrungen. Da er erst tief in der Nacht wieder aufwachte, verpasste er einen sonnigen Sonntag und eine ganze Reihe von Anrufen.

Das Vorbild

Die Sonntage nach Konzerten waren nie zur Routine geworden. Aufgeputscht von Endorphinen war es nicht selten schwierig, nachts schnell in den Schlaf zu gleiten und das Rauschen auf den Ohren tat zumeist sein Übriges. Entsprechend übermüdet gab es am Folgetag – sofern dieser arbeitsfrei war – dann auch wenig, was Leon davon abhielt, einfach nur zu faulenzen, obwohl er sich später oft über die vergammelte Zeit ärgerte. Seine Gitarren fasste er an solchen Tagen nicht an, und auch für die Arbeit an unfertigen Songtexten fand er nie die rechte Konzentration.

"Rockstar wäre echt kein Job für mich gewesen", murmelte er, "nur die Kohle hätt' ich gern bekommen." Er musste grinsen. "Und die Groupies."

Da das Wetter weiterhin hochsommerlich war, hing er lange Zeit einfach in einem Liegestuhl auf seiner Terrasse im Schatten herum. Mal döste er ein wenig, dann las er ein paar Seiten in einem Roman, oder er kraulte Truffaut, einen zutraulichen Stubentiger aus der Nachbarschaft, der hin und wieder die Umgebung erforschte.

Am späten Nachmittag riss ihn das Telefon aus seiner Lethargie. Spontan dachte er an Elena und beschleunigte seine Bewegungen.

"Ja?"

"Hallo, hier spricht Darina, bist du Leon?"

"Ja. Wer bist du?"

"Ich singe bei *Desert Snow*, wir haben gestern auf dem gleichen Festival gespielt. Auf dem Parkplatz vor dem *Bienenkorb*."

Er hatte gleich das Bild eines zappelnden braunen Wuschelkopfs mit wippender Oberweite, Minirock und Stiefeletten vor Augen.

"Ich erinnere mich so dunkel daran", antwortete er leicht spöttisch. "Das erklärt das Rauschen in meinen Ohren. Muss ziemlich laut gewesen sein."

Darina deutete ein Lachen an.

"Ja, vor allem ihr wart laut."

"Das hört man gern. Wie komme ich zur Ehre deines Anrufs?"

"Euer Gitarrist Enno war so lieb, die Instrumente von unserem Gitarristen in eurem Proberaum einzuschließen. Eigentlich hätte ich sie mitnehmen sollen, aber ich hatte schon zu viel getrunken. Ich hab' ihm gesagt, ich hole sie heute ab – aber nun erreiche ich ihn nicht. Das Problem ist: Morgen habe ich tagsüber keine Zeit dazu, und am Abend braucht mein lieber Bandkollege sie, weil er Unterricht gibt. Kannst du mir den Raum aufschließen? Ich wäre dir unendlich dankbar."

Finderling war nicht unbedingt erfreut von der Aussicht, das Haus an diesem Tag noch verlassen zu müssen.

"Ich kann erst einmal versuchen, Enno aufzutreiben. Wenn mir das nicht gelingt, komm' ich selbst. Okay?"

Spontan begeistert klang Darina nicht.

"So um 19 Uhr müsste ich die Sachen haben."

"Ja, das kriegen wir hin. Gibst du mir deine Nummer?"

Er schrieb sie auf einen Kassenbon über € 9,95.

"Woher hattest du eigentlich meine Nummer?", interessierte ihn noch.

"Vom Geschäftsführer des *Bienenkorbs*. Der hätte mich auch reingelassen, aber er sagt, er hat keinen Schlüssel zu eurem Proberaum."

"Das will ich hoffen, dass er dazu keinen Schlüssel hat."

"Nein, keine Sorge. Wann kann ich mit deinem Anruf rechnen?"

"Ich hoffe doch, dass es eher Enno sein wird, der dich anruft. Aber falls ich ihn nicht finde, melde ich mich spätestens um 18 Uhr."

"Danke, bis dann."

"Ciao."

Er trennte die Verbindung.

"Die junge Dame scheint sich ziemlich sicher zu sein, dass ich ihn nicht auftreibe. Na, da kennt sie mich aber schlecht."

Doch so gut Leon seinen alten Freund und dessen Gewohnheiten kannte – an diesem Sonntag hatte er kein Glück. Trotz mehrerer Versuche ging der Gitarrist an keines seiner Telefone. Seine Schwester bekundete, ihn seit über einer Woche nicht gesprochen zu haben. Kilian hatte keinen Schimmer. Dragan, Wittstocks bester Freund außerhalb der Musikszene, verriet dem Sänger, er sei um die Mittagszeit zufällig durch die Straße gefahren, in der Enno wohnte, und habe dessen Auto nicht entdecken können.

"Hast du geklingelt?"

Dragans Antwort kam mürrisch.

"Nein, wozu? Wenn sein Auto nicht da ist, ist Enno auch nicht da."

"Hm. Klingt logisch. Danke für die Info und entschuldige die Störung."
"Macht nichts!"
Es blieb nur noch Frau Wittstock übrig, Ennos Mutter. Finderling rief nicht gern an einem Sonntag bei ihr an, weil er wusste, dass sie als selbständige Frisörin sehr viel arbeitete und an diesem einen Tag ihre Ruhe haben wollte. Das war schon so gewesen, als die pubertierenden Rabauken Enno und Leon bei ihr im Keller laut Musik gehört hatten. Aber auch sie wusste nicht, wo sich ihr Sohn aufhielt.

Der Sänger machte noch ein paar Versuche unter beiden Nummern seines Rhythmusgitarristen, dann gab er sich geschlagen und rief Darina an.

"Geht es auch um acht?", bat er noch um Aufschub.
"Ungern", mäkelte sie. "Ich muss die Sachen noch zu meinem Gitarristen bringen. Der hat kleine Kinder und steht nicht so drauf, wenn man so spät noch klingelt. Bei ihm ist nach acht eben spät. Verstehst du das?"
"Nein, ich hab' keine kleinen Kinder. Aber ich respektiere es. Also gut. Ich bin um sieben am *Bienenkorb*. Wer zuerst da ist, wartet vor dem Eingang."
"Einverstanden. Du bist ein Schatz!"
"Ich weiß."
Darina lachte über die lakonische Antwort.

Leon gammelte noch eine Weile herum, dann raffte er sich zu einer Dusche auf und machte sich auf den Weg. Als er beim *Bienenkorb* ankam, war Darina schon da. Wie am Vortag auf der Bühne trug sie einen kurzen Minirock. Sie stand wie ausgemacht vor dem Eingang und lächelte ihn an.

"Danke, dass du dir Zeit genommen hast", sagte sie.
"Na ja, ist nur fair. Ich weiß auch nicht, wo Herr Wittstock sich herumtreibt. Er geht weder ans Handy noch ans Festnetz. Wahrscheinlich hat er wieder eine hübsche Lady am Start. Irgendeinen Grund muss es geben, wenn er nicht erreichbar ist. Dafür ist er mir jetzt einen Gefallen schuldig."

Er schloss auf und hielt ihr die Tür auf.
"Die Proberäume sind im Keller."
Auf den Stufen schielte er auf ihren wackelnden Hintern und freute sich schon auf den Rückweg die Treppe hinauf.
"Wie fandst du es denn gestern?", fragte sie inzwischen.
"Euch, uns oder die Veranstaltung an sich?"
"Die Veranstaltung."

"Okay. Beim Aufbau hat wie üblich der Zeitplan nicht gepasst, aber ansonsten lief es recht reibungslos, und der Sound war ziemlich gut. Ich hätte nicht mit so viel Publikum gerechnet – das hat mich gefreut."

"Und uns?"

"Von euch hab' ich, ehrlich gesagt, nicht viel mitbekommen. Ich muss gestehen, dass ich generell kein Fan von Coverbands bin, deren Programm versucht, jeden Geschmack zu bedienen. Aber das ist natürlich eure Entscheidung."

Sie waren im Proberaum angekommen und fanden auch schnell die beiden Gitarrenkoffer von *Desert Snow*, die Enno in der Nacht praktischerweise direkt hinter der Tür an die Seite gestellt hatte. Nachdem er wieder zugesperrt hatte, war Leon so höflich, einen der Koffer für Darina zu tragen.

"Nach dir", sagte er am Fuß der Treppe.

Ihr Stringtanga war schwarz.

"Wie zufrieden warst du mit eurer eigenen Performance?", fragte sie oben und nahm damit den Gesprächsfaden vom Hinweg wieder auf.

"War gut. Wir hatten zwei neue Songs im Programm, die sich nahtlos eingefügt haben, und alles andere lief sowieso rund. Guter Sound, gute Laune bei uns, gute Stimmung draußen – das passte. Ich hab' nichts zu meckern. Hat's dir gefallen?"

"Ich fand' euch sensationell!", bekannte sie. "Gerade die gute Laune, die du ansprichst: Man hat so richtig gemerkt, wie viel Spaß ihr da oben hattet, das steckt einfach an. Ich glaub', da könnte ich noch 'ne Menge von dir lernen."

"Danke für die Blumen."

"Nein, wirklich", insistierte sie, während sie die Gitarren in ihrem Auto verstaute, "du hast eine total souveräne Art auf der Bühne. Darin könntest du mein Vorbild werden. Du ruhst in dir, das merkt man einfach. Lockere Sprüche bei den Ansagen, keine Hektik zwischen den Songs und Vollgas beim Gesang und bei der Show. Tolle Kombination!"

"Noch ein Satz und ich werd' rot."

"Warte damit lieber, bis es dunkel wird, dann sieht es nämlich keiner", konterte sie. "Du bist bestimmt auch gut im Bett."

Dieses Kompliment überrumpelte Finderling dann doch.

"Wie kommst du darauf?"

"Wenn du wissen willst, wie Leute beim Sex sind, ohne es auszuprobieren, schau' ihnen beim Tanzen zu. Oder auf der Bühne."

"Der Spruch hätte von mir sein können."

"Na also."
Sie schlug die Kofferraumklappe zu.
"Wenn du mal Lust und Zeit für 'nen Kaffee hast, ruf' mich doch an", bat sie. "Ich würd' mich freuen. Würde dir gern die eine oder andere Frage stellen, was Gesang und Bühnenpräsenz angeht. Man will sich schließlich verbessern."

Leon hätte lieber noch etwas mehr über Sex von ihr gehört, begnügte sich aber damit, dass sie offenbar reges Interesse hatte, ihn wiederzusehen.

"Ich schau' mal, was sich machen lässt", blieb er unverbindlich.

"Alles klar!", nickte sie. "Danke – für die Gitarren!"
"Nichts zu danken", sagte er.

Wieder daheim rief er Langemesser an. Sie besprachen, ob es sinnvoll sei, die beiden neuen Songs in nächster Zeit aufzunehmen und im Anschluss die nächsten Titel in Angriff zu nehmen. Die Alternative war, stattdessen zu warten, bis mehr Ideen ausgereift waren und diese dann gebündelt im Tonstudio auf Band zu bringen. Für die erste Variante sprach, nicht so viel Zeit am Stück im Studio zu verbringen, für die zweite die höhere Wahrscheinlichkeit, alle neuen Werke wie aus einem Guss klingen zu lassen.

Wo Enno abgeblieben war, wusste der Schlagzeuger allerdings auch nicht.

Ein Sommernachtsalbtraum

Zum Glück war Hochsommer. Die Tage waren drückend heiß, die Nächte so warm, dass man draußen auch unbekleidet nicht fror. Nancy trug noch immer nur ihr Nachthemd, in das sie am Vorabend nach ihrer Rückkehr von Adam geschlüpft war. Sie hatte lediglich noch schnell vor dem Schlafengehen auf dem Balkon eine Zigarette rauchen wollen und war dann gedankenverloren bis zum Sonnenaufgang dort sitzengeblieben.

Inzwischen stand die Sonne schon wieder recht tief. Nancy hatte ab und zu ihre Wohnung betreten, zum Beispiel, um sich ein wenig frisches Obst, ein kaltes Getränk oder eine neue volle Zigarettenschachtel zu holen, um das Handy an die Steckdose zu hängen oder auf die Toilette zu gehen. Aber sie trug noch immer ihr Nachthemd und sie hatte nicht eine Sekunde geschlafen: nachts nicht und am Tag ebenso wenig.

Sie wusste selbst nicht, warum sie kein Auge zugetan hatte. Natürlich war sie aufgewühlt von der Begegnung mit Adam und grübelte, welchen Eindruck sie bei ihm hinterlassen haben mochte, und wie er reagieren würde. Andererseits hatte er sehr müde ausgesehen. Es war klar gewesen, dass er zunächst lange schlafen würde. Diese Zeit hätte sie nutzen können, um es ihm gleichzutun. Dennoch hatte sie sich nicht einmal hingelegt.

"Ich muss bescheuert sein", wunderte sie sich über sich selbst. "Ich habe seit mindestens fünf Jahren keine Nacht mehr durchgemacht. Nicht einmal Silvester und allein schon gar nicht. Worauf warte ich eigentlich?"

Sie wartete, das immerhin wusste sie, auf einen Anruf, der ganz bestimmt nicht so schnell kommen würde. Sie würde Geduld brauchen.

"Wenn ich wach bleiben will, bis er anruft, lande ich vorher in der Klapsmühle!", schimpfte sie sich für ihre Unvernunft. "Erst musste er ausschlafen, und mindestens den Rest des Tages benötigt er, um meinen Auftritt zu verdauen. Sah nicht so aus, als hätte er auf mich gewartet. Ab Morgen arbeitet er wieder. Eigentlich kann ich davon ausgehen, dass er frühestens nächstes Wochenende anruft."

Zum ungefähr vierzigsten oder fünfzigsten Mal ließ sie das Treffen im Treppenhaus Revue passieren. Vier Stunden hatte sie im Treppenhaus auf ihn gewartet, nur zum gelegentlichen Rauchen war sie vor die Tür gegangen. Sie hatte all ihren Mut gebraucht, um ihre Rede zu halten. Der etwas verhaltene Gesprächsablauf war zu erwarten gewesen. Sie hatten sich viele Jahre lang nicht gesehen und waren zuvor nicht gerade im Guten auseinandergegangen. Nancy wusste auch, dass sie Adam verletzt hatte. Ihre Bitte um Entschuldigung war vom ersten bis zum letzten Wort ehrlich gemeint gewesen. Sie fragte sich zum vierzigsten oder fünfzigsten Mal, ob sie alles gut ausgedrückt hatte, was sie hatte sagen wollen. Hundertmal hatte sie im Vorfeld die Worte hin und her gewälzt, um nicht zu forsch aufzutreten. Ohne eine gewisse Demut würde sie ihn niemals zurückgewinnen, denn der verletzte Mann würde ihr mit noch mehr Stolz begegnen, und sei es nur, um eine Fassade aufrechtzuerhalten. Aber war da noch Liebe in seinen Pupillen gewesen? Sie hatte das Gefühl gehabt, er hätte es vermieden, ihr direkt in die Augen zu sehen.

Verachtung hatte sie am meisten gefürchtet, doch die hatte sie nicht gespürt. Es war auch keine Wut gewesen, eher eine erzwungene Zurückhaltung.

"Er hat nicht alles gesagt, was er mir hätte sagen wollen."

Sie hätte es gern anders gehabt, aber ihr war klar, dass er ihr im Moment nicht vertraute, und dafür hatte sie sogar Verständnis.

"Wie soll er auch?"

Nancy hatte lange an ihrem Plan gearbeitet. Erst die Entschuldigung, dann ehrliche Gespräche zum Vertrauensaufbau. Sie wollte sich alle Mühe geben, ihm den Beweis zu erbringen, sich wirklich geändert zu haben. Er hatte sie geliebt und sie hatte es weggeworfen. Sie würde es nicht noch einmal wegwerfen.

Sie drückte die nächste Kippe in den überquellenden Aschenbecher und stand auf. Es war Zeit, ins Bett zu gehen. Noch ein weiteres Mal den gleichen Gedankengang zu verfolgen, würde das Telefon auch nicht früher klingeln lassen.

Mut der Verzweiflung

Es war wieder einer dieser Abende. Sebastian, Elenas jüngerer Sohn hatte sie mit zahlreichen Versuchen, den Weg ins Bett hinauszuzögern, fast zur Weißglut getrieben und war von ihr erst mit dem Versprechen einer Belohnung zum Nachgeben bewegt worden. Philipp, der Ältere, hatte ihr seine Frustration über die Ungerechtigkeit der Welt, den Spätfilm nicht sehen zu dürfen, weil am Folgetag eine Klassenarbeit auf dem Programm stand, ins Gesicht geschrien. Danach hatte er sich mit knallenden Türen in sein Zimmer zurückgezogen, was wiederum Sebastian auf den Plan gerufen hatte, den nur die Erinnerung an die ausstehende Belohnung davon abgehalten hatte, erneut Theater zu machen. Zu allem Überfluss hatte ihr Gatte Eberhard sie mit der Abwicklung der Kinder an diesem Abend ziemlich im Stich gelassen, weil er sich müde fühlte.

"Müde!", schnaubte sie verächtlich, als sie endlich allein im Arbeitszimmer am Computer saß. "Und wer fragt, wann ich müde bin?"

Dass Eberhard nicht immer so war, wollte sie in diesem Moment der verzweifelten Wut nicht gelten lassen.

"Jetzt muss ich mir auch noch eine Belohnung für den Kleinen ausdenken. Wann bekomme ich mal eine Belohnung?"

Sie kam sich wie eine schlecht gewartete Maschine vor. Immer musste sie funktionieren, doch nie kümmerte es jemanden, ob sie Gelegenheit hatte, die Batterien wieder aufzuladen. Nie wurde sie gelobt, selten bekam sie Dank, zärtliche Momente waren rar. Wenn sie versuchte, mit Eberhard zu schmusen, legte er meistens nur geistesabwesend einen Arm um sie, ohne die Konzentration dabei von seinem Buch oder dem Fernseher abzuziehen. Spontane Verführungen gab es zwischen ihnen nicht. Wenn sie überhaupt einmal miteinander schliefen, was im Durchschnitt nicht einmal monatlich geschah, bedurfte es dazu einer Verabredung im Vorfeld. Normalerweise ging ihr Mann früher ins Bett als sie und war meist bereits eingedöst, wenn sie sich an seine Seite legte.

"Demnächst sind wir dann soweit, dass ich für Sex drei Tage vorher bei seiner Sekretärin wegen eines Termins anfragen muss."

Immer wieder trug sie sich mit einer unbestimmten Sehnsucht, seit Jahren schon, sie wusste nicht, wonach, einem Abenteuer vielleicht, einfach nur, um ihrer Frustration für einen Moment entfliehen zu können. Auf einer Faschingsfeier des Dorfsportclubs hatte sie einmal spontan alle Vernunft fahren lassen. Eberhard hatte sich unwohl gefühlt und war früh gegangen. Unter größter Vorsicht, dabei nicht von Bekannten beobachtet zu werden, hatte sie den Avancen eines wildfremden Mannes nachgegeben und ihn heimlich in einer Umkleidekabine des Vereinsheims getroffen. Dort waren die Aktivitäten dann aber doch nicht über Heavy Petting hinausgegangen, da der Mann, vermutlich vom Alkoholkonsum jeder Selbstkontrolle entzogen, schon nach wenigen Sekunden in ihrer Hand gekommen war. Elenas Selbstvertrauen war durch dieses Erlebnis nicht gerade in den Himmel gewachsen und ihre Sehnsucht keineswegs gestillt.

Schon mehr als einmal hatte sie mit dem Gedanken geliebäugelt, einschlägige Datingseiten im Internet auszuprobieren. Doch an die Umsetzung hatte sie sich nie gewagt. Nicht auszudenken, wenn ihr Profil von einem Bekannten entdeckt worden wäre. Allein der Gedanke jagte ihr Schauer über den Rücken. Zudem hatte sie nie eine klare Antwort auf die Frage gefunden, ob es wirklich das war, wonach sie sich sehnte.

Nun war da dieser Leon. Sympathisch, schlagfertig, dabei dennoch höflich, langhaarig, wofür sie eben doch schon immer ein Faible gehabt hatte, und auch sonst optisch sehr nach ihrem Geschmack. Dazu war er auch noch Musiker – und er hatte auf ihren ersten kleinen Flirtversuch positiv reagiert und ihr seine Telefonnummer gegeben. Er hatte ein so warmes Lächeln für sie übrig gehabt, als sie sich in dem Café begegnet waren. Er hatte sich unmittelbar nach dem Konzert Zeit für sie genommen. Er hatte gesagt, es läge an ihr, ob sie sich wiedersehen würden.

Erschrocken stellte Elena fest, dass sie Schmetterlinge im Bauch hatte. Zumindest einer oder zwei flatterten dort herum, wenn sie an den Sänger dachte. War die Begegnung im Café ein Wink des Schicksals mit dem Zaunpfahl gewesen, fragte sie sich, oder bildete sie sich lediglich etwas ein, weil der kurze Flirt ihr das lange vermisste Gefühl von Lebendigkeit zurückgegeben hatte?

Sie rief eine Internetsuchmaschine auf, gab den Namen von Leons Band ein und erhielt als erstgenannten Treffer einen Link zu deren Homepage. Sie fand Fotos, zwei zeigten ihn sogar allein. Er hatte unglaublich lange Haare. Sie bewunderte auch seinen Blick, der im Moment der Aufnahme sowohl Entschlossenheit, als auch unbändige Freude ausstrahlte. Genau so hatte sie ihn live erlebt. Dieser Mann liebte, was er tat.

Sie ertappte sich dabei, endlos lange versonnen auf den Bildschirm mit Leons Foto zu starren, und verwundert bemerkte sie, dass sie feuchte Hände bekommen hatte.

"Ich muss verrückt sein!", hauchte sie. "Warum", fragte sie sich, nun auf der Suche nach Gründen zum Zweifeln, "sollte er sich ausgerechnet für mich interessieren?"

Sie war eine ganze Ecke älter als er, das wusste sie, weil sein Geburtsdatum im biografischen Teil der Website angegeben war. Was konnte eine verheiratete Frau vom Lande diesem tollen Mann bieten, außer Bewunderung? War sie damit nicht nur eine von vielen für einen so guten Sänger?

Jedoch hatte sie auch noch seine warme tiefe Stimme im Ohr: "Nun liegt es bei dir, ob wir uns wiedersehen."

Elena wollte nicht glauben, dass dies nur ein Standardspruch gewesen sein sollte. Sie wollte nicht glauben, dass er jedem weiblichen Bewunderer seine Telefonnummer gab. Immerhin hatte sie geäußert, ihn wiedersehen zu wollen – an dieser Stelle hätte er sich mit Verweis auf ein nächstes Konzert oder ähnliche Weise herausreden können. Nein, er war nicht abgeneigt, sich noch einmal mit ihr zu treffen, zumindest auf einen Drink oder Kaffee. Das musste nicht bedeuten, dass bei ihm etwas gefunkt hatte – wie bei ihr. Aber es war nicht ausgeschlossen. Einen Versuch war es wert, fand sie. Nur Eberhard durfte nichts davon erfahren.

Adam auf der Couch

Eigentlich hatten Kilian und Svenja den heißen Sommersonntagabend mit einem ausgiebigen Spaziergang am See ausklingen lassen wollen. Allerdings hatte der Bassist Adams spätnachmittäglichen Anruf anhand des Klangs von dessen Stimme vollkommen korrekt als Notruf interpretiert. Nach kurzer Rücksprache mit seiner Lebensgefährtin hatte er ihn eingeladen, zu ihnen zu kommen und sein Herz auszuschütten.

"Setz' dich", lud er ihn ein, nachdem sie sich zur Begrüßung umarmt hatten, als hätten sie sich seit Wochen nicht gesehen, obwohl die letzte Begegnung in Wahrheit kaum mehr als 20 Stunden her war. "Du siehst ganz schön mitgenommen aus. Als wäre dir letzte Nacht der Geist von Bon Scott[25] im Traum begegnet und hätte dir verkündet, dass *AC/DC* sich auflösen, wenn du nicht sofort einen Top-Ten-Hit für sie schreibst."

"Das hätte mich wohl nicht so fertig gemacht", lächelte Fleischer matt. "Davon wäre ich allenfalls ein bisschen nervös geworden. Es wäre wahrscheinlich nicht so ein Schock gewesen, denn ich weiß nicht einmal, wie der Geist von Bon Scott aussieht."

"Willst du was trinken? Kaffee? Wasser? Saft? Oder Bier?"

"Wasser ist gut."

Er wurde von Svenja versorgt. Alle nahmen in der Wohnzimmersitzgruppe Platz, und die Gastgeber richteten ihre Aufmerksamkeit auf den blassen Besucher.

"Nun erzähl' mal, was los ist!"

"Nachdem ich letzte Nacht aus deinem Auto ausgestiegen war, bin ich zur Haustür rein – und da saß nicht der Geist von Bon Scott im Treppenhaus ... sondern Nancy."

"Ach!"

"Ohne Witz! Sie hatte auf mich gewartet. Wir haben dann ein POG geführt."

"Was ist ein POG?", fragte Svenja dazwischen.

"Ein problemorientiertes Gespräch", löste Sandner die Abkürzung auf. "So nennen wir das bandintern seit hundert Jahren, wenn etwas ernsthaft und seriös geklärt werden muss – vor allem, wenn es um Beziehungen geht."

"Oh, verstehe", nickte seine Lebensgefährtin und wandte sich wieder Adam zu. "Na ja, bei euch gibt es wohl das eine oder

---

[25] Bon Scott (1946 – 1980), eigentlich Ronald Belford Scott, von 1974 bis zu seinem Tod Sänger von *AC/DC*.

andere zu klären. Das Ende war nicht so toll damals, wenn ich mich richtig erinnere. Was hat sie denn gesagt?"

"Puh, eine ganze Menge", stöhnte der Gitarrist. "Ich glaube, sie wollte sich entschuldigen. Oder vielmehr: Sie *hat* mich um Verzeihung gebeten. Sie hat versucht, mir ihr damaliges Verhalten zu erklären, ohne nach Ausreden zu suchen. Die Schuld für unsere Probleme hat sie auf sich genommen. Außerdem hat sie mir den Verlobungsring zurückgegeben, den ich damals für sie gemacht hatte."

Weil er eine Pause machte, ergriff Kilian das Wort.

"Das hört sich bis hierher eigentlich ganz vernünftig an. Zeit zum Nachdenken hat sie genug gehabt. Vielleicht ist es ihr wichtig, endlich Frieden mit dir zu schließen, um ihren eigenen inneren Frieden wiederzufinden."

"Ja, so kann man das wohl sehen", stimmte Fleischer zu. "Aber es war noch nicht alles. Sie hat mir den Ring nicht einfach so zurückgegeben. Sie hat gesagt, vielleicht würde ich ihn ihr eines Tages zum zweiten Mal schenken. Ich glaube, dieser Satz hat mich letzte Nacht am meisten geschockt. Jedenfalls ging er mir seit dem Aufwachen nicht mehr aus dem Kopf. Sagt ihr es mir: War das ein Spruch oder will sie mich wiederhaben?"

Der Bassist und seine Partnerin verständigten sich mit Blicken. Schließlich war sie es, die sich zu Adams Frage äußerte.

"Ich hab' Nancy schon früher nicht besonders gut gekannt und weiß natürlich erst recht nicht, wie sie heute tickt. Aber als Frau würde ich angesichts der Wortwahl vermuten, dass es kein Spruch war. Sie hält dich offenbar für den Richtigen. Beschwören würde ich es natürlich nicht, denn ich war nicht dabei, als sie es gesagt hat."

"Kannst du dich an den Moment erinnern, als sie es sagte?", wollte Sandner wissen. "War es mehr beiläufig oder hat sie dich angesehen? War Blickkontakt zwischen euch? Direkt von Auge zu Auge?"

Adam bemühte sich, die Szene vor seinem inneren Auge noch einmal abzurufen, doch es gelang ihm nicht in allen Einzelheiten. Seine Müdigkeit und der Alkoholeinfluss hatten in der Nacht ihren Tribut gefordert.

"Ich kann es nicht genau sagen. Nein, beiläufig war es nicht. Aber ob wir uns in die Augen geschaut haben, weiß ich nicht mehr genau. Eher nicht. Vielleicht ganz kurz."

"Ich denke, 99 von 100 Frauen würden einen solchen Satz nicht beiläufig sagen", schaltete Svenja sich wieder ein. "Er klingt in meinen Ohren eher so, als hätte sie ihn sich vorher tagelang zurechtgelegt und regelrecht an der Formulierung gefeilt. Hast du sie uns eben im Wortlaut wiedergegeben?"

Fleischer kämpfte mit seinem Gedächtnis.

"Glaub' schon."

"Wie seid ihr denn verblieben?"

"Sie hat mir ihre Handynummer gegeben und gesagt, ich könne jederzeit anrufen."

"Hast du aber noch nicht", vergewisserte sich Kilian.

"Natürlich nicht."

"Hast du es vor?"

Adam stützte den Kopf in die Hände.

"Ich hab' keine Ahnung, was ich vorhabe. Ich hab' sie geliebt, das wisst ihr. Abgöttisch geliebt. Zu sehr wahrscheinlich. Deshalb war ich auch vollkommen zerstört, als es zu Ende war. Sie hat mein Herz nicht gebrochen, sie hat es zerfetzt. Ihr wisst, wie lange ich gebraucht habe, um wieder halbwegs normal zu werden. Wirklich verliebt habe ich mich nie wieder. Ich konnte nicht. Sie schwebte immer wie eine dunkle Wolke über allen vorsichtigen Annäherungen an andere Frauen. Es hat Jahre gedauert, bis ich das Gefühl nicht mehr hatte. Seitdem war nur keine mehr an mir interessiert. Das war nie ein Drama, ich komme allein inzwischen ganz gut klar. Ich habe mich arrangiert. Die Band läuft, ich fühle mich wohl mit mir. Das Leben ist seit ein paar Jahren wieder okay. Jetzt taucht sie wieder auf! Ich hab' Angst! Es klingt bescheuert, aber ich hab' einfach Angst!"

Das gastgebende Paar ließ den Monolog erst einmal nachhallen.

"Horch mal in dich, wenn du kannst", bat Svenja. "Was hast du gestern gefühlt, als du sie plötzlich gesehen hast?"

"Erst einmal war ich erschrocken."

"Du hast sie so sehr geliebt – hast du davon etwas gespürt?"

Fleischer nickte heftig.

"Ja, aber nicht im positiven Sinne. Ich habe einen richtig tiefen Stich im Herzen verspürt. Als ob das Messer immer noch drinsteckt und jemand es umdreht."

"Puh, was für eine Metapher", verzog Sandner angewidert das Gesicht. "Bist du hergekommen, um dein Herz auszuschütten, oder suchst du Rat?"

"Beides, glaub' ich."

"Halt dich von ihr fern, würde ich sagen", legte der Bassist seine Schlussfolgerung dar, "wenn es dir schon so weh tut, ihr auch nur zu begegnen, hat alles andere überhaupt keinen Sinn. Ihre Nähe ist nicht gut für dich, scheint mir."

Sein Gitarrist verzog keine Miene, wahrscheinlich hatte er mit diesem Tipp gerechnet. Er atmete ein paar Mal tief ein und aus.

"Ja, mein Restverstand sagt ähnliche Dinge. Aber Kilian: Sie hat sich entschuldigt! Sie weiß jetzt, was sie mir angetan hat. Darf ich sie dann so abweisen?"

Svenja kam ihrem Partner zur Hilfe.

"Natürlich darfst du. Es ist gut, dass sie dich um Verzeihung bittet, aber sie hat kein Anrecht auf deine Verzeihung. Selbst wenn du ihr verzeihst, muss das darüber hinaus nichts bedeuten. Ihr müsst deswegen nicht wieder ein Paar werden. Ihr müsst deswegen nicht einmal zusammen ein Eis essen oder ins Kino gehen. Es bedeutet auch nichts, dass du jetzt ihre Handynummer hast. Du musst nicht anrufen. Du kannst sie auch wegwerfen, wenn du dich dann besser fühlst. Du bist ihr ganz bestimmt nichts mehr schuldig. Du darfst dich mit ihr treffen, wenn es dein Wille ist. Aber du musst es nicht. Vergiss das nicht! Und vergiss deine Angst nicht. Angst kann unbegründet sein, häufig ist sie es aber nicht. Manche sagen, Angst sei ein schlechter Ratgeber, aber von Klippen stürzen nur Leute, die zu wenig Angst vor dem Abgrund hatten."

Adam nickt wieder, dieses Mal ziemlich bedächtig, so als ob Svenjas Ansprache nur ganz langsam zu ihm durchdränge. Oder als ob er jedes Wort abzuspeichern versuchte. Vielleicht war es ein Gemisch aus beidem.

Der erste Schritt

Das Nachbarkind rannte wie aufgezogen im Garten herum und schrie seit einer Viertelstunde aus voller Kehle:

"Einigkeit und Recht und Freiheit sind des Glückes Untergang!"

Leon seufzte und ertappte sich bei dem Gedanken, dass acht Grad und Regen vielleicht keine schlechte Sache wären. Er legte den Stift zur Seite. Unter solchen Umständen war es kaum möglich, sich auf den Text zu konzentrieren – er war eben dabei, 'Tears of Cain', einem neuen Song, den letzten Feinschliff zu verpassen.

Der Sänger hatte keine prinzipielle Abneigung gegen Kinder, aber auch wenig Bezug zu ihnen. Der übliche Lebensweg, um die 30 zu heiraten, Nachwuchs zu bekommen und ein Haus zu bauen, den so viele seiner Bekannten wie selbstverständlich eingeschlagen hatten, war ihm immer fremd geblieben. Ob seine zuweilen in Diskussionsrunden geäußerte These, die Leute bekämen Kinder, um sich von ihrem eigenen körperlichen Verfall abzulenken, tatsächlich ernstgemeint war und seiner Meinung entsprach, wussten nicht einmal seine besten Freunde einzuschätzen. Dass er Vollzeit arbeiten musste, war in künstlerischer Hinsicht schlimm genug für ihn, wenn sein Job ihm auch nicht übertrieben auf die Nerven ging. Den kärglichen Rest seiner Zeit dann auch noch preiszugeben, war aber nie in Frage gekommen – dazu war die Musik für sein Leben zu wichtig. Auch wenn andere seine Einstellung vielleicht als egoistisch bezeichneten, wollte er sich nicht durch familiär bedingten Zeitmangel die Möglichkeit nehmen, jeden Tag durch kreative Tätigkeiten Gutes für sein seelisches Gleichgewicht zu tun.

Das Telefon klingelte. Finderling seufzte ein weiteres Mal, hob ein paar Zettel hoch und fand es unter seiner handgeschriebenen To-Do-Liste.

"Hallo?"

"Hallo, ich bin's, die Elena. Erinnerst du dich noch an mich? Wir haben uns letzten Samstag in einem Straßencafé kennengelernt, und ich war auf deinem Konzert. Hinterher hast du mir deine Telefonnummer gegeben – und jetzt rufe ich an."

Leon strahlte.

"Elena! Natürlich erinnere ich mich! Du hast mich vom ersten Moment an so herzlich angelächelt – so etwas vergesse ich nicht sofort wieder!"

Nun strahlte auch Elena. Finderling merkte es daran, dass sie etwas weniger aufgeregt klang, als sie wieder sprach. Er stand auf und begann, in seiner Wohnung auf und ab zu gehen. Das tat er fast immer beim Telefonieren.

"Das freut mich", sagte sie. "Ich kann leider nicht sehr lange sprechen. Du weißt, ich hab' Familie – irgendetwas ist immer. Aber ich wollte nicht länger damit warten, mich endlich einmal zu melden. Sonst hättest du mich am Ende doch vergessen."

"Ich bin froh, dass du das nicht riskieren wolltest", schmunzelte er.

"Du hattest gesagt, es hinge an mir, ob wir uns wiedersehen", erinnerte sie ihn. "Die erste Voraussetzung habe ich damit hoffentlich erfüllt."

"Hast du. Ich würde dich gerne wieder treffen. Aber du hast gesagt, du wohnst auf dem Land. Wollen wir uns in der Mitte treffen?"

"Oh, nein, ich komme gerne in die Stadt. Wir können in ein Café gehen oder ich kann auch zu dir kommen. Ich kann im Moment nur nicht genau sagen, wann ich es einrichten kann. Das ist nicht so ganz einfach mit zwei Kindern und einem Mann. Ich hoffe, ich kann Brigitte als Alibi nutzen. Aber das muss ich eben erst abklären. Wahrscheinlich wird es auf einen Freitagabend hinauslaufen. Brigitte hat mir immer davon vorgeschwärmt, in der *Tribüne* gäbe es manchmal gute Konzerte. Vielleicht kann ich vorgeben, dort mit ihr hinzugehen. Kennst du die *Tribüne*?"

Leon kannte sie.

"Lustig, das ist ein Laden, in dem wir noch nie gespielt haben. Na ja, nicht unser Publikum, glaube ich. Normalerweise spielen da eigentlich nur Bluesbands. Egal. Der Plan klingt gut. Freitagabend ist immer ein machbarer Termin, wenn wir keinen Gig haben und ich es ein paar Tage vorher erfahre. Ich kann dir übrigens auch meine Mailanschrift geben. Bei den Kommunikationswegen bin ich ganz flexibel."

"Ist das die, die auf eurer Website unter deinem Foto steht?"

Finderling nickte anerkennend, weil sie recherchiert hatte.

"Die kannst du nehmen, ja."

"Okay, dann schreibe ich dir, sobald ich mehr sagen kann."

"Würde mich freuen, wenn es klappt."

"Ich mich auch!"

"Mach's gut!"

"Du auch!"

Sie legten auf. Finderling blieb am Schreibtisch stehen, um den Verlauf des Gesprächs Revue passieren zu lassen. Dass Elena ein Alibi brauchte, die Verabredung mit ihm folglich vor ihrem Mann geheim halten wollte, konnte zweierlei bedeuten. Entweder war der Gatte ein prinzipiell eifersüchtiger Mensch, oder sie hatte mehr vor, als nur Kaffee zu trinken. Die Erwähnung des benötigten Alibis sprach nach Leons Vermutung sogar ein bisschen mehr für die zweite These, ebenso ihr Angebot, direkt zu ihm zu kommen. Er schmunzelte. Die Aussichten für eine interessante Entwicklung waren gegeben.

Er verspürte ein angenehmes Kribbeln in der Magengegend, lenkte sich aber nicht davon ab. Er ging auf die Terrasse, um eine Zigarette zu rauchen. Das Nachbarskind hatte inzwischen aufgehört, seine verkorkste Version der Nationalhymne zu schreien.

"Ich gehe jetzt in mein Geheimversteck, wo mich niemand findet", sagte es gerade zu einem Spielgefährten.

"Ist gut, ich komm' gleich nach", lautete die Antwort.

Finderling dachte derweil an den alten Witz über den Unterschied zwischen einer 7-Jährigen, einer 17-Jährigen, einer 27-Jährigen und einer 37-Jährigen: Die 7-Jährige bringst du ins Bett und erzählst ihr ein Märchen, der 17-Jährigen erzählst du ein Märchen, um sie ins Bett zu kriegen, die 27-Jährige ist ein Märchen im Bett, und die 37-Jährige sagt:

"Erzähl' keine Märchen und komm' ins Bett!"

Er war neugierig, was er mit einer (ungefähr) 47-Jährigen erleben würde.

Wein, Weib und Gesang

Als letzter kam Enno in den Proberaum.

"Sorry, Leute!"

"Kein Problem", gestand Kilian ihm zu, "bei der Hitze sind wir sowieso alle nur scharf drauf, hier im kühlen Keller rumzuhängen."

Wittstock hatte sich zu lange in einer Weinhandlung beraten lassen. Nun lagen gleich mehrere Sorten in seinem Kofferraum, die darauf warteten, an den warmen Sommerabenden von Imke und ihm auf dem Balkon getrunken zu werden. Seit dem Brunch nach dem Konzert vor dem *Bienenkorb* hatten sie es an allen drei Werktagabenden so gehalten. Zweimal hatten sie zusammen mit Marion zu Abend gegessen und waren dann gleich mit dem Wein sitzen geblieben. Am Dienstag, als *Hole of Fame* geprobt hatte, war die Mutter nach seiner Rückkehr mit einer Flasche bewaffnet noch zu ihm gekommen, kaum dass er seinen Gitarrenkoffer abgestellt hatte. Offenbar hatte sie ihn heimkommen hören, und ein klein wenig freute er sich, dass sie darauf achtete.

Enno fand, dass es allmählich an ihm sei, ein paar Einheiten des Rebensafts beizusteuern, deshalb hatte er sich nun eingedeckt. Es war sein fester Plan, nach der Probe in der Nachbarwohnung aufzutauchen.

Die Jungs interessierten sich derweil gar nicht für den Grund seiner Verspätung. Sandner berichtete gerade, dass er auf Bitten seiner Mutter, die in Kürze umzuziehen plante, am Vorabend damit begonnen hatte, altes Gerümpel von ihm im Keller auszumisten.

"Dabei bin ich auf eine uralte Sporttasche gestoßen, in deren Seitentasche noch die Verpackungsreste einer Zwischenmahl-

zeit steckten. Wisst ihr, was draufstand? *Raider*[26]*!* Ich hab' es echt nicht glauben wollen."
"Das muss doch schon eine Ewigkeit her sein", rief Adam aus. "Seit wann heißt das Zeug jetzt *Twix*?"
"Seit 1991", gab der Bassist die Antwort auf die logische Frage. "Ich hab' das natürlich heute gleich auf *Wikipedia*[27] nachgeschaut."
"Mann, sei froh, dass es nur die Verpackung war", kommentierte Julius die Entdeckung. "Wenn der alte Gammel noch drin gewesen wäre, hättest du höchstwahrscheinlich schon vom Anschauen 'ne Lebensmittelvergiftung bekommen."
"Könntest du bestimmt teuer auf *ebay*[28] verballern", mutmaßte Leon.
"Was meinst du jetzt?", fragte Fleischer grinsend. "Die Verpackung von dem *Raider* oder die Lebensmittelvergiftung?"
"Krankheiten gehen gerade gut auf *ebay*", mischte Wittstock sich nun grölend ein. "Ich hab' letztens 'ne Magen-Darm-Grippe für 150 Euro verhökert."
Die Stimmung war wieder einmal so ausgelassen, dass die Band noch eine Viertelstunde brauchte, bis sie tatsächlich zu proben begann. Mäßig konzentriert feilten die Jungs an einem neuen Song mit dem Titel 'Mind Bomb', dessen bereits vorhandene Parts so explosiv klangen, wie der Titel versprach. Sie kamen allerdings nicht richtig voran, verfielen immer wieder in Unterhaltungen jenseits der Musik und wurden dementsprechend an diesem Tag auch nicht fertig mit dem neuen Stück.
Unzufriedenheit herrschte dennoch nicht.
"Wir haben Zeit", merkte Finderling an. "Es interessiert außer uns doch keine Sau, ob wir die Nummer auf dem nächsten Konzert bringen oder erst auf dem übernächsten. Hauptsache, sie wird gut! Also Eile mit Weile!"
Enno hingegen hatte es ausnahmsweise sehr eilig – allerdings nicht mit dem Song, sondern mit der Heimfahrt.
Imke freute sich sichtlich, als er mit einer Flasche Rotwein lächelnd vor ihrer Tür stand und sein Mitbringsel mit dem Hinweis kommentierte, es sei Zeit für eine Revanche.

---

[26] *Raider* bzw. *Twix* ist ein Keks mit Karamellschicht und Schokoumhüllung von der Firma *Mars Inc.*
[27] *Wikipedia* ist eine freie Enzyklopädie im Internet.
[28] *eBay* ist ein Internet-Auktionshaus.

Erfahrungsaustausch

Seinen Arbeitstag hatte Leon am Freitag schon mittags beendet, weil er daheim noch ein wenig aufräumen, ein kleines Schläfchen machen und eine Dusche nehmen wollte, bevor er sich mit der neugierigen Elena treffen würde. Er war selbst nicht minder neugierig. Wegen der bisherigen Entwicklung war er durchaus davon überzeugt, dass sie ihm weit mehr zugetan war, als dass ihr einfach nur die Musik von *Hole of Fame* gefallen hätte. Andererseits hatte er sich seine Erwartungen lieber kleingeredet. Schließlich wusste er, dass sie verheiratet war. Damit musste er sie einer Gruppe von Menschen zuordnen, die nach seiner Einschätzung normalerweise nicht als überdurchschnittlich abenteuerlustig auffiel – ihrem Wunsch nach Geheimhaltung zum Trotz. Zudem war sie ein paar Jährchen älter als er, und mit Frauen aus der Altersgruppe Ü40 hatte er wenig Erfahrung.

"In jedem Fall ist sie sehr sympathisch", schob er seine Gedanken beiseite, "ein richtiger Sonnenschein. Falls sie wirklich nur über Musik reden will, werden wir trotzdem Spaß haben. Wird gut!"

Es wurde nicht gut – denn es wurde nichts aus der Verabredung. Eine gute Stunde vor der ausgemachten Zeit rief sie an und teilte ihm mit, sie wäre zwar losgefahren, habe jedoch eine Panne und werde es nicht in die Stadt schaffen. Sie habe bereits ihren Mann verständigt, der kommen und ihren Wagen abschleppen würde.

"Es tut mir entsetzlich leid. Ich hoffe, du verzeihst mir, und ich bekomme später noch einmal eine Chance. Ich bin selbst total enttäuscht!"

"Tja, da kann man nichts machen", bestätigte er seine Kenntnisnahme, "dann müssen wir es wohl verschieben. Du hast meine Nummer. Ruf' mich einfach an, wenn du einen neuen Terminvorschlag machen kannst."

"Das werd' ich", versprach Elena.

Leon legte das Telefon zur Seite und den Kopf auf die Tischplatte.

"Dafür habe ich viereinhalb Überstunden geopfert ... grrr!"

Er holte sich einen Schokoriegel aus dem Kühlschrank.

"Na ja, bei einer Autopanne kann keiner was dafür", rief er sich selbst zur Milde auf. "Immerhin klang sie echt frustriert. Ich werde sehen, ob sie wieder anruft – und wie eilig sie es damit hat."

Er ging rauchend zum Altglascontainer, warf dort einige leere Flaschen ein und fasste dabei einen Entschluss, den er gleich nach seiner Rückkehr in die Tat umsetzte.
"Hallo?"
Er erkannte die Frauenstimme.
"Hallo Darina, hier ist Leon. Wir …"
Oh! Hi, Leon!"
Sie wusste noch, wer er war, daher schenkte er sich jeden Zusatz.
"Ist vielleicht ein bisschen arg spontan, aber du meintest doch, ich sollte mich melden, wenn ich Zeit für ein Gespräch unter Sängern hätte. Heute Abend wäre möglich, falls es dir so kurzfristig passt."
Sie schien zu überlegen.
"Hm, da gibt es ein paar kleine Hindernisse. Wäre aber machbar."
"Was für Hindernisse?"
"Auf jeden Fall müsstest du zu mir kommen. Ich kann leider nicht weg."
"Wieso nicht? Hat man dich angekettet?"
"So ungefähr. Meine Schwester hat ihr Kind bei mir abgeliefert, darauf muss ich ein Auge werfen. Macht sie einmal im Monat, damit sie auch mal feiern gehen kann. Da hätten wir dann auch das zweite Hindernis: So bis 21 Uhr kann es dauern, bis das Kind schläft. Also wenn es dir nichts ausmacht, erst später zu kommen, dann geht's."
"Das wäre kein Problem. Aber ich will natürlich das Kind nicht stören."
"Da mach' dir keine Sorgen", lachte Darina. "Wenn die Kleine einmal schläft, dann kannst du Bomben neben ihr zünden."
"Hast du denn überhaupt Lust auf meinen Besuch? Ich will dir nämlich auf keinen Fall Umstände machen."
"Doch, unbedingt! Das sind doch keine Umstände."
"Okay, dann komm' ich gegen 22 Uhr zu dir – vorausgesetzt, du verrätst mir vorher noch, wo das überhaupt ist."
Darina nannte die Anschrift.
"Zwei Treppen rauf, rechte Tür", fügte sie noch hinzu.
"Okay, das sollte zu finden sein."
"Ich bin zuversichtlich."
"Dann bis nachher."
"Gut, bis dann. Ich freu' mich."
Leon verschwieg natürlich, dass er sich über Besuch von Elena mehr gefreut hätte, fühlte sich aber durchaus geschmeichelt.

Er aß entspannt zu Abend, suchte eine Weile auf der Gitarre nach einem Riff, das gut zu einer kleinen Gesangsidee passte, fand es nicht und machte sich schließlich auf den Weg.

Darina hatte dem Wetter entsprechend nur ein Trägertop und einen Minirock an, als sie Leon die Tür öffnete. Er hatte sie ohnehin noch nie anders als mit Minirock gesehen. Das Trägertop bot reichlich Dekolletee. Ihre Fußnägel waren violett lackiert.

"Hi, komm' rein. Ich sitz' in der Küche. Im Wohnzimmer schläft die Kleine und die Küche ist sowieso der einzige Raum, in dem ich rauche."

Die Küche war klein, aber nicht ungemütlich, obwohl es nur zwei Klappstühle aus Plastik an einem winzigen Tisch als Sitzgelegenheiten gab. Darina hatte ein paar Kerzen auf der Anrichte verteilt und ließ das Deckenlicht ausgeschaltet.

"Jetzt erzähl' mir mal, wieso ihr auf der Bühne ausseht, wie fünf Freunde, die zusammen Spaß haben, während bei uns immer so ein leicht verkrampftes Gefühl rüberkommt, dass wir unbedingt wie eine Gemeinschaft aussehen müssen?"

Finderling machte ein ratloses Gesicht.

"Über euch kann ich wenig sagen. Bei uns dürfte der Eindruck daher kommen, dass wir fünf Freunde *sind*, die zusammen Spaß haben. Ihr nicht?"

"Hm. Dann wird es wohl daran liegen. Gitarrist und Keyboarder können sich nicht besonders gut leiden. Einig sind sie sich immer nur darin, mir keinen Leadgesang übertragen zu wollen. Ich würd' so gern mehr machen, aber manchmal kommt es mir so vor, als hätten sie mich nur in die Band aufgenommen, um auf der Bühne gut auszusehen."

Leon schwankte, ob er ihr mitteilen sollte, dass seine Bandkollegen durchaus den gleichen Verdacht gehegt hatten. Bevor er eine Entscheidung getroffen hatte, war sie thematisch allerdings schon einen Schritt weiter.

"Ich überlege, ob ich nicht mal etwas Eigenes machen sollte. Eine eigene Band mit eigenen Liedern – so wie ihr. Ich hab' öfter mal Melodien im Kopf. Die würde ich dann gern jemandem vorsingen, und der macht dann die Musik dazu. Mit *Desert Snow* ist da nichts zu holen. Die interessieren sich gar nicht dafür."

"Mach' das doch!"

Finderling hielt nicht für ausgeschlossen, dass dabei ein gutes Ergebnis herauskommen könnte, auch wenn er ihre Qualitäten als Sängerin nach dem ersten Eindruck und den Aussagen seiner Mitstreiter nicht sonderlich hoch einschätzte. Aber Gesangskünste waren nicht alles, wenn man eigenes Material schrieb, sofern man fähig war, es den eigenen Fähigkeiten entsprechend auszugestalten. Bryan Adams[29] hätte 'Summer of '69'[30] sicher nicht in D geschrieben, wenn er in A besser singen könnte.

"Aber mit wem?"

"Tja, bis man die richtigen Leute gefunden hat, kann es schon dauern – das ist wahr. Von meiner allerersten Band ist auch niemand übrig geblieben. Das war ein Findungsprozess über mehrere Jahre. Aber wenn es dann einmal passt, dann passt es eben. Ich könnte mir jetzt gar keine andere Besetzung mehr vorstellen."

"Soll mir das jetzt Mut machen?"

Er lächelte.

"Gerne – wenn es dazu geeignet ist. Was ich sagen will: Gib nicht auf, wenn du nicht auf Anhieb die richtigen Leute findest!"

"Ich weiß nicht einmal, wo ich suchen soll. Meinst du, eine Kleinanzeige in einem Szenemagazin würde helfen?"

"Hm. Da bin ich skeptisch. Es sollte nicht nur musikalisch, sondern auch menschlich passen, wenn kein zweites *Desert Snow* dabei herauskommen soll. So wie du dich anhörst, passt es da nämlich menschlich nicht. Dann wird es auch schwierig eine gute Show zu machen: Nicht unmöglich, aber schwierig. Ich glaube, wenn persönliche Bekanntschaften nicht ausreichen, ist es hilfreich, Empfehlungen einzusammeln. Wenn jemand dich und einen Gitarristen kennt, kann er vielleicht einschätzen, ob ihr harmonieren würdet – nur so als Beispiel. Am besten übrigens, wenn er selbst Musiker ist."

"Dann empfiehl mir doch mal jemanden", platzte sofort der zu erwartende Konter aus Darinas grinsendem Gesicht.

"Ich weiß doch nichts. Was für Musik soll es denn werden?"

"Oh, ich steh' total auf dieses gemischte Zeug aus Rock, Pop und Funk."

Leon dachte nach.

"Auf Anhieb fällt mir da keiner ein."

"Na, toll."

---

[29] Bryan Adams (*1959), kanadischer Rockmusiker, erstes Album 1980.
[30] Aus dem Album 'Reckless' (1984).

"Aber ich werd' weiter drüber nachdenken und sag' dir Bescheid, falls mir jemand einfällt oder ich etwas höre. Versprochen!"

"Danke! Ich bin aber gar nicht so festgelegt. Ich bin auch kompromissbereit. Wenn ich es gut kann, werde ich es machen."

"Okay, okay. Ich werde allen unterbeschäftigten Musikern, die mir über den Weg laufen, sofort deine Telefonnummer aufs Auge drücken."

"Ah, nein, nicht die Telefonnummer", wehrte sie ab, "warte, ich geb' dir eine E-Mail-Anschrift. Das ist mir lieber."

Sie verließ die Küche und kam nach einer Minute mit einem Zettel wieder, auf den sie die Adresse geschrieben hatte.

"Hier, die kannst du weitergeben."

Er schob sie in eine Hosentasche.

"Kann ich dir eigentlich was anbieten?", fiel ihr plötzlich auf, dass sie bislang keine zuvorkommende Gastgeberin gewesen war. "Wein, Wasser oder ein Eis?"

"Eis klingt nett – was hast du denn?"

"Ach, nur so Eis am Stiel, Vanille mit Schokomantel, so ein *Magnum*[31]-Verschnitt."

"Ist doch super bei der Hitze. Gerne."

Sie holte zwei aus der Kühltruhe und gab ihm eins. Die folgenden Minuten redeten sie kaum, um nicht die Hälfte zu verkleckern. Leon warf ab und zu verstohlene Blicke zu Darina. Ihr beim Lutschen zuzusehen, löste bei ihm ziemlich eindeutige Gedanken aus.

"Lecker", stellte sie fest, als nur noch der Stiel übrig war.

"Großartige Erfindung", urteilte auch Finderling.

Sie hielt die Hand auf. Er gab ihr das Holzstäbchen. Sie stand auf und warf es in einen Abfalleimer, wobei sie sich bückte und auf diese Weise noch ein paar Hormone bei ihrem Gast in Wallung brachte. Im Anschluss kehrte sie jedoch nicht auf ihren Stuhl zurück, sondern stellte sich sehr nah vor Leon.

"Sag' mal, kannst du dir einen One-Night-Stand mit mir vorstellen?"

---

[31] *Magnum* ist, wie von Darina beschrieben, ursprünglich ein Vanilleeis am Stiel mit Schokoladenummantelung, eingeführt in den 1980er-Jahren durch den *Unilever*-Konzern (Marke in Deutschland: *Langnese*), später auch in anderen Geschmacksvarianten erhältlich. Aufgrund des außerordentlichen Erfolgs wurde es bald darauf auch von anderen Konzernen in leicht abgewandelten Varianten kopiert.

Ihm ging auf, dass er in den letzten Minuten offenbar nicht der einzige Mensch mit aufgewühlten Hormonen und eindeutigen Gedanken in der kleinen Küche gewesen war.
"Ja", sagte er ziemlich lässig. "Kann ich."
Sie setzte sich sofort auf seinen Schoß, die Beine links und rechts von seiner Taille, legte ihre Hände auf seine Hüften und kam mit den Lippen zum Kuss heran. Leon machte mit. Sie schmeckte nach Vanilleeis und Schokolade.
Eine Viertelstunde später war die Küche verwaist und beide hatten auf dem Weg ins Bett ihre Kleidung verloren. Finderling lag auf dem Rücken und spielte mit der Zunge zwischen Darinas Beinen herum, die über seinem Gesicht hockte, ab und zu lustvoll stöhnte, aber hauptsächlich damit beschäftigt war, noch gieriger an seinem Penis zu lutschen als kurz zuvor an ihrem Eis am Stiel.
"Dein Arsch ist einfach göttlich", bewertete Leon zwischendurch das Objekt in seinen Händen, leckte aber sofort danach unverändert leidenschaftlich weiter.
Darina unterbrach ihren Saugvorgang.
"Wenn du da gleich rein willst, muss ich *Vaseline* aus dem Bad holen, sonst pack' ich dein großes Ding nicht."
Nun hielt auch Finderling inne.
"Für einen spontanen One-Night-Stand hast du ziemlich interessante Ideen."
"Tja, ein bisschen Spaß muss eben sein."
Sie stieg von ihm ab und holte tatsächlich *Vaseline*. Leon war beeindruckt, obwohl er wusste, dass seit dem Siegeszug des Bestsellerromans 'Feuchtgebiete'[32] plötzlich viele Frauen bekannten, Analsex zu mögen. In Erinnerung an ihre früher getätigte Behauptung, es gäbe einen engen Zusammenhang zwischen Tanz- und Sexualverhalten, fragte er sich, ob er ihrem auf der Bühne ununterbrochen in Bewegung befindlichen Hintern bisher nicht die richtige Bedeutung beigemessen hatte.
Als Finderling nach dieser sehr speziellen Erfahrung und zwei weiteren normalen, aber nicht minder intensiven Runden vollkommen ausgepumpt nach Hause fuhr, war es draußen bereits fast hell. Schon beim Einstieg in sein Auto hatte er kurz innegehalten, weil er seit langer Zeit kein derart intensiv gezwitschertes Konzert gehört hatte.
"Der Morgen graut, die Vöglein singen", murmelte er gedankenverloren, "das nennt man heutzutage Öko-Lärm."

---

[32] Roche, Charlotte: Feuchtgebiete. Köln 2008.

Nachdem er den Motor angelassen hatte, korrigierte er sich.
"Dem Morgen graut, die Sänger vögeln – muss es wohl eher heißen. Apropos 'heiß': Heißes Mädchen! Hätte ich nicht gedacht."

Er war erschöpfter als nach einem langen Konzert, zudem hatte er mehr aufputschende Körperhormone ab- als aufgebaut. Er würde wie ein Baby schlafen.

"Ich bin zu alt für so'n Scheiß"[33], jammerte er dann auch grinsend, als er daheim im Bad im Spiegel seine winzigen Augen betrachtete. "Von dieser Nacht werde ich mich noch Montag nicht erholt haben. Dabei fängt das Wochenende gerade erst an!"

Er stand mittags wieder auf und schaffte es sogar noch, seine Lebensmittelvorräte aufzufüllen. Den Rest des schon weit fortgeschrittenen Samstags verbrachte er dann aber entgegen sonstiger Gewohnheiten vor dem Fernseher.

Analyse keiner Reaktion

Das abendliche Fernsehprogramm war – wie meistens samstags – sehr an Fußball, Volksmusik und Gameshows orientiert. Mit dieser Konstellation war es nicht geeignet, Nancy abzulenken, deshalb griff sie zum Laptop und verfasste eine E-Mail an Sigrid, um zu fragen, ob die beste Freundin Zeit für ein Telefonat hätte. Sie wusste, dass die E-Mail der beste Weg war, weil Sigrid die Abende an Wochenenden meistens online verbrachte, um mit ihrem unbekannten Liebhaber aus einer anderen Stadt zu chatten. Häufig genug betrieben die beiden Cybersex, wie Nancy unter dem Siegel der Verschwiegenheit erfahren hatte. Daher wagte sie nicht, direkt anzurufen, weil sie nicht bei intimen Fantasien stören wollte.

Hi Süße!
Herrlich, was war das heute für ein schöner Sommertag! Ich habe sogar richtig Farbe* bekommen. Mir geht's beschissen! Kannst du anrufen?
Nancy

---

[33] Leon zitiert hier Roger Murtaugh (gespielt von Danny Glover) im Film 'Lethal Weapon' von 1987.

(* Einen fetten Sonnenbrand, ein aufgeschlagenes Knie und blaue Flecken, weil so ein Idiot, der sich wahrscheinlich für Lance Armstrong[34] hielt, mich auf dem Fahrrad abgedrängt hat.)

Nancy hatte Glück. Keine zehn Minuten später klingelte das Telefon und Sigrid war dran. Sie sahen sich nicht oft, aber sie hielten zumindest wöchentlich, in manchen Phasen sogar fast täglich, Kontakt über SMS, E-Mails oder Telefon – oft genug ein buntes Gemisch aus allen drei Möglichkeiten.

"Hi Süße, lässt du dich heute nicht via Tastatur vögeln?", begrüßte sie die Freundin im zwischen den beiden seit vielen Jahren üblichen direkten Stil.

"Nee, heute muss er real seine Frau vögeln", erklärte Sigrid ihre Abstinenz. "Die haben Hochzeitstag, da muss er seinen ehelichen Pflichten nachkommen. Und was machst du für Sachen? Lässt dich auf dem Fahrrad über den Haufen fahren?"

"Ach, hör' bloß auf! So ein Arschloch! Kam in einem Höllentempo von hinten angerauscht und musste sich ausgerechnet an der schmalsten Stelle des Wegs an mir vorbeidrängeln. Dabei hat er mich gestreift. Ich hab' das Gleichgewicht verloren und bin gestürzt. Meinst du, das hätte den interessiert? Ich weiß nicht mal, ob er sich überhaupt umgedreht hat. Der ist einfach weitergerast. Ich weiß wirklich nicht, ob ich schon mal einen rücksichtsloseren Kerl erleben musste. Das ging gar nicht!"

"Unglaublich", empörte sich auch Sigrid. "Anzeigen sollte man den."

"Würde ich – aber was soll ich groß sagen? Er hatte ein Rennrad und trug ein mintgrünes Radrennfahrerdress, alles hauteng und so. Der Helm war weiß. Von solchen Typen fahren doch mindestens fünfzig in dieser Stadt herum."

"Scheiße! Jetzt tut dir alles weh?"

"Na ja, die blauen Flecken, wenn ich anstoße. Die Schürfung ist nicht so schlimm, weil ich bei der Hitze keine Hose tragen muss. An der Luft ist es okay. Darf ich natürlich nicht berühren – dann brennt's!"

"Du Arme!"

"Ach, das ist halb so schlimm", wiegelte Nancy ab. "Viel schlimmer ist mein Seelenzustand. Letzten Samstag war ich

---

[34] Lance Armstrong (*1971), professioneller Radrennfahrer, gewann siebenmal die Tour de France, wenn ihm die Titel auch später wegen Dopings wieder entzogen wurden.

kurz bei Adam. Er hat sich seitdem noch nicht gemeldet. Verdammt, ich hasse Warten!"

Vom anderen Ende der Leitung kam zunächst nur verständnisloses Schweigen, doch schließlich folgten gezielte Nachfragen.

"Moment, langsam, Schätzchen. Letzten Samstag warst du bei Adam? Ich hab' da wohl was nicht mitbekommen. Wann haben wir zuletzt kommuniziert?"

Nancy musste nachrechnen.

"Dürfte tatsächlich schon zehn oder elf Tage her sein."

"Hattest du mir nicht angekündigt, du würdest dich mit diesem Franzosen treffen, von dem du mir letztes Mal erzählt hast? Der dich auf der Post angequatscht hat und unbedingt eine Tasse Kaffee mit dir trinken wollte? Wie hieß der noch?"

"Gaspard", gab Nancy Auskunft.

"Genau. Habt ihr euch dann doch nicht getroffen?"

"Doch, aber das ist ein potenzialfreier Kontakt."

"Warum?"

"Ich fand ihn sterbenslangweilig. Auf der Post hatte mich seine höfliche Art so beeindruckt. Aber da ist nichts hinter. Er ist stocksteif und hat nichts zu erzählen. Vergiss ihn! Ich werde ihn nie wieder treffen, jedenfalls nicht mit Absicht."

"Wieso wieder Adam? Nach all den Jahren?"

"Gaspard ist daran nicht ganz unschuldig. Ich hatte sowieso schon lange und viel über Adam und mich nachgedacht. Dieser langweilige Gaspard hat mir umso deutlicher gezeigt, dass Adam mich nie gelangweilt hat."

Sigrid stöhnte.

"Gelangweilt sicher nicht, nein. Das kann niemand behaupten. Aber seid ihr nicht nach gefühlten zehntausend Versuchen eines Tages selbst dahinter gekommen, dass es nicht passt mit euch beiden?"

"Insbesondere darüber hab' ich nachgedacht", erläuterte Nancy. "Ich glaube inzwischen, wir haben sehr wohl zusammengepasst. Sehr gut sogar! Nur die Umstände haben zeitweise nicht gepasst. Meine Orientierungslosigkeit im Studium zum Beispiel. Oder meine Arbeitslosigkeit, mit der wir beide nicht umgehen konnten. Der vielleicht etwas verfrühte Heiratsplan – mit solchen Sachen haben wir uns das Leben schwergemacht, daran haben wir uns abgearbeitet. Aber geliebt haben wir uns schon, davon bin ich jetzt wieder vollkommen überzeugt."

"Es gibt drei Milliarden Männer auf der Welt", schimpfte Sigrid, "aber meine Freundin Nancy muss sich ausgerechnet den einzigen davon aussuchen, mit dem sie nachweislich keine glückliche Beziehung führen kann! Schätzchen, geht's noch?"

"Pass' auf, ich erklär's dir. Ihm hab' ich's auch erklärt."

Nancy legte ihrer Freundin ihre Überlegungen auf die gleiche Weise dar, wie sie es gegenüber Adam im Treppenhaus getan hatte. Es fiel ihr nicht schwer, da sie ihren Text aus der Vorwoche mehr oder weniger auswendig konnte.

"Hm", machte Sigrid. "Du hast dich richtig klein gemacht und für alles entschuldigt? Wie hat er reagiert?"

"Verhalten", gab Nancy zu. "Abwartend. Zögerlich. Eigentlich fast gar nicht. Aber vielleicht lag das an den Umständen. Ich hab' ihn aus heiterem Himmel damit überfallen. Und das auch noch mitten in der Nacht, weil er abends nicht da war. Er hatte ein Konzert. Ich hab' vor seiner Tür auf ihn gewartet. Ich wollte nicht wegfahren, ohne mit ihm gesprochen zu haben. Vielleicht war das falsch, vielleicht hätte ich an einem anderen Tag wiederkommen sollen. Aber vielleicht war es auch genau richtig, weil er zu müde war, um mich brüsk abzuweisen. Immerhin hat er mir zugehört."

Es entstand wieder eine Pause. Nancy gab Sigrid Zeit zur Verarbeitung.

"Aber gemeldet hat er sich seitdem nicht?"

"Nein."

"Scheiße."

"Ja."

"Was wirst du jetzt tun?"

"Das ist die Frage."

"Verstehe."

Sigrid grübelte.

"War er betrunken? Könnte er deinen Auftritt vergessen haben?"

"Süße, kann man so betrunken sein?"

"Dein Adam war schon früher durchaus fähig, sich besinnungslos zu trinken."

"Okay, war er früher. Aber letzten Samstag war er nicht volltrunken, ganz sicher. Aber selbst wenn er es gewesen wäre, hätte er inzwischen etwas in seiner Tasche finden müssen, das ihn an mich erinnert hätte."

"Jetzt wird's spannend."

"Ich hab' ihm den Verlobungsring zurückgegeben und meine Telefonnummer dazu."

"Uff!"

"Mach' dir darüber keine Sorgen. Er erinnert sich an meinen Besuch. Entweder traut er sich nicht, mich anzurufen, oder er will nicht, oder er will mich zappeln lassen. Weil ich nicht weiß, welche der drei Möglichkeiten zutrifft, weiß ich nicht, wie ich mich jetzt verhalten soll. Sag' mir, was du denkst, Süße!"
"Uff!"
"Das sagtest du schon."
"Lass' mich Struktur in meine Gedanken bringen."
Nancy geduldete sich.
"Dann spielen wir die drei Möglichkeiten mal durch", legte die Freundin kurz darauf los. "Wenn er sich nicht traut, müsstest du ihm entgegenkommen. Wenn er nicht will, könnte genau das ein Fehler sein. Und wenn er dich zappeln lassen will …"
Sigrid zögerte kurz.
"Das würde nicht zu Adam passen. Dann müsste er sich schon sehr verändert haben. Ich meine: sehr, sehr, sehr!"
"Okay, dann will er nicht oder traut sich nicht", fasste Nancy zusammen.
"Oder er weiß nicht, was er will."
"Das wäre so, wie wenn er sich nicht traut."
"Nicht ganz. Aber so ähnlich. Tja, nun musst du abwägen, wie viel du wagen willst. Wenn du ihn anrufst, obwohl er nicht will, gehst du ihm auf die Nerven und riskierst eine Abfuhr. Wenn er nicht weiß, was er will, muss er vielleicht angestupst werden. Wenn er sich nicht traut, erst recht. Er könnte es aber auch mit der Angst bekommen. Weißt du was, Schätzchen? Ruf' ihn an, wenn er sich in einer Woche noch nicht gemeldet hat. Oder in zwei. Gib ihm noch etwas mehr Zeit, von selbst in die Gänge zu kommen. Wenn er es nicht tut, kannst du immer noch aktiv werden. Wenn es dann zur Abfuhr kommt, weißt du halt Bescheid. Aber werd' jetzt nicht ungeduldig. Ihr habt euch Jahre nicht gesehen und gesprochen, da kommt das für ihn vielleicht jetzt etwas überraschend. Verdammt, weißt du eigentlich sicher, dass er keine andere Freundin hat?"
"Ja."
"Woher?"
"Das hätte er gesagt."
"Warum sollte er?"
"Weil er fair ist. Außerdem hätte ich es gespürt."
"Schätzchen, ich glaube an weibliche Intuition, aber übertreibst du es nicht?"
"Ich bin sicher, dass er keine hat."

"Na gut, wenn du es sagst."

"Also, du meinst, ich sollte noch eine Woche warten, vielleicht auch zwei, und wenn er sich dann nicht gemeldet hat, rufe ich ihn an? Oder fahre hin?"

"Anrufen! Nicht überfallen! Das Männchen muss sich sicher fühlen in seinem Revier. Du darfst nur mit seiner Erlaubnis eindringen. Vielleicht bist du in der Hinsicht beim letzten Mal schon etwas zu forsch gewesen."

"Am Telefon hätte ich ihm den Ring nicht wiedergeben können."

"War das so wichtig?"

"Das war das Wichtigste!"

Anscheinend fehlte Sigrid das Verständnis für diese Behauptung, denn sie fragte:

"Warum gibst du ihm euren alten Verlobungsring ausgerechnet zu dem Zeitpunkt wieder, als du beschlossen hast, dass er doch der richtige Mann für dich ist? Vielleicht hättest du den Ring stattdessen behalten und tragen sollen."

"Nein!", erklärte Nancy entrüstet. "Die Symbolik ist wichtig! Ich muss mich von dem Ring trennen können, um den zugehörigen Mann zurückzugewinnen. Ich will, dass er ihn mir noch ein zweites Mal schenkt. Verstehst du das nicht?"

Die Frau am anderen Ende der Leitung schluckte.

"Mein lieber Herr Gesangsverein", staunte sie. "Du meinst es echt ernst!"

"Natürlich! Was hast du denn gedacht?"

Sigrid seufzte.

"Ich wünsch' dir, dass du weißt, was du tust, und dass es das Richtige ist", sagte sie. "Ich werde immer zu dir halten. Ich werde dich mit Rat und Tat unterstützen, wenn ich kann. Aber als Freundin ist es meine Pflicht, dir an dieser Stelle zu sagen, dass ich mir darüber alles andere als sicher bin."

"Danke, Süße."

Nancy war viel ruhiger, als sie an diesem Abend ins Bett ging.

Funke schlägt Feuer

Es hatte nur bis zum Montag gedauert, bis Elena sich wieder bei Leon gemeldet hatte. Ihn hatte das sehr erfreut, erkannte er doch echtes Interesse darin. Gleichzeitig zwang er sich, nicht zu viel in dieses Faktum hinein zu interpretieren. Von Darina hatte er in der Zwischenzeit nichts gehört.

"Diesen Freitag muss es klappen!", hatte Elena bestimmt.

Es hatte geklappt. Sie hatten sich an einem ihr bekannten Punkt in der Stadt getroffen, und er hatte sie gleich zu sich nach Hause gelotst, wo sie nun auf der Couch saßen, Kaffee tranken, und er ihr Rede und Antwort auf ihre mit unverhohlener Neugier vorgetragenen Fragen stand.

"Hattest du schon immer lange Haare?", wollte sie wissen.

"Ja, von Geburt an."

Wenn Finderling eine Frage ernsthaft beantwortete, sog sie seine Worte auf wie ein Schwamm, wenn er, wie in diesem Fall, schlagfertig reagierte, lachte sie erfreut und sah dann in Leons interessierten Augen besonders schön aus. Er empfand eine enorme menschliche Wärme dabei und lächelte sie ununterbrochen an.

"Was mich an deinem Auftritt so fasziniert hat", gestand sie, "war der Gegensatz zwischen deinem unglaublichen Bewegungsdrang dort oben und der Ruhe, die du vorher bei unserer Begegnung im Café ausgestrahlt hast. Ich hab' mir natürlich keine Gedanken darüber gemacht, aber im Nachhinein dachte ich, wenn ich mir dich auf der Bühne vorgestellt hätte, wäre ich sicher nicht auf die Idee gekommen, dass du ständig wie ein Derwisch von einer Seite zur anderen rennst, das Publikum direkt ansprichst oder mit deinen Kollegen Scherze machst. Wie passt das zusammen?"

Der Sänger lachte.

"Ich bin nicht schizophren, falls du das jetzt meinst – *und ich auch nicht!*"

Für den letzten Teilsatz hatte er seine Stimme verstellt. Elena lachte.

"Nein, im Ernst", erläuterte er nun, "es gibt da offenbar einen Schalter in meinem Kopf oder vielleicht auch im Herzen – das weiß ich nicht –, der sich umlegt, sobald ich die Bühne betrete. Wahrscheinlich ist es das Adrenalin. Die bunten Lichter, der Lärm, das Publikum, das Wissen, dass fast alle Augen auf mich gerichtet sind – puh, ich sollte mir das besser gar nicht alles bewusst machen, sonst funktioniert es am Ende nicht mehr."

"Funktioniert das auch, wenn ihr Aufnahmen macht?"

Leon überlegte einen Moment, um die richtigen Worte zu finden.

"Studioarbeit und Bühnenarbeit sind zwei komplett verschiedene Dinge. Klar, das Handwerkszeug liegt natürlich beiden zugrunde. Beherrschung des Instruments, Kenntnis der Songs und Zusammenspiel. Aber live ist man adrenalingetrieben, während man im Studio die richtige Mischung aus Konzentration, Gefühl und Energie treffen muss, denn auch dort braucht es die Energie im Spiel, um nicht so gelangweilt wie Hotelbarjazz zu klingen."

"Warum schreibst du Englisch?"

Der Sänger lächelte.

"Beliebte Frage. Das hat mehrere Gründe. Erst einmal will ich nicht wie ein Schlagersänger oder ein drittklassiger Lindenberg[35]- oder Grönemeyer[36]-Verschnitt klingen. Ferner möchte ich international verstanden werden. Das hat sich, wenn ich im Urlaub im Ausland war und Leuten Demos von uns vorgespielt habe, als gute Sache herausgestellt. Dann ist da natürlich die Herausforderung, mich in einer Nicht-Muttersprache exakt ausdrücken zu können. Bei unserem Song 'Money' hatte ich erstmals das Gefühl, am Ziel zu sein: Der Text ist sehr ironisch. Ironie in einer Fremdsprache ist, ohne angeben zu wollen, aus meiner Sicht ein Indiz für Meisterschaft."

Elena kam von einem Thema auf das nächste, anscheinend, ohne dabei einen Plan zu verfolgen.

"Ich finde das alles wahnsinnig interessant, was es alles rund um eine Band so alles zu erzählen gibt. In meinem Bekanntenkreis hatte ich nie Rockmusiker. Mir wird gerade bewusst, wie viel mir dabei offenbar entgangen ist. Besonders faszinierend finde ich, dass sich aus fast jeder Antwort von dir eine neue Frage ergibt, manchmal sogar mehrere. Du sagst mir, wenn es dir zu viel damit wird, oder?"

Weil Leon zwinkerte, fuhr sie fort.

"Wie merkst du dir die ganzen Texte?"

"Na ja, es sind meine eigenen – ich weiß ja, wie ich ticke. Da braucht es ein paar Proben, dann geht das schon. Textaussetzer habe ich ganz selten. Aber wenn, muss man eben eine Strophe noch einmal singen. Das merkt sowieso kaum jemand. Manchmal nicht einmal meine Mitstreiter – die Gitarristen jedenfalls nicht. Das ist der Vorteil davon, nicht so berühmt zu sein, dass jeder im Publikum mitsingen könnte."

"Woher nimmst du die Inspiration für die Texte? Liest du viel? Oder kommt das von der Musik, die du selbst hörst?"

Darüber dachte Finderling einen Moment nach.

---

[35] Udo Lindenberg (*1946), deutscher Rockmusiker, erstes Album 1971.
[36] Herbert Grönemeyer (*1956), deutscher Rockmusiker, erstes Album 1979.

"Vermutlich beides. Aber Bücher oder Gedichte wohl etwas mehr, als Songs von anderen Bands. Es kann für einen Musiker nämlich durchaus unangenehm sein, ein gutes Lied zu hören, nämlich dann, wenn er so begeistert davon ist, dass es ihn ärgert, es nicht selbst geschrieben zu haben – das gilt übrigens für Text wie Komposition gleichermaßen. Aber ein wesentlicher Faktor sind doch eigene Erfahrungen und Gedanken. Besonders natürlich bei den emotionalen Stücken."

"Songtexte als Verarbeitung von Erlebnissen?"

"Das kommt vor – im Guten wie im Schlechten."

"Herrje, dann sind bestimmt schon Schmähtexte für Verflossene dabei gewesen, oder? Unter solchen Umständen ist es geradezu gefährlich für eine Frau, sich mit einem Sänger und Texter einzulassen."

Leon grinste breit.

"Die Wahrheit ist, dass ich vermutlich seit mindestens 12 Jahren keinen Schmähtext mehr über eine Verflossene geschrieben habe. Wahrscheinlich war 'Not' der letzte. Aber es ist natürlich keine schlechte Sache, wenn alle Ladies sich mir gegenüber anständig benehmen, weil sie Angst vor der Verarbeitung zu einem Song haben. Also will ich die Drohung lieber mal aufrechterhalten. Schadet sicher nicht."

"Wann gab es den letzten positiven Text?"

"Ist sicher auch schon eine ganze Weile her."

"Keine Inspiration gehabt? Keine positiven Erlebnisse, die es wert waren?"

Finderling rutschte auf dem Sofa an seinen Gast heran.

"Wenn du Lust hast, eine solche Inspiration zu erschaffen …"

Ihre Lippen fanden sich, bevor er den Satz vollendet hatte.

Nachdem sie drei Stunden später zum zweiten Mal miteinander geschlafen hatten, kam plötzlich ein Moment, in dem Leon ohne konkreten Anlass Verunsicherung in Elenas Gesicht las. Er sprach sie direkt darauf an.

"Alles okay?"

"Ich bin bestimmt nur eine unter vielen für dich …"

"Nein", fiel Leon ihr ins Wort, "du bist etwas ganz Besonderes. Ich hab' noch nicht herausgefunden, womit du mich so verzauberst, aber ich hatte vom ersten Moment unserer Begegnung im Straßencafé ein sehr spezielles und gutes Gefühl, was dich betrifft. Du ahnst gar nicht, wie sehr ich gehofft habe, dass du am Abend zu unserem Konzert kommst. Andernfalls hätte ich dich vielleicht nie wiedergesehen."

"Das war auch meine Sorge. Deshalb habe ich auch darum gekämpft, zum Konzert zu kommen. Brigitte wollte eigentlich nicht. Deshalb habe ich auch nach eurem Auftritt so forsch gesagt, dass ich dich wiedersehen möchte. Normalerweise ist das nicht meine Art. Aber sie drängte zum Aufbruch, und meine einzige Hoffnung war, deine Telefonnummer zu bekommen. Zum Glück kamst du auf die Idee."
"Ja, und du hast wirklich angerufen."
"Ich habe nicht lange überlegen müssen."
"Darüber bin ich froh."
"Ich auch. Danach hatte ich schon ein Kribbeln im Bauch."
"Ich auch."
"Ehrlich? Inzwischen sind ausgewachsene Schmetterlinge daraus geworden. Die machen ganz schön viel Wind mit ihren bunten Flügeln. Dabei hatte ich mich nach unserem ersten Telefongespräch schon gefragt, ob ich jetzt verrückt geworden bin. Ich musste mich danach erst einmal mit Blusen bügeln beruhigen."
"Ich bin froh, dass du dich dabei nicht verbrannt hast."
Sie lächelten sich an.
"Ich auch. Ich bin froh, dass du Geduld mit mir hattest – trotz der Autopanne beim ersten Versuch. Ich weiß nicht, ob mir jeder Mann eine zweite Chance gegeben hätte. Das klang doch ziemlich wie eine blöde Ausrede."
"Ich hab' gespürt, dass es keine war."
"Nun bin ich hier. Es ist wie im Traum – nur ist es wahr."
"Du hast davon geträumt, mit mir zu schlafen?"
"Ja, das auch. Aber ich fühle mich einfach rundum wohl mit dir, obwohl wir uns doch noch gar nicht kennen. Oh, Leon! Ich möchte das gern häufiger erleben!"
Er hielt sie fest.
"Nichts lieber als das!"
"Das sagst du so in deinem jugendlichen Leichtsinn! Erinnerst du dich noch daran, dass ich verheiratet bin und Familie habe?"
"So dunkel."
"Ich wünschte mir zwar, es wäre anders", seufzte Elena, "aber es wird nicht leicht sein, dich regelmäßig zu sehen. Ich hab' mich ganz schön verliebt, weißt du das?"
"Dann sehen wir uns eben unregelmäßig."
Die selbstsichere Leichtigkeit, mit der er diese Konsequenz ausgesprochen hatte, brachte sie zum Lachen.
"Du machst mir Mut. Aber ich kann dir nicht versprechen, wie oft daraus etwas werden wird. Eine Affäre mit einer verhei-

rateten Frau stellt vermutlich nicht nur an deine Verschwiegenheit große Ansprüche, sondern auch an deine Geduld. Bei anderen Frauen wirst du mehr Erfüllung finden."

Finderling deutete ein Schmollen an.

"Klingt so, als ob du mir auf die sanfte Tour beibringen willst, ich solle mir eine andere suchen. Quantität ist aber bekanntlich nicht Qualität. Ich bin inzwischen alt und weise genug, die Wahrheit dieser Aussage auch aus eigener Erfahrung zu kennen."

"Du bist lieb."

"Na klar."

"Also, um es richtig zu stellen: Ich würde sehr gern öfter mit dir zusammen sein. Aber du musst wissen, worauf du dich dabei einlässt, und ich will dir nicht im Weg stehen, wenn du etwas Festes findest."

Sie bekam einen Kuss.

"Okay. Ich glaube, ich weiß, worauf ich mich einlasse. Immerhin ist schon dieses erste Date erst im zweiten Versuch zustande gekommen. Die Initiative wird immer von dir ausgehen müssen, da ich wohl besser nicht bei dir anrufe. Wenn du darauf bestehst, verspreche ich dir hiermit hoch und heilig, die Gelegenheit zu einer festen Beziehung, sollte sie sich ergeben, nicht deinetwegen auszuschlagen. Wenn sich eine Dame findet, für die ich ähnlich empfinde, die aber nicht vergeben ist, werde ich sie dir vorziehen. Das ist, was du hören wolltest, oder?"

Elena lachte.

"Mein Verstand wollte das hören, ja. Mein Herz eigentlich nicht …"

"Das hast du nun davon", grinste Leon zurück. "Aber ich hab' auch noch eine Mitteilung für dein Herz: Ich bin im Moment gar nicht besonders scharf darauf, dass mir eine solche andere Dame begegnet."

Nach diesem Satz küssten sie sich wieder ausgiebig und leidenschaftlich.

"Wirst du denn nun eigentlich einen Song über uns schreiben?", wollte Elena nach einer Weile wissen.

"Das werden wir sehen", wich der Sänger einer klaren Antwort aus. "Planen kann ich das nicht. Es kommt oder es kommt nicht. Einstweilen", zwinkerte er dann, "kannst du dich darum bemühen, die Basis für eine Inspiration noch zu verstärken."

Sie lachte.

"Das könnte dir so passen, du Schlingel!"

Sie sahen sich tief in die Augen.

"Und mir auch", ergänzte sie dann.

Irgendwann kam die Zeit des Aufbruchs, obwohl sich beide alle Mühe gaben, den Moment so weit wie möglich hinauszuzögern.

"Also möchtest du mich wiedersehen?", vergewisserte sich Elena.

"Ja! Wenn du es auch willst."

"Ja! Ich kann dir nur nicht sagen, wann es möglich wird."

"Riskiere nichts! Ich lauf' dir nicht weg."

"Ich weiß nicht einmal, warum."

"Das macht nichts. Wichtig ist, dass es so ist."

Finderling saß nach ihrer Abfahrt lange Zeit einfach da und tat nichts. Mit Darina hatte er eine Woche zuvor Spaß gehabt. Dies hier war anders. Es war mehr. Auch der Sänger hatte keine Ahnung, warum.

Frühling im Herbst

Aus dem langen und heißen Sommer war längst ein windiger Herbst geworden, als Darina doch noch eine E-Mail von Leon Finderling bekam. Sie hatte lange vergeblich darauf gehofft und irgendwann nicht mehr daran geglaubt. Nun las sie mit kaum gezügelter Neugier, was der Sänger von *Hole of Fame* ihr schrieb:

Hallo Darina,
entschuldige, dass es so lange gedauert hat. Ich habe ein paar Leuten von deinen musikalischen Plänen erzählt, aber das Problem liegt darin, dass die meisten keine Lust haben, bei null anzufangen. Sie wollen lieber in bereits bestehende Bands einsteigen, um eine klare Vorstellung davon zu bekommen, wohin die Reise gehen soll.

Jetzt habe ich allerdings einen Schlagzeuger aufgetan, der sich freuen würde, wenn du Kontakt zu ihm aufnehmen würdest. Er heißt Freimut Schön und seine E-Mail-Adresse lautet: freimutig-schoen@gmx.de

Freimut hat lange in Big Bands gespielt und zuletzt für die Soldiers of Peace *getrommelt, bis sie sich aufgelöst haben. Das war so psychedelisches Improvisationszeug mit Hippie-Einschlag – falls du sie nicht kanntest. Mir gefiel es nicht besonders, weil ich es nicht mag, wenn Songs total ausfransen, aber spielen konnten sie durchaus, jedenfalls die Rhythmus-*

gruppe. Die Geschmäcker sind verschieden und außerdem haben sie sich aufgelöst ... – Freimut ist ein wenig seltsam, aber nett. Ob er als Typ verlässlich ist, weiß ich nicht, an seinem Instrument ist er es.

Falls du inzwischen schon selbst fündig geworden bist, und den Kontakt gar nicht mehr brauchst, wäre es lieb, wenn du ihm zumindest kurz Bescheid gibst, denn nach meiner Ankündigung rechnet er nun natürlich mit einer Meldung von dir.

Ich hoffe, ihr findet zusammen und ich konnte helfen!
Liebe Grüße,
Leon

Die Lektüre hinterließ die junge und ambitionierte Sängerin ein wenig zwiegespalten. Einerseits freute sie sich über die Vermittlung, da sie bislang noch keine Mitstreiter für ihre Pläne gefunden hatte. Zudem war sie froh, sich in Leon nicht getäuscht zu haben. Dessen Gitarrist Enno, der es ihr zuvor sehr angetan hatte, hatte sich klammheimlich und ohne Abschiedsgruß aus ihrem Bett geschlichen und sich anschließend nicht darum gekümmert, wie sie die von ihm weggeschlossenen Instrumente ihres Gitarristen von *Desert Snow* zurückbekäme. Andererseits traf es sie, dass Finderling sich nicht viel früher gemeldet hatte und in der E-Mail kein einziges Wort stand, welches nach Flirt klang oder einen Wunsch nach einem Wiedersehen ausgedrückt hätte. Sie musste sich eingestehen, dass dieser Wunsch offenbar recht einseitig war.

Darina schrieb sich Freimuts Mailanschrift auf einen Zettel und verließ ihre Inbox. Eine Antwort an Leon mit ihrem Dank verschob sie auf später, schließlich hatte er sich auch nicht gerade beeilt. Tatsächlich hatte sie nichts von ihm gesehen oder gehört, seit sie ihn an jenem Samstagmorgen im Sommer gebeten hatte, nach Hause zu fahren, bevor ihre Nichte wach werden und nach dem Fläschchen verlangen würde.

"Ein Schlagzeuger", murmelte sie nachdenklich.

Sie fand es zugleich gut und auch wieder nicht. Einen fähigen Schlagzeuger zu haben, war für jede Band ungemein wichtig.

"Wenn der Trommler nichts kann, klingt alles lasch. Das sagen alle."

Andererseits war ihr bewusst, dass ein Schlagzeuger und eine Sängerin ohne weitere Verstärkung weder Songs schreiben und proben konnten.

"Irgendwie bringt mich das alles noch nicht recht weiter."

Die Situation blieb unbefriedigend. Nicht zum ersten Mal liebäugelte sie damit, in den lokalen Kleinanzeigenblättern eine Suchannonce zu schalten, obwohl ihr davon abgeraten worden war. Sie würde es mit diesem Freimut besprechen, entschied sie.

Der Proberaum ist der Mittelpunkt des Universums (Folge 196)

Es war eher ungewöhnlich, dass Kilian sich zu einer Probe verspätete. Da die anderen wussten, dass er Bescheid gesagt hätte, wenn er gar nicht hätte kommen können, ließ sich jedoch niemand von seiner Abwesenheit beirren. Leon hatte Enno bereits ein neues Riff gezeigt, welches dieser nun – hin und wieder Variationen ausprobierend – eifrig im Kreis spielte. Julius begleitete ihn dabei, hatte sich aber noch nicht zwischen Vierteln auf dem Ridebecken[37] und Achteln auf der Hi-Hat[38] entschieden. Adam tüftelte unterdessen, noch ohne Ton, hochkon-

---

[37] Das Ridebecken (ride cymbal) hat meist einen Durchmesser von 16 bis 24 Zoll und kann vom Material her sehr unterschiedlich stark sein. Je nach Bearbeitung verfügt es über einen relativ definierten Anschlag ("ping"), der von einem Grundrauschen ("wash") unterlegt ist. Einige Becken klingen relativ trocken, andere dünnere erzeugen mehr Grundrauschen und dadurch einen eher undefinierten Klangteppich. Spielt man die Kuppe (engl. "bell" oder "cup", Glocke) an, so ertönt ein heller und klarer, glockenartiger Ton. Spielt man dagegen den Rand an, so wird der Obertonanteil entsprechend größer und das Becken kann sich aufschaukeln. Entsprechend ihrer Anwendungen gibt es einige Sonderformen, wie zum Beispiel Sizzle-Rides, die mit einigen Nieten ausgestattet sind, um ein fließendes, ausgeprägtes Grundrauschen zu erzeugen oder das Flat-Ride, das über keine Kuppe verfügt und somit weniger Obertöne hat. (Quelle: Deutsche Wikipedia, Stand 31.1016)

[38] Die (tw. auch das) Hi-Hat besteht aus einem Beckenpaar, das horizontal auf einem Ständer mit einem Pedal montiert ist. Dieses ermöglicht mittels eines Federzugs ein Öffnen und Schließen der Hi-Hat mit dem linken Fuß im Standard-Setup. Das Schließen der Hi-Hat-Becken mit dem Pedal erzeugt einen vergleichsweise leisen Klang ähnlich dem einer Cabasa. Das Anschlagen mit einem Stick erzeugt im geschlossenen Zustand einen feinen Klang, im halboffenen Zustand einen raueren ("rockigen") Klang, im offenen Zustand einen lauten Klang ähnlich demjenigen eines Crash-Beckens. Je nachdem, wie lang der Kontakt der beiden Becken ist, entstehen unterschiedliche Klänge. Auf der Hi-Hat werden meist ein durchgehender Puls oder feste rhythmische Figuren ("pattern") gespielt. Sie wird oft als klangliche Alternative zum Ride-Becken verwendet. (Quelle: Deutsche Wikipedia, Stand 31.1016)

zentriert an einer zweiten Gitarrenstimme. Sie brachen erst ab, als die Tür sich öffnete und der vermisste Bassist eintrat.

"Grüß' Gott!"

"Wenn ich ihn seh'!"

Die Begrüßungsrituale fielen eher kurz aus, da die Mitstreiter nun doch wissen wollten, was die ungewöhnliche Verspätung verursacht hatte.

"Felix hat angerufen", erklärte Sandner, "aus dem Krankenhaus."

Natürlich wussten alle Bandmitglieder, dass die Lebensgefährtin ihres seit vielen Jahren bevorzugten Tontechnikers hochschwanger gewesen war und konnten die Nachricht deshalb auf der Stelle richtig deuten.

"Und?"

"Ist es soweit?"

"Hat sie geworfen?"

"Wie weit?"

Kilian nickte.

"Jup! Alles erledigt, alle gesund und munter. Felix ist fix und fertig."

"Dann haut er sich bestimmt heute Abend ein paar Tüten rein."

Die Jungs wussten alle, dass der Mann mit dem absoluten Gehör gern vor dem Einschlafen in geringen Dosen Haschisch konsumierte.

"Das wird wohl nicht nötig sein. Er ist auch so total glücklich. Er sagt, so etwas hat er noch nie erlebt."

"Ach was! Ist doch sein erstes Balg."

"Was ist es geworden? Junge, Mädchen oder Joint?"

"Ein Mädchen."

"Haben sie auch ganz genau nachgeschaut? Es soll auch Leute geben, die Remscheid für Wuppertal halten."

"Die Kleine soll Valentina heißen."

"Valentina?"

Wittstock hatte fast geschrien.

"Oh, Scheiße! Wie kommt er denn auf die durchgeknallte Idee, sein Kind nach einem Orangensaft zu benennen?"

"Der Saft heißt *Valensina*[39]!", korrigierte Fleischer.

"Na und? Jetzt kack' hier mal keine Korinthen! Wenn ich mein Kind Möwenbräu nennen wollte, was immerhin nicht

---

[39] Orangensaftmarke, ursprünglich von Rolf H. Dittmeyer begründet.

Löwenbräu[40] wäre, würde man mir doch auch zurecht einen Vogel zeigen."

"Ja", mischte sich Langemesser ein, einziges Bandmitglied, das selbst schon Vater war, "und zwar die Möwe, die dir ins Gehirn geschissen hat. Valentina ist die weibliche Form von Valentin. Mit Onkel Dittmeyer[41] hat der Name überhaupt nichts zu tun."

"Pah!", wehrte sich der Rhythmusgitarrist grinsend. "Möwenbräu ist das alkoholfreie Zeug von *Löwenbräu*."

"Ja, nee, is' klar! Hör' auf zu lügen!"

"Ich lüg' nie. Ich biete nur alternative Realitäten an."

"Habt ihr wieder heimlich Fleisch gegessen, oder warum seid ihr so aggressiv?", wollte Finderling wissen, wurde jedoch nicht gehört.

"Aus jetzt, ihr Spinner!", fuhr Kilian, der seinen Bass inzwischen eingestöpselt hatte, grinsend dazwischen. "Felix benennt seine Brut wie er will. Wahrscheinlich hat er dabei mehr an *My Bloody Valentine*[42] gedacht."

"Oder an *Bullet for My Valentine*[43]."

"Ja, oder an die. Sollte nicht unser Bier sein und auch nicht unsere kalte Pizza oder an was ihr noch so denkt. Aber ihr habt da eben ein ziemlich cooles Riff gespielt, bevor ich reinkam. War das eine neue Songidee?"

"Nein, das war 'Smoke on the Water'[44] von *Led Zeppelin*[45]."

Wie so oft gab ein Wort das andere, bevor die Jungs sich vom letzten Lacher richtig erholt hatten, und plötzlich war die Konzentration aller dann doch wieder ganz bei der Musik. Sandner ließ sich die Figur von Wittstock zeigen.

"Cooles Ding", fand er. "Hat das schon einen Namen?"

"The Prophet Nostradamus[46] Gets Chased by a Pack of Space Monsters and Didn't See It Coming", antwortete Leon.

---

[40] International bekannte Biermarke aus Bayern.
[41] Rolf H. Dittmeyer (1921 – 2009), trat zwischen 1988 und 1992 in Werbespots für sein Produkt *Valensina* als 'Onkel Dittmeyer' auf.
[42] *My Bloody Valentine*, irische Rockband, gegründet 1983, erste EP 1985, erstes Album 1988.
[43] *Bullet for My Valentine*, walisische Heavy-Metal-Band, gegründet 1998, erstes Album 2005.
[44] Der Song 'Smoke on the Water' stammt selbstverständlich nicht von *Led Zeppelin*, sondern von *Deep Purple* und erschien 1972 auf deren Album 'Machine Head'.
[45] *Led Zeppelin*, britische Rockband, gegründet 1968, erstes Album 1969, 1980 nach dem Tod ihres Schlagzeugers aufgelöst.

"Wie bitte?"
"Enslaved by Amazon Women from Outer Space with Atomic 12 String Guitars"[47], bekam der Bassist einen zweiten Titelvorschlag zu hören.
"Hä?"
Kilian machte ein Gesicht, als hätte ihm jemand erklärt, es sei verboten, Tagesdecken in der Nacht zu benutzen.
"Es hat noch keinen Namen. Es hat noch keine einzige Textzeile und noch nicht einmal einen Refrain. Mehr als das Riff ist mir nicht eingefallen. Ich glaube, es wird Grundlage der Strophen. Aber das hängt davon ab, was noch kommt. Darum hab' ich es mitgebracht. Kommt ja manchmal vor, dass einem von euch was einfällt."
"Selten", schmunzelte Fleischer.
Sie machten sich ans Werk.

Das Felsensolo

Der langgezogene Ton der Leadgitarre übernahm die Führung. Finderling drehte das Autoradio lauter und seufzte.
"Ich liebe Felsensoli!"
"Was sind denn Felsensoli?", wollte Elena wissen.
Leon hob die Hand zum Zeichen des ehrfürchtigen Schweigens, setzte nach Ende der Passage aber zu einer ausführlichen Erklärung an.
"Also, das ist so: Ein Felsensolo heißt nicht etwa so, weil es sich um ein schlecht übersetztes Rocksolo handelt. Der Begriff entstammt vielmehr der Zeit, als bombastische Rockbands bombastische Videos zu ihren Singles drehten, und diese auf MTV^{48} in Heavy Rotation liefen, und sich auch noch jemand dafür interessierte – späte 80er bis frühe 90er Jahre also. Einige Bands trauten sich, nicht bloß Schnipsel ihrer letzten Tournee mit irgendwelchem Promotionsgepose zu verhackstücken, sondern wirklich Geschichten in ihren Kurzfilmen zu erzählen, wenigstens im Ansatz. Diese Geschichten hatten nicht immer

---

[46] Michel de Nostredame (1503 – 1566), französischer Apotheker, bekannt für seine rätselhaften Texte, die er Prophezeiungen nannte.
[47] Dieser 'Songtitel' ist in Wahrheit ein Slogan aus einer Werbekampagne des Gitarrenherstellers *Musicvox*.
[48] Music Television (MTV), 1981 in den USA gegründeter privater Fernsehsender, der in seiner Anfangszeit ausschließlich Musikvideos sendete. Seit 1987 auch in Europa empfangbar.

direkten Bezug zu den Songtexten, aber immerhin war ein Wille zu einer Aussage manchmal erkennbar. Solche Videos hätten wir auf jeden Fall auch gedreht, sofern sie uns jemand bezahlt hätte. Natürlich hätten wir die männlichen Hauptrollen selbst gespielt und die weiblichen ausschließlich an ausgesprochen hübsche Mädels vergeben – is' klar! Da uns das niemand bezahlte, blieb uns nur die Beobachterrolle. Aber wir sahen genau hin."

Elena schmunzelte über Leons Gemisch aus Dozententonfall und Selbstironie. Er war noch lange nicht am Ende seiner Erläuterungen.

"Genau ermitteln kann man es wohl nicht mehr, aber wahrscheinlich war Jon Bon Jovi[49] der Urvater des Felsensolos im optischen Sinne. Jedenfalls meine ich mich erinnern zu können, dass in seinem Stück 'Blaze of Glory'[50] ein nicht unbedeutender Teil der Szenerie auf den Klippen eines Canyons gedreht worden war – und das Gitarrensolo den einsamen Mann mit seinem Instrument auf einem Felsen zeigte. Da hatten wir es! Es überzeugte so sehr, dass er es mitsamt Band in 'Bed of Roses'[51] gleich noch einmal gemacht hat. Es gab Bands, die waren einfach für solche Videos und die zugehörigen Felsensoli prädestiniert. *Aerosmith* hätte eine sein können, vielleicht auch *Metallica*[52] oder *The Cult*. Die Könige der Felsensoli waren allerdings *Guns 'N Roses*[53]. Slash[54] brauchte nicht einmal einen Felsen, um ein Felsensolo zu spielen. Seine Soli klangen einfach schon nach Felsensoli, selbst, wenn man das Video zum Song noch gar nicht kannte. Im Video zu 'November Rain'[55] spielte er dann auch gleich mehrere davon. Eins in einer Kirche auf einem Konzertflügel stehend und eins vor einer anderen Kirche in der Wüste, von einem sehr staubigen Wind umspielt. Die Krönung aber war jene Szene, als er die Hochzeitszeremonie im Video urplötzlich fluchtartig verließ, weil er das drin-

---

[49] Jon Bon Jovi (*1962), eigentlich John Francis Bongiovi jr., Sänger und Rhythmusgitarrist von *Bon Jovi*, zeitweise auch solo tätig.
[50] Aus dem gleichnamigen Album, dem ersten Solowerk von Jon Bon Jovi, aus dem Jahr 1990.
[51] Aus dem Album 'Keep the Faith' von 1992.
[52] *Metallica*, amerikanische Heavy-Metal-Band, gegründet 1981, erstes Album 1983.
[53] *Guns 'N Roses*, amerikanische Hardrockband, gegründet 1985, erstes Album 1987.
[54] Slash (*1965), eigentlich Saul Hudson, wurde als Leadgitarrist von *Guns 'N Roses* bekannt, später auch solo und mit *Velvet Revolver* erfolgreich.
[55] Aus dem Album 'Use Your Illusion I' von 1991.

gende Bedürfnis verspürte, draußen mal eben ein Gitarrensolo zu spielen. Zufällig stand vor der Tür auch gerade eine *Les Paul* herum – das ist seine bevorzugte Gitarre. Was für ein Glück! Natürlich spielte er ein Felsensolo – etwas anderes kam gar nicht in Frage."

Zwar war Leon keineswegs sicher, ob Elena alle angesprochenen Details kannte, doch an ihrem breiten Grinsen konnte er sehen, dass sie seinen Erzählstil goutierte.

"Kilian, mein Bassist, und ich wussten natürlich auch auf Anhieb, zu welchem Song wir ein Video hätten drehen können, dessen Geschichte man einigermaßen am Songtext hätte ausrichten können. Im Urlaub malten wir es uns im Detail aus. Unser Stück 'Ophelia', dessen Zeilen von Georg Heyms[56] großartigem Gedicht inspiriert waren, hätte sicher den passenden Rahmen geboten. Eine Wasserleiche im Fluss – was hätte sich besser geeignet, um einsame Musiker auf Felsen herumstehen zu lassen? In unserer Vorstellung gingen wir soweit, dem manchmal vergesslichen Enno über die tosenden Stromschnellen hinweg die richtigen Akkorde zuzurufen:

'A moll!'
'Was?'
'A MOLL!'
'WAS?'"

Elena kicherte.

"Der Haken an 'Ophelia' war", fuhr Finderling unbeirrt fort, "dass es dummerweise gar kein Felsensolo enthielt – schlicht und ergreifend, weil es, entsprechend unserer unbewusst in Teilen aus Grunge[57] und Gothic Rock[58] entwickelten Kompositions- beziehungsweise Arrangementsphilosophie, überhaupt kein Solo enthielt. Das war natürlich höhere Gewalt. Den Film drehten wir in unseren Köpfen dennoch."

Nun bekam er einen mitfühlenden Blick von seiner Affäre.

"So ein Felsensolo ist, das bewies nicht nur Slash, letztlich gar nicht vom Felsen abhängig. Es muss nur so klingen, als würde der Gitarrist dabei einsam auf einem Felsen stehen. Zumeist beginnt es mit einem lang gezogenen hohen Ton und ist im Allgemeinen eher melodiös und gefühlvoll als technisch anspruchsvoll – so wie das, was wir eben im Radio gehört haben. Wer Gitarrensoli nutzt, um über geschätzte 273 gespielte

---

[56] Georg Heym (1887 – 1912), deutscher Schriftsteller des Expressionismus.
[57] Musikstil, vor allem Anfang der 1990er Jahre weltweit sehr populär.
[58] Musikstil, seit Ende der 70er Jahre vor allem durch britische Bands geprägt.

Töne pro Sekunde seine Fingerfertigkeit zu beweisen, beeindruckt damit vielleicht ein paar Dutzend Nachwuchsgitarristen, sicher aber nicht jene Zuhörer, die Musik über das Gefühl nachvollziehen wollen. David Gilmour[59] gab uns immer mehr als Steve Vai[60]. Gilmour ist wahrscheinlich der Urvater des Felsensolos in klanglicher Hinsicht. Ich weiß nicht, ob er jemals auf einem Felsen stand, während er eins seiner sämtliche Körperbehaarung in die Senkrechte zwingenden Soli spielte. Aber das ist egal. Seine Soli klingen eben so. Wenn du es jetzt noch nicht verstanden hast, müssen wir uns bei nächster Gelegenheit 'Comfortably Numb'[61] von *Pink Floyd*[62] anhören."

"Können wir auf alle Fälle machen."

"Als wir Jahre später unsere erste CD aufnahmen, enthielt sie am Ende doch ein Felsensolo. Zu jener Zeit dachten wir allerdings längst nicht mehr über Singles, geschweige denn dazugehörige Videos nach. Sonst hätten wir den Gitarristen an jener Stelle mindestens auf die Loreley[63] verfrachtet. Garantiert!"

Finderling bekam für seine Ausführungen einen Schmatzer auf die Wange. Er bildete sich ein, schon immer der Meinung gewesen zu sein, dass das Musikerdasein mit Blick auf die Frauen durchaus seine Vorteile hatte.

Sag's mit einem Lied

Für viele Menschen ist der Klingelton eines Handys nicht nur ein Rufzeichen, sondern ein Statement, eine Aussage über die Persönlichkeit des Besitzers. Dass Kilian 'Enter Sandman'[64] von *Metallica* und Enno 'Hells Bells'[65] von *AC/DC* zu ihren Klingeltönen erwählt hatten, erschien naheliegend. Bei Leons Ent-

---

[59] David Gilmour (*1946), Gitarrist von *Pink Floyd*.
[60] Steve Vai (*1960), wurde als Gitarrist in Frank Zappas Band bekannt, der ihm die Zuständigkeit für "impossible guitar parts" (sinngemäß: unspielbare Gitarrenstimmen) übertrug. Später auch u. a. für David Lee Roth, *Whitesnake* und vor allem solo aktiv.
[61] Aus dem Album 'The Wall' von *Pink Floyd*, erschienen 1979.
[62] *Pink Floyd*, britische Rockband, gegründet 1965, erstes Album 1967.
[63] Die Loreley ist ein Schieferfelsen im oberen Mittelrheintal bei Sankt Goarshausen, Rheinland-Pfalz, der sich am östlichen Rheinufer 132 Meter hoch steil aufragend an der Innenseite einer Rheinkurve befindet.
[64] Aus dem unbetitelten Album, von Fans häufig als 'Black Album' bezeichnet, erschienen 1991.
[65] Aus dem Album 'Back in Black', erschienen 1980.

scheidung für 'Goliath and the Vampires'[66], ein weniger bekanntes Instrumentalstück der amerikanischen Band *Monster Magnet*[67], mochte sein in unregelmäßigen Abständen durchbrechender Hang zur Zurschaustellung scheinbarer Extravaganz ausschlaggebend gewesen sein. Julius hingegen hatte dem humoristischen Aspekt Vorrang gegeben und die Titelmelodie der Fernsehserie 'The A-Team'[68] zu seinem Handy-Erkennungszeichen gemacht, nach Vermutung seiner Mitstreiter aufgrund seiner hohen Identifikation mit der Serienfigur Howlin' Mad Murdock[69].

Adam hatte als einziges Bandmitglied sein Gerät auf der Standardeinstellung des Herstellers belassen. Er hatte sich nie Gedanken über Handyklingeltöne gemacht, bis er sich zum ersten Mal seit Nancys Überfall im Treppenhaus mit ihr getroffen hatte und ihre Unterhaltung einmal unterbrochen worden war. Der Anruf, den sie bekommen hatte, war von Stevie Wonders[70] 'I just Called to Say I Love You'[71] angekündigt worden.

Sie hatte zunächst schweren Herzens den Ratschlag ihrer Freundin Sigrid befolgt, ihm Zeit zu lassen. Brav und geduldig hatte sie jeden Tag nur etwa alle zehn Minuten auf ihr Handy gestarrt, bis sie nach drei Wochen zu der Ansicht gelangt war, er würde sich nicht bei ihr melden. Folglich hatte sie die Angelegenheit selbst in die Hand genommen. Ihr erster und zweiter Versuch waren nicht von Erfolg gekrönt gewesen, und weil sie keine Nachrichten auf seiner Mailbox hinterlassen hatte, war nichts weiter passiert. Ihre Hoffnung, die Erkennung ihrer Nummer in der Liste der verpassten Anrufe würde ihn zu einem Rückruf bewegen, hatte sich nicht erfüllt. Beim dritten Mal hatte sie geäußert, nur mal hören zu wollen, wie es ihm ginge und die Nachricht mit dem Wunsch beendet, er könne sich mal

---

[66] Aus dem Album 'Powertrip', erschienen 1998.
[67] *Monster Magnet*, amerikanische Rockband, gegründet 1989, erstes Album 1991.
[68] The A-Team war eine komödiantische amerikanische Action-Fernsehserie, produziert in den Jahren 1983 – 1987. Die besagte Titelmelodie komponierten Mike Post und Pete Carpenter.
[69] Howlin' Mad Murdock war diejenige der Hauptfiguren der Fernsehserie 'The A-Team', gespielt von W. Dwight Schultz (*1947), die zumeist für die Lacher sorgte.
[70] Stevie Wonder (*1950), eigentlich Stevland Hardaway Judkins Morris, amerikanischer Soulmusiker, erstes Album 1962. Nein, das ist kein Tippfehler, er war wirklich so jung.
[71] Aus dem Soundtrack zum Film 'Die Frau in Rot', erschienen 1984.

melden. Daraufhin war wieder zwei Wochen lang nichts passiert.

"Ich glaube prinzipiell schon daran, dass man Männer mit Hartnäckigkeit beeindrucken kann", hatte Sigrid ihr Mut gemacht, "was allerdings nicht heißen soll, dass man *alle* Männer mit Hartnäckigkeit beeindrucken kann."

"Deine Einschränkung betrifft ausgerechnet meinen Adam?"

"Keine Ahnung. Ich muss mich nur absichern. Nicht, dass du mich verklagst, falls es ausnahmsweise mal schiefgeht."

Es war zumindest insofern nicht schiefgegangen, als dass Nancy bei ihrem vierten Versuch mehr Glück gehabt und Fleischer erreicht hatte. Sie war so klug gewesen, ihn nicht auf die fehlgeschlagenen Versuche und den ausgebliebenen Rückruf anzusprechen und hatte es auf diese Weise hinbekommen, eine entspannte Gesprächsatmosphäre zu schaffen, wenn es auch inhaltlich kaum über Alltagsabläufe – "Viel zu tun!" – hinausgegangen war. Ihre Frage, ob sie denn bald wieder anrufen dürfe, hatte er mit der recht lakonischen Antwort beschieden, diese Entscheidung ihr zu überlassen.

Kilian und Svenja waren zufrieden gewesen. Adams Umgang mit Nancys Meldungen war ihnen angemessen erschienen, um ihm selbst die Möglichkeit zu geben, sich langsam an die veränderte Situation zu gewöhnen und die Entwicklung seines Gefühlshaushalts dabei genau zu reflektieren. Sie hatten ihn darin bestärkt, sich nicht unter Druck setzen zu lassen, eine passive Haltung beizubehalten und stets zu berichten.

"Ich hab' zugesagt, mich mit ihr in einem Café zu treffen", hatte er nach ihrem übernächsten Anruf erzählt, dazwischen hatte es einen gegeben, den er abgewürgt hatte, weil er sich auf dem Weg zur Probe befunden hatte.

"Bist du nervös deswegen?", hatte Sandner gebohrt.

"Ein bisschen. Aber nicht sehr. Eigentlich habe ich nur ein wenig Angst davor, dass sie emotionale Themen anspricht. Über alles andere können wir gern reden. Band, Arbeit und so. Sie hat mir noch gar nicht erzählt, was sie eigentlich inzwischen für einen Job hat. Ich werde ihr gleich am Anfang sagen, dass ich nur ein Stündchen Zeit habe."

"Das ist hervorragend", hatte Svenja gelobt. "Mach' das auf jeden Fall! Immer schön langsam – ihr müsst erst einmal schauen, ob ihr euch wieder aneinander gewöhnen wollt. Nur nichts überstürzen! Das habt ihr früher oft genug getan."

Fleischer hatte seinen Plan eingehalten. Er hatte frühzeitig angekündigt, nicht den ganzen Nachmittag mit ihr verbringen zu wollen, und sie dann sehr gezielt nach ihrer Arbeit gefragt. Einzig der Anruf, den sie zwischendurch erhalten hatte, war ein erschreckender Moment gewesen – des Klingeltons wegen.
"War das eine Botschaft?"
Adam saß am Tag nach dem Treffen wieder bei Kilian auf der Couch und stellte diesem und dessen Lebensgefährtin die Fragen, die ihn beschäftigten.
"Wollte sie mir damit sagen, was sie am liebsten tun würde? Mich anrufen, um mir zu sagen, dass sie mich liebt?"
"Der Song ist etwa 25 Jahre alt", rechnete Sandner aus, "vielleicht etwas weniger. Als das ein Hit war, waren wir Teenies. Stand sie damals auf Stevie Wonder?"
"Keine Ahnung", zucke Fleischer ratlos mit den Schultern. "Da hatten wir noch nichts miteinander zu tun. Okay, wir waren in einer Klasse, aber mehr auch nicht. Ich kann mich nicht erinnern, dass sie Platten von Stevie Wonder besessen hätte, als wir zusammen gewohnt haben. Damals hat sie das nicht gehört."
"Wenn ich mich auf den Gedanken einlasse", überlegte Svenja laut, "würde ich für wahrscheinlicher halten, dass sie damit ihren sehnlichsten Wunsch ausdrückt. Sie würde gern von dir einen Anruf bekommen – einen Anruf mit einer Liebeserklärung."
Adam schluckte.
"Das ist reine Spekulation auf Basis deiner eigenen Idee", schwächte Kilians Freundin den Gedanken gleich wieder ab, um den Gitarristen nicht zu beunruhigen. "Es kann genauso gut reiner Zufall gewesen sein. Vielleicht mag sie wirklich einfach nur den Song."
"Aber wenn sie bei eurem nächsten Treffen den Klingelton zu 'Right Here Waiting'[72] von Richard Marx[73] geändert hat, solltest du hellhörig werden", ergänzte Kilian und schubste das Gesprächsthema bewusst in eine andere Richtung, weil er erkannte, dass sie keine Antwort finden würden. "Wie war es denn sonst?"
"Soweit okay. Die meiste Zeit hat sie von ihrem beruflichen Werdegang in den letzten Jahren berichtet. Viel mehr haben wir eigentlich nicht besprochen, weil ich mir dieses Mal doch nur

---

[72] Aus dem Album 'Repeat Offender', erschienen 1989.
[73] Richard Marx (*1963), amerikanischer Popsänger und Songwriter, erstes Album 1987.

eine Stunde für sie nehmen wollte. Ich hätte länger bleiben können, aber ich musste standfest bleiben, fand ich."

"Ja, das war sehr gut. Wie hast du dich gefühlt?"
"Ein wenig angespannt. Aber sonst okay."
"Vorher?"
"Etwas nervös."
"Hinterher?"
"Auch."
"Euphorisch?"
"Nein."
"Niedergeschlagen?"
"Nein, auch nicht."
"Gelangweilt?"
"Nein, absolut nicht."
"Liebst du sie?"
"Auf eine sonderbare Art, ja. Gleichzeitig habe ich Angst vor diesem Gefühl."

Kilian und Svenja nickten sich zu.

"Das ist genauso", hakte der Bassist nach, "wie an dem Abend, als sie dich im Treppenhaus abgefangen hat, oder?"

"Nein, denn da war ich zu überrascht. Ich hatte keine Vorbereitung. Dieses Mal hatte ich genug Zeit, mir vorher klar zu machen, was ich in diesem Gespräch unbedingt vermeiden will – und genug Zeit, um nervös zu werden."

"Mit dem Verlauf bist du zufrieden?"
"Weitgehend. Bis auf den seltsamen Klingelton. Es würde zu Nancy passen, wenn sie ihn ganz bewusst ausgesucht hätte. Sie achtet auf Symbolik. Denkt an den Ring!"

"Wie seid ihr verblieben?"
"Wer Lust dazu hat, meldet sich."
"Wirst du das tun?"
"Ich kann es mir nicht vorstellen."

Nancy tat sich schwer mit einer Lagebeurteilung.

"Wenn er gar nicht wollte, hätte er sich nicht mit mir getroffen", erläuterte sie Sigrid ihre Gedanken. "Aber er war extrem darum bemüht, die Unterhaltung auf oberflächliche Themen wie Job und Karriere zu halten, das habe ich schon gemerkt."

"Vielleicht ist es zu früh, über Gefühle zu reden, Schätzchen", schloss Sigrid daraus. "Er muss sich erst daran gewöhnen, sich dir gegenüber wieder öffnen zu können."

"Er wollte unbedingt nach einer Stunde gehen, obwohl er mir nicht verraten wollte, was er danach vorhatte. Das fand ich doof."

"Das heißt gar nichts", wiegelte Sigrid ab. "Entweder bestätigt es meine These bezüglich der Gewöhnung – oder er wollte sich damit interessanter machen. Dann wäre es sogar ein gutes Zeichen. Habt ihr euch wieder verabredet?"

"Nein. Wir telefonieren."

"Fest vereinbart?"

"Nein, wenn jemand Lust dazu hat."

"Gib ihm wieder eine Woche", riet die Freundin. "Wenn er sich dann nicht meldet, ruf' ihn an. Aber dann mach' gleich einen konkreten Vorschlag. Kein unverbindliches Geschwätz! Schlag' ihm vor, was ihr machen könntet und wann. Ich glaube, du musst jetzt einen schwierigen Spagat hinbekommen: Du musst führen, ohne dabei zu sehr zu drängen. Du hast dir echt was vorgenommen mit diesem Rückeroberungsversuch!"

"Tja, das hab' ich mir schon etwas anders vorgestellt", seufzte Nancy. "Einfacher vor allem. In meinen Träumen reichte es, mich für alles zu entschuldigen, wie ich es getan habe, um sein Herz zu öffnen. Ich sah ihn schon wieder mit dem Verlobungsring vor mir knien. Leider sieht die Realität etwas anders aus."

"Realität ist für Leute, die Angst vor Einhörnern haben", sagte Sigrid beiläufig. "Manchmal muss man an Träumen arbeiten, um sie wahr werden zu lassen."

Nancy lächelte, als hätte sie halbseitige Gesichtslähmung.

"Hast du das aus einem Poesiealbum?"

Sigrid gab keine direkte Antwort.

"Adam ist sensibel, hast du gesagt. Sende ihm Zeichen!", empfahl sie stattdessen. "Subtile Zeichen! Keinen aus Zaunpfählen geschnitzten Holzhammer! Wenn er wirklich sensibel ist, wird er die Zeichen zu deuten wissen, meinst du nicht?"

Nancy dachte an den Moment zurück, als sie ihm den Verlobungsring zurückgegeben hatte, und wusste auch noch genau, welche Worte sie begleitend ausgesprochen hatte. Verstanden hatte er die Botschaft bestimmt. Sie grübelte nun, ob es sich dabei um einen alles zerstörenden Holzhammer gehandelt hatte, landete aber wieder bei der Überlegung, dass er nicht in das erneute Treffen eingewilligt hätte, wenn alles zu spät wäre.

Auf dem Heimweg von Kilian und Svenja hörte Adam im Auto Radio. Als ein Lied von *The Police*[74] gespielt wurde, fiel ihm ein, dass er vor vielen Jahren, noch vor dem Abitur, Nancy eine Kassette aufgenommen und in die Schultasche gemogelt hatte, als sie nach einem Streit erstmals gedroht hatte, sich von ihm zu trennen. Die Kassette hatte nur einen Song enthalten, eben von *The Police*. Sein Titel war 'Can't Stand Losing You'[75]. Dreißigmal hatte er auf die Kassette gepasst. Nancy hatte die Botschaft verstanden.

Premierenangst

Nicht ohne Stolz führte Marion ihrer Mutter und ihrem Nachbarn das aufwändige Kostüm vor, in dem sie am Wochenende erstmals die Ophelia[76] in der schulischen Aufführung von Shakespeares[77] 'Hamlet'[78] geben würde.
"Sieht gut aus!", nickte Enno anerkennend. "Zimmermäßig!"
"Was?"
Auch Imke schaute irritiert.
"Zimmer …?"
Wittstock grinste.
"Oh, das ist ein alter Running Gag bei uns in der Band", erklärte er. "Unser Bassist Kilian hat während seiner Studentenzeit mal in den Semesterferien bei einem Maler und Tapezierer gejobbt. Eines Tages haben sie die Wohnung eines leicht geistig behinderten Mannes renoviert. Ein harmloser, lieber Kerl, sagte Kilian. Er hatte nur die Angewohnheit, alle paar Minuten hereinzuschauen, um sich die Fortschritte anzugucken. Dabei war er jedes Mal höchst zufrieden. Er nickte immer mit dem ganzen Oberkörper und verkündete dann lautstark: 'Sieht gut aus! Zimmermäßig!' Das fanden wir so komisch, dass wir es dann auch ständig gesagt haben. Wir haben es sogar übertragen. Bei uns hieß es dann auch: 'Hört sich gut an! Zimmermäßig!' Heute kommt es nicht mehr so oft vor, aber wenn es jemandem mal

---

[74] *The Police*, britische Rockband, gegründet 1977, erstes Album 1978, offiziell 2008 aufgelöst, de facto wurden schon nach 1983 keine neuen Songs mehr veröffentlicht.
[75] Aus dem Album 'Outlandos d'Amour', erschienen 1978.
[76] Eine weibliche Hauptrolle in William Shakespeares 'Hamlet'.
[77] William Shakespeare (1564 – 1616), englischer Dramatiker und Lyriker.
[78] 'Hamlet', im Original 'The Tragicall Historie of Hamlet, Prince of Denmarke', 1602 oder 03 uraufgeführtes Theaterstück von William Shakespeare.

wieder über Lippen rutscht, grinsen wir immer noch alle. Ich kann euch aber beruhigen – es ist wirklich ganz und gar positiv gemeint. Immer!"

Die Frauen schmunzelten.

"Hab' ich euch eigentlich schon mal gesagt, dass wir früher auch einen Song mit dem Titel 'Ophelia' hatten? Leider hab' ich vergessen, Leon zu fragen, ob der auch was mit 'Hamlet' zu tun hatte. Wollte ich eigentlich letztens schon gemacht haben, nachdem ihr mir erzählt hattet, welche Rolle Marion in dem Stück spielen wird."

Imkes Tochter verschwand in ihr Zimmer, um den Fummel wieder loszuwerden. Enno ließ sich in der Zwischenzeit von seiner Nachbarin darüber aufklären, worin es in dem berühmten Drama inhaltlich ging.

"Ach, 'Hamlet' von Shakespeare ist die Nummer mit 'Sein oder Nichtsein'?", staunte er. "Das wusste ich gar nicht."

"Tja, hättest du dich mal früher in der Schule etwas mehr mit Literatur befasst", tadelte sie ihn, ohne es wirklich böse zu meinen.

"Tja, Literatur war nie so wirklich meins", gestand der Gitarrist zerknirscht. "Dafür hab' ich nichts übrig. Ich lese stattdessen lieber mal ein gutes Buch."

Bevor Imke sich darüber klar werden konnte, ob er gerade absichtlich so formuliert hatte, wurde sie abgelenkt, weil Marion wieder in die Stube kam. Sie war bereits vollständig umgezogen, nichts erinnerte mehr an Ophelia.

"So, Mom, ich geh' dann jetzt zu Rocío. Du weißt, sie hat heute Geburtstag. Es wird bestimmt nicht spät. Wir wollen alle zum Wochenende topfit sein. Wegen der Premiere. Soll ich anrufen, wenn ich bei ihr losfahre?"

"Hm, ja, mach' das ruhig", stimmte Imke nach kurzer Überlegung zu. "Ich fühl' mich dann immer besser. Aber jetzt scher' dich fort! Viel Spaß!"

"Jau, mach' den Schuh!", rief Wittstock ihr zu.

Marion sah irritiert auf ihre Füße.

"Meine Schuhe sind zu!"

Enno lachte los.

"Ich hab' nichts anderes behauptet", prustete er. "Ich sagte 'Mach' den Schuh!', nicht 'Mach' den Schuh zu!' Ein kleiner, feiner Unterschied!"

"Mach' den Schuh?"

"Ach, noch so ein bandinterner Running Gag, glaub' ich. Bei uns muss man nicht sagen, wenn man gehen will. Man zeigt auf einen seiner Schuhe – dann wissen alle Bescheid. Wir nennen das eben 'den Schuh machen'. Keine Ahnung, woher es eigentlich kommt.[79] Aber es hat schon seit Jahrzehnten Tradition. Ach, was sag' ich: seit Jahrhunderten!"

"Langsam glaub' ich, ihr habt einen an der Klatsche", kommentierte das Mädchen und zeigte dem Nachbarn den Scheibenwischer.

Darüber kriegte dieser sich vor Lachen kaum ein.

"Jetzt erst? Wir wissen das schon ziemlich lange!"

Marion grinste und machte sich auf den Weg. Enno ließ sich auf die Couch fallen, wo Imke sich bald zu ihm setzte. In seinem Überschwang legte er ihr einen Arm um die Schulter drückte sie an sich.

"Großartig!", japste er. "Nichts geht über einen Lachflash am Abend. Man fühlt sich wie neugeboren. Spannend finde ich übrigens, dass Marion 'den Schuh machen' nicht kannte. Ich glaube nämlich, das stammt gar nicht aus der Band, wenn ich so drüber nachdenke. Das war eher allgemeine Jugendsprache, als wir noch Bestandteil der Jugend waren. Woran man sehen kann, wie schnell diese Sprache sich offenbar wandelt. Faszinierend!"

"Das sagt Spock[80] immer, oder?"

"Okay, mit *Star Trek*[81] könnte sich auch die jüngere Generation auskennen."

Die Position war ideal. Imke und Enno befanden sich auf dem Sofa, sein Arm um ihre Schulter, wogegen sie sich nicht gewehrt hatte – im Gegenteil, sie hatte sogar ihren Kopf leicht gegen den Seinen gelehnt.

Wittstock hatten zum ersten Mal seit Beginn der näheren Bekanntschaft zwischen ihm und seiner Nachbarin das Gefühl, die Gelegenheit, sie zu küssen, sei nicht nur theoretisch vorhanden, sondern geradezu perfekt. Er drehte seinen Kopf ein wenig in ihre Richtung, nutzte die ohnehin auf ihrer Schulter liegenden Finger, um Imke zu streicheln, lauschte darauf, ob sie Anzeichen von Aufregung erkennen ließ – und tat nichts weiter.

---

[79] Es kommt aus 'Clueless', einer amerikanischen Teenager-Komödie aus dem Jahr 1995.
[80] Spock ist eine der Hauptfiguren in den älteren Filmen und TV-Episoden von 'Raumschiff Enterprise'.
[81] *Star Trek* ist ein Science-Fiction-Universum bestehend aus über 700 Fernsehserienfolgen, mehr als zehn Kinofilmen und zahlreichen Romanen, Comics und Computerspielen, deren Wurzel die in Deutschland als 'Raumschiff Enterprise' bekannte Fernsehserie ist.

Enno hätte auf die Frage, wie viele Mädchen und Frauen er in seinem Leben schon geküsst hatte, spontan nicht sagen können, ob die Zahl noch zwei- oder doch schon dreistellig war, und nun saß er im Wohnzimmer seiner Nachbarin, hielt sie im Arm und traute sich nicht. Das war ihm vermutlich seit dem Vorschulkindergarten nicht passiert.

Imke schlüpfte aus ihren Schuhen, zog die Beine auf die Couch und kuschelte sich noch enger an ihn an. Wenn das kein Zeichen war, gab es keins, dachte er, spielte mit einem Finger in ihrem Haar herum und – beließ es dabei.

"Willst du dir eigentlich eine von Marions Aufführungen ansehen?", fragte Imke.

Wittstock erschrak und zuckte sogar leicht zusammen, weil er gedanklich in ganz anderen Gefilden unterwegs gewesen war.

"Was? Oh, ja, klar, warum nicht? Sehr gern, wenn es sich terminlich einrichten lässt. Wie viele Aufführungen geben sie eigentlich?"

"Ach, gar nicht so viele. Zwölf sind geplant. Marion spielt aber nur die Hälfte davon. Sie haben fast alle Rollen doppelt besetzt, weil so viele Schüler mitspielen wollten. Sie hat die Premiere bekommen, dafür bekommt die andere Ophelia die Abschlussaufführung. Das haben sie zusammen mit dem Theaterlehrer ausgelost."

"Wollte Marion lieber die Premiere haben?"

"Ja. Sie hat gestrahlt, als sie es erzählt hat. Ich glaube aber auch, dass sie von den beiden Mädchen die bessere Schauspielerin ist."

"Natürlich ist sie das!", sagte Enno sehr betont, woraufhin Imke ihm den Kopf zuwandte und ein Lächeln schenkte.

Wieder so ein Moment, in dem er sie hätte küssen können, dieses Mal sogar ohne größere Mühe auf den Mund. Wieder verpasste er ihn.

"Ich kann gleich mal nachschauen, an welchen Tagen sie dran ist. Dann sagst du mir, wann du kannst, und sie bringt morgen Karten mit. Nur die Premiere können wir nicht nehmen, die ist schon ausverkauft."

"Richtig mit Eintrittskarten läuft das?"

"Ja, was denkst du denn? Sogar mit Platzkarten."

Der Gitarrist pfiff anerkennend durch die Zähne.

"Ich kann mich nicht erinnern, dass sie zu meiner Schulzeit auch schon so einen Aufwand bei Theateraufführungen gefahren haben", sagte er. "Kann aber auch daran liegen, dass ich mich nicht dafür interessiert habe."

"War klar!"
"Entschuldigung! Schule war halt nicht so mein Ding."
Wieder drehte sie ihr Gesicht zu seinem, um ihn anzugrinsen. Er erwiderte das Grinsen, drückte sie auch ein wenig und – hielt seine Lippen weiterhin zurück.

Imke nahm das Stichwort auf und erzählte, wie schwierig es für sie als Mutter immer gewesen war, die pubertierende Marion halbwegs bei der Stange zu halten, damit ihr nicht im späteren Verlauf der schulischen Karriere zu große Lücken entstünden.

"Ich weiß, wie ich selbst war", seufzte sie. "Es wäre leichter gewesen, einen Sack Flöhe zu hüten als mich in dem Alter. Vielleicht war ich deshalb ein paar Jahre lang extrem im Schäferhundemodus. So schlimm war Marion dann gar nicht. Eigentlich habe ich es mit meiner Tochter sehr gut getroffen. Sie macht es mir nicht übermäßig schwer."

"Hm, ich weiß nicht", gab Enno zu bedenken, "ob ein Schäferhund wirklich die richtige Wahl ist, wenn es darum geht, einen Sack Flöhe zu hüten. Immerhin sind Hunde bei Flöhen als Wirte ziemlich beliebt, wenn ich mich nicht völlig irre!"

Zur Antwort boxte Imke ihm in die Rippen und versuchte sich danach daran, durch gezieltes Pieken kitzelige Stellen an seinem Körper zu finden, woraufhin er sich lachend mit Ausweichübungen beschäftigte.

Nach der kleinen Rangelei war seine Nachbarin durstig und kehrte mit den Getränken, die sie für beide geholt hatte, zwar auf die Couch, aber nicht mehr in seine Arme zurück. Der kuschelige Moment war vorüber. Sie hatten sich nicht geküsst.

Sackhaare

Alles in allem war Leon nicht nur mit sich und der Welt zufrieden, er hätte sogar explizit bekundet, glücklich zu sein, wenn ihn jemand in dieser Detailtiefe nach seinem Befinden gefragt hätte. Natürlich hätte er lieber Urlaub gehabt, anstatt arbeiten zu müssen, doch alles andere lief rund. Mit der Band ging es gut voran, und sein Liebesleben hatte ihm seit vielen Jahren nicht so gut gefallen.

Selbstverständlich hätte er Elena gern häufiger um sich gehabt, aber er konnte sich mit den Gegebenheiten gut arrangieren, denn er war weise genug, die großen Vorteile zu erkennen, die eine Affäre mit einer verheirateten Frau für ihn parat hielt.

Er lief nie Gefahr, sie durch zu wenig Aufmerksamkeit zu verärgern, denn sie hatte ihn explizit gebeten, nie von sich aus bei ihr anzurufen. Kleine Geschenke konnte sie der Geheimhaltung wegen ebenfalls nicht annehmen, entsprechend musste er sich keine Gedanken darüber machen. Alltagsbedingte Abnutzungserscheinungen zwischen ihnen gab es nicht, dazu sahen sie sich zu selten. Es war ihre Aufgabe, den Kontakt aufrecht zu erhalten, und sie tat es, wann immer sich eine Gelegenheit dazu bot. Zudem freute er sich sehr, dass sie bei jeder Verabredung höchst interessiert daran war, mehrmals mit ihm zu schlafen, sofern es die Zeit hergab. Wenn sie es taten, war es nicht einfach nur guter Sex. Leon war sich selbst gegenüber zu behaupten geneigt, von all den Frauen, mit denen er im Laufe der Jahre intim gewesen war, hätte er mit nur ganz wenigen eine derart hohe emotionale Intensität dabei verspürt.

In diesem Moment saß er ganz entspannt auf seinem Sofa und Elena kniete zwischen seinen Beinen vor ihm auf dem Fußboden. Sie stimulierte ihn oral und sah ihn dabei von unten herauf in einer Weise an, die seine Erregung nur noch steigerte. Dieses Blitzen in ihren Augen hatte er schon bei ihrer allerersten Begegnung – im Straßencafé am Rande des Flohmarkts – sehr fasziniert wahrgenommen, damals freilich noch völlig ahnungslos, in welchem Zusammenhang er sich nun immer wieder daran erfreute.

Zu den Dingen, die er an ihr besonders liebte, gehörte die Tatsache, dass sie ihn beim Sex jederzeit auf eine Weise anstrahlte, die ihm vermittelte, es gäbe für sie in diesem Moment nicht besseres auf der Welt, als das, was sie gerade miteinander taten. Er las mehr als nur Begehren in ihrem Blick. Bei ihrem letzten Telefonat, als sie ihm ihren nächsten Besuch angekündigt hatte, waren sie nicht zum ersten Mal auf ihre Gefühle zu sprechen gekommen. Warum sie sich in ihn verliebt hatte, hatte sie immer noch nicht zu wissen behauptet, wohl aber, dass es von Treffen zu Treffen mehr würde, anstatt sich abzunutzen. Ganz sicher spiele eine Rolle, dass er sie zum Lachen bringen könne.

"Das trifft sich gut", hatte er darauf geantwortet, "denn du scheuchst bei mir die Schmetterlinge im Bauch auf, wenn du lachst."

"Ich kann mich nicht erinnern, wann ich zuletzt so verliebt war."

"Hm. Als du deinen Mann kennengelernt hast?", hatte ihr Liebhaber vermutet.

"Nein", hatte sie geantwortet und damit einen Kloß in seinem Hals bewirkt, "es muss länger her sein. Viel länger."

Zu seiner Erleichterung war aus der Situation, die er als zwar ungewollten, aber dennoch zielsicheren Sprung in ein Fettnapf empfunden hatte, keine Minute peinlichen Schweigens geworden. Elena war einfach darüber hinweggegangen und hatte von der Zeit nach ihrer ersten Verabredung berichtet:

"Ich bin durch die Tage danach geschwebt."

"Ich auch", hatte er zugegeben. "Durch die nächsten drei Tage werde ich auch wieder schweben – dieses Mal voller Vorfreude."

"Es ist so schön, dass du das sagst."

"Du machst mich süchtig."

Der Umgang des Liebespaars war zu Beginn eines Treffens stets von größtmöglicher Zärtlichkeit erfüllt. Schliefen sie ein zweites Mal miteinander, ließen beide dem puren Begehren mehr Freilauf und es wurde etwas wilder, bevor weitere Runden, sofern es welche gab, was in Abhängigkeit von ihrer Zeit unterschiedlich war, ganz automatisch zu liebevoller Sanftheit zurückkehrten. Es passte zwischen den beiden.

Auch die Gespräche vor oder nach dem Sex gefielen beiden. Häufig ging es um Musik, weil Elenas Neugierde zu diesem Thema nimmer müde wurde, manchmal sprachen sie auch über Elenas Ehe oder frühere Beziehungen von Leon, oder sie erklärten sich gegenseitig, was ihnen besonders gut gefallen hatte.

"Was es für mich noch ein wenig schöner machen würde, dich zu verwöhnen", merkte Elena an, während sie auf seinem Bauch lag und mit einem Finger seine Gesichtszüge nachmalte, "wäre, wenn du dir die Sackhaare abrasieren würdest. Dann könnte ich auch mal deine Eier lutschen, ohne fürchten zu müssen, mich an einem Schamhaar zu verschlucken."

Finderling grinste.

"Tut mir leid, den Gefallen tu' ich dir nicht", lehnte er ab. "Erst einmal muss ich sagen, dass ich gar nicht so ein Fan von Eierlutschen bin. Davon abgesehen juckt es wie Sau, wenn Schamhaare nachwachsen. Das ist mir jetzt ehrlich gesagt ein zu großes Opfer, wenn man bedenkt, wie selten wir uns leider nur sehen können. Wenn wir ein richtiges Paar sein könnten, wäre die Sachlage anders. Aber für einmal im Monat erscheint mir der Aufwand nicht gerechtfertigt."

Elena nahm es hin.

"Wären wir denn ein richtiges Paar, wenn ich nicht verheiratet wäre?"

"Ziemlich hypothetische Frage", antwortete Leon stirnrunzelnd. "Aber ich denke schon, dass wir jetzt ein richtiges Paar wären, ja. Oder meinst du nicht?"
Sie sah ihm in die Augen.
"Doch, von mir aus bestimmt."
Er zog ihr Gesicht zu seinem und verstrickte sie in einen ausdauernden Kuss voller Leidenschaft. Schon begannen sie wieder, ihre Körper aneinander zu reiben. Ihr gegenseitiges Begehren schien unerschöpflich.

Allein unter Freunden

Eigentlich war es in den letzten Jahren der normale Zustand, dass Adam ebenso wie Enno und Leon zu Feierlichkeiten in relativ kleinem Kreis ohne Begleitung auftauchte. Doch der Leadgitarrist fühlte sich seltsam, als er an diesem Sonntagmorgen bei Julius klingelte, um am Geburtstagsbrunch von dessen Frau Mia teilzunehmen: Er fühlte sich exakt genauso, wie er sich gefühlt hatte, als er erstmals nach der Trennung von Nancy allein zu einer Feier gegangen war. Er wusste es genau, obwohl jene Erfahrung Jahre zurücklag.

Ihm wurde geöffnet und er gratulierte und übergab ein Geschenk. Es war ein altes Familienschmuckstück von Mia, das er auf Bitte seines Schlagzeugers heimlich restauriert hatte. Frau Langemesser platzte fast vor Freude und bedankte sich so überschwänglich, dass es Fleischer schon fast unangenehm war. In ihrer Begeisterung zerrte sie ihn gleich zum Büffet und erklärte ihm die Auswahl, so dass er zunächst nur am Rande wahrnahm, dass Kilian und Svenja – das andere konstante Paar – schon da waren, während sein Sänger dem Gastgeber half, noch ein paar Stühle aus anderen Räumen hereinzutragen. Aus der Band fehlte nur noch Wittstock, andere Gäste kannte er nicht.

"Manche finden es seltsam, zum Frühstück Fisch zu essen", erläuterte Mia derweil, "aber ich habe Verwandte an der Küste und habe Hering in Sahnesoße dort als ganz normalen Bestandteil von Frühstücksbüffets kennengelernt. Falls du ein Käsefreund bist, solltest du unbedingt von diesem Franzosen hier kosten."

Adam betrachtete den Schimmel mit leichtem Argwohn.

"Generell bin ich der Ansicht, wer Lebensmittel verschimmeln lässt, versteht nichts davon. Aber wenn du ihn mir so ans

Herz legst, will ich zumindest mal ein Eckchen probieren. Was sind die grünen Pünktchen darin?"

"Das Geheimnis", lächelte das Geburtstagskind kryptisch. "Der Mhm-Faktor."

"Der Mhm-Faktor?"

"Ja, dieser Käse heißt bei uns in der Familie nur der 'Mhm-Käse', weil jeder, der zum ersten Mal hineinbeißt, gar nicht anders kann, als sofort mindestens ein 'Mhm!', wenn nicht sogar ein richtiges 'Mhmmmmmmmm!' von sich zu geben."

Fleischer schmunzelte.

"Na, dann muss ich wohl."

Er schnitt ein Stück ab und biss hinein.

"Mhm!"

"Siehste?"

"Ich weiß, was du gerade probiert hast!", rief Langemesser lachend, der gerade mit weiteren Stühlen an den beiden vorbeikam.

"Was ist das Grünzeug nun?"

"Basilikum."

Adam bekam auch den Rest erklärt, wurde zudem nach seinem Getränkewunsch gefragt und lud sich den Teller voll, während Mia ging, um die gewünschte Cola zu holen. Ihm fiel ein, dass Nancy ihn bei gesellschaftlichen Anlässen manchmal kritisiert hatte, er bediene sich zu ungeniert und könne einen bescheideneren Eindruck hinterlassen, in dem er weniger nehmen und dafür häufiger zum Büffet gehen würde. Er wurde ein wenig blass um die Nase, als ihm auffiel, woran er gerade dachte. Kaum hatte er wieder halbwegs regelmäßigen Kontakt zu Nancy, stellten sich auch die aus ihren früheren Nörgeleien erwachsenen Reflexe wieder ein. Für den Moment spürte er sich von einem Vakuum der Hoffnungslosigkeit angesogen, bar jeder Chance auf ein glückliches Leben. Aber war es nicht ermutigend, wie sie sich in letzter Zeit um ihn bemühte, und wie demütig und bescheiden sie dabei auftrat?

Fleischers Gedanken wurden von Wittstock unterbrochen, der – von Finderling in die Wohnung gelassen – auf Mia zustürmte und ihr lautstark alles Glück der Welt wünschte, soweit sie es nicht ohnehin schon hätte.

"Ich sehe mit Erleichterung", fügte der Rhythmusgitarrist an, "dass die Feierlichkeit nicht im Zeichen einer bestimmten Kleiderordnung zu stehen scheint, worüber ich vorhin vor dem Kleiderschrank plötzlich verunsichert war. Beinahe hätte ich mir zur Sicherheit einen Peniszeiger um den Hals gewickelt."

"Alter, hast du noch alle Latten auf'm Zaun?", lachte Julius ihn aus. "Das ist ein niedliches, kleines Geburtstagsbrunch, da muss sich doch niemand 'ne Krawatte umbinden. Wir werden älter und bestimmt auch ein bisschen spießiger – aber deshalb werden wir ganz sicher nicht förmlich. Los, nimm' dir was zu essen!"

Enno ging grinsend zu Adam und stibitzte ein Stück Käse von dessen Teller.

"Da steht ein fettes Büffet, du Spatzenhirn!", schmunzelte dieser.

"Mhm!"

Der Geschmack des Basilikum-Käses hatte Wittstocks Nerven erreicht. Fleischer und das Ehepaar Langemesser amüsierten sich köstlich über die Reaktion.

Adam war froh, unter Freunden zu sein und genoss die gute Laune. Er gehörte zu den letzten Gästen, die die Feier verließen.

Die Versuchung

Sie trafen sich zufällig unten an der Haustür. Enno sah Marions Miene schon im Licht der Außenbeleuchtung die schlechte Laune an. Zunächst wollte er nach der Ursache fragen, doch dann kam er selbst zu einer Vermutung.

"Wenn man sich das Gesicht anschaut, das du gerade ziehst, muss man annehmen, dass eure heutige Aufführung danebengegangen ist."

Wittstock hatte der dritten Schulaufführung des 'Hamlet', in der Marion die Ophelia verkörpert hatte, gemeinsam mit Imke beigewohnt. Er hatte sich sehr beeindruckt gezeigt, nicht nur von der Schönheit der späteren Wasserleiche.

"Hör' bloß auf! Ich wäre am liebsten im Boden versunken."

"Hattest du Textaussetzer? Oder bist du hingefallen?"

"Textaussetzer klingt noch viel zu harmlos. Das war ein richtiger Blackout!"

Hätte er nicht seinen Gitarrenkoffer in der einen und den Schlüsselbund in der anderen Hand gehabt, hätte er sie gleich in den Arm genommen.

"Nachdem du es schon dreimal fehlerfrei hinbekommen hattest?"

"Mehr als dreimal! Es gab auch genügend Proben, auf denen alles in Ordnung war. Keine Ahnung, was heute mit mir los war. Oder eben nicht los war."

"Aber ihr habt doch einen Souffleur, hoffe ich."
"Ja, na klar. Trotzdem peinlich, wenn die Pausen in Dialogen viel zu lang sind. Ich bin bestimmt knallrot geworden."
"Was man unter der dicken Schminkschicht vermutlich aber nicht sehen konnte", beruhigte der Gitarrist seine junge Nachbarin.
Sie waren inzwischen bei ihren Wohnungstüren angekommen.
"Dann lass' dich mal ein bisschen von deiner Mutter trösten", riet er ihr zu Abschied.
"Geht nicht", erfuhr er, "die ist nicht da. Die ist heute Abend zu Tante Lale gefahren. Könnte spät werden, hat sie gesagt. Darf ich noch zu dir kommen? Ich mag jetzt nicht allein sein mit meinem Frust."
Enno zeigte sich überrascht.
"Wann musst du denn ins Bett?"
"Scheißegal. Ich muss morgen erst zur dritten Stunde in die Schule. Ist immer so nach den Aufführungen. Ich könnte jetzt eh nicht pennen. Bin viel zu mies drauf. Außerdem bin ich kein Kleinkind mehr. Ich brauch' nicht mehr so viel Schlaf."
"Ich übernehme keine Verantwortung."
"Keine Sorge! Wenn du pennen willst, geh' ich halt."
"Okay, ich lass' die Tür angelehnt."
Zehn Minuten später war Marion da: vollständig abgeschminkt, die Haare zu einem undefinierbaren Knäuel zusammengeknotet, in einen schlabberigen Fleece-Pullover, eine Leggins mit einem Loch am Knie und Wollsocken umgezogen und mit einem Gesicht, das nun nicht nur von Ärger, sondern noch viel mehr von Müdigkeit geprägt war. Die meisten Frauen hätten sich in diesem Aufzug zu Recht nicht einmal getraut, den Müll runterzubringen, das junge Mädchen mit der Traumfigur und dem Fotogesicht sah selbst in diesem Zustand nach Ennos Meinung hinreißend aus.
Zu seiner Verblüffung kam sie nicht nur zu ihm auf das Sofa, sondern kuschelte sich ohne jede Zurückhaltung direkt in seine Arme.
"Halt' mich einfach lieb!", forderte sie ihn auf. "Wenn ich schon sonst zu nichts zu gebrauchen bin, dann vielleicht wenigstens als Kuschelkissen."
Wittstock lachte, tat ihr aber den Gefallen.
"Du hast drei oder vier Aufführungen perfekt hinbekommen. Jetzt ist eben mal eine nicht so super gelaufen. Das kommt vor! Meinst du, ich spiele jedes Konzert fehlerfrei?"

"Fühlst du dich dann nicht beschissen?"

"Nö. Einmal bin ich es, einmal ist es ein anderer. Das gleicht sich aus. Wir sind alle routiniert genug, die Fehler der anderen aufzufangen. Wirklich peinlich wird es nur, wenn die Technik versagt. Aber das ist uns zum Glück seit Ewigkeiten nicht passiert."

"Aber dafür könntet ihr dann doch gar nichts."

"Die Mehrheit im Publikum realisiert aber nur, dass es nicht läuft. Einen kleinen Spielfehler von mir bemerkt hingegen in der Regel nur die Band."

"Eigentlich ist das nicht fair."

"Mag sein, es hat aber auch Vorteile. Ich wette, deinen Blackout heute haben auch nur deine Mitspieler bemerkt. Die machen dann vielleicht morgen dazu einen dummen Spruch, dann ist es aber auch erledigt, weil sie selbst auch wissen, dass es beim nächsten Mal vielleicht sie selbst sind, die den Fehler machen. So läuft das bei uns auch. Dann heißt es: 'Aber nicht wieder im Refrain A spielen, wo eigentlich ein E hingehört!' Das erträgt man dann und schon auf der zweiten Probe danach ist es für alle abgehakt. Bleib' cool und zerfleisch' dich nicht selbst! Niemand ist perfekt. Nicht einmal du!"

Er hätte durchaus gern ein 'außer optisch' angemerkt, wollte aber seine Rolle als souveräner Mentor für den Moment nicht verlassen.

"Du bist lieb", sagte sie leise, rieb ihren Kopf an seiner Brust wie eine Katze und versetzte mit beidem zusammen in ihm eine sehr weiche Saite in Schwingungen.

Enno zog das Mädchen noch ein wenig fester an sich. Dass sie zu allem Überfluss auch noch gut roch, war für ihn keine Überraschung. Durch die hochgebundenen Haare lag ihr Nacken frei, ihr Ohr ebenso, und beides war in Reichweite seiner Lippen. Die Versuchung, sie hinten am Hals zu küssen, vielleicht sogar ganz zärtlich an ihrem Ohrläppchen zu knabbern, war gigantisch. Eine vorbereitete Spritze hätte für einen Heroinabhängigen auf Turkey kaum größere Anziehungskraft ausüben können, eine Tafel Schokolade auf einen Naschsüchtigen auf Diät auch nicht.

"Sie ist Imkes Tochter, und sie ist erst siebzehn", dachte er und schloss die Augen, um sich dem verführerischen Anblick vorübergehend zu entziehen.

"Eigentlich hat mir die ganze Geschichte mit dem Theater Riesenspaß gemacht", erzählte Marion nun und lenkte ihn dadurch zumindest ein bisschen von seinen inneren Kämpfen ab. "Ich hab' schon überlegt, ob ich nach dem Abi die Uni nicht sausen lassen soll und lieber eine Schauspielschule besuche. Aber die Erfahrung von heute hat mir gezeigt, dass ich vielleicht doch nicht so begabt bin. Nicht nur, dass ich den Scheißtext vergessen hatte, ich war auch noch so panisch, als ich es bemerkte. Jetzt bin ich wieder völlig verunsichert. Und ich hab' auch noch andere Interessen. Ist ganz schön schwierig, sich mal für irgendwas zu entscheiden, wenn man noch keine Ahnung hat, was man hinterher machen will. Eigentlich schreckt mich die Vorstellung, dass ich nach Ende der Ausbildung oder des Studiums für den Rest meines Lebens das Gleiche machen soll. Warum ist das so?"

"Muss man doch nicht", widersprach Enno. "Klar, es ist nie ganz einfach, in Bereiche reinzukommen, für die man nicht ausgebildet ist. Aber manchmal tun sich auch unerwartete Möglichkeiten auf, und es gibt jemanden, der daran glaubt, dass man etwas kann und einem die entsprechende Chance gibt."

Wieder fand Imkes Tochter Ennos Antwort offenbar tröstlich und bedankte sich bei ihm für seine Worte mit einer zärtlichen Geste, indem sie sein Knie streichelte. Er bekam davon, was sie nicht sehen konnte, da er eine lange Hose trug, eine Gänsehaut am Bein. Das Bild vor seinen während des Gesprächs wieder geöffneten Augen hatte sich nicht verändert. Da war immer noch dieser verführerische Nacken mit den kaum sichtbaren, hauchzarten Härchen, die sich aufstellen würden, sollte er es wagen, das Mädchen dort mit den Lippen oder der Zungenspitze sanft zu touchieren. Da war immer noch ihr zierliches Ohr, in das er hätte hineinhauchen und damit eine nicht direkt berührbare erogene Zone erreichen können, wenn er sich nur getraut hätte.

"Siebzehn", hämmerte es wieder durch seinen Kopf. "Scheiße, sie ist erst siebzehn. Das kannst du nicht bringen!"

Ihr Fleece-Pullover, der vorn über einen Reißverschluss verfügte, war durch ihre Kuschelhaltung soweit verrutscht, dass Wittstock ein wenig Einblick in ihr Dekolletee hatte. Allerdings bemühte er sich, dies nicht weidlich auszunutzen, um nicht noch mehr in die Bredouille zwischen Begehren und Verantwortungsgefühl zu rutschen. Hätte das Dilemma nicht bestanden, wäre ihm der Umstand, dass besagter Pullover auch weit genug war, um bequem eine Hand unter ihn schieben zu können, sehr entgegen gekommen. Auch am, bei schlanken Frauen nicht zu leugnenden, optisch vorteilhaften hautengen Sitz von Leggins hätte er seine Augen gerne ausführlicher geweidet.

Nicht einmal die Wollsocken schreckten ihn ab – bei Marion sahen sie einfach nur niedlich aus.

"Warum kann sie nicht wenigstens in den frühen Zwanzigern sein?", knurrte es in seinem Kopf. "Arme Studentin – oder Schauspielschülerin –, neu in der fremden Stadt, allein, einsam, schmusebedürftig: Ich würde mich umgehend selbstlos zur Verfügung stellen! Stattdessen ist sie siebzehn und Tochter meiner Nachbarin, die es mir zu allem Überfluss selbst ebenfalls irgendwie angetan hat. Warum gerate eigentlich immer ich in solche beschissen komplizierten Situationen? Ich will doch nur Knutschen!"

Er war froh, dass Marion ihn nicht ansah, weil er fürchtete, man könne auf seiner Stirn ablesen, was in ihm vorging.

"Na ja, fast nur Knutschen", ergänzte dieser gerade heimlich mit gespielter Unschuldsmiene seinen inneren Monolog.

Die Situation änderte sich im Laufe der nächsten Stunde nicht, weder Marions Lage an Ennos Brust, noch die ihrer Finger auf seinem Knie, welches nach seinem Empfinden bereits glühte, und auch nicht die Position seiner rechten Hand, die ohne Anzeichen von Ermüdung ihre Seite streichelte, dabei aber den Abstand zu ihrem wohlgeformten Vorbau nie auf weniger als drei Zentimeter schrumpfen ließ, obwohl sie gern gewollt hätte. Hin und wieder sprach Marion einen Gedanken aus, der ihr in ihrer anlehnungsbedürftigen Stimmung durch den Kopf ging, worauf der Gitarrist stets etwas Aufbauendes antwortete und dafür die Quittung in Form einer Geste zärtlicher Dankbarkeit erhielt. Dann war er wieder für mehrere Minuten seinem herausfordernden Kampf um Selbstbeherrschung überlassen.

"Langsam werd' ich müde", verriet sie schließlich.

Enno verstand, was dies bedeutete. Wollte er das schöne Mädchen verführen, war die letzte Gelegenheit nun gekommen. Würde er sie verstreichen lassen, bestand die Gefahr, die Chance auf absehbare Zeit nicht wieder zu bekommen. Nie zuvor hatte sie sich derart offensiv an ihn geschmiegt, seine Nähe gesucht, ihm Vertrauen geschenkt. Im Beisein von Imke würde sie es nicht wiederholen, dessen war er sich sicher. Die Wiederholung eines Abends in trauter Zweisamkeit war mit Blick auf den bisherigen Verlauf ihrer Bekanntschaft bis auf weiteres eher unwahrscheinlich. Noch lag sie in seinem Arm, noch lag ihr Nacken verführerisch in der Reichweite seiner Lippen. Er rang mit sich.

"Bestimmt kommt Mom auch bald nach Hause", meinte Marion. "Sie versteht unter 'spät' etwas anderes als ich."

Dann stand sie auf, bedankte sich für Gesellschaft und Trost und ging. Wittstock blieb allein zurück. Sein Kopf war leer.

Völlig losgelöst[82]

Die wunderbare Welt der Schwerelosigkeit, durch die Elena seit Beginn der Affäre mit Leon flog wie ein fröhlicher Astronaut, war nicht frei von Himmelskörpern auf Kollisionskurs. Die tägliche Stupidität der Haushaltsführung ging ihr leichter von der Hand als in den ballastreichen Monaten und Jahren zuvor, sofern sie gerade von Vorfreude auf ein nächstes heimliches Telefonat oder gar Treffen mit ihrem Liebhaber erfüllt war. Der zunehmend pubertär rebellische Philipp und der stets um Aufmerksamkeit heischende Sebastian jedoch bescherten ihr mindestens täglich, manchmal häufiger, kritische Momente: Die Frage, warum sie sich das eigentlich alles angetan hatte, spielte dann keine untergeordnete Rolle. So bewegte sich ihre Laune über die Tage hinweg durch Aufs und Abs mit zeitweise extremen Ausschlägen.

Eberhard war, wie schon seit einer ganzen Weile, keine große Hilfe, wenn die Kinder an ihren Nerven zerrten. Elena dachte mehr als einmal darüber nach, ihm eine Kanonade von Vorwürfen an den Kopf zu werfen. Sie unterdrückte ihren impulsiven Reflex vor allem, weil sie sich sorgte, im Verlauf eines ungezügelten Wutausbruchs von ihren Emotionen zu einem leichtfertigen Fehler getrieben zu werden. Nichts war ihr so bewusst, wie die Notwendigkeit, ihr Herz nicht auf der Zunge zu tragen.

Entsprechend zahm und wortkarg reagierte sie auch, als eines Abends Eberhard die Initiative zu einer Aussprache ergreifen wollte. Nach zähem, einsam geführtem Kampf der Mutter schliefen beide Söhne endlich. Elena hatte sich mit einem Weinglas in einem Sessel niedergelassen – die Distanz, die sie dabei zu ihrem Mann auf der Couch hielt, hätte innerhalb der Sitzgruppe nicht größer sein können.

"Was ist eigentlich los mit dir?", fragte er.

Sein Tonfall hatte von beinahe allem etwas: Besorgnis hörte sie, Mitgefühl und Interesse, aber auch Ungeduld, Ärger und

---

[82] Ja, selbstverständlich ist das eine Anspielung auf das Lied 'Major Tom (völlig losgelöst)' von Peter Schilling (*1956), eigentlich Pierre Michael Schilling, das 1982 ein großer kommerzieller Erfolg war und 1983 noch einmal auf dem Album 'Fehler im System' erschien.

Unverständnis – und nicht zuletzt eine deutlich spürbare Portion Verunsicherung. Sie blieb kühl.

"Ich bin müde."

"Das meine ich nicht", wehrte er ab.

Sie tat ihm nicht den Gefallen, gleich nachzufragen, was er denn meine. Wenn er reden wollte, musste er den Mund aufmachen.

"Du bist so …, wie soll ich sagen", suchte er nach den richtigen Worten, "du bist so anders in letzter Zeit."

Hatte zuvor nur ein kleines leises Glöckchen in ihrem Hinterkopf geläutet und sie zur Wachsamkeit gemahnt, schrillten bei ihr jetzt sämtliche Alarmsirenen in voller Lautstärke. Sie zwang sich zur Ruhe.

"Bin ich das?"

"Ja."

Sie zuckte mit den Schultern, lehnte sich zurück und nippte an ihrem Weinglas. So anders sprach Leon mit ihr, so voller Respekt und Zuneigung, so voller Lebendigkeit, bildreich und fantasievoll – Eberhard hingegen war spröde, trocken und langweilig, nicht einmal fähig, seine Beobachtung ihrer angeblichen Veränderung in Worte zu kleiden. Natürlich hatte sie sich verändert. Endlich!

"Letzten Montagabend bin ich einmal am Arbeitszimmer oben vorbeigegangen als du drin warst. Ich habe dich durch die Tür singen gehört."

"Und?"

"Du singst sonst nie laut vor dich hin."

"Ich kann mich nicht erinnern. Vielleicht war ich fröhlich."

"Ja, aber warum?"

"Keine Ahnung, einfach so?"

Elena schaltete auf Gegenangriff.

"Stört es dich, wenn ich fröhlich bin?", fragte sie.

"Oh, Gott! Nein, natürlich nicht! Im Gegenteil!"

Sie spürte schon jetzt, dass dieses Gespräch nicht geeignet sein würde, den Riss zwischen den Eheleuten zu kitten. Es konnte nicht der richtige Ansatz für eine Annäherung sein, wenn sie sich für gute Laune rechtfertigen musste.

"Was ist dann dein Problem?"

"Du warst fröhlich, als du allein warst. Wenn du mit mir oder uns allen zusammen bist, wirkst du alles andere als fröhlich in letzter Zeit. In dich gekehrt, verschlossen, distanziert. Als ob du nicht zu uns gehörst."

Sie überlegte, ob sie den nächsten Konter platzieren sollte, ihm zu raten, er könne darüber nachdenken, woran dies wohl liege, aber sie entschied sich, sicherheitshalber doch eine defensivere Haltung einzunehmen.

"Ich weiß nicht, wovon du sprichst."

Elena wusste es ganz genau. Sie war nie eine talentierte Schauspielerin gewesen, zumeist konnte man ihren Gemütszustand exakt aus ihrem Gesicht ablesen. Eberhard war lang genug mit ihr verheiratet, um darin nicht ganz schlecht zu sein. Dennoch stritt sie alles ab, vermied es standhaft, sich aus der Reserve locken zu lassen.

"Ich habe latent das Gefühl, dass du in Gedanken überhaupt nicht bei uns bist."

Er hatte gut beobachtet. Doch Elena beschloss, sich eher die Zunge abzubeißen, als ihm ihre Geheimnisse anzuvertrauen. Jene Zeiten waren lange vorbei.

"Wo sollte ich denn sonst sein?"

Wahrscheinlich hatte sie nie so emotionslos zu ihm gesprochen, und ihr war klar, dass sie seine Verunsicherung auf diese Weise nicht verscheuchen würde. Aber die Wahrheit kam nicht in Frage, und eine gute und glaubwürdige Ausrede würde ihr nicht schnell genug einfallen. Dazu fehlte ihr die selbstbewusste Frechheit. Zudem war ihre Angst vor seinen rationalen Fähigkeiten zu groß. Den Fehler in einer Geschichte zu finden, die zu weit von der Realität entfernt lag, traute sie ihm zu.

"Das wüsste ich gern von dir", sagte Eberhard nun, durchaus fordernd. "Ich würde gern verstehen, was in letzter Zeit in deinem Kopf vorgeht. Deine ständigen Ausflüge in die Stadt zum Beispiel. Warum hast du plötzlich das Bedürfnis, so häufig mit Brigitte feiern zu gehen? Was habt ihr überhaupt zu feiern? Warum musst du dabei immer trinken? Wenn du nicht trinken würdest, könntest du nachts heimkommen und wärst wenigstens am anderen Morgen daheim, wo du hingehörst."

"Manchmal komme ich doch nachts heim", entgegnete Elena. "Ich trinke nicht immer was. Rück' mich bitte nicht in ein falsches Licht!"

"Also schön, du trinkst nicht immer, und manchmal kommst du nachts nach Hause. Aber nicht immer. Viel zu selten eigentlich. Du hast hier Familie! Warum müssen zwei Frauen jenseits der 40 so häufig losziehen, als wären sie wieder Teenager?"

"Übertreib' nicht! Einmal pro Monat, wenn es viel wird. Als Teenager war es viel häufiger, manchmal zweimal pro Woche."

"Letzten Monat waren es zweimal. Aber die Zahl ist nicht entscheidend. Warum muss es überhaupt sein?"

"Es tut mir gut", antwortete sie.

"Da bin ich mir nicht so sicher. Gerade an den Tagen nach deinen Ausflügen bist du immer besonders geistesabwesend. Da bist du eigentlich nur eine Hülle. Abgesehen von deinem Aussehen erinnert mich dann nicht viel an meine Gattin."

"Du übertreibst schon wieder!"

"Mag sein. Aber ich bekomme es mit der Angst", gestand Eberhard, "ich habe das Gefühl, den Draht zu dir zu verlieren. Ich habe das Gefühl, dich zu verlieren!"

"Ich bin doch hier", meinte sie nur.

Vielleicht hatte sie selten in ihrem Leben etwas mit weniger Enthusiasmus gesagt. Sie ertappte sich dabei, in Gedanken das Wörtchen 'noch' an ihre Aussage anzufügen und erschrak darüber sogar selbst ein wenig. Ging diese Überlegung nicht zu weit? Wusste sie nicht zu wenig über Leon, um derartigen Ideen eine Spukbefugnis für ihren Kopf zu erteilen? Was würde in einem solchen Fall mit den Kindern geschehen? Sie hoffte inständig, Eberhard könne diesen Gedanken nicht lesen. Dass er eben von seinen Ängsten gesprochen hatte, drang nicht zu ihr durch.

"Ja, körperlich", ergänzte er gerade ihren letzten Satz. "Aber was beschäftigt dich wirklich? Ich werde nicht mehr klug aus dir!"

Elena fand, dass er sie wahrscheinlich nie verstanden hatte. Er hatte sich das nur eingebildet und sie hatte es ihm vorgemacht – und sich selbst auch.

"Du bildest dir etwas ein", beschied sie.

"Du wirkst auf mich wie ferngesteuert. Als stündest du unter einem fremden Willen. Ich kann mir nicht erklären, was mit dir passiert ist."

"Da ist nichts", wiegelte seine Frau ab.

Eberhard sah nicht aus, als wäre er überzeugt. Für eine kurze Weile sagte er nichts. Für sie sah es aus, als fechte er innerlich einen Kampf aus.

"Fehlt dir etwas bei mir?", fragte er dann.

Elena musste sich kurz hinter einem vorgetäuschten Hüsteln verstecken, um ihren Mann keine verräterische Sekunde lang in ihrer Mimik lesen zu lassen. Die Frage kam viel zu spät. Längst holte sie sich woanders, was ihr bei ihm fehlte – und zudem fühlte sie sich enttäuscht, dass er offenbar noch immer nicht von selbst darauf gekommen war, wie wenig er ihr noch gab und wie wenig Mühe er sich gab.

"Nein, nein", wiegelte sie ab, wohlwissend, dass ihr Tonfall vermutlich selbst Eberhard darauf bringen konnte, dass das Gegenteil der Fall war.

Sie stand auf und stellte ihr Weinglas auf dem Tisch ab.

"Ich muss noch die Spülmaschine ausräumen."

Eberhard hielt sie nicht zurück, folgte ihr auch nicht in die Küche. Nicht einmal auf die Idee, ihr mit dem Geschirr zu helfen und dabei das Gespräch fortzusetzen, kam er. Kein Wunder, dass er nicht verstand, was in ihr vorging.

Sie schloss die Küchentür hinter sich und dachte darüber nach, ob sie gelogen hatte oder lediglich die Wahrheit verschwiegen, und ob das überhaupt ein Unterschied war. Für dieses Mal war ihr Raumschiff dem Meteoriten ausgewichen, aber glücklich war sie nicht, weil sie wusste, dass er wieder ihre Bahn kreuzen würde.

Spaziergang am Fluss

Der Fluss war nur ein langweiliges kleines Rinnsal. Er war nie ein beeindruckender Fluss gewesen, eher die Sorte flache Pfütze mit träger Bewegung in Windrichtung auf einer großen Wiese. Vielleicht hätte er Marschland oder Moor werden können, bevor man ihn vor ein paar Jahrzehnten in ein Bett eingemauert hatte, das diesen Namen nicht verdiente, da es sich an einigen Stellen sogar nur um graue Rohre aus Beton handelte. In diesen Tagen war der Fluss mangels Regen besonders armselig anzuschauen und so flach, dass selbst die Enten auf der Wiese neben dem Universitätsverwaltungsgebäude sich nicht sonderlich für ihn zu interessieren schienen. Sie saßen nur herum und knabberten an Grashalmen, wie es im Sommer manchmal an gleicher Stelle Studenten taten.

"Als es im Frühjahr so viel geregnet hat", erzählte Adam, "war im Hof hinter unserer Goldschmiedewerkstatt wohl ein Gully verstopft. Da hat sich ein richtiger See gebildet – an einem Morgen schwammen da sogar zwei Enten drin! Ich hab' in der Zeit an der Straße geparkt, weil ich keine Lust hatte, den Wagen ständig ins Nasse zu stellen. Das klingt blödsinnig, weil es sowieso immer geregnet hat und er von oben nass wurde, aber ich hab' mir eingebildet, der Unterboden rostet weniger, wenn die Karre nicht auch noch ununterbrochen in der Suppe steht. Idiotisch, oder?"

Nancy schmunzelte pflichtschuldig. Sie hörte ihm gern zu, auch wenn er unbedeutende Anekdoten wie diese erzählte, doch insgeheim wartete sie darauf, dass er endlich einmal ein Thema anschneiden würde, das mit ihnen zu tun hatte, sei es Vergangenheit, Gegenwart oder Zukunft. Sie merkte sehr genau, dass Fleischer diesen Bereich mied wie der Teufel das Weihwasser. Anekdoten von Julius oder Enno waren gut, Sorgen und Nöte mit Vermietern oder unverschämten Kunden auch, ihre eigene ungeklärte Situation jedoch offensichtlich nicht. Kein Wort über Gefühle, nicht einmal über Unsicherheiten oder Verletzungen, kam über seine Lippen. Seine Gesprächssteuerung war gezielte Oberflächlichkeit.

"Manchmal denke ich, ich bräuchte überhaupt kein Auto", sann er. "Aber es ist so bequem, den Gitarrenkoffer einfach in den Kofferraum zu legen und zur Probe zu fahren. Oder im Urlaub! Oder wenn Oma etwas braucht."

So ging es bei jedem Treffen. Nancy freute sich, dass er ihre Fragen nach Verabredungen nicht abschlägig beschied, zugleich wurmte es sie aber auch, dass er sich nie von sich aus meldete, um seinerseits einen Vorschlag zu machen. Anfangs hatten sie sich in Cafés getroffen und ein Stündchen geredet, inzwischen gingen sie spazieren und redeten eineinhalb oder zwei Stündchen. Nie jedoch kam ein Wort der emotionalen Annäherung von ihm, was sie dazu veranlasste, ihrerseits keine Bemerkungen in der entsprechenden Richtung zu wagen. Sie spürte, dass Adam nicht darauf eingegangen wäre. Anscheinend war er noch nicht so weit. Immer hoffte sie auf die nächste Begegnung.

"Wie geht es deiner Oma denn?"

Nancy hätte viel lieber über andere Dinge gesprochen, wollte aber zugleich unbedingt den Eindruck von Desinteresse vermeiden.

"Na ja, sie wird nicht jünger. Sie braucht mich jetzt öfter."

Seiner Ex-Freundin lag die Frage auf der Zunge, ob er nicht auch für sie da sein könne, da sie inzwischen gelernt habe, ihn zu brauchen, doch schluckte sie diese wohlweislich herunter. Die Zeit war noch nicht reif für solche Fragen. Zu gern hätte sie auch gewusst, ob Fleischer der Oma wohl erzählt hatte, sich wieder mit ihr, Nancy, zu treffen – und was die alte Dame, die sie gemocht hatte, gegebenenfalls davon hielt.

"Ist sie denn geistig noch gut beisammen?", fragte sie stattdessen.

Adam spürte einen warmen Schauer, als Nancy sich nach seiner Großmutter erkundete. Es war noch immer der Schatten eines gemeinsamen Bandes zwischen ihnen, sonst wäre dies nicht möglich gewesen. Nancy kannte seine Oma. Seine Oma kannte Nancy. Er wusste, dass Nancy – anders als manchem anderen Menschen – der alten Dame immer mit sehr viel Respekt begegnet war. Er überlegte, ob er seiner Oma erzählen sollte, sich inzwischen wieder ab und zu mit Nancy zu treffen.

"Geistig absolut. Körperlich wird es immer schwieriger. Sie kann keine schweren Dinge mehr heben, tut es aber natürlich trotzdem, wenn ich nicht da bin. Getränkekisten und Großeinkäufe – das mache ich für sie. Aber natürlich räumt sie zum Putzen selbst auch mal eine schwere Kommode zur Seite. Sie macht sich noch kaputt."

Er achtete sorgsam darauf, keine Themen anzuschneiden, die alte Verletzungen berühren konnten – ihre oder seine. Er vermied auch alles, was zu einer Frage nach dem Status ihrer derzeitigen Bekanntschaft hätte führen können: Nancy machte zwar erstaunlich wenige Andeutungen, die auf einen bei ihr vorhandenen Willen zu einem Neustart ihrer beiderseitigen Lebensliebe hätten schließen lassen, doch er hatte nicht vergessen, mit welchen Worten sie ihm im Treppenhaus den Verlobungsring zurückgegeben hatte. Außerdem nahm er sehr genau zur Kenntnis, dass sie in ihrem Bemühen, ihn zumindest in einem ungefähren Zwei-Wochen-Rhythmus persönlich zu treffen, kein Stück nachließ.

"Wahrscheinlich findet sie eine dreckige Wohnung weniger erträglich als eine Überanstrengung der Rückenmuskulatur."

Adam stand bei jedem Treffen unter einer inneren Anspannung, die ihm unangenehm war, aber dennoch konnte er sich nicht dazu durchringen, ihr den Wunsch nach einer persönlichen Begegnung abzuschlagen. Letztlich traf er sich auch mit ihr, um festzustellen, ob sich an seiner Nervosität dabei durch die Wiederholungen etwas änderte. Bisher war es nicht passiert. Er mutmaßte, dass es genau daran lag, wie konzentriert er auf die Vermeidung bestimmter Gesprächsthemen war. Aber er konnte auch nicht aus seiner Haut.

"Ja, so wird es wohl sein. Sie kann halt nicht aus ihrer Haut."

Sie gingen über einen Schulhof, der am Samstagnachmittag unter normalen Umständen wie ausgestorben hätte sein sollen, des überraschend guten Wetters wegen jedoch von einigen Kindern aus der Nachbarschaft frequentiert wurde. Adam spürte, dass Nancy ihn genau beobachtete, ohne den Grund zu kennen. Ihm war unbehaglich.

"Ich war schon eine Woche nicht bei ihr. Werde besser gleich hinfahren", sagte er und deutete auf sein Auto, das jenseits des Schulhofs stand.

"Hier kann man am Wochenende gut parken. Ist sonst ein Lehrerparkplatz mit Schranke und Chipkarte und so. Aber um diese Zeit ist er offen – und kostenlos!", fügte er zur Erklärung an, da Nancy überrascht dreinschaute.

"Wann sehen wir uns wieder?", fragte sie.

Adam merkte durchaus, dass sie dieses Mal nicht gefragt hatte, *ob* sie sich wiedersähen. Und er merkte auch, dass ihm der Wiedereinzug gewisser Selbstverständlichkeiten eine trockene Kehle bereitete.

"Mal sehen", antwortete er mit Schulterzucken und einer Grimasse der Ratlosigkeit, um nicht zu interessiert zu wirken. "Ruf' mich an, wenn du willst."

Immerhin hatte er gerade noch vermieden, sie einem spontanen Impuls folgend zu fragen, ob sie nicht mitkommen wolle, so lange, wie sie die Oma nicht gesehen hatte.

Nancy biss sich derweil auf die Zunge, um ihn nicht zu bitten, sie zu seiner Großmutter mitzunehmen. Es wäre zu persönlich, fürchtete sie. Die Oma hätte bestimmt eine weitergehende Annäherung zwischen ihnen angenommen, als tatsächlich der Fall war – auch wenn diese Annahme durchaus Nancys Wünschen entsprochen hätte.

Sie hatte keine präzise Vorstellung vom Ende ihres Treffens gehabt, aber so abrupt hätte sie es sich keinesfalls ausgemalt, weshalb sie nicht amüsiert war, was sie jedoch zu verbergen versuchte. Immerhin bekam sie zum Abschied einen kleinen Hoffnungsschimmer geschenkt: Erstmals, seit sie wieder Kontakt hatten, ließ ihr Ex-Freund sich zur Andeutung einer Umarmung und Wangenküsschen hinreißen. Davon, ahnte sie, würde sie bis zum nächsten Treffen zehren.

Rasierwasser und Selbstzweifel

Der Flakon mit dem Rasierwasser war leer. Enno ärgerte sich, weil er es nicht rechtzeitig bemerkt und entsprechend keine Reserve im Schrank hatte.

Ich werd' alt", knurrte er. "Es gab mal Zeiten, in denen ich mir nie Rasierwasser kaufen musste. Immer gab es eine Lady, die mir welches schenkte, um auf diese Weise eine Duftmarke bei mir zu hinterlassen."
Er schmunzelte.
Meistens waren die Beziehungen zu Ende, bevor die Flaschen leer waren – und dann war die nächste gekommen und hatte natürlich darauf bestanden, dass er bevorzugt ihr Geschenk zu benutzen hatte. Das war praktisch. So hatte er immer eine angebrochene Flasche von der Vorgängerin im Schrank, auf die er notfalls zurückgreifen konnte.
Sein Gesicht brannte ein wenig, aber es ließ sich aushalten.
"Jetzt werde ich mir wohl selbst was kaufen müssen", seufzte er, "aber vielleicht sollte ich mir mal wieder eine anlachen, bevor die nächste Pulle leer ist. Haha, das ist ein echt überzeugender Grund, eine Beziehung zu führen."
Er hielt es für ein weiteres Anzeichen seines Alterungsprozesses, diese Art von Bequemlichkeit höher zu priorisieren als die Freiheit, die er aufgäbe.
"Kompromisse sind scheiße."
Es fiel Wittstock einigermaßen schwer, die Ereignisse – und auch die Nicht-Ereignisse – der jüngsten Zeit richtig einzuordnen. Da war der Abend gewesen, als Marion zum Geburtstag ihrer Freundin Rocío gefahren war, und Imke sich vorübergehend an ihn gekuschelt hatte. Wahrscheinlich hätte er es wagen können, sie zu küssen. Getan hatte er es nicht. Dann war da der Abend gewesen, als Imke zu Besuch bei Lale gewesen war und Marion nach ihrem verkorksten Theaterauftritt bei ihm Anlehnung gesucht hatte. Sie war so zärtlich gewesen, wenn auch nur zu seinem Knie. Er glaubte nicht, dass sie einen Kussversuch abgewehrt hätte. Ausprobiert hatte er es nicht.
Speziell seine eigene Unsicherheit irritierte ihn nachhaltig. Es war selten seine Art gewesen, bei der Annäherung an Frauen zögerlich vorzugehen. Schüchternheit beim anderen Geschlecht war eher die Sache seines sonst so vorwitzigen Schlagzeugers Julius gewesen, der dann aber zum Glück seine Mia gefunden und nie wieder hergegeben hatte. Auch Adam und Kilian waren nicht unbedingt Draufgänger. Nicht einmal Leon – der hatte lediglich selten abgelehnt, wenn ein weibliches Wesen auf ihn zugegangen war. Aber er, Enno? Wann hatte er so sehr gezögert? Es hatte Frauen gegeben, denen er frühzeitig ganz offen gesagt hatte, mit ihnen gern ins Bett gehen zu wollen – und wenn auch selten eine sofort zugestimmt hatte, war es in mehr

als einem Fall später dazu gekommen. Normalerweise hatte er immer gewusst, wann der richtige Zeitpunkt für den ersten Kuss gewesen war. Doch bei seinen beiden Nachbarinnen hatte irgendetwas ihn davon abgehalten, diesen Schritt zu gehen, und er wusste nicht recht, was es gewesen war. Natürlich war die Mutter-Tochter-Konstellation schwierig. Er würde nicht beide haben können. Besonders irritierte ihn, dass beide zwar gewissen Annährungen gegenüber nicht abgeneigt schienen, andererseits aber nie so richtig flirteten. Verstanden hätte er dies bei gegenseitiger Anwesenheit – doch auch an jenen beiden Abenden, als er einmal mit Imke, einmal mit Marion allein gewesen war, hatte er kaum Signale aufgefangen. Ja, sie hatten mit ihm gekuschelt. Eindeutige Zeichen hatten sie aber nicht ausgesandt.
"Vielleicht hab' ich Angst, etwas falsch zu machen?"
Wittstock beschäftigte sich ungefähr viereinhalb Sekunden lang mit dem Gedanken.
"Mimimi!", sagte er dann laut.
Er schüttelte den Kopf.
"Kann man zum Weichei mutieren, ohne es zu merken? Nur Mimosen halten lieber still, um auf keinen Fall etwas falsch zu machen – und meistens ist genau das dann auch falsch. Falls jemand ein Problem mit mir hat, kann er es behalten. Ich hab' mich noch nie drum geschert, was andere über mich denken. Erst komm' ich, dann meine Freunde und sonst niemand. Na ja, gut, und meine Mutter. Aber wann hat es mich gekümmert, was eine Frau über mich denkt, wenn ich mit einer anderen angebandelt habe?"
Er griff nach einer Zigarette und ging zur Balkontür.
"Allerdings hatte ich auch noch nie Ambitionen, gleichzeitig mit einer Mutter und ihrer Tochter anzubandeln. Das Leben bietet ständig neue Herausforderungen!"
Bevor er die Zigarette anzündete, kehrte Enno in die Stube zurück, griff nach einem Stapel Post-Its, schrieb 'Rasierwasser kaufen' auf den obersten Zettel und klebte ihn in der Küche an den Kühlschrank, wie er es immer tat, wenn er einen Einkauf nicht vergessen durfte. Meistens genügte es, den Zettel geschrieben zu haben, um die Botschaft fest in seinem Hirn zu verankern und auf dem Heimweg von der Arbeit daran zu denken. Schrieb er den Zettel hingegen nicht, vergaß er es.

"Ich könnte mir natürlich auch einen Bart wachsen lassen. In 30 Jahren kann ich mich dann um die Nachfolge von Billy Gibbons[83] bewerben."

Lösungen gab es immer. Allerdings waren nicht alle realistisch.

Die Inkarnation des Elenaverstehers

Es war für Leon nicht schwer zu erkennen, dass es etwas gab, das Elena auf dem Herzen hatte. Zu Beginn ihres Treffens war sie wie immer, von überschwänglicher Freude getrieben, geradezu über ihn hergefallen, doch nachdem die Körper ersten Ausgleich für die stets zu lange Zeit der Entbehrung bekommen hatten, war sie zunehmend ernster geworden, und er hatte bald gespürt, dass ihr ein Gewicht auf der Seele lag.

"Dich beschäftigt doch etwas, das sehe ich. Willst du dein Herz nicht erleichtern?", fragte er sie, während sein Zeigefinger Muster auf ihren nackten Oberarm malte.

Elena war zunächst einmal sprachlos. Wie einfach mit Leon alles war. Er beobachtete sie ein paar Minuten und las sofort an ihrem Gesicht ab, dass es von ihrer Seite aus Redebedarf gab. Eberhard hatte Jahre gebraucht, um dies zu bemerken. Sie fragte sich, welcher Mann sie besser kannte. Und sie fragte sich, ob Leons Frage nicht ein Zeichen dafür war, dass es keine Rolle spielte, wie gut man sich kannte, wenn es zwischen zwei Menschen etwas gab, das über biologischen Magnetismus hinausging. Leon hatte Zugang zu ihr. Das war vom ersten Moment an so gewesen. Inzwischen zweifelte sie, ob Eberhard jemals Zugang zu ihr gehabt hatte, auch wenn sie bis vor ein paar Monaten keine Geheimnisse vor ihm gehabt hatte. Mit Leon mochte es Magie sein – oder Liebe.

"Ich weiß nicht, ob es richtig wäre, dich damit zu belasten", sagte sie.

Finderling küsste jene Stelle ihres Arms, auf die er gerade ein unsichtbares Pentagramm gezeichnet hatte.

"Da ich nicht weiß, worum es geht, kann ich das leider auch nicht beurteilen."

---

[83] Billy Gibbons (*1949), Sänger und Gitarrist von *ZZ Top*, Markenzeichen: Rauschebart.

"Es geht um meine Ehe", gestand sie nun. "Mir kam vor kurzer Zeit die Frage in den Sinn, ob ich mich von Eberhard trennen sollte."

"Oh!", machte Leon nur.

"Wenn die Kinder nicht wären, hätte ich es vielleicht schon getan. Ich war schon früher hin und wieder sehr spontan. Aber damals hatte ich nur für mich selbst Verantwortung."

Leon sah sie aufmerksam an, sagte aber zunächst nichts.

"Was würdest du denn sagen, wenn ich es tun würde?", fragte sie.

Finderling richtete sich auf und blickte ihr in die Augen.

"Das ist wirklich ein sehr ernstes Thema", nickte er, und sie erkannte, dass er intensiv nachdachte, seine Gedanken sammelte.

"Auf jeden Fall möchte ich in aller Deutlichkeit sagen", begann er dann langsam, die Worte augenscheinlich mit Bedacht wählend, "dass ich keine Ansprüche stelle. Du weißt, dass ich das bisher nicht getan habe, und ich werde es auch in Zukunft nicht tun. Deine Kinder stehen auf Platz 1 und ich werde nicht versuchen, mich vorzudrängeln. Und zwar aus Prinzip. Ich respektiere deine Lebensumstände. Ich freue mich über jede Minute, die ich mit dir verbringen darf. Ich gestehe, mir manchmal zu wünschen, es wäre mehr, aber ich werde niemals etwas von dir fordern. Ich habe schnell gemerkt, dass du bei mir etwas suchst, was dir in deiner Ehe offensichtlich fehlt, und ich fühle mich so sehr zu dir hingezogen, dass ich es dir mit Freude gebe. Aber daraus leite ich nichts ab."

Elena hing an seinen Lippen.

"Ob du dich von deinem Mann trennst, ist eine Entscheidung, die nichts mit mir zu tun haben sollte. Ich möchte auf keinen Fall der Grund für eine Trennung sein. Ich möchte nicht später von dir mit Vorwürfen konfrontiert werden, nur wegen mir hättest du deine Ehe weggeworfen. Das heißt aber nicht, dass ich dir rate, bei deinem Mann zu bleiben. Falls eure Ehe so schlecht läuft, dass du einen Schlussstrich auch in Erwägung ziehen würdest, ohne mich zu kennen – ja, dann ist es wohl Zeit, über Alternativen nachzudenken. Aber falls der Gedanke nur aufgekommen ist, weil es mit mir ganz nett ist, halte ich das für problematisch. Auch deiner Kinder wegen – aber nicht nur. Bedenke: Ich bin das Besondere. Dein Mann ist der Alltag. Wenn du die Seiten wechselst, werde ich zum Alltag. Du darfst mich nicht verklären. Sofern du dich aus Gründen, die in eurer Ehe selbst liegen, zu einer Trennung von Eberhard veranlasst siehst, dann wünsche ich mir nichts mehr, als davon zu erfahren und dann werde ich sehr gern herausfinden, ob ich Bestandteil deiner Zukunft sein kann, auch dein Alltag. Daran wäre ich höchst interessiert. Aber die Schuld der Zerstörung eurer Ehe nehme ich nicht auf mich – schließlich hast du aktiv dazu beigetragen, dass wir uns nach der ersten Begegnung wiedergetroffen haben und recht zügig im Bett gelandet sind. Du hast mir selbst gesagt, dass du dir das gewünscht hast. Falls du dich zu einer Trennung entschließt, werde ich für dich da sein – mit allem, was ich zu bieten habe. Es wäre mir egal, wann, wo, wie und warum. Aber ich will nicht der Grund sein. Allenfalls der Auslöser."

Für einen Moment dachte Elena darüber nach, ob die Differenzierung zwischen Grund und Auslöser nicht nur eine Spitzfindigkeit war, verstand dann aber den Unterschied. Sie glaubte auch instinktiv zu wissen, warum es ihrem Liebhaber so wichtig war, dass sie nicht ihn zum Grund ihrer Trennung werden ließ: Er wollte kein Ersatz sein, dazu war er zu stolz. Eberhard sollte sauber abgewickelt und sie selbst für einen Neuanfang mit Leon bereit sein. Das zeugte davon, dass er sich um Voraussicht bemühte. Ein fliegender Wechsel barg immer die Gefahr einer Verdrängung, die später als Bumerang zurückkehren konnte. Sogar an ihre Kinder hatte er gedacht, obwohl er selbst keine hatte, und ihre nicht einmal über ihre Erzählungen hinaus kannte. Plötzlich hatte Elena das Gefühl, nie einem Menschen mit größerer Fähigkeit zur Empathie begegnet zu sein. Vielleicht war Leon ein talentierter Frauenversteher – oder er war die bisher unbekannte Inkarnation des Elenaverstehers. Da waren wieder die Schmetterlinge in ihrem Bauch.

"Es ist so kompliziert", sagte sie. "Ich werde sicher noch länger nachdenken müssen. Die Kinder sind natürlich das Zentrum meiner Gedanken – und wegen ihnen ist eine Entscheidung so unglaublich schwierig."

Leon hob die Hände, als spräche er eine Beschwichtigungsformel aus.

"Von mir aus hast du alle Zeit der Welt, wie gesagt. Du musst um deiner selbst willen entscheiden, nicht wegen mir. Ich werde weiterhin jede Minute mit dir genießen. Das hängt nicht davon ab, ob alles so bleibt, weil du dich gegen eine Veränderung entschieden hast, oder, weil du noch nachdenkst."

"Das ist lieb von dir. Aber je mehr Zeit ich zum Nachdenken brauche, desto länger muss ich gegenüber meinem Mann das falsche Spiel fortsetzen, weil ich dich trotzdem sehen möchte.

Ich darf mir da nichts vormachen: Ich belüge ihn ständig, wenn ich Kneipentouren mit Brigitte als Anlass zu meinem Fortgehen vorgebe. Wenn er mich, wie kürzlich, fragt, warum ich plötzlich so viel häufiger aushäusig bin als früher, verschweige ich ihm zumindest die Wahrheit. Ich habe mich schon gefragt, ob das ein Unterschied ist – aber da ich beides tue, spielt es sowieso keine Rolle."

Finderling dachte darüber nach.

"Ich denke, es wäre ein Unterschied", befand er. "Fühlst du dich eigentlich schlecht, wenn du ihn belügst?"

"Das ist eine der interessanten Selbsterkenntnisse: Wenn ich ihm von mir aus eine Lügengeschichte auftische, habe ich damit überhaupt kein Problem. Ich habe dann nur im Kopf, endlich wieder in deine Arme sinken zu dürfen. Aber wenn er mir Fragen stellt, wie vor ein paar Tagen, dann fühle ich mich im Angesicht der Antworten, die ich nicht gebe, teilweise ganz schön mies. Seltsam, oder?"

"Hm", machte der Sänger und wiegte den Kopf hin und her. "Nein, ich glaube nicht. Aktion und Reaktion sind verschiedene Dinge. Wer sich überlegt, was er von sich aus sagen kann, hat sich emotional bei der Durchführung wohl auch viel besser unter Kontrolle, als wenn er spontan antworten muss."

"Du findest immer für alles eine Erklärung, oder?"

Leon lachte.

"Nein", sagte er dann. "Absolut nicht. Ich habe zum Beispiel bis heute keine Erklärung dafür gefunden, womit ich das Glück deiner Gunst verdient habe. Aber ich muss es nicht verstehen, um es zu genießen."

Elena bewunderte seine Fähigkeit, sogar bei so schwierigen Unterhaltungen wie der vorangegangenen, einen Dreh zu finden, ihr aus dem Nichts ein Kompliment zu machen. Aus ihrer Sicht war es vielmehr erstaunlich, dass ein so toller Mann, schön, intelligent, wortgewandt, ein Künstler zudem, sich hergab, einer so unbedeutenden, noch dazu älteren und verheirateten Frau wie ihr so viel Aufmerksamkeit zu schenken. Sie hätte sich schon glücklich geschätzt, wenn er bei ihrer zweiten Begegnung, der ersten ohne Brigitte, ein einziges Mal mit ihr geschlafen hätte – als Beweis für ihre Attraktivität wäre ihrem in den Jahren der Ehe vertrockneten Ego dadurch schon sehr geschmeichelt gewesen. Doch er hatte sie wieder und wieder sehen wollen. Er hatte sich auf eine Affäre mit ihr eingelassen. Bei einem ihrer vorangegangenen Besuche hatte er sogar ihre heimliche Hoffnung bestätigt, er und sie wären ein Paar, wenn

Elena denn nur frei wäre. Es war Liebe im Spiel, bunte, quirlige Schmetterlinge! Allen mit der heimlichen Liebschaft verbundenen Sorgen zum Trotz war diese noch immer wie ein wunderschöner Traum für Elena.

Von diesen Gedanken beseelt blieb ihr nach eigenem Ermessen nichts anderes übrig, als wieder einmal über ihn herzufallen.

Wie Legenden entstehen

Nach all den Jahren der Auftrittsroutine wussten die fünf Bandmitglieder, wie lange sie brauchten, um ihr Fahrzeug zu beladen. Entsprechend trafen sie sich keine fünf Minuten zu früh am Proberaum. Umso mehr überraschte es Julius, den Van schon halb beladen vorzufinden, als er zwei Minuten vor der verabredeten Zeit auf dem Parkplatz eintraf.

Enno sprang gerade von der Ladefläche, als der Schlagzeuger herankam, und sie begrüßten sich herzlich wie immer.

"Geht meine Uhr falsch?", vergewisserte sich Langemesser.

"Nee, ich war zu früh hier und wollte nicht blöd rumsitzen, deshalb hab' ich schon mal angefangen. Alles, was man allein tragen kann, ist schon drin."

"Wieso warst du zu früh?"

"Ich hatte vergessen, ob wir fünf oder halb sechs gesagt hatten", erklärte Wittstock. "Da hab' ich mich zur Sicherheit auf fünf eingestellt. War natürlich falsch."

Der Schlagzeuger lachte.

"Irgendwann vergisst du noch deinen Kopf."

"Das macht nichts, da ist eh nur ein Sieb drin."

"Ein Date mit einer Frau würdest du doch auch nicht vergessen."

"Tja, was man nicht im Kopf hat, muss man eben zwischen den Beinen haben."

Sie gingen gemeinsam die Treppe runter, um das Werk zu vollenden.

"Dafür können die anderen dann heute Nacht allein ausladen", schlug Enno vor.

Bevor Julius hätte antworten können, wurden sie von den Jungs von *Lack of Remorse* in ihrer Unterhaltung gestört. Die Schülerband war aus dem benachbarten Proberaum gekommen und zog aus den Aktivitäten der alten Hasen die richtigen Schlüsse.

"Habt ihr schon wieder 'n Konzert?"

"Nö, wir laden zum Spaß ein und aus, weil man davon Muskeln bekommt."

"Wir fahren auf 'nen Musikerflohmarkt und verscherbeln unser Zeug."

Gerade Langemesser und Wittstock waren nie um schlagfertige Antworten verlegen. Die Nachwuchsmusiker kannten dieses Talent allerdings schon durch die Zeit der Proberaumnachbarschaft und lachten einfach mit.

"Mann, ich möchte auch so viele Auftritte haben", sprach einer der Jungen aus, was wahrscheinlich alle dachten. "Wart ihr eigentlich auch mal auf einer richtigen Tournee? Also ohne zwischendurch nach Hause zu kommen?"

"Ja, klar", gab der Rhythmusgitarrist Auskunft. "Ist aber ganz schön hart. Jeden Tag gibt's nur kalte Pizza zu essen, und wenn dir 'ne Saite reißt, sagt dein Manager zu dir, du sollst dich nicht so anstellen, schließlich hast du noch fünf."

"So schlimm find' ich kalte Pizza nun auch nicht", fand einer.

"Ha! Das sagst du so in deinem jugendlichen Leichtsinn", unterstützte Langemesser seinen Kollegen, "aber mit der Zeit hängt dir das Zeug echt zum Hals raus. Dann bist du schon froh, wenn es zur Abwechslung mal kalte Ravioli gibt."

"Oder Hundefutter! Weißt du noch, Julius? Einmal hatten wir gerade noch genug Kohle, um uns zu fünft eine Dose Hundefutter zu teilen."

"Echt jetzt? Ohne Scheiß?"

"Ja, mit Scheiß wäre es die Luxusvariante gewesen."

"Hahaha!"

Sie wandten sich Fleischers Lautsprecherbox zu, die man zwar bis zum Fuß der Treppe rollen konnte, über die Stufen dann aber eben doch tragen musste.

"Sag' mal, wo sind eigentlich die anderen? Ist halb sechs nicht längst vorbei?"

Adam, Kilian und Leon standen oben am Van, rauchten und unterhielten sich. Finderling versuchte gerade, die beiden anderen von der These zu überzeugen, das Universum sei nicht durch einen Urknall entstanden, sondern durch einen Urakkord.

"Ich glaube fest daran, dass es sich dabei um ein E gehandelt hat."

"Warum nicht Fis-Moll[7]?"

"Ist irgendein Song von *Black Sabbath*[84] in Fis-Moll[7]?"

---

[84] *Black Sabbath*, britische Heavy-Metal-Band, gegründet 1968 unter dem Namen *Earth*, seit 1969 als *Black Sabbath* unterwegs, erstes Album 1970.

"Keine Ahnung, aber was hat *Black Sabbath* damit zu tun?"
"Na, die waren doch der musikalische Urknall, oder nicht?"
"Oh, schön, dass ihr da seid", rief Wittstock ihnen zu. "Setzt euch doch! Macht's euch bequem! Nehmt euch 'nen Keks!"[85]
"Fluppe reicht schon", lachte Fleischer ihn an, "und stehen ist auch okay."

Alle umarmten sich gegenseitig, als hätten sie sich lange nicht gesehen.

"Ihr seid doch fast fertig", benannte Sandner den Status quo. "Wie wär's, wenn ihr den Rest jetzt auch noch macht und dafür räumen wir drei heute Nacht ohne euch aus?"

Enno und Julius grinsten sich an und nickten. Es mochte viele Geheimnisse geben, warum diese Band seit fast zwei Jahrzehnten so perfekt harmonierte. Eins davon hätte ein heimlicher Beobachter der Szene in diesem Moment verstehen können.

Die Lüsterne

Irgendetwas kitzelte Ennos Brust – und dieses Etwas bewegte sich. Da er noch nicht fähig war, darüber nachzudenken, schlug er einfach die Augen auf und stellte fest, dass es sich um die Zunge einer Frau handelte. Er wollte etwas sagen, doch der Teppich in seinem Mund hinderte ihn daran. Sicherheitshalber schloss er seine Lider wieder, allerdings nur kurz, weil ihn interessierte, weshalb er sich so unglaublich müde fühlte.

Seine Armbanduhr verriet es ihm. Es war sechs Uhr. Die Frau hatte ihn nur knappe drei Stunden schlafen lassen.

"Heißt es nicht, morgens um sechs sei die Welt noch in Ordnung?", dachte er. "Treffender wäre wohl: Morgens beim Sex ist die Welt noch in Ordnung."

Die Frau war inzwischen in weiter südlich liegende Körperregionen vorgedrungen und leckte an seinem Penis. Er streichelte ihr durch das Haar und machte sie auf diese Weise darauf aufmerksam, wach geworden zu sein. Sie lächelte.

"Du kannst gleich weitermachen", sagte Wittstock, und erschrak leicht über das heisere Krächzen, das nur entfernte Ähnlichkeit mit seiner Stimme hatte. "Ich müsste nur mal kurz was wegbringen."

Sie ließ ihn gehen. Auf der Toilette rekonstruierte er den Ablauf der Ereignisse.

---

[85] Fast wörtlich zitiert aus *Monty Pythons* Film 'Das Leben des Brian' (1979).

Am frühen Abend war die Band vom Proberaum aus aufgebrochen, um einen Auftritt in Weiler zu absolvieren. Weiler war eines dieser verschlafenen Nester in der Pampa, in denen sie häufig richtig viel Spaß hatten, weil das ländliche Publikum mangels Alternativen zum Feiern nach Konzerten von Bands wie *Hole of Fame* lechzte, da sie laut und schnell waren, und somit ein Anlass, das Bier in Strömen fließen zu lassen. Auch den gerammelt vollen Saal im *Kulturzentrum* von Weiler hatten sie binnen weniger Songs um den Finger gewickelt und waren von den begeisterten Anwesenden erst nach drei Zugabenblöcken von der Bühne gelassen worden. Alles in allem hatte die freundliche Meute ihnen das Gefühl gegeben, richtige Rockstars zu sein: Jeder hatte mit ihnen ein Glas trinken wollen, viele hatten ihre CDs und T-Shirts gekauft, einige hatten sich angeboten, beim Abbauen zu helfen, und ein paar sehr junge Gäste hatten sogar mit leuchtenden Augen und *Edding*[86] in der Hand nach Autogrammen gefragt, was ausgesprochen selten vorkam. Die Musiker hatten alles signiert, was ihnen vor die Nase gehalten worden war.

Als sie gerade beschlossen hatten, es mit dem Feiern nicht zu übertreiben und sich auf den Heimweg zu machen, hatte sich eine Frau dem Rhythmusgitarristen kurz vor dem Ausgang frech in den Weg gestellt.

"Du kannst doch nicht jetzt schon fahren", hatte sie ihm mit anscheinend echter Empörung ins Gesicht gesagt. "Du hast mich schließlich noch nicht kennengelernt."

Er hatte gegrinst, weil der Spruch ihm gefallen hatte.

"Ich muss doch den Jungs zu Hause beim Ausladen helfen", hatte er eingewandt, schon um nicht den Eindruck zu hinterlassen, allzu leicht zu überreden zu sein. "Es bräuchte schon verdammt gute Argumente, um sie das allein machen zu lassen."

"Davon hab' ich zwei dabei", hatte sie schlagfertig geantwortet und kurz, aber eindeutig an ihrem Ausschnitt gezupft. "Wenn du nachher mit zu mir kommst, werde ich dir noch ein paar weitere liefern."

Dieser Ansprache hatte Enno beim besten Willen nicht widerstehen können. Er hatte seine Mitstreiter mit dem berechtigten Verweis auf seinen Fleiß beim Einladen am späten Nachmittag um Nachsicht gebeten und sie mit ein paar einschlägigen Sprü-

---

[86] *Edding* ist eine deutsche Handelsmarke für Filzschreiber und Permanentmarker. Bei letzteren kann der Name schon fast als Gattungsbegriff gelten.

chen garniert erhalten. Die offensive Dame hatte ihn nach einem weiteren gemeinsamen Drink mit zu sich genommen und Wort gehalten.

Sie war ein bisschen üppiger, als der Gitarrist es sich gewünscht hätte, aber er nahm es hin, denn wahrscheinlich war er auch ein bisschen älter, als sie es sich gewünscht hätte. Ihr hatte der Auftakt augenscheinlich gut genug gefallen, um bereits drei Stunden später eine Wiederholung zu initiieren.

"Hat was, die Lady!", überlegte er im Stillen. "Keine Zicken, keine falsche Zurückhaltung, einfach Bock auf Sex – das gefällt mir! Nicht schwierig oder kompliziert. Vielleicht sollte ich sie fragen, ob sie Lust auf eine Daueraffäre hat."

Weiter ging er mit seinen Gedanken nicht, sondern kehrte ins Bett zurück. Nachdem seine Gastgeberin ihn fertiggemacht hatte, kuschelte sie sich an seine Seite. Sie schmusten eine Weile, bis die Müdigkeit ihn erneut übermannte.

Kaffeeduft war der nächste Faktor, von dem Wittstock wach wurde. Die Frau saß nackt mit einem vollen Becher bei ihm auf der Bettkante und grinste.

"Auch 'nen Schluck?"

Der Musiker lehnte nicht ab. Während er trank, sah er mal wieder auf die Uhr, die Viertel nach acht zeigte. Sicherheitshalber checkte er in den Tiefen seiner Erinnerung, ob er vielleicht eine Verabredung zum Brunch mit Imke und Marion hätte, aber nirgendwo schrillte eine Alarmglocke. Seine Gastgeberin streichelte schon wieder an seinem Bein aufwärts, bewusst langsam und erkennbar auf den Genitalbereich zu.

"Schon wieder?", fragte er schmunzelnd und ohne dabei genervt zu klingen.

"Ich muss doch meinem Namen Ehre machen", begründete sie.

Enno war froh, sich daran zu erinnern, dass sie sich beim letzten Drink im *Kulturzentrum* als Jalina vorgestellt hatte.

"Ich hab' keine Ahnung, was dein Name bedeutet", gab er zu.

"Angeblich ist er polnisch – und ich wette, meine Eltern hatten auch keine Ahnung. Mir hat mal jemand erzählt, dass er 'die Lüsterne' bedeutet."

Fast hätte Wittstock den Kaffee auf die Bettdecke geprustet.

"Vielleicht hatten sie auch eine prophetische Gabe", lachte er. "Aber wann wirst du eigentlich müde? Heute Nacht haben wir nur drei Stunden geschlafen und vorhin noch einmal eineinhalb – falls du überhaupt geschlafen hast."

"Das Leben ist zu kurz, um am Wochenende zu schlafen", antwortete sie trocken.

"Wenn du mich jetzt gleich noch einmal vernaschen willst, brauch' ich danach aber einen längeren Schönheitsschlaf", warnte er vor, "oder ich muss nach Hause fahren."

Jalina lächelte milde.

"Ich hab' 'ne bessere Methode."

"Welche?"

"Zeig' ich dir dann", vertröstete sie ihn und griff nun wieder beherzt zu, was ihn veranlasste, den noch nicht vollständig geleerten Kaffeebecher eiligst auf dem Nachtschränkchen in Sicherheit zu bringen. Nach der folgenden Runde war er wie so erschöpft wie er es vorausgesehen hatte.

"Du machst mich fertig!", sagte er ihr in der Überzeugung, den sich abzeichnenden Kampf gegen die Schwerkraft seiner Augenlider in Kürze wieder zu verlieren.

"Dagegen kann man was tun", behauptete sie. "Ich will jetzt nicht wieder zwei Stunden auf die nächste Nummer warten müssen, bis du aufgewacht bist" – womit sie unterschlug, dass sie ihn zweimal geweckt hatte. "Ich bin total untervögelt und möchte dich keinesfalls gehen lassen, bevor dieser Zustand abgestellt ist."

Für einen Moment machten ihre Pläne ihn sprachlos. Bevor er allerdings einordnen konnte, ob er diese Offenbarung im Sinne seiner Überlegungen hinsichtlich einer Daueraffäre als Plus- oder Minuspunkt vermerken wollte, stand Jalina aus dem Bett auf, holte irgendetwas aus einem Regal und setzte sich damit an einen Tisch unweit des Fensters. Ihr breiter Rücken verdeckte, was sie dort tat. Enno wäre im Nu wieder eingeschlafen, wenn er liegen geblieben wäre, daher zwang er sich in die Senkrechte, räkelte und streckte sich ausgiebig und ging zu ihr, um ihr neugierig über die Schulter zu schauen.

Er kam genau rechtzeitig. Auf dem Tisch vor ihr lag feinsäuberlich aufgereiht eine Bahn weißen Pulvers und Jalina sog es durch einen gerollten Geldschein in ihre Nase. Wittstock war schlagartig wach.

"Hier", bot sie ihm den Geldschein an und deutete mit einem Finger auf eine zweite von ihr vorbereitete Straße. "Die Line ist für dich. Es gibt nichts Geileres als Sex auf Koks. Man will überhaupt nicht mehr aufhören."

Enno begriff, dass Jalinas Aussage über das Verhältnis von Wochenenden und Lebensdauer nicht einfach nur dahingesagt

gewesen war. Aus war der Traum von der rein sexuellen Daueraffäre. Plötzlich kam sie ihm ziemlich dick und unattraktiv vor.
"Nee, lass' mal", wehrte er ab. "Ich bin zu alt für den Scheiß[87]. Außerdem ist mir eben siedend heiß eingefallen, dass um zwölf meine Mutter zum Essen kommt. Wenn ich die versetze, ist wochenlang Achterbahn! Ich muss leider weg."

Die Verabredung mit seiner Mutter war frei erfunden, aber er verspürte nicht die geringste Lust, sich auf fruchtlose Diskussionen über harte Drogen einzulassen. Jalina versuchte natürlich dennoch, ihn zu überreden.

"Ich dachte, du bist Rock 'n' Roller", mühte sie sich, ihn bei der Musikerehre zu packen – oder was sie dafür hielt.

Den implizierten Vorwurf von Langeweile und Spießigkeit konterte Wittstock allerdings ziemlich locker:

"Bin ich auch. Deshalb kenn' ich das Zeug schon und weiß, dass es nichts mehr für mich ist. Das hab' ich schon 'ne Weile hinter mir. Außerdem hat unser Sänger mir in seiner unendlichen Weisheit bewiesen, dass es sowieso ein Missverständnis ist, Drogen und Rock 'n' Roll in Verbindung zu bringen."

Er registrierte, dass Jalina Protest einlegen oder zumindest ihre abweichende Meinung kundtun wollte, setzte seine Rede aber einfach ohne Unterbrechung fort, ohne ihr die Chance zu Widerworten zu geben.

"Rock 'n' Roll heißt 'Wiegen und Wälzen' und das war unter den Afro-Amerikanern der Slangbegriff für Vögeln. Das hat mich so beeindruckt, dass ich es mir merken konnte – was selten ist. Was haben wir beide die Nacht und den Vormittag über ein paar Mal getan? Richtig – das war Rock 'n' Roll! Also komm' mir nicht mit Koks."

Jalina machte keinen Hehl aus ihrer Enttäuschung, konnte Enno aber nicht daran hindern, nun ohne weitere Verzögerung seinen Aufbruch einzuleiten. Er duschte, zog sich an und vergewisserte sich sorgfältig, nichts bei dem lüsternen Schneewittchen zurückzulassen.

"War 'ne heiße Nacht", sagte er als Abschiedswort.

"Es hätte ein noch heißerer Tag werden können."

Da er keinen Vortrag halten wollte, gab er darauf keine weitere Antwort.

---

[87] Enno zitierte hier Roger Murtaugh (gespielt von Danny Glover) im Film 'Lethal Weapon' von 1987. Ja, richtig, das hat Leon etwas früher in diesem Buch in anderem Zusammenhang auch schon getan. Die beiden Freunde sind cineastisch eben auf ähnliche Weise gebildet.

Draußen entschloss er sich, erst einmal das Dorf nach einem Taxistand abzusuchen, hatte damit aber keinen Erfolg. Die Bürgersteige von Weiler waren am Sonntagvormittag hochgeklappt. Nur ein einziges Auto passierte ihn während seiner Suche, Fußgänger sah er vielleicht eine Handvoll. Der Ort wirkte geradezu ausgestorben.

Um sicher zu gehen, nichts übersehen zu haben, lief Wittstock auch noch in die andere Richtung bis zum Ortsausgangsschild.

"So etwas wie einen Taxistand gibt es für die 1.010 Einwohner hier natürlich nicht, das hätte ich mir eigentlich denken können", knurrte er entnervt. "Aber dass nirgendwo in dem Kuhkaff ein Aushang mit einer Telefonnummer steht, unter der man sich eins rufen kann, ist schon ein wenig rückständig."

Er befragte sein Smartphone nach der Nummer der Auskunft, brach die Suche aber vorzeitig ab, weil er einen anderen Entschluss getroffen hatte:

"Bevor ich der Auskunft jetzt erkläre, was Weiler ist, und wo es ungefähr liegt, versuche ich es lieber bei einem meiner Kumpels."

Er betrachtete Leon und Adam in dieser Angelegenheit als natürliche Verbündete, da sie ungebunden waren wie er und entsprechende Gelegenheiten auch nicht unbedingt ausgelassen hätten. Allerdings ging bei Finderling nur die Mailbox ran. Bevor Wittstock Fleischers Nummer anwählte, fragte er sich bereits, wie er sich behelfen sollte, falls auch dieser nicht erreichbar wäre. Immerhin war Sonntagvormittag nach einem Gig. Es bestand durchaus die Gefahr, von ausschlafenden Bandkollegen überhört oder ignoriert zu werden.

"Fleischer."

Es klang verschlafen, doch Enno atmete auf.

"Hey, Adam, ich bin's!"

"Weißt du wie früh es ist? Wieso bist du überhaupt schon wach?"

"Lange Geschichte!"

Er erzählte nur das Wichtigste: Weiler, kein Taxi, echter Notfall.

"Ja, schon gut", nuschelte der Leadgitarrist. "Aber Weiler ist echt scheißweit weg und ich muss erst einmal wach werden. Du wirst dich gedulden müssen."

"Schon okay. Ich schau' in der Zwischenzeit, ob ich etwas Essbares auftreiben kann. Dann warte ich vor dem *Kulturzentrum*. Da verfehlen wir uns nicht."

"Okay, bis nachher."

Der Rhythmusgitarrist hoffte inständig, sein Freund würde nach Trennung der Verbindung nicht wieder einschlafen. Per Überschlagsrechnung kam er zu dem Ergebnis, sogar im besten Fall länger als eine Stunde ausharren zu müssen.
"Ein Grund mehr, mir den Bauch vollzuhauen."
Diese Idee erwies sich in der Umsetzung als schwierig. Soweit Wittstock den kleinen Ort eine halbe Stunde später erkundet hatte, gab es in Weiler weder einen Frittenschmied, noch eine Pizzeria, und die einzige Dorfbäckerei hatte an einem Sonntagvormittag auch nicht geöffnet. Die einzige Chance, so weit außerhalb der Zivilisation um diese Zeit Nahrung zu bekommen, war die Eckkneipe neben der Kirche mit ihrem nachgottesdienstlichen Frühschoppen, aber Enno wollte sich ersparen, vom ortsansässigen Vorsitzenden der C-Partei wegen ein paar Salzkräckern persönlich begrüßt und zu einem Bier überredet zu werden.
"Alles eine Frage der Selbstdisziplin", ermunterte er sich zum Verzicht, obwohl er genau wusste, dass eben jene Tugend nicht seine Stärke war.
Zu allem Überfluss hatte er auch nur noch eine Zigarette in der Tasche. Er rauchte sie, als er annahm, die Hälfte der Wartezeit überschritten zu haben. Er lag nicht ganz richtig mit seiner Schätzung, doch Fleischer traf ein, bevor Wittstock begonnen hatte, Flüche auszustoßen. Er war noch im Stadium, jede Minute auf die Uhr zu schauen, als das vertraute Fahrzeug des Kollegen auf dem Parkplatz des *Kulturzentrums* auftauchte. Enno stieg ein und erkannte gleich, dass Adam *Aerosmith* hörte.
"Ah, Ficken im Fahrstuhl", merkte er an.
Hinter dem Lenkrad saß eine Grimasse des Unverständnisses.
"Hä?"
"Der Song heißt doch 'Love in an Elevator'[88], oder nicht?"
Nun griff ein Rädchen ins andere.
"Nicht so schnell, es ist immer noch früh!"
Sie gaben sich die Hand zum Musikergruß. Fleischer fuhr schon wieder an, bevor Wittstock richtig angeschnallt war.
"Wie war's?", fragte der Fahrer.
"Sehr wechselhaft. Anfangs sehr gut. Die Braut ist richtig läufig und hat mich ziemlich rangenommen. Aber vorhin wollte sie dann 'ne Runde mit mir koksen. Da bin ich ausgestiegen. Das ist mir zu heftig."
Der Leadgitarrist gab nur einen Pfiff von sich.

---

[88] Aus dem Album 'Pump', erschienen 1989.

"Alter, du kennst mich", führte Enno aus. "Ich hab' ziemlich viel ausprobiert früher – und ich geb' auch zu, dass Koks auch mal dabei war. Aber das ist nicht mehr drin. Ein paar Bier, ein paar Flaschen Wein, auch mal 'nen Körnchen oder so: Fein. Hier oder da einen Joint: Auch okay! Aber Koks und Amphetamine gehen echt nicht mehr. Davon bin ich immer viel zu aggressiv geworden und war danach viel zu lange fix und fertig. Auf die Gefahr hin, dass die Alte mich jetzt für einen Waschlappen hält – da musste ich raus. Deshalb hab' ich auch bei dir angerufen. Ich wollte weg aus dem Kaff, bevor sie auf die Idee kommt, ihr Haus zu verlassen und mich am Ende noch wiedertrifft. Da hatte ich keinen Bock drauf. Ich wollte dann auch nicht mehr mit ihr ficken. Das Koks hat mich total abgetörnt."
"Verstehe."
Der Rhythmusgitarrist angelte sich eine von Adams Kippen.
"Komisches Weib, ehrlich", murmelte er in die ersten Lungenzüge. "Also, im Sinne von 'seltsam', nicht so sehr von 'witzig', meine ich."
"Dicke Möpse hatte sie, wenn ich das richtig gesehen hab'", verlagerte Fleischer das Zentrum des Gesprächs weg von den Suchtmitteln.
"Kann ich bestätigen", ließ Wittstock wissen.
"Das wäre was für mich gewesen."
"Tja, leider hatte sie es aber auf mich abgesehen. Ich konnte schlecht sagen, sie möge sich bitte vertrauensvoll an meinen geschätzten Kollegen wenden."
Adam lachte.
"Das wäre doch mal eine Maßnahme gewesen."
"Bin leider nicht rechtzeitig drauf gekommen."
"Tja, zu spät. Die dicksten Bauern ernten eben die dümmsten Kartoffeln – oder wie das in dem Sprichwort heißt."
"Moment!", hakte Enno mit erhobenem Zeigefinger ein. "Was willst du damit sagen? Willst du mir Fettleibigkeit andichten, den Berufstand der Landwirte in dieser Hinsicht unter Generalverdacht stellen, oder hast du Vorurteile gegenüber dem Intelligenzquotienten der Knollen meiner Nachtschattengewächse?"
Adam lachte.
"Du kannst genauso geschwollen reden wie Julius und Leon."
"Wahrscheinlich ist es ansteckend."
Von einem missglückten Abgang bei einem Groupie ließ Wittstock sich die Laune nicht über längere Zeit vermiesen. Seine Müdigkeit und sein Hunger machten ihm vergleichsweise stärker zu schaffen, doch er wusste nun, da er bei Fleischer im

Auto saß, dass es nicht mehr sehr lange dauern konnte, bis er zu Hause beides würde bekämpfen können. Er hatte kalte Schnitzel im Kühlschrank.

"Läuft denn bei dir eigentlich nie was?", fragte er, einerseits, um sich von seinen körperlichen Sehnsüchten abzulenken, andererseits aber auch aus echtem Interesse. "Ich krieg' jedenfalls nichts mit."

Er beobachtete, wie Adam schluckte und zögerte, aber dann überwand sich der Freund – vielleicht vor allem, weil es bei *Hole of Fame* normalerweise keine Geheimnisse gab. Er berichtete von Nancys nächtlichem Überfall nach dem Konzert vor dem *Bienenkorb* und die Entwicklungen seither, verschwieg auch nicht, dass sie sich seither wieder ab und zu an neutralen Orten zum Essen und Reden oder auf einen Kaffee trafen. Enno wollte, wie schon früher Kilian und Svenja, alles über Adams Empfindungen bei diesen Treffen wissen. Er geduldete sich auch, wenn Fleischer nach den richtigen Worten suchte, um diese zu beschreiben, kommentierte aber nichts. Zu einem anderen Thema fanden sie für den Rest der Fahrt nicht mehr.

Bevor der Rhythmusgitarrist ausstieg, bedankte er sich mit einer Umarmung für den nicht selbstverständlichen Abholservice.

"Du hast es mit Zuhören abgegolten", zwinkerte Fleischer.

Wittstock drückte ihn noch einmal an sich.

"Pass' bloß auf dich auf!", mahnte er.

Drinnen schlich er durch das Treppenhaus, um nicht von Imke oder Marion gehört und aufgehalten zu werden, aß etwas und legte sich hin. Das Leben, dachte er, würde noch kürzer sein, wenn man am Wochenende nicht schlief.

Luftgitarren

Die Menge forderte noch eine weitere Rückkehr der Helden auf die Bühne. Elena wusste von Leon, dass *Hole of Fame* fast nie mehr als zwei Blöcke mit Zugaben präsentierte, sondern stattdessen lieber auf ihren nächsten Auftritt verwies. Deshalb war ihr klar, dass bald die Bühnenbeleuchtung ab- und die Kneipenmusik eingeschaltet werden würden. Sie zwängte sich durch die Menge zu den abgeriegelten Bereichen im hinteren Teil des Gebäudes, wo die Musiker ihre Ruhezone hatten. Adam, Enno und Kilian waren bereits da, die Saiteninstrumentalisten brachten ihre teuren Geräte in Sicherheit. Auf Wittstocks Gitarrenkoffer entdeckte Elena schmunzelnd einen einsamen Aufkleber, auf dem nur schlicht das Wort 'Gitarre' stand, ganz so, als müsse dies erklärt werden, und sei nicht aus der Form des Koffers zu erschließen. Svenja, Sandners Freundin, empfing diesen eben mit einem Kuss. Fleischer verteilte Zigaretten. Ausnahmsweise nahm auch Elena eine an. Sie ließ sich Feuer geben und setzte sich auf die Ecke eines durchgesessenen Sofas und wartete geduldig. Vielleicht schaute Finderling zunächst beim Verkaufsstand vorbei, vielleicht sprach er auch mit dem Veranstalter. Es würde sicher nicht lange dauern, bis auch er Backstage auftauchen würde, da er zumeist nach Konzerten das dringende Bedürfnis verspürte, sich abzutrocknen und ein frisches T-Shirt anzuziehen.

"Leute, wir sollen schnell abbauen", verkündete Langemesser, der eben seine Drumsticks durch die Luft wirbelnd zur Tür hereinkam, "die brauchen die Bühne, um dort ihre Tische wieder aufzustellen."

Der Sänger folgte ihm auf dem Fuß.

"Eile mit Weile", knurrte er, "erst mal abtrocknen, sonst holen wir uns draußen am Van den Tod. Wir haben nächste Woche schließlich wieder einen Gig."

"Ja, Papa", lachte Adam ihn an und gab auch ihm einen Glimmstängel.

"Debriefing!", rief Wittstock und alle stellten sich im Kreis auf.

"Wir haben den letzten Break von 'Hate' verhunzt", erinnerte sich Kilian, "aber sonst hat alles gepasst. Wir haben ihnen gut eingeheizt."

"Zwei Zugabenblöcke und sie wollten mehr – besser geht's doch nicht!", resümierte Julius, der noch immer seine Stöcke schwang.

"Kommt, Jungs, macht euch trocken! Wir müssen aufräumen", mahnte Leon.

Erst jetzt bekam auch Elena ihren Kuss – oder er seinen –, dann zog er sein Bühnenhemd aus und rieb sich den Schweiß ab.

Die Gitarristen gingen schon, Kilian nahm seine Svenja bei der Hand und versprach, den Wagen zu holen, und der Trommler murmelte ein paar nicht druckreife Flüche und schulterte den Koffer seiner Bassdrum.

"Ich komm' gleich", rief Leon ihm nach.

"Roadies müsste man haben", brummte Langemesser und verschwand.

"Hat's dir gefallen?", wollte Finderling nun von seiner Liebsten wissen.

"Ja", lächelte sie. "Ich fand euch schon beim ersten Mal gut, aber jetzt, nach drei Auftritten, die ich gesehen habe, kenne ich auch die Songs so langsam. Dadurch macht es noch mehr Spaß. Außerdem beobachte ich eure Zeichensprache untereinander auf der Bühne sehr gerne. Das finde ich total spannend. Wenn man eine Band nur einmal sieht, bekommt man gar nicht mit, was da zwischen den Zeilen passiert."

"Passiert da so viel? Eigentlich grinsen wir uns immer nur an, wenn einer einen Fehler gemacht hat."

"Nein, ihr feuert euch auch mit Blicken gegenseitig an und vermittelt euch, wie viel Freude ihr zusammen da oben habt. Jedenfalls kommt das bei mir so an. Finde ich toll! Ich glaube, ich verstehe jetzt ein bisschen besser, was es ausmacht, in einer Band zu sein. Das ist eine richtig verschworene Gemeinschaft, so eine Band."

"Nicht jede Band", widersprach Leon. "Aber diese schon."

"Witzig finde ich auch diese Typen, die vorne am Bühnenrand standen und immer Adam imitierten, wenn er ein Solo spielte. Die sind offenbar immer bei euren Konzerten. Sind das Adams persönliche Fans?"

Finderling musste einen Moment überlegen, dann lachte er.

"Ach, die! Nein, das sind jedes Mal andere Leute. Die spielen Luftgitarre – solche Typen findet man bei jedem Hardrockkonzert, ganz egal, wer spielt."

"Im Ernst? Du nimmst mich auf den Arm. Luftgitarre nennt ihr das? Klingt ja lustig! Hat Enno sich das ausgedacht?"

"Ganz und gar nicht – das nennt man wirklich so. Stammt aus Finnland, glaube ich. Jedenfalls gibt es dort sogar Weltmeisterschaften im Luftgitarre spielen, oder zumindest Wettbewerbe mit Jury und Publikumsabstimmung, hab' ich mal gelesen.[89] Die Typen hier sind dabei nicht ganz so kreativ. Lustig finde ich immer, dass man den Leuten an der Armhaltung ansehen kann, ob sie jemals in ihrem Leben eine richtige Gitarre in der Hand hatten oder nicht. Ich denke, auf mehr als 90 Prozent der Luftgi-

---

[89] Der Ursprung des Luftgitarrenspiels ist nicht zu klären, vermutlich gibt es keinen Erfinder. Joe Cocker (1944 – 2014), britischer Rock- und Bluessänger, war der erste, der es einer breiten Öffentlichkeit bekannt machte, als er bei seinem Auftritt beim Woodstock-Festival 1969 zum Solo im Lied 'With a Little Help from My Friends' auf der Bühne Luftgitarre spielte. Die von Leon erwähnten Weltmeisterschaften gibt es tatsächlich, sie werden seit 1996 jährlich im finnischen Oulu ausgetragen.

tarrenhelden am Bühnenrand trifft das nicht zu. Aber was soll's! Sie haben ihren Spaß und wir auch – und darauf kommt es schließlich an. Dafür machen wir das doch alle."

Elena war noch dabei, alle Informationen zu verarbeiten. "Weltmeisterschaften? Bist du sicher?"

"Luftgitarren sind Kulturgut. Es hat sogar mal einer auf *eBay* eine zum Kauf angeboten. Die Gebote waren nicht so niedrig, wie du jetzt vielleicht denkst."

"Für eine Luftgitarre? Aber das ist doch …"

Leon zog nun ein trockenes T-Shirt und einen Pullover über und wandte sich dem Ausgang des Backstageraums zu.

"Hardrocker haben mehr Humor als ihnen für gewöhnlich zugetraut wird. Die meisten nehmen ihre Musik ernst, deshalb gibt es im Hardrockbereich auch verhältnismäßig mehr gute Musiker als im Pop, aber sich selbst nehmen sie deshalb noch lange nicht ernst. Da könnte ich dir einige Geschichten drüber erzählen."

"Ich würde mich freuen, wenn du es tust", lächelte Elena.

"Jetzt muss ich den Jungs beim Abbau helfen", vertröstete er sie, "aber gerne heute Nacht, falls du noch mit zu mir kommst. Nach dem Sex."

Er verschwand aus dem Türrahmen. Elena blieb grinsend und kopfschüttelnd zurück. Um nicht untätig herumzusitzen, räumte sie sein nasses Bühnenhemd in seine Sporttasche und faltete sein Handtuch zusammen.

Leon war wie ein Jungbrunnen für sie. Sie wusste nicht recht, ob sie traurig sein sollte, dieses aufregende Leben in ihren besten Jahren zugunsten ihres Hausfrauen- und Mutterdaseins verschenkt zu haben, oder ob sie sich freuen sollte, es nun überhaupt noch kennenlernen zu dürfen. Er wollte sie noch mit nach Hause nehmen und mit ihr schlafen. Er wollte immer mit ihr schlafen. Auch dafür liebte sie ihn.

Von allem zu wenig

Der neue Song 'More Chords but Still Lying' schrie nach einer dominanten Leadgitarre, doch Adam befand sich in einem kreativen Loch oder hatte zumindest Konzentrationsschwierigkeiten. Seit einer Viertelstunde spielte die Rhythmusgruppe die entsprechende Passage im Kreis. Leon hatte sich in die äußerste Ecke zurückgezogen, um niemanden abzulenken, aber dennoch alles mitzubekommen. Normalerweise machte es Fleischer nichts aus, seine Mitstreiter ein wenig warten zu lassen, bis er die gewünschte Richtung gefunden hatte, an jenem Abend aber hatte er das unangenehme Gefühl, sie für ihre Geduld nicht belohnen zu können und gab deshalb schließlich das Zeichen zum Abbruch.

"Sorry, Leute, im Moment geht nichts. Ich glaube, ich bin unterzuckert. Wenn es euch nichts ausmacht, fahr' ich schnell und hol mir 'ne CPM[90]. Hatte vor der Probe zu Hause keine Zeit zum Essen. Soll ich euch was mitbringen?"

Julius, dem meistens daran lag, eine Übungseinheit pünktlich zu beenden, schaute wenig erfreut drein, sagte aber nichts.

Enno und Kilian fanden die Idee gut.

"Ich nehm' eine."

"Für mich Schranke[91], bitte."

"Leon?"

"Ich nicht, danke."

Sie begleiteten Adam bis zur Couchecke. Er ging weiter die Treppe hinauf, der Rest der Band nahm Platz, öffnete Bierflaschen und zündete Zigaretten an. Bassist und Schlagzeuger lobten sich gegenseitig für die Präzision, mit der sie auf Anhieb sämtliche Breaks des neuen Stücks gemeinsam bewältigt hatten. Langemesser registrierte dennoch sehr genau, als im Obergeschoss die Außentür zuschnappte und trommelte kurz darauf mit seinen Sticks auf die Tischplatte, um die Aufmerksamkeit aller auf sich zu ziehen. Er gönnte sich noch einen Schluck Bier, dann ergriff er das Wort.

"Leute, jetzt mal schnell Klartext und ohne Witze: Ich kenn' Adam nicht erst seit gestern, und ich sage euch: Ich mach' mir Sorgen um den Jungen! Mir ist nicht ganz klar, was los ist, aber der brütet seit Wochen über irgendwas. Es ist nicht so schlimm, dass es ihm ständig die Laune verhagelt, aber schaut euch mal sein Gesicht an, wenn er sich unbeobachtet fühlt oder während eines Songs im Sound versinkt. Der gute Herr Fleischer ist dann auf eine Weise weggetreten, die mich an eher schlechte Zeiten erinnert, wenn auch nicht unbedingt an die schlimmsten, die wir je mit ihm hatten. Aber da will ich auch nicht wieder hin, deshalb erzähl' ich euch von meinem Eindruck. Was meint ihr dazu?"

Wittstock antwortete zuerst.

---

[90] CPM: Currywurst, Pommes, Mayonnaise
[91] Der Begriff 'Schranke' im Zusammenhang mit Pommes frites spielt mit der farblichen Assoziation (weiß und rot) und steht deshalb für Mayonnaise und Ketchup.

"Ich glaube, ich weiß dieses Mal ein wenig mehr als du."
"Ich auch", gab Sandner ebenfalls umgehend zu erkennen.
Die beiden tauschten ihren Wissenstand und informierten auf diese Weise auch Finderling und Langemesser über Nancys Wiederauftauchen.
"Die Unsägliche. Das hätt's jetzt nicht gebraucht", fand Leon.
Julius verbarg das Gesicht in seinen Händen.
"Ich werde nie verstehen", stöhnte er, "warum die beiden so eine unglaubliche Anziehungskraft aufeinander haben. Manche Dinge hören anscheinend nie auf! Muss man den gleichen Fehler immer wieder machen? Das ist wie beim *ZDF*[92]. Die wiederholen auch immer den gleichen alten Scheiß. Damit meine ich übrigens beide. Sie sind einfach nicht füreinander bestimmt."
"Wer bestimmt denn das? Doch nur sie selbst", protestierte Enno, der sonst nicht unbedingt ein Verteidiger von aufgewärmten Geschichten war.
"Jedenfalls kann niemand behaupten, dass die beiden so etwas wie One-Hit-Wonder füreinander sind", meinte Finderling.
"Es ist gar nicht so, dass sie zwingend die alten Fehler wiederholen", erzählte Kilian von seinen Couchgesprächen mit Fleischer. "Adam ist sich sehr bewusst, dass er sich auf vermintem Terrain bewegt und beobachtet sehr genau, was er bei den Treffen und den Gesprächen empfindet. Meistens telefoniert er danach mit Svenja und mir, und ich glaube, das tut ihm gut, weil er durch den Bericht an uns seinen emotionalen Zustand besser reflektieren kann. Sie haben sich nicht wieder Hals über Kopf in ihren tausendzehnten Beziehungsversuch gestürzt, sondern tasten sich langsam an die Frage heran, ob die Voraussetzungen jetzt vielleicht besser sind als früher. Bis jetzt ist auch nichts gelaufen, sagt er, nicht einmal Knutschen – und es war auch nicht nah dran."
"Dann ist er nicht nur unterzuckert, sondern hat von allem zu wenig", warf Enno grinsend ein, doch der Bassist ließ sich davon nicht in seinem Vortrag unterbrechen.
"Nancy scheint ausgeglichener geworden zu sein. Sie hat sich für Vieles entschuldigt, nimmt Rücksicht, hört zu – sagt Adam. Kann zwar immer noch sein, dass es für alle ein weiteres Déjà-vu wird, kann aber auch sein, dass sie gerade dabei sind, die Geschichte tatsächlich noch einmal neu zu schreiben."

---

[92] ZDF: Zweites Deutsches Fernsehen

"Du meinst im Ernst, dieses Mal könnte es mit den beiden ein Happyend geben?", zweifelte der Schlagzeuger. "Baby, maybe, someday[93]?"

Sein Sänger war gedanklich einen Schritt weiter.

"Ein Happyend könnte es auf zwei Arten werden: Entweder sie kommen zusammen und werden glücklich, was keiner von uns wohl so recht für möglich hält, oder sie sind schlauer geworden und kommen dieses Mal gar nicht wieder zusammen."

"Hey, das wäre wirklich ein Happyend."

"Aber nur, wenn beide so schlau sind", wandte Wittstock zu Recht ein.

"Theoretisch könnte es auch reichen, wenn nur einer von beiden schlau genug ist."

Manchmal war Leons Logik geradezu mathematisch.

"Ich hab' ihm jedenfalls gesagt", ergänzte Enno, "er soll verdammt gut auf sich aufpassen, als er mir letztens davon erzählt hat. Mehr können wir nicht tun, oder?"

"Na ja, ich glaube, wir machen das schon ganz richtig", wertete Sandner. "Wir geben ihm ein Alltagsgerüst, das ihm Sicherheit gibt, bestehend aus Proben und Konzerten. Wir sind wichtiger als Nancy. Wir sind immer da gewesen, und wir sind auch jetzt noch da. Das wird er nicht vergessen haben. Wir hören ihm zu, wenn er einen von uns braucht. Ich weiß nicht, warum er sich an Svenja und mich gewandt hat, als es anfing, aber wir haben ihn zu unterstützen versucht und werden es weiterhin tun. Enno hat das offenbar auch gemacht, als sie darüber sprachen."

"Ich hab' eigentlich nur zugehört – und ihm gesagt, er soll auf sich aufpassen."

"Wichtig ist wohl, dass wir nicht lästern. Nicht über Nancy und nicht über den tausendzehnten Versuch, falls es dazu kommt."

"Mit anderen Worten", fasste Langemesser zusammen, "wir machen alles wie bisher, nur mit dem Unterschied, dass Leon und ich jetzt Bescheid wissen, was eigentlich abgeht. Das ist doch mal ein guter Plan. Danke!"

Als Fleischer mit den Fritten zurückkam, diskutierte der Rest der Band über die Frage, warum es gerade Anfang der 90er Jahre so eine sensationelle Häufung guter bis überragender Musikveröffentlichungen im Bereich der härteren Gitarrenmusik

---

[93] Zitiert aus 'Don't Cry' von *Guns N' Roses*, aus dem Album 'Use Your Illusion' (1991).

gegeben hatte. Die These, es gäbe einen Zusammenhang mit weltpolitisch relevanten Ereignissen wie der Öffnung des Eisernen Vorhangs oder dem Einmarsch des Iraks in Kuwait erörterten sie, verwarfen sie aber dann gemeinschaftlich.

"Sieht mir mehr danach aus, dass es einfach an der Zeit war, nachdem die 80er überwiegend ein Jahrzehnt eher weichgespülter Popmusik waren", beschloss Finderling. "Da wirkten ein paar verzerrte Bratakkorde doch irgendwie befreiend."

"Ach, was", winkte Julius ab, "der wahre Grund ist viel einfacher: Es war die Zeit, in der wir angefangen haben, Musik zu machen. Das wirkte sich auf alle anderen ausgesprochen inspirierend aus, und so kam es zu den ganzen guten Platten!"

Wie immer hatte er damit allgemeines Schmunzeln auf seiner Seite.

"Wie ist es, Adam, alter Paradiesvogel", flachste Kilian den Leadgitarristen an, "bist du satt geworden? Ist die Kreativität zurück?"

"Das werden wir gleich sehen", vermied dieser ein Versprechen.

Sie sahen es. Eine halbe Stunde später war 'More Chords but Still Lying' fertig arrangiert.

Waddema

Die Freundschaft zwischen Enno und Dragan bestand schon länger als das halbe Leben der beiden. Sie war so alt und tief, dass sie es auch mühelos überstand, zumeist nur noch telefonisch gepflegt zu werden. Die Männer nahmen sich nur noch zwei- oder dreimal pro Jahr die Zeit, für einen Abend gemeinsam auszugehen.

"Kann sein, dass meine Freundin irgendwann anruft – auch spät nachts. Sie ist im Krankenhaus bei ihrer Schwester. Die kriegt ihr erstes Kind", erzählte Dragan gleich zu Anfang. "Ich muss dann natürlich drangehen – schon allein, ob ich die Wette gewonnen habe, dass es ein Mädchen wird. Aber wir sollen trotzdem feiern."

In der Regel tranken sie zunächst bei Enno im Wohnzimmer ein Bier und berichteten sich dabei alles, was es aus dem eigenen Leben zu berichten gab. Anschließend gingen sie in Kneipen, Bars oder Diskotheken, wo sie viel Spaß daran hatten, über andere Menschen zu lästern, hübschen Frauen hinterherzuschauen oder diese unter Umständen gleich anzusprechen. Die

Umstände hingen bei Dragan davon ab, ob dieser gerade liiert war, was für ihn stets ein Hinderungsgrund für anderweitige Flirts war, und bei Enno, ob er das Gefühl hatte, seinen Freund im Erfolgsfall einfach allein stehenlassen zu können.

"So, deine Nachbarin steht also auf dich und ihre Tochter auch", kam Dragan auf dem Fußweg in die für diese Nacht auserwählte Diskothek *Hammerschmiede* noch einmal auf den Bericht aus dem Liebesleben des Gitarristen zurück.

"Das ist genau der Punkt – ich bin da nicht sicher", bekannte Wittstock. "Du weißt, dass es bei mir selten ist, mich in diesem Punkt unsicher zu fühlen."

"Ja, das kann man sagen. Nicht gerade normal. Was verunsichert dich denn?"

"Vielleicht genau die Tatsache, dass *beide* mich anflirten, beide aber nur ein bisschen. Du musst dir das so vorstellen: Beide lächeln ständig, bedienen mich zuvorkommend, wenn ich drüben bin und wir zusammen essen, beziehen mich immer in alle Gespräche ein, begrüßen und verabschieden mich mit Küsschen und haben auch nichts dagegen, mal auf der Couch bei mir im Arm zu liegen. Aber beide werden auch nicht wesentlich offensiver, wenn die andere nicht dabei ist. Eigentlich wäre das doch die perfekte Gelegenheit, mal ein wenig Zurückhaltung abzulegen. Sie sind Mutter und Tochter. Anscheinend verhalten sie sich deshalb auch so ähnlich. Wie soll ich damit umgehen?"

"Welche findest du denn schärfer? Die Tochter, oder?"

Enno machte eine Geste der Unentschlossenheit.

"Die Tochter ist natürlich heißer, schon klar. Aber die Mutter hat auch was. Die ist auch nicht wirklich alt – ein oder zwei Jahre älter als ich vielleicht. Ganz genau weiß ich das gar nicht. Aber 40 ist sie noch nicht."

"Du denkst jetzt", kam prompt die Schlussfolgerung, "wenn du dich an die Mutter ranmachst, könntest du mit der Tochter was verpassen, und wenn du dich an die Tochter ranmachst, gilt das gleiche für die Mutter."

"So ungefähr. Mit beiden was anzufangen, geht wohl schlecht. Nacheinander auch nicht. Wenn ich mich entscheide, ist es endgültig und die andere Gelegenheit ist vorbei. Das Problem ist, dass ich gar nicht weiß, ob wirklich beide was von mir wollen. Oder auch nur eine. Hast du 'ne Idee, wie ich das rausfinden kann?"

Dragan wischte sich fahrig mit der Hand über die Stirn, als ob er durch die Schilderung der Situation ins Schwitzen gekommen wäre.

"Junge, du hast Probleme!"

"Ich kann doch auch nichts dafür. Weiber sind echt stressig."

Sie betraten die *Hammerschmiede*, gaben ihre Jacken an der Garderobe ab und orderten Drinks. Sie tranken auf ihre ewige Freundschaft.

Dragan erzählte Wittstock von seinen eigenen Sorgen. Die hatten weniger mit Frauen zu tun als mit Geld, weil er nach einem Unfall mit erheblichem Sachschaden vor einigen Wochen mit seiner Versicherung wegen eines Vertragsdetails über Kreuz lag. Er fürchtete, sich in dieser Angelegenheit zu allem Überfluss einen teuren Rechtsanwalt leisten zu müssen. Es dauerte ein wenig, bis Enno das Problem verstanden hatte, was aber vor allem daran lag, dass sich sein Gerechtigkeitsempfinden, wie er durchaus wusste, nicht unbedingt immer in Übereinstimmung mit der in diesem Land üblichen Rechtsprechung befand. Solche Themen fand er frustrierend, tat dem alten Freund aber selbstverständlich den Gefallen, zuzuhören und mitzudenken, weil er spürte, wie sehr diesen die Sache beschäftigte.

Hin und wieder gingen sie auf eine Runde durch das Lokal und hielten Ausschau nach anderen bekannten Gesichtern oder ansehnlichen Frauen, ohne ihr Gespräch dabei vollständig einschlafen zu lassen.

"Wenn du willst, kann ich Bodo mal anrufen, unseren früheren Manager", bot Wittstock ihm schließlich an. "Der hat viele Kontakte. Vielleicht kennt der einen Anwalt, der bezahlbar ist und trotzdem gut. Sag' mal, was hältst du denn von der Blondine da drüben? Ist nicht ganz so jung wie das übrige Frischgemüse hier, aber schaut doch eigentlich noch ziemlich knackig aus, findest du nicht?"

"Die kenn' ich", war Dragan überzeugt. "Die kenn' ich von früher. Wie heißt die noch? Ich hab's gleich. Waddema!"

"Waddema?", witzelte Enno. "Das ist ein komischer Name."

Dragan musste grinsen.

"Ich meinte: Warte mal!", korrigierte er sich mit gespitzten Lippen.

"Das ist auch nicht besser", spielte Wittstock weiter. "Normale Mädchen heißen Tina oder Maike oder so."

"Wenn du weiter blöde Sprüche machst, komm' ich nie auf den Namen. Oder nee, das ist auch gar nicht die, die ich meine."

"Nicht Waddema?"
"Nee, ihre Zwillingsschwester. Oh, Sekunde mal – mein Handy!"
"Was denn?"
"Meine Freundin ruft an. Vielleicht ist es soweit. Ich geh' raus! Hier drin versteht man sowieso kein Wort."
"Kein Problem. Lass' dir Zeit."
Dragan nahm das Gespräch an, teilte seiner Partnerin jedoch sogleich mit, nichts zu verstehen und zuerst zum Ausgang gehen zu müssen.
"So, jetzt hör' ich dich. Ist das Kind da?", fragte er gleich, als er draußen war.
So war es.
"Sind alle gesund?"
Die zweite positive Antwort ließ ihn tief durchatmen.
"Jetzt bin ich gespannt: Junge oder Mädchen?"
Er hatte die Wette gewonnen.
"Ha! Ich hab' es doch gewusst! In eurer Familie gibt es einfach keine Jungs. Das ist so und das bleibt so."
Im weiteren Gesprächsverlauf erfuhr er, dass der Geburtsvorgang langwierig und für alle Beteiligten entsprechend anstrengend gewesen war. Da seine Mutter früher als Hebamme gearbeitet hatte, kannte er sich mit dem Thema besser aus als andere Männer, die noch nicht Vater geworden waren, und hatte einige Rückfragen, die ihm ausführlich und detailreich beantwortet wurden. Als seine Neugier gestillt war, verabredete sich das Paar noch für den nächsten Tag zum Mittagessen, er bekam die Anweisung, wahlweise einen starken Drink oder ein Glas Sekt auf die vollbrachte Geburt zu trinken und zu guter Letzt versicherten die beiden sich mehrfach gegenseitig, sich lieb zu haben.
Nachdem sie die Verbindung getrennt hatten, setzte Dragan sich auf einen Mauervorsprung und zündete sich eine Zigarette an.
"Meine Kleine ist Tante. Wahnsinn!"
Fast eine halbe Stunde war vorüber, als er in die *Hammerschmiede* zurückkehrte. An der Kasse zeigte er seinen Stempel vor, machte einen Zwischenstopp auf der Toilette und ließ sich anschließend an der Theke, an der er gleich einen freien Hocker fand, einen starken Drink geben, wie seine Freundin es ihm aufgetragen hatte.
Wittstock saß am anderen Ende in seinem Blickfeld, vertieft in ein anscheinend sehr unterhaltsames Gespräch mit der blon-

den Frau, die sie Waddema getauft hatten, oder die deren Schwester war. Dragan hatte keine Sekunde befürchtet, der alte Freund könnte sich in der Zeit seiner Abwesenheit langweilen. Nun sah er sich bestätigt und schmunzelte darüber. Der Drink verschwand in seinem Schlund, und er bestellte gleich noch einen. Er sah, wie Enno aufstand und auf ihn zukam.

"Alles klar bei dir? Mutter, Kind und Tante wohlauf?"

"Ja, alles bestens. Alle sind gesund und meine Wette hab' ich auch gewonnen. Also alles im grünen Bereich. Bei dir?"

Wie zur Gratulation gab Wittstock ihm einen Klaps auf den Oberarm.

"Ich hab' in der Zwischenzeit das Geheimnis um Waddema gelüftet. Ich hab' das für einen Witz gehalten, aber das muss wirklich Waddemas Zwillingsschwester sein. Sie kennt dich nämlich nicht, und sie *hat* eine Zwillingsschwester, die ihr auch sehr ähnlich sieht, wie sie sagt. Also die da heißt Lenka. Ihre Zwillingsschwester heißt Merle."

"Merle!", rief Dragan aus. "Ja, das stimmt!"

"Waddema ist Merle?", vergewisserte sich Enno.

"Ja, so ist es! Dass ich darauf nicht gekommen bin. Natürlich! Ja!"

"Woher wusstest du eigentlich, dass es nicht Waddema ist, wenn die Zwillinge sich doch so ähnlich sehen?"

"Merle – ich meine Waddema – hat ein Tattoo am Unterarm. Die hier nicht."

"Schön blöd", grinste Wittstock. "Dann können sie gar nicht mehr absichtlich ihre Identitäten tauschen. Würde ich ständig machen, wenn ich einen Zwillingsbruder hätte. Ich hoffe, es stört dich nicht, wenn ich jetzt zu ihr zurückgehe. Das lässt sich nämlich ganz interessant an. Ist 'ne heiße Braut."

Dragan kippte den zweiten starken Drink hinunter.

"Schon verstanden", lachte er. "Ich dreh' derweil mal 'ne Runde durch den Laden und schau', ob ich noch ein bekanntes Gesicht treffe. Aber gib mir ein Zeichen, wenn ich für den Rest des Abends überflüssig sein sollte!"

"Logo", zwinkerte der Gitarrist. "Wie früher!"

"Genau! Alles wie früher!"

Das Zeichen kam von selbst. Als Dragan von seiner großen Runde durch die *Hammerschmiede* zur Theke zurückkehrte, saßen Waddemas Schwester und Enno zwar noch immer auf ihren Hockern, hatten allerdings zu knutschen begonnen.

Dragan grinste.

"Und der erzählt mir was von seiner Nachbarin."

Er ließ sich an der Garderobe seine Jacke geben und ging nach Hause.

Geburtswehen

Frühzeitig hatte Elena herausgefunden, dass Leon auf interessierte Fragen zum Thema Musik nahezu immer ansprang. Eine Entdeckung, die sie seither weidlich ausnutzte. In ihrer Kindheit auf dem Land hatte sie nie direkten Kontakt zu Musikern gehabt. In ihrem Dorf hatte jenseits des Spielmannszugs einfach niemand musiziert. Nun interessierte sie sich wirklich brennend für alles, was mit Rockbands zu tun hatte. Durch die drei Konzerte von *Hole of Fame*, die sie inzwischen erlebt hatte, war ihre Neugier noch gewachsen. Manchmal kam es ihr vor, als hole sie auf diese Weise Teile ihrer Jugend nach. Zudem hörte sie Leon einfach gern erzählen – zumeist traf er einen sehr ansprechenden Ton.

"Weißt du, was ich mich schon immer gefragt habe?", drückte sie gezielt auf das Knöpfchen, das den Sänger zum Reden bringen sollte. "Wie kommt eine Band eigentlich an ihren Namen? Das ist doch gar nicht so einfach, sich zu viert, fünft oder sechst auf etwas zu einigen, was alle gut finden, oder?"

"Ach ja, Bandnamen", schmunzelte Finderling, an dessen Schulter ihr Kopf lehnte, und legte seinen Arm um sie. "Ja, das ist ein Thema für sich. Also das ist so: In der Regel sitzen ein paar Jungs bei ein paar Bier zusammen, beschließen, eine Band zu gründen, und denken sich noch am gleichen Abend einen Namen für die Band aus. Alle Beteiligten torkeln dann mit dem Gefühl nach Hause, an diesem Abend etwas Großartiges erschaffen zu haben. Offenbar muss das so sein. In den seltensten Fällen probt man zusammen und stellt ein Repertoire auf die Beine und sucht sich erst dann einen Namen, wenn es auf den Auftritt zugeht. Komischerweise haben diese Ausnahmen von der Regel auch fast immer stinklangweilige Namen wie *Feedback*, *Just for Fun* oder *Bad Luck*. Das heißt nicht zwingend, dass die Bandnamen der im Suff gegründeten Combos immer bedeutend besser wären: Manchen dieser Namen merkt man den Alkoholpegel sehr deutlich an. Dabei kommen dann Sachen wie *The Destroyed Eggs* oder *The German Pilseners* heraus."

Elena musste grinsen. Sie freute sich, weil ihr Plan aufgegangen war.

"Nichtsdestotrotz scheint es den Bands gut zu tun", fuhr er fort, "wenn sie von Anfang an einen Namen haben, weil eine Band mit einem Namen eine viel stärkere Klammer ist, Zusammenhalt und Identifikation schafft. Für eine Band mit Namen setzt man sich stärker ein, investiert mehr Herzblut. Mal ehrlich, es demotiviert doch auch irgendwie, wenn man auf die Frage nach den Hobbys folgenden Dialog erleben muss:
'Ich spiel' in 'ner Band.'
'Wie heißt 'n die?'
'Hat noch keinen Namen.'
'Ach so.'
Thema erledigt. Wieder keine Aufmerksamkeit erregt. Sofort wieder vergessen. So wird man nicht reich und berühmt. Nicht einmal für 15 Sekunden[94]. Mädels beeindruckt man damit auch nicht."

"Was natürlich generell der wichtigste Aspekt ist", bohrte Elena.

"Nein, das stimmt nicht, damit kokettieren nur alle. Wir natürlich auch. Aber in Wahrheit spielt das allenfalls eine Nebenrolle. Reichtum ist noch unwichtiger. Es geht nicht um Gagen und Groupies. Man redet zwar hin und wieder davon, träumt auch mal vom Ruhm oder gibt sich selbst in der Badewanne ein Interview, aber letztlich denkt man nicht ernsthaft über solche Dinge nach. Träume sind aber keine Ziele – und erst recht kein Antrieb. Jedenfalls war es bei uns nicht so."

"Wie war es bei euch?"

"Wir hatten überhaupt keine Wahl. Wir mussten es machen. Wir konnten nicht anders. Wir haben uns die Band als Hobby nicht ausgesucht. Wir mussten rauslassen, was in uns war. Rock 'n' Roll ist positive Energie."

Bevor Elena die Aussage oder ihre Kompromisslosigkeit kommentieren konnte, machte Leon thematisch einen Schritt zurück.

"Aber ich war mit den Bandnamen noch nicht fertig. Da gibt es nämlich noch die zusätzliche Schwierigkeit, etwas zu finden, das es noch nicht gibt und darüber hinaus nicht so leicht durch den Kakao zu ziehen ist. Vor allem Letzteres klappt nicht im-

---

[94] Solide halbgebildet, wie Leon ist, dürfen wir annehmen, dass es sich bei dem Einschub um eine Anspielung auf 'In the future, everyone will be world-famous for 15 minutes' handelt, eine These, die der amerikanische Pop-Art-Künstler Andy Warhol (1928 – 1987), eigentlich Andrej Warhola, anlässlich einer Fotoausstellung 1968 in Stockholm aufstellte.

mer, da man sich gar nicht ausmalen kann, auf was für 'nen Scheiß die Leute so kommen."

"Zum Beispiel?"

"Na ja, wer *Deep Purple*[95] nicht mochte, nannte sie vielleicht *Die Popel*."

Elena lachte.

"Das war für die Band aber nun wirklich nicht vorauszusehen – die Herren konnten wahrscheinlich kein Deutsch."

"Vermutlich", gestand Finderling sofort zu. "In der Hinsicht sind deutsche Musiker ganz klar im Vorteil – vorausgesetzt, ihr Englisch ist gut genug, um ihre Band nicht doch *The Destroyed Eggs* zu nennen."

"Wie seid ihr auf *Hole of Fame* gekommen?"

Elena bekam einen Kuss ins Haar.

"Die Frage musste kommen. Ich glaube, wir haben damals schon vorausgesehen, dass wir zwar weit genug kommen, um einen Blick in das schwarze Loch namens Ruhm werfen zu dürfen, aber nicht weit genug, um hineingesogen zu werden. Wohin kommt man, wenn es für die Hall of Fame[96] nicht reicht?"

"Kann doch noch kommen."

"Nein. Man kann im Musikbusiness erfolgreich alt werden, aber nicht alt erfolgreich."

Nun hob die Frau ihren Kopf und wandte sich dem Sänger zu, um ihm bei ihrer nächsten Frage in die Augen schauen zu können.

"Frustriert dich das?"

Er lächelte milde.

"Wenn ich berühmt geworden wäre, hätten wir uns wahrscheinlich nie kennengelernt. Alles hat also seine Vor- und Nachteile."

Er zog ihr Gesicht zu seinem und sie küssten sich lange und leidenschaftlich. So lief es oft zwischen den beiden: Auf eine Phase der Zärtlichkeit folgte eine intensive Unterhaltung folgte eine Phase der Zärtlichkeit. So auch dieses Mal.

"Erstaunlich", sagte Elena, "finde ich auch das totale Einvernehmen zwischen euch. Ihr nehmt euch gegenseitig auf den Arm, aber nie böswillig, und ihr wisst jederzeit, wie es um den anderen bestellt ist. Man kann sich nicht vorstellen, dass ihr

---

[95] *Deep Purple*, britische Rockband, gegründet 1968, erstes Album im gleichen Jahr. Zwischen 1976 und 1984 offiziell aufgelöst.
[96] Ruhmeshalle

euch ernsthaft streiten könntet. Warum ist eure Band so harmonisch?"

"Weil wir uns alle ganz schrecklich lieb haben", grinste Leon breit.

"Ja, so wirkt es", bestätigte seine Geliebte ernsthaft. "Aber ihr seid nicht nur zwei, ihr seid sogar fünf – und dennoch scheint es unter euch allen zu passen, egal, in welcher Konstellation ihr unterwegs seid, wenn der Eindruck nicht täuscht und man deinen Erzählungen glauben kann. Das ist doch eigentlich nicht normal."

"Ist es auch nicht", nickte der Sänger. "Wir sind nicht die fünf Kindheitsfreunde, die zufällig auch noch alle musikalisch begabt sind und deshalb eines Tages begonnen haben, zusammen in einer Band zu spielen. Das war ein langer Findungsprozess. Inzwischen ist das alles schon lange her, und wir haben zu dieser stabilen Besetzung gefunden."

"Ach, ist das gar nicht die Gründungsbesetzung?"

"Offiziell schon, da es die erste Besetzung ist, die es unter diesem Namen auf die Bühne geschafft hat. Zum Glück gibt es von früheren Besetzungen außer ein paar schrecklichen Fotos, auf denen wir aussahen wie die *Village People*[97], und noch schrecklicheren Proberaumaufnahmen keine überlieferten Zeugnisse. Aber den Kampf um die richtige Besetzung habe ich auch ausfechten müssen. Unser erster Gitarrist hielt sich für so gut, dass er meinte, eine Probe pro Woche genüge. Außerdem glaubte er, Soli könne er stets improvisieren, um bloß nicht zweimal das gleiche zu spielen. Das führte dazu, dass er zwar jedes Mal einen anderen Fehler einbaute, aber eben immer mindestens einen. Romualdo Donatella hieß er, da komme ich bis heute nicht drüber weg."

"Ein Italiener?"

"Ja, aber das ist nicht der Punkt. Ich meine – sag' du es mir – kann man jemanden ernstnehmen, bei dessen Namen alle ständig an Essen denken müssen? Remoulado Dönerteller – das ist so schräg, das könnte aus einem Klamaukfilm stammen."

Auch Elena musste schmunzeln.

"Und schlecht war er also auch noch, der Dönerteller."

"Das klingt nach Gammelfleisch."

---

[97] *The Village People*, amerikanische Popband, 1977 gegründet, erstes Album 1977, 1986 aufgelöst, seit 1988 wieder aktiv. Die Band bediente anhand von Verkleidungen bestimmte Stereotype: Ein Mitglied trat stets als Indianer auf, eins als Cowboy, eins als Polizist, eins als Biker, eins als Soldat und eins als Bauarbeiter. Auf diese optisch bunte Mischung bezieht sich Leons Vergleich.

"Igitt! Ich meinte natürlich, ob er als Musiker schlecht war."

"Nicht unbedingt im Sinne fehlender Talente. Aber um aus einer guten Idee einen guten Song zu machen, braucht es eben auch Arbeit. Bei dem Mangel an Qualität, der uns damals noch auszeichnete, ging diese Einstellung überhaupt nicht – zumal wir anderen die Ansicht vertraten, es gäbe nicht viel Geileres, als mit den Jungs im Proberaum an neuen Songs zu feilen. Hm, na ja, das Feilen kam eigentlich erst später. Damals ging es darum, den Song wenigstens einmal fehlerfrei zusammen zu spielen, also möglichst alle gleichzeitig. Aber das war mit Remoulado eben nicht drin."

"Und dann habt ihr ihn gefeuert?"

"Ja, und gleichzeitig unseren Keyboarder geschmissen, der sich nichts weiter hatte zuschulden kommen lassen, als das falsche Instrument zu spielen. Das war ein harter Schnitt. Immerhin war er einer meiner besten Freunde."

"Ich hab' mich letztes Mal schon gefragt", gestand Elena nun, "ob euch ein Keyboarder nicht gut zu Gesicht stünde."

Finderling hob abwehrend die Hände.

"Keyboarder? Oh nein, nicht schon wieder! Das hatten wir doch schon vor 15 Jahren. Es reicht, dass Adam in der Lage ist, mal ein paar Takte zu klimpern, wenn wir es bei einer Aufnahme mal für gut halten. Mehr brauchen wir wirklich nicht. Früher war es richtig schlimm. Keyboards sollte man erst einsetzen, wenn man als Band ein gewisses Qualitätsniveau erreicht hat: Ansonsten erzeugen sie nur Soundbrei, in dem nichts differenziert gehört werden kann, und übertünchen Fehler. Könnte man natürlich auch als Vorteil sehen, verhindert aber schnelle Verbesserungen. Heute genießen wir es einfach, wenn ein Song auch mal atmen kann, weil bei Breaks wirklich sekundenweise Stille herrscht und nicht immer ein fetter Klangteppich weiterwabert. Nein, Keyboards brauchen wir wirklich nicht in der Dauerbesetzung. Sonst hätten wir damals auch meinen Kumpel nicht rauswerfen müssen. Er war nicht zu schlecht. Er hat mir den Rauswurf ein gutes halbes Jahr übel genommen und erst verziehen, als er dann unser erstes Konzert in der neuen Besetzung gehört hat. Da hat er dann verstanden, wohin wir wollten. War übrigens ein besonderes Konzert, unser Debüt: Wir waren Support und haben den Headliner derart an die Wand gespielt, dass sie sich danach aufgelöst haben."

"Im Ernst?"

"Ja. War natürlich keine wirklich bekannte Nummer, *DDT* hießen die, aber weil sie schon ein paar Konzerte gespielt hatten, hielten sie sich für ziemlich groß. Da hat es wohl ihr Ego ziemlich geknickt, dass bei uns der Saal rappelvoll und die Stimmung super war, während sie binnen drei oder vier Songs die Bude leergespielt hatten."

"Und du wusstest, dass die Umbesetzungen sich gelohnt hatten."

"Nicht erst seit dem Konzertdebüt, eigentlich schon nach der ersten Probe in der neuen Besetzung. Da war sofort Feuer drin, mehr als ich je zuvor erlebt hatte."

"Es war bestimmt nicht leicht, einem Freund mitzuteilen, dass er gehen muss."

"Nein, wirklich nicht. Musste aber sein. Ich war damals schon seit einer ganzen Weile unzufrieden, ohne genau zu wissen, was zu tun sei. In dieser Zeit traf ich dann einmal Puck im *Gorki Park*, damals meine Stammdisco, und Puck sah mir meine Grübelei irgendwie an. Puck war Sänger bei *Arturo Fox*, einer damals lokal halbwegs bekannten Punkband. 'Leon', sagte er zu mir, 'für jeden jungen Musiker kommt irgendwann der Tag, an dem er sich entscheiden muss, ob es ihm wichtiger ist, Spaß mit den Kumpels zu haben, oder bessere Musik zu machen. Sich für letzteres zu entscheiden, kann manchmal schmerzhaft sein.' Das waren verdammt weise Worte."

"Wie lange hast du darüber nachgedacht?"

"Alles in allem nur 48 Stunden. Am anderen Tag traf ich auf einer Party Julius. Er spielte noch nicht lange bei uns, hatte den ersten Trommler ersetzt, der wegen des Studiums weggezogen war, aber er kannte mich schon. Er sagte irgendwann nach ein paar Bier: 'Du hast doch was vor, das merk' ich doch. Ich hoffe, du planst mich ein.' Das war der letzte Anstoß. Dann habe ich, wieder einen Tag später, mit Enno gesprochen, und dann war alles klar. Bei ihm rannte ich offene Türen ein. Er spielte damals noch Bass bei uns, obwohl er viel lieber mit sechs Saiten hantierte als mit vier. Seine Bedingung war, künftig mit zwei Gitarren zu arbeiten und ihn eine davon spielen zu lassen. Adam war dann als Wahl für die andere Klampfe sehr naheliegend, da er schon mit Julius in einer anderen Band gespielt hatte, und für den Bass hatte ich sofort Kilian im Kopf. Den kannte Enno zwar nur flüchtig und die anderen gar nicht, aber sie verließen sich auf mein Wort, dass er in Ordnung ist und spielen kann. De facto war er sogar der beste von uns. Die korrekte Steigerung lautet: Bass – besser – am besten. Jedenfalls: Er war dabei. Seitdem sind wir, was wir sind."

"Faszinierende Geschichte. Habt ihr nie darüber nachgedacht, euch zu erweitern? Mehr oder andere Instrumente einzubauen?"

"Was sollte das denn sein? Ein Chor von halbnackten Backgroundsängerinnen? Oder ein Bläsersatz mit Gießkanne und vergoldetem Pissoir?"

Elena prustete los.

"Gießkanne? Und was?"

"Gießkanne und vergoldetes Pissoir. Trompete und Saxophon. Nein, ich denke, wir werden bleiben, wie wir sind – eine Rock-'n'-Roll-Band in klassischer Besetzung. Schlagzeug, Bass, zwei Gitarren, Gesang. So sind wir eben."

"Dein Keyboarder-Freund hat dir also verziehen. Ist das normal?"

"Nein, keineswegs. Remoulado konnte nicht so gut mit dem Rauswurf umgehen. Einmal tauchte er bei einem Nachwuchswettbewerb im Publikum auf, und erzählte jedem, er sei bei uns ausgestiegen, weil wir ihm zu schlecht gewesen wären. Dumm nur, dass wir den Wettbewerb dann gewonnen haben. Später habe ich dann erfahren, er soll sich sehr geärgert haben, nicht nur der persönlichen Kränkung des Rauswurfs wegen. Nachdem er draußen war, nutzten wir die Gelegenheit natürlich auch, uns von überflüssigem Songballast zu trennen und strichen unser Repertoire um mehr als die Hälfte zusammen. Er hat wohl mal gegenüber Enno zugegeben, dass es dabei hauptsächlich jene Songs erwischt hat, die ihm die Lust genommen hatten, mehr als einmal pro Woche zu proben ... dumm gelaufen! Ich habe allerdings Zweifel, ob das ganz ehrlich war und eine andere Entwicklung ihn tatsächlich dauerhaft zu höherer Motivation für eine Hardrockband gebracht hätte: Die Tatsachen, dass er danach zunächst jahrelang gar keine Musik gemacht und nach der Pause eher im Italo-Popbereich experimentiert hat, sprechen nicht unbedingt dafür."

"Italo-Pop? Ist das nicht so etwas wie Boygroupmusik für Rentner?"

Leon grinste breit.

"Ich bin froh, dass du das so lästerlich formulierst."

Sie küssten sich.

"Wieso?", wollte Elena wissen. "Hast du gefürchtet, ich könnte Italo-Pop mögen? Oder sogar Boygroupmusik?"

"Nein, eigentlich nicht. Du hast mir immerhin mal gesagt, du hättest schon immer ein Faible für langhaarige Männer gehabt und nur deshalb nie einen bekommen, weil es bei euch auf dem Land keine gab. Das passt schon nicht mit Boygroupmusik zusammen. Jetzt hast du dich sogar mit einem dieser schrägen Rockertypen eingelassen. Man weiß doch, die wollen immer nur das Eine. Nämlich Pfannkuchentorte."

"Ach, so ist das! Jetzt hätte ich beinahe etwas Anzügliches erwartet."

Leon sah Elena mit einem gespielt erschrockenen Blick an.

"Als würde ich jemals anzügliche Sachen sagen – oder auch nur denken!"

"Stimmt eigentlich – jetzt, wo du's sagst", grinste Elena. "Aber mal im Ernst, dazu ist mir auch etwas aufgefallen: Ihr seid nicht so pubertär wie andere Männer in Rudeln. Ich kenn' das aus den Vereinen, in denen mein Mann sich herumtreibt."

Finderling kniff ein Auge zu.

"Oh, doch, wir sind pubertär. Ziemlich pubertär sogar. Vielleicht hast du das nur noch nicht gemerkt, weil wir uns besser benehmen, wenn Weibsvolk anwesend[98] ist."

"Wieso kriegt ihr das hin, wenn Kegel- oder Schützenbrüder und nicht einmal lokale Parteipolitiker das schaffen?"

Der Sänger kratzte sich am mal wieder nicht besonders gut rasierten Kinn.

"Nicht einmal Parteipolitiker?", wunderte er sich. "Was ist mit Political Correctness und dem ganzen Scheiß?"

"Ist auf dem Dorf noch nicht angekommen."

"Hm. Tja, wir bekommen es hin, weil wir Frauen mögen und sie nicht vergraulen wollen. Das könnte bei den anderen Gruppen anders sein. Falls das nicht die Lösung ist, kann ich nur den grandiosen, großartigen und unvergleichlichen Ozzy Osbourne[99] zitieren."

"Was hat der dazu gesagt?"

"I don't know!"[100]

Acid Space Cowboys

Als Kilian und Leon, die sich auf dem Parkplatz getroffen hatten, schwatzend den Proberaum betraten, war Enno bereits

---

[98] Auch fast ein Zitat aus *Monty Pythons* Film 'Das Leben des Brian' (1979).
[99] Ozzy (eigentlich John Michael) Osbourne (*1948), englischer Rockmusiker, bekannt geworden als Sänger von *Black Sabbath*, seit 1979 unter eigenem Namen und mit eigener Begleitband aktiv und erfolgreich. Erstes Soloalbum 1980.
[100] Erster Song auf Ozzy Osbournes Debütalbum "Blizzard of Ozz" (1980).

dabei, seine Gitarre zu verkabeln und Julius stimmte das Fell seiner Snaredrum. Adam fehlte noch.
"Mahlzeit!"
"Na, Leute, heute wieder in alter Frische?"
"Ich geb' dir gleich alte Fische! Das stinkt doch!"
Die Laune war gut wie immer.
"Was machen wir denn heute?"
"Den Song fertig, den wir letztes Mal angefangen haben."
"Ah, cool. Wie heißt der eigentlich?"
"Hymn 42", nannte Finderling den Titel zwischen zwei Schlägen von Langemesser auf dessen Trommel, mit deren Stimmung er nicht ganz zufrieden war.
"Was?", warf Sandner dazwischen. "Ihmchen für Tee zwei?"
Es war seit langem Gang und Gäbe in der Band, Songtitel bewusst falsch zu übersetzen, selbstverständlich nicht nur die eigenen. Einige waren zu Running Gags geworden, wie 'Zu viele Väter' für 'Too Many Puppies'[101] von *Primus*[102], 'Vier aufm Dach' für 'Fear of the Dark'[103] von *Iron Maiden*, 'Kleb' an deiner Gans' für 'Stick to Your Guns'[104] von *Bon Jovi*[105], 'Blutzucker' für 'Bloodsuckers'[106] von *Die Krupps*[107] und ganz besonders 'Halt' die Fresse!' für 'Keep the Faith'[108], ebenfalls von *Bon Jovi*.
"Genau!", schmunzelte der Sänger. "Nein, Hymne zweiundvierzig, du Nacken!"
"Worum geht's dabei?"
"Der Text ist eine Hommage an Douglas Adams[109]", erklärte Leon.
"Sprich mal lauter!", forderte Langemesser. "Ich versteh' nur die Hälfte. Hab' wohl zu viel Heavy Metal gehört. Was ist mit der Omma von Douglas Adams?"
"Ja, nee, is' klar! Du prügelst auf deiner Trommel rum, aber ich muss lauter sprechen. Du bist mir echt der Richtige, du alte Klatschpappe!"

---

[101] Aus dem Album 'Frizzle Fry' (1990).
[102] *Primus*, amerikanische Crossover-Band, gegründet 1984, erstes Album 1989, 2000 offiziell aufgelöst, seit 2002 wieder aktiv.
[103] Aus dem gleichnamigen Album (1992).
[104] Aus dem Album 'New Jersey' (1988).
[105] *Bon Jovi*, amerikanische Rockband, gegründet 1983, erstes Album 1984.
[106] Aus dem Album 'The Final Option' (1993).
[107] *Die Krupps*, deutsche Elektronik- und Industrial-Band, gegründet 1980, erstes Album 1981.
[108] Aus dem gleichnamigen Album (1992).
[109] Douglas Adams (1952 – 2001), britischer Schriftsteller.

"Bin schon fertig. Was gibt es sonst Neues?"
"Wir sind alle eingeladen, Freitagabend zu einer Konzertpremiere zu kommen."
"Wer und wo?"
"Neue Combo."
"Sonst wär's auch keine Premiere."
"Nennen sich *Acid Space Cowboys*. Spielen ab 20 Uhr im *Piushaus*."
"Im *Piushaus*?", stöhnte Julius. "Danke, nein. Das geht gar nicht! Da besteht das Publikum doch immer nur aus konkret krassen Proletenkindern. Das war doch schon zu unserer Anfangszeit so. Da geh' ich nicht hin. Wenn die Band was taugt, wird sie wohl früher oder später auch an vernünftigen Orten spielen."
In der Tat war das *Piushaus* ein Jugendzentrum in einem der eher prekären Viertel der Stadt und nicht besonders gut beleumundet.
"Wie kommst du denn an die spezielle Einladung?"
"Bin per SMS auf eine extra für diesen Event erstellte Website hingewiesen worden. Wenn es nicht gerade im *Piushaus* wäre, könnte man es für eine große Nummer halten. Die Band stellt sich vor und so weiter. Sogar mit einer zehnsekündigen Hörprobe."
"Was für Sound ist das?", fragte Kilian.
"Na ja, aus den zehn Sekunden konnte ich nicht viel heraushören. Laut Werbetext soll es ein 'spritziges Gemisch aus Rock und Funk' sein."
"Wahrscheinlich finden sie es funky, obwohl das gar nicht funky ist"[110], zitierte der Bassist Herwig Mitteregger[111]. "Wer hat uns eingeladen? Die Musiker selbst?"
"Jep, die Sängerin", berichtete Leon. "Ist die Schnitte von *Desert Snow*, dieser miesen Coverband, mit der wir hier auf dem *Bienenkorb*-Festival gespielt haben."
"Die mit dem Wackelarsch?"
"Genau die."
"Die konnte doch gar nicht richtig singen. Was soll das denn dann werden?"
"Ein spritziges Gemisch aus Rock und Funk, hast du doch gehört."

---

[110] Zitiert aus 'Rudi' von Herwig Mitteregger, aus dem Album 'Kein Mut, kein Mädchen' (1983).
[111] Herwig Mitteregger (*1953), österreichischer Musiker, ab 1977 auf Alben verschiedener Bands zu hören, erstes Solo-Album 1983.

"Wer spielt da noch mit? Kennt man die?"
"Gehst du hin?"
Die Fragefreudigkeit von Sandner und Langemesser war kaum zu bändigen. Nur Wittstock nahm an dem Gespräch nicht teil, er schien mit einem Gitarrenriff beschäftigt, welches er trocken – also ohne Ton – wieder und wieder spielte.

"Also den Trommler und den Basser kenne ich nicht", gab Finderling Auskunft. "Ich gehe ganz sicher nicht hin, weil ich nämlich den Gitarristen kenne. Ringo Dylan Reed – auf den hab' ich aber mal so was von keinen Bock!"

Die Tür ging auf und Fleischer hastete atemlos herein.

"Sorry, Leute, ich hab's voll verpeilt. Bin viel zu spät losgefahren. Dafür bring' ich nächstes Mal 'nen Träger Bier mit. Was haben wir heute vor?"

"Neuen Song fertig machen."

"Geil!"

Drei Minuten später legten sie endlich los. Die *Acid Space Cowboys* waren vergessen und der neue Song wurde an diesem Abend fertig.

Ringo Dylan Reed

Manchen Leuten in der Musikszene konnte man zwar eine gewisse Begabung nicht absprechen, aber sie waren einfach zu inkonsequent, um etwas daraus zu machen, was auch nur zum begrenzten Ruhm eines Local Hero ausgereicht hätte. Ringo Dylan Reed war so ein Typ. Finderling kannte ihn seit Jahren, hatte sogar ein paar Mal mit ihm gejammt und neidlos anerkannt, dass er brauchbar Gitarre spielte, leidlich trommelte und auch mit seiner tiefen und charmant rauchigen Whisky-Stimme die Töne einigermaßen traf. In seiner Gesamtbewertung schwankte Leon allerdings zwischen Mitleid und Kopfschütteln, denn Ringo Dylan Reed kam nicht vom Fleck. Seit Jahren legte er hin und wieder auf Festivals in den Umbauphasen am Bühnenrand auf einem Barhocker sitzend mutige Soloauftritte mit akustischer Gitarre und Gesang hin. Dabei war er stets so betrunken, dass er kaum wahrnahm, wie das johlende Publikum ihn als Pausenclown zwischen den eigentlichen Acts betrachtete und Späße mit ihm trieb. Zudem lachte er sich immer wieder neue Mitstreiter für Bandprojekte an, die stets daran scheiterten, dass besagte Mitstreiter nach einer Weile keine Lust mehr hatten, zum hundertsten Mal die alten Kamellen aus den Sixties aufzuwärmen. Vielleicht gab es Leute, die immer wieder 'Jumpin' Jack Flash'[112], 'After Midnight'[113] und 'Wild Thing'[114] hören wollten – spielen wollten die meisten jungen Musiker die Songs nicht mehr, sobald sie entdeckt hatten, wie viel mehr Befriedigung es ihnen bereiten konnte, ihre Gefühle und Gedanken mit eigenen Kompositionen auszudrücken.

Ringo Dylan Reed bekam nicht genug davon. Er hieß im richtigen Leben Stefan Schmidt, und so wenig er mit seinem Namen auffallen konnte, so sehr mühte er sich, dies dadurch zu kompensieren, dass er sich stets nach der Publikumsgunst zu richten versuchte. So kam es, dass er nach jedem Konzert, auf dem seine Kapelle eine Eigenkomposition dargeboten hatte, wutentbrannt die Sechssaitige in den Koffer legte und dessen Deckel zuknallte, weil die bei ihm üblichen Stones[115]- und J. J. Cale[116]-Cover die Zuhörer wieder einmal schneller begeistert hatten. Dabei war dies keineswegs verwunderlich, da fast jeder dazu neigt, Bekanntes spontan positiver zu bewerten. Ringo Dylan Reed brachte nie das Durchhaltevermögen auf, das Publikum an seine eigenen Songs zu gewöhnen. Lieber holte er sich den schnellen Applaus als Interpret der Werke seiner drei Namensgeber[117] oder anderer unsterblicher Größen ab und war am folgenden Tag vergessen.

"Wenn du sowieso immer nur das Zeug aus den Sechzigern spielst, warum gründest du nicht gleich eine Oldie-Band?",

---

[112] Ein großer Hit der *Rolling Stones*, 1968 als Single erschienen.
[113] Von J. J. Cale geschrieben und 1972 auf dem Album 'Naturally' veröffentlicht, allerdings bereits 1970 auf dem Album 'Eric Clapton' des gleichnamigen Musikers erschienen und ein Hit geworden.
[114] Das vom amerikanischen Songwriter Chip Taylor (*1940) originär für die amerikanische Rockband *Jordan Christopher & The Wild Ones* geschriebene Lied fand bei seiner Erstveröffentlichung 1965 zunächst kaum Beachtung, wurde aber ein Jahr später in der Version der britischen Rockband *The Troggs* ein kommerzieller Welterfolg. Heute erinnert man sich vor allem an die Versionen von Jimi Hendrix, der es häufig live spielte, aber nie im Studio aufnahm.
[115] *The Rolling Stones*, britische Rockband, gegründet 1962, erstes Album 1964.
[116] John Weldon Cale (1938 – 2013), genannt J. J., amerikanischer Rockmusiker, erstes Album 1972.
[117] Ringo Starr (*1940), eigentlich Richard Henry Parkin Starkey, Schlagzeuger der britischen Rockband *The Beatles*; Bob Dylan (*1941), eigentlich Robert Allen Zimmermann, amerikanischer Folk- und Rockmusiker; Lou Reed (1942 – 2013), eigentlich Lewis Allan Reed, Sänger und Gitarrist der amerikanischen Rockband *The Velvet Underground*, trat später solo unter eigenem Namen auf.

hatte Finderling ihn einmal gefragt. "Die sind gut gebucht. Damit kann man sich sein Studium finanzieren."

"Ja, ja, gut gebucht", hatte er die Antwort vor die Füße gespuckt bekommen, "auf Firmenjubiläen, Silberhochzeiten und Schützenfesten. Das ist Prostitution!"

"Klar", nickte Finderling. "Aber wenn du sowieso nichts anderes spielst, kannst du wenigstens Kohle damit machen."

"Ich scheiß' auf die Kohle!"

"Aber du kotzt jedes Mal, wenn deine Zuhörer zu 'Cocaine'[118] mitwippen und zu deinen eigenen Songs nicht."

Darauf wusste Stefan Schmidt keine Antwort. Aber sein Gesicht war von Trotz geprägt. Er würde sich weiter im Kreis bewegen, das war Finderling nach der Unterhaltung klar. Er war froh, den Mann zu kennen.

"Lieber nur sein eigener Fan sein, als überhaupt keinen zu haben und so zu enden", schwor er sich. "Wenn wir fünf am Ende die einzigen sind, die unsere Musik mögen, dann machen wir sie eben nur für uns. Aber wir – wir werden sie nicht morgen vergessen haben, weil es unsere eigenen Lieder sind!"

Er wusste, dass seine Mitstreiter auch nicht besonders viel von Ringo Dylan Reed hielten. Jimi Hendrix[119] war schon tot, bevor sie geboren worden waren, und die Sixties waren vorbei. Wer nichts taugt, taugt immer noch als schlechtes Beispiel.

Ein Pfund Masochismus

Das Portrait war schmeichelhaft. Adam hatte nie so einen muskulösen Oberkörper gehabt, wie die Zeichnung ihm andichtete. Da sein Gesicht auf dem Bild von wehenden langen Haaren verdeckt war, hätte letztlich niemand sagen können, ob es tatsächlich ihn darstellen sollte, aber natürlich hatte die Künstlerin ihn gemeint, sonst wäre die Widmung am unteren rechten Rand nicht so explizit ausgefallen:

Adam, ich liebe dich!

Fleischer hatte sich das Bild seit vielen Jahren nicht angesehen, es hatte tief unten in einer Schublade mit Erinnerungsstü-

---

[118] Song von J. J. Cale, aus dessen Album 'Troubadour' (1976), später von Eric Clapton durch dessen Version auf dem Album 'Slowhand' (1977) noch bekannter gemacht.

[119] Jimi Hendrix (1942 – 1970), eigentlich James Marshall Hendrix, amerikanischer Rockmusiker, gilt als einer der bedeutendsten Gitarristen aller Zeiten.

cken geruht. Die Gitarre, eine *Gibson Les Paul*, hatte Nancy sich sehr genau angeschaut, selbst die Schräuben an den *Humbucker*-Pickups[120] waren exakt an den richtigen Stellen. Eher ihrer Fantasie entsprungen war hingegen sein nackter Oberkörper, denn der Leadgitarrist von *Hole of Fame* war nie oben ohne aufgetreten.

Früher hatte das Gemälde gerahmt in der Zimmerecke, die seinem Verstärker vorbehalten war, umringt von einigen Bandfotos und Konzertankündigungsplakaten an der Wand gehangen und nicht selten bewundernde Kommentare von Besuchern ausgelöst. Seit seinem ersten Umzug nach der Trennung von Nancy hatte er es nicht mehr aufgehängt. Den Rahmen hatte er für einen Druck von M. C. Eschers[121] 'Wasserfall'[122] wiederverwendet, Nancys Portrait von ihm auf der Bühne war in der Kommode gelandet, gemeinsam mit vielen anderen Dingen, die er mit ihr verband. Nichts davon hatte er wegwerfen können, aber genug Vernunft aufgebracht, die Artefakte nicht ständig im Blick zu behalten.

Nun lag alles ausgebreitet vor ihm auf dem Boden. Adam hockte zu Füßen der Kommode mitten zwischen den alten Schätzen. Die beiden Stofftiere bedeuteten ihm nicht mehr so viel. Die Knopfaugen der Viecher lösten zwar leichtes Unbehagen bei ihm aus, aber anders als bei anderen Erinnerungsstücken fiel es ihm nicht sonderlich schwer, den Blick von ihnen abzuwenden. Schlimmer war es, die Fotos anzuschauen: Nancy am Seeufer, Adam am Seeufer, Nancy und Adam am Seeufer. Nancy und Adam am Strand. Nancy und Adam im Biergarten. Nancy und Adam backstage. Nancy und Adam auf der Hochzeit ihrer Cousine. Nancy und Adam bei der Abiturzeugnisverleihung. Nancy und Adam in der (leeren) ersten gemeinsamen

---

[120] Der *Humbucker* ist ein bestimmter Typ Tonabnehmer (Pickup) an elektrischen Saiteninstrumenten, hauptsächlich bei Gitarren im Einsatz, der sich durch hochentwickelte Unterdrückung von Brummgeräuschen auszeichnet. Mitte der 1950er beim Gitarrenhersteller *Gibson* entwickelt, ist der *Humbucker* besonders bei Musikern aus dem Bereich Hardrock beliebt, da er in den mittleren Frequenzen mehr Frequenzanteile übermittelt als andere Tonabnehmer und durch höhere Ausgangsspannung zu leichtem Übersteuern beim Ausgangssignal und in der Folge (erwünschten) Verzerrungen neigt.

[121] Maurits Cornelis Escher, besser bekannt als M. C. Escher (1898 – 1972), niederländischer Grafiker, Maler und Bildhauer, berühmt vor allem für seine Darstellung perspektivischer Unmöglichkeiten.

[122] Der 'Wasserfall' ist eines der bekanntesten Bilder von M. C. Escher, entstanden 1960.

Wohnung. Nancy hier, Adam da, Nancy da, Adam hier, vor allem aber Nancy und Adam hier und da.

Vielleicht hätte er nicht die 'Misplaced Childhood'[123] von *Marillion*[124] auflegen sollen, jene Platte, die sie so oft gemeinsam vor dem Einschlafen gehört hatten, aber es passte dazu, in den alten Erinnerungen zu wühlen, obschon Fleischer in diesem Moment gar nicht mehr wusste, was ihn dazu veranlasst hatte.

Er fand den unbeschrifteten Umschlag, der das einzige Oben-Ohne-Foto enthielt, das er von Nancy besaß, und er fand die Unterwäschegarnitur von ihr, die sie ihm einmal, in ihr Lieblingsparfüm getränkt, vor eine Reise geschenkt hatte, damit er jeden Abend eine Nase davon nehmen könnte. Viel lieber hätte er damals getragene Wäsche von ihr bekommen, weil es ihr Geruch war, den er liebte, nicht der des Parfüms.

"J'entend ton coeur"[125], sang *Fish*[126] gerade eine der (nicht wenigen) Textstellen des Albums mit Gänsehautgarantie, als Adam auf den großen Päckchenumschlag mit den alten Liebesbriefen und Notizzetteln von Nancy stieß.

"Ist das klug?", fragte er sich halblaut, griff aber gleichzeitig bereits hinein.

Nancys Handschrift war immer eine typische Schulmädchenhandschrift gewesen und auch Jahre nach dem Abitur geblieben. Alle Buchstaben waren leicht schräg gestellt, sehr rund und stets miteinander verbunden, wie man es damals gelernt hatte, als Junge aber höchstens bis zur Mittelstufe beibehalten hatte. Die kleinen m, n und u waren nicht zu unterscheiden, einige weitere Buchstaben sahen auch diesen dreien verdammt ähnlich.

Freu mich schon sooooooooooooooooooooo auf heute Abend! Es ist so schön, mich in deine Arme zu kuscheln und in die Sterne zu gucken! Hab' dich lieb!

---

[123] 'Misplaced Childhood' ist das dritte Studioalbum der britischen Band *Marillion*, erschienen 1985. Es handelt sich um ein Konzeptalbum, was bedeutet, dass alle Stücke thematisch miteinander verbunden sind und die meisten auch fließend ineinander übergehen.

[124] *Marillion*, britische Rockband, gegründet 1979, erstes Album 1983.

[125] Frz. für 'Ich höre dein Herz' – aus dem Song 'Bitter Suite' von Marilion aus dem Album 'Misplaced Childhood', 1985.

[126] *Fish*, Künstlername von Derek William Dick (*1958), war Sänger von *Marillion* bis 1988, danach mit geringerem kommerziellen Erfolg als Solokünstler aktiv.

"Sterne gucken", überlegte Fleischer. "Das muss vor dem Abitur gewesen sein. Ja, wahrscheinlich kurz vor den Sommerferien zwischen Klasse 12 und 13."

Er schob den Zettel zurück und griff sich einen anderen.

Das hat mir so gut getan, dass du mich gestern abgeholt hast. Ich hätte sonst bestimmt vergessen, wie schön es ist, wenn du mich küsst. Wenn du nach der 6. Stunde noch kurz Zeit hast, möchte ich dir noch was geben. Soll aber keiner sehen.

Er legte die Stirn in Falten.

"Nach all den Jahren muss ich feststellen, dass das aber nur ein halbes Kompliment gewesen ist: Sie hätte bestimmt vergessen, wie schön es ist. Pfft. Damals ist mir das gar nicht aufgefallen. Aber wahrscheinlich hat sie es nicht so vergiftet gemeint, wie ich es jetzt auffasse. 'Nach der 6. Stunde', hat sie geschrieben – also auch noch Schulzeiten. Aber was wollte sie mir geben, was niemand sehen sollte?"

Die meisten Zettelchen, die er hervorzog, stammten aus dieser Zeit, und fast alle waren mit Herzchen und Kussmündern versehen. Nancy hatte immer gern gezeichnet, und auch wenn diese winzigen Verzierungen es nicht verdeutlichten, war sie im kunstvollen Umgang mit Stiften nicht unbegabt gewesen. Vielleicht hatte sie deshalb seine handwerklichen Talente, die ihn zu einem fähigen Goldschmied und Gitarristen gemacht hatten, angemessen respektieren, sogar bewundern können. Wofür sie ihn auch in den schlechten Phasen ihrer Beziehung kritisiert, womit sie ihn auch verletzt haben mochte, böse Worte über seine Arten der Kreativität waren nie aus ihrem Mund gekommen – ebenso wenig hatte er jemals etwas Negatives über ihre Zeichnungen von sich gegeben.

Auf der ganzen Welt ist keiner so lieb wie du!

Adam seufzte.

"Wenn sie bei dieser Meinung nur geblieben wäre!"

Fish warf inzwischen die Frage auf, ob seine Kindheit beendet sei[127]. Fleischer griff wieder in den Umschlag, dieses Mal jedoch bewusst an eine Stelle, die ziemlich weit am anderen Ende der großen Papiertüte war.

Ich kann ohne dich nicht leben.

Daran erinnerte er sich ziemlich genau. Dieses Schriftstück stammte aus der Zeit, als sie nach Ende ihres Studiums zu ihm zurückgekehrt war. Zunächst hatte sie seine Vorwürfe bezüglich

---

[127] Gemeint ist der Song 'Childhood's End?', wiederum von *Marillions* Album 'Misplaced Childhood' von 1985.

des Schnösels, mit dem sie in der anderen Stadt angebandelt hatte, stumm über sich ergehen lassen. Danach hatte sie ihr Verhalten aus Adams Sicht wenig überzeugend damit gerechtfertigt, die Distanz habe sie verzweifeln und bei dem anderen Kerl Trost suchen lassen. Entschuldigt hatte sie sich nicht.

"Ach! Kaum bist du wieder zurück, bin ich wieder gut genug?", hatte er ihr, durchaus gehässig, an den Kopf geworfen, worauf sie geantwortet hatte, sie habe eben dazugelernt und wisse nun, dass sie ohne ihn nicht leben könne.

"Dann habe ich sarkastisch gefragt, ob ich das bitte schriftlich haben könnte", wusste er noch, "und es bekommen! Tja, ich habe es noch."

Wieder war es *Fish*, der ihn ablenkte.

We don't need no uniforms, we have no disguise
Divided we stand, together we'll rise[128]

Fleischer starrte ins Leere.

"Divided we stand, together ..."

Seine Gedanken waren unendlich langsam, und ein Ziel fanden sie auch nicht.

Erst als die Platte von *Marillion* das Ende erreicht hatte, riss Adam sich von seinen alten Nancy-Heiligtümern los. Eilig schob er alle Briefchen wieder in den großen Umschlag zurück. Er verstaute die Fotos, die Unterwäsche, die Stofftiere und auch das Portrait, das seine Freundin einst von ihm in idealisierter Form gezeichnet hatte, und schob die Schublade mit beiden Händen zu. Dann stand er auf, streckte sich, wobei das eine oder andere Gelenk knackte, und ging in die Küche hinüber, wo er sich etwas zu trinken nahm, eine Zigarette anzündete und kräftig durchschnaufte.

Ziemlich genau eine Stunde hatte er sich mit Erinnerungen gequält und nun spürte er seine Erschöpfung. Nur eine Stunde, doch sie hatte genügt, um sein Gefühlsleben durch den Wolf zu drehen. Er fühlte sich vollkommen verwirrt. Vieles erschien ihm diffus, als umhülle ihn ein weicher Nebel oder als sei seine Umgebung nicht real – oder er selbst ein Gespinst in der Mitte von existierender Materie. Andere Fragen manifestierten sich sehr präzise in seinem Gehirn, beispielsweise jene, ob die Nancy, mit der sich seit einer Weile – zwar selten, aber doch schon mit gewisser Regelmäßigkeit – wieder traf, und die Nancy aus den alten Liebesbriefen die gleiche Person war.

---

[128] Aus dem Song 'White Feather' von *Marillion*, aus dem Album 'Misplaced Childhood', 1985.

Optisch hatte er sich stärker verändert als sie – zumindest glaubte er das. Wenn sie seit dem Abitur zwölf oder fünfzehn Jahre älter aussah, waren es bei ihm locker doppelt so viele. Jedenfalls nahm er das an, wenn er sein Spiegelbild betrachtete.

Aber die Nancy der jüngsten Verabredungen war nicht das naive Mädchen, das zwanzigmal täglich ihr Glück in die Welt hinausgeschrien hatte, ihn zu lieben, und sie war auch nicht die Giftspritze, die ihm eingeimpft hatte, an all ihren Problemen schuld gewesen zu sein – ausschließlich, immer und zu jeder Zeit. Es war eine neue Nancy, eine reife Frau, die sich für alte Fehler entschuldigte, die zuhörte, die überlegt sprach, die Rücksicht nahm. Es war eine Nancy, die er zuvor noch nicht gekannt hatte. Adam wusste nicht, was er von ihr halten sollte. Sie zog ihn an und zugleich machte sie ihm Angst.

Er zündete sich eine weitere Zigarette an. Im Rauch löste sich sein Gefühlsnebel langsam auf, Fleischers Erschöpfung aber blieb. Je mehr er seine Konturen in der realen Welt zurückgewann, desto stärker spürte er das Ziehen alter Narben. Die Zeit war wie Patina. Geheilt hatte sie seine Wunden nicht.

Skylla und Charybdis[129]

Die zwischenzeitlichen Abenteuer hatten Enno selbstverständlich nicht daran gehindert, weiterhin den einen oder anderen Abend auf der Couch seiner Nachbarin zu verbringen und mit ihr allein oder mit ihr und ihrer Tochter bei einem Glas Wein nett über das Leben, das Universum und den ganzen Rest[130] zu plaudern. Manchmal entwickelten die Gespräche sich dabei in ungeahnte Richtungen, die vornehmlich dazu führten, dass er Einblicke in das Verhältnis zwischen Imke und Marion bekam, die ihm zeigten, wie berechnend Frauen miteinander umgingen, um Ziele zu erreichen.

So war es leicht durchschaubar, dass Marion den Überfall sorgfältig geplant und dafür einen Moment von Ennos Anwe-

---

[129] Skylla und Charybdis sind zwei Ungeheuer der griechischen Mythologie, die Seefahrern in der Straße von Messina ans Leben wollten. Wer sich zwischen Skylla und Charybdis befand, musste also zwischen zwei Übeln bzw. Gefahren wählen – in einigen Sprachen ist dies sprichwörtlich geworden.

[130] Durchaus wörtlich gemeint – aber das gleichnamige Buch von Douglas Adams, im Original 1982 und in deutscher Übersetzung ein Jahr später erschienen, kannte Enno auch.

senheit ausgewählt hatte, dennoch verfehlte die Attacke die gewünschte Wirkung auf ihre Mutter nicht.

"Du gönnst dir nie etwas Besonderes, Mom! Ich finde, es wird Zeit, dass wir mal eine anständige Party schmeißen! Das haben wir nicht gemacht, als wir hier eingezogen sind – und einen Ausstand aus der alten Wohnung haben wir auch nicht gegeben. Wir sind langweilig! Es muss etwas passieren! Du kennst doch so viele coole Leute, und Enno kann bestimmt auch seine Band einladen, und die bringen dann noch mehr davon mit. Dann ist hier mal richtig was los! Immer nur zu zweit oder zu dritt herumhocken und an einem Weinglas nippen ist doch auf die Dauer öde. Lass' es mal krachen! Entweder zu Halloween oder zu deinem Geburtstag! Einen Anlass finden wir schon!"

Unter anderen Umständen hätte Imke vielleicht sofort ablehnend reagiert. So aber war, ganz wie von Marion erhofft, ihr Nachbar schneller.

"Halloween find' ich super", rief Wittstock. "Dann muss es aber auch stilecht eine Kürbisbowle geben – und zwar mit ganzen Früchten."

Er ließ er das Bild wirken, bis die beiden Damen zu schmunzeln begannen.

"Nee, im Ernst", korrigierte er dann das Bild: "Ich hasse Halloween! Ich meine: Es ist eure Party. Aber das einzig Gute an dieser Modewelle aus Amerika ist, dass sie inzwischen auch hier einen kompletten Zweig der landwirtschaftlichen Produktion beschäftigt und damit zur Verringerung der Arbeitslosigkeit beiträgt. Okay, und vielleicht hat sie auch noch den positiven Nebeneffekt, unseren hiesigen, total humorlosen Karneval als Verkleidungsorgie zurückzudrängen. Pappnase und Narrenkappe sind auf dem absteigenden Ast! Aber mehr kann ich dieser Parodie eines alten Brauchs wirklich nicht abgewinnen, zumal die Mehrzahl der Leute nicht einmal weiß, was der Ursprung der Geschichte ist. Bitte, liebe Imke, mach' doch lieber eine Geburtstagsfeier. Halloween geht gar nicht!"

"Nach dem Plädoyer kann ich ja kaum noch ablehnen", brummte die Mutter.

"Sollst du ja auch nicht, Mom", krähte ihre Tochter.

"Nun ja, als Partymufflon hab' ich dich bislang auch nicht eingeschätzt", unterstützte der Gitarrist das Anliegen Marions, obwohl er sich nicht sicher war, warum sie das Ziel verfolgte, ihrer Mutter eine Feier aufzuschwatzen, anstatt selbst eine auszurichten.

"Aber Halloween kommt wirklich nicht in Frage", entschied Imke bereits. "Mottopartys habe ich noch nie besonders geschätzt – um es mal nett auszudrücken."

"Du musst nur die falschen Typen einladen", riet Enno. "Es gibt Leute, die sehen immer aus, als wollten sie zu einer Halloween-Party. Auch im Mai oder Juni."

"Nee, danke! Wenn überhaupt, dann mache ich eine Geburtstagsfeier – und überlege mir sehr genau, wen ich dazu einlade. Immerhin ist es ein runder Geburtstag."

"Oh", machte Wittstock, "das wusste ich gar nicht. Du wirst erst 30? Wie hast du das mit deiner Tochter denn dann hinbekommen?"

"Blödmann!"

"Hey, ich hab' mal gehört, die besten zehn Jahre im Leben einer Frau seien jene zwischen dem 29. und dem 30. Geburtstag."

"Blödmann!"

Enno interpretierte die harmlose Beleidigung als Imkes schüchterne Art, ihre Dankbarkeit für das Kompliment zu zeigen.

Während Marion bereits zu einem Zettel und einem Stift griff, um aufzulisten, wer unbedingt eingeladen werden müsse, hörte der Nachbar genau zu. Schon bald sah er sich in seinem Verdacht bestätigt, Ziel der Veranstaltung sei, auch ein paar von Marions Freundinnen und Freunden – zum Beispiel die Jungs von *Lack of Remorse* – auf der Feier unterzubringen. Anscheinend ging es der jungen Dame darum, diese damit zu beeindrucken, wie viele tolle Musiker sich im Bekanntenkreis der Mutter (und damit auch der Tochter) befänden. Für einen Moment beschäftigte ihn wieder einmal die Frage, ob zu diesem Wunsch, über das Umfeld mehr zu scheinen, nicht auch eine Beziehung zu einem dieser coolen Typen gepasst hätte. Da war sie wieder, die Frage, ob er eine Chance verpasst hatte, als sie sich nach ihrem missglückten Theaterauftritt auf der Suche nach Trost an ihn gekuschelt hatte. Hätte er von dem jungen Mädchen mehr Initiative erwarten sollen? Wäre es nicht an ihm gewesen, ihr einen einzigen Kuss aufzudrücken, der vermutlich genügt hätte, ihre Bereitschaft zu testen? Aber wäre er auch bereit gewesen, für ein Verhältnis mit einer nach seinem Geschmack sehr schönen, aber eben auch verdammt jungen Frau den lässigen Vorzeigeonkel zu spielen? In Marions Freundeskreis sähe man sicher, dass er Gitarre spielte und eine unfassbar coole Rampensau war, aber eben – alt! Die Jungs von *Lack of Remorse* hatten sowieso einen Heidenrespekt vor ihm, dessen war er sich sicher, dazu bräuchte es nicht zwingend den Nachweis, auch für hübsche Jungmädels interessant zu sein, obwohl er nicht schaden konnte. Und wäre er nicht auch als Partner der Mutter für Marions zu beeindruckende Freundinnen ein vorzeigbarer cooler Typ?

"Bodo muss ich auch einladen, wenn ich groß feiere", erwähnte Imke.

"Du kennst Bodo?", fragte Wittstock. "Den Gitarristen?"

"Ist der Ex von meiner Schwester", wurde er aufgeklärt. "Hast du sie schon notiert? Ich weiß zwar nicht, ob sie kommen würde, aber einladen muss ich sie."

"Tante Lale ist irgendwie seltsam", nörgelte Marion.

"Sie ist halt gesundheitlich etwas labil, darauf muss man Rücksicht nehmen", wurde die junge Frau belehrt.

Enno vermerkte in Gedanken, dass Imkes Schwester aus Sicht der Tochter offenbar nicht zu den vorzeigbaren coolen Leuten gehörte.

"Aber komm' mir nicht damit, eine Scheune zu mieten und Bands auftreten zu lassen!", mahnte seine Nachbarin. "So groß blasen wir die Feier nicht auf, sonst mache ich sie nicht. Da fahre ich lieber ein paar Tage mit dir in den Urlaub. Wenn die Leute, die du jetzt schon aufgeschrieben hast, wirklich alle kommen, ist die Bude hier sowieso schon voll. Das reicht also jetzt langsam. Ich muss nicht jeden einladen, mit dem ich in den letzten zehn Jahren mal ein Bier getrunken habe."

"Nein, schon gut, natürlich hast du das letzte Wort über die Einladungen", mühte Marion sich um Beschwichtigung.

"Wenn du willst, dass ich meinen 40. Geburtstag feiere, wüsste ich nicht, warum so viele Freunde von dir eingeladen werden sollten", behielt Imke das Zepter in der Hand." Drei oder vier sind okay, aber nicht gleich zehn oder zwölf."

Marion zählte. Wittstock beobachtete sie genau, denn er argwöhnte, dass sie einen wichtigen Teil ihres Anliegens in Gefahr sah.

"Es sind neun, das ist ja wohl nicht so schlimm, oder?"

"Das sind reichlich viele."

"Och, bitte Mom! Wenn so viele Alte da sind, werden sie sich bestimmt anständig benehmen. Mach' dir darüber keine Sorgen."

"Mache ich nicht. Ist es meine Party oder deine?"

"Deine. Aber meine Idee!"

"Die ich nicht umsetzen muss, wenn ich nicht will. Schon gar nicht zu deinen Bedingungen! Es ist mein Geburtstag, meine Wohnung und mein Geld!"

"Jetzt sei doch nicht spießig, Mom!"

Enno stand ruckartig auf.

"Ich glaube, es ist besser, wenn ihr das unter vier Augen klärt", sagte er und übersah Marions hilfesuchenden Blick geflissentlich. "Damit meine ich nicht, dass ich meine Augen schließe, während ihr euch verbal an die Gurgel geht. Ich geh' lieber und höre den Geistern in meiner Matratze zu, wenn sie Schlaflieder für mich anstimmen. Vielleicht kann ich dabei sogar noch etwas über mehrstimmigen Gesang lernen. Gute Nacht! Lasst mich wissen, wenn ich euch bei Partyvorbereitungen helfen kann. Ich bin der beste Getränkekistenschlepper dies- und jenseits von Wiesodasdenn. Allerdings biete ich meine Hilfe nicht jedem an. Ihr dürft euch geschmeichelt fühlen, aber nicht zu lange, sonst werdet ihr am Ende eingebildet, und das will keiner."

Wittstock trank sein Weinglas in einem Zug aus und stellte es ab. Sein plötzlicher Aufbruch hatte die Wirkung, dass Imke nicht auf den verletzenden Vorwurf der Spießigkeit reagierte, was das Ziel des Gitarristen gewesen war. Beide Damen akzeptierten seinen Entschluss und umarmten ihn zum Abschied.

In aller Eile legte er noch Wäsche zusammen und erinnerte sich dabei an einen Dialog mit Imke, der sich bei ihrem letzten Besuch in seiner Wohnung zugetragen hatte.

"Dein Wäscheständer ist verbogen", hatte sie zu Recht bemerkt.

"Er steht doch noch", hatte Enno schulterzuckend entgegnet.

"Ja, aber krumm und schief."

"Na, und? Wird die Wäsche deswegen nicht trocken?"

Je nach Auslegung konnte man Imke mit einer Portion Böswilligkeit durchaus Spießigkeit vorwerfen. Ihm allerdings auch. Und fast jedem anderen Menschen.

"Wenn ich eines aus dem heutigen Abend gelernt habe", erklärte er beim Zähneputzen im heimischen Badezimmer seinem Spiegelbild, wobei ihm zu seiner eigenen Erheiterung Zahncreme aus dem Mund tropfte, "dann ist es die Gewissheit, dass es vollkommen unmöglich ist, mit diesen beiden Frauen zugleich Affären zu haben. Aber das wusste ich streng genommen schon vorher. Ich wollte es nur nicht wahrhaben. Außerdem sind spätpubertierende Weiber echt durchtrieben, wenn sie sich etwas in den Kopf gesetzt haben. Dann verschonen sie nicht einmal ihre

Mütter. Das habe ich eigentlich schon immer geahnt. Oder zumindest, seit ich mit Mädels in dem Alter zu tun habe."
Für einen Moment zog er die Zahnbürste aus dem Mund.
"Zusammengefasst habe ich also nicht eines aus dem heutigen Abend gelernt, sondern zwei Dinge, von denen ich allerdings das eine schon vorher wusste und das andere immer geahnt habe. Klingt nicht so beeindruckend, oder?"
Als er im Bett lag, mühte er sich um eine Abwägung für oder gegen Marion und für oder gegen Imke, stellte aber zum wiederholten Mal fest, dass ihm weder Verstand noch Bauchgefühl klare Ansagen machten.
"Das ist mir noch nie passiert, verdammt!", fluchte er so heftig, dass er selbst über die Lautstärke erschrak. "Früher hätte man doch ein Schild an meine Tür nageln können: *Hundert Prozent beziehungspsychogedönsfreie Zone*. Und jetzt? Eines Tages werde ich noch zum Seelenklempner gehen müssen."
Mit diesem beunruhigenden Gedanken schlief er ein.

Es dämmert

Es dämmerte. Zwar hatte es nicht geregnet, dennoch war der Tag trüb gewesen. Elena saß im Wohnzimmer. Das Licht hatte sie ausgeschaltet.
Ihr älterer Sohn Philipp war beim Sport, Sebastian, der jüngere, auf der Geburtstagsfeier eines Spielgefährten. Eberhard war von der Arbeit direkt zu einer Besprechung bei einem Parteifreund gefahren und würde beide auf dem Heimweg einsammeln. Die Wäsche war aufgehängt und die Kinderzimmer waren geputzt.
Stunden wie diese waren selten. Normalerweise hätte Elena sie genutzt, um Leon anzurufen oder ihm eine E-Mail zu schreiben. Doch obwohl sie der Sehnsucht auch dieses Mal so gern nachgegeben hätte, zwang sie sich, es nicht zu tun. Sie hatte nachzudenken – viel zu selten kam sie ungestört dazu. Meistens hatte sie nur wenige Minuten am Tag für sich, ohne in irgendeiner Weise mit Haushaltsführung beschäftigt zu sein. Sofern einmal eine etwas längere Pause möglich war, fühlte sie sich in der Regel zu erschöpft für Gedanken, die sich um die Frage drehten, was sie von ihrem Leben noch erwartete. Oft genug schob sie das Thema aber auch bewusst beiseite und war vorrangig darauf aus, sich positive Energie durch die warme, zärtliche Stimme ihres Liebhabers zu holen. Wenn dies nicht

möglich war, träumte sie sich zu ihm, oder überlegte intensiv, wann und wie sie das nächste Treffen mit ihm ermöglichen konnte. Dieses Mal widerstand sie allen Versuchungen. Sie wusste, dass sich nie etwas ändern würde, wenn sie den ohnehin wenigen Gelegenheiten zur inneren Auseinandersetzung auch noch konsequent auswich.

Draußen verschwammen die Konturen der den Garten begrenzenden Zypressenhecke in der sich ausbreitenden Dunkelheit. Elenas Augen waren dorthin gerichtet, doch sie nahm nicht wahr, was es zu beobachten gab.

Sie erinnerte sich an Leons Erzählungen von seiner Band. Wie eine Ehe zu fünft wirkte die Gemeinschaft der Musiker auf sie. Entsprechend schwierig musste es gewesen sein, sich von zwei Mitstreitern zu trennen, wie die Gruppe es in ihrer Frühphase einmal getan hatte. Den Keyboarder und ihren ersten Gitarristen hatten die Männer rausgeworfen. Der Keyboarder hatte ihnen verziehen, sobald er die Gründe verstanden hatte. Als vergleichbares Bild fiel ihr eine Ehe ein, die von beiden Partnern als so kaputt empfunden wird, dass die Trennung recht einvernehmlich erfolgt. Der Gitarrist hatte ihnen nicht verziehen. Manche Trennungen arteten zu Rosenkriegen aus. Würde Eberhard versuchen, einen Rosenkrieg aus der Trennung zu machen? Wichtiger noch: Würden ihre Söhne ihr eine Trennung verzeihen, sobald sie die Gründe verstanden hätten?

Für einen Moment erschrak Elena darüber, an welcher Stelle sie sich gedanklich befand. Die Frage schien nicht mehr zu sein, ob ihre Ehe zu retten war. Sie spekulierte bereits über die Reaktion der Kinder auf den angedachten Schritt.

An der Entscheidung für einen Schnitt hingen so viele Konsequenzen, dass ihr schwindelig wurde. Ihre eigene Situation machte ihr dabei die geringsten Sorgen. Selbst wenn Leon nicht hielte, was sie sich von ihm versprach, würde sie es als Befreiung empfinden, sich nicht mehr über Eberhards gleichgültige Art ärgern zu müssen. Aber würde diese enorme Veränderung der Lebensumstände auch für Philipp und Sebastian besser sein? War der Verlust eines Elternteils aus dem Alltag leichter zu verkraften oder die Fortsetzung einer Atmosphäre ständiger Unterkühlung im Elternhaus? Welchen Elternteil würden sie gegebenenfalls überhaupt verlieren? Selbstverständlich war naheliegend, dass sie bei ihr bleiben würden, war doch Eberhard in Vollzeit berufstätig, und sie deshalb ohnehin die wichtigere Bezugsperson für beide. Doch es galt die Frage zu bedenken, wo sie wohnen würde. Es zog sie fort von Eberhard und näher zu Leon, so viel war klar. Dies aber hätte einen Schulwechsel für Philipp und den Verlust des Freundeskreises für beide Kinder bedeutet – ein Umstand, der weit über die Veränderung des familiären Alltags hinausging und vielleicht viel schlimmer war, als ein Elternteil nur noch an Wochenenden zu sehen. Elena dachte kurz an ihre eigene Kindheit. Sie selbst hätte einen solchen Einschnitt als Zumutung empfunden. Sie konnte nicht annehmen, dass ihre Söhne anders reagieren würden, auch wenn Philipp die Großstadt in Reichweite eventuell verlockend finden mochte.

Und Sebastian? Noch ging er nicht zur Schule, doch die Anmeldung stand kurz bevor, denn sein sechster Geburtstag war nicht mehr fern. Für ihn wäre es möglicherweise leichter, zwei Einschnitte zur gleichen Zeit zu erleben. Unter Umständen könnte er durch die Erfahrung der Einschulung den Verlust des Vaters im Alltag leichter kompensieren. Aber war es eine Option, die Kinder voneinander zu trennen? Wäre es nicht noch härter für alle Seiten, bliebe nur Philipp bei Eberhard, während Sebastian mit ihr fortzog?

Die letzte Idee verwarf Elena sofort. Ein Elternteil und den Bruder zu verlieren, erschien ihr des Schlechten zu viel, besonders für den Kleinen. Diese Möglichkeit kam nicht infrage. Sie würde sich von beiden Kindern trennen oder beide mitnehmen müssen – oder ihre eigenen Wünsche hinten anstellen. Bisher hatte Leon nie anklingen lassen, mit der augenblicklichen Konstellation Probleme zu haben. Doch Elena hatte keine Garantie, dass dies für immer so bleiben würde. Sie wollte ihn nicht verlieren, auch wenn sie ihm sogar gesagt hatte, er möge zugreifen, sofern er eine passende Partnerin fände, deren Lebensumstände nicht so kompliziert waren. Sie würde erhebliche Risiken eingehen, alles einfach auf gut Glück weiterlaufen zu lassen, wie es war, nicht zuletzt wegen der latenten Gefahr, durch ein Missgeschick auffliegen zu können. Was, wenn sie im Schlaf sprach? Würde Eberhard etwas erraten? Was, wenn Eberhard bei Brigitte nachforschen würde? Was, wenn Eberhard einmal wach wäre, wenn sie nachts von Leon heimkam, und an ihr röche?

Sie schüttelte sich, weil sie sich die folgenden Konflikte nicht ausmalen wollte. Natürlich blieb immer noch die Option, die Affäre mit Leon zu beenden. Sie würde sie als letztes kurzes Aufflackern eines egoistischen Glücksstrebens tief im eigenen Herzen abspeichern und sich fortan ganz in den Dienst der familiären Pflichten stellen. Sie würde der Liebe entsagen und sich für die Bewahrung einer heilen Scheinwelt aufopfern, bis die Söhne das Haus verließen, um ein eigenes Leben zu leben. Bis dahin waren noch etwa 15 Jahre zu überstehen. Elena würde ungefähr 60 Jahre alt sein und hätte mehr als ein halbes Leben im Zeichen der Vernunft hinter sich.

Sie schrak auf, weil sie ein Auto auf die Hauseinfahrt einbiegen hörte. Eberhard und die Kinder kamen. Es war höchste Zeit, das Abendessen auf den Tisch zu bringen. Die Pflicht rief, wieder einmal. Sie seufzte. Sie hatte nicht das Gefühl, in ihren Abwägungen entscheidend vorangekommen zu sein.

Für einen letzten kurzen Moment senkte sie ihre Lider und beschwor vor ihrem inneren Auge Leons liebevollen Blick herauf, mit dem er sie ansah, wenn sie sich voneinander verabschiedeten. Unter diesem Blick wollte sie nie gehen. Aber sie musste.

Dann gab sie sich einen Ruck, stand auf und schaltete das Licht im Wohnzimmer ein. Draußen war es stockdunkel.

Einkaufstüten platzen wie Träume[131]

Es war dunkel genug, es war warm genug, sie hätte müde genug sein sollen, und dennoch konnte Darina nicht einschlafen. Die Frustration über die jüngsten Entwicklungen ließen sie keine Ruhe finden. Alles war schiefgelaufen in der letzten Zeit, dabei hatten die Voraussetzungen in jeder Hinsicht günstig ausgesehen.

Der ihr ein paar Wochen nach der gemeinsamen Nacht mit Leon Finderling von diesem empfohlene Schlagzeuger, dieser Freimut Schön, war an ihrem Projekt nicht interessiert gewesen. Dennoch hatte sie in relativ kurzer Zeit Mitstreiter für ihre erträumte musikalische Solokarriere gefunden. Ein paar gute Konzerte, hatte sie gehofft, dann würde sie es nicht mehr nötig haben, bei *Desert Snow* in der zweiten Reihe zu stehen und ihren Körper im Rampenlicht glänzen zu lassen, um die Augen des Publikums auf sich und von den Kollegen weg zu ziehen. Sie mochte es, angeschaut zu werden – besonders von Männern. Dennoch hatte ihr schon lange missfallen, mehr oder minder ausschließlich als Blickfang eingesetzt zu werden. Sie sang doch so gern.

---

[131] Der Titel dieser Anekdote ist ein Zitat aus dem Song 'Es tickt' von *Extrabreit*, vom Album 'Ihre größten Erfolge', erschienen 1980.

Ringo Dylan Reed hatte sie nach einem Konzert der Coverband in einem Festzelt kennengelernt. Er war ziemlich angetrunken gewesen und hatte an der Theke lauthals über ihre Kollegen gelästert und zudem behauptet, selbst viel besser Gitarre spielen zu können. Darina hatte ihre Mitstreiter nicht verteidigt, sondern Ringo beim Wort genommen, als er seinem Suff zum Trotz zugesagt hatte, es ihr auf Wunsch zu beweisen. Sie hatte sich seine Telefonnummer geben lassen, ihn gleich am nächsten Tag angerufen, eine Verabredung mit ihm getroffen und sich ein paar seiner Songideen höchst interessiert angehört. Sie hatte seinem Spiel gleich angemerkt, dass er mit seinen Hörgewohnheiten sehr auf die 60er Jahre fixiert war, hatte es aber nicht schlimm oder unpassend gefunden. Die beiden waren übereingekommen, es für ein paar Proben versuchen zu wollen. Der umtriebige Ringo hatte auch versprochen, einen Schlagzeuger mitzubringen.

Der Anfang war so gut gelaufen, dass sie sich bald auf die Suche nach einem Bassisten begeben hatten. Diese hatte sich als schwierig und frustrierend erwiesen. Am Ende hatte ein Bekannter von der Musikschule ihr einen schüchternen 18-jährigen Jüngling vermittelt, der noch nicht besonders gut spielte, aber fleißig übte. Sie hatte gefürchtet, Ringo könnte ihn aus diesem Grund ablehnen, doch stattdessen war der Gitarrist begeistert, weil der junge Mann mangels eigener Erfahrung alles genau nach Ringos Vorgaben umsetzte.

Dann aber hatte sie in ihrem Enthusiasmus, endlich eine eigene Band zu haben, erste Fehler gemacht – soweit sah sie jetzt klar. Schon bei den Lyrics hatte sie sich unterbuttern lassen. Ringo hatte gemeint, es sei weniger problematisch, einen in männlicher Sichtweise verfassten Songtext von einer Frau singen zu lassen, als Musik und Worte auseinanderzureißen. Da er doch nun einmal alles aus einem Guss erstellt hatte, müsse es nun auch so bleiben. Auch ihren Wunsch, ihm Melodien liefern zu dürfen, um die er dann neue Songs bauen könne, hatte er weitgehend ignoriert. Das brauche Zeit, hatte er erklärt, sie müssten aber doch jetzt möglichst schnell auf die Bühne, um ein Zeichen zu setzen, dass es eine neue tolle Band in der Stadt gäbe. Rückblickend nahm Darina an, dass er nie die Absicht gehabt hatte, ihre Melodien zu verwerten. Er hatte sie mit der Aussage beruhigt, sie zögen doch an einem Strang. So wie sie es jetzt sah, hatten sie das tatsächlich – allerdings an dessen verschiedenen Enden. Bei einem erfolgreichen Debüt, so unterstellte sie ihm jetzt, hätte er wohl darauf verwiesen, seine Songs seien doch gut angekommen und somit auch in Zukunft der richtige Weg.

Dann war da der Affront mit dem Bandnamen gewesen. Sie hatte davon geträumt, die neue Combo einfach *Darina* zu nennen, schlicht und selbstbewusst. Darüber hatten sie nie diskutiert, deshalb war es für sie immer ausgemachte Sache gewesen – bis zu dem Tag, an dem sie das Programm des *Piushauses* für den folgenden Monat in die Finger bekam. Begierig darauf, ihren Namen darin zu lesen, blätterte sie es durch, nachdem Ringo auf einer Probe den überraschten Musikern erklärt hatte, einen Gig an Land gezogen zu haben. Von *Darina* stand kein Wort in dem Programmheft. Am entsprechenden Tag war die Premiere der *Acid Space Cowboys* angekündigt. Auf telefonische Nachfrage bei der Leitung des Jugendzentrums hatte sie erfahren, der Ansprechpartner der Band heiße Stefan Schmidt – und das war niemand anders als Ringo Dylan Reed mit bürgerlichem Namen. Ganz genau sah sie sein breites Grinsen vor sich, das Grinsen, mit dem er ihren Vorwurf abgebügelt hatte, sehr eigenmächtig den Bandnamen bestimmt zu haben.

"Ist doch ein cooler Name, findest du nicht?"

Der einzige Vorteil an der anschließenden Entwicklung der Dinge war, dass sie den ungewollten Bandnamen nun schon wieder los war. Das Konzert war schrecklich gelaufen, obwohl sie nicht einmal schlecht gespielt hatten. Nur knappe 20 Zuhörer hatten sich in den Saal verirrt. Zu Darinas persönlicher Enttäuschung war keiner ihrer Bekannten aus der Musikszene erschienen. Die wenigen Gäste hatten sich weit von der Bühne entfernt an der Theke festgehalten und auch kaum geklatscht. Einzig bei 'Sex Machine'[132] von James Brown[133], der einzigen Coverversion in ihrem Programm, war ein wenig Applaus aufgekommen. An Zugaben hatte niemand Interesse gehabt, die Zuschauer nicht und die Musiker ebenso wenig.

Ringo hatte backstage seine Gitarre in ihren Koffer gepackt und war wutentbrannt abgehauen, ohne noch in irgendeiner Weise beim Abbauen zu helfen. Sogar den Abtransport seines Verstärkers hatte er dem Trommler überlassen. Am nächsten Tag hatte er ihr gesimst, mit so einer Scheißband würde er nie wieder auch nur für eine Minute spielen und sie brauche gar nicht zu versuchen, ihn umzustimmen.

---

[132] Aus dem gleichnamigen Album (1970).
[133] James Brown (1933 – 2006), amerikanischer Musiker, erstes Album 1956.

Das immerhin hatte sie nach dem Auf- und vor allem seinem Abtritt auch gar nicht mehr vorgehabt. Ein kurzes Telefonat mit dem Schlagzeuger hatte ergeben, dass dieser lieber künftig mit Ringo 'etwas Rockigeres' machen wolle. Nur der junge Bassist hielt zu ihr, aber das nützte ihr im Moment wenig, da ihr die musikalischen Fähigkeiten fehlten, ihm die Bassläufe zu diktieren, zumal sie nicht einmal Songs hatte.

Die *Acid Space Cowboys* waren Geschichte und Darina hatte wieder nur *Desert Snow*. Auch mit ein paar Tagen Abstand war ihr zum Heulen zumute.

"Alles wieder auf Anfang", murmelte sie. "Ich könnte kotzen."

Sie würde es wieder versuchen, sagte sie sich. Nur vielleicht nicht sofort.

Bodos Nähkästchen

Nicht nur Marion wuselte aufgeregt von Gast zu Gast, auch ihre Mutter war ununterbrochen damit beschäftigt, Neuankömmlinge zu begrüßen, sie mit Getränken oder Knabbereien zu versorgen oder ihnen den Weg zu Garderobe, Balkon oder Toilette zu weisen. Entgegen ihrer sonstigen Gewohnheit, an ihrem Ehrentag in einen Kurzurlaub zu fliehen, hatte Imke zum Anlass des runden Geburtstags dem Drängen ihrer Tochter nachgegeben, dieses Jahr eine Ausnahme zu machen und die Feier sogar etwas größer zu gestalten.

"Sag' mal, Imke", frotzelte ein Besucher, "die 40, die auf der Einladung stand, war ein Tippfehler, oder? Die richtige Taste ist doch eins weiter links."

Sie bedankte sich artig und wurde sogleich von der nächsten Gruppe von Ankömmlingen mit Beschlag belegt. Da sie den engsten ihrer Freunde erlaubt hatte, ihrerseits gute Freunde mitzubringen, kannte sie nicht einmal selbst alle Gäste und bekam im Zuge der Begrüßungen den einen oder anderen vorgestellt.

Nicht zu diesen Unbekannten gehörte Bodo, der lange mit ihrer älteren Schwester liiert gewesen war. Imke hatte sich immer gut mit ihm verstanden. Sie erklärte ihm kurz, dass durch die ständig auftauchenden Gratulanten zu viel Unruhe für ein gutes Gespräch sei, sie ein solches im Laufe des Abends aber unbedingt mit ihm führen wolle.

Kurz vor Mitternacht war es schließlich soweit.

"Schön, dass du kommen konntest", sagte sie zu ihm, als er sich gerade eine Zigarette anzündete und mit dem Feuerzeug gleich auch ein Bier öffnete. "Lale hat mir erzählt, dir geht's nicht so gut."

"Tja, 'nicht so gut' ist noch ziemlich nett formuliert", antwortete Bodo. "Ich merk' zwar noch nicht viel davon, aber die Ärzte haben mir kürzlich bescheinigt, dass ich nicht sonderlich alt werde. Aber davon will ich nicht reden. Wie geht es dir?"

"Falls ich jetzt 'prima' sage, klingt das ziemlich oberflächlich, wenn ich bedenke, was du gerade gesagt hast."

"Schon in Ordnung, ich hab' ja gefragt. Ich höre doch gern, dass es dir prima geht. Und Marion? Gut schaut sie aus. Ein hübsches Kind war sie schon immer, aber sie scheint mir auf dem besten Weg zu sein, eine schöne Frau zu werden."

"Ja, das kommt jetzt alles. Bald wird sie volljährig, dann macht sie Abi – und es scheint, als ob es uns gelingt, relativ schmerzfrei von einem Mutter-Tochter-Verhältnis zu einer Art Freundschaft überzugehen. Ich bin stolz auf sie."

"Klingt super. Und deine Schwester? Wir telefonieren zwar ab und zu, aber sie sagt mir nie, ob sie glücklich ist."

Imke seufzte.

"Lales Stimmungen schwanken. Einerseits betont sie immer, wie froh sie ist, dass ihr euch einvernehmlich getrennt habt und weiterhin gut versteht und füreinander da seid, andererseits habe ich auch das Gefühl, dass es ihr schwerfällt, allein zu sein. Ich glaube, manchmal vermisst sie dich doch."

"Das geht mir nicht anders. Ist wohl normal nach so vielen gemeinsamen Jahren."

"Ich wünschte, ihr könntet immer noch zusammen glücklich sein."

"Könnten wir nicht", sagte Bodo sanft, aber bestimmt, "wir haben uns inzwischen zu weit auseinander entwickelt."

"Aber du hast dich doch gar nicht so sehr verändert. Du hast immer noch den gleichen Job und immer noch die gleiche Band, oder?"

"Na ja, auf dem Papier schon. Aber wir spielen kaum noch."

"Warum?"

"Zu viel Arbeit – also vor allem bei den anderen."

Er lachte. Imke nahm ein Stichwort auf.

"Wo wir gerade bei Bands sind: Du hast dich sehr lange mit den Jungs von *Hole of Fame* unterhalten, hab' ich gesehen. Es sah sehr vertraut aus. Woher kennt ihr euch?"

"Das hatte ich eigentlich dich fragen wollen. Ich war zwar hocherfreut, aber auch ganz überrascht, sie auf deiner Party zu treffen."

"Enno ist mein Nachbar", verriet Imke. "Ich hab' auch mal ein Konzert von ihnen gesehen. Nette Jungs. Was verbindet dich mit ihnen?"

Bodo nahm einen großen Schluck Bier.

"Viel gemeinsame Vergangenheit. Ich kenn' die Jungs seit mehr als 15 Jahren. Ich hab' sie früher ein bisschen gemanagt. Hier oder da ein Konzert vermittelt und ihnen Tipps zu Auftreten, Arrangements und solchen Sachen gegeben. Inzwischen haben sie das alles selbst drauf, sie brauchen mich nicht mehr. Vor ein paar Jahren ist das eingeschlafen. Aber ich freu' mich tierisch, dass es die Band immer noch gibt. Inzwischen ist sie bekannter als meine eigene – jedenfalls hier in der Stadt. Ich liebe die Jungs einfach."

"Ich staune über ihre Historie – also, über das, was ich davon weiß. Sind die wirklich seit 15 Jahren in unveränderter Besetzung unterwegs? Da können viele Beziehungen nicht mithalten. Wie machen die das?"

Nun musste Bodo schmunzeln.

"Ja, das ist wirklich länger als viele Beziehungen – zum Teil sogar die der Jungs selbst. Gut, Kilian ist schon ewig mit seiner Svenja zusammen und Julius und Mia haben vor ein paar Jahren geheiratet. Aber die anderen drei Burschen sind im Grunde enger untereinander liiert als mit jeder Frau."

"Ach, das klingt spannend."

"Ich sag's dir! Ich hab das jahrelang fast hautnah miterlebt. Dramen waren das zum Teil! Allein schon Adam mit seiner ewigen On-Off-Beziehung zu seiner Nancy. Ich sag' dir, wir waren im Grunde unserer Herzen alle richtig froh, als das endgültig vorbei war. Das war reinstes Nervengift. Im Prinzip hatte niemand etwas gegen sie, aber mit ihrer Sprunghaftigkeit, ob sie ihn nun will oder lieber doch nicht, hat sie ihn in den Wahnsinn getrieben. Für uns war es kein Spaß, ihn ständig wieder aufbauen oder eben auf den Teppich herunterholen zu müssen. Monatliche Wechsel zwischen himmelhochjauchzend und zu Tode betrübt. Wenn sie geheiratet hätten, was sie zum Glück nicht haben, hätte ich dem Jungen einen Sack mit Murmeln geschenkt. Das ist in Schottland guter Brauch, habe ich mir sagen lassen. Dort sagt man generell, als Ehemann brauche man 'fuckin' hard balls', und für Adam hätte das umso mehr gegolten. Aber der Kelch ist an uns – und besonders an ihm – vorübergegangen. Nach der ersten Trennung hat er seinen Frust mit Essen kompensiert. Das war ganz schön grausam. Man kann das heute noch auf alten Fotos nachvollziehen. Von einer Fotosession zur nächsten hatte sich Herr Fleischer quasi verdoppelt. Zum Glück hat er die Pfunde auch relativ zügig wieder runterbekommen, als es ihm wieder besser ging. Aber ein Spaß war das alles nicht. Anstrengend, sage ich dir, unendlich anstrengend. Bei Leon war das einfacher. Kurz nachdem wir uns kennengelernt hatten, war da bald seine Linda. Das sah für mich immer ganz vernünftig aus. Er hat sich nur immer mal wieder beschwert, dass es nicht möglich sei, mit ihr tiefgründig über philosophische Themen zu sprechen. Damit meinte er hauptsächlich, glaube ich, dass sie wenig Sinn für seine Songtexte zu haben schien, auf die er doch so viel Wert legte. Jedenfalls sagte sie wohl kaum jemals mehr als 'Toll!' oder 'Cool!' dazu, was er ziemlich unbefriedigend fand. Eines Tages haben sie sich getrennt, daraufhin war er einige Wochen oder Monate lang ziemlich ätzend, aber dann war es irgendwann auch erledigt. Sie hatte einen Neuen und er vertröstete sich mit anderen Mädels. Über die Jahre ist er ein richtiger Hallodri geworden, aber da er nie eine richtig an sich herangelassen hat, hatte sein fröhliches Dasein als Jäger und Sammler auch nie negative Auswirkungen auf die Band. Da haben wir mit deinem lieben Nachbarn ganz andere Geschichten erlebt."

"Ach ja?"

Imke griff zu einer Schale mit Chips und sah Bodo gespannt an.

"Oh ja! Gitarristen und Frauen! Ich sollte das Maul nicht aufreißen, bin ja selbst einer. Aber speziell in dieser Band war das immer ein ganz besonders heikles Thema. Von Adam und Nancy habe ich dir eben erzählt. Bei Enno war beispielsweise ein Problem, wenn er seine damalige Freundin Sibylle zu Konzerten mitbrachte, was er blöderweise ziemlich häufig tat. Sie war ein ständiger Unruheherd, was aber gar nicht an ihr selbst lag. Weil sie nun einmal ganz hübsch war mit ihrem langen, blonden Haar, wurde sie zuweilen im Publikum von anderen Jungs angesprochen, oft genug ganz harmlos nur von Mitschülern. Aber Enno, der das von der Bühne aus sah, begann jedes Mal vor Eifersucht zu kochen. Vermutlich hätte er am liebsten jedes Mal auf der Stelle seine Gitarre weggestellt und dem fremden Kerl eins aufs Maul verpasst. Er hasste es, wenn seine Freundin auch nur mit anderen Männern, also allen, außer ihm und seinen Freunden, ein Wort sprach. Das war auch eine unglaublich anstrengende Zeit. Leon hat mir allerdings mal erzählt, dass das bei weitem nicht das Heftigste war, was der Junge abgeliefert hat. Es muss schon vor meiner Zeit gewesen sein, dass er einmal eine Freundin hatte, die er ständig mit einer anderen betrog. Als die Freundin dahinterkam und sich von ihm trennte, kam er mit der anderen zusammen und nach einigen Wochen stellte sich das umgekehrte Verhältnis ein: Die betrogene Ex nahm Rache an der Konkurrentin und Nachfolgerin, indem sie sich nun ihrerseits auf eine Affäre mit ihm einließ. Als das Spiel aufflog, war dann richtig Feuer unterm Dach, hat Leon mir erzählt – und ich wüsste nicht, warum ich es nicht glauben sollte. Später ist der Junge dann etwas konsequenter geworden und hat außerdem besser aufgepasst. Entweder hat er seine Beziehungen rechtzeitig beendet, wenn ihn andere Frauen plötzlich mehr interessierten, oder er hat es geschickter geregelt, die Damen nichts voneinander mitbekommen zu lassen. Wenn ich Leon vorhin als Hallodri oder Jäger und Sammler bezeichnet habe, muss ich nun allerdings zur Einordnung hinzufügen, dass Herr Finderling im Vergleich zu Herrn Wittstock alles in allem ein züchtiger Klosterschüler gewesen sein dürfte. Was jetzt nicht als Beleidigung gemeint ist. Manchmal vermisse ich die Zeit, in der ich viel mit den Jungs zu tun hatte – aber die Dramen um die Weiber vermisse ich definitiv nicht!"

Imke aß Chips und schmunzelte.

"Sex and drugs and rock 'n' roll, oder?"

"Drogen waren zum Glück kein großes Thema. Mehr als Bier war da selten im Spiel. Aber die beiden anderen Punkte haben die Jungs ausgelebt, wo es ging, zumindest Enno und Leon. Davon kann man getrost ausgehen."

"Und wie sind sie heute drauf?"

Bodo zuckte mit den Schultern.

"Weiß ich nicht. Ich bin seit Jahren nicht mehr so nah dran. Wenn wir uns sehen, reden wir vor allem über Musik. Sie sind auch älter geworden und haben alle reguläre Jobs. Da Svenja und Mia hier sind, dürfte sich bei den Herren Sandner und Langemesser nicht viel getan haben. Die drei anderen Jungs sind allein auf die Party gekommen. Was das zu bedeuten hat, kann ich nicht beurteilen."

"Vielleicht findest du es noch heraus."

"Ach, Imke – ich bin doch nicht ihr Babysitter. Mit Anfang 20 haben sie den vielleicht gebraucht, aber inzwischen müssen sie in jeder Hinsicht selbst wissen, was sie tun. Ich denke, sie wissen es auch. Sind doch vernünftige Jungs."

"Auf jeden Fall sind sie sehr sympathisch", stimmte sie zu.

"Ich liebe sie einfach", schloss Bodo das Thema ab, "jeden auf seine Weise und alle zusammen ganz besonders. Hast du eigentlich noch Kontakt zu diesem Portugiesen, der mal bei deiner Mutter zur Untermiete gewohnt hat? Der war doch so ein begabter Maler. Es würde mich brennend interessieren, was aus ihm geworden ist, und ob er inzwischen gute Preise für seine Bilder bekommt."

Bodo und Imke hatten eine Menge gemeinsamer Bekannter und trafen sich viel zu selten, deshalb brauchten sie noch eine ganze Weile, bis sie sich über alle ausgetauscht hatten. Als sie damit fertig waren, beschlossen sie zum mindestens fünften Mal, dass es bis zu ihrer nächsten Begegnung nicht so lange dauern dürfe. Es gab immer so viele alte spannende Geschichten zu erzählen.

1992 und folgende

"Was kriegt man, wenn man *Fanta*[134] mit ganz viel Wasser vermischt?", fragte Julius Langemesser und antwortete selbst, weil keiner es wusste: "Eine Stretch-Limo!"

Es könnte der Ruhm sein, die Bestätigung. Oder der Reichtum, die Annehmlichkeiten. Aber das eine hat mit dem anderen zu tun, denn der Ruhm vergrößert den Reichtum und der Reichtum vergrößert den Ruhm. Nachts mit zwei jungen Bräuten im Arm und Sonnenbrille auf der Nase von einem diskreten Fahrer in einem großen Auto zu einem Luxushotel chauffiert werden und nur mal kurz das Haustelefon benutzen müssen, um Champagner und frische Erdbeeren in die Suite geliefert zu bekommen – ja, davon träumen sie fast alle, denn in dieser Konstellation ist alles dabei: Die Bräute stehen für den Ruhm, alles andere steht für den Reichtum. Wird man auf diese Weise glücklich? Wer kann sich – jung, kraftstrotzend, voller Leben – schon vorstellen, dass man es nicht wird? Auf dem Höhepunkt erscheint es unvorstellbar, die eigenen Energiereserven könnten endlich sein.

---

[134] Limonade aus dem Hause *Coca-Cola*, in Deutschland vor allem mit Orangengeschmack bekannt.

Endlich in der Zeitung

Im Rahmen der von dieser Zeitung geförderten Newcomerreihe "A Star Is Born" kredenzt am Sonntag, den 4. November, ab 21:00 Uhr, die Band Hole of Fame *im* Racer's Club *ihre Eigenkompositionen. Im Interview mit Lioba Steinmetz verrieten Sänger Leon Finderling und Bassist Kilian Sandner, was das Publikum erwarten darf.*

LS: Bei Newcomerbands möchten unsere Leser immer gern zuerst wissen, mit welcher Art von Musik sie es zu tun haben.
Sandner: Wir sind eine Rock-'n'-Roll-Band.
LS: Das klingt nicht sehr speziell. Aus euren Demo-Aufnahmen habe ich Hardrock, Heavy Metal und ein wenig Punk herausgehört.
Sandner: Wenn du lange genug suchst, findest du vielleicht auch noch Grunge und Gothic. Wir denken aber nicht in diesen Schubladen.
Finderling: Wir versuchen, Songs zu schreiben, die wir selbst gern hören. Was schwieriger ist, als es sich anhört. Sie müssen unsere Emotionen transportieren. Dafür ist Musik doch da. Sonst könnten wir auch wissenschaftliche Bücher schreiben.
LS: Euer Bandname klingt ungewöhnlich, ein stückweit auch anzüglich. Kann man das auch von euren Texten annehmen?
Finderling: Mit der Bundesprüfstelle für jugendgefährdende Schriften werden wir vermutlich keinen Ärger bekommen, obwohl man bei denen nie sicher sein kann. Aber vereinzelte Schimpfworte werden wohl nicht so schlimm sein, die müssen eben raus, wenn man wütend ist. Inhaltlich geht es vielmehr um Ambition als um Anzüglichkeiten. Wobei gegen ein bisschen Sex auch nichts einzuwenden ist.
LS: Ist Härte eine Attitüde von euch?
Finderling: Wir schreiben die Songs, die in uns sind. Wenn sie hart sind, ist das okay, wenn nicht, auch. Es gibt keine Vorgabe, wie wir zu klingen haben. Wir müssen die Songs fühlen, an uns glauben. Das ist alles.
LS: Seid ihr innerhalb der Band demokratisch?
Finderling: Überdemokratisch. Wir sind fünf. Ein neuer Song muss mindestens vier Stimmen bekommen, um ins Programm aufgenommen zu werden. Drei Stimmen wären eine Mehrheit, aber drei Stimmen reichen bei uns nicht.
LS: Wie entstehen die Songs?
Finderling: Meistens wirft einer der Jungs mir ein Songfragment zu. Wenn mir dazu eine Gesangslinie einfällt, ist das ein

gutes Zeichen. Dann machen wir zu zweit eine Rohversion daraus. Den Feinschliff gibt es dann im Proberaum – von allen gemeinsam. Was vermutlich auch dazu beiträgt, dass es selten zu Kampfabstimmungen kommt. Jeder kann dafür sorgen, den Song besser zu machen.
LS: Wie lange werdet ihr denn am Sonntag spielen?
Finderling: Wie im *Racer's Club* üblich werden wir zwei Sets spielen. Mit Pause in der Mitte. Vermutlich jeweils eine Dreiviertelstunde – so viel haben wir, ohne uns zu wiederholen.
LS: Zugaben habt ihr auch noch in der Hinterhand?
Sandner: Darüber redet man doch nicht!
LS: Wie habt ihr denn eigentlich zu eurer Besetzung gefunden? Seid ihr die klassische Fünf-Freunde-Band?
Finderling: Fünf Freunde im Proberaum – ist das ein Buch von Enid Blyton[135]?
Sandner: Ursprünglich nicht. Ich kannte nur Leon etwas besser, als er mich gefragt hat, ob ich einsteige. Aber mir gefiel die Musik, die er mir vorgespielt hat, und mit den anderen hab' ich mich dann auch auf Anhieb verstanden.
Finderling: Adam (Gitarrist, Anm. der Red.) und Julius (Schlagzeuger, Anm. d. Red.) kannten sich aus der Schule und haben schon früher zusammengespielt. Enno (Gitarrist, Anm. d. Red.) und ich kennen uns auch schon ewig und hatten verschiedene gemeinsame Bands. Der Kontakt zwischen beiden Paaren kam über eine gemeinsame Bekannte zustande. Fehlte nur ein fähiger Bassist. Die gibt es leider nicht gerade wie Sand am Meer. Irgendwann hab' ich mal ein Konzert in einem Jugendheim gesehen, bei dem Kilian aushalf. Ich mochte ihn sofort und sein Bassspiel auch.
Sandner: Dabei hatte ich noch ein Angebot von einer anderen Band, die in der Gegend schon etwas bekannter war. Welche, sage ich lieber nicht. Bei den Jungs habe ich mich aber nicht wohlgefühlt und mit ihrer Musik auch nicht. Leons Anfrage kam deshalb gerade zur rechten Zeit. Jetzt legen wir los. Wir haben geile Songs und die Chemie stimmt!
LS: Wie viel Wert legt ihr auf Bühnenshow?
Sandner: Wir haben nichts einstudiert. Das muss spontan kommen.
Finderling: Bei uns ist immer Bewegung auf der Bühne. Im Proberaum stehen wir auch nicht still. Wenn wir uns dabei über

---

[135] Enid Blyton (1897 – 1968), britische Kinder- und Jugendbuchautorin, unter anderem der Reihe "Fünf Freunde".

den Haufen rennen sollten, ist es auch nicht schlimm, dann haben die Zuschauer wenigstens etwas zu lachen.
LS: Seid ihr nicht nervös?
Finderling: Es ist nicht unser erster Auftritt, ein paar Mal standen wir schon zusammen auf der Bühne – und jeder von uns auch schon früher in anderen Bands. Außerdem klingt nervös so ängstlich. Natürlich sind wir aufgeregt und auch ein bisschen angespannt, weil der *Racer's Club* hier in der Stadt ein prominenter Laden ist und größer als Jugendheime. Vielleicht müssen wir sogar vorher aufs Klo. Aber wir freuen uns das Konzert. Hoffentlich wird die Hütte voll! Wir wollen ja vor den Leuten spielen!
LS: Wie sieht eure Planung für die Zeit danach aus?
Sandner: Nicht anders als zuletzt: Möglichst häufig auftreten! Wir nehmen jeden Gig an, bei dem wir nicht draufzahlen. Wenn es gerade keine Gigs gibt, gehen wir in den Proberaum und schreiben neue Songs. Vielleicht nehmen wir auch irgendwann wieder ein Demo auf. Es gibt immer was zu tun.
LS: Gibt es bei euch den Traum von der großen Karriere?
Sandner: Träume sind okay. Aber man muss auch gute Songs anbieten. Daran arbeiten wir. Wenn es klappt, sagen wir nicht nein.
Finderling: Wir müssen nicht reich und berühmt werden. Reich genügt.
LS: Kilian, Leon: Ich bedanke mich für das Gespräch.

Spielen! Spielen! Spielen!

Die Flaschen schlugen so heftig gegeneinander, dass man Angst um das Glas hätte haben können, oder aber um die Finger der sechs Männer, die sie hielten. Doch alles ging gut und jeder ließ einen kräftigen Schluck Bier in seine Kehle rinnen, bevor Bodo, der sich seit kurzer Zeit um *Hole of Fame* kümmerte, und seine Schützlinge nach ihrer Feuertaufe in ihrem Proberaum besuchte, das Wort ergriff.
"So, Männer, als Erstes möchte ich euch gratulieren: Euer Gig im *Racer's Club* war geil! Ihr habt richtig gut eingeheizt! Darauf trinken wir!"
Die Gelegenheit ließ sich keiner entgehen.
"Allerdings sind wir weit weg von dem Punkt, an dem man sich zurücklehnen und den neu erworbenen Ruhm genießen sollte. Ihr habt erst eins erreicht: Man nimmt euch jetzt wahr in

der Stadt! Mehr nicht! Ein paar Leute haben gesehen, dass es da eine neue Band gibt, die voll auf dem Gaspedal steht. Diesen Ruf müsst ihr jetzt untermauern."

Wieder machte er eine Trinkpause.

"Ihr habt die letzten Wochen euer Programm rauf und runter geübt und das hat sich jetzt ausgezahlt. Es war zwar nicht fehlerfrei, aber das vergessen die Leute schnell. Sie werden sich nur an eure Power erinnern. Ihr wart Dynamit!"

Julius und Adam grinsten wie Honigkuchenpferde, die anderen drei sahen angesichts des Lobs auch nicht gerade unzufrieden aus.

"Aber die Arbeit fängt jetzt erst an. Ihr müsst jetzt gleich drei bis vier Dinge parallel tun und das wird nicht einfach und anstrengend dazu. Wisst ihr, was ich meine?"

"Weiter üben. Irgendwann müssen wir fehlerfrei spielen", schlug Kilian vor.

"Richtig!", sagte Bodo, der einige Jahre älter war und selbst viel Banderfahrung hatte. "Es darf kein Blatt zwischen euch passen, Bass und Schlagzeug, beide Gitarren – alles muss eine absolut kompakte Einheit sein. Spielt nicht immer nur die ganzen Songs. Spielt auch mal einzelne Passagen im Kreis, bis sie euch zu den Ohren rauskommen. Das ist wichtig. Auf Dauer müsst ihr in der Lage sein, nachts um fünf aus dem Bett zu euren Instrumenten zu kriechen und sofort präzise zu sein. Es muss euch in Fleisch und Blut übergehen, mit den anderen auf den Punkt spielen zu können. Immer! Was noch?"

"Wir brauchen neue Songs", fand Enno.

"Genau!", nahm Bodo den Vorschlag auf. "Es ist nicht anzunehmen, dass ihr in den nächsten Monaten schon allzu häufig in anderen Städten Bühnen entern werdet. Also dürft ihr das hiesige Publikum nicht langweilen. Wer euch gesehen hat und geil fand, kommt vielleicht wieder, sollte dann aber nicht exakt das gleiche Zeug wieder vorgesetzt kriegen. Die besten Songs müssen natürlich bleiben, die helfen bei der Wiedererkennung. Aber ihr braucht neue gute Nummern, die ihr dann nach und nach einbaut und mit ihnen die schwächeren älteren Lieder ersetzt. Es muss immer Bewegung im Programm bleiben, solange ihr nicht in kurzer Folge viele Gigs an verschiedenen Orten spielt."

"Wir können aber sicher auch noch an dem einen oder anderen älteren Song feilen und ihn noch besser machen", gab Leon zu bedenken.

"Völlig korrekt", stimmte ihr Teilzeitmanager zu. "Ich bin bei mehreren Nummern überzeugt, dass sie mehr Potenzial haben, als ihr derzeit rausholt. Ich will euch nicht sagen, welche das nach meiner Meinung sind, denn die Band seid ihr, und ihr habt selbst die Herrschaft über euer Programm."

"Zum Beispiel 'The River' könnten wir umstricken, dazu hatte ich letztens schon eine Idee", ließ Wittstock die anderen wissen.

"Das könnt ihr ohne mich klären", würgte Bodo jede Detaildiskussion sofort ab. "Der letzte wichtige Punkt fehlt noch – vielleicht der wichtigste."

"Mehr Gigs", erriet Langemesser.

"Bingo! Schlaue Jungs seid ihr also auch. Ab jetzt heißt es: Spielen! Spielen! Spielen! Dazu versuche ich natürlich, mein Teil beizutragen, indem ich versuche, Auftritte für euch an Land zu ziehen. Jedes Konzert bringt euch mehr Erfahrung als zehn Proben, egal, wie professionell ihr hier arbeitet. Nichts geht über Bühnenerfahrung – und ich meine wirklich: Nichts! Dabei ist es übrigens nicht so wichtig, ob ihr in irgendeiner Kaschemme vor zehn oder auf einem Festival vor 500 Leuten spielt. Die Shows mit viel Publikum sind sogar einfacher, weil sich in einer Menge immer jemand findet, der mitgeht. Bei ein paar Typen, die gelangweilt in der Ecke stehen, ist das viel schwieriger. Aber auch die müsst ihr kriegen. Dann seid ihr wirklich gut. Bedenkt dabei immer: Wer da ist, kann nichts dafür, dass die anderen nicht da sind. Aber wer gekommen ist, hat das Recht auf eine gute Show. Also immer Vollgas, wenn das Licht angeht! Habt ihr verstanden?"

"Logo!"

Allgemeines Nicken machte die Runde.

"Dann legt los! Neue Songs schreiben, alte umbauen und üben, üben, üben – vor allem im Zusammenspiel. Ich empfehle euch: Probt kürzer, aber häufiger. Wenn ihr nur eineinhalb Stunden arbeitet, bleibt die Konzentration durchgehend hoch. Dafür aber nicht nur zweimal in der Woche. Es wird auch nicht schaden, wenn Leon oder Adam mal nicht dabei ist. Die Rhythmusgruppe muss knallen! Lasst bloß nicht die Probe ausfallen, wenn einer mal nicht kann. Es gibt immer was zu tun."

"Machen wir sowieso nicht. Aber ohne Julius macht's keinen Spaß."

"Ja, wenn das Schlagzeug fehlt", sah Bodo ein, "könnt ihr wohl nur an neuen Ideen stricken – Gitarrenarrangements und so. Da müsst ihr eben flexibel sein. Immer machen, was die Personalkonstellation sinnvoll zulässt. Wenn alle da sind, das Thema anpacken, was die höchste Dringlichkeit hat. Ihr macht das schon!"

"Sollten wir vielleicht auch mal ein neues Demo aufnehmen?", fragte Sandner.

"Ja, das wäre nicht schlecht", stimmte der alte Hase zu. "Wobei das Problem am alten nicht die Songs sind, sondern die Aufnahmequalität. Ich muss euch mal mit Felix näher bekannt machen. Der hat ein absolutes Gehör und kennt sich mit Aufnahmeequipment gut aus. Wenn ihr euch gut versteht, macht er euch bestimmt einen fairen Preis."

"Es ist mir zwar unangenehm", warf Finderling ein, "aber an dieser Stelle muss ich leider darauf hinweisen, dass unsere Bandkasse nicht übermäßig gut gefüllt ist – fairer Preis hin oder her. So ein Tonstudio ist nun mal teuer."

"Umso wichtiger, dass ihr euer Zeug fehlerfrei spielen könnt – dann braucht ihr weniger Takes und damit weniger Studiozeit."

"Okay, das klingt schlüssig."

"Und jeder neue Gig bringt Geld rein."

"So ist es."

Jeder freute sich über die vielen Tipps, Ideen, Pläne und Beschlüsse. Man ließ noch einmal die Bierflaschen gegeneinanderprallen. Gemeinsam Musik zu machen war schon gut. Gemeinsame Ziele zu verfolgen, war noch besser.

Der Proberaum ist der Mittelpunkt des Universums (Folge 17)

Die Rauchpausen während einer Probe waren schnell zu unverzichtbaren Ritualen geworden. Sie dienten auch dazu, Neuigkeiten abseits der Musik auszutauschen, was von Anfang an erheblich zur Festigung der Freundschaften untereinander beigetragen hatte.

"Was machen die Weiber?", fragte Adam Enno.

"Na, ich hoffe doch, dass Sibylle ganz brav daheim sitzt und wartet, bis ich von der Probe komme", bekam er zu hören.

"Ich hab' heut' in der Stadt Lucia gesehen, deine Ex."

"Mit diesem blonden Macker, der sich für ein Modell hält?"

"Nee, mit einem dunkelhaarigen Macker, der sich für Superman hält, jedenfalls trug er ein Muskelshirt, um seinen Bizeps zur Geltung zu bringen, und stolzierte dabei herum, als könne er vor Kraft kaum laufen."

Wittstock schaute Fleischer misstrauisch an.

"Hatte der Typ einen Löwenkopf auf den Bizeps tätowiert?"

"Ja, du kennst ihn?"
"Jakub!"
Enno kniff die Augen zusammen. Wie die anderen wussten, war dies bei ihm ein sicheres Zeichen für aufsteigenden Ärger.

"Moment, ganz langsam", vergewisserte sich der Rhythmusbeim Leadgitarristen, "waren die zusammen?"

"Ich hab' sie nicht gefragt", bedauerte Adam, "aber sie stolzierten Arm in Arm durch die Fußgängerzone – also wenn du mich fragst, sah das so aus, ja."

Wittstock nickte ganz langsam.

"Der alte Hurensohn! Ich kenn' den von früher. Hat mir auf einer Party mal erzählt, er wäre der loyalste Kerl überhaupt. Für ihn wären nicht nur die Freundinnen seiner Bekannten tabu, sondern auch sämtliche Ex-Freundinnen und Mädels, von denen er weiß, dass seine Kumpels mal in sie verknallt waren – schließlich gäbe es genug andere."

"Vielleicht betrachtet er dich nicht als Kumpel", mutmaßte Leon, der bislang teilnahmslos daneben gestanden hatte.

"Oder er weiß nichts davon", schlug Kilian vor.

"Oh, nein, der weiß das ganz genau – der hat mich oft genug mit ihr zusammen gesehen. Das war kein Geheimnis. Na, was der unter Freundschaft versteht, sollte ich ihn wohl mal fragen. Immerhin wollte er sich mal mein Motorrad leihen. Zum Glück war es eh grad kaputt, da musste ich mir keine Ausrede ausdenken."

"Die drei Dinge, die man als Mann nicht einmal seinem besten Freund leihen sollte, sind Rasierklingen, Freundinnen und Zahnbürsten", merkte Julius gespielt altklug an, "und zwar in dieser Reihenfolge."

"Motorräder sind also unbedenklich", stieg Finderling auf den Spruch ein.

"Absolut. Dabei sind keine Körperflüssigkeiten im Spiel. Das könnte der Hintergrund der Empfehlung sein", mutmaßte Langemesser.

Enno war noch nicht an dem Punkt, seinen Humor wiedergefunden zu haben.

"Der loyalste Kerl überhaupt", wiederholte er. "Der alte Hurensohn!"

"Ich glaube, im Sinne der Deeskalation und des allgemeinen Bemühens um friedliche Koexistenz wäre es hilfreich", führte Julius nun aus, "wenn man beim Beleidigen anderer Leute mehr Bedacht auf seine Wortwahl legt. Hurensohn! Wenn ich so etwas höre! Da muss es fast zwangsläufig zu Gewaltausbrüchen kommen. Kann man das nicht ein wenig neutraler formulieren? Die Wirkung ist enorm. Ich wäre für: Sie Nachkomme einer Dame des ältesten Gewerbes der Welt!"

Sandner fasste sich an den Kopf. Langemesser fuhr fort:

"Ich denke, auch 'Praktizieren Sie Beischlaf mit einer älteren Verwandten ersten Grades' – klingt in jedem Fall besser als 'Fick Deine Mutter!', meint ihr nicht?"

Langemesser, einmal in Form, bewirkte immer wieder Wunder bei seinen Freunden, wenn die Stimmung mies oder gereizt war. Sogar der durch Fleischers Bericht hochgradig empörte Wittstock musste über die Rede des Schlagzeugers schmunzeln und verlor dadurch die Zornesfalte von seiner Stirn.

"Eat shit, Motherfucker!", warf er dem Trommler grinsend an den Kopf.

Der aber ließ sich nicht beirren und hob dozierend einen Zeigefinger.

"Ah, ja", meinte er, "noch so ein vortreffliches Beispiel. Auch das kann man bestimmt ein wenig formvollendeter rüberbringen. Warum so derb? Ich schlage vor: 'Verköstige Stuhl!' – Ja, ich glaube, das hat Qualität. Bleibt noch der Mutterficker. Als 'Beischläfer einer Verwandten …' – nein, wartet! Da haben wir es doch viel einfacher und können nebenbei ein wenig humanistische Bildung vortäuschen. Schließlich gibt es in der griechischen Mythologie einen Vorzeigemutterficker par excellence. Das passt! Darf ich also als eine adäquate Umschreibung vorstellen: 'Verköstige Stuhl, Oedipus[136]!'"

Enno fiel vor Julius auf die Knie und tat, als küsse er ihm die Hand. Die übrigen lagen sich längst vor Lachen in den Armen. Jakub und Lucia waren vergessen.

Logo? Logo!

"Die Herrschaften: Es ist angerichtet! Hier auf dem Tisch liegen drei detailliert ausgearbeitete Logo-Entwürfe für *Hole of Fame* zur Ansicht bereit. Ich schlage vor, Sie sehen sich das mal an. Ihr Hardy Krüger[137]."

---

[136] Oedipus, sagenhafter griechischer König, der unwissend seinen Vater getötet und seine Mutter zur Frau genommen haben soll.
[137] "Ich schlage vor, Sie sehen sich das mal an. Ihr Hardy Krüger", ist ein Zitat von besagtem deutschen Schauspieler (*1928). Es stammt aus Werbespots für Video-Dokumentationen über Wildtiere und wurde in den 90er Jahren zeitweise zum geflügelten Wort.

Die Bandmitglieder erhoben sich aus der Couchecke und folgten der Aufforderung ihres Teilzeitmanagers, in dessen Wohnung sie sich versammelt hatten. Sie blickten mit einem Gemisch aus Neugier und Aufregung die Reihe von Papieren an. Bodo selbst blieb gelassen, aber eine junge Frau stand neben ihm und sah den Musikern bei der Begutachtung zu, interessiert und ebenfalls ein wenig aufgeregt.

Die junge Frau hieß Svenja und war Kilians neue Freundin und absolvierte eine Ausbildung als Grafik-Designerin. Dies hatte die Band gleich zu nutzen gewusst und sie gebeten, Entwürfe für ein Bandlogo zu machen.

"Gute Songs sind das Wichtigste", hatte Bodo doziert, als er *Hole of Fame* unter seine Fittichen genommen hatte, "und ihr habt schon jetzt ein paar. Es werden mehr werden mit der Zeit, davon bin ich überzeugt. Ein guter Bandname ist ebenfalls wichtig. Klangvoll und mit Wiedererkennungswert, am besten mit einer Bedeutung, die man auch mit der Musik der Band in Verbindung bringen kann. Ich finde *AC/DC* ist ein fantastischer Bandname, schließlich stehen die Jungs ständig unter Strom, wenn sie auf der Bühne sind. Die Assoziation mit ihrer Energie ist der perfekt. Oder *Metallica*: Jeder denkt sofort an Heavy Metal – und die Band spielt Heavy Metal. Besser geht's nicht. Euer Name ist auch nicht schlecht. Bei *Hole of Fame* assoziiert man zwar nicht automatisch eine bestimmte Musikrichtung oder eine kraftvolle Bühnenshow, aber dafür hat der Name Selbstironie – und Humor macht sympathisch. Das passt alles. Der nächste Schritt ist ein gutes Logo. Es muss ebenfalls Wiedererkennungswert haben. Die Leute müssen an euch denken, wenn sie es sehen, bevor sie exakt realisiert haben, dass ihr es wirklich seid. Auch in der Hinsicht haben die beiden genannten Bands großartige Arbeit geleistet. Es ist kein Zufall, dass beide so erfolgreich sind, denn alle Zutaten sind vorhanden. Wenn man groß werden will, muss man sich an den Großen orientieren."

Nun wanderten die fünf Bandmitglieder um den Tisch in seiner Wohnung herum und sahen sich die Entwürfe immer wieder genau an.

"Das Pentagramm ist genial", fand Adam. "Ich liebe Pentagramme. Aber wenn jemand fragt, was es mit uns zu tun hat, könnte ich nur sagen, dass wir es cool finden. Wofür steht es im Zusammenhang mit uns?"

"Das ist doch ganz klar", meinte Wittstock. "Das Pentagramm ist symbolisch gemeint. Ist ja auch ein Symbol."

"Also sozusagen ein symbolisches Symbol", fasste Langemesser zusammen und sorgte damit wieder einmal für einen Moment allgemeiner Erheiterung.

Leon nahm Adams Frage auf und deutete auf den angesprochenen Entwurf.

"Das Pentagramm hat fünf Zacken und alles ist mit allem verbunden. Man kann ein Pentagramm zeichnen, ohne den Stift abzusetzen. Alles ist im Fluss, eine Einheit. Man könnte es als Zeichen der Fünfeinigkeit interpretieren. Wir sind fünf. Das Pentagramm steht also für uns als Einheit."

Alle hatten zugehört, und nun sah der Sänger in leuchtende Augen.

"Genial!", fand Enno.

"Aber warum ist das 'Hole of' in einer anderen Schriftart als das 'Fame' geschrieben?", wollte nun Sandner wissen. "Hast du dafür auch so eine schöne Erklärung?"

"Klar. Bei aller Einheit geben wir damit einen dezenten Hinweis darauf, dass trotzdem keine Langeweile bei uns aufkommt. Es ist nicht alles gleich, was wir anzubieten haben. Wir haben verschiedene Handschriften zu bieten."

"Da kommt man aber nicht unbedingt von selbst drauf", wandte der Bassist ein.

"Kann sein, aber die Mehrheit der Betrachter wird im Unterschied zu dir gar nicht merken, dass in diesem Logo zwei verschiedene Schriftarten im Spiel sind, obwohl die eine Serifen hat und die andere nicht."

"Was sind denn Serifen?", fragte Julius nach.

Fleischer und Wittstock war anzusehen, dass sie es auch nicht wussten.

"Die kleinen Abschlussstriche an den Buchstaben hier", erklärte Finderling und zeigte darauf. "Die andere Schriftart hat keine."

Er erntete verständiges Nicken.

"Was ihr so alles für Fachbegriffe kennt – Mann, Mann, Mann!"

Langemesser kam sich manchmal ziemlich ungebildet vor. Enno hatte derweil ein anderes Haar in der Suppe gefunden.

"Ich find' Pentagramme auch geil, aber mit dem Logo könnten wir leicht in die Düsterecke gestellt werden, meint ihr nicht?"

"Das erübrigt sich, wenn die Leute einmal einen Song von uns gehört haben", tat Kilian den Einwand ab. "Würde jemand

Slayer[138] mit Gruftis in Verbindung bringen? Die haben auch ein Pentagramm ins Logo eingearbeitet."

"Wir sollten uns aber auch nicht zum *Slayer*-Abklatsch machen", warnte Adam.

"Unsinn", bügelte Bodo die Sorge ab. "Schau' dir das *Slayer*-Logo mal genau an, da besteht keinerlei Ähnlichkeit."

"Okay – dann nehmen wir dieses Logo, oder?"

Fleischer deutete mit dem Zeigefinger auf jenen Vorschlag, über den sie nun so ausgiebig diskutiert hatten. Die beiden anderen Entwürfe wirkten fad dagegen, so sauber sie auch gearbeitet sein mochten.

"Hab' ich mir gedacht", lächelte Svenja.

"Ich finde total abgefahr'n, wie das Pentagramm in das A eingearbeitet ist und links und rechts hinter dem F und dem M mit seinen Zacken weiterläuft", lobte Leon das Werk. "Die langgezogenen Buchstaben haben auch was."

"Dabei ist das nur eine gestreckte Standardschrift mit Serifen."

"Total egal, wenn es gut aussieht. Hat noch jemand Einwände gegen dieses Logo? Letzte Chance, sonst nehmen wir es!"

"Nein, ich find's geil."

"Sieht gut aus! Zimmermäßig!"

"Echt genial! Bin dafür!"

"Ist gekauft!"

Alle strahlten sich an, weil sie sich in diesem Moment wieder einmal als Einheit fühlten – ganz, wie es das Pentagramm darstellte. Enno streckte die Brust heraus und zog damit die Aufmerksamkeit aller anderen auf sich. Seine Augen leuchteten, als er voller Überzeugung seiner Hoffnung Ausdruck gab:

"Leute, ich prophezeie euch: Eines Tages wird dieses Logo genauso bekannt sein wie das von *Coca-Cola*[139]."

"Junge, Junge!", schüttelte Sandner seine Hand, als hätte er sich an einer heißen Herdplatte verbrannt. "Die Prognose ist so kühn, die sollte man sich einrahmen."

---

[138] *Slayer*, gegründet 1981 in Kalifornien, erstes Album 1983. *Slayer* gelten als eine der wegweisenden Bands des Thrash-Metal. Das ins Logo eingearbeitete kopfstehende Pentagramm findet sich auf fast allen Albumveröffentlichungen der Band.

[139] *Coca-Cola* ist der Markenname eines koffeinhaltigen Erfrischungsgetränks der *Coca-Cola Company*. Der Schriftzug gilt als bekanntestes und folglich wertvollstes kommerzielles Markenzeichen der Welt.

""Coole Idee", nahm Leon den Gedanken auf. "Wir bauen uns eine Vitrine für gewagte Thesen. Diese hier bekommt darin einen Ehrenplatz."

"So viel ist sicher", fand Julius.

"Ach, seid nicht so pessimistisch!", bat Wittstock. "Unkenrufe können wir anderen überlassen. Ich bin stolz auf unser Logo – und auf uns sowieso. Ihr könntet das ruhig auch mal sein. Wir sind der Hammer!"

"Sind wir ja auch."

"Dass Svenja fantastische Arbeit geleistet hat, wollen wir an dieser Stelle auch nicht vergessen. Wir werden dir auf ewig dankbar sein, und dein Name wird ab jetzt untrennbar mit unserer Bandgeschichte verbunden bleiben. Vielen, herzlichen Dank!"

"Besser hätte ich es auch nicht sagen können, danke!"

"Danke, Svenja!"

"Du bist super! Wir lieben dich!"

Nur Kilian stimmte nicht in die Lobeshymnen ein. Er ging zu ihr, nahm sie in den Arm und gab ihr einen Kuss. Seine Freundin war ob der Dankarien ein wenig rot geworden, strahlte nun aber bis zu den Ohren.

"Hab' ich gern gemacht. Der Input von euch war sehr hilfreich."

"Zum Dank wirst du bei unseren Konzerten von jetzt an immer freien Eintritt haben", schlug Langemesser vor.

"Hey, psst, Julius", flüsterte Enno so laut, dass es jeder im Raum hören konnte. "Sie ist Kilians Freundin. Sie hat sowieso immer freien Eintritt."

Der Schlagzeuger schlug sich mit der flachen Hand vor die Stirn.

"Jetzt macht der Heckenpenner mir die Pointe kaputt!"

Wie nach einer erfolgreichen Probe klatschten alle Musiker miteinander ab und Svenja bekam bei der Verabschiedung gleich noch eine große Portion von Komplimenten zugesteckt. Finderling und Wittstock wurden von ihrem Manager gebeten, noch einen Moment zu bleiben, als die anderen sich auf den Heimweg machen.

"Glückwunsch!", sagte Bodo, als sie allein waren. "Jetzt habt ihr nicht nur ein cooles Logo, sondern euch auch noch im Umgang mit Svenja dermaßen geschickt angestellt – da kann ich euch nur gratulieren. Ihr habt sie so clever vereinnahmt, dass sie sich fortan quasi als Halbmitglied der Band fühlen wird – oder zumindest als eine Art Crewmitglied. Ihr könnt stolz auf euch sein. Svenja wird sich bestimmt nie aus Eifersucht zwischen Kilian und seine Band stellen. Verratet mir nur eins: War das Absicht?"

Enno und Leon sahen sich gegenseitig an, sahen Bodo an, dann wieder sich gegenseitig. Dann lachten alle drei laut los.

Jubel um Julius

Natürlich war es für die Jungs Ehrensache, keinen Geburtstag eines Mitstreiters auszulassen. Julius hatte sich entschlossen – des geringeren Aufwands wegen – nicht daheim zu feiern, sondern die Party in die Stammdiskothek der Band zu verlegen, wo man sich nach Proben ohnehin häufig einfand, um Adrenalin abzubauen.

Adam hatte seine Nancy mitgebracht, die er Svenja vorstellte. Leons Linda war schon da und unterhielt sich mit Locke, Julius' bestem Kumpel, um sich bis zum Eintreffen ihres Freundes nicht zu langweilen. Kilian war an der Theke auf Ennos Freundin Sibylle gestoßen, der er gleich abnahm, das von ihr georderte Tablett mit Getränken für alle zum Umfeld von *Hole of Fame* gehörenden Gäste sicher zum Ziel zu bringen.

"Julius, mein Lieber", sagte der Bassist, nachdem er die Drinks auf dem Stehtisch abgestellt hatte, den sie sich am Rand der Tanzfläche erkämpft hatten, und schloss seinen Schlagzeuger in die Arme. "Um es mit den leicht pathetischen, aber dennoch zu diesem Anlass ausgesprochen präzise passenden Worten von Reinhold Heil[140] zu sagen: Alles Gute!"

Langemesser lachte.

"Wessen Worte?"

"Reinhold Heil. Keyboarder von *Spliff*[141]. Du kennst doch deren Song 'Herzlichen Glückwunsch!'[142], oder nicht?"

In den Augen des Schlagzeugers leuchtete Erkennen.

"Danke, Alter!"

---

[140] Reinhold Heil (*1954), deutscher Musiker, Komponist und Produzent, bekannt vor allem durch seine Mitgliedschaft in der *Nina-Hagen-Band* und bei *Spliff*, sowie als Produzent der ersten drei Alben von *Nena*. Später als Filmkomponist erfolgreich.
[141] *Spliff*, deutsch Rockband, ging 1980 aus der *Nina-Hagen-Band* hervor, erstes Album 1980, aufgelöst 1985.
[142] Aus dem gleichnamigen Album (1982).

"Der Typ hat echt Glück gehabt, dass seine Eltern ihn nicht Siegfried genannt haben", mischte Fleischer sich ein, "bei dem Nachnamen."

Die Stimmung war, wie meistens, fröhlich und ausgelassen. Jeder konnte merken, dass die Jungs sich vorbehaltlos mochten, und ihre Freundinnen fühlten sich wohl damit, Teil des Ganzen sein zu dürfen.

"Wo bleiben denn Leon und Enno, weißt du das?", wollte Locke von Linda wissen.

Locke war ein Freund von Schlagzeuger Julius, der die Band häufig zu Konzerten begleitete und dann als Fahrer, Träger, Ersatzsaitenaufzieher und größter Fan Mädchen für alles war. Seinen Spitznamen verdankte er dem Pech, bereits in jungen Jahren von einer Halbglatze geplagt zu sein.

"Die sind ins *Purgatory* gefahren – wollten mit dem Geschäftsführer verhandeln, ob sie da mal spielen dürfen. Bodo hat ihnen gesagt, das könnte schon klappen, man müsste nur persönlich vorsprechen und dabei hartnäckig sein, weil der Typ wohl etwas verplant wäre. Danach kommen sie direkt her, hat Leon gesagt."

"Im *Purgatory*?", nickte Locke anerkennend. "Cool! Das wär' schon was – ziemlich angesagter Laden in der Hardrockszene, wenn ich mich nicht irre. Wissen die anderen davon oder soll es eine Geburtstagsüberraschung für Julius werden?"

Linda machte ein ratloses Gesicht.

"Also Kilian weiß es bestimmt. Mehr hab' ich nicht mitbekommen."

"Dann verhalten wir uns doch lieber still und warten, bis die Herren Finderling und Wittstock hier eintreffen und selbst etwas dazu sagen."

Das Eintreffen stellte sich gerade in diesem Moment als unerwartet schwieriges Unterfangen heraus. Sänger und Rhythmusgitarrist befanden sich bereits auf dem Parkplatz der Diskothek und mussten feststellen, dass an diesem Freitag unglaublicher Andrang herrschte. Sie hatten nicht nur fast 20 Minuten lang nach einer Parkmöglichkeit suchen müssen, sie standen nun auch noch am Ende einer elend langen Schlange vor den Toren des Lokals und stellten nach weiteren fünf Minuten fest, dass nichts voranging.

"Das geht so nicht", knurrte Wittstock. "Wir verpassen alles. Sibylle will bestimmt wieder früh nach Hause, und ich will mich jetzt hier nicht einen Stunde lang anstellen, um dann fast schon wieder gehen zu müssen, wenn ich endlich drin bin."

"Ja, es nervt", stimmte Finderling zu. "Ich fürchte, die lassen im Moment immer nur so viele rein, wie rausgehen. Bei dem Tempo können wir uns die Beine in den Bauch stehen."

"Plan B, oder?", schlug Enno vor.

Leon grinste.

"Das haben wir ewig nicht gemacht."

"Aber hat bisher noch immer funktioniert, oder?"

"Versuch macht kluch!"

Sie klatschten sich ab und trennten sich. Der Gitarrist ging links an der Schlange vorbei Richtung Eingang, der Sänger auf der rechten Seite. Vorn angekommen schauten beide sich suchend um und reckten ihre Hälse bis sie sich sahen.

"Leon, bist du das?", rief Enno im Tonfall freudiger Überraschung.

"Was? Wer ruft mich?", spielte der Angesprochene seinen Part.

"Leon!", wiederholte Wittstock, nun scheinbar von seiner Entdeckung überzeugt.

"Enno! Du hier? Mensch, das ist ja 'ne Überraschung!"

Nun drängelten beide sich zwischen die in unmittelbarer Nähe der verschlossenen Eingangstür wartenden Grüppchen und fielen sich genau in deren Mitte in die Arme.

"Lange nicht gesehen."

"Ja, Wahnsinn, ausgerechnet heute!"

"Wie geht's dir denn so?"

Für mindestens fünf Minuten vertieften sie sich in ein Gespräch über Lebensereignisse, von denen der jeweils andere selbstverständlich sowieso schon alles wusste. Diese rührende Wiederbegegnung alter Freunde, die sich offenbar für lange Zeit aus den Augen verloren hatten, sorgte dafür, dass keiner der Umstehenden sich ernstlich über ihr Vordrängeln aufregte, falls es überhaupt registriert worden war. Schon standen sie in Reihe 3 – und nicht in Reihe 78 oder 79, wie noch Minuten zuvor.

Weitere fünf Minuten später waren sie endlich drin. Sie verzichteten darauf, sich an der Garderobe erneut in eine lange Schlange einzureihen und machten sich gleich auf die Suche nach ihren Freunden. Diese fanden sie nah an der Stammtheke und lösten mit ihrer Ankunft ein großes Hallo mit Glückwünschen für das Geburtstagskind und natürlich Küssen von den und für die Freundinnen aus.

"Bodo lässt schön grüßen, aber er muss morgen früh raus, deshalb ist er nicht mehr mitgekommen", richtete Finderling aus. "Aber wir sollen trotzdem schön feiern. Natürlich wünscht er dir alles Gute."

"Genau wie Reinhold Heil", lachte Langemesser.

"Ist der hier?"

Alle lachten über die Rückfrage, aber Sandner schmunzelte auch, weil sein Sänger seine Erwartung erfüllt hatte, mit dem Namen etwas anfangen zu können.

"Aber unser ganz spezielles Geschenk für dich, mein Lieber, haben wir gerade erst klar gemacht – darum sind wir jetzt erst hier: Wir haben mit Bodos Unterstützung einen Gig an Land gezogen. Heute in zwei Wochen können wir im *Purgatory* spielen!"

Jubel brandete in der Runde auf, sogar die Mädchen johlten mit. Adam, Nancy und Locke zogen los, um ein Tablett mit frischen Getränken zu organisieren, und bald tranken sie auf das Geburtstagskind, das bevorstehende Konzert, die Band, die Liebe, die Männerfreundschaft und alles, was ihnen sonst noch einfiel – und das war eine Menge.

Der Orgasmus einer Frau

Es war kein Gesetz, aber die Abfolge von Gesprächsthemen zwischen den Jungs folgte bei Pausen im Proberaum häufig dem gleichen Muster. Zunächst wurde noch über den gerade gespielten Song diskutiert, sofern es dazu etwas zu sagen gab. Unter Umständen beschloss man, womit nach der Pause fortzufahren sei, oder versicherte sich gegenseitig, wie viel Vorfreude auf den kommenden Auftritt oder den nächsten zu bearbeitenden Song man bereits entwickelt hatte. Manchmal wurden noch ein paar Worte über ein Instrument, einen Verstärker oder anderes Equipment ausgetauscht. Wenn die Musik dann für den Moment abgehandelt war, wurden zumeist Mädchen Thema.

"Männer, sagt mal", wollte Julius wissen, "woran erkennt man eigentlich, dass eine Frau einen richtigen Orgasmus hat?"

Kilian und Adam sah man an, dass sie ernsthaft überlegten, wie sie dem jüngeren und unerfahreneren Schlagzeuger zu diesem schwierigen Punkt ein paar gute Tipps geben könnten, ohne zu viel über ihre eigenen Erfahrungen preiszugeben. Enno war schneller und nutzte die Gelegenheit für einen Macho-Spruch:

"Ist doch egal!"

Allgemeines Augenrollen, mit Grinsen gepaart, war die logische Folge, doch Langemesser gab sich damit nicht zufrieden, da er mit der Frage offenbar ausnahmsweise nicht auf einen Witz aus gewesen war.

"Ja, das war schon klar, dass du das sagst. Aber vielleicht hast du es trotzdem schon mal erlebt und kannst es beschreiben."

Wittstock war in Form, ihm fiel noch mehr ein.

"Okay, war ein Witz. Todsicher erkennt man den echten Orgasmus einer Frau daran, dass sie laut wird und ruft 'Oh, Enno! Oh, Enno!' Ganz einfach eigentlich!"

Dieses Mal überwog das Grinsen das Augenrollen.

"Aargh! Du Pansen!", schimpfte Julius lachend. "Kann man von dir eigentlich nicht einmal eine vernünftige Antwort bekommen?"

"Mir genügt es, wenn ich Lindas Gesicht ansehen kann, dass es ihr gefallen hat", schaltete Leon sich nun ein. "Ich muss nicht jedes Mal explizit bestätigt bekommen, dass sie einen Orgasmus hatte."

"Also ist es dir doch egal", warf Wittstock ein.

"Du weißt so gut wie ich, dass das nicht das Gleiche ist", antwortete Finderling und wandte sich wieder an Julius. "Aber warum willst du das eigentlich so dringend wissen? Hast du dir ein Mädel geangelt, von dem du uns noch nichts erzählt hast?"

"Genau – lass' mal hören!", wurde nun auch Fleischer neugierig.

"Dann hat dich beim Poppen irritiert", mutmaßte der andere Gitarrist, "dass sie immer 'Oh, Enno! Oh, Enno!' gerufen hat, oder?"

"Nein, hat sie nicht!"

"Oh, Scheiße! Dann war's wohl kein echter Orgasmus. Das tut mir leid für dich. Aber das wird schon noch, früher oder später."

"Ich hab' überhaupt nicht gepoppt!", stellte Langemesser lautstark fest, um weiteren Flachs von Wittstock zu unterbinden, was aber nicht gelang.

"Das ist ja noch schlimmer", konterte dieser mit gespieltem Entsetzen. "Lieber kein Orgasmus für die Frau als überhaupt kein Spaß."

"Leon, kannst du mal 5150[143] rufen?", bat der Schlagzeuger seinen Sänger. "Der Kerl macht mich wahnsinnig."

---

[143] In den USA ist 5150 ein Polizeicode für einen entlaufenen Geisteskranken. Hardrock-Fans (auch in Europa) wissen das, seit die Band *Van Halen* 1986 eine Platte mit diesem Titel veröffentlicht hat.

"5150!", krähte Finderling. "Wen sollen unsere Freunde und Helfer von der Trachtengruppe denn eigentlich abholen? Ihn, weil er seine Sprüche raushaut, oder dich, weil seine Sprüche dich wahnsinnig machen?"

"Also jetzt erzähl' endlich, worum es geht!", drängte Sandner, der verhindern wollte, angesichts der Gesprächsentwicklung Tränen lachen zu müssen.

"Will ich doch die ganze Zeit, aber ihr lasst mich nicht", kreischte Julius.

"Das ist aber eine böswillige Unterstellung", schmollte Wittstock.

"Okay, die 5150 war für beide", sagte Leon zu Adam.

Da Langemesser es sich verkniff, auf das Thema 'böswillige Unterstellung' einzugehen, kehrte tatsächlich für einen Moment Ruhe ein, und er konnte endlich erzählen.

"Ich war gestern Abend bei Locke. Wir saßen bei ihm auf dem Balkon, haben ein paar Bier gezischt, 'ne Schachtel Fluppen weggeraucht und uns unterhalten. Auf einmal fing im Nachbarhaus eine Frau an zu schreien – ich sag' euch: Es war unfassbar! Die hat das ganze Wohnviertel zusammengebrüllt. Also keine verständlichen Worte oder so – ihr wisst schon, was ich meine. Nur 'Ah' und 'Oh!' und 'Ja!' und so. Am Anfang fanden wir es noch lustig. Dann haben wir überlegt, woher es wohl kommt, aber weil mehrere Fenster in dem Haus offen waren, konnten wir es nicht richtig zuordnen. Locke meinte, ihn würde schon interessieren, welche Lady von nebenan so ein überragendes Organ und außerdem so ein überwältigendes Lustpotenzial hat. Leider ist es aber ein großes Haus mit vielen Mietparteien, deshalb hatte er nicht einmal einen Verdacht. Da wohnen zu viele Frauen drin, meinte er, er wüsste nicht mal, ob er vom Sehen alle kennt. Na ja, wie auch immer: Die hörte überhaupt nicht mehr auf mit dem Stöhnen. Mit der Zeit wurde das echt nervig. Wir haben sogar die Boxen von Lockes Anlage auf den Balkon geholt, aber nicht einmal die 'And Justice for All'[144] von *Metallica* konnte das Geschrei vollständig übertönen. Es war unglaublich! Als ich um zehn nach Hause gefahren bin, waren die immer noch nicht fertig. Würde mich schon interessieren, ob das echt war, oder ob da jemand die totale Show abgezogen hat."

"Das war echt", vermutete Fleischer, "niemand spielt so etwas so lange."

---

[144] Viertes Studioalbum von *Metallica*, erschienen 1988.

"Nee, gerade nicht", hielt Kilian dagegen. "Wenn es wirklich so endlos lange gedauert hat, war es bestimmt gespielt. Das hält doch keiner durch."

"Merkst du was?", fragte Finderling den Berichterstatter. "Anhand von Lautstärke, Dauer und Art des Stöhnens kann man es leider nicht entscheiden."

Linda wurde nur selten laut beim Sex. Der Sänger nahm nicht an, dass dies etwas Negatives zu bedeuten hatte.

"Mhm. Schade. Na gut. Locke hofft jedenfalls, dass es ein One-Night-Stand war. Wenn das jetzt jeden Tag da so abgeht, meinte er, läuft er Amok."

"Vielleicht sollte er lieber rausfinden, wer's war, und sie künftig selbst zum Schreien bringen", schlug Adam einen angenehmeren Lösungsansatz vor.

"Wie gesagt – unmöglich in dem Haus."

"Dumm gelaufen! Wollen wir eigentlich mal weitermachen?"

Alle nickten und entledigten sich ihrer Zigarettenstummel. Sie einigten sich schnell auf das Programm für die nächste Übungsrunde.

Nach der Probe fuhr Enno bei Leon im Wagen mit nach Hause. Es war nicht selten, dass der Rhythmusgitarrist auf der kurzen Strecke einschlief, dieses Mal jedoch machte er auf seinen Sänger einen wachen und nachdenklichen Eindruck.

"Was ist los?", fragte dieser.

"Nichts. Ich überleg' nur, wo Locke eigentlich wohnt."

"Mozartstraße, wieso?"

Finderling spürte, dass Wittstock ihn abrupt von der Seite anstarrte, als hätte er sich über die Antwort erschrocken.

"Hausnummer?"

"78, glaub' ich."

"Oh, Shit!"

Erst jetzt fiel Leon auf, dass Enno sich nach dem detaillierten Bericht von Julius nicht mehr in die Diskussion über Echtheit oder Unechtheit des Orgasmus' von Lockes Nachbarin eingeschaltet hatte. Da er ohnehin an einer roten Ampel halten musste, nutzte er die Gelegenheit seinen Beifahrer breit anzugrinsen.

"Du willst mir doch jetzt nicht weismachen, dass du damit was zu tun hast?"

Wittstock mied seinen Blick.

"Sag' bloß Sibylle nichts!"

Finderling schüttelte schmunzelnd den Kopf. Tatsächlich glaubte er dem Freund kein Wort. Aber er konnte schweigen.

Die Urlaubstournee

"Leute, hört mal zu! Wir brauchen endlich einen Kühlschrank im Proberaum", bemängelte Adam nicht zum ersten Mal einen aus seiner Sicht eklatanten Missstand in den heiligen Hallen der Band.

"Reicht dir deiner zu Hause nicht?", fragte Enno, erkennbar mit Schalk im Nacken. "Immer wenn Nancy ihn enteisen soll, singst du für sie: 'Abtau'n, Girl!'[145]"

Gleich mehrere Bandmitglieder fassten sich an den Kopf.

"Klingt toll!", stimmte Kilian zu, machte jedoch sogleich selbst einen Einwand: "Dann können wir aber hier keine Aufnahmen mehr machen. So ein Kühlschrank brummt nämlich ständig vor sich hin."

"Wer sagt denn, dass der hier drin stehen muss? Wir haben doch noch die kleine Abstellkammer gegenüber", rief Julius in die Runde.

"Stimmt", freute sich Sandner.

"Die ist viel zu weit weg", nörgelte der Rhythmusgitarrist.

"Besser als ein Brummton auf Gesangsaufnahmen", gab Leon zu bedenken.

"Und besser als gar kein Kühlschrank", ergänzte Fleischer.

"Ach was, Gesangsaufnahmen ohne Nebengeräusche sind sowieso nicht angesagt", konterte Wittstock. "So ein Kühlschrankbrummen verleiht dem Ganzen doch erst den richtigen Charme. Dann klingt es, als hättest du die Tracks in der Küche eingesungen, zwischen leeren Pizzakartons und Bierkiste – lebensnäher geht es doch kaum."

"Na, das Feeling haben wir doch hier im Proberaum sowieso, wenn ich mich so umschaue. Dazu brauchen wir nicht auch noch den brummenden Kühlschrank."

"Aber nur den kann der Hörer wahrnehmen. Die Pizzakartons und Bierkisten drüben in der Ecke sieht er ja nicht."

"Eigentlich schade", nahm Langemesser den Faden auf, "dass man nicht auch Gerüche auf Schallplatten aufnehmen kann."

"Nee, lass' mal!", stöhnte Enno. "Willst du Adams Schweißmauken auch noch riechen, wenn du dir daheim im Wohnzimmer 'ne Platte auflegst?"

"Boah, stellt euch mal vor", malte Kilian die Idee aus, "einer aus der Band hat Blähungen, während wir im Studio sind. Oder

---

[145] Das Lied heißt eigentlich 'Uptown Girl', stammt von Billy Joel (*1949) und erschien auf dessen Album 'An Innocent Man' (1983).

denkt mal an den ganzen Schweißgestank bei Konzertmitschnitten. Ich glaube, die Idee ist doch nicht so gut."

"Okay, könnten wir jetzt bitte zum Thema Kühlschrank zurückkommen?", insistierte Adam auf den Ausgangspunkt des Gesprächs. "Woher kriegen wir überhaupt einen? Kosten 'nen Haufen Geld, die Dinger."

"Wer redet von neu?", lenkte Finderling mit der nicht eben üppig gefüllten Bandkasse im Hinterkopf die Diskussion in Richtung Sparsamkeit.

"Ich glaub', wir haben noch einen alten im Keller", grübelte Julius.

"Och nö, nicht so 'n schimmeligen Stromfresser", nörgelte Sandner.

"Wieso nicht? Von Schimmel kann keine Rede sein und für Strom zahlen wir hier pauschal, nicht verbrauchsabhängig."

"Was kann das Teil denn?", wollte Fleischer wissen.

"Kühlen?"

Langemesser schielte und streckte seinem Gitarristen die Zunge heraus.

"Was du nicht sagst! Hat es auch ein Eisfach?"

"Wozu das denn?", lachte Enno. "Willst du hier außer Bier auch noch unser anderes Grundnahrungsmittel – Tiefkühlpizza – einlagern? Sollen wir auch noch einen Backofen für den Proberaum anschaffen?"

"Ich dachte eher an Wodka – und bevor Leon motzt: Keine Angst! Ich kann auch bis nach Ende der Probe warten."

"Ich glaub', er hat ein kleines Eisfach. Könnte für zwei Flaschen Wodka reichen."

"Welche Marke ist das Teil denn?"

"Boah, du fragst Sachen! Was weiß ich? *AEG*[146]? *Bauknecht*[147]?"

"*Bauknecht* ist cool", befand Kilian.

"Was ist daran cool?"

"*Bauknecht* weiß, was Frauen wünschen.[148]"

"Bitte?"

---

[146] Der deutsche Elektrokonzern *AEG* musste 1982 Insolvenz anmelden, die Marke existiert aber weiterhin und ist in Besitz der schwedischen Firma *Electrolux*.
[147] *Bauknecht*, einer der führenden deutschen Hersteller von Haushaltsgeräten, ging 1982 in Konkurs, wurde aber zunächst von *Philips*, ab 1989 von *Whirlpool* als Marke weitergeführt.
[148] Der Werbeslogan wurde von *Bauknecht* von den 1950ern bis 2004 durchgehend verwendet.

"Das ist doch der Werbeslogan von denen", erklärte der Bassist. "Muss wohl zu der Zeit entstanden sein, als Frauen noch prinzipiell Hausfrauen waren und den ganzen Tag zu Hause in der Küche rumhingen."

"Der kennt Sprüche", staunte Fleischer lachend.

"Hat *Bauknecht* dann auch schon Dildos nach Vorlage meines Schwanzes hergestellt?"

"Enno!"

"Mal was anderes", wechselte der über seinen unzweideutigen Witz schelmisch grinsende Gitarrist nun das Thema, "Was habt ihr eigentlich so für den Sommer geplant?"

"Jobben und Urlaub", gab Sandner Auskunft. "Erst Geld verdienen und dann verbraten. Andersrum geht's leider nicht."

"Sieht bei mir ähnlich aus", nickte Julius.

"Ich hab' gar nichts geplant", sagte Leon.

"Hab' noch keinen Schimmer", ergänzte Adam. "Und du?"

"Geil", feixte Wittstock. "Merkt ihr was?"

"Was?", wollte Fleischer wissen.

"Na, dass du nichts mehr merkst, wissen wir schon lange", spottete der Rhythmusgitarrist.

"Nee, was meinst du denn jetzt?"

Enno schürte die Erwartungen, indem er für einige Augenblicke schweigend wie ein Honigkuchenpferd grinste.

"Keiner hat gesagt", eröffnete er dann, "er fährt mit seiner Freundin weg."

"Nee, Svenja hat gerade ihren neuen Job angefangen. Probezeit mit Urlaubssperre", nickte der Bassist. "Mit ihr kann ich sowieso erst nächstes Jahr los."

"Na also", freute sich Wittstock. "Die Weiber geben uns eine Chance. Wir können 'ne Tournee machen."

"Wie bitte?"

Selten hatte ein Bandmitglied die Aufmerksamkeit all seiner Mitstreiter so ungeteilt wie Enno in diesem Moment. Er spürte und genoss es.

"Spanien fänd' ich cool. Lasst uns 'ne Spanientournee machen."

Nun kamen erste Reaktionen.

"Scherzkeks!"

"Spaßvogel!"

"Wie denn ohne Gigs, du Heiopei?"

"Jetzt macht euch mal locker! Da unten sind im Sommer Millionen von Leuten, die unterhalten werden wollen. Wir packen einfach unser Zeug in einen alten *Bulli*, fahren runter und klappern jeden Schuppen in den angesagten Gegenden ab. Wenn unser Demo als Referenz nicht reicht, spielen wir denen eben direkt live was vor."

"Ja, nee, is' klar!"

"Die haben auch nur auf uns gewartet."

"Wer nichts wagt, gewinnt auch nichts", beschwor Wittstock seine Kollegen.

"Sprücheklopfer! Wovon sollen wir denn einen *Bulli* bezahlen?"

"Ach, der *Bulli* wird uns fast gar nichts kosten. Das kann ruhig 'ne gammelige Rostlaube sein, Hauptsache der Motor läuft, und es sind noch zwei oder drei Monate TÜV drauf. Sowas gibt's für 'n Appel und 'nen Ei, wenn man weiß, wo. Die Karosserie kann ruhig völlig hinüber sein, die krieg' ich hin. Wie ihr wisst, schraube und schweiße ich für mein Leben gern. Ich kenn' auch Leute, die öfter mal solche rollenden Schrotthaufen im Angebot haben. Macht euch darüber keine Sorgen. Der *Bulli* geht klar, wenn's sein muss innerhalb von einer Woche. Und wenn wir erst einmal da sind", argumentierte er weiter, "kann ich auch genug Spanisch, um die Gage und die übliche kalte Pizza für uns auszuhandeln."

"In Spanien fressen sie Paella, nicht Pizza, du Eiernacken!"

"Klugscheißer!"

"Enno, bevor wir über Gagen verhandeln können, müssen die Veranstalter da unten uns erst einmal wollen. Wir sind 'ne harte Rockband. Das Proletenpublikum in den Touri-Hochburgen ist wahrscheinlich nur zu einem eher geringen Teil unsere Zielgruppe. Die hören in der Regel lieber Sauflieder und Refrains zum Mitgrölen."

"Ist ja nicht so, dass wir keine Mitgrölrefrains hätten. Saufen kann man zu unserer Musik auch. Machen wir selbst schließlich auch zuweilen. Wirst schon sehen: Wenn wir die Leute einmal irgendwo da unten richtig gerockt haben, spricht sich das rum wie ein Lauffeuer, und sie rennen uns danach die Bude ein. Mund-zu-Mund-Propaganda funktioniert immer noch am besten."

"Was soll denn Mund-zu-Mund-Propaganda sein? Übertragen sich die Informationen beim Knutschen? Mann, das heißt Mund-Propaganda, du Pansen!"

"Hat dir eigentlich schon mal jemand gesagt, dass du ein elender, kleiner, verdammter Klugscheißer bist?"

"Nein, noch nie."

Der Kampf um das letzte Wort war stets ein harter Schlagabtausch.

"Was ist, wenn uns wirklich keiner 'ne Gage zahlen will?"

"Dann sind wir immer noch alle zusammen in einem coolen Urlaub. Dann jammen ab und zu nur für uns – tut auch nicht weh."

"Wie denn – ohne Strom?"

Zum ersten Mal hatte Wittstock nicht sofort eine Antwort.

"Ja, klingt nicht sehr sinnvoll, wochenlang unser Equipment durch die Gegend zu karren, wenn wir nicht wissen, ob wir es auch nur ein einziges Mal benutzen können", legte Finderling nach und die anderen nickten.

"Schlagzeug, Bass, zwei Gitarren, drei Verstärker und die gesamte Gesanganlage in den *Bulli*, wir mit unseren Klamotten und Schlafsäcken noch dazu", zählte Sandner auf, "und da unten können wir dann nicht mal eine Viertelstunde alle gemeinsam kalte Pizza essen gehen, weil einer immer das Equipment im Auge behalten muss, damit es nicht verschwindet – mit oder ohne den *Bulli*. Ganz ehrlich – das ist mir zu riskant. Glaube kaum, dass wir uns die passende Versicherung leisten könnten."

"Ich halt' auch nicht viel davon, mein Schlagzeug dauernd der Hitze auszusetzen. Da verzieht sich auf Dauer das Holz."

Für einen Augenblick herrschte betretenes Schweigen.

"Leute, machen wir uns doch nicht unflexibler, als wir sind", warf Fleischer in die Runde. "Dann lassen wir eben die Verstärker zu Hause und spielen unplugged."

"Genau! Mit Akustikgitarren, Bongos und Schellenkranz", rief Langemesser.

Enno war sofort begeistert.

"Das ist es! So machen wir's! An mein Herz, ihr alten Ganoven!"

Adam und Julius wurden von ihm kräftig geknuddelt, und auch Leon und Kilian konnten sich ein anerkennendes Grinsen nicht verkneifen.

"Okay, wir haben einen Plan", fasste der Sänger zusammen. "Allerdings haben wir kein Demo mit Akustikversionen unserer Songs."

"Dann machen wir eben eins."

An Pragmatismus hatte es in der Band nie gemangelt – und oft genug war gerade daraus ein kreativer Impuls entstanden, neue Energie erwacht.

"Wir haben sie nicht einmal dafür passend arrangiert."

"Kriegen wir hin."

"Dann haben wir jetzt was zu tun."

"Kilian, hast du Samstag Zeit?", wollte Fleischer gleich wissen.

"Lässt sich machen."

"Kilian und ich arrangieren die Songs für drei Akustikgitarren und Bongos. Julius besorgt den Kühlschrank, Enno den *Bulli*, und Leon macht Termine mit Felix aus – der soll die Aufnahmen leiten und uns ein cooles Demo zusammenmixen."

"Das wird ganz schön ins Geld gehen."

"Der Kühlschrank kostet nichts, und für den *Bulli*, Spritgeld und alles müssen wir eben zusammenlegen. Aus der Bandkasse zahlen wir nur Felix und das Demo. So teuer kann das aber nicht sein, wir müssen ja nicht in ein richtiges Tonstudio gehen. Wenn es in Spanien dann halbwegs gut läuft, kriegen wir zumindest die Kohle für die Aufnahmen wieder rein. Ein oder zwei Gigs müssten dafür schon reichen."

"Nehmen wir Bodo mit?"

"Macht er doch sowieso nicht."

Ihr Teilzeitmanager würde der Idee vermutlich kopfschüttelnd gegenüberstehen, aber da sie ihn als halbes Bandmitglied betrachteten, wollten sie ihn nicht übergehen.

"Ich frag' ihn", übernahm Finderling.

"Wollen wir eigentlich heute noch weiter an dem neuen Song arbeiten?"

Ohne weiteres Wort griffen alle zu ihren Instrumenten und machten sich bereit. Die Aussicht auf den gemeinsamen Urlaub oder die Unplugged-Tournee durch Spanien – was auch immer es werden würde – wirkte auf alle beflügelnd. Die Ideen flossen, und in kürzester Zeit war das Stück fertiggestellt.

"Selbst wenn wir da unten keinen einzigen Gig spielen", beschwor Enno zum Ende der Probe die Gemeinschaft und ihren Geist, "würde ich meinen bei den Mädels so beliebten Knackarsch verwetten, dass wir mit einem ganzen Haufen neuer Songs zurückkommen – einer geiler als der andere, und alle fast so geil wie mein Knackarsch."

"Da wettet keiner dagegen. Deinen Arsch will doch sowieso keiner haben."

An Ennos Prognose zweifelte dennoch keiner der anderen.

Prioritäten

Der Plan mit der Urlaubstournee stieß außerhalb der Band, also speziell bei den Freundinnen (abgesehen von der ohnehin arbeitenden Svenja), auf wenig Gegenliebe. Nancy strafte Adam mit Sexentzug, Enno und Sibylle stritten sich so heftig, dass sie sich unmittelbar darauf trennten, und auch Linda machte Leon deutlich, dass sie bei allem Verständnis für dessen Bedürfnis nach künstlerischer Betätigung den ersten gemeinsamen Sommer nicht allein verbringen wollte.

Sie hatte den Sänger an der Universität in einem gemeinsamen Seminar kennengelernt und sich ziemlich schnell in seine Frechheit verliebt. Um ihn zu beeindrucken, hatte sie bald von ihm wissen wollen, was er davon halte, wenn Frauen tätowiert seien. Er hatte natürlich sofort verstanden, dass sie offenbar selbst ein Tattoo hatte oder zumindest mit dem Gedanken liebäugelte, sich in näherer Zukunft eins stechen zu lassen.

"Was denn?", hatte er prompt gefragt. "Ein Anker auf dem Oberarm? Oder ein Herzchen auf der rechten Hupe? Oder ein Segelschiff auf der linken Arschbacke?"

Natürlich war sie rot geworden.

"Es ist ein chinesisches Schriftzeichen."

"Weißt du, was es bedeutet?"

"Ja, natürlich. Ich habe es mir schließlich ausgesucht."

"Kannst du denn Chinesisch?"

"Es stand in dem Vorlagenbuch daneben."

Finderling hatte schmunzelnd den Kopf geschüttelt.

"Na, wenn man dich da mal nicht übers Ohr gehauen hat. Vielleicht bedeutet es etwas ganz anderes, als man in das Buch geschrieben hat. Zum Beispiel 'Ätsch, reingefallen!' oder 'Diese Frau spricht kein Chinesisch.' Ziemlich lustige Vorstellung."

"Blödmann! Es heißt 'mutige Frau'."

"Bist du sicher?"

"Ja!"

"Na, ich nicht. Wo ist es denn?"

"Am Knöchel."

Leon hatte schief gegrinst.

"Total mutig, sich tätowieren zu lassen und es dann immer unter dem Hosenbein zu verstecken", hatte er gespöttelt.

Viele Frauen wären an diesem Punkt des Dialogs wohl beleidigt gewesen. Linda hingegen hatte endgültig beschlossen, dass sie diesen frechen Kerl haben wollte – was ihr gegen Ende des Semesters dann auch gelungen war.

In Vorbereitung auf die anstehende Abschlussklausur hatte sie eines Abends bei ihm angerufen, zwar nicht zwingend daran interessiert, sich über fachliche Inhalte zu unterhalten, aber mit diesen als Vorwand. Finderling war nicht zu Hause gewesen und das hatte sie ihm am nächsten Tag im Seminarraum aufs Butterbrot geschmiert.

"Wenn man dich braucht, bist du nicht da."

Leon hatte sich in einer Lebensphase befunden, in der er abgesehen von seiner Musik nicht viel ernstgenommen hatte, aber dieser Vorwurf hatte ihn ins Mark getroffen.

"Hey, ich war auf dem Geburtstag von einem Freund", hatte er sich verteidigt.

"Na, toll, ich verzweifle an unserem Klausurstoff, und du amüsierst dich!"

Diesen verbalen Schlagabtausch hatte er verloren. Nach der Sitzung hatte er sie auf dem Flur in den Arm genommen – ihr erster Körperkontakt.

"Ich mach's wieder gut. Nach der Klausur gehen wir zusammen aus, okay?"

Sie waren nicht nur zusammen aus-, sondern im Anschluss auch ins Bett gegangen und zu Lindas Erleichterung hatte der Sänger am Morgen von sich aus gefragt, ob er wiederkommen dürfe, was sie bejaht hatte.

Nach nicht ganz einem halben Jahr stand die Beziehung nun vor ihrer ersten ernsthaften Bewährungsprobe. Linda sehnte sich danach, ihren Schatz endlich auch einmal ein paar Tage für sich allein zu haben, ohne die Band, obgleich sie verstanden hatte, wie wichtig die Jungs und die Musik für seinen Seelenhaushalt waren.

"Bevor ich von Ennos Idee erzählt habe, hast du nie erwähnt, mit mir in den Urlaub fahren zu wollen", beschwerte er sich, "woher hätte ich es wissen sollen?"

"Kannst du dir das nicht denken?"

"Offenbar nicht. Du hättest es sagen sollen. Jetzt im Nachhinein kann ich mich doch nicht zur Spaßbremse machen. Wir haben sogar schon einen Van gekauft."

Linda sagte nichts mehr. Es war ihre Art. Nicht zum ersten Mal hatte sie das Gefühl, in der Hierarchie dessen, was Leon wichtig war, bestenfalls an dritter Stelle zu kommen, nach der Band und der Band, und das verletzte sie. Aber sie schluckte es.

Bei *Hole of Fame* war der Enthusiasmus jedoch weitgehend verflogen. Vor allem Fleischer verhehlte gegenüber den anderen nicht, unter dem Dauerstress mit seiner Nancy zu leiden. Wittstock maulte ihn an.

"Was soll ich denn sagen? Bei mir ist deswegen sogar Schluss mit Sibylle! Find' ich auch nicht toll. Aber jetzt erst recht! Das wär' ein Witz, wenn wir uns von den Weibern unsere Urlaubstournee vermiesen lassen würden."

Am Ende war es allerdings ein Mann, der die Reise verhinderte: Kilians Vater wurde nach einem schweren Unfall ins Krankenhaus eingeliefert, und da es eine ganze Zeitlang nicht gut um ihn bestellt war, sagte der Bassist seine Teilnahme ab.

"Fahrt ohne mich! Unplugged reichen zwei Gitarren zur Not auch. Oder nehmt einen Aushilfsbassisten mit, wenn ihr wollt – daran soll es nicht scheitern. Aber ich kann jetzt unmöglich nach Spanien fahren und feiern und Spaß haben, während hier in Deutschland möglicherweise mein Dad stirbt."

Ohne jede Diskussion wurden die Reiseplanungen eingestellt.

"Wir fahren nicht", sagte Leon abends zu Linda und nahm sie fest in den Arm, worauf sie ausgesprochen zärtlich reagierte. "Aber eines Tages möchte ich mit dieser Band eine Tournee machen. Vielleicht kannst du dann mitkommen. Ich will mich nicht zwischen der Band und dir entscheiden müssen. Ich will beides haben!"

Sie küsste ihn.

"Ich weiß nicht, ob ich mitkommen würde. Wir müssen wohl beide noch ein wenig lernen, die Wünsche des anderen zu berücksichtigen. Nächstes Mal werde ich dich fahren lassen. Machen wir diesen Sommer ein paar Tage Urlaub zusammen? An der Nordsee vielleicht? Norderney oder Juist oder Baltrum?"

"Warum heißt Baltrum Baltrum?"

"Keine Ahnung."

"Na, wenn man da spazieren geht, ist man bald rum."

Er bekam ein Augenrollen für den Flachwitz, und sie die Zusage für den Urlaub.

Adam wählte andere Worte als sein Sänger, teilte Nancy aber sinngemäß das Gleiche mit, und auch sie zeigte sich kompromissbereit.

Enno überlegte, Sibylle anzurufen und um Verzeihung zu bitten, tat es dann aber nicht. Stattdessen versuchte er, den Kauf des Vans rückgängig zu machen.

Kilian hatte naturgemäß zunächst ganz andere Sorgen. Sein Vater überlebte und erholte sich überraschend schnell wieder so vollständig, dass der Bassist sogar mit Finderling verabredete, später im Sommer mit diesem noch für ein paar Tage nach Italien zu fahren, wenn Linda auf Einladung ihrer Schwester ebenfalls einen zweiten Urlaub machen würde.

Julius profitierte vom Ausfall der Spanientour, wie sich später zeigte: Er lernte im Sommer ein Mädchen namens Mia kennen, das seine große Liebe wurde.

Dorfproleten

Die Geräusche von außen hätten Finderling mitteilen können, dass Wittstock die Zapfpistole zurück in ihren Halfter gehängt hatte. Hätte er zugehört, hätte er sich nicht einmal umschauen müssen, um Bescheid zu wissen.

Auch ohne nachzutanken, hätten sie es vermutlich bis zur Diskothek geschafft, der Heimweg hätte allerdings unverhofft irgendwo mitten auf halber Strecke enden können. So ganz genau wusste man trotz Tankuhr nie, wie viel Reserve man noch hatte, erst recht nicht bei alten Kisten wie Ennos *Strich-Achter*[149].

Leon war damit beschäftigt, auf einem streichholzschachtelgroßen Stück Papier die Veränderungen im Bestand der Bandkasse während der zurückliegenden vier Wochen zu erfassen. Proberaummiete, zwei Kästen Bier, Porto für die verschickten Demotapes, und dazugehörige Päckchenumschläge fielen ihm ein.

"Verdammt, was kosteten die?"

Die Fahrertür ging auf, und der Gitarrist schwang sich auf den Sitz, wovon sich der Sänger jedoch nicht stören ließ. Zunächst fiel ihm gar nicht auf, dass neben ihm kein Gurt klickte und kein Motor gestartet wurde. Nicht einmal die Tür war zugezogen worden, doch das hatte er nicht mitbekommen.

"Leon?"

"Mmh?"

"Kannst du bitte mitkommen, wenn ich bezahlen gehe?"

Nun sah Finderling auf.

"Wieso? Bist du noch nicht groß und kannst das noch nicht allein? Oder willst du ein Pornoheft kaufen und dabei nicht gefragt werden, ob du schon 18 bist?"

"Blödmann! Wenn du dich mal unauffällig – und ich meine wirklich unauffällig – zum Eingang des Verkaufsraums um-

---

[149] Strich-Acht oder Strich-Achter sind die Modelle einer Fahrzeugbaureihe von *Mercedes-Benz*, die von 1968 (daher der Name) bis 1976 produziert wurden.

drehst, siehst du zwei Typen da rumhängen, von denen ich weiß, dass du sie schon lange kennst, und dass sie mich hassen. Sie haben Bier in der Hand und vermutlich schon mehr als eins intus. Ich hab' keine Angst davor, mich eines Tages mit ihnen zu prügeln, wenn es sein muss, aber weil wir heute vielleicht ein paar süße Miezen treffen, wäre es mir ganz recht, keine Kratzer abzubekommen."

Leon sah sich unauffällig um, indem er scheinbar irgendetwas auf der Rückbank ablegte oder von dort holte. Dann wandte er sich wieder Wittstock zu und lächelte.

"Das hast du schön gesagt. Lass' uns gehen."

Tatsächlich begleitete der Sänger seinen Gitarristen nicht in den Verkaufsraum. Er blieb bei den beiden Typen stehen und wechselte ein paar belanglose Worte mit ihnen, während sein Kumpel den eingefüllten Dieselkraftstoff bezahlte. Als er zurückkam, verabschiedete Leon sich locker, und sie stiegen in den alten *Benz* und tuckerten davon.

"Ich hasse solche Typen", echauffierte Enno sich zwei Ampeln später. "Zu doof für ein gescheites Hobby, aber immer drauf aus, irgendwelchen Ärger zu machen. Ich versteh' echt nicht, wie du mit denen umgehen kannst. Woher kennst du die überhaupt so gut? Ich kann mir nicht vorstellen, dass ihr gemeinsame Interessen habt."

Finderling schmunzelte.

"Inzwischen wohl nicht mehr, das denke ich auch. Aber du musst bedenken, dass ich hier aufgewachsen bin und mit den Typen früher in einer Fußballmannschaft gespielt habe. Das verbindet. Fast so wie in einer Band – und mit dem Vergleich solltest du auch etwas anfangen können, auch wenn du nie irgendeinen Mannschaftssport betrieben hast."

"Okay, aber diese Typen sind doch vollkommen hohl in der Birne."

"Und? Das sind viele gute Sportler. Obwohl ich jetzt nicht einmal unterschreiben würde, dass die beiden gute Sportler sind."

"Ich weiß gar nicht, was die gegen mich haben", beschwerte sich der Gitarrist. "Ich hab' denen weder die Freundin ausgespannt, noch das Moped zerkratzt. Dann könnte ich verstehen, dass sie mir Ärger machen wollen. Aber mein Auto ist schöner als deren Mopeds, und so wie die aussehen, haben die bestimmt nicht einmal Freundinnen – und schon gar keine, die ich ihnen ausspannen wollen würde. Liegt es nur daran, dass ich erst mit 15 hierher gezogen bin und deshalb aus ihrer Sicht ein Außenseiter bin und nicht zur verschworenen Gemeinschaft dieser Gegend gehöre?"

"Das spielt sicher eine Rolle. Außerdem hast du dich nicht in die hiesige Vereinsmeierei integriert. Für Typen wie Kirch und Wellermann ist dieses Kaff der Nabel der Welt. Schon die Innenstadt ist fremdes Terrain. Da fährt man nur zum Einkaufen hin und zu Behördengängen und einmal im Monat vielleicht auch noch in die Disco, wenn dort am Samstag Bauernabend ist."

"Mein Gott, was für ein beschränkter Horizont!"

Wahrscheinlich war Enno viel zu sehr mit den Augen im Straßenverkehr, um den untermalenden Zeigefinger seines Sängers wahrzunehmen, aber er wurde auf der Beifahrerseite dennoch in die Höhe gereckt.

"Ganz genau!"

"Deswegen müssen sie andere verprügeln?"

"Ich weiß nicht, ob es eine Art Fremdenangst ist", überlegte Leon. "Vielleicht brauchen sie auch einfach nur Bestätigung, wollen sich mächtig fühlen, müssen ihr Ego aufblasen, weil sie tief in ihrem Inneren ahnen, dass sie sonst nichts drauf haben. Ich will dir was im Vertrauen über die Typen sagen: Ich hab' oft genug mit ihnen nach dem Fußballtraining unter der Dusche gestanden. Die beiden haben echt verdammt kleine Schwänze."

Auch wenn Wittstock schweigend geradeaus auf die Fahrbahn schaute, konnte Finderling sein breites Grinsen gut erkennen. Der Abend war gerettet.

Radio Song

Nicht alle hätten es zugegeben, aber natürlich waren Finderling und seine Mitstreiter Paradebeispiele für das Sprichwort von der rauen Schale und dem weichen Kern. Sie liebten harte Musik und dazu passende Posen, aber bei einem Sonnenuntergang am Mittelmeer mit einem Mädchen im Arm konnten sie alle ganz romantisch werden.

"Ich schreib' ein Lied für sie", teilte Leon seinem Bassisten beim Frühstück mit, als dieser sich eben eher mit der Frage befasste, welche Zutaten sie für die heutige Tomatensoße noch zu erwerben hätten.

"Wollen wir nicht erst einmal Einkaufen und dann Schwimmen gehen?", knurrte Kilian, zerknittert von der weinseligen Nacht am Strand.

"Hey, ich hab' nicht gesagt, es sofort zu schreiben."
"Ah, okay. Aber findest du nicht, dass wir schon genug Songs über Weiber haben? Adam denkt bei jeder Hookline[150] ganz verliebt an Nancy, und Enno widmet jedes dreckige Riff seiner letzten Trennung. Diese Tina von gestern Abend ist bestimmt ein süßes Mädchen, aber sobald wir Italien verlassen haben, werdet ihr euch wahrscheinlich nie wiedersehen. Sie ist ein Urlaubsflirt. Habt ihr eigentlich gepoppt?"
"Nö, nur gefummelt und geknutscht. Geile Möpse hat sie! Aber gerade weil wir uns wahrscheinlich nicht wiedersehen, will ich ihr einen Song schreiben. Für den Text hab' ich sogar schon eine Idee. Eine Melodie für den Refrain hab' ich auch schon, glaub' ich. Gib mir mal die Klampfe, ich muss das ausprobieren."
"Sagtest du nicht, du willst es nicht sofort machen?"
Kilian reichte ihm das Instrument dennoch. Er wusste selbstverständlich aus eigener Erfahrung, dass kreative Ideen niemals aufgeschoben werden durften. Er bestrich sich ein Toastbrot mit Marmelade, biss eine Ecke davon ab und tat so, als höre er nicht zu, was sein Sänger auf der Gitarre ausprobierte.
"H-Dur – ausgerechnet", murmelte dieser gerade, "ich hasse H-Dur, das kann ich so schlecht greifen."
Sandner schmunzelte vor sich hin und widmete sich seiner Kaffeetasse. Finderling schien tatsächlich eine interessante Melodie im Kopf zu haben. Allerdings klang sie nach einer Ballade. Man durfte als Hardrockband nicht zu viele Balladen im Programm haben, denn eigentlich wollte man dem Publikum doch einheizen.
Leon holte sich Zettel und Stift aus dem Auto und machte eifrig Notizen. Der nicht eben als Schnell-Frühstücker bekannte Kilian war längst mit seinem Marmeladenbrot fertig, als Finderling sich zurücklehnte und ein zufriedenes Gesicht aufsetzte.
"Okay, der Refrain steht, und ich weiß, wohin ich mit der Nummer will. Die Strophen kriege ich bestimmt heute Nachmittag hin. Ich denke, wir können uns nun dem Erwerb überlebensnotwendiger Grundnahrungsmittel widmen. Wein ist alle. Zigaretten brauchen wir auch. Kriegst du eigentlich noch Kohle von mir?"

---

[150] Eine Hookline ist eine für ein Musikstück charakteristische eingängige Melodiephrase oder Textzeile, die den Wiedererkennungswert für das Stück ausmacht, also quasi in der Erinnerung "hängenbleibt" und aus ihr leicht reproduziert werden kann. (Quelle: Dt. Wikipedia, Stand 9. November 2016)

Auf dem Weg schwärmte Leon dem Freund zunächst von Tinas Vorzügen vor, dann ließ er auch seiner Begeisterung über seine wachsende Komposition freien Lauf.

"Das Ding hat Potenzial für eine Single. Nicht die erste Single, am Anfang muss es abgehen. Aber so als dritte oder vierte Auskopplung von einer Platte kann man immer wunderbar eine Ballade nachschieben. Die harten Rocker können nämlich auch gefühlvoll. Dann fangen auch die Mädchen an, unsere Scheibe zu kaufen. Ich sehe sie schon schmachtend auf ihren Betten liegen, zu Tränen gerührt, und jede Textzeile singen sie mit und beziehen sie dabei auf sich selbst. Sie knautschen ihr Kissen zusammen und verdammen ihren angebeteten Kerl, dass dieses verdammte Lied nicht von ihm ist."

Sandner lachte.

"Blühende Fantasie hast du. Dafür brauchen wir erst einmal einen Plattenvertrag, vorher geht gar nichts."

"Ja, aber den kriegen wir nur mit guten Songs – und daran arbeiten wir gerade."

"Aber sag' den Managern von der Industrie bloß nicht, was du mir gerade gesagt hast. Wenn die spitz kriegen, dass pubertierende Teeny-Mädchen deine Zielgruppe sind, erwarten die am Ende, dass wir die ständig bedienen. Damit müssen wir aufpassen! Ich will auf keinen Fall so enden wie Roy Black[151]."

Finderling schenkte seinem Bassisten einen Blick voller Verachtung.

"Roy Black, ich bitte dich! Ich schreibe eine Hardrockballade oder schlimmstenfalls einen Popsong, aber doch keinen Schlager."

"Was soll eigentlich Linda davon halten, dass du einer Urlaubsbekanntschaft einen Song widmest, während sie noch nie einen bekommen hat?"

Darauf hatte Leon keine spontane Antwort.

"Ich meine", ergänzte Kilian, "versteh' das bitte nicht falsch. Ich will dich jetzt nicht dazu animieren, auch noch für Linda einen Song zu schreiben. Wir haben schon viel zu viele Nummern, die …"

"Ja, ja, das sagtest du vorhin schon. Hab' schon verstanden. Okay, okay. Wir schreiben auf die Platte nicht drauf, wem der

---

[151] Roy Black, bürgerlich Gerd Höllerich (1943 – 1991), deutscher Schlagersänger, erstes Album 1966, darf als Inbegriff schnulziger Schlagermusik gelten. Allerdings heißt es von ihm, er habe diese Lieder selbst gehasst und wäre viel lieber Rock-'n'-Roll-Sänger geworden. Auf dieses Gerücht spielt Kilian an.

Song gewidmet ist. Ich baue ein paar unauffällige Textbezüge ein, die nur Tina verstehen kann. Dann weiß sie es auch so. Alle anderen dürfen derweil schmachten, während sie vor dem Radio sitzen."

"Vor dem Radio."

"Ja, darum geht's. Der Song wird 'Radio Song' heißen. Das mache ich zur Botschaft des Refrains. Wenn du eines Tages diesen Song im Radio hörst, dann weißt du, dass ich ihn für dich geschrieben habe. Tina wird wissen, dass sie gemeint ist. Alle anderen werden es auf sich beziehen. Deshalb wird es auch ein Hit."

"Mir war noch gar nicht bewusst, dass du so berechnend bist."

"Tja, Planung ist alles. Hast du eigentlich einen Einkaufszettel dabei?"

"Einkaufszettel?"

"Ich sagte doch, Planung ist alles."

Einige Campingplatzgäste sahen sich verwundert zu den beiden jungen Männern um, die sich mitten auf dem Weg in die Arme gefallen waren und so heftig lachten, dass ihnen die Tränen kamen und sie sich aneinander festhalten mussten.

Der Schalter

"Das kenn' ich doch", spielte Julius den Ahnungslosen, als er den Proberaum als zweiter betrat und den bereits anwesenden Leon auf einer Gitarre eine weltbekannte Tonfolge zupfen hörte. "Was ist das noch? Wie heißt das noch? Sag's nicht, ich komm' gleich drauf! Von wem ist das noch gleich? Ok, sag's!"

Finderling brach ab.

"Das Lied habe ich geschrieben", behauptete er grinsend. "Es heißt 'Stairway to Heaven'. Man verwechselt es leicht mit 'Stairway to Heaven'[152] von *Led Zeppelin*, weil es genauso heißt. Ich bin mir der Tatsache bewusst, dass das natürlich ein Problem ist. Deshalb habe ich mich entschieden, damit man es sich leicht merken kann, nicht nur den Titel, sondern auch den Text gleich zu gestalten. Und die Musik auch."

Langemesser imitierte mit Zunge und Lippen ein Geräusch, das wie ein Furz klang, und reichte dem Kollegen die Hand.

---

[152] 'Stairway to Heaven' ist der vierte Song vom vierten, offiziell unbetitelten, zumeist 'IV' genannten Album von *Led Zeppelin*, das 1971 erschien.

"Dir ist schon klar, dass es rein kommerziell gesehen nicht sehr effizient ist, deine Meisterwerke derartiger Verwechslungsgefahr auszusetzen, oder? Oder meinte ich jetzt 'effektiv'? Scheiße, der Unterschied geht in meine Gehirnzelle einfach nicht rein. Ich wünschte, ich hätte wenigstens zwei."

"Das ist ganz einfach", belehrte der Sänger den Schlagzeuger. "Wenn jemand eine Hiroshimabombe auf seinen Vorgarten wirft, weil sich im Komposthaufen eine Rattenfamilie eingenistet hat, ist das ganz sicher effektiv, aber keinesfalls effizient."

"Hey, cooler Vergleich", nickte der Jüngere anerkennend. "Den kann vielleicht sogar ich mit meinem Gedächtnisimitat mir merken. Apropos Sieb: Wir haben bei uns in der Schule jetzt eine Austauschschülerin aus den Staaten, die heißt *Megadeth*[153]. Also heißt sie natürlich nicht. Aber so ähnlich. Ich hab' sie nur so genannt, damit ich mir ihren Namen merken kann – und seitdem fällt mir der richtige Name nicht mehr ein."

"Sieht sie denn wenigstens gut aus?"

"Meredith! Jetzt hab' ich es endlich! Sie heißt Meredith!"

"Ach so, *Megadeth*! Sag' das doch gleich! Das erinnert mich übrigens an meinen Urlaub mit Kilian in Italien. Da haben wir auf 'nem Campingplatz ein Mädel kennengelernt, Italienerin, die kam aus einer kleinen Stadt namens *Metallica*."

"Jetzt bin ich gespannt."

"Na gut, der Ort heißt *Matélica*[154]. Aber sag' selbst: Findest du nicht, dass der Unterschied zu vernachlässigen ist?"

"Natürlich! Wir sind schließlich nicht kleinlich. Wir kalkulieren auch, dass 90 Prozent der Niederlande unterhalb des Meeresspiegels liegen. Deshalb heißen sie auch so."

"Sehr richtig. Alles andere wäre Erbsenzählerei."

"Wir sind aber keine Krümelkacker."

"Und auch keine Ameisentätowierer. Aber nun hast du mir aber immer noch nicht gesagt, ob diese Schnitte namens *Megadeth* gut aussieht."

"Also dicke Dinger hat sie, falls du wissen willst, was Adam immer wissen will. Aufs Gesicht gefallen ist sie auch nicht. Aber mein Geschmack ist sie trotzdem nicht. Ich will es mal so sagen: Ihre kurzen, gedrungenen Wurstfinger sind mit den lang und spitz manikürten Nägeln die ästhetisch denkbar ungünstigste Kombination."

---

[153] *Megadeth*, amerikanische Heavy-Metal-Band, 1983 gegründet.
[154] Matélica ist keine Erfindung von Leon, sondern tatsächlich eine Kleinstadt mit ca. 10.000 Einwohnern in der mittelitalienischen Provinz Macerata.

"Sehr schön formuliert", lobte Finderling, "hätte fast diplomatisch werden können, da fehlte nicht viel."

"Na ja, Geschmäcker sind halt verschieden", meinte Langemesser schulterzuckend.

"Ja, ich weiß. Das behaupten jedenfalls professionell verständnisvolle Soziologen."

Leon erhob sich, um auf die Toilette zu gehen, an deren Tür er Fleischer traf.

"Hey, du hier – und nicht in Hollywood?"

"Ja, ich musste schnell mal die sanitären Einrichtungen frequentieren."

Als der Sänger in den Proberaum zurückkam, hielt er sich noch immer die Nase zu.

"Alter!", beschwerte er sich bei seinem Leadgitarristen. "Deine Exkremente sind das olfaktorische Gegenstück zu einem Panzerverband der Wehrmacht im September '39. Oder zu Volksmusik. Oder zu einem Meteoriteneinschlag. Oder zu …"

"Was? Olfak …"

"Der Gestank deiner Kacke ist unglaublich! Was hast du gegessen? Chinesischen Walfischpenissalat oder sowas?"

"Was? Synthetischen Walfisch …, was?"

"Ehrlich! Der Gestank von Eiter ist eine Wonne dagegen."

"Wie hast du das genannt? Olfak …"

"Olfaktorisch. Bedeutet: 'den Geruchssinn betreffend'."

"Das muss ich mir merken", beschloss Adam.

"Haha", lachte Langemesser ihn aus. "Schaffst du eh nicht!"

"Vorsicht, Julius!", warnte Leon. "Kennst doch den alten Spruch!"

"Ja, ja, schon klar. Wer im Steinhaus sitzt, sollte nicht mit Gläsern werfen."

"Nein, wer auf 'nem Glasklo sitzt, sollte keine Steine scheißen!"

"Okay, okay!"

"Aber was hast du denn nun gegessen, Adam?"

"Nichts Besonderes. Döner mit Pommes. Wie fast jeden Tag. Da fällt mir was ein, das wollte ich euch immer schon mal fragen. Oder nee – heute ist mir das aufgefallen und ich dachte mir gleich: Das muss ich euch mal fragen."

"Ja, was denn nun?"

"In Dönerbuden bedienen meistens Männer – und wenn mal eine Frau dabei ist, kümmert sie sich nie um das Fleisch, sondern nur um den Salat und die Pommes. Ist euch das auch schon aufgefallen? Warum ist das so? Ist die Zubereitung von Fleisch in der Türkei ein Männerritual?"

"Hier doch auch", wandte Finderling ein. "Oder lässt du Nancy an den Grill?"

"Nee, damit hat das nix zu tun", behauptete Langemesser, den Hintergrund zu kennen. "Es geht um die Berufsbezeichnung. Eine Frau, die Pommes zubereitet, nennt man – na?"

Die beiden anderen sahen ihn gespannt an.

"Fritteuse! Wie sollte man einen Mann nennen, der das macht? Fritteur? Mal ehrlich – das klingt doch scheiße."

Endlich trafen auch Sandner und Wittstock ein.

"Wieso seid ihr so spät?"

"Haha", lachte Enno. "Das haben wir uns auch schon gefragt, als wir uns auf dem Parkplatz getroffen haben. Wir hatten beide Probleme mit unseren Autos. Kilian musste noch durch die Waschanlage und ich hatte kein Kleingeld."

"Na, auf die Details dieser anscheinend recht kreativen Ausreden bin ich gespannt", bekundete Finderling.

"Mein Auto steht doch immer draußen", erklärte Kilian. "In den letzten Tagen hat es mehrmals Saharasand geregnet, wie du auch mitbekommen haben dürftest. Ich hab' einfach die Scheiben nicht mehr sauber gekriegt, also dachte ich mir, ich fahr' auf dem Weg hierher mal eben durch 'ne Waschstraße. Aber wie immer, wenn man etwas 'mal eben' machen will, ihr kennt das: Da war 'ne ziemlich lange Warteschlange."

"Ja, wenn es Saharasand regnet, sind das Festtage für die Betreiber von Autowaschanlagen. Aber bei mir gab's kein Problem damit. Hast du an deiner Karre vielleicht ein Problem mit deinen Scheibenwischern?"

"Jep, ich brauch' neue. Wollte aber bis zum nächsten Ersten warten. Hab' mein Budget für diesen Monat schon reichlich strapaziert."

"Und dann war es günstiger, durch eine Waschanlage zu fahren?"

Julius sah sich veranlasst, die Scheibenwischergeste zu machen, was thematisch in diesem Moment auch gut passte.

"Sind Scheibenwischer eigentlich dort teurer, wo sie stärker beansprucht werden? Also zum Beispiel in London oder Norwegen oder Wuppertal?"

"Ich hatte eher vermutet", mischte Langemesser sich ein, "Kilian hätte die Zeit verpasst, weil er zu lange darüber nachgedacht hat, ob von *Iron Maiden* nun 'The Number of the Beast', 'Piece of Mind' oder 'Powerslave'[155] die beste Scheibe ist."

"Nee", wehrte der Bassist lachend ab, "damit wäre ich mindestens drei Tage beschäftigt – am Stück und ohne Unterbrechung."

"Okay, und was war bei Enno mit dem Kleingeld los?"

"Ach, hör' bloß auf!", meckerte Wittstock. "Ich stand am Bahnhof im Parkhaus und kam nicht mehr raus, weil ich nicht genug Knete dabei hatte. Die Gebühren sind da so hoch, dass man sie eher als Lösegeld bezeichnen müsste. Ich musste allen Ernstes erst einen Geldscheißer[156] suchen und mir 'nen Fuffy[157] ziehen. Das hat natürlich gedauert. Wer rechnet schon mit sowas. Zum Glück hatte ich meine EC-Karte dabei."

"Coole Storys", lobte Leon. "Wollen wir jetzt eigentlich noch proben oder sofort in 'ne Kneipe gehen und was trinken?"

"Nee, lass' erst 'n Bier trinken, bevor wir in 'ne Kneipe gehen!", rief Fleischer, und hatte damit die Lacher auf seiner Seite.

"Aber bitte nicht in einen Laden mit Jazzgedudel", bat Julius.

"Sind wir jemals freiwillig in einen Laden mit Jazzgedudel gegangen?"

"Ich sag's nur. Vorsicht ist die Mutter der Marzipankiste! Wisst ihr doch!"

"Nee", stimmte Enno zu und machte einen konstruktiven Vorschlag, "lieber ins *Café Wolfsmilch*. Kennt ihr das? Da ist der Sound was für uns."

"Das ist einer von diesen Läden, in denen es immer einen Typen mit Pferdeschwanz, Brille, Ziegenbart und *Machine-Head*[158]-T-Shirt gibt, oder?"

"Genau! Wenn du mit ihm sprichst, erzählt er dir, er war im Traum plötzlich Schlagzeuger bei *Black Sabbath*, obwohl er eigentlich Gitarre spielt – und zu seiner Verwunderung hat niemand in dem Traum etwas gemerkt."

"Man sollte sich eben ein Beispiel am eigenen Unterbewusstsein nehmen."

"Klonen sie diese Typen eigentlich oder warum hängen die überall rum?"

---

[155] Die drei Alben erschienen in der genannten Reihenfolge in den Jahren 1982, 83 und 84 und gelten vielen Fans als die kreativste Schaffensphase der Band.
[156] Geldautomat
[157] 50-Mark-Schein
[158] *Machine Head*, amerikanische Heavy-Metal-Band, gegründet 1991.

"Wo wir gerade von Träumen sprechen", wechselte wieder einer das Thema, "was haltet ihr von der Theorie, dass unser Leben nur eine Illusion ist, die uns vorgaukelt, zwischen verschiedenen Träumen hin und her zu springen?"

"Ja, schon möglich. Ich hatte jedenfalls als Kind hin und wieder durchaus Schwierigkeiten, die Welten innerhalb und außerhalb meines Kopfes nicht zu verwechseln."

"Moment, das setzt voraus, dass es eine Welt außerhalb unserer Köpfe gibt!"

"Leute, ich hab' 'ne Songidee!"

Hatte bis hierher ein Wort das andere gegeben und die ganze Band mehr oder weniger durcheinander geredet, herrschte nun schlagartig Stille im Proberaum und Leon hatte die volle Aufmerksamkeit für sich.

"Erzähl'!"

"Sind bisher nur Bruchstücke und beruhen auf dem, was Enno und Julius gerade gesagt haben: 'Stuck between two illusions' ist eins, und 'Confusing the worlds inside and outside my head' ein anderes. Ist noch total unpräzise, aber vielleicht könnt ihr damit was anfangen. Ich denke an ein Gitarrenthema, das im Intro vorgestellt wird. In den Strophen kommt es gar nicht vor, aber als Überleitung zum Refrain. Nach dem zweiten Refrain bauen wir das instrumental aus. Dann wird es variiert – und zwar von beiden Klampfen im Wechsel. Da lassen wir dann alles raus, was wir in den Strophen zurückgenommen haben."

"Klingt spannend, Strophen ohne Gitarren", fand Kilian.

"Nicht zwingend ganz ohne, aber sehr zurückgenommen."

"Wie meinst du das mit dem Wechsel?"

"Wie eine Art Frage-Antwort-Spiel. Jede Variation des Themas von der ersten Gitarre wird von der zweiten aufgenommen, aber in einer anderen Lage. Dann kommt wieder die erste dran: Alte Lage, neue Variation. Muss sich musikalisch natürlich irgendwie aufbauen, steigern, wachsen. Jetzt brauchen wir erst einmal ein cooles Thema."

"Kommt sofort", nahm Adam grinsend die Bestellung an wie ein Kellner und gab Enno einen Wink, zu ihm herüber zu kommen. "Geht ihr mal kurz raus und raucht eine für uns mit. Wir machen das schon."

Der Schalter war umgelegt. Den Rest der Probe arbeiteten alle hochkonzentriert und niemand erinnerte sich daran, wie abgelenkt sie zu Beginn ihres Treffens gewesen waren. So hatte *Hole of Fame* vom ersten Tag dieser Besetzung an funktioniert.

Ficken ist gesund

Verliebte Mädchen erkennt man auf den ersten Blick, wenn sie in der Nähe des Objekts ihrer Begierde stehen, sofern man es nicht selbst und deshalb für jegliche Zeichen blind ist. Ihr Lächeln ist immer eine Nuance herzlicher, weil in ihren Augen Sterne funkeln. So möchte man angesehen werden.

Aus seiner langen Erfahrung als Musiker und Manager wusste Bodo, dass Freundinnen immer ein spezieller Fall waren, erst recht, wenn sie häufig im Proberaum dabei waren. Manche wirkten allein durch ihre Anwesenheit inspirierend, andere störend. Schlimm waren vor allem jene, die jede Sekunde die Aufmerksamkeit ihres Süßen auf sich zogen. Diese Ablenkung führte zu häufig dazu, dass Einsätze verschlampt oder Refrain und Strophe verwechselt wurden.

Von Linda, der Freundin von Finderling, hielt er viel. Sie kam selten zu Proben, und wenn, lungerte sie in der schimmeligen Couchecke herum und hörte einfach nur zu. Kilians Svenja kam nie. Ennos Freundinnen wechselten in zu schneller Folge, um sich ein Bild machen zu müssen. Nancy, die Gespielin von Adam Fleischer, mochte er hingegen überhaupt nicht. Sie sprang jedes Mal auf, wenn ein Lied zu Ende war, und holte sich ein Küsschen von ihrem Liebsten ab. Dadurch bekam dieser häufig nicht mit, was die anderen kritisch anzumerken hatten, und wie es weitergehen sollte. Sie machte insgesamt den Eindruck, sich zwar mit ihrem Freund schmücken zu wollen, der ein so cooler Musiker war, zugleich aber eifersüchtig auf die Band zu sein, da diese so viel seiner Zeit in Anspruch nahm.

Zu Mia, der neuen Freundin von Langemesser, hatte Bodo noch keine Meinung. Sie war erst zum zweiten Mal dabei – zumindest in seiner Gegenwart. Bisher verhielt sie sich relativ ruhig, das war in seinen Augen ein guter Anfang. Als sie zwischendurch einmal den Raum verließ, um eine Zigarette rauchen zu gehen, folgte er ihr.

"Du bist die Freundin von Julius?"
Sie nickte.
"Liebst du ihn?"
Sie nickte wieder, sogar entschlossener.
"Glaubst du an ihn?"
Noch ein starkes Nicken. Bodo gefiel es.
"Dann lass' dir einen Tipp geben. Ich meine es ernst, auch wenn es vielleicht im ersten Moment komisch klingt. Fahr' zu den Konzerten der Jungs mit, wenn es geht, oder fick' wenigs-

tens hinterher mit Julius. Wenn du es nicht tust, tut es vielleicht eine andere. Nicht, weil er so ein Hallodri wäre – du wirst es gleich verstehen, denke ich. Denn wenn es keine andere tut, wird es noch schlimmer: Dann wird er sich stattdessen besaufen oder Drogen einwerfen. Glaub' mir, ich weiß, wovon ich rede, ich bin selbst seit vielen Jahren in und mit Bands unterwegs. Die Sache ist die: Nach einem Gig sind die Jungs bis zum Rand voll mit Adrenalin – und es gibt nur zwei Wege, davon runterzukommen. Alkohol und Drogen sind der eine – ich denke, es ist der falsche. Ich meine, das Einzige, was es wirklich bringt, sind die Rauschmittel, die der Körper selbst produziert, wenn man ihn dazu veranlasst. Dazu sind Knutschen und Ficken am besten geeignet. Alkohol und Drogen haben ziemlich üble Nebenwirkungen, von der Suchtgefahr will ich gar nicht erst anfangen. Daher wäre es besser, wenn du ihn einfach müde fickst. Das ist der gesündere Weg, das Adrenalin abzubauen. Wie gesagt, ich weiß, das klingt komisch. Aber ich hätte es dir nicht erzählt, wenn ich nicht das Gefühl hätte, dass er auch ernsthaftes Interesse an dir hat. Gerade deshalb wäre es doch schade drum. Also nimm mir nicht übel, dass ich dir meine Erfahrungen damit so direkt um die Ohren gehauen habe."

Dieses Mal nickte Mia eher schüchtern. Bodo hoffte, seinen Vortrag nicht an ein dummes Mädchen verschwendet zu haben.

Auf dem Heimweg von der Probe fiel dem Schlagzeuger die Schweigsamkeit seiner Freundin schnell auf.

"Alles okay bei dir?", fragte er an einer roten Ampel und sah zu ihr hinüber.

"Mhm."

"Klingt nicht ganz überzeugend", hakte er nach und lächelte dabei.

"Bin nur nachdenklich."

Beide wohnten noch bei ihren Eltern, deshalb übernachteten sie unter der Woche normalerweise nicht gemeinsam. Selbstverständlich brachte er sie heim, bevor er selbst nach Hause fuhr. Allerdings ließ er sie nicht einfach nur nach einem schnellen Abschiedskuss bei laufendem Motor aussteigen, wie sie es manchmal praktizierten, wenn es spät war, sondern parkte extra am Straßenrand ein. Ihm war nicht ganz geheuer, dass sie während der Fahrt nur drei Worte gesagt hatte.

Mia schnallte sich ab und schmiegte ihren Kopf zärtlich an seine Brust. Er ließ es sich gern gefallen und umarmte sie.

"Dieser Bodo", sagte sie sehr leise, "ist ein seltsamer Typ, oder?"

Julius dachte kurz nach.

"Ein bisschen gewöhnungsbedürftig, ja. Ich glaube, es ist ihm ziemlich egal, was die Leute von ihm halten."

Mia schien noch ein wenig in ihren Gedanken hängen zu bleiben, denn sie schwieg wieder für eine ganze Weile. Der Schlagzeuger hielt sie einfach und roch an ihrem Haar. Leider war der Wohlgeruch, den er sonst gewohnt war, ein wenig durch den latenten Schimmelgestank des Proberaums beeinträchtigt. Langemesser ertrug es. Dann aber hob sie ruckartig den Kopf, sah ihrem Freund liebevoll lächelnd in die Augen und verwickelte ihn anschließend in einen langen und leidenschaftlichen Kuss.

Nachdem sie ausgestiegen war, fuhr Langemesser nach Hause und dachte über ihr leicht ungewöhnliches Verhalten nach. Er war immer noch mindestens so verliebt wie am ersten Tag, deshalb hatte der Kuss ihm ausgesprochen gut gefallen, das nachdenkliche Schweigen zuvor, das er nicht einordnen konnte, nicht so sehr. Er nahm sich vor, sie bei nächster Gelegenheit noch einmal zu fragen, was sie so beschäftigt hatte, bevor er nach seiner Tasche griff und ausstieg. Allerdings vergaß er es über Nacht dann doch.

Umzugspläne

Ein neuer Proberaum hatte schon seit einer Weile auf der Wunschliste der Band ziemlich weit oben gestanden, ungefähr direkt auf der Position hinter einem Plattenvertrag – und beides war auch fast gleich schwierig zu bekommen. Im Laufe der Zeit hatten sie sich eine Menge erdenklicher Annehmlichkeiten wie die Sitzecke und den Kühlschrank eingerichtet. Doch diese konnten die negativen Umstände nicht aufwiegen. Immer hing ein Hauch von Feuchtigkeit und Schimmel in der Luft und erforderte nach jeder Probe Klamottenwechsel, ausgiebige Dusche und Haarwäsche, (was unpraktisch war, da man häufig direkt von der Probe aus feiern gehen wollte,) und tat Instrumenten und Verstärkern nicht unbedingt gut. Zudem hatte Mia, die Medizin studierte, nicht zu Unrecht darauf hingewiesen, dass es gesundheitlich wertvollere Umgebungen gab, vor allem in Anbetracht der Häufigkeit, in der die Jungs von *Hole of Fame* sich in dem Raum aufhielten.

Felix war es, ihr bevorzugter Tonmeister für Konzerte und unersetzlicher Aufnahmeleiter, der die Ohren zur richtigen Zeit an der richtigen Stelle hatte.

"Schaut mal bei *Home Is Hope* vorbei", empfahl er Kilian umgehend telefonisch. "Das ist die hiesige Obdachlosenselbsthilfegruppe. Die haben vor kurzem von der Stadt ein Gebäude am ehemaligen *TÜV*-Gelände zur Verfügung gestellt bekommen und suchen Bands, an die sie einzelne Kellerräume untervermieten können, weil sie ein paar laufende Kosten wie Wasser, Strom und Telefon bestreiten müssen. Aber beeilt euch. Noch haben sie nirgends inseriert, wenn ich richtig informiert bin. Sobald das kommt, wird man ihnen die Bude einrennen."

Sandner nahm die Sache persönlich in die Hand und konnte seinen Kollegen auf der abendlichen Probe schon ein unterschriftsreifes Papier vorlegen.

"Der Raum ist kleiner als unserer hier", berichtete er, "und aus akustischen Gründen sollten wir die Wände mit Teppichresten und Eierkartons bepflastern. Das ist natürlich nicht perfekt. Aber: Es gibt einen Vorraum, in dem eine große Sitzecke steht, und unser Kühlschrank könnte mit in deren Küche und wäre per Kette mit Vorhängeschloss leicht zu sichern. Zum Schluss das Beste: kein Schimmel!"

"Klingt nicht übel", meinte Fleischer, "aber wenn der Raum so viel kleiner ist: Wo packen wir dann unser ganzes Gerümpel hin? Julius' rostiges altes Reservedrumkit zum Beispiel oder die Cases von seinem Geraffel."

"Wir könnten ruhig mal ein wenig ausmisten", schlug Finderling vor. "Jedenfalls hänge ich nicht so sehr an den geschätzten 327 leeren Pizzakartons, dass wir sie mitnehmen müssten, wenn wir umziehen."

"Mein altes Schlagzeug geb' ich nicht her!", krähte Langemesser.

"Das fällt doch eh bald auseinander", lästerte Wittstock.

"Ja", fiel nun auch der Sänger ein, "wahrscheinlich zerbröselt es zu Staub, wenn es von einem Sonnenstrahl getroffen wird."

"Genau! Es ist ein Vampirschlagzeug."

"Dann dürfen wir es auch nur nachts transportieren."

"Falls wir es wirklich mitnehmen."

"Natürlich nehmen wir es mit!"

"Wo hattest du das eigentlich her? War das immer schon so schrottig?"

"War ein Geschenk von meinem ersten Schlagzeuglehrer. Einem geschenkten Gaul haut man bekanntlich nicht aufs Maul. Also kommt es mit!"

"Aber der Platz?"

"Kein Problem", löste Kilian die Diskussion auch schon wieder auf, "wir können auch eine Abstellkammer dazubekommen, mit der sie sonst nichts anfangen können."

"Quanta costa?", fragte Enno.

"Costa blanca", behauptete der Bassist.

"Nix? Wir kriegen den Raum umsonst?"

"Die Abstellkammer gibt's umsonst."

"Ach so. Und sonst? Strom und so?"

"Strom ist im Preis mit drin, Ruhezeiten gibt es nicht, und die Bude kostet das Gleiche wie diese", nannte Sandner die letzten Details. "Dafür ist sie kleiner, aber schimmelfrei. Ich finde, wir sollten das machen."

"Wann könnten wir rein?"

"Sofort, wenn wir wollen", erklärte Kilian. "Wobei wir erst die Teppiche an die Wände nageln sollten. Zahlen müssen wir erst, wenn wir auch Sound machen. Ich denke, wir sollten jetzt zusagen, in den nächsten Tagen die Wände bepflastern und zum Ersten umziehen. Mittelfristig werden wir nicht die einzige Band in dem Haus sein. Die haben vier oder fünf Proberäume da unten eingerichtet."

"Wer kommt sonst noch rein?"

"Wusste der Typ noch nicht so genau. Alle Räume haben sie noch gar nicht vermietet. Eine Band nannte er *Out of Chicago*. Spielen wahrscheinlich nicht häufig live, ich kenn' die jedenfalls nicht."

"Hab' schon einfallsreichere Bandnamen gehört."

"Gibt ja auch noch gar keine Band, die *Chicago*[159] heißt."

"It's hard for me to say I'm sorry![160]", intonierte Enno lautstark mit schwülstigem Tonfall und einem Gesichtsausdruck, den er wahrscheinlich für pathetisch und entsprechend dazu passend hielt, einen der größten Hits der Band.

"Hey, bei dem Lied hab' ich zum ersten Mal geknutscht", bekannte Sandner.

"Oh, Scheiße! Hättest du nicht wenigstens 'ne Heavy-Metal-Ballade nehmen können, wie jeder anständige Rocker?"

---

[159] Chicago, amerikanische Rockband, 1967 gegründet, erstes Album 1969.
[160] Der Song 'Hard to Say I'm Sorry' war eine international erfolgreiche Single von *Chicago* aus dem Album 'Chicago 16' (1982).

"Zu der Zeit hat Kili wahrscheinlich noch keinen Metal gehört", lästerte Adam.

"Was?", protestierte der Bassist. "So'n Humbug! Ich habe schon Heavy Metal gehört, während ich noch mit Autoquartettkarten gespielt habe."

"Dann knutscht du zu *Chicago*?"

"Auf der Party lief nichts Besseres."

"Gibt aber auch Schlimmeres als *Chicago*."

"Leute, wusstet ihr eigentlich, dass der Name Chicago – also der Name der Stadt – auf ein Missverständnis zurückgeht?", dozierte nun Leon. "Ein Siedler, der vorhatte, dort einen Handelsposten zu begründen, wollte wissen, wie das Marschland in der Sprache der ansässigen Eingeborenen heißt. Deshalb deutete er vor sich. Der Indianer, den er befragte, bezog die Geste jedoch auf die Pflanzen in der gezeigten Richtung. So kommt es, dass die drittgrößte Stadt der USA eigentlich 'Wilde Zwiebel' heißt."

"Finderlings Lexikon nutzlosen Wissens, Band 3.942", stöhnte Julius.

"Wenn er sich das nicht gerade ausgedacht hat", überlegte Fleischer. "Das weiß man bei dem Kerl nie so genau."

"Nee, das hab' ich mal in 'ner Zeitschrift gelesen."

"Welche denn? National Pornographic[161]?"

"Leute, was ist jetzt?", brachte Kilian das längst verselbständigte Gespräch thematisch abrupt zurück zum Ausgangspunkt. "Unterschreiben wir den Mietvertrag? Kündigen wir hier? Ziehen wir um? Überlegt's euch! Nie wieder Schimmel!"

"Wir haben den Raum nicht gesehen", wandte Wittstock ein.

"Ich finde ihn okay."

"Mir genügt das", nickte Leon ab.

"Mir auch", hob Langemesser den Daumen.

"Ist doch super! Wenn der Raum nichts taugt, haben wir wenigstens einen Schuldigen", lachte Fleischer.

Damit war alles entschieden. Sie probten nicht zum letzten Mal in schimmeliger Luft, aber die Aussicht auf baldige Veränderung hob die ohnehin zumeist gute Stimmung noch einmal beträchtlich. Sie hatten Spaß und waren produktiv. Nach der Probe gingen Finderling und Sandner noch gemeinsam ein Bier trinken.

"Geil mit dem Raum", lobte Leon noch einmal. "Woher hattest du die Info?"

---

[161] Kleine Anspielung auf die weltberühmte Zeitschrift *National Geographic*.

"Felix."

"Cool."

Dann sprach er an, was er schon lange hatte thematisieren wollen, sich aber in letzter Zeit wegen Kilians frischer Beziehung nicht recht getraut hatte.

"Ich will auch umziehen. Ich verbringe sowieso schon grob geschätzt die Hälfte aller Nächte bei Linda. Ist auch besser, weil dann niemand mit dem Kopf schüttelt, wenn ich wieder erst um vier oder später nach Hause gekommen bin, und wir außerdem beim Vögeln nicht leise sein müssen. Aber das ist nicht alles. Ich werd' einfach langsam zu alt, um immer noch bei Mama rumzuhängen. Das meine ich nicht nur, weil es mir peinlich wäre, für einen hauptberuflichen Sohn gehalten zu werden. Wenn ich noch lange warte, gehen meine Eltern mir so sehr auf den Keks, dass ich am Ende einen Totalabbruch brauche. Das muss auch nicht sein. Im Prinzip verstehen wir uns nicht schlecht. Meine alte Dame ist einverstanden. Mein alter Herr ziert sich noch etwas, aber wenn ich erst 'ne gescheite Bude in Aussicht habe, werden Mom und ich ihn schon mit vereinten Kräften auf Kurs bringen können. Ich will aber nicht mit Linda zusammenziehen, soweit sind wir noch nicht. Bei aller Liebe wäre mir das momentan zu anstrengend – und ihr wahrscheinlich auch. Wir tun uns immer noch schwer, wenn wir uns rund um die Uhr ertragen müssen. So eine Belastungsprobe für die Beziehung sollten wir uns ersparen. Lange Rede, kurzer Sinn: Hast du Bock auf 'ne WG mit mir?"

Der Bassist zog eine Grimasse der Abwägung.

"Ich will natürlich nicht dazwischenfunken, falls du mit Svenja entsprechende Pläne hast", legte der Sänger schnell nach.

Sandner schüttelte langsam den Kopf.

"Nö, das wär' bei uns auch noch zu früh. Wir sind noch nicht lang zusammen – noch kürzer als Linda und du. Mal sehen, wie sich das mit uns entwickelt. Bis jetzt läuft es gut, aber wir haben auch immer Abstand, wenn wir das wollen. Nee, Svenja ist in der Hinsicht noch kein Thema. WG mit dir – klingt cool."

Finderling war erleichtert.

"Im Urlaub hat es perfekt geklappt mit uns", erinnerte er. "Deshalb kam ich auf den Gedanken. Hier haben wir sogar Rückzugsgebiete in Form eigener Zimmer. Ich glaube, für den Moment sind wir ein perfektes Team."

"Jep. Wenn mir ein Riff einfällt, muss ich nur durch den Wohnungsflur latschen und schon kann ich es dir vorspielen."

Nun grinsten beide bis zu den Ohren.

"Wir können jeden Tag Nudeln mit Tomatensoße essen."
"Jahrelang!"
"Wir werden die WG mit der ausgewogensten Ernährung überhaupt."
"Was für eine Aussicht."
Sie stießen darauf an, und es war beschlossen.

Seelensex

In Rauchpausen drehten die Gespräche der fünf Jungs sich nicht immer ausschließlich um Musik, Equipment oder Terminplanungen. Da sie längst einander die besten Freunde geworden waren, kamen hin und wieder auch ernste Themen aufs Tablett. In diesem Fall war es Julius, der anschnitt, was ihn beschäftigte.
"Mia hat mich gestern gefragt, wie ich eigentlich zum Thema Fremdgehen stehe", berichtete er aus der noch laufenden Kennenlernphase seiner frischen Beziehung. "Sie wollte wissen, wo bei mir Fremdgehen anfängt und welche Frauentypen für sie eine Gefahr wären. Sie meinte nämlich, sie will mich behalten. Wie seht ihr das eigentlich?"
"Oh je, bei dem Thema bin ich raus", stöhnte Enno.
"Ich liebe meine Nancy", verkündete Adam mit stolz geschwellter Brust. "Allenfalls bei Frauen mit ganz, ganz dicken Dingern käme ich in Versuchung. Aber auch nur, wenn die Weiber mich offensiv anbaggern, und ich ganz sicher sein kann, dass Nancy nie im Leben etwas davon erfahren würde. Die würde mir nämlich sonst die Hölle heiß machen, das kann ich euch flüstern, meine Lieben!"
Zur Untermalung wedelte er mit der linken Hand.
"Ich bin nicht der Typ dafür", meinte Kilian. "Okay, ich bin noch nicht lange mit Svenja zusammen, und wer weiß, wie ich die Dinge sehe, wenn die Verliebtheit mal weg ist, aber ich glaube, wenn dann eine andere interessante Frau auftauchen würde, wäre mir schon daran gelegen, mich vorher zu entscheiden. Also entweder die Finger von der Dame lassen oder mich rechtzeitig von Svenja trennen, bevor ich mich auf die Neue einlasse. Das ist einfach eine Frage des Anstands und der Fairness."
"Sehr planvoll, Herr Sandner", schoss Wittstock dazwischen, "aber leider ein vollkommen theoretisches Gedankengebäude. Was ist denn mit spontanen Gelegenheiten? Du triffst die total geile Sahneschnitte, Svenja ist weit weg, aber die Sahneschnitte

kommt leider aus einer anderen Stadt, und wenn du sie nicht an dem Abend flachlegst, wirst du nie wieder die Gelegenheit haben. Was dann?"

"Muss es denn eigentlich gleich um Flachlegen gehen?", schraubte Langemesser das Thema zurück. "Was ist mit Knutschen? Also mich würde es schon schwer treffen, wenn Mia nur mit einem anderen Typen knutschen würde."

"Ich hab' im Urlaub mit einer geknutscht und ihr 'ne Mopsmassage verpasst", gestand Leon, "aber gepoppt haben wir nicht. Bin ich Linda damit fremdgegangen?"

"Ja", fand Julius.

"Nein", sagte Enno gleichzeitig.

"Kommt drauf an", gab Kilian den Schlichter. "Was hast du dabei empfunden? Ging es nur um den Spaß? War es aus einer Laune heraus? Oder hast du dich an dem Abend in Tina verliebt – zumindest ein bisschen?"

"Tina hieß sie also – interessant", stellte der Trommler fest.

"Hatte sie dicke Titten?", wollte Fleischer wissen.

"Nein. Klein, aber schön fest. Leckere Äpfelchen", gab der Sänger Auskunft.

"Ach, das hab' ich schon zu Hause", spielte der Leadgitarrist den Enttäuschten. "Dafür muss ich nicht in den Urlaub fahren."

"Aber Linda hat auch keine Riesentitten", warf Wittstock ein, "also ging es Leon wohl nicht darum, mal das andere Extrem kennenzulernen."

"Also dann sag' an: Was hat dich dazu motiviert?"

Finderling sah richtig ratlos aus.

"Das ist 'ne scheißverdammt gute Frage. Ich kann's euch nicht sagen. Rational gesehen war es blödsinnig. Ich hab' doch Linda. Aber Linda war nicht da an dem Abend. Ich war nur mit Kilian im Urlaub, und der hat bekanntlich überhaupt keine Titten. Ihr wisst doch, wie das so geht: Strand, Meeresrauschen, Sternenhimmel, Kilian spielt Gitarre, ich singe dazu, ein paar schöne Mädels gesellen sich zu uns, sie haben wenig an und Wein dabei …"

"Seht ihr!", feixte Enno. "Ich sag' es doch, Gelegenheit macht Triebe! Und zwar bei beiden – ist ja nicht so, dass die Mädels da keinen Bock drauf hätten. Denen ist es in dem Moment auch scheißegal, ob du zu Hause 'ne andere sitzen hast."

"Ist es ihnen auch scheißegal, ob sie selbst zu Hause 'nen anderen sitzen haben?", vergewisserte sich Langemesser.

"Na, logisch."

"Na, super. Ich lass' Mia nie allein in den Urlaub fahren."

"Wieso? Was hat sie denn eigentlich zu dem Thema gesagt?"

"Sie meinte, sie könnte das nicht. Aber wenn man Enno so reden hört …"

"Jeder kann das", behauptete der. "das ist aber kein Fremdgehen, wenn alle sowieso wissen, dass es keine Zukunft hat. Wenn es nur für den einen Abend ist oder meinetwegen für den Rest des Urlaubs. Fremdgehen ist es nur, wenn es die richtige Beziehung bedroht. Das würde es nicht, wenn die Mädels nicht so eifersüchtig wären."

"Du bist nun selbst auch nicht gerade ein Waisenknabe in Sachen Eifersucht, mein Lieber", erinnerte der Sänger seinen alten Freund. "Bei Sibylle machte es dich schon rasend, wenn sie sich nur mit anderen Kerlen unterhielt."

"Das ist etwas ganz anderes", widersprach der Rhythmusgitarrist grinsend. "Außerdem sollten wir jetzt nicht vom Thema ablenken."

Leon ließ sich darauf ein.

"Also nach Ennos Definition bin ich nicht fremdgegangen. Tina wohnt am Arsch der Welt, wir haben beide gewusst, dass nichts aus uns werden kann."

"Und nach Kilians Definition?", hakte Julius nach.

"Ob ich ein bisschen verliebt war?"

"Natürlich warst du das", antwortete der Bassist für ihn, der es wusste, weil er dabei gewesen war, "du hast sogar ein Lied für sie geschrieben. Für Linda hast du bis heute keins geschrieben. Das ist eindeutig!"

Finderling zog die Grimasse eines Ertappten.

"Okay, ein bisschen. Ich bin aber auch ein wenig anfällig, wenn ich das Gefühl habe, dass eine Frau sich für meine Seele interessiert. Da war Musik, und wir waren fast eins. Tina ist dahingeschmolzen. Linda schmilzt nie dahin. Ich meine, sie ist echt okay, und ich hab' sie lieb, und wir haben guten Sex, aber ich hab' nie das Gefühl, dass sie meine Seele berührt. Wenn sie meine Texte liest, wirkt das auf mich, als ob sie die Worte nur zur Kenntnis nimmt. Sie fragt nichts, sie geht nie darin auf. Wir haben nur körperlichen Sex, aber nicht mit der Seele, versteht ihr? Da werd' ich schnell schwach, wenn das bei einer anders läuft – und das auch noch auf Anhieb, wie bei Tina."

Für einen Moment herrschte betretenes Schweigen. Wittstock war der erste, der sich traute, den Monolog zu kommentieren.

"Alter, du bist nicht hundertprozentig zufrieden mit deiner Beziehung, kann das sein?"

"Na ja, ich denk' mir, man kann nicht alles haben. Hast du Seelensex?"

"Sibylle verstand nichts von Hardrock. Die hörte den ganzen Tag Radio. Die Null-acht-fuffzehn-Scheiße, die da den ganzen Tag rauf und runter gedudelt wird. Michael Jackson[162] ist noch das Beste, was in ihrem Plattenregal steht."

"Gibt Schlimmeres. Und die anderen? Lucia, Salina und wie sie alle hießen?"

"Auch nicht besser. Aber ich bin wohl auch nicht so darauf fixiert wie du."

"Wie ist das bei euch?"

"Nancy wäre am liebsten bei jeder Probe dabei", krähte Adam, der bis dahin lange geschwiegen hatte.

Enno verdrehte die Augen himmelwärts.

"Ja, aber nicht, weil sie unsere Musik so geil findet, du Nacken."

"Doch, auch."

"Das glaubst du doch wohl selbst nicht."

"Svenja interessiert sich viel mehr dafür, wie unsere Band funktioniert", berichtete Kilian von seiner Freundin. "Sie versucht zu verstehen, wie fünf Leute es schaffen, auf einen Nenner zu kommen, ohne dass jemand dabei zu große Abstriche machen muss. Warum wir so gut harmonieren. Das Konstrukt 'Band' fasziniert sie. Dazu fragt sie mich auch häufig das eine oder andere. Mit der Musik hat sie es nicht ganz so, aber sie erkennt auch, wie wir daran arbeiten, die Qualität zu verbessern. Ich bin ziemlich glücklich mit ihr, was ihren Umgang mit meiner Leidenschaft angeht."

Alle sahen Langemesser an.

"Ich frag' mich gerade, wie wichtig mir das eigentlich ist", dachte dieser laut. "Aber wenn ich trommle, findet Mia das geil. Letztens hat sie 'Black Princess' erkannt – fand ich stark, so ganz ohne Gesang und die anderen Instrumente."

"Den Song sollten wir uns übrigens noch mal vornehmen", nahm Leon das Stichwort auf. "Ich finde, der könnte ein Intro vertragen. Ist doch öde, einfach nur per Einzählen anzufangen. Das machen wir oft genug."

Ohne ein weiteres Wort standen alle auf und gingen ans Werk.

---

[162] Michael Jackson (1958 – 2009), amerikanischer Popsänger und Komponist, kommerziell einer der erfolgreichsten Musiker aller Zeiten. Erstes Solo-Album 1972 – mit 13 Jahren!

Mister Nullplan

Obwohl es weder um eine Übungsstunde noch um einen Auftritt ging, trafen sich die Jungs im Proberaum. Sie waren einfach gern dort. Außerdem war es ein Ort, an dem zumeist ein paar Flaschen Bier gebunkert waren, was eine gute Sache war, wenn man vorhatte, später auf eine Party zu gehen.

Kilian war zuerst da, er nutzte die Wartezeit, um ein bisschen Schlagzeug zu spielen, was seine heimliche Leidenschaft war, obwohl er darin weit weniger begabt war als an Bass oder Gitarre. Fleischer war der nächste, der eintraf.

"Was ist denn das für 'n Krach hier?", flachste er, als er die Tür aufriss. "Man könnt' meinen, man wär' in 'nem Proberaum gelandet."

Sandner grinste über beide Ohren und beendete seinen Rhythmus mit der unter vielen Musikern scherzhaft 'Paderborn' genannten Schlagfolge und stand auf, um dem Kollegen mit Musikerhandschlag zu begrüßen.

"Adam! Alte Scheune!"

"Kilian! Alter Ballettlehrer!"

"Sitzen die anderen schon draußen und rauchen?"

"Jau, Rauchen schockt!"

Die Band, die nur aus Rauchern bestand, hatte sich schon mehr als einmal ausgemalt, wenn sie berühmt wäre, zusätzliche Einnahmen durch Werbung für Tabakkonsum zu machen, weil das so herrlich politisch unkorrekt war.

"Na, dann können wir gleich los."

Sie gingen hinaus, Fleischer mit einem Sechserträger Bier bewaffnet, Sandner schloss den Raum hinter sich ab.

"Locke ist auch dabei", wurde er noch informiert.

"Moinmoin", grüßte der Bassist in die Runde, die es sich in der Rauch- und Sofaecke gemütlich gemacht hatte.

"Tach, Alter!"

"Grüziwoll, Kollege!"

"Buongiorno, John Porno!"

"Mahlzeit, Sheriff!"

Sie setzten sich dazu und ließen sich Feuer geben.

"Das ist so geil abgeranzt hier", äußerte Wittstock gerade seine Begeisterung über Einrichtung im ehemaligen Gebäude des *Technischen Überwachungsvereins*. "Hier sollten wir Bandfotos machen."

"Ja, genau – und Aufnahmen", warf Finderling ein. "Lasst uns nicht in ein Studio gehen, lasst uns das Studio hierher holen."

"Geile Idee!"

"Ja", stimmte auch Langemesser zu, "und dann schreiben wir in die Thankslist von der Platte: 'Wir danken den Pennern von *Home is Hope*, ohne die dieses Album nicht möglich gewesen wäre'."

Die Stimmung war heiter und ausgelassen, daran änderte sich auch nichts, als Adam noch einmal nach dem Anlass der Zusammenkunft fragte.

"Leute, klärt mich nochmal auf, ich hab's vergessen. Warum gehen wir – noch dazu ohne Weiber – zu der Party in der WG von Bodos kleinem Bruder? Nur um ihm das Bier wegzusaufen oder hatte das noch einen anderen Anlass?"

Ihr Teilzeitmanager hatte ihnen Einladungen besorgt und angeraten, sich tatsächlich dort blicken zu lassen.

"Nee, Bodo will uns mit jemandem bekannt machen", antwortete Leon. "Sein Bruder kennt den Manager von *Gasoline Jesus*. Der kommt wahrscheinlich auch."

"Ist das nicht so eine *Depeche Mode*[163]-Kopie?"

"Genau."

"Was will der mit uns? Und was sollen wir mit dem?"

"Management ist Management. So schlecht kann er dabei nicht sein, die sind immerhin grad in den Charts."

"Oben?"

"Nein, aber immerhin drin. Mit drei verkauften Demo-Tapes pro Gig kommen wir da nicht hin. Ich hoffe, Bodo erzählt uns noch ein wenig mehr, bevor wir den Typ treffen."

"Müssen wir dann etwa nüchtern bleiben?"

"Zumindest wäre es hilfreich, ihm nicht auf den Anzug zu kotzen."

Sie machten sich auf den Weg. Bodo selbst öffnete ihnen die Tür und verriet gleich, dass der ersehnte Kontakt nicht gleich angebahnt werden könne, da der besondere Gast noch nicht eingetroffen sei.

"Umso besser", meinte Enno, "dann kannst du uns noch vorher sagen, was du über ihn weißt. Der ist Manager von *Gasoline Jesus*?"

"Nein, nicht direkt der Manager", korrigierte der Befragte. "Er ist Mitarbeiter der Agentur, von der die Band betreut wird. Soweit ich weiß, denkt er darüber nach, sich selbstständig zu ma-

---

[163] *Depeche Mode*, englische Synthie-Pop-Gruppe, 1980 gegründet, erstes Album 1981.

chen und sucht dafür passende Bands, mit denen er starten kann. Das wird die Basis unserer Gespräche sein."

"Kennt er uns schon?"

"Er hat ein Demo von euch. Ob er's gehört hat, weiß ich nicht. Eigentlich weiß ich auch sonst nicht viel. Mein Bruder kennt ihn auch nur flüchtig. Ich denke, ich stelle euch vor, und dann ziehen wir uns mal kurz alle zusammen zurück und hören uns an, was er zu sagen hat. Vielleicht hat er ja doch kein Interesse."

Einstweilen besorgte Locke Bier für alle, und sie machten sich auf, die Party und ihre Gäste auszukundschaften. Die Musik war überwiegend Mainstream-Rock. Finderling traf Wittstock nach der ersten Runde durch die Menge zufällig auf dem Wohnungsflur beim Betrachten einer Pinnwand mit Fotos. Natürlich erkannte er sofort, dass sein Gitarrist sich vor allem für die Aufnahme eines nackten, tätowierten Frauenoberkörpers interessierte.

"Starrst du auf die Glocken oder auf das Tattoo?", fragte er.

"Beides", gab Enno zu. "Kommt mir tierisch bekannt vor. Ich glaub', ich hatte schon mal was mit der Frau."

"Tja, nur blöd, dass kein Gesicht zu sehen ist", merkte der Sänger an.

"Ich hab's", verkündete jedoch Wittstock in diesem Moment fröhlich. "Das ist Valeska Feltrow. Ist 'ne heiße Lady. Hat mich mal letzten Sommer auf 'ner Party abgeschleppt. Oder ich sie." Er überlegte. "Nee, eher sie mich. Wir sind von der Party abgehauen und zum See, waren nackt schwimmen und haben dann am Ufer 'ne Nummer geschoben. Hier", zeigte er mit einem Finger, "wie sie die Rosenblätter um ihre Möpse arrangiert hat, daran erinnere ich mich. Wieso hängt die denn hier?"

"Weiß der Geier! Frag' halt Bodos Bruder. Der wohnt hier und kommt grad mit zwei Kisten Bier die Treppe rauf."

Enno musste gar nicht fragen, der Gastgeber ließ von selbst eine Bemerkung fallen.

"Coole Tattoos, oder?"

"Hammer!"

"Das ist übrigens meine Freundin. Ist leider heute nicht hier, weil sie 'ne schwere Angina hat. Hast du auch Tattoos?"

Wittstock zeigte ihm den Stacheldrahtkranz um seinen Bizeps.

"Wie lange seid ihr schon zusammen?", fragte Leon derweil beiläufig.

"Nächsten Monat ist unser zweijähriges Jubiläum", bekam er zur Auskunft.

Da aus der Küche der Ruf nach frischem Bier ertönte, zog Bodos Bruder nach kurzer Würdigung von Ennos Körperschmuck weiter, und die beiden Musiker hielten es gerade noch lang genug aus, um nicht loszuprusten, bevor er nicht außer Hörweite war.

"Pass' bloß auf, dass du dich nicht verplapperst", mahnte Finderling. "Irgendwann vögelst du dich noch um Kopf und Kragen."

"Was für ein Zufall", staunte Wittstock, "ausgerechnet Bodos Bruder!"

"Tja", meinte Leon mit einer Geste der Hilflosigkeit, "wie sagst du immer so schön: Kein Schwanz ist so hart wie das Leben."

"So ist es. Nicht mal meiner!"

"Das will was heißen, kennt man dich doch schließlich als 'Prinz Eisenpimmel'."

"Richtig! Aber sag' mal, woher weißt du das eigentlich? Normalerweise bekommen das nämlich nur die Frauen mit, die …"

"Normalerweise vielleicht", fiel der Sänger ihm ins Wort. "Aber zufällig spiele ich mit dir in einer Band und du erzählst hin und wieder was."

"Oh, ach ja. Vielleicht solltest du mal einen Text über mich schreiben."

"Wie soll der denn heißen? 'The Iron Penis'?"

"Klingt doch gar nicht schlecht. Aber ich wäre für 'The Magic Penis'."

"Hältst du deinen Schwanz für einen Zauberstab?"

"Auf jeden Fall! Dafür gibt es einen eindeutigen Beweis: Jede Frau die in Kontakt mit ihm kommt, fühlt sich von ihm magisch angezogen."

"Ja, nee, is' klar. Und wenn man lang genug an ihm reibt, kann er sogar Funken sprühen. Oder Ähnliches."

Ihr Gespräch wurde von Locke unterbrochen.

"Hey, da seid ihr ja! Bodo sucht euch schon."

"Herrje, die Pflicht ruft", seufzte der Gitarrist und beide machten sich auf den Weg, Locke in den Hauptpartyraum zu folgen.

"Der Typ ist doch schon da", weihte ihr Teilzeitmanager sie ein. "Ich wusste nur nicht, wer er ist. Mein Bruder hat uns eben bekannt gemacht. Wir treffen uns in zehn Minuten im Zimmer von seinem Mitbewohner. Da haben wir unsere Ruhe. Kilian und Julius wissen schon Bescheid. Wo ist Adam?"

"Auf dem Balkon", gab Locke Auskunft. "Kommt gleich."

Der Mensch von der Agentur sah in seinem weißen Hemd, der grauen Stoffhose und den merkwürdigen Stiefeln, die ihn offenbar größer wirken lassen sollten, überhaupt nicht so aus, als hätte er Bezug zu Hardrock oder Heavy Metal. Er begrüßte alle mit einem unangenehm weichen Händedruck und stellte sich als Armand Noack vor. Der Auftakt seiner Ansprache klang erst einmal ganz gut.

"Tolle Songs habt ihr auf dem Tape, gefällt mir wirklich. Das hat Potenzial. Aber es ist natürlich trotzdem schwierig, daraus eine große Nummer zu machen, denn es gibt viele gute Bands. Heutzutage ist es nicht gerade leicht, an einen Plattenvertrag zu kommen. Aber zum Glück kann man auch andere Wege zum Erfolg einschlagen. Wir haben das mit *Gasoline Jesus* auch so gemacht. Die fette Werbung in den ganzen Musikmagazinen ist total wichtig, weil die Zeitschriften dann bessere Rezensionen schreiben. Aber die muss man sich natürlich erst einmal leisten können. Das geht nur, wenn jemand im Hintergrund richtig Kohle in die Hand nimmt. Da müssen wir erst einmal hinkommen, Plattenverkäufe sind wichtig, aber wenn man keinen Majordeal hat und deswegen kein Airplay bekommt, muss man sich eben erst einmal eine Fanbase schaffen. Dazu braucht es Konzerte und Merchandising. Wisst ihr, was Merchandising ist?"

"Mit Merchandising animierst du Leute dazu, für dich Werbung zu machen und dafür auch noch zu bezahlen. Wenn du das hinbekommst, hast du was erreicht", gab Finderling eine Antwort, die nicht frei von Sarkasmus war, was Noack offenbar gefiel.

"Genau so ist es. Wirklich erfolgreich bist du, sobald viele Menschen dich so geil finden, dass sie bereit sind, sich für dich zur Litfaßsäule zu machen und dir auch noch Geld dafür geben. Genau das nennt man Merchandising. Ich könnte mir Folgendes vorstellen: Wenn wir ins Geschäft kommen, organisiere ich eine kleine Tournee für euch – mit zwei anderen Bands, die ich noch aussuchen muss. Für den Anfang würde ich mal sechs Konzerte ansetzen. Der Eintritt darf nicht zu hoch sein, weil ihr noch nicht besonders bekannt seid. Also müsst ihr gut sein – so gut, dass die Leute eure Merchandising-Produkte kaufen. Darüber finanzieren wir das Ganze. T-Shirts, Feuerzeuge und alles, was uns sonst noch so einfällt, was die Leute gerne kaufen. Immer mit eurem Logo drauf. Wenn wir gut verkaufen, können wir die nächste Stufe angehen. Wie klingt das für euch?"

Langemesser und Fleischer schnitten Grimassen, die darauf hindeuteten, dass sie lieber den anderen die Meinungsführerschaft überlassen wollten, und Wittstock ergriff dann auch ohne jede Zurückhaltung das Wort.
"Was springt für uns dabei raus?"
Noack lächelte süßlich.
"Da ich mit dem Druck und allem in Vorleistung gehen würde, trage ich natürlich auch ein enormes finanzielles Risiko. Meine Kosten müssten also zunächst abgedeckt werden. Aber mit fünf Prozent würde ich euch natürlich an den Gewinnen beteiligen, wenn es welche gibt. Eine feste Gage für die Auftritte kann ich euch leider nicht versprechen. Immerhin müsst ihr euch um nichts kümmern, und wir sollten es auch hinbekommen, die Reisekosten der Bands zu den Festivals umgelegt zu bekommen."
"Sollen die anderen Bands stilistisch zu uns passen, oder willst du eher ein Kontrastprogramm aufbieten?", wollte Adam wissen.
"Darüber habe ich mir noch keine Gedanken gemacht, wenn ich ehrlich bin. Ich muss mal sondieren, was ich überhaupt zur Auswahl habe."
Falls Armand verunsichert war, weil die Jungs keine weiteren Fragen stellten, ließ er es sich nicht anmerken.
"Was denkt ihr, soll ich Bodo mal ein Vertragsformular zuschicken? Für den Anfang ist das noch unverbindlich, ich muss meine eigene Agentur erst gründen. Dazu machen wir eine Klausel. Aber unter uns gesagt: Das dauert nicht mehr lang. Dann wird die Klausel unwirksam und wir legen los."
"Ja, schick' mal", meinte Finderling in ernüchtertem Tonfall.
Sandner nickte.
"Wir schauen uns das dann mal in Ruhe an", stimmte auch ihr Teilzeitmanager zu.
Alle standen auf und ließen sich noch einmal halbherzig von Noack die Hand geben, der allseits viel Spaß auf der Party wünschte, die er leider schon bald verlassen müsse, lediglich ein Bier könnten sie noch zusammen trinken. Dabei stellte er noch Fragen zu Musik und Besetzung, die darauf schließen ließen, dass er sich bestenfalls oberflächlich mit der Hörprobe auseinandergesetzt hatte oder nichts von harter Rockmusik verstand. Eine Viertelstunde später machte er sich auf den Weg.
Bodo, Leon und Kilian fanden sich bald wieder zusammen.
"Das war ein Griff ins Klo", hielt der Sänger nicht mit seiner Meinung hinter dem Berg. "Toller Manager! Ist der in der

Agentur von *Gasoline Jesus* Hausmeister oder was? Entweder ist der Typ Mister Nullplan, oder ..."

"... oder ein Pansen, der uns über den Tisch ziehen will", ergänzte Sandner. "Schon als er fragte, ob wir wüssten, was Merchandising ist, hatte ich das ungute Gefühl, dass er uns für eine bessere Schülerband hält, so oberlehrerhaft wie seine Frage in Formulierung und Tonfall daherkam."

"Kommt sich jedenfalls mächtig groß vor mit seinen Ronnie-James-Dio-Plateausohlen[164]", lästerte Finderling, "aber den großen Reibach auf unsere Kosten wird er nicht machen, das schwör' ich euch."

"Nee, kommt gar nicht in Frage", bekräftigte sein Bassist.

"Ja, fünf Prozent vom Gewinn beim Merchandising", nickte auch Bodo, "das ist lächerlich. Da kann er noch so viel mit dem Risiko argumentieren, das er eingeht, wenn er massenweise T-Shirts, Feuerzeuge und sonstiges Zeug mit eurem Logo herstellen lässt."

"Ja, und sechs Konzerte will er uns garantieren – sechs! Dafür brauchen wir nun wirklich keine Knebelverträge zu unterschreiben. Das ist nichts!"

"Sorry, Jungs, vergessen wir's", nahm ihr Teilzeitmanager den Fehlschlag auf seine Kappe. "Das war verschwendete Zeit. Aber wir sind auf einer Party. Lassen wir uns einfach die Laune nicht verderben."

In dieser Hinsicht war ihnen Enno, der ein paar Meter weiter stand, schon einige Schritte voraus. Locke hatte ihm eben zwei hübsche junge Damen aus seinem Bekanntenkreis vorgestellt und behauptet, sie hätten das letzte Demo von *Hole of Fame* schon gehört, wären seither begeisterte Fans und neugierig auf den nächsten Konzerttermin.

"Beatrice Neuner und Martina Zwanziger", wiederholte Wittstock lachend die Namen, "hab' ich das richtig verstanden? Neuner und Zwanziger? Das ist ja cool. Ich bin ein großer Freund nackter Zahlen – wollt ihr euch nicht ausziehen?"

Adam und Julius, die schräg hinter ihm standen, hätten fast laut losgelacht.

"Das krasseste an unserem Kollegen", flüsterte der Schlagzeuger dem Leadgitarristen zu, "ist, dass er mit solchen Sprü-

---

[164] Ronnie James Dio, bürgerlich Ronald James Padavona (1942 – 2010), amerikanischer Hardrock- und Heavy-Metal-Sänger, erfolgreich mit u. a. *Rainbow*, *Black Sabbath* und seiner eigenen Band *Dio*. Der recht kleingewachsene Dio kaschierte diesen Umstand gern, indem er auf der Bühne Plateausohlen trug.

chen durchkommt bei den Mädels. Du und ich würden wahrscheinlich eine geklebt kriegen. Bei ihm grinsen sie – und wenn es gut läuft, nimmt ihn später sogar eine mit nach Hause."

"Ich glaube, bei manchen Leuten ist unwichtig, was sie sagen", bekam er zur Antwort, "es geht nur darum, wie sie es sagen. Charmant Leute anlachen kann er nun einmal einfach gut, unser kleiner Schwerenöter."

Und darauf stießen sie an.

Das Schubladenmonster

Die Küche ist in einer WG immer auch ein Ort der Begegnung. Es gab kaum Tage, an denen man sich nicht dort traf. Kilian kochte sich gerade Nudeln, als Leon eintrat, um sich ein Getränk aus dem Kühlschrank zu holen.

"Alter, auf was für 'nem Trip bist du denn?", fragte der Bassist den Sänger.

"Fruchtsaftschorle. Spricht was dagegen?"

"Das meine ich nicht. Der Sound, den du den ganzen Tag hörst. Immer, wenn ich in die Nähe deines Zimmers komme, höre ich 'FIIIÜÜÜP'! Ich musste den Wäscheständer schon extra in mein Zimmer tragen, weil ich das Gejammer nicht ertragen konnte. Seit wann stehst du auf Mundharmonikageplärr?"

Finderling schmunzelte vor allem über Sandners zugleich gelungene wie auch eindeutig abwertende lautmalerische Imitation.

"Keine Sorge, ich habe nicht vor, einen Song mit Mundharmonika zu schreiben. Könnte sowieso keiner von uns spielen. Es geht mir auch gar nicht um die Mundharmonika bei dem Sound, sondern um den Gesang."

"Ach, Gesang ist da auch dabei? Den hört man gar nicht."

"Es ist Neil Young."

"Neil Young, aha. Wie kommst du auf den?"

"Ich versuche, einem unserer Kritiker auf die Spur zu kommen. Wie du dich vielleicht erinnerst, hat dieser Zeilenschinder vom *Tagesanzünder* – äh, *Tagesanzeiger* – jetzt schon zweimal in Konzertkritiken über uns geschrieben, mein Gesang erinnere ihn an Neil Young. Weil er mit dieser Behauptung so hartnäckig ist, würde ich langsam gern mal dahinterkommen, wie er darauf kommt."

Der Fruchtsaft verschwand wieder im Kühlschrank.

"Ach der. Wie heißt der noch? Niklas Platt, oder? Schreibt der nicht bei jeder Band dieser Stadt, sie erinnere ihn an irgendeine bekannte andere Band?"

"Meistens, ja. Aber normal hat er nicht genug Fantasie, um eine genrefremde Parallele zu ziehen. Bei mir aber schon. Der Witz ist nur: Ich komme nicht dahinter, woher er diese Assoziation nimmt. Ich klinge nicht wie Neil Young, verdammt noch mal! Es würde mich nicht einmal groß stören, wenn es so wäre, denn ich habe Respekt vor Neil Young, aber da ist nichts! Meine Stimme ist tiefer, meine Art der Melodieführung ist anders und ich phrasiere auch nicht so wie er. Ich hab' keinen Schimmer, wie Niklas Platt auf seinen Vergleich kommt. Das ist doch irre!"

Kilian fischte eine Nudel aus seinem Topf, um zu testen, ob sie gar war.

"Vielleicht will er nur protzen. Neil Young ist in Nordamerika ein Star, aber hier nicht so wahnsinnig bekannt. Unser lieber Journalist möchte sich damit den Anschein geben, ein wahrer Kenner jeglicher Rockmusik zu sein, und streut deshalb an passenden und unpassenden Stellen entsprechende Namen ein. Kann sowieso kaum jemand nachprüfen, was er so von sich gibt, und wenn, beruft er sich auf persönliches Empfinden. Er sieht das eben so – Punkt! Auch wenn er da der einzige ist."

"Mhm", machte Leon. "Möglich."

"Reichst du mir mal das Nudelsieb?"

Finderling holte es aus dem Küchenschrank.

"Hier! Aber nicht als Tropenhelm missbrauchen."

Sandner stellte es in die Spüle und goss seinen Sud hindurch. Sein Mitbewohner sah ihm gedankenverloren dabei zu.

"Erinnerst du dich an seinen Artikel über *The Trust*?"

"Was war damit?", fragte der Bassist. "Ich erinnere mich nur, dass wir mal darüber gesprochen haben. Da war was."

"Niklas Platt war der Meinung, sie klängen wie ein zweitklassiger *The Cult*-Verschnitt."

"Stimmt. Das war ziemlich mies. Abwertend formuliert und dazu auch so ein seltsamer Vergleich. Fragt sich, wie er immer auf so einen Scheiß kommt."

"Die Jungs von *The Trust* vermuteten, er hätte sich ihr Konzert nur für fünf Minuten angehört, aber sehr genau zur Kenntnis genommen, dass ihr Sänger ein T-Shirt von *The Cult* trug. So kam er zu seinem aberwitzigen Geschmier."

Kilian schmeckte seine Tomatensoße ab, schnitt ein paar Grimassen der Unzufriedenheit und gab noch ein paar Gewürze hinzu.

"Zuzutrauen wäre es ihm", sagte er dann nickend. "Ist halt lästig, sich die Konzerte wirklich anzuhören, über die man schreiben muss. Vorher geht es noch, da kann man die Presseinfos der Bands halb abschreiben – sofern es welche gibt. Aber hinterher? Gib mir bitte mal die Kelle rüber."

Leon zog sie aus der Besteckschublade und überreichte sie.

"Hier! Fahr'n se mal rechts ran!"

Der Bassist kniff ein Auge zu.

"Allerdings erklärt das seinen Neil-Young-Vergleich bei dir nicht. Zum einen haben wir die Regel, keine Band-T-Shirts auf der Bühne anzuziehen, zum anderen wäre mir neu, dass du ein Neil-Young-T-Shirt besitzt. Hab' jedenfalls noch nie eins an dir gesehen."

"Das nicht", bestätigte der Sänger. "Aber vielleicht war er bei den Gigs schon früh da. Sehr früh. Schon beim Soundcheck. Als Mikrofonprobe singe ich doch meistens 'Like a Hurricane' – und das ist von Neil Young!"

Sandner sah ihn an und runzelte die Stirn.

"Verdammte Axt! Worauf man so alles achten muss!"

Er schüttete sich Nudeln auf einen Teller, goss Soße darüber und ging in sein Zimmer hinüber. Dort legte er sich als Begleitmusik zur Mahlzeit eine CD von *Slayer* ein. Garantiert ohne Mundharmonika.

Eine Art Abhängigkeit

Wangenküsschen waren bei den Musikern auch mit den Freundinnen der Kollegen durchaus üblich und kein Anlass für Eifersüchteleien, am allerwenigsten bei den beiden Jungs, die eine Wohnung teilten und sich blind vertrauten.

"Treten Sie ein, schöne Frau", begrüßte Leon Kilians Freundin, die vom Fahrradfahren etwas zerzaust aussah, "die Nudeln sind schon auf dem Feuer."

Wenn Svenja bei Sandner zu Besuch war, bedeutete dies nicht, dass das Paar Finderling von seinen Aktivitäten ausschloss (selbstverständlich abgesehen von jenen im Schlafzimmer), zum Beispiel der Zubereitung einer Mahlzeit in der WG-Küche. Mit Linda als Gast kamen gemeinsame Kochaktionen vergleichsweise selten zustande, obwohl sie nichts gegen den

Mitbewohner ihres Freundes hatte, sondern nur generell eher ein zurückhaltender Typ Mensch war und entsprechend nie derartige Vorschläge machte. Der Sänger fürchtete zuweilen, sie könne sich ausgeschlossen fühlen, wenn er mit seinem Bassisten in ihrem Beisein fachsimpelte, einfach, weil sie nichts dazu beitrug, die Unterhaltung in der Gruppe einen anderen Verlauf nehmen zu lassen. Wenn sie nicht dabei war, hatte Leon häufig den Eindruck, die Atmosphäre sei im Vergleich entspannter, offener, lockerer, unverkrampfter – und diese Einschätzung bedrückte ihn.

Nachdem Kilian seine Freundin zärtlich willkommen geheißen hatte, kümmerte er sich um die Soße, Svenja schnitt frisches Brot, das sie ihrem Rucksack entnommen hatte, und Leon deckte den Tisch.

"Beim Bäcker habe ich Rabea getroffen", berichtete die Besucherin.

"Ennos neue Freundin?"

"Das ziemlich junge Mädchen, mit dem er Freitag letzter Woche bei Adams kleiner Party war. Seine Freundin ist sie anscheinend nicht mehr."

Kilian und Leon unterbrachen ihre Tätigkeiten und sahen Svenja an.

"Wie jetzt?"

"Ich kenn' sie nicht näher, aber sie sah aus wie ein Gespenst. Blass, eingefallen und auch total verheult. Sie zitterte sogar, als sie versuchte, ihre Einkäufe einzupacken. Weil ich sie recht sympathisch fand, war ich so frei, sie zu fragen, was los ist. Da hat sie mir gesagt, Enno hätte gestern Schluss gemacht."

"Heilige Scheiße, die waren doch gerade erst zusammen", staunte Sandner. "Er hat sie uns doch erst bei Adams Umtrunk vorgestellt, wenn man das so nennen will."

"Hat sie noch mehr gesagt?", wollte Finderling wissen. "Gründe oder so?"

"Enno ist zu der Erkenntnis gekommen, sie passten nicht zusammen."

"Oh je", machte der Sänger.

"Oh weh", echote der Bassist.

"Oh jemine", haderte Leon.

"Wieder ein gebrochenes Herz", resümierte Kilian.

"Als ob die nicht ohnehin schon in großer Zahl seinen Weg pflastern würden", wusste Finderling als langjähriger Freund von Enno.

"Dabei wirkte er so verliebt", erinnerte sich Sandner.

"Er hatte richtig romantische Anwandlungen", nickte der Sänger.

"Das ist wahr", stimmte der Bassist zu. "Welche, die man von ihm gar nicht kannte."

"Ja, nachts gemeinsam in die Sterne gucken und so", berichtete Leon, "auch wenn er der Meinung war, der *Große Wagen* sei eine total unsinnige Benennung, bei dem Sternbild[165] handle es sich vielmehr um ein großes Fragezeichen."

"Was natürlich eine Frage der Richtung ist, aus der man schaut", gestand Kilian der Aussage eine gewisse Berechtigung zu.

"Trotzdem war es eine ungewöhnliche Anwandlung für Herrn Wittstock", fand Finderling.

"Ohne Zweifel", bestätigte Sandner ohne Zögern. "Sogar der Altersunterschied zu Rabea war ihm egal."

"Er wollte sie keinesfalls zu irgendetwas drängen", überlegte der Sänger, "und sich gedulden, bis sie von selbst mit ihm schlafen will – sagte er das nicht?"

Wieder nickte der Bassist.

"Das waren seine Worte."

"Meint ihr denn, dass es etwas mit Sex zu tun hat?", unterbrach Svenja den Dialog von Wittstocks Freunden mit einer Frage.

"Im Moment können wir nur spekulieren."

"Und aufpassen, dass die Nudeln nicht überkochen", rief Kilian aus und sprang zum Herd, um den Deckel von Topf zu reißen.

Alle nahmen wieder geschäftig ihre Tätigkeiten zur Vorbereitung der Mahlzeit auf, doch als sie am Tisch saßen und sich die Teller gefüllt hatten, kehrte das Thema wie von selbst ins Zentrum ihrer Gespräche zurück.

"Manchmal frage ich mich", überlegte Leon laut, "ob ich nicht besser damit fahren würde, keine feste Freundin zu haben, weil der Alltag immer alles abtötet und man sich sowieso nur wehtut, wenn man das merkt und die Konsequenzen daraus zieht. Für Enno gilt das nur umso mehr. Er ist für mich das abschreckende Beispiel par excellence – womit ich mich keinesfalls moralisch über ihn stellen will. Er macht das auch nicht aus Spaß oder Sadismus. Er leidet selbst darunter. Es ist faszi-

---

[165] Nach offizieller Definition gilt der *Große Wagen* gar nicht als Sternbild, sondern lediglich als Teilsternbild des *Großen Bären* oder als sogenannter Asterismus – charakteristisches Muster am Himmel.

nierend in welcher Häufigkeit Menschen sich ohne böse Absicht die Herzen zerfetzen und durch die Seele fräsen. Manchmal sehne ich mich danach, mich diesen scheinbaren Gesetzmäßigkeiten einfach zu entziehen."

"Linda wäre sicher nicht begeistert, das zu hören", merkte Sandner an.

"Wenn Enno und Rabea nur zwei Wochen zusammen waren, kann der abtötende Alltag aber nicht ausschlaggebend für die Trennung gewesen sein", widersprach Svenja.

"Zugegeben – das passt nicht. Aber meine Überlegung war etwas allgemeiner. Die meisten Beziehungen beginnen wie ein Drogenrausch und enden wie kalter Entzug. Es wäre sicher gesünder, wenn man vermeiden könnte, abhängig zu werden."

"Jetzt siehst du aber nur die negativen Seiten", fand Svenja.

"Ich gönne es jedem, der es anders erlebt", relativierte der Sänger, "und euch besonders, falls ihr immer noch so glücklich wie am ersten Tag seid."

"Sind wir nicht", erklärte die Freundin des Bassisten. "Wir sind glücklich – aber anders als am ersten Tag. Der Rausch ist vorbei, insofern stimmte dein Vergleich schon. Wir sind nicht mehr von den Hormonen getrieben glücklich. Es hat jetzt vielmehr mit Vertrauen und allgemeiner Lebenszufriedenheit zu tun."

"Ja, Glückwunsch! Ich gönne es euch von Herzen, wie gesagt. Aber es entspricht nicht meiner persönlichen Erfahrung und auch nicht dem, was ich von Enno und seinen vielen Fehlversuchen mitbekomme – und über Herrn Fleischer und seine Nancy reden wir in dem Zusammenhang besser auch nicht. Bei denen schwankt die Stimmung doch schneller und heftiger als Aktienkurse an der New Yorker Börse."

"Trotzdem bist du mit Linda zusammen."

"Ja, nicht gerade konsequent, ich weiß. Irgendwie liebe ich sie auch. Das fällt dann eben in eine andere Kategorie. Ist wohl doch so eine Art Abhängigkeit. Womit wir wieder bei meinen Drogenvergleichen wären. Ich weiß nicht, was passieren würde, wenn sie morgen Schluss machen würde. Wäre ich verletzt? Ja. Sehr. Und das, obwohl ich doch selbst immer wieder daran zweifle, ob das alles das Wahre ist mit uns. Verrückt, oder?"

Zwar aßen die drei, aber irgendwie wirkten sie alle nachdenklich, und man hätte bei Beobachtung von außen nicht die These aufgestellt, dass sie sich den Geschmack von Kilians Tomatensoße auf der Zunge zergehen ließen.

"Weißt du eigentlich, warum Linda sich in dich verliebt hat?", wollte Svenja von Leon wissen, während Kilian die restlichen Nudeln aufteilte.

"Wer weiß das schon wirklich?", fragte der Sänger rhetorisch zurück. "Sie hat mal gesagt, ich hätte die schönsten Hände, die sie jemals bei einem Mann gesehen hätte. Nun hab' ich in der Tat keine Wurstgriffel, aber – verliebt man sich in Hände? Vielleicht weiß sie es selbst nicht. Kannst du genau sagen, warum du dich in Kilian verliebt hast?"

Svenja schmunzelte.

"Ja. Aber ich möchte nicht, dass er es erfährt."

"Hehe. Dann weiß ich schon, was Herr Sandner antworten wird, wenn ich ihm jetzt die gleiche Frage stelle. Von daher erübrigt sich das wohl."

Sie hatten gerade erst aufgegessen, als es an der Tür klingelte.

"Mach' du mal auf", bat Kilian. "Wir räumen hier schon mal auf."

Leon öffnete die Wohnungstür und machte große Augen, als er seine Freundin Linda die Treppe hinaufhasten sah.

"Ich weiß, du magst es nicht, wenn ich unangemeldet hereinplatze – es tut mir leid", stammelte sie mit fast flehendem Blick, "aber meinem Fahrrad ist unterwegs die Luft ausgegangen. Ich wollte doch zum Lernen zu Karen, und da wohnst du fast auf dem Weg. Ich muss sie schnell anrufen, dass es später wird. Kannst du mir dann dein Fahrrad leihen? Oder, wenn es dir nichts ausmacht, mich vielleicht sogar schnell zu ihr fahren? Ist ja nicht mehr so weit von hier."

Finderling lächelte, nahm sie in den Arm und drückte sie zärtlich an sich.

"Klar kann ich dich hinfahren."

"Du bist lieb."

Er stupste ihre Nase mit seiner an, dann sah er ihr ernst in die Augen.

"Du guckst so melancholisch", stellte sie fest. "Ist was?"

"Ich hab' dich lieb", flüsterte er.

Linda bekam eine Gänsehaut.

"Ich hab' dich auch lieb."

"Willst du wirklich heute Abend lernen?", fragte er leise, immer noch fest in ihre Augen schauend. "Du kannst Karen schnell anrufen und ihr absagen. Ich würde mich freuen, mit dir einen Kuschelabend zu verbringen."

In Linda regte sich schlechtes Gewissen wegen der anstehenden Klausur. Zudem war es nicht ihre Art, Verabredungen ohne

Not kurzfristig abzusagen. Aber die unerwartete Avance ihres Freundes hatte selbstverständlich ihren Reiz, und sie glaubte zu spüren, sie würde ihn sehr enttäuschen, wenn sie bei ihrem ursprünglichen Plan bliebe – und möglicherweise ein Stück emotionaler Bindung zu ihm verlieren, falls sie ginge. Weil sie sich mit einer spontanen Entscheidung überfordert fühlte, küsste sie ihn, was er sofort sehr leidenschaftlich erwiderte. Sie mochte seine Küsse sowieso, aber dieser kam ihr sehr besonders vor, fast so, als hätte das Paar sich gerade neu entdeckt.

Es musste nichts mehr entschieden werden. Linda blieb.

Temporäre Amnesie

Mit einem Sixpack Bierflaschen und zwei Pizzaschachteln in der Hand stand Dragan vor der Tür und grinste breit, als Enno öffnete. Die alten Freunde hatten sich schon mehrere Wochen nicht mehr gesehen und noch viel länger kein Bier zusammen getrunken. Beide waren der Ansicht, dass es dringend anlag, sich dazu mal wieder Zeit zu nehmen, und an diesem Montagabend klappte es endlich.

"Ich hab' auch 'nen Träger, der steht schon kalt", erwähnte Wittstock anstelle einer Begrüßung. "Damit sollten wir auskommen."

Zunächst aßen sie, doch danach wollte Dragan seine Neugier nicht länger im Zaum halten und eröffnete die anstehende Berichterstattung über jüngste Ereignisse.

"Bei mir hat sich nicht viel getan – Job normal, Beziehung normal. Erzähl' mal, wie es mit der Kleinen läuft, die du letztens am Telefon erwähnt hast."

"Schon wieder vorbei", gestand Enno.

"Wie bitte? Das ist doch noch keinen Monat her. Du warst doch richtig stolz, mit ihr zusammengekommen zu sein."

"Zweieinhalb Wochen", bestätigte der Rhythmusgitarrist. "Ich hab' gestern Schluss gemacht. Hat keinen Sinn mit uns."

"Na, jetzt bin ich aber gespannt. Du klangst eigentlich ziemlich verliebt. So verliebt wie lange nicht, wenn ich das mal als alter Freund einschätzen darf."

"War ich auch", gab Wittstock zu. "Ich bin es eigentlich auch immer noch."

"Wieso machst du dann Schluss?"

"Daran ist Grit schuld. Nein, das stimmt nicht. Schuld ist sie nicht. Durch sie ist mir nur klar geworden, dass es mit Rabea nicht funktionieren wird. Da bin ich dann selbst draufgekommen. Tut mir selbst sehr weh, aber ich bin immerhin froh, dass ich endlich mal sofort konsequent gehandelt habe."

"Bisher sprichst du in Rätseln. Willst du nicht von Anfang an erzählen? Also die Kleine heißt Rabea, ja? Ich weiß gar nichts über sie, außer, dass sie verdammt jung ist, und du tierisch in sie verknallt warst."

"Ja, stimmt. War nicht so einfach, sie zu überzeugen, dass wir es versuchen sollten. Deswegen fühle ich mich auch schuldig. In mich verliebt war sie auch, aber sie hatte halt Angst, weil ich doch schon so alt bin – also aus ihrer Sicht. Und aus der Sicht ihrer Eltern, noch so ein Problemfaktor. Na ja, irgendwann haben wir dann doch geknutscht und ich hab' ihr versprochen, es ernst zu meinen. Hab' ich auch. Ich wollte uns echt Zeit geben. Lassen wir es langsam wachsen, hab' ich gedacht."

"Ja, das hast du gesagt."

"Am Anfang war ich auch sehr willensstark, was das anging. Kein Fummeln und Grapschen – nichts. Ich bin ihr nicht unter die Wäsche gegangen und hab' meine Finger immer auf Sicherheitsabstand zu ihren heißen Zonen gelassen. Es reichte mir, abends bei ihr zu sein, mit ihr zu reden und zu lachen und mit ihr vor der Glotze auf dem Sofa zu kuscheln und zu knutschen. Wobei sie ab dem dritten Abend anfing, mich 'Mausi' und 'Bärchen' zu nennen. In einem Briefchen, das sie mir schrieb, nannte sie mich 'Bunny'. Seh' ich aus wie ein Karnickel? Gib mir Tiernamen, Baby, da steh' ich drauf!"

Dragan schmunzelte.

"Das war aber nicht der Trennungsgrund, oder?"

"Nein, aber es hätte ein erstes Warnsignal sein können. Nach einer Woche waren wir dann bei Adam, meinem Bandkollegen, zu einer kleinen Party. Die Band mit Freundinnen, quatschen, Spieleabend, ein paar Bier – harmlos halt. Rabea war ziemlich eingeschüchtert, obwohl sie von allen lieb aufgenommen wurde. Nur Nancy war ein wenig herablassend, die Freundin von Adam, aber ich hab' Rabea gesagt, sie soll sich nichts dabei denken, Nancy ist immer so. War wohl soweit ganz okay. Hinterher hab' ich sie brav zu Hause abgeliefert. Bloß kein Ärger mit ihren Eltern war das Motto. Denen war ich sowieso suspekt, weil ich so viel älter bin und Stiefel und Lederklamotten trage – gefährlich!"

"Das Übliche."

"Genau."

Die Freunde tranken aus und öffneten die zweite Runde Bierflaschen.

"Letzten Montag eröffnete Rabea mir dann, dass ihre Eltern von Freitagabend bis Sonntagmittag verreisen wollten – Oma besuchen. Bei der Ankündigung wurde mir natürlich gleich die Hose zu eng. 'Genial', dachte ich. 'Wir können ausgehen, solange wir wollen, ohne Zeitlimit von oben, und hinterher pennt sie bei mir oder ich bei ihr – und wenn sie mutig genug ist, schlafen wir vielleicht endlich miteinander.' Bei dem Thema war ich sogar zurückhaltend in meinen Erwartungen. Hätte ich mal an ihren Vorbau gedurft, wäre mir das als erster Fortschritt schon genug gewesen. Na ja, war kein Bestandteil unserer Gespräche. Wir diskutierten mehr darüber, auf welche Partys oder in welche Diskotheken wir gehen könnten. Erst wollte ich ihr den *Racer's Club* zeigen und Rabea wollte gern mal auf diese Düster-Party im *Dschungel*. Fand ich okay als Plan."

"Man kann sich ein schlechteres Freitagabendprogramm vorstellen."

"Eben. Ich auch. Zwei Tage lang haben wir uns in Vorfreude geaalt, und dann kam Rabea plötzlich damit um die Ecke, sie würde mit zu ihrer Oma fahren."

"Die Eltern", nickte Dragan.

"Eben nicht!"

"Wie bitte?"

"Das hätte ich zähneknirschend akzeptiert. Natürlich habe ich das auch vermutet. Wäre vielleicht auch kein schlechter Plan gewesen, um die Eltern zu beschwichtigen, dass sie ihr Töchterchen nicht Hals-über-Kopf an den bösen langhaarigen Bombenleger und Steineschmeißer verlieren. Aber das stritt Rabea alles ab. Sie beharrte darauf, es sei ihre eigene Entscheidung. Sie wolle gern ihre Oma sehen."

"Hat sie kalte Füße gekriegt?"

"Vielleicht. Man weiß es nicht. Ich muss jedenfalls zugeben, dass ich deswegen beleidigt war und bin. Sie ist frisch mit mir zusammen, aber verbringt das zweite Wochenende lieber mit ihren Eltern bei der Oma als allein mit mir. Das kann's nicht sein."

"Hast du sie es spüren lassen?"

"Meine Enttäuschung hab' ich schon zum Ausdruck gebracht, schließlich hatte ich mich wirklich auf die zwei Abende gefreut. Ich hab' ihr gesagt, dass jetzt auch kein 'Hasi' hilft. Sie hat mir dann versprochen, sich gleich nach der Rückkehr am Sonntag zu melden und in Aussicht gestellt, dann zum ersten Mal zu mir zu kommen. Das hörte sich als Entschädigung natürlich nicht so schlecht an. Ich war zumindest halbwegs versöhnt, weil ich hoffte, sie würde dann auch über ihren Schatten springen und zumindest mal den nächsten Schritt in Angriff nehmen wollen – du weißt, was ich meine."

Dragan wusste es und grinste.

"Bist du dann trotzdem am Freitagabend losgezogen?"

"Natürlich", bestätigte Enno und griff zu seiner Bierflasche. "Das war dann wohl der Fehler. Oder genau das Richtige. Wie man's nimmt."

"Wie geplant in den *Racer's Club*?"

"Klar. Da bin ich gern. Meine Laune war allerdings nicht übermäßig toll. Eigentlich saß ich nur an der Theke herum, trank Bier und grummelte vor mich hin. Ich hatte gehofft, Leon würde dort aufschlagen, er ist immer ein guter Gesprächspartner. Pläne für die Band zu schmieden, hätte mich sicher wieder aufgebaut. Aber das war nicht der Fall, deshalb war ich ziemlich im Spaßbremsenmodus."

"Aber anscheinend bist du nicht brav nach Hause gegangen."

"Wart's ab."

Wittstock nahm mal wieder einen großen Schluck aus seiner Flasche.

"Ich bin tatsächlich nicht nach Hause gegangen, sondern in den *Dschungel*. Bei den Grufti-Miezen kann nicht viel passieren, dachte ich mir. Die meisten von denen sind fett, die anderen depressiv. Howauchever[166], ich hab' natürlich doch eine kennengelernt. Keine, die du kennst – ich kannte sie vorher auch nicht. Grit, hieß sie, ist mir schon auf der Tanzfläche aufgefallen, bevor wir ins Gespräch kamen, weil ich fand, dass ihr schwarzer Minirock eigentlich zu kurz für ihren Oberschenkelumfang war. Also anders gesagt: Sie hatte, ohne fett zu sein, etwas zu dicke Beine, um einen so kurzen und dazu eng anliegenden Minirock zu tragen. Hatte aber Sexappeal – vielleicht gerade deswegen. Zeugte von Selbstvertrauen. Irgendwann hat sie mich nach Feuer gefragt. Alte Masche, aber bewährt. Ich zündete ihre Fluppe an, sie ging aber trotzdem nicht weg. Quatschte mich erst einmal voll, wie geil die Party wäre, und in ihrer Stadt gäbe es sowas nicht. Sie kommt nämlich aus Nürnberg oder Würzburg oder so, irgendwas mit ü, hab' ich verges-

---

[166] Die wunderbare Wortschöpfung 'howauchever' stammt aus dem Lied 'Mit dem Sakko nach Monakko' von Udo Lindenberg, aus dem Album 'Udopia' (1981). Und das Lied heißt wirklich so, obwohl man Monaco eigentlich mit c schreibt, nicht mit Doppel-k.

sen. Weil ich nicht sicher war, ob sie nur aus Höflichkeit bei mir stehengeblieben war, machte ich den Ortswechseltest. Sie kam mit in die Couchecke – du kennst das Setting im *Dschungel*, hinten rechts, der dunkle Teil der Halle, wo die ganzen ranzigen alten Autositze stehen. Zwischendurch hat sie sich immer Sekt geholt oder ich mir ein Bier – war ganz nett. Mit der Zeit hab' ich dann abgecheckt, was die Grit wohl so mitmacht. Ob sie wegrückt, wenn ich näher rücke. Ob sie zurückzuckt, wenn ich sie scheinbar zufällig berühre. Ob sie mir auf die Finger haut, wenn ich ihr Bein anfasse."

"Und?"

"Sie ist nicht weggerückt", berichtete Wittstock, "sie hat ihrerseits angefangen, mich scheinbar zufällig zu berühren, und sie hat die Beine ganz leicht geöffnet, als meine Hand auf ihrem Oberschenkel lag."

"Da konntest du natürlich die Finger nicht mehr von ihr lassen."

"Allzu intensives Fummeln war es nicht, falls du das jetzt glaubst. Ich hab' dann ziemlich schnell alles auf eine Karte gesetzt. Hab' sie gefragt, ob sie Bock hat, mit mir rauszugehen."

"Ich nehme an, sie hatte Bock."

"Ja. Sie hat gegrinst und nur gefragt, ob sie vorher noch am Mädchenklo vorbeigehen und 'nen Gummi aus dem Automat ziehen soll. Aber ich hatte welche dabei. Hab' ich immer. Also sind wir raus. Du kennst die Umgebung, da gibt es den einen oder anderen verlassenen Hinterhof. Auf dem Weg hab' ich überlegt, ob die durch die erzwungene Unterbrechung verlorengegangene Atmosphäre wohl durch Knutschen wiederherzustellen sein würde, aber die Frage stellte sich gar nicht, als wir ein abgeschirmtes Plätzchen gefunden hatten. Grit zwängte sofort ihren engen Rock über den Arsch nach oben und zierte sich auch nicht, den Slip auszuziehen und sich zu bücken. Im Stehen von hinten – ich kann nicht leugnen, dass ich es geil fand."

"Nicht überraschend. Hast du sie mit nach Hause genommen?"

"Nein. Nachdem wir fertig und zurück im *Dschungel* waren, haben wir nur noch einen Drink zusammen genommen, dann bin ich gegangen. Sie wollte meine Telefonnummer, nur für den Fall, dass sie irgendwann mal wieder in der Stadt ist, und ich hab' sie ihr auf einen Bierdeckel geschrieben, weil sie auf mich nicht den Eindruck machte, mich künftig mit Beziehungswünschen belästigen zu wollen. Bisher hat sie auch nicht angerufen. Wahrscheinlich hör' ich nie wieder von ihr. Ist dann auch okay."

"An Rabea hast du überhaupt nicht gedacht?"
"Sie war nicht da und das war nicht meine Schuld. Ich bin ihr nicht vorsätzlich untreu geworden. Ich hab' sie im Laufe der Nacht nur einfach vergessen."
"Sie ist dir auch nicht wieder eingefallen, wie du dann an die frische Luft kamst?"
"Als ich mit Grit rausging?"
"Zum Beispiel."
"Nein. Erst als ich zu Hause war. Ich bin dann aber sofort eingepennt."
"Hattest du denn kein schlechtes Gewissen, als du aufgewacht bist?"
"Nun ja, ist nicht immer so, dass man sich am Morgen nach der Party super fühlt, wie du weißt. Schaler Biergeschmack im Mund und wenn man die Unterhose lüftet, strömt einem der fischige Geruch von abgestandenem Sperma entgegen – Rock 'n' Roll kann manchmal ganz schön eklig sein. So etwas wäre mit Rabea natürlich nicht passiert. Aber irgendwann ist man halbwegs ausgepennt. Ich hatte ein schlechtes Gewissen. Ich hab' mich den Rest des Samstags verflucht, was ich doch für ein gewissenloses Arschloch bin."
"Hast du überlegt, Rabea was zu sagen?"
"Kurz. Kam aber nicht in Frage. Hätte sowieso nur zu stundenlangen Heulkrämpfen geführt, die ich nicht ertragen hätte. Außerdem war es gar nicht böse gemeint. Ich war immer noch in Rabea verliebt. Grit ist unwichtig. Aber das hätte Rabea niemals verstanden. Ich hatte mir halt eingebrockt, fortan mit einer Lüge leben zu müssen, sofern die Kleine jemals auf die Idee gekommen wäre, meine Treue in Frage zu stellen."
"Aber du hast dich dagegen entschieden."
"Ja. Samstagabend bin ich nicht wieder rausgegangen, sondern hab die halbe Nacht die Decke angestarrt und gegrübelt. Als Rabea sich dann Sonntagmittag meldete, hab' ich gleich Schluss gemacht. Hat doch keinen Sinn! Nichts gegen Kuscheln und Knutschen vor dem Fernseher, und wenn ich ihr süßes Gesicht sehe, werde ich weiterhin dahinschmelzen, aber 'ne Frau, die schon weiß, was sie von mir will, hat einfach eine andere Qualität. Und dann waren da schließlich noch die Tiernamen. Puh!"
"Am Ende geht es bei dir eben doch immer nur um Sex", fasste der alte Sandkastenfreund zusammen. "Damit kriegt dich fast jede."

"Das ist gar nicht so, das glaubt mir nur nie jemand", beschwerte Wittstock sich.

"Alter, wem willst du etwas vormachen? Mir oder dir selbst? Du würdest doch sogar 'ne Gummipuppe poppen, wenn gerade keine Frau da ist."

"Haha, sehr witzig! Ich kann es noch einmal klar und deutlich für dich wiederholen: Ich bin immer noch total in Rabea verliebt. Aber es geht so nicht. Ich bin zu schwach, mich zu gedulden. Vielleicht haben wir eines Tages eine Chance, wenn sie etwas älter ist und ein paar Erfahrungen gemacht hat – von denen ich aber besser nichts mitbekommen möchte, um nicht vor Eifersucht zu platzen."

"Ich kenn' sie nicht. Hältst du für möglich, dass sie dir eines Tages eine zweite Chance gibt, nachdem du sie jetzt so schnell abgeschossen hast?"

Enno zuckte mit den Schultern.

"Weiß ich nicht. Im Moment ist die Wahrscheinlichkeit wohl nahe null. Aber man weiß nie, was die Zukunft bringt."

"Nein, das weiß man nie und das ist auch gut so, sonst wäre es langweilig. Darauf sollten wir trinken, alter Freund."

Die Bierflaschen klirrten, als sie gegeneinander schlugen.

On Stage

Während die Becken ausklangen, und die Nebelmaschine einen Teil der Bühne den Blicken des Publikums entzog, wandte Adam sich seinem Gitarrenverstärker zu und ließ den letzten Akkord des Auftaktsongs in ein Feedback übergehen, das *The Jesus and Mary Chain*[167] zur Ehre gereicht hätte. Bassist Kilian dachte an dieser Stelle immer grinsend an den Tipp, den *Motörheads*[168] Phil Campbell[169] in einem Interview allen Nachwuchsgitarristen mit auf den Weg gegeben hatte:

"Wenn du nicht mehr weiter weißt, spiel' ein Mörderfeedback auf E."[170]

---

[167] *The Jesus and Mary Chain*, schottische Noiserockband, gegründet 1984, erstes Album 1985, 1999 aufgelöst, 2007 wiedervereinigt.

[168] *Motörhead*, britische Hardrockband, gegründet 1975, erstes Album 1977, mit dem Tod des Sängers Lemmy 2015 aufgelöst.

[169] Phil Campbell (*1961), von 1984 bis zum Ende der Band 2015 Gitarrist bei *Motörhead*.

[170] In der deutschen Musikzeitschrift *Rock hard* gab es irgendwann in der zweiten Hälfte der 90er mal eine Doppelseite mit "Motörhead's Ten

Dieses war auf A, doch die Wirkung war die gleiche. Es war ein Prinzip von *Hole of Fame*, dem Publikum zu Konzertbeginn keine Verschnaufpausen zu gönnen. Zwischen zwei Songs gab es entweder schnell eine kurze Ansage von Leon, oder es wurde, wie in diesem Fall, unmittelbar weiter Lärm erzeugt. Applaudieren oder im besten Fall jubeln würden die Zuhörer auch später noch können.

Enno, dessen Riff in das Feedback hinein den zweiten Song eröffnen würde, worauf alle warteten, starrte auf den Boden, wo sein Stimmgerät vor ihm stand, und justierte die Tonhöhe der E-Saite. Er beeilte sich nicht nur seines erforderlichen Einsatzes wegen, sondern auch, um fertig zu werden, bevor der sich verdichtende Nebel ihm den Blick auf die Anzeige des kleinen Hilfsmittels zu seinen Füßen rauben konnte. Derartiges hatte er schon einmal in Extremform erlebt: Das Pedal der Nebelmaschine hatte auf der Bühne gestanden. Weil alle Bandmitglieder das künstliche Erdbeeraroma, das den Schwaden beigemischt war, so lecker gefunden hatten, war ständig einer von ihnen auf den Auslöser gelatscht. In der Folge hatte Enno sich genötigt gesehen, plötzlich mitten in einem Song kniend auf dem Boden herumzutasten, weil er dringend auf seinen Verzerrer umschalten musste, das Gerät aber in der weißen Suppe nicht fand. Gesehen hatte das Malheur im dichten Nebel außer Leon und Kilian allerdings niemand.

Solche Anfängerfehler machten sie schon lange nicht mehr. Auch Sonnenbrillen trugen sie nur noch bei Fotosessions und vor einem Konzert, nicht aber auf der Bühne. Vor dem Auftritt sind sie gut, weil sie Distanz schaffen. Während des Auftritts sollte man sie aus genau dem gleichen Grund lieber weglassen.

Wittstock legte vor. Fleischer drehte die Rückkoppelung ab. Nach vier Takten würden sie alle einsteigen. Sie liebten derart wuchtige Einsätze, Songs dieser Art waren immer besonders für die ersten Minuten eines Konzerts geeignet. An den Trommeln ließ Julius sofort die Doppel-Bassdrum knallen. Sie hatten eine Soundwand errichtet.

Von solchen Erlebnissen hatte Langemesser nicht zu träumen gewagt, bevor er sich beim Casting (wie man heutzutage auf Neudeutsch sagt), gegen zwei andere Kandidaten durchgesetzt hatte, obwohl diese im gleichen Alter wie Leon und Enno ge-

---

Easy Tips for Rock 'n' Roll Survival". Ich weiß aber leider nicht mehr, in welcher Ausgabe es war. Sorry für die ungenügende Quellenangabe.

wesen waren. Sein Geheimnis hatte in der besseren Vorbereitung gelegen: Er hatte die drei Songs, die man mit ihm spielen wollte, sogar mit seinem Schlagzeuglehrer durchgesprochen und geübt und sich dadurch sehr positiv von seinen Mitbewerbern abgehoben, die sich mehr auf ihre Intuition verlassen hatten. Julius hatte den Job bekommen, weil er ihn wirklich gewollt hatte. Mächtig stolz war er darauf gewesen. Als Mitglied bei *Hole of Fame* hatte er fortan selbst zu den coolen Jungs gehört. In der Schule hatte er bewundernde Blicke geerntet und von heute auf morgen mehr Einladungen zu Partys bekommen. Er hatte die alten Hasen überzeugt. Der Altersunterschied war, abgesehen von seinem anfangs noch fehlenden Führerschein, nie zu einem Problem geworden. Leon und Enno hatten einen guten Schlagzeuger und verlässlichen Freund gewonnen. Dass sie später auch noch dessen Kumpel Adam für die andere Gitarre engagierten, hatte die Sache rund gemacht. Die Jungspunde hatten Talent mitgebracht, die beiden älteren genug Erfahrung, um es in die richtigen Bahnen zu lenken. Mit Kilian am Bass waren dann auch noch die Kompositionen und Arrangements besser geworden. Die Band war ins Rollen gekommen.

"Schönen guten Abend", brüllte Finderling seine Begrüßungsansage ins Mikrofon. "Gut, dass ihr hier seid! Wir sind *Hole of Fame* und der nächste Song heißt 'Embryo'!"

Julius legte sofort los. Sie hatten schon lange die Vereinbarung, dass eine Ansage immer mit dem Songtitel endete, gleichsam als Zeichen für die anderen Musiker, dass keine weiteren Worte folgen würden. Nichts war so unangenehm, wie die Stille nach einer Ansage, wenn es nicht losging.

Fleischer musste erst zur Mitte der ersten Strophe einsetzen, bis dahin stimmte er seine Gitarre nach. Ihm fiel die Anekdote ein, die Sandner einst von seiner Abi-Band zum Besten gegeben hatte, als die Sängerin die Saiteninstrumentalisten angepflaumt hatte, das Stimmen der Instrumente dauere immer so lange, ob sie das nicht künftig zu Hause erledigen könnten. Dabei war doch, wie sie alle wussten, 'Ich hab' schon gestimmt' eine der drei gängigen Gitarristenlügen, die als Running Gag nahezu ständig im Proberaum zirkulierten. Die beiden anderen lauteten 'Gestern hatte ich den Sound noch' und 'Ich hör' mich nicht'. So bekam jeder bei passender Gelegenheit von den anderen sein Fett weg, doch nie war es böse gemeint. Leon wurde gerne mit seinem ersten Radiointerview aufgezogen, bei dem er selbst erstmals hatte erleben müssen, wie laut ein ungeübter Sprecher beim Reden schmatzt, Julius bekam bei jedem kleinen Fehler aufs Butterbrot geschmiert, die Japaner hätten in den letzten Jahren kleine Rhythmusmaschinchen entwickelt, die verdammt genau seien, und Kilian wurde immer mal wieder mit der Frage aufgezogen, ob Bassisten nicht die Typen seien, die immer mit Musikern rumhingen.

Der lokale Pressefotograf hatte sich durch die Menge zum Bühnenrand gekämpft und begann sein Tagwerk. Leon kannte das schon. Er musste nun versuchen, ein paarmal seinen Kopf möglichst effektvoll in die Kamera zu halten und nach einem Dutzend Klicks würde der Knipser wieder verschwinden. Dieser interessierte sich nicht für seine Motive, ihm ging es nur um das Geld von der Zeitung. Allerdings wollte er immer den Sänger auf dem Bild haben und Finderling war ihm als solcher bereits bekannt. Andere Bands hatten sich schon den Spaß erlaubt, wenn der Fotograf erst nach dem Gig erschienen war, und sie gebeten hatte, noch einmal kurz mit Instrumenten zu posieren, jene zu tauschen, so dass jeder Kenner wusste, was die Stunde geschlagen hatte. Trotz seiner Ignoranz hatten die meisten Bands nichts gegen den Kerl. Die Qualität seiner Aufnahmen war in Ordnung, und er brauchte selten länger als fünf Minuten. Als die Zeitung einmal während des Sommerlochs eine Sonderbeilage über die heimische Musikszene gemacht hatte, waren *Hole of Fame* sogar auf deren Titelblatt gelandet.

"Davon werd' ich noch meinen Enkeln erzählen", hatte Langemesser stolz verkündet, als er mit dem Blatt in der Hand bei der nächsten Probe aufgetaucht war.

"Jetzt kommt Opa wieder mit seiner hundert Jahre alten Zeitungsbeilage", hatte daraufhin Sandner zur allseitigen Erheiterung die geplagten Nachkommen imitiert.

Auf der Bühne wechselte Wittstock die Gitarre. Es war Zeit für das semi-akustische Instrument. Verschnaufpause für Band und Publikum in Sachen Tempo, nicht aber in Sachen Emotion. Die 'Quotenballade', wie die Jungs selbst gern lästerten, stand an. Leon bat um hochgereckte Feuerzeuge in der Menge.

Nach etwa drei Minuten fand der Song in Fleischers fulminantem Gitarrensolo, dem einzigen echten im ganzen Repertoire der Band, seinen Höhepunkt. Bodo hatte Finderling zu dieser Stelle einmal heimlich befragt, weil er seinen Ohren nicht getraut hatte:

"Leon, verrate mir ein Geheimnis: Wie um alles in der Welt hast du Adam dazu gekriegt, so ein schönes und gefühlvolles Solo zu spielen? Da sind keine überflüssigen technischen Spielereien drin, kein Hochgeschwindigkeitsgedudel – es geht direkt durch die Ohren in die Seele und trifft sie. Es ist Wahnsinn!"

In Anbetracht des riesigen Kompliments hatte der Sänger sich ganz bescheiden gezeigt und entsprechend leise geantwortet:

"Hm, nun ja ... ich hab's geschrieben!"

Erkenntnis hatte sich Bahn gebrochen, Bodos Gesicht sich als offenes Buch gezeigt:

"Oh, okay. Das erklärt alles ..."

Ohne viel Federlesens wurde im Anschluss wieder Vollgas gegeben. Balladen waren gut und schön, aber *Hole of Fame* wollte sich nicht nachsagen lassen, sie hätten die Power von *Elvis*[171], denn der war nun schon seit mehr als einem Jahrzehnt tot (sofern die weitverbreiteten anderslautenden Gerüchte nicht doch der Wahrheit entsprachen).

Zwischen zwei Songs griff Finderling zu einem Handtuch und einer Weinflasche – beides hatte er sich am Fuß des Schlagzeugpodests bereitstellt. Die Weinflasche enthielt in Wahrheit Apfelsaft, was aber nur die Bandmitglieder wussten. Schon bei seinem zweiten Auftritt als Sänger überhaupt, lange bevor jemals jemand an die Gründung einer Band namens *Hole of Fame* gedacht hatte, waren ihm die negativen Auswirkungen von Alkoholkonsum auf seine Bühnenperformance bewusst geworden. Sein Stimmumfang nahm bereits mit dem ersten Viertelliter ab, und ab einem bestimmten Level begann er sogar, seine Texte zu vergessen. Damals hatte er, zu seiner Rettung, wie er geglaubt hatte, einen Zettel mit Stichworten in der Hosentasche gehabt, doch er war zu betrunken gewesen, um seine eigene Schrift lesen zu können. Seither fing er frühestens während der Zugaben mit Alkohol an, meistens ließ er es ganz. Die Idee, Apfelsaft in einer Weinflasche zu tarnen, um dem Publikum nicht die Illusion eines erfüllten Klischees zu rauben, hatte er von einer befreundeten, längst aufgelösten Band, die er einst hin und wieder als Roadie begleitet hatte, auf seine Bedürfnisse übertragen. *Bible John*, deren Sänger Schotte gewesen war, hatten stets so getan, als kämen sie alle aus Glasgow und befänden sich auf Deutschland- oder gar Europa-Tournee, obwohl der Gitarrist Günter und der Bassist Reiner hießen und beide aus dem Ruhrgebiet stammten. Zuschauer liebten Illusionen – also musste man sie ihnen geben.

---

[171] Elvis Presley (1935 – 1977), amerikanischer Rocksänger und Schauspieler, erstes Album 1956, kommerziell erfolgreichster Musiker aller Zeiten.

Das Konzert steuerte allmählich auf sein Ende zu. Wieder eröffnete Enno mit einem fulminanten Riff, das er selbst komponiert hatte. Leon fühlte sich dabei immer an Steve Stevens[172] erinnert, was passte, da dieser als Gitarrist von Billy Idol[173] tatsächlich einen prägenden Einfluss auf Wittstocks Spiel gehabt hatte. Warum er an der Schnittstelle von Strophe und Refrain allerdings zwischen zwei Kanälen seines selbstprogrammierten Multieffektgeräts hin- und herschaltete, blieb seinen Mitstreitern immer ein Rätsel. Was hatten sie gelacht, als er mit dem Ding erstmals im Proberaum aufgeschlagen war. Eine Viertelstunde lang hatte er ihnen Vorträge über diese neue Errungenschaft gehalten, von den zwölf verschiedenen Sounds geschwärmt, die er in mühevoller Kleinarbeit den ganzen Tag über zusammengemischt hätte – und als er sie vorführte, klangen sie alle gleich!

Der letzte Akkord verklang, die Bandmitglieder wurden bejubelt und verneigten sich mehrfach. Sie waren noch nicht einmal alle von der Bühne verschwunden, als bereits die Sprechchöre einsetzten, die Zugaben forderten. Über die Zeit waren sie routiniert genug geworden, um das richtige Timing zur Rückkehr nach oben im Gefühl zu haben.

"Hey, danke!", rief Finderling der Menge zu. "Ihr seid großartig!"

Nun bejubelte das Publikum sich selbst.

Die Band gab noch einmal Gas. Zwei längere Nummern gab es oben drauf, wieder einen vielbeklatschten Abgang und zum guten Schluss folgen noch drei kurze schnelle Songs. Mit einem abgesprochenen Handzeichen signalisierte Enno dem Mann am Mischpult, dass der Abend damit beendet war, und sie nicht noch einmal auf die Bühne zurückkehren würden. Entsprechend ließ dieser nun Musik von CD anlaufen, wodurch auch das Publikum Bescheid wusste und sich der Theke zuwandte.

Die Musiker trafen sich backstage, verstauten ihre Instrumente, soweit sie sie nicht auf der Bühne gelassen hatten, und trockneten sich den Schweiß ab. Wieder hatten sie eine gute Show abgeliefert und ihren Anspruch an sich selbst erfüllt.

---

[172] Steve Stevens (*1959), amerikanischer Gitarrist, bekannt vor allem durch seine langjährige Zusammenarbeit mit Billy Idol, hat aber auch mit vielen anderen Rock- und Popmusikern zusammengearbeitet.

[173] Billy Idol, bürgerlich William Michael Albert Broad (*1955), britischer Rockmusiker, der schon mit der Punk-Band *Generation X* 1978 sein erstes Album aufnahm, aber erst als Solokünstler ab 1982 kommerziell erfolgreich wurde.

"Habt ihr die Kleine bei mir an der Seite gesehen?", fragte Enno. "Mann, die hat geil gezappelt. Das war mehr Mopsbanging als Headbanging."
"Die Blonde mit dem tiefen Dekolletee?"
"Ja, ich konnte die ganze Zeit nirgendwo anders hinschauen."
Langemesser legte Wittstock seinen Arm um die Schulter.
"Dafür machen wir das doch, oder?"

Schweigen ist Gold

Beim Betreten des Proberaums sah sich Enno gleich um und war einigermaßen erleichtert, lediglich Leon und Julius vorzufinden, die offenbar nur Sekunden früher eingetroffen waren und gerade dabei waren, ihre Jacken auszuziehen.
"Na, Band", sagte er, mit der Betonung der Tageszeit spielend. "Sind Adam und Kilian noch nicht da?"
"Nö", bestätigte der Trommler.
"Dann kann ich euch noch schnell was erzählen", legte der Rhythmusgitarrist los, immer wieder zur Tür blickend, um nicht mitten im Satz vom Eintreffen der Vermissten überrascht zu werden. "Wisst ihr, wen ich vorhin in der Stadt getroffen hab'?"
"Nö, keine Ahnung. Angus Young[174]?", schlug Finderling vor.
Wittstock prustete fast los vor Lachen.
"Nicht ganz. Das Instrument stimmt. Die Qualität nicht."
"Na, sag'!"
"Remoulado!"
"Ach, du Scheiße!", rief Langemesser aus.
Der Ex-Gitarrist aus Anfangstagen war nicht sonderlich wohlgelitten bei den fünf, weil er sich nach seinem Rauswurf mehrfach herablassend, vor allem aber wahrheitswidrig über sie geäußert hatte.
"Warst du schon beim Ohrenarzt?"
"War nicht nötig, ich konnte zum Glück gerade noch verhindern, dass er mir 'ne Imbissbude ans Bein labert. Ob ich wissen wollte, wie er unseren letzten Gig fand – den hätte er sich nämlich angehört."
"Hab' ihn gar nicht gesehen", wunderte sich der Sänger.
"Ich auch nicht. Hab' auch gesagt, dass ich es eigentlich nicht wissen will. Er hat aber trotzdem gleich losgeplappert und über

---

[174] Angus Young (*1955), Leadgitarrist von *AC/DC*.

Adam gelästert. Er meinte, Fleischer würde seine Gitarre halten wie ein Bauer 'ne Mistgabel."

"Toller Typ", knurrte Julius.

"Ich hab' ihm gesagt, immerhin könne Adam fehlerfreie Soli auf seiner Mistgabel spielen, was man nicht von allen Anwesenden behaupten könne."

"Lieb von dir", fand Leon.

"Kilian hat er zu einem Lemmy[175] für Arme erklärt."

Langemesser machte den Scheibenwischer.

"Hat der nichts Besseres zu tun?"

"Hab' ich ihn auch gefragt. Hab' ihm gesagt, ich hätte keine Zeit, mir so einen Scheiß anzuhören. Wenn ihm langweilig wäre, sollte er doch lieber draußen spielen. Am besten auf der Autobahn. Oder auf Bahngleisen. Arschloch!"

"Noch was?"

"Nee, dann bin ich gegangen."

"Mann, der Typ hat so wenig Gewicht, dass sogar seine Scheiße schwimmt, wenn er in eine Pfütze kackt", brachte der Schlagzeuger seine Meinung auf den Punkt.

"Tja, ja, wir wissen ja, dass er uns gefeuert hat, nicht etwa wir ihn", erinnerte Finderling an die Gerüchte, die Romualdo damals in die Welt gesetzt hatte, "aber er wäre natürlich tausendmal besser, wenn er nur die richtige Band hätte."

"Der Konjunktiv ist ein Fluchtort für Verlierer", knurrte Wittstock giftig.

"Der Typ hat doch Muskelkater im Kopf", fand Julius.

"Wie er da vorhin schon rumlief, mit seiner Lederjacke in Dünnschissbraun", eiferte sich der Gitarrist. "So etwas würde nicht mal Dieter Bohlen[176] anziehen."

"Dabei glaubt er, bei den Weibern käme er so gut an, als wäre er der zehn Jahre jüngere Zwillingsbruder von Eros Ramazzotti[177]", fauchte wiederum der Trommler.

Enno hielt kurz inne, um den 'zehn Jahre jüngeren Zwillingsbruder' zu verstehen, schmunzelte, sagte aber nichts.

"Davon erzählen wir den Jungs aber nix", unterbrach der Vokalist die Lästerstunde mit einem Vorschlag und erntete Zustimmung von seinen beiden Mitstreitern.

---

[175] Lemmy (eigentlich Ian Fraser) Kilmister (1945 – 2015), Bassist und Sänger von *Motörhead*.
[176] Dieter Bohlen (*1954), deutscher Musikproduzent, bekannt geworden als Gitarrist von *Modern Talking*.
[177] Eros Ramazzotti (*1963), italienischer Popsänger und Songwriter, erstes Album 1985.

"Nie nicht!"
"Im Leben nicht!"
"Sehr gut. Reden ist Schweigen, Silber ist Gold – oder wie das heißt."

Sie klatschten einander ab und begannen, leicht grimmig, ihre Instrumente für die anstehende Probe vorzubereiten: Langemesser prüfte die Halterungen seiner Becken, Finderling warf die Gesangsanlage an und Wittstock stimmte seine Saiten.

Adam und Kilian tauchten zeitgleich auf.
"Hey, Leute, alles klar?"
"Klar wie Weizenkorn", rief Julius.
"Was liegt an heute?", wollte Sandner wissen.
"Auf jeden Fall was hartes, schnelles!", forderte Enno.

Leon nickte heimlich seinem Schlagzeuger zu. Die beiden wussten, warum.

Captain Rudu & the Hello Train

Die Anfrage, auf dem Neuenkirchener Solidaritätskonzert für ausländische Mitbürger als einer von vier Acts aufzutreten, kam vom Bekannten eines Freundes von Kilian und hätte aus Termingründen abschlägig beschieden werden müssen. Adam hatte schon vor langer Zeit angemeldet, am betreffenden Wochenende den 75. Geburtstag seines Großvaters keinesfalls verpassen zu können. Dennoch zögerte Leon mit der Absage.

"Wenn ich mich nicht irre, spielt Enno an dem Wochenende mit seiner *AC/DC*-Coverband auf einer Party", sagte er zu Sandner.

Alle fünf Mitglieder von *Hole of Fame* waren viel zu sehr Musiker, um nicht auch die eine oder andere Aktivität neben ihrer Hauptband zu verfolgen. Für alle war immer klar, was Vorrang hatte, und deshalb gab es darüber nie Diskussionen. Wittstock frönte seiner heimlichen Leidenschaft, auch einmal Leadsänger sein zu wollen, Fleischer trat zwar nicht auf, unterstützte aber öfter befreundete Bands als Gast-Gitarrist bei Aufnahmen, und auch die anderen drei nahmen durchaus Gelegenheiten wahr, ihre Horizonte zu erweitern oder einfach nur Spaß zu haben und mal etwas anderes zu machen.

"Wollen wir zusagen und das Festival nutzen, Captain Rudu endlich zu seiner Bühnenpremiere zu verhelfen?"

Der Bassist schaute zunächst verdutzt, grinste aber dann.

"Im Ernst?"

Captain Rudu war eine Kunstfigur, die Sandner und Finderling in ihrem ersten gemeinsamen Urlaub erschaffen hatten. Auf dem italienischen Campingplatz, auf den es sie verschlagen hatte, war täglich ungefähr zur Zeit des Abendessens ein bärtiger Mann von Anfang 30 mit einem elektromotorbetriebenen Gefährt durch die Gassen der Anlage gezuckelt. Herzlich lächelnd hatte er alle Kinder eingeladen, zu ihm auf die als gelbrot-bemalte Lokomotive verkleidete Zugmaschine oder in einen ihrer beiden Anhänger aufzusteigen. Dann war er mit ihnen hupend, mit einem Blinklicht auf dem Dach, und stets allen Passanten ein fröhliches 'Hello!' zurufend, eine halbe Stunde lang durch die Gegend gefahren. Leon hatte den Bärtigen 'Captain Rudu' getauft, weil er wie ein Kapitän auftrat und die Räder des Zugs auf dem Asphalt ein Geräusch verursacht hatten, das der Sänger als begeisterter Comicleser lautmalerisch mit 'rudurudurudu' umschrieben hätte. Kilian wiederum hatte spaßeshalber einen Song über die Kinderattraktion geschrieben und diesen "On the Hello Train" betitelt.

Im Laufe der Zeit hatten die beiden mehr als eine Schnapsidee entwickelt, was Captain Rudu mit seiner Begleitband – the Hello Train – auf Bühnen für Unsinn anstellen könnte und sich auch mit Überlegungen getragen, den namengebenden Song und vielleicht noch ein paar mehr per Vier-Spur-Gerät[178] aufzunehmen.

"Wenn Julius Zeit hat, macht er bestimmt mit."

Es stand außer Zweifel, dass Schlagzeuger Langemesser für jeden Spaß zu haben war, musikalische Späße ganz besonders.

"Wir müssten ein- oder zweimal proben."

"Ja, vor allem die Gags", zwinkerte Finderling.

"Natürlich. Die Songs sind nicht so schwer."

"Dürfen sie auch nicht sein, wenn ich Gitarre spielen muss. Aber es wird mir nicht schaden, mich daran zu gewöhnen, es im Stehen zu tun", gab Leon zu, "mache ich normalerweise ja nie."

---

[178] Mit einem Vier-Spur-Gerät, präziser einer Vier-Spur-Bandmaschine, ist es möglich, 4 einzelne Tonquellen gleichzeitig oder nacheinander aufzunehmen; dabei wird bei der Ur-Aufnahme jede Ton-Quelle einer Spur zugeordnet. Dadurch kann das Abmischen (je nach Gerätevariante über ein integriertes oder externes Mischpult) nachträglich geschehen und bis zur Zufriedenheit wiederholt werden. Professionelle Tonstudios arbeiteten mit wesentlich mehr Spuren, das Vier-Spur-Gerät war sozusagen die auch für den jugendlichen Hobbymusiker erschwingliche Variante einer über normale Kassettenrecorder hinausgehenden Aufnahmetechnik.

Normalerweise spielte er überhaupt nie vor Publikum Gitarre, abgesehen von lustigen Lagerfeuer-Runden am See oder Meer.

"Wie lange können wir überhaupt spielen? So wahnsinnig viel Rudu-Programm gibt es ja nun auch noch nicht."

Sie setzen sich hin und planten. Zehn Minuten später waren sie von vielen Lachanfällen ziemlich erschöpft, wussten aber nun genau, was sie vorhatten.

Zwei Tage später kam grünes Licht aus Neuenkirchen.

"Wir sollen als erster Act spielen, bekommen 20 Minuten Bühnenzeit und sollen bitte sobald wie möglich einen Promo-Text und natürlich ein Bandfoto für die Presse einreichen", berichtete Sandner.

"Geil!", schrie Finderling, "da hauen wir auf jeden Fall auch was raus. Mach' schon mal einen Abzug von dem Foto vom grüßenden Captain auf seinem Zug. Du weißt schon, das Foto, das bei mir an der Pinnwand hängt."

Kilian wusste es und grinste. Mit den Bandmitgliedern hatte dieses Foto überhaupt nichts zu tun. Dennoch zeigte es Captain Rudu und seinen Hello Train.

"Bildunterschrift: Captain Rudu, in typischer Pose, mit dem Hello Train freudig dem Auftritt in Neuenkirchen entgegenfahrend."

"Cool!"

Pressetext:
Captain Rudu & the Hello Train – am 9. April im Jugendzentrum Südpol in Neuenkirchen auf dem 2. Neuenkirchener Solidaritätskonzert für ausländische Mitbürger

New York, Sydney, Tokio, London und Venedig – jetzt endlich gibt sich Multi-Instrumentalist CAPTAIN RUDU (Kamm, elektrische Gießkanne, obszöne Geräusche, Bratpfanne und Wasserhahn) in Begleitung seines berühmt-berüchtigten HELLO TRAINs auch in Neuenkirchen die Ehre. Bei diesem, seinem ersten Konzert in Deutschland seit der Erfindung der Gummistiefel, wird die momentan als Trio agierende Combo neue genial-dilettantische Eigenkompositionen, aber auch zwei un(v)erkennbare Coverversionen alter Klassiker präsentieren. Mit ihrem überaus eigenwilligen Stil und den von Lebenserfahrung nur so überquellenden, in süd-swahilischer Lyrik abgefassten Texten werden sie auch dieses Mal sicher wieder jegliche Erwartung übertreffen und den Saal binnen Minuten komplett leerspielen. Gemunkelt wird, dass die Band bei einem Teil ihrer Darbietung Verstärkung von Special Guest BOODOO BALL an der akustischen Zigarettendrehmaschine erhalten wird. Gespannt sein darf man also auf alle Fälle – vor allem, ob ein Zuhörer es schafft, diesen Ohrengraus länger als drei Minuten zu ertragen ...

"Bodo hat zugesagt?"
Kilian freute sich sichtlich.
"Klar, der ist doch auch für jeden Scheiß zu haben."

Sie begannen den Gig zu dritt und knallten dem Publikum 'Holidays in the Sun'[179] von den *Sex Pistols* um die Ohren. Die Stimmung war ausgelassen.
"Vielen Dank!", rief Leon in die Menge. "Ich freue mich, dass wir heute Abend hier dabei sein können. Ich möchte kurz vorstellen", er wies mit der Hand auf Kilian, der rechts neben ihm stand, "das ist Captain Rudu, und wir beide", nun zeigte er auf Julius hinter der Schießbude und sich selbst, "sind the Hello Train!"
Wohlwollender Applaus kam auf.
"Moment, Moment!", ergriff Sandner, der wie Julius ein eigenes Mikrofon vor der Nase stehen hatte, das Wort. "Das ist so nicht richtig." Er streckte einen Finger nach links aus und zeigte auf Finderling. "Das ist Captain Rudu! Und wir beide", nun deutete auf Langemesser und sich selbst, "sind the Hello Train."
Im Saal waren einige amüsierte Blicke auszumachen.
"Halt, halt!", mischte sich nun Julius von hinten ein. "Das stimmt nicht! Die beiden" – er richtete seine beiden Trommelstöcke nach vorn seinen Mitstreitern entgegen, "sind Captain Rudu – und ich bin the Hello Train!"
Mitten in das Gelächter hinein eröffnete Leon ihren von Kilian verfassten Titelsong 'On the Hello Train', in dem sie sich mit dem Gesang abwechselten, Sandner sang die erste, Finderling die zweite Strophe, den Refrain grölten sie alle drei gemeinsam.
Da die Nummer komplett unbekannt war, fiel die Reaktion des Publikums verhaltener aus, womit sie gerechnet hatten. Es war Zeit für den Comedy-Teil.
"Liebe Leute, wir haben ein Problem und wir brauchen eure Hilfe", sprach der Sänger die Zuschauer direkt an. "Wir haben einen Song geschrieben, bei dem wir uns nicht einig werden, auf welche Weise wir ihn interpretieren sollen. Es gibt drei

---

[179] Aus dem Album 'Never Mind the Bollocks, here's the Sex Pistols' (1977).

Versionen. Meine Version ist ein wenig melancholisch. Seine Version", er gestikulierte Richtung Langemesser, "ist ziemlich depressiv. Und seine Version", nun war Sandner an der Reihe, "ist eher aggressiv. Weil wir uns jeden Tag stundenlang darüber streiten, haben wir beschlossen, euch entscheiden zu lassen. Wir spielen nun jede dieser drei Versionen kurz an und dann dürft ihr uns zurufen, welche ihr hören wollt. Einverstanden?"

Aus der Menge kamen zustimmende Rufe.

"Also gut, vielen Dank! Fangen wir an. Zunächst hört ihr meine Version, die melancholische. Auf geht's!"

Julius zählte an und sie spielten ungefähr 30 Sekunden lang ein von offenen Akkorden einer Gitarre mit Cleansound getragenes, balladeskes Stück Musik.

"Gut, das war Version 1, merkt euch das bitte. Jetzt kommt die zweite, die depressive Version. Hört mal, wie euch die gefällt."

Trotz identischer Akkordfolge war der Unterschied frappierend. Langemesser trommelte nun nicht mehr so sparsam wie zuvor, setzte viel mehr Toms und viel weniger Becken ein, Finderling hatte gleich eine ganze Palette von Effekten, Distortion[180], Delay[181] und Flanger[182], über seinen Gitarrensound gelegt, und Sandner hielt sich auf den Grundtönen, ließ jegliche Verzierungen im Basslauf weg. Nach 30 Sekunden war Schluss.

"Okay, nun kennt ihr auch die depressive Version", sprach Leon in das Abebben des Applauses hinein, "wir haben euch aber noch eine dritte, eine aggressive Variante mitgebracht. Die kommt jetzt!"

---

[180] Ein Verzerrer ist ein Effektgerät, das ein anliegendes Audiosignal so verändert, dass es zu nichtlinearen Verzerrungen (englisch Distortion) des Signals oder von Anteilen des Signals kommt. Dieses führt zur Beimischung zusätzlicher Obertöne zum Klang. (Quelle: Deutsche Wikipedia, Stand 29. Juni 2015)

[181] Der Soundeffekt 'Delay' kann eine oder mehrere verzögerte Kopien des Eingangssignals ausgeben, und man erzielt so einen echoähnlichen Klang. (Quelle: Deutsche Wikipedia, Stand 29. Juni 2015)

[182] Beim Flanger wird das Eingangssignal zunächst in zwei Signalzweige aufgeteilt, die zeitlich verzögert einer Mischstufe zugeführt werden. Die Zeitverzögerung wird in einem kleinen Bereich (etwa 1 bis 20 Millisekunden) laufend variiert, wodurch sich kleine Schwankungen der Tonhöhe nach oben und unten ergeben. Durch die Überlagerung mit dem unveränderten Originalsignal ergeben sich Interferenzen (Kammfiltereffekt), die aufgrund der variierenden Zeitverzögerung 'wandern' und dadurch für ein dynamisches Klangbild sorgen. (Quelle: Deutsche Wikipedia, Stand 29. Juni 2015)

Das Tempo steigerten sie nicht, wohl aber die Anzahl der Anschläge auf den Instrumenten. Die Gitarre, auf Vollverzerrung, prügelte Powerchords[183] in Achteln, das Schlagzeug trieb mit Doublebass-Einsatz, und der Bass übernahm die Führung als handle es sich um den Instrumentalteil eines *Iron-Maiden-Klassikers*. Gesang gab es ebenso wenig wie in den beiden anderen Versionen, und nach 30 Sekunden hörte die Band auf.

"So, nun haben wir alles beisammen! Ich erkläre euch kurz das weitere Vorgehen: Ich rufe gleich jede der drei Versionen auf, und dann ist es an euch, für eure Lieblingsversion zu jubeln! Die lauteste gewinnt – die spielen wir dann für euch. Also los. Wem die erste Version, die melancholische, am besten gefallen hat, der juble bitte jetzt!"

Die Resonanz war verhalten. Natürlich hatten die drei die Reihenfolge der Präsentation nicht zufällig so gestaltet. Sie rechneten mit einem Sieg der letzten Version, schon des scheinbar gesteigerten Tempos wegen, was bei jungem Partyvolk sicher besser ankäme als die getragene Ballade oder die düstere Monotonie.

"Kommen wir zu Version Nummer zwei – das war die depressive. Wem hat diese Variante am besten gefallen? Bitte jetzt für Version zwei jubeln!"

Tatsächlich wurde es etwas lauter, aber man konnte bereits sicher sein, dass sie richtig kalkuliert hatten, die aggressive Variante ans Ende zu stellen.

"Es folgen die Sekunden der Entscheidung", rief Finderling leicht pathetisch. "Wer ist für Version Nummer drei? Jubelt jetzt!"

Die Reaktion war eindeutig. Viele grölten nun laut, stampften herum und einige pfiffen sogar auf ihren Fingern.

"Gut! Das war eine klare Entscheidung. Vielen Dank! Eurer Wertung entsprechend spielen wir nun also die dritte Variante."

"In voller Länge!", fügte Kilian noch an.

Genau darin lag der Witz: *Captain Rudu & the Hello Train* wiederholten das Stück einfach. Es blieb instrumental und es blieb auf etwa 30 Sekunden beschränkt. Mit dem verklingenden letzten Ton sahen die Musiker in verwunderte Gesichter und freuten sich über den Coup. Der Applaus setzte sehr zögerlich ein, doch je mehr Zuschauer die Pointe verstanden, desto lauter und anhaltender wurde er.

---

[183] Powerchords sind zumeist terzlose Dreiklänge, die aus Grundton, Quinte und Oktave gebildet werden, in Ausnahmen wird die Quarte genutzt.

"Danke! Ihr seid großartig!"
Leon wartete ab, bis das Publikum ruhiger wurde.
"Captain Rudu ist für seine total optimistische Lebenseinstellung und seine stets positive Sicht der Dinge bekannt. Deshalb wird der nächste Song auch von der schönsten Zeit des Jahres handeln – dem Sommer. Bevor wir aber damit loslegen, haben wir noch ein Bonbon für euch: Ich möchte euch unseren heutigen Gast vorstellen, der uns für den Rest dieses Konzerts verstärken wird: Mister Boodoo Ball!"

Obwohl vermutlich kaum jemand in Neuenkirchen Bodo kannte, schon gar nicht unter dem genannten Namen, brandete Applaus auf – ein klares Zeichen dafür, dass die Band mit ihren Späßen die Herzen der Zuschauer erobert hatte.

Der Teilzeitmanager betrat die Bühne und winkte kurz, stöpselte seine Gitarre ein und trat an das bis dahin verwaiste Mikrofon links von Finderling.

"Jetzt kommt eine Heavy-Metal-Ansage", kündigte er an. "SEID IHR GUT DRAUF?"

Tatsächlich reagierten die Zuschauer mit eindeutiger Zustimmung.

"Dann los! Der nächste Song heißt 'Summertime'!"

Entgegen dem flockigen Titel handelte es sich um eine harte, düster-monotone Midtempo-Nummer, die auf einer chromatisch[184] abwärts laufenden Tonfolge basierte, und bei der Leon zu Bass und Schlagzeug passend ein stampfendes Riff spielte, welches von Bodo mit vielen Rückkoppelungen verziert wurde. Beim Gesang spielten die drei Jungs an der Front sich die Bälle zu: Abwechselnd schrien oder grunzten Bodo, Kilian und Leon einzelne Worte in den Soundbrei hinein.

"DIE!"
"PAIN!"
"BLOOD!"
"SUICIDE!"

Nach zweieinhalb Minuten war der musikalische Albtraum vorbei.

"So, da ging doch mal die Sonne auf!"
"Ja, da lacht das Herz!"

Der ganze Saal war ein einziges breites Grinsen, von der Bühne bis zur letzten Reihe. Leon nahm die Gitarre ab und platzierte sie in einem bereitstehenden Ständer. Beim letzten Song überließ er Bodo das Gitarrenspiel vollständig.

---

[184] Eine chromatische Tonfolge bewegt sich in Halbtonschritten.

"Damit ihr, bei aller Freude, aber nicht zu ausgelassen nach Hause geht, möchten wir euch zum Abschluss noch eine ernsthafte Mahnung mit auf den Weg geben", sagte er an, "schließlich hat diese Veranstaltung einen ernsten Hintergrund."
"Ja, etwas zum Nachdenken", ergänzte Julius.
"Und anspruchsvoll noch dazu", versprach Bodo und begann zu spielen.
Die Übrigen stiegen ein und kredenzten dem belustigten Volk eine Punkversion von Adriano Celentanos[185] 'Azzurro'[186]. Leon kam mehrfach im Text durcheinander, weil er den italienischen Inhalt nur in Bruchstücken verstand und deshalb hatte auswendig lernen müssen, was, wie sich nun zeigte, nur bedingt geklappt hatte. Doch da die Fehler ausschließlich auf die Strophen beschränkt waren, fiel es niemandem auf – nicht einmal seinen Mitstreitern. Von den Auftritten mit *Hole of Fame* hatte er längst genug Routine, sich nichts anmerken zu lassen und einfach irgendwie weiterzumachen. Das funktionierte immer – auch dieses Mal. Als sie die Bühne verließen, wurden sie gefeiert. Eine Zugabe war wegen des engen Zeitplans des Festivals ohnehin nicht vorgesehen. Sie trafen sich backstage.
"Leute, wenn man bedenkt, dass wir heute gleich doppelt gespielt haben", befand Finderling, "war das doch super."
"Wieso doppelt?", fragte Langemesser.
"Zum ersten und letzten Mal."
"Ach, schauen wir mal. Vielleicht gibt es irgendwann wieder eine Gelegenheit", wollte Sandner sich nicht festlegen. "Nächstes Jahr oder übernächstes – wer weiß das schon?"
Ein Junge, seinen Pickeln zufolge vielleicht 15 oder 16 Jahre alt, jedenfalls jemand, der sicher zu keiner der anderen Bands gehörte, betrat den Ruheraum hinter der Bühne und ging gleich auf sie zu.
"Ey, supercool, total geil, ich fand euch irre!"
"Danke", nahm Julius das Lob lächelnd entgegen.
"Ey, so 'ne geile Stimmung, ey, voll geil."
"Hat uns auch großen Spaß gemacht."
"Ging echt voll ab, ey!"
"Das Publikum ist aber auch toll mitgegangen."
Mehr hatte der Junge offenbar nicht mitzuteilen, doch eine andere Angelegenheit brannte ihm auf der Seele, denn er blickte

---

[185] Adriano Celentano (*1938), italienischer Sänger und Schauspieler, erste Tonträgerveröffentlichung 1960.
[186] Erfolgreichste Single in Italien 1968, von Paolo Conte (*1937) komponiert.

nun etwas schüchtern von einem der Musiker zum nächsten, die gerade alle mit Handtüchern zugange waren, um sich oder ihre Instrumente abzutrocknen. Dann traute er sich.
"Kann ich ein Autogramm haben?"
Sie tauschten verstohlen Blicke. Autogrammwünsche bekamen sie selten, so berühmt waren sie nicht. In diesem Fall aber stellte sich ihnen ein ganz spezielles Problem.
"Klar", nickte Leon und sah sich nach einem Stift um. "Aber wer von uns muss jetzt als Captain Rudu unterschreiben?"

Ein Groupie zum Mitnehmen

Der letzte Akkord war verklungen, die − etwas großspurig von ihnen so bezeichnete − Mini-Tournee durch das Umland mit vier Auftritten innerhalb von fünf Tagen war beendet. Leon war erleichtert, wie gut sie die Konzerte gemeistert hatten. Vor allem an seiner eigenen Leistungsfähigkeit hatte der Sänger gezweifelt, war er doch am Wochenende davor noch mit Erkältung und deutlichen Anzeichen von Heiserkeit stark gehandicapt gewesen. Dienstag hatte er sich wacker geschlagen, aber der Gig am Mittwoch war zum Ende hin sehr anstrengend geworden. Für Freitag und Samstag hatte er mit Hilfe von Tee, den er hasste, heißer Milch mit Honig, Hustensaft, Lutschtabletten und schließlich sogar rohen Eiern in den nicht ganz 48 Stunden dazwischen zu alter Stärke zurückgefunden. Nun war es vollbracht, es galt abzubauen, die Autos zu beladen, sie daheim in einer Garage zu parken und auszuschlafen. Die Geräte im Proberaum wieder aufzubauen, hatte Zeit bis zum nächsten oder gar übernächsten Tag. Dass er seinen Jungs in der Hoffnung auf nun vollständige Gesundung bezüglich einer ausgiebigen Feier der erfolgreichen Reihe einen Korb würde geben müssen, war für ihn nur ein kleiner Wermutstropfen. Feiern konnten sie oft genug, wenn sie wollten − dazu brauchten sie nicht einmal einen Anlass.

Sie klatschten im Backstageraum ab, zogen sich trockne Kleidung an und machten sich an den Bühnenabbau. Finderling rollte Kabel ein, schraubte Mikrofone ab und schob deren Stative ineinander. Wie immer wurde die Prozedur häufig unterbrochen, weil einzelne Gäste das Gespräch mit den Künstlern suchten. Häufig waren es Freunde, wenn man vor Ort welche hatte, manchmal aber auch wildfremde Menschen, die spontan ihre Begeisterung zum Ausdruck bringen wollten. Adam Fleischer wurde, mit Gitarrenkoffern in beiden Händen, eben von seiner Freundin abgeknutscht, wozu Wittstock, der andere Saitenschinder, zur Erheiterung der restlichen Band um beide herumtanzte und Grimassen schnitt, von denen das Liebespaar nichts mitbekam, da beide in ihrer Leidenschaft die Augen fest geschlossen hatten. Prinzipiell hatte keiner der Musiker etwas dagegen, zu auswärtigen Gigs von Freundinnen begleitet zu werden, nur Fleischers Mädchen war nicht so beliebt, weil sie den anderen das Gefühl vermittelte, die Band nicht als ein Gesamtgebilde zu sehen. Für sie schienen die anderen nur Beiwerk zu ihrem tollen Freund zu sein.

"Ey, voll fetter Gitarrensound", raunte ein langhaariger Zuhörer Leon vom Bühnenrand aus zu, "trinkt ihr gleich noch einen mit mir und meinen Kumpels?"

"Lass' uns erst mal alles einpacken, dann schauen wir mal", nickte der Sänger.

"Ey, klar. Kann ich was helfen?"

Bei solchen Angeboten lehnte man selten ab. Finderling vermittelte ihn als Boxenträger an den dankbaren Sandner. Mit dem Mikrofonkoffer kletterte er selbst vom Bühnenrand und traf am Ausgang auf seinen Schlagzeuger, der von einer etwas pummeligen schwarzhaarigen jungen Frau in ein Gespräch verwickelt worden war.

"Hey, Leon, das ist Mareike", stellte Langemesser sie vor, "sie ist ein Riesenfan von uns. Sie war auf drei unserer vier Gigs diese Woche und kennt die Texte von unserem letzten Demo auswendig. Krass, oder?"

"Alle vier?"

Das Mädchen nickte stolz.

"Seit wann hast du es denn?"

"Hab's bei eurem Konzert am Dienstag gekauft. Hab' euch da zum ersten Mal gehört und fand euch auf Anhieb voll cool. Als ich in der Kassettenhülle dann den Zettel mit den Tourdaten gesehen hab', wusste ich auch, was ich am Freitag und am Samstag mache. Mittwoch konnte ich leider nicht."

Langemesser verschwand derweil im Saal. Finderling billigte das zunächst, denn es gab auf der Bühne noch einige Trommeln abzubauen. Im Laufe der nächsten Minuten kam er allerdings dahinter, dass Schlagzeuger Julius zudem die Gelegenheit genutzt hatte, den Fan bei ihm abzuladen und sich aus dem Staub zu machen, denn sie redete fortan wie ein Wasserfall auf ihn ein.

Am Anfang schwärmte sie ihm vor, wie wahnsinnig toll sie seine Texte fände, die etwas Besonderes seien, weil sie emotional so berührend wären, was doch heutzutage die absolute Ausnahme sei, da fast alle nur sinnloses Blabla in Reimform absonderten, weil ohnehin jeder annähme, keiner würde auf die Texte achten. Dann kamen ihre musikalischen Lieblingsstellen in den Liedern vom Demo an die Reihe, besonders lange ließ sie sich lobend über den überraschend ruhigen Ausklang von 'Gothic' aus, um schließlich zu erzählen, sie wäre auch so gern in einer Band und habe auch schon Schlagzeugunterricht genommen, aber vielleicht wolle sie doch lieber singen, weil sie auch eigene Texte schreiben wolle, habe jedoch Angst davor, dem Publikum dabei in die Augen sehen zu müssen, was sie ganz explizit an ihm, Finderling, schätze, da dieser doch nicht selten die Bühne mit dem Mikrofon in der Hand verlasse, um eben genau dies zu tun. Obwohl er nur verständnisvoll nicken musste, fühlte der Sänger sich binnen kürzester Zeit vom Zuhören völlig erschöpft, da das Mädchen ohne Punkt und Komma sprach. Es kam ihm vor, als holte sie nicht einmal Luft.

Langemesser kam mit zwei Trommelkoffern vorbei und grinste wissend, als er die nach Erlösung flehende Miene des Sängers sah, ging jedoch eiligen Schrittes an beiden vorbei zum Auto und ebenso fix in den Saal zurück. Auch bei Kilian und Enno hatte Leon kein Glück, offenbar waren sie von Julius gewarnt worden.

"Wisst ihr schon, wann und wo ihr das nächste Mal spielt?", wollte Mareike nun wissen. "Wenn ich es einrichten kann, komm' ich dann wieder vorbei."

"Äh, nein, für die nächsten Wochen ist kein Gig geplant", antwortete Finderling wahrheitsgemäß und immer noch auf der Suche nach dem Ausgang aus dieser weitgehend einseitigen Unterhaltung.

"Das ist aber schade. Was macht ihr denn in der Zwischenzeit? Geht ihr in den Proberaum und schreibt neue Songs?"

"Wahrscheinlich."

"Oh, toll! Da wäre ich gerne mal dabei! Wie macht ihr das denn? Einfach drauf los spielen und schauen, was dabei rauskommt?"

Leon schmunzelte. Immerhin durfte er nun auch einmal etwas sagen.

"Nein, meistens nicht. Meistens hat einer von uns ein paar gute Songparts und setzt sich mit mir zusammen und ich mache einen Text drauf. Dann bringen wir dieses halbfertige Ding in den Proberaum und geben ihm gemeinsam den Feinschliff."

"Kann sich denn immer einer auf Kommando gute Songparts aus den Fingern saugen? Das stelle ich mir nicht so einfach vor."

"Wir haben eigentlich immer ein paar unfertige Sachen in Reserve. Ich mache mir keine Sorgen, dass uns irgendwann die Ideen ausgehen könnten. Immerhin sind vier von uns als Songwriter aktiv. Da geht immer was."

"Total spannend. Mann, ich wär' so gern mit dabei."

Wenn sie nicht so viel geredet hätte, wäre Mareikes unglaublicher Enthusiasmus Leon wahrscheinlich sympathisch gewesen.

"Ihr müsst unbedingt auch eure anderen Songs mal aufnehmen", bat sie jetzt. "Ich würd' mir die Texte so gern auch mal in Ruhe anschauen – so wie die anderen."

Er antwortete mit einer Geste der Machtlosigkeit.

"Würden wir gerne, aber gute Aufnahmen kosten immer auch einen Haufen Geld – Studiozeit ist alles andere als billig. Da müssen wir erst noch einige lukrative Gigs spielen, bis da wieder was geht."

"Schade. Aber an mir soll es nicht scheitern. Wenn ihr spielt und ich es mitbekomme, bin ich da. Ich zahl' auch Eintritt."

Finderling lächelte sie dankbar an. Dies hätte nach seinem Empfinden ein gutes Schlusswort und der passende Moment für seinen Rückzug sein können, doch offenbar hatte auch Mareike das gemerkt und kam seinem Abschiedswort zuvor:

"Sag' mal, hast du Lust, mit mir zu vögeln?"

Beinahe hätte der Sänger sich verschluckt, so überrascht war er. An den Rock-'n'-Roll-Legenden schien doch etwas dran zu sein. Ein Groupie hatten sie noch nie gehabt. Er musste sich dreimal räuspern, bevor er antworten konnte.

"Schöne Idee", sagte er dann, um sie nicht vor den Kopf zu stoßen, "aber ich muss doch mit den Jungs zusammen nach Hause fahren."

In diesem Moment kam Sandner vorbei und drückte ihm ohne Umschweife einen Schlüsselbund in die freie Hand.

"Machst du den Wagen zu, wenn du die Mikros weggepackt hast? Wir sind fertig mit abbauen. Wir trinken jetzt noch ein oder zwei Bier mit dem Typen, der mir vorhin beim Schleppen geholfen hat, und seinen Kumpels. Die haben auch 'ne Hardrockband und wollen sich mit uns verbrüdern."

Auf Leons Schulter saß zufrieden grinsend ein kleines Teufelchen, ließ fröhlich die Beine baumeln und sah keine Notwendigkeit, ihm etwas zuzuflüstern. Finderling wusste ohnehin, was es ihm sagen wollte.

Stillstand ist Rückschritt

Es brauchte für Bodo keinen speziellen Grund, um hin und wieder auf einer Probe der Jungs vorbeizuschauen oder mit zu einem Konzert zu fahren. Es gab ohnehin immer etwas zu planen oder zu besprechen – und wenn dies ausnahmsweise einmal doch nicht anlag, konnte er auch entspannt die Musik genießen oder Spaß mit ihnen haben.

Als er zuletzt zu einem Auftritt mitgekommen war, hatten Adam, Enno, Julius und Locke, die sich ein Auto geteilt hatten, ihn mit ihrer speziellen Version des Spiels *Reise nach Jerusalem* verblüfft: An roten Ampeln waren alle ausgestiegen und im Kreis um das Fahrzeug gerannt, um bei Grün eiligst durch die offenen Türen hineinzuspringen und weiterzufahren. Von der letzten Kreuzung vor dem Ziel an hatte Locke laufen müssen, weil Adam zu schnell abgefahren war.

Während des Konzerts hatte er sich gefreut, wie professionell die Band inzwischen mit kleinen Pannen umging. Fleischer war eine Saite gerissen, und das Ersatzinstrument wollte zunächst keine Töne von sich geben, weil offenbar das Kabel einen Wackelkontakt hatte. Mit Unterstützung von Locke ging er dem Problem in aller Ruhe auf den Grund. In der Zwischenzeit unterhielten Finderling und Langemesser das Publikum mit lockeren Sprüchen, gekrönt von Wittstocks Ankündigung, zur Überbrückung ein 45-minütiges Gitarrensolo zum Besten geben zu wollen. Obwohl es fast fünf Minuten dauerte, bis Adam wieder spielbereit war, hatte die Stimmung im Saal keinen Schaden genommen.

Es gab aber auch Situationen, in denen er sie ermahnen musste, im Sinne einer Karriere auch Kröten zu schlucken. Einmal musste er ihnen beispielsweise klarmachen, dass die vertraglichen Vorgaben eines größeren Festivals, zu dem sie erstmals eingeladen waren, buchstabengetreu einzuhalten waren. Andernfalls hätten sie nämlich Abzüge bei der Gage in Kauf nehmen müssen, und – wichtiger noch – beim Veranstalter einen unkooperativen Eindruck hinterlassen, was die Chancen auf eine erneute Buchung im Folgejahr mindestens geschmälert hätte.

"Wir müssen die Setlist auf eine vorgegebene Länge anpassen, beim Auf- und Abbau möglichst sekundengenau den Zeitplan einhalten und den Organisatoren bei jeder Gelegenheit in den Arsch kriechen – sagt mal, ist das eigentlich noch Rock 'n' Roll?", fragte Enno mit hörbarer Unzufriedenheit in der Stimme.

"It's a long way to the top, if you wanna rock 'n' roll[187]", antwortete Kilian.

"Na, ich weiß nicht", zweifelte der Rhythmusgitarrist. "Für mich hört sich das eher nach hundertprozentigem Kommerz an. Wer Erfolg haben will, muss sich anpassen. Etwas anderes hat Bodo doch letztlich gerade nicht gesagt, wenn auch mit anderen Worten. Klingt fast, als sei der Rock 'n' Roll schon ziemlich tot."

"What do you do for money, Honey?[188]"

"Nein, keine Sorge", meinte Leon mit einem Unterton, der seine Freunde im Unklaren ließ, ob seine Erwiderung sarkastisch oder ernst gemeint war, "Rock 'n' Roll ist nicht tot. Er riecht nur etwas komisch."

"Alles Fake mit dem wilden Leben und der Freiheit und der Kunst und so?"

"Natürlich! Glaubst du denn im Ernst, dass Keith Richards[189] wirklich immer *Jack Daniel's*[190] in seiner Flasche hat?", fragte Julius.

"Was soll denn da sonst drin sein? Blasen-und-Nierentee?"

"There's no business like show business"[191], ergänzte der Sänger.

"Quellenangabe?"

"Frank Sinatra[192]."

"Du kennst Sachen", staunte Adam.[193]

---

[187] Kilian zitiert den Titel eines Songs von *AC/DC*, der auf der internationalen Version ihres Albums 'High Voltage' im Jahr 1976 erschien.

[188] Ebenfalls Titel eines Songs von *AC/DC*, dieses Mal aus dem Album 'Back in Black' (1980).

[189] Keith Richards (*1943), Gitarrist bei *The Rolling Stones*.

[190] Eine Tennessee-Whiskeymarke

[191] Das Lied 'There's No Business Like Show Business' stammt aus dem Musical 'Annie Get Your Gun' (1946), komponiert und getextet von Irving Berlin (1888 – 1989).

[192] Frank Sinatra (1915 – 1998), amerikanischer Sänger, Schauspieler und Entertainer. Erste Tonträgerveröffentlichungen 1939, erstes Album 1946.

"Gut", fasste Langemesser zusammen, "dann müssen wir gegenüber dem Veranstalter also schön brav sein und zum Frustrationsabbau stattdessen alle anderen Bands an die Wand spielen – wie es so unsere unverwechselbare Art ist."

"Dagegen hat der Veranstalter bestimmt nichts", nickte Bodo.

"Wer weiß – gefällt ihm bestimmt nicht, wenn alle Bands nach uns ausgebuht werden", munkelte der Schlagzeuger.

"Wenn dazu auch was im Vertrag stünde, würde ich auch nicht unterschreiben", murrte auch Finderling ein wenig.

"Nein, keine Sorge", beschwichtigte der Manager. "Darin sind ein paar Sätze zu den Rahmenbedingungen und ansonsten viele Zahlen. Jede Menge Details zum zeitlichen Ablauf der Veranstaltung, wann ihr wo sein müsst, was ihr machen müsst und so. Dazu ein paar Paragraphen zur Kohle. Was ihr bekommt, und wie viel weniger ihr bekommt, wenn ihr überzieht oder zu früh fertig seid."

"Unterschreiben wir solche Verträge?"

"Boah, Leute, studiert doch BWL!", meckerte Wittstock, anstatt darauf einzugehen, obwohl letztlich seine Frage die Diskussion ausgelöst hatte. "Lasst uns jetzt endlich rocken! Oder wozu seid ihr hier?"

Dieser Hinweis zog immer. Bis zur nächsten Rauchpause hatten dann alle ihre schlechte Laune wieder abgestreift.

"Ich hab' übrigens 'ne Idee, wie wir noch besser werden können", behauptete Fleischer, während er sich ein Bier nahm.

"Schieß' los!"

"Kilian könnte mir mal ein paar Grundlagen auf dem Bass beibringen. Je besser ich verstehe, worauf es beim Bassspiel ankommt, desto bessere Arrangements kann ich für die Saiteninstrumente schreiben – denk' ich mir."

"Geile Idee", rief Enno aus. "Ich mach' auch mit."

"Ich weiß nicht", wandte der angesprochene Bassist ein. "Ich hab' nichts dagegen, aber wann sollen wir das denn machen? Wir proben dreimal pro Woche, am Wochenende spielen wir nicht so ganz selten Konzerte, und hin und wieder möchte ich auch mal Svenja sehen. Nancy wird wahrscheinlich auch nicht begeistert sein, wenn du noch mehr Zeit in die Musik steckst,

---

[193] Leon demonstriert hier unabsichtlich, dass häufig nicht die Sachkenntnis entscheidend ist, um jemanden zu beeindrucken, sondern die Überzeugung, mit der man antwortet. Er liegt nämlich falsch. Frank Sinatra sang lediglich später eine Coverversion von 'There Is No Business Like Show Business', auf den Originalaufnahmen ist Ethel Merman (1908 – 1984) Sängerin des Stücks gewesen.

Adam. Außerdem könnt ihr nie üben, denn ich kann euch meinen Bass schlecht leihen, den brauch' ich selbst."

"Ach, das ist das geringste Problem", tat Fleischer den letzten Einwand ab. "Ich wollte mir schon länger noch eine Klampfe zulegen – dann investiere ich das Geld eben in einen halbwegs brauchbaren Bass. Schadet doch nicht."

"Was hältst du denn davon?", wollte Wittstock von Bodo wissen.

Der Manager überlegte nur kurz.

"Prinzipiell bin ich dafür. In jeden anständigen Haushalt gehört eine Bassgitarre, und es tut jedem Musiker gut, sich auf mehreren Instrumenten einigermaßen auszukennen, besonders wenn er Songs schreibt oder arrangiert. Aber Kilians Einwände sind natürlich nicht von der Hand zu weisen. Die Mädels sollten nicht das Gefühl haben, sie müssten mit der Band um eure Zeit konkurrieren. So etwas schafft schlechte Stimmung in der Beziehung, und schlechte Stimmung in der Beziehung wirkt sich negativ auf die Band aus. Davon hat am Ende keiner was. Ich würde sagen: Macht es, aber macht es langsam. Trefft euch mal am Wochenende, wenn ihr keinen Gig habt. Oder legt eine Bassstunde ein, wenn die Probe ausfällt, weil Julius oder Leon mal nicht können."

"Dass Leon eine Probe absagt, werden wir nicht mehr erleben", witzelte Langemesser, "darauf kannst du lange warten."

"Die Details überlass' ich euch", winkte Bodo ab.

"Also dann – wie willst du es Nancy beibringen?", interessierte Sandner.

"Du musst es ihr sagen, wenn sie sich nicht wehren kann", mischte Enno sich grinsend ein. "Wenn sie schläft zum Beispiel. Sobald sie später protestiert, musst du nur glaubwürdig vermitteln, es ihr doch gesagt zu haben."

"Scherzkeks! Das ist bestimmt die richtige Methode für eine friedliche Einigung. Außerdem schlafe ich meistens zuerst ein, das geht also gar nicht."

"Wenn man sich erinnert, was Adam über die Jahre so erzählt hat, ist Nancy sowieso nie wehrlos", behauptete Finderling schmunzelnd.

"Ah, doch", winkte Julius ab. "Während sie ihre Fingernägel lackieren, sind alle Frauen wehrlos. Sogar Nancy."

"Lackiert Nancy sich denn überhaupt die Fingernägel?", zweifelte Wittstock die Wirksamkeit der Methode an.

"Ach, mach' dir doch nicht so einen Kopf", winkte Fleischer ab. "Das kriegen wir schon hin. Wenn Zeit ist, ist Zeit. Du musst uns nicht innerhalb von ein paar Wochen zu Simon Gallup[194] oder Steve Harris[195] ausbilden."

"Genau", stimmte Enno zu. "Lemmy reicht auch."

"Okay, okay, wir schauen einfach mal."

"Gut so", ergriff nun wieder Bodo das Wort. "Lasst euch notfalls ruhig Zeit damit. Es ist mir wirklich wichtig, dass ihr eure Mädels nicht verärgert."

"Warum eigentlich?", fragte Adam ganz naiv. "Nur wegen der allgemeinen Stimmung? Immerhin sind unsere Mädels alle schon etwas länger mit uns zusammen. Die wissen schon, wie wichtig uns die Band ist."

Der Manager deutete ein Grinsen an.

"Es könnte sein, dass euch in Kürze durchaus am Wohlwollen eurer Freundinnen gelegen sein wird. Weitere Nachfragen kannst du dir sparen."

Damit verabschiedete er sich.

Out of the Blue

Am Anfang war es die gleiche Art von Spinnerei gewesen wie bei der Unplugged-Tournee durch Spanien zwei Jahre zuvor, aber Bodo nahm die Sache ernst und es zeigte sich nun, dass er seine Kontakte quer durch Deutschland gut genug gepflegt hatte, um einiges für *Hole of Fame* bewirken zu können.

Alle halfen mit, bei den logistischen Hindernissen zu Lösungen zu kommen. Den Durchbruch brachte schließlich Locke, dem es gelang, über den Schwager seines Onkels zu extrem günstigen Konditionen an einen nicht ganz kleinen Tourbus zu kommen – genauer gesagt eine Kreuzung zwischen Bus und Transporter, ein Gefährt mit 19 Sitzen, das jedoch zusätzlich Raum für eine ganze Menge Equipment bot. Einzige Bedingung war, dass Locke selbst ausschließlicher Fahrer sein musste, wogegen keiner der Musiker Einwände erhob. Langemesser witzelte nur, Locke habe doch den Schwager seines Onkels darum gebeten, diese Bedingung zu stellen, um auf der Tour überhaupt dabei sein zu können, was der Freund jedoch vehement bestritt.

---

[194] Simon Gallup (*1960), britischer Rockmusiker, von 1979 bis 1982 und ab 1985 Bassist von *The Cure*.
[195] Steve Harris (*1956), britischer Bassist, Gründer von *Iron Maiden*.

Immer wieder fanden die sieben Beteiligten sich vorab zusammen, um Details zu besprechen, zumeist im Anschluss an Bandproben.

"Zwölf Konzerte in 16 Tagen, dazwischen immer wieder stundenlang über Autobahnen und Landstraßen gurken – ich hoffe, euch ist klar, dass das eine verdammt harte Nummer wird", fasste Bodo das Ergebnis seiner intensiven Arbeit zusammen.

Kilian und Leon nickten durchaus ernsthaft, alle anderen nahmen es etwas lockerer und verwiesen wahlweise auf ihre Jugend, ihre Härte oder ihre Männlichkeit.

"Was ist eigentlich mit unseren Mädels?", fragte Fleischer. "Nancy würde schon gerne mitkommen, hat sie gesagt."

Bevor jemand darauf hätte antworten können, würgte der Manager jeden Ansatz einer Diskussion über die Frage ab.

"Mir wäre es eigentlich ganz lieb, wenn eure Freundinnen dabei wären. Ich sage immer: Sauft nicht so viel – fickt lieber! Saufen schadet der Stimme, den motorischen Fähigkeiten, der Konzentration und vermindert die Erholungsfähigkeit im Schlaf. Ficken ist gesünder und macht mehr Spaß! In Begleitung eurer Freundinnen wäre der abendliche Adrenalinabbau folglich auf gesunde Weise geregelt. Aber es geht leider nicht, weil es zu teuer würde, sofern die Mädels nicht alles selbst bezahlen, was ihr ihnen wohl kaum zumuten wollt, wie ich annehme. Ihr schlaft nicht immer im Bus – was übrigens auch besser so ist, denn hin und wieder müsst ihr euch richtig erholen. Duschen kann man in Hotels auch besser. Wenn die Mädels mitkämen, müssten wir jedes Mal fünf oder sechs Doppelzimmer nehmen, nicht nur drei, wie wir es jetzt geplant haben. Es wird sowieso schon kaum Geld übrig bleiben, aber dann würden wir Minus machen – und es war die Vorgabe zu Beginn unserer Arbeit, dass wir das Ganze nur machen, wenn am Ende mindestens eine Null dabei herauskommt. Ihr müsst leider unter euch bleiben."

"Ich bin sowieso nicht überzeugt, ob das für die Mädels so witzig wäre", äußerte sich Locke skeptisch. "Fahren, Aufbauen, Spielen, Abbauen, Schlafen – und dann geht es von vorn los. Besonders reizvoll für die Mädels scheint mir das nicht."

"Glaub' ich auch", stimmte Sandner zu. "Svenja hat auch nicht sofort begeistert geschrien, dass sie mit will."

"Linda würde auch nicht mitkommen, denke ich", nickte Finderling.

"Ich will euch trotzdem vor der Sauferei warnen. Ich werde nicht dabei sein, ich kann nicht auf euch aufpassen und euch das Bier wegsaufen. Ihr habt fast immer am nächsten Tag den nächsten Gig, für den ihr genauso fit sein solltet wie für den vorangegangen. Ihr seid noch keine bekannte Band. Ihr müsst die Zuhörer Abend für Abend neu überzeugen und auf eure Seite ziehen. Das ist anstrengend. Ich weiß, wovon ich spreche."

"Was muss denn eigentlich alles mit?", lenkte Langemesser die Planungsgespräche auf ein anderes wichtiges Thema. "Schlagzeug, Gitarren- und Bassverstärker, Gitarren und Bässe – was noch?"

Bodo griff die Frage dankbar auf.

"Erst einmal zu Gitarren und Bässen: Nehmt bitte jeder nicht mehr als zwei mit. Das Beste wäre sogar, wenn Enno und Adam sich die Ersatzgitarre teilen, ihr also nur drei mitnehmt. Wenn wirklich einmal eine Saite reißt, wird Locke hinter der Bühne eine neue aufziehen können. Kannst du doch, oder?"

"Krieg' ich hin", versicherte der Roadie und kommende Busfahrer.

"Gut. Außerdem müssen Mischpult, Endstufe, Multicore, Boxen und jede Menge Mikros mit. Stative für die Boxen und die Mikros natürlich auch. Auf- und abgebaut habt ihr schon oft genug, das bekommt ihr hin, da habe ich keine Sorge. Mixen ist natürlich ein Thema. Locke, kannst du das auch schon?"

"Machen wir zusammen", bestimmte Leon. "Locke lernt schnell."

"Effektgeräte", warf Fleischer ein.

"Kabel", ergänzte Bodo, "lieber eins zu viel als zu wenig."

"Ich werd' aber auch meinen Lötkolben einpacken", versprach Locke.

"Und *Gaffa-Tape*[196]", warf Enno ein und begann gleich, von dieser segensreichen Erfindung zu schwärmen. "Damit kann man nicht nur Kabel fixieren, sondern auch so ziemlich alles reparieren. Wofür hab' ich das nicht schon benutzt! Boxenkabel natürlich, aber auch meinen Duschvorhang, eine zerbröselte Schuhsohle und sogar schon mal meinen Autoauspuff!"

---

[196] *Gaffa-Tape*, auch als *Gaffer Tape*, *Gaffer's Tape*, *Gafferband* oder einfach *Gaffa* bekannt, ist ein stabiles, stark klebendes, aber von Hand reißbares Klebeband aus faserverstärktem Kunststoff, das im Allgemeinen nach nicht zu langer Klebezeit rückstandslos entfernbar ist. Es wird von verschiedenen Herstellern angeboten und ist bei Bühnenarbeitern aufgrund seiner Vielseitigkeit und Zuverlässigkeit sehr geschätzt.

"Guter Hinweis! Wer besorgt was?"
"Ich."
"Locke macht das Mädchen für alles!"
"Ohne Locke könnten wir die Tour sowieso vergessen."
"Bühnenklamotten", gab Bodo das nächste Stichwort. "Es passt mir zwar nicht, weil eure Koffer oder Taschen eine Menge Platz brauchen werden, aber ihr müsst genug Kleidung dabei haben. Ihr werdet unterwegs keine Gelegenheit zum Waschen haben. Da wäre es nicht sehr angenehm, wenn ihr zu wenig Zeug zum Wechseln dabei habt."
"Was? Wir werden uns nicht waschen können?"
"Fleischer!", maulte Julius ihn grinsend an. "Denk' mal bitte für 42 Sekunden nicht an Nancy, sondern hör' zu!"
"Ja, schon gut."
"Ich brauche genaue Informationen über die Konzertlocations und die Hotels von dir", bat Locke den Manager. "Wann wir wo sein müssen, Anschriften, Telefonnummern, Wegbeschreibungen. Am besten idiotensichere Wegbeschreibungen. Da darf nichts dem Zufall überlassen werden. Mein Orientierungssinn entspricht nämlich qualitativ ungefähr dem einer Scheibe Brot."
"Brotscheiben haben aber einen hervorragenden Orientierungssinn", behauptete Finderling. "Immer mit der Marmeladenseite nach unten."
Alle schmunzelten, ließen sich aber nicht lange ablenken.
"Kriegst du", sagte Bodo zu. "Gagen werdet ihr nur selten einsammeln müssen, das regeln wir überwiegend per Bank. Das heißt aber auch, dass ihr unterwegs nicht viel Bargeld bekommt, ihr sollte also nicht ohne losfahren. Bei den Gigs wird es zwar Catering geben, und in den Hotels ist auch Frühstück dabei, aber ihr spielt nicht jeden Tag, und ihr übernachtet nicht immer in Hotels. Ab und zu werdet ihr euch was kaufen müssen."
"Sechsmal Currywurst, Pommes Schranke", rief Adam in die Runde.
"Ja, und Getränke für unterwegs – und ich meine alkoholfreie Getränke. Die sollten euch nie ausgehen."
"Wir können Instantwasser mitnehmen."
Der Witz fand in der Runde keine Würdigung, weil Wittstock im gleichen Moment ein anderes Thema aufbrachte.
"Oh, Gott, mir graust es jetzt schon davor, an Autobahnraststätten kacken zu müssen", fiel ihm ein. "Ich bin Heimscheißer. Ich hasse das unterwegs."
"Tja, 16 Tage wirst du es wohl nicht aushalten."
"Bäh!"

"Wie viele Sätze Gitarrensaiten sollten wir eigentlich mitnehmen?", fragte Fleischer.

"Oh, guter Punkt, ich muss noch Drumsticks kaufen", vermerkte Langemesser.

"Ich werd' einen Satz alte Saiten auskochen", entschied Kilian. "Zwei Bässe und ein Reservesatz – das muss reichen. Mir reißen nie Saiten."

"Mir schon", gestand Enno, was sowieso alle wussten. "Bevorzugt G- und hohe E-Saiten. H-Saiten komischerweise nie."

"Ja, komm', drei Reservesätze werden wohl genügen. Sonst müssen wir eben zwischendurch mal einen Laden anfahren."

"Kriegen wir auch hin", bestätigte Locke.

"Dann hätten wir die technische Seite geklärt", setzte Bodo einen verbalen Haken an das Thema, schnitt aber gleich das nächste an.

"Promotion muss noch gemacht werden. Wir müssen Plakate mit allen Tourdaten drucken und an die örtlichen Veranstalter schicken. Außerdem muss ein Pressetext verfasst und verschickt werden. Interviews im Vorfeld werden natürlich schwierig, aber ich schau' mal, ob sich vielleicht jetzt schon ein paar Telefoninterviews arrangieren lassen. Sollte den Zeitungsfritzen recht sein, wenn sie keine Fahrerei haben."

"Tourplakate, wie geil", freute sich Sandner wie ein Schneekönig. "So etwas wollte ich immer schon haben."

"Dann brauchen wir aber auch ein Tourmotto", fand Julius.

"Ganz klar!", grölte Wittstock. "Das wird die 'Schluck'-du-Luder!'-Tour."

Bodo ging einfach darüber hinweg.

"Sinnvoll dürfte sein, die Tour unter das Motto 'Out of the Blue' zu stellen – euer aktuelles Demo heißt so und es passt irgendwie – ihr wollt ja einen kleinen Schritt raus aus der Masse der Bands machen, die nur in ihrer Heimatregion bekannt sind."

"Dann drucken wir die Plakate aber auch auf blaues Papier."

"Logo."

"Mit Logo, na klar."

"Gut. Ich schreib' den Pressetext. Kilian, machst du mit?"

Es hatte sich längst eingespielt, dass Leon und Kilian dem Marketingmaterial den letzten Schliff gaben.

"Bis wann brauchst du das Zeug?"

"Gestern."

"Also wie immer. Wann brauchst du es wirklich?"

"Zum Wochenende. Ist das realistisch?"

"Nein. Aber wir schaffen es trotzdem."

"Ich wusste es."

"Aber schreibt nicht wieder nur über die Texte", mahnte Adam an, obwohl es dazu eigentlich gar keinen Anlass gab.

"Wir werden nur erwähnen, dass du den Text zu 'Wild Love' geschrieben hast."

Bei 'Wild Love' handelte es sich um das einzige Instrumentalstück der Band. Hin und wieder spielten sie es als letzte Zugabe, wenn das Publikum noch immer nicht genug hatte und sie ein Zeichen geben wollten, nun tatsächlich den Auftritt zu beenden.

"Okay, dann haben wir alles geklärt, glaube ich."

Bodo nickte zufrieden in die Runde. Auf allen Gesichtern war Begeisterung abzulesen, und auch Locke rieb sich voll Vorfreude die Hände. *Hole of Fame* stand vor der ersten Tournee der Bandgeschichte. Die sieben Männer waren so aufgeregt wie kleine Jungs. Und irgendwie waren sie auch welche.

Kilometerfresser

Mitten in der Nacht spürte Leon, wie er an der Schulter gerüttelt wurde.

"Mhm?"

Mit einem halben Auge nahm er Kilians besorgten Gesichtsausdruck wahr.

"Es ist alles okay", sprach der Bassist zugleich eindringlich und beruhigend auf seinen Sänger ein. "Du kannst weiterschlafen."

Finderling brachte keinen klaren Gedanken zusammen und entschied sich deshalb, der Anweisung Folge zu leisten.

Als er am Morgen von Geräuschen aus dem Bad des Hotelzimmers geweckt wurde, erinnerte er sich wieder an die seltsame Begebenheit. Er sprach Sandner darauf an, als dieser mit nassen Haaren und in ein großes Handtuch gewickelt aus der Dusche kam.

"Sag' mal, hast du mich heute Nacht geweckt, um mir zu sagen, dass alles okay ist, oder hab' ich das geträumt?"

"Wie jetzt?", fragte Kilian.

Leon dachte kurz nach.

"Also, es gibt drei Möglichkeiten, wenn ich keinen Denkfehler mache. Entweder habe ich im Schlaf irgendwelche seltsamen Geräusche von mir gegeben, weshalb du dich genötigt sahst, mich zu wecken und mir zu sagen, dass alles okay ist.

Oder du hast geträumt, ich würde im Schlaf seltsame Geräusche von mir geben und mich geweckt, um mir zu sagen, dass alles okay ist, weil du Traum und Realität nicht auseinander halten konntest. Oder ich hab' das alles geträumt – dann hab' ich aber keine seltsamen Geräusche von mir gegeben."

Kilian lachte.

"Wir sind gerade eine Woche auf Tournee und fangen schon an, komplett durchzudrehen. Wenn das nicht Rock 'n' Roll ist!"

Leon kämpfte sich aus den Federn, wühlte mäßig zielstrebig in seiner Reisetasche herum, fand schließlich eine frische Unterhose und schlich ins Bad.

"Ob Ozzy Osbourne sich wohl auch jeden Morgen die Zähne putzt?"

Im Frühstückssaal trafen sie Locke und Julius, die bereits dabei waren, sich Kaffee einzuschenken und Brötchen zu belegen. Die beiden Gitarristen trudelten ein paar Minuten später ein. Alle sahen müde aus, doch die Stimmung war gut.

"Wohin geht es heute?", wollte Fleischer wissen.

"Nach Eberbach", gab Locke Auskunft.

"Weit von hier?"

"Vier Stunden Fahrt."

"Wir spielen in Orten, von denen ich im Leben noch nie etwas gehört habe und ziemlich sicher auch nie wieder etwas hören werde", schüttelte Wittstock den Kopf. "Können wir nicht mal in anständigen Städten auftreten? Berlin oder Hamburg oder so?"

"Da hat Bodo halt nicht die nötigen Kontakte", erklärte Sandner noch einmal, was ohnehin alle wussten. "Aber es hat doch auch Vorteile. In Berlin würde doch keine Sau zu unserem Gig kommen, weil uns keiner kennt und gleichzeitig 42 andere Veranstaltungen in der Stadt ablaufen, die Leute ziehen. In Eberbach kennt uns zwar auch keiner, aber dort werden um acht die Bürgersteige hochgeklappt. Darum rennt uns die Dorfjugend die Hütte ein. Das ist doch besser als in Berlin für einen Barkeeper zu spielen."

"Ja ja, schon recht", murmelte Enno und schlug sein Frühstücksei auf.

Tatsächlich lief die Tournee bezüglich der Zuschauerzahlen erstaunlich gut, was Kilians These bestätigte. Teilweise waren die Veranstaltungsorte, die sämtlich in Dörfern oder Kleinstädten lagen, kaum mehr als bessere Scheunen, aber nie erschienen weniger als zumindest 50 zahlende Gäste, was für eine komplett unbekannte Band aus einer ganz anderen Gegend Deutschlands durchaus beachtlich war, und in der Spitze hatten sie es, zwei Abende zuvor, sogar auf über 200 Zuhörer gebracht.

"Haben wir in Eberbach auch ein Hotel?", fragte Langemesser.

"Nö, da können wir Backstage pennen. Spart Knete."

"Alle in einem Raum? Klingt super", moserte der Schlagzeuger. "Dann schnarcht Adam, und ich krieg' kein Auge zu. Tolle Aussichten!"

"Ich schnarche nie", behauptete Fleischer, der gerade Zucker in seinen Kaffee rührte. "Jedenfalls hab' ich mich noch nie schnarchen hören."

"Das ist natürlich ein schlagkräftiger Beweis", lästerte Locke. "Was sagt denn der Kollege Enno dazu? Der muss es schließlich wissen."

"Wir haben doch mit Absicht Enno und Adam auf ein Zimmer gesteckt, weil Enno immer pennt wie ein Stein. Neben dem kannst du 'ne Bombe zünden. Der pennt doch sogar auf Partys direkt neben der Box ein", erläuterte Julius.

"Nancy hat sich aber auch noch nie beschwert", grummelte Fleischer. "Ich schnarch' wirklich nicht, glaubt mir!"

"Na, wir werden es erleben. Wann machen wir die Setlist?"

"Unterwegs, wie immer", meinte der ansonsten noch etwas schweigsame Finderling. "Wir haben genug Zeit."

"Bevor wir abfahren, muss ich aber noch Nancy anrufen", beantragte Adam.

"Ja ja, wie jeden Tag", spottete Locke. "Was erzählst du ihr da eigentlich? Gig war gut, Hotel erträglich, und jetzt fahren wir von einem Kaff, dessen Name dir nichts sagt, in eins, dessen Name dir noch viel weniger sagt."

"Nein, darüber reden sie gar nicht", behauptete Wittstock. "Sie versichern sich nur zehn Minuten lang, wie sehr sie sich lieben und vermissen."

"Du bist bloß neidisch, weil du grad niemanden hast, den du anrufen könntest", gab Fleischer zurück, meinte es aber nicht giftig, wie auch jegliches Geläster der anderen nicht böswillig war.

"So'n Humbug, Mann!", konterte Enno. "Die anderen rufen auch nicht jeden Tag bei ihren Mädels an. Kilian und Julius jeden zweiten und Leon überhaupt erst einmal, wenn ich es richtig mitbekommen habe."

"Führst du darüber Buch?"

"Natürlich. Man muss zu allem die passende Statistik haben."

"Beziehungstelefonate von Rockmusikern auf Tour. Statistisch erfasst und ausgewertet von Professor Dr. Enno Wittstock, Nobelpreisträger für sinnlose Strichlisten."

Der Rhythmusgitarrist streckte dem Schlagzeuger, der gewitzelt hatte, einen Stinkefinger entgegen, musste aber selbst grinsen.

"Männer, wir sind auf Tour! Rock 'n' Roll und so! Spaß haben ohne die Weiber ist angesagt", verkündete er.

"Deswegen kann man sich die Alte zu Hause trotzdem warmhalten", merkte Leon an und schluckte den letzten Bissen seines Frühstücks runter.

"Ich schlage vor, wir gehen jetzt draußen eine rauchen, während Adam sein Pflichttelefonat abwickelt, und danach packen wir ein und fahren ab nach Eberbach. Wenn wir wieder zu Hause sind, kennen wir jede Autobahnraststätte beim Vornamen."

"Guter Plan", fand auch Fleischer. "Hab' ich das richtig im Kopf, dass vor dem Haus sowieso 'ne Telefonzelle ist?"

"Lasst ihn uns künftig 'The Brain' nennen!"

"Erinnert mich nachher beim Einpacken daran, dass ich die *Les Paul* mit in den Bus nehme. Die könnte einen neuen Satz Saiten vertragen."

"Erinnern? Dich? The Brain?"

"Da du es jetzt laut ausgesprochen hast", beruhigte Sandner seine Sorge, "wirst du selbst dran denken, wetten?"

Adam dachte daran.

Tourleben

Ohne irgendeine Absicht hatte es sich schnell eingependelt, dass Adam und Enno immer die letzten waren, die zum Frühstück erschienen, vor allem, wenn sie in Hotels übernachteten. Manchmal waren die anderen dann schon fertig.

Kilian hob seinen Teller in Richtung der beiden Gitarristen.

"Ich bin satt. Nimmt einer noch mein halbes Brötchen?"

"Die haben hier Maurermarmelade[197] am Büffet", merkte Leon an, der die Vorliebe seines Rhythmusgitarristen für herzhafte Nahrung kannte.

"Das ist 'ne Unterhälfte", erkannte Wittstock. "Ich ess' viel lieber Oberhälften."

Natürlich nahm er das Stück dennoch.

---

[197] Mett

"Fast jeder, den ich kenne, mag lieber Oberhälften", stellte Julius fest. "Warum hat eigentlich noch niemand angefangen, Brötchen mit zwei Oberhälften zu backen?"

"Müsste 'ne prima Marktlücke sein", nickte Locke. "Julius, alter Teigkneter, wenn uns sonst keine Geschäftsidee kommt, lass' und eine Oberhälftenbäckerei eröffnen."

"Nee, Bäcker müssen viel zu früh aufstehen. Keine Chance!"

"Hey, hört mal!", wies Fleischer die anderen auf die Beschallung des Frühstückssaals hin, "das ist doch Sting[198]. Lief das nicht gestern oder vorgestern auch schon beim Frühstück – wo auch immer wir da waren?"

"Natürlich", bestätigte Sandner. "Wahrscheinlich gibt es einen Exklusivvertrag zwischen dem Hotelgewerbe und der Musikindustrie, der zur Folge hat, dass in Frühstückssälen nur Sting und Eric Clapton[199] gespielt werden dürfen."

"Wie ätzend", fand Langemesser. "Warum nicht mal *Megadeth*?"

"Wohin fahren wir eigentlich heute?", wollte Locke inzwischen von Finderling wissen, der sich bis dahin kaum am Gespräch beteiligt hatte, weil er Pech mit der Matratze gehabt und entsprechend schlecht geschlafen hatte.

"Wieder irgendein Kuhkaff, das keiner kennt, aber der Name war irgendwie durchgeknallt", erinnerte er sich mühsam, "warte – Jungferngarten hieß das, glaub' ich."

"Jungferngarten?"

Enno hätte beinahe ein paar Krümel über den Tisch gespuckt.

"Geil!", rief auch Julius.

Leon verzog das Gesicht. Er war anderer Meinung.

"Geil? Wer steht denn auf Jungfern? Die haben Angst, keine Erfahrung – und sind schüchtern und langweilig. Wenn in dem Kaff wirklich nur Jungfern leben würden, könnten wir da auf keinen Fall spielen. Aber in Mannheim leben auch nicht nur Männer."

Eine Stunde später waren sie wieder auf der Autobahn. Es war nicht voll, Locke fuhr so schnell er durfte. Leon schlief,

---

[198] Sting, bürgerlich Gordon Sumner (*1951), britischer Sänger und Bassist, bekannt geworden mit *The Police* (1977 – 1983), danach erfolgreich solo unterwegs. Erstes Soloalbum 1985.

[199] Eric Clapton (*1945), britischer Gitarrist und Sänger, in den 1960er Jahren u. a. aktiv bei *The Yardbirds*, *Cream* und *Blind Faith*, seit 1970 überwiegend als Solokünstler oder Gast bei anderen Bands und Musikern unterwegs. Erstes Soloalbum 1970.

weil sein Bett so unbequem gewesen war, die anderen hörten auf Kopfhörern Musik oder lasen.

Langemesser, der begonnen hatte, Biologie zu studieren, blätterte nicht sehr konzentriert in einem Buch über einheimische Seevögel und lachte plötzlich laut auf.

"Hey, Leute, hört mal! An der Nordsee gibt es eine große Vogelart mit einer vergleichsweise tiefen Stimme, deshalb werden die Viecher 'Basstölpel' genannt. Also Kilian, sieh' dich vor! Wenn du beim Gig heute Abend scheiße spielst, verpass' ich dir mal locker einen neuen Spitznamen."

"Schau' lieber mal schnell ins Register", schlug Sandner grinsend vor, "ich könnte wetten, es gibt auch Trommeldeppen – also sei vorsichtig!"

"Geil", stieg Wittstock ein, "gibt's auch Sängernarren?"

"Nee", lachte Julius, "aber Gitarrenidioten!"

"Ach, die Vielfalt unserer gefiederten Freunde", resümierte Adam, der inzwischen ebenfalls aufmerksam geworden war. "Wir sind alle so gut zu Vögeln."

Nun wurde das allgemeine Gelächter so laut, dass Finderling wach wurde und sich verschlafen umsah.

"Hab' ich was verpasst?"

Die anderen lachten nur umso mehr.

Zwei Stunden später beantragte Enno eine Pinkelpause.

"Leute, ich muss meinen Tigerpython würgen, sonst platzt der gleich."

"Wir lernen", krähte Julius, "bei Ennos Tigerpython handelt es sich um ein Exemplar der in der Biologie bislang unbekannten Familie der passiven Würgeschlangen."

"Sind wir nicht eh gleich da?"

"Locke, ist es noch weit?"

"Stunde oder so", schallte es von vorn zurück. "Warum?"

"Klein-Enno muss mal."

"Krieg' ich 'n Eis?", brüllte Kilian dazwischen.

Sie schafften es wieder einmal, aus dem Nichts in eine Atmosphäre allgemeiner Heiterkeit hinüberzuspringen, die auch während des Bühnenaufbaus im Jungferngarten nicht verloren ging – nicht der Ort hieß so, sondern die Gaststätte, in deren Hinterhaus sich der Konzertsaal befand. Im Publikum waren zwar am Abend weit mehr Männer als Frauen, weshalb sie sich jegliche Bemerkung zum Namen der Location in den Ansagen verkniffen, aber sie nahmen durchaus Bezug auf ihre nicht unerhebliche Anreise.

"Leute, für euch haben wir acht Stunden im Bus gesessen", behauptete Leon.

"Und dann sind wir losgefahren", grölte Langemesser von hinten in sein Mikro.

Sie eroberten die Herzen der Zuhörer nicht nur schnell, sondern auch mit durchschlagendem Erfolg. Bei 'Burnin' Alive', einem der eingängigsten Songs von *Hole of Fame*, begannen die Gäste von selbst, den Chor im Refrain – dessen Ende aus der vielfachen Wiederholung des Songtitels bestand – lauthals mitzusingen. Die Band reagierte sofort, verlängerte den Song spontan und machte daraus ein Frage-Antwort-Spiel zwischen Finderling und dem Publikum. Sie wurden erst nach vier Zugabenblöcken entlassen.

Hinter der Bühne fielen sie sich gegenseitig um den Hals.

"So geil, Alter! Ich glaub', das war das beste Publikum, das wir je hatten", fand Adam – und Leon antwortete nur mit einer Geste der Unwissenheit, weil er in seiner ebenso großen Freude keine Lust verspürte, über den Wahrheitsgehalt der Aussage nachzudenken. Vielleicht würde er es am nächsten Tag im Bus tun. Zuerst war es Zeit für ein Getränk und die obligatorische gemeinsame Zigarette danach.

Auch der Schlagzeuger und der Rhythmusgitarrist lagen sich in den Armen.

"An meine Brust, alter Rifftaucher!", rief Julius aus. "Ich bin so stolz auf uns. Dass wir das noch zusammen erleben durften."

"Ja, geil war's", bestätigte Wittstock. "Aber du bist klatschnass. Lass' mich los! Und stinken tust du auch. Ist dein Deo schlecht geworden?"

"Stell' dich nicht an, du alte Made, nasse Muschis stören dich auch nicht."

"Leute, hört mal her!"

Locke, der wie immer während des Konzerts das Mischpult vor allzu neugierigen Konzertgästen bewacht (und in Notfällen für kleine Korrekturen auch bedient) hatte, war hereingekommen und strahlte über beide Ohren.

"Was denn?"

"Der Wirt kam während der Zugaben zu mir und meinte, er findet euch so geil, dass er bei der Gage noch 'nen Hunni[200] drauflegt."

Unartikulierter Jubel brach aus.

---

[200] 100 DM

"Okay", sagte Sandner, "wer auch immer nachher kassieren geht, nimmt Locke mit!"
"Außerdem will er uns alle auf 'ne Runde Schnaps einladen."
"Nee, bloß nicht!", intervenierte Julius sofort. "Gib Kili keinen Schnaps, sonst will er morgen früh im Bus wieder *Slayer* hören!"
Das Risiko wurde selbstredend in Kauf genommen, und die Stimmung blieb ausgelassen. Fleischer und Langemesser tanzten Arm in Arm durch den Backstageraum und intonierten Gary Glitters[201] 'Rock and Roll Part 2[202]', bis sie gegen einen Tisch stießen und diesen umwarfen, wodurch die allgemeine Heiterkeit einem weiteren Höhepunkt entgegensteuerte.
Sie ließen sich an diesem Abend Zeit mit dem Abbau und feierten noch ausgiebig mit den fröhlichen Gästen im Jungferngarten. Es fiel auch niemandem groß auf, dass Enno und die hübsche junge Frau, mit der er sich lange unterhalten hatte, zwischendurch mal für eine halbe Stunde verschwunden waren. Da am Folgetag ausnahmsweise nur eine kurze Fahrt zum nächsten Auftrittsort anstand, wussten sie, dass sie länger schlafen konnten, zumal sie unter dem Dach der Gaststätte, wo Matratzen für sie ausgebreitet waren, ohnehin keine Ruhe finden würden, solange die Party im Gange war.
Erst als sich der Saal leerte, nahm Sandner seinen Sänger für einen Moment beiseite.
"Das wird nicht immer so gut laufen wie heute. Ich hab' ein bisschen Angst, dass die Stimmung dann in Frustration umschlagen könnte, weil wir jetzt alle so euphorisiert sind. Was machen wir dann?"
Finderling schüttelte sich kurz.
"Wir spielen jeden Abend", antwortete er dann. "Sofern es nicht gerade beim letzten Gig der Tour passiert, können wir immer sagen: 'Schwamm drüber, morgen wird's besser!' Ich glaube, wir sollten uns keine unnötigen Sorgen machen. Zumindest hier im Jungferngarten werden wir immer wieder willkommen sein, das steht fest."
Sie sahen sich noch für einen Moment eindringlich in die Augen, dann hoben sie ihre Gläser und prosteten sich zu. Es waren zwar kaum mehr als 100 Zuschauer bei diesem Konzert gewesen, dennoch wussten sie, dass sie gerade ein Highlight erlebt

---

[201] Gary Glitter (*1944), eigentlich Paul Francis Gadd, englischer Rockmusiker, zunächst unter anderen Künstlernamen aktiv, erstes Album als Gary Glitter 1972.
[202] Aus dem Album 'Glitter' (1972).

hatten. Es sollte, darüber bestand unausgesprochenes Einvernehmen, nicht das letzte bleiben.

Die Irrfahrt

Jede Fahrt von Auftrittsort zu Auftrittsort wollte überbrückt werden, ohne durch Langeweile schlechte Stimmung aufkommen zu lassen. Zu diesem Zweck dachten sich die Jungs immer wieder neuen Unsinn aus. Die Herren Langemesser und Wittstock lieferten sich zur Erheiterung aller ein Duell im 'Alle-Kinder'-Witze erzählen.

"Alle Kinder jagen Fische, nur nicht Kai, den jagt ein Hai", gab der Rhythmusgitarrist in der ungefähr 15. Runde zum Besten, nachdem beide bereits einmal beklagt hatten, es dauere sicher nicht mehr lange, bis ihnen nichts mehr einfiele.

"Nicht schlecht, nicht schlecht", nickte der Schlagzeuger schmunzelnd, "aber den kannte ich schon. Ähm, wie wär's mit diesem, warte mal …"

Er legte die Stirn in angestrengte Denkfalten und hob dann den Zeigefinger der Erkenntnis:

"Alle Kinder heißen Peter, nur nicht Klaus, der heißt Heinz."

"Hä?"

Sie brachen ab, weil der Bandbus plötzlich mitten im Nirgendwo hielt, so zumindest sah es aus. Locke war neben einer Wiese rechts an den Straßenrand gefahren und blickte sich etwas ratlos um, dann drehte er seinen Kopf den Musikern zu.

"Sieht irgendwie nicht so wie ein Club aus", sagte er nur.

"Haben wir ein Problem?", wollte Adam gleich wissen.

"Lass' uns mal aussteigen", bat Julius, "ich muss sowieso pissen."

Locke stellte den Motor ab und alle sechs zwängten sich durch die Türen hinaus. Langemesser, Wittstock und Sandner entledigten sich des verarbeiteten Biers.

"Sollen wir hier ein Open Air spielen?", fragte Fleischer verwirrt mit Blick auf die Wiese vor ihm. "Da ist nicht mal 'ne Bühne – und Strom gibt's auch nicht."

"Sind wir denn schon da?", wollte Enno wissen.

Locke nickte.

"Auf dem Zettel steht: Kirchheim, Gewerbering 29, 'Alte Wache' soll der Schuppen heißen. Dies ist der Gewerbering und an der Lagerhalle hinter uns stand Nummer 27 und bei der Werkstatt – oder was das da vorn ist – steht groß auf dem Werbeschild, dass es sich um Nummer 33 handelt. Folglich müssten sich auf diesem Grundstück eigentlich die Häuser Nummer 29 und 31 befinden."

Finderling nahm Locke den Zettel mit der Wegbeschreibung von Bodo aus der Hand und studierte ihn eifrig.

"Ist doch toll hier", befand Julius, während er seinen Hosenschlitz schloss. "Mir gefällt das Grundstück. Lasst es uns kaufen. Dann stellen wir ein Schild auf: 'Hier baut *Hole of Fame* ein 42-stöckiges Bürogebäude.' Würde sich bestimmt gut machen."

"Beingeiler Plan", stimmte Kilian zu, nun ebenfalls fertig mit seiner Verrichtung. "War vielleicht die Lagerhalle gemeint?"

"Nee, die ist doch noch in Gebrauch", winkte Locke ab. "Da war alles voller Paletten mit sonst was drauf. Keine Chance."

"Leon? Was sagst du als Oberkartenleser?"

"Ist keine Karte. Sicher, dass das hier Kirchheim ist?"

Locke schnitt eine Grimasse, als fühle er sich durch die Nachfrage empfindlich beleidigt.

"Hätt' ja sein können", hob Finderling gleich beschwichtigend die Hände, aber Locke grinste schon wieder und zwinkerte ihm zu. "Tja, dann muss was anderes falsch gelaufen sein. Ich schlage vor, wir suchen eine Telefonzelle und rufen Bodo an."

Das allseitige Nicken war einhellig.

"Und zwar stante penis", bekräftigte Langemesser die notwendige Eile.

Immerhin sollte in drei Stunden der Einlass zu ihrem Konzert beginnen, und noch war nichts aufgebaut und kein Soundcheck vollzogen.

"Was passiert eigentlich, wenn wir wirklich in der falschen Stadt sind?", wollte Enno von Leon wissen.

"Wir sind nicht in der falschen Stadt", fauchte Locke, der es gehört hatte.

Der Fahrer und die Musiker stiegen ein, und sie fuhren geradeaus weiter und drückten ihre Nasen an die Scheiben, in der Hoffnung, möglichst schnell eine Telefonzelle zu finden. Locke selbst war es, der eins der gelben Fernsprechhäuschen erblickte.

"Da links! Wartet, ich fahr' auf den Parkplatz dahinter. Wer will anrufen?"

"Kann ich machen", übernahm Finderling.

Es kam jedoch nicht dazu, denn nachdem alle wieder aus dem Bus gehüpft waren, fing Wittstock laut an zu lachen.

"Was ist los?", wollte Julius sogleich wissen.

"Schaut mal, was da steht!", verwies Enno auf eine sicher einen Meter hohe Leuchtreklame über dem Eingang zu dem Gebäude, auf dessen Parkplatz sie standen.

"Alte Wache", las Adam – und nun lachten alle.

"Okay, so viel dazu, Bodo anzurufen", wurde der Fall von Leon abgehakt. "Aber Hausnummer 29 ist das hier nicht, oder?"

Während Locke sich mit den Gitarristen daran machte, den Ladebereich zu öffnen, fand Sandner des Rätsels Lösung.

"Es ist ein Zahlendreher! Die 'Alte Wache' hat Hausnummer 92 – nicht 29!"

Alle raunten Erkenntnis.

"Wieso eigentlich 'Alte Wache' – 'Alte Scheune' würde mir viel besser gefallen", grölte Fleischer, der gerade seine Gitarrenbox auf ein Rollbrett hinabließ.

"Sieht aus, als wäre es mal ein Feuerwehrhaus gewesen", erklärte Locke, merkte aber selbst gleich, dass die Jungs bereits nicht mehr an ernsthaften Erklärungen interessiert waren, da sie in Konzertmodus umgeschaltet hatten.

Kaum gelöst, war das kleine Orientierungsproblem bereits vergessen. Der Blick ging ausschließlich nach vorn.

The Great Rock 'n' Roll Sex Machines from Hell[203]

Der Bandbus verlangsamte die Fahrt und kam zum Stillstand. Leon merkte es, weil er noch nicht eingeschlafen war. Bodo hatte Recht gehabt: Nach den Konzerten fiel es ihm schwer, das Adrenalin schnell genug abzubauen, um zur Ruhe zu kommen. Die erste Tournee empfand er deshalb als sehr anstrengend, so gern er eigentlich auftrat. Alkohol kam wegen der bekannten negativen Auswirkungen auf seine Performance als Schlafmittel nicht Frage. Sex hätte geholfen – doch Linda hätte es auch abgelehnt, mitzufahren, wenn dies nicht aus Kostengründen ohnehin ausgeschlossen gewesen wäre, da sie sich wie ein fünftes Rad am Wagen vorgekommen wäre.

"Polizeikontrolle", rief Locke ihnen zu.

Finderling hoffte inständig, keiner seiner Mitstreiter möge illegale Drogen dabei haben. Derartiger Ärger mochte einer Rock-'n'-Roll-Band zwar Publicity bringen, aber er hatte den-

---

[203] Nein, das ist kein Bandname, kein Albumtitel und kein Songtitel – jedenfalls kein dem Autor bekannter. Aber eigentlich ist es eine Schande, dass es keiner ist.

noch keine Lust darauf. Stress mit den Gesetzeshütern würde die Einhaltung von Konzertterminen gefährden, und die Band war noch nicht so berühmt, dass ihr kurzfristige Absagen verziehen worden wären. Er erhob sich von der Sitzbank, auf der er sich eingerollt hatte, schlüpfte in die Schuhe und ging nach vorn.

"Guten Abend", grüßte er höflich den uniformierten Beamten, der gerade bei Locke den Kopf durch die Tür hineingestreckt hatte. "Was gibt es?"

"Guten Abend. Sind Sie die Band, die heute Abend im Freizeitzentrum Frankenhain ein Konzert gegeben hat?"

"Ja. Warum?"

"Haben Sie zufällig zwei Mädchen von dort an Bord?"

Leon war überrascht, dass es nicht um Drogen ging. Provinzpolizisten waren nach seiner Erfahrung fast immer der Meinung, langhaarige Rockmusiker seien generell drogenabhängig, besonders wenn sie aus einer anderen Gegend kamen.

"Ist das verboten?"

"Zunächst einmal nicht, aber es könnten gewisse Schwierigkeiten entstehen, wenn die Mädchen minderjährig sind."

Von hinten aus dem Bus kam Sandner hinzu. Er hatte sehr kleine Augen und eine Flasche Bier in der Hand.

"Kilian, sind die Mädels, die Enno kennengelernt hat, minderjährig?", fragte Leon ihn.

"Keine Ahnung. Ich frag' doch die Mädchen nicht als erstes, wie alt sie sind. Wieso? Was ist denn los?"

Der Polizist schaltete sich ein.

"Die Eltern der Mädchen machen sich Sorgen, weil ihre Töchter zu eurem Konzert wollten, aber anschließend nicht nach Hause gekommen sind. Sie haben die Polizei verständigt. Da unsere Kollegen vor Ort ermittelt haben, dass jemand die Mädchen nach dem Konzert mit euch gesehen hat, hat man uns angefunkt, ob wir mal bei euch im Bus nachsehen könnten. Schickt ihr die Mädchen bitte nach vorn?"

Sandner murmelte unverständliches Zeug – Finderling glaubte, das Wort 'Kindergarten' wahrgenommen zu haben – und trottete lustlos zu den anderen. Zwei Minuten später tauchten zwei Mädchen auf. Der Sänger, der sie sich nun erstmals genauer ansah, fand, dass sie tatsächlich sehr jung aussahen, er schätzte sie auf etwa 16.

"Danya und Estella?", fragte der Polizist.

Die Mädchen nickten verschüchtert.

"Ich bin hier, um euch nach Hause zu bringen. Eure Eltern haben sich Sorgen gemacht. Auf der Fahrt könnt ihr euch überlegen, wie ihr ihnen erklärt, warum ihr einfach mit den Jungs in den Bus gestiegen seid."

Er bekam keine Antwort, aber vermutlich erwartete er auch keine. Die Mädchen schlichen mit eingezogenen Köpfen durch die Tür.

"Ihr Jungs solltet die Mädchen vielleicht doch künftig nach ihrem Alter fragen, bevor ihr sie mit auf die Reise nehmt", mahnte der Polizist. "Gute Weiterfahrt!", wünschte er dann noch und wandte sich ab.

Locke ließ den Motor wieder an, schloss die Tür und ließ das Fahrzeug langsam wieder anrollen. Leon ging zu seinen Mitstreitern.

"Na, das war wirklich 'ne schlaue Nummer", tadelte er die Kollegen eher belustigt als streng. "Ihr hattet natürlich keine Ahnung, wie alt die Mädels waren, oder?"

"75-C", grölte Wittstock.

Zum Beweis hielt er einen schwarzen BH in die Höhe. Finderling konnte nicht anders, er stimmte in das allgemeine Gelächter ein.

"Zur Hölle mit der Selbstdisziplin!", knurrte er.

Er nahm sich eine Flasche Bier und setzte sich zu den Jungs. Alle prosteten ihm fröhlich zu. Morgen würden sie der Menge vor der Bühne wieder ordentlich einheizen. In Augenblicken wie diesen war Leon besonders bewusst, dass er sein Leben liebte.

Heimkehr der Helden

Am Abend nach dem letzten Konzert der Tournee war die Stimmung euphorisch gewesen, am folgenden Morgen war sie zunächst gedrückt. Die fünf Musiker wirkten verkatert, was nur bedingt mit ihrem nächtlichen Alkoholkonsum zu tun hatte. Kaum einer sprach – nur Locke war fröhlich und pfiff auf der Heimfahrt vor sich hin.

"Ich freu' mich auf mein Bett", bekannte Enno. "Die Hotels waren, abgesehen von der einen Hängematte, schon okay, aber es geht doch nichts über meine eigene Matratze."

"Ich dachte, du freust dich vor allem auf dein eigenes Klo", erinnerte Finderling sich an das Bekenntnis des Rhythmusgitarristen, passionierter Heimscheißer zu sein.

"Das sowieso", erfuhr er auch gleich Bestätigung. "Nichts geht darüber, ein ordentliches Pfund in die eigene Schüssel zu setzen."

"Mir graust es schon davor, ab Montag wieder zu arbeiten", schauderte Adam.

"Vor allem, weil das schon morgen ist", stimmte Kilian zu.

"Eben", bekräftigte Fleischer. "Gestern noch Rockstar, morgen wieder Goldschmied. Da komm' ich echt nicht gut klar drauf."

"Und dann wieder eine ganze Woche im gleichen Trott", schimpfte Wittstock. "Das dauert wieder ewig, bis endlich Freitag ist."

"Nichts vermiest einem den Freitag so sehr", behauptete Julius, "wie festzustellen, dass erst Mittwoch ist."

Wieder einmal hatte Langemesser es geschafft, den übrigen ein Grinsen zu entlocken. Leon knuffte ihn dafür anerkennend.

"Klar", meinte er, "es wird hart, sich jetzt wieder in den Alltagstrott einzufinden. Aber zum Glück ist morgen schon der letzte Montag der neuen Woche. Ich bereue nichts. Im Gegenteil, ich hoffe, das war nicht unsere letzte Tournee."

"Nee!"

"Keinesfalls!"

"Geil war's!"

"Anstrengend auch – aber jederzeit wieder!"

"Bin auch gern wieder dabei", schaltete sich Locke vom Fahrersitz aus ein.

Es war eher zufällig als absichtlich gewesen, dass ausgerechnet das letzte Konzert nicht so weit weg von ihrer Heimatstadt stattgefunden hatte, so dass sie nur etwa zwei Stunden Fahrtzeit vor sich hatten. Da sich ein Schläfchen nicht mehr lohnte, begannen sie bereits jetzt, ein Fazit zu ziehen.

"Ich glaube", bewertete Finderling, "wir können uns überall wieder sehen lassen. Keins der Konzerte war scheiße. Ein- oder zweimal hätte der Funke zum Publikum etwas früher überspringen können, aber nirgendwo sind uns die Leute abgehauen. Dafür dass uns niemand kannte, ist das doch gar nicht so schlecht."

"Haben wir nun eigentlich Plus gemacht?", wollte Sandner wissen.

"Wenn alle Gagen, die nicht bar bezahlt worden sind, auf unserem Konto ankommen, sollte am Ende ein bisschen was übrigbleiben, ja."

"Hat Bodo das noch nicht gecheckt?"

"Doch, vermutlich. Aber ich hab' noch nicht mit ihm darüber gesprochen."

"Stecken wir die Kohle in Aufnahmen?"

"Keine Ahnung. Vielleicht auch in die Proberaummiete oder ein paar Kästen Bier. Ist doch letztlich egal. Wir werden schon etwas davon haben. Viel ist es eh nicht. Ach ja, es wird auch noch ein bisschen weniger, denn am Ende wird Locke noch den Bus volltanken müssen, bevor er ihn abgibt."

"Wenigstens war die Kiste verlässlich", freute sich Kilian.

"Ich bin insgesamt sehr zufrieden, dass wir nichts verloren haben und nichts kaputt gegangen ist. Das ist doch auch was wert."

"Stimmt nicht", legte Adam Einspruch ein. "Mein rechter Stiefel ist gestern Abend kaputt gegangen. Die Sohle löst sich vom Leder."

"Locke, wo ist das *Gaffa-Tape*?", fragte Enno. "Das kleben wir."

"In der Kabelkiste, schätze ich, die ist im Kofferraum."

"Macht's halt nachher im Proberaum."

"Ach, Quatsch", wehrte Fleischer ab. "Ich brauch' eh neue. Die schmeiß' ich weg."

"Das ist mal wieder typisch rücksichtslos und unsozial von dir", griff Julius ihn unvermittelt an, "oder zumindest kurzsichtig und gedankenlos."

Adam hatte überhaupt keine Idee, warum der Schlagzeuger ihn beschimpfte und auch die anderen warteten neugierig auf eine Erklärung.

"Wieso?"

"In jedem Land, in dem es vor kurzer Zeit Krieg gab, leben hunderte von ehemaligen Soldaten und Minenopfern, die nur noch ein linkes Bein haben und sich über einen einzelnen gut erhaltenen linken Stiefel freuen würden – und du willst den wegwerfen, nur weil der rechte hinüber ist. Schäm' dich und tu' was Gutes damit!"

Normalerweise war Langemesser eher für Witze und Schlagfertigkeiten bekannt als für zynisches, sarkastisches oder makabres Kabarett.

"Im Ernst?"

"Die Idee klingt böse, ist aber gar nicht schlecht", fand Leon. "Aber gibt es irgendwo Sammelstellen für solche Zwecke?"

Darauf hatte keiner eine Antwort und so kehrten sie zu ihren Analysen zurück und schwenkten bald auf Zukunftsplanungen um.

"Was machen wir denn eigentlich auf den nächsten Proben?"

"Na, neue Songs – die alten müssen wir für die nächsten Wochen sicher nicht mehr üben, sonst kann die irgendwann keiner mehr hören."

So vertrieben sie sich die Zeit und die Furcht vor dem drohenden Alltagsblues mit Vorfreude auf das Hochgefühl, aus unzusammenhängenden Ideenbruchstücken funktionierende Einheiten zu basteln, wie es ihnen schon so häufig erfolgreich gelungen war, und mit dem Zuwachs an Routine immer häufiger gelang.

"Die einzige Phase, die wir jemals hatten, in der das nicht funktioniert hat, war nach den ersten Gigs. Die Songs waren alle scheiße", erinnerte sich Wittstock.

"Da waren wir irgendwie verkrampft", stimmte Sandner zu. "Uns fehlte die Leichtigkeit. Ich glaube, wir wollten zu viel."

"Wie verhindern wir, dass das jetzt wieder passiert?"

"Nicht drüber nachdenken. Einfach machen", empfahl Locke, der jedes Wort hörte. "Wir sind übrigens gleich da."

"Was du nicht sagst", pöbelte Enno. "Stell' dir vor, man kann auch durch die dreckigen Seitenscheiben noch erkennen, dass wir wieder zu Hause sind."

"Ja", ergänzte Julius, "und trotz unserer langen Abwesenheit hat die Stadt sich gar nicht groß verändert. Es springt immer noch jede Ampel auf Rot, sobald ein Fahrzeug in ihre Nähe kommt."

"Macht euch auf eine triumphale Rückkehr gefasst!", krähte Adam.

"Bloß weil Nancy dich vom Proberaum abholt?", spottete der andere Gitarrist.

"Nein, Mia kommt auch."

"Linda auch."

"Svenja auch."

"Na, toll", murrte Enno. "Und wer kommt wegen mir? Bodo vielleicht?"

Tatsächlich waren alle vier erwarteten Freundinnen bereits da, was aber keine Überraschung war, da sich der Tourbus hinter dem Zeitplan befand, obwohl die Straßen an diesem Sonntag frei gewesen waren. Sie hatten einfach zu lange gebraucht, bis sie alles eingeladen hatten und losgefahren waren.

"Damit wir uns richtig verstehen", forderte Wittstock, während Locke das Fahrzeug in eine möglichst günstige Position zum Ausladen rangierte, "ich hab' nichts gegen Umarmungen und Begrüßungsküsschen, aber die Knutschorgien mitsamt Liebesschwüren und Beteuerungen, wie sehr man sich vermisst hat, und das große Erzählen, wie es war und wie geil wir sind, muss warten, bis wir fertig ausgepackt und den Proberaum eingeräumt haben. Ich hab's eilig. Ich will in mein Bett."

"Du kannst schon mal anfangen", schlug Langemesser grinsend vor. "Locke hilft dir – wenn du Glück hast."

"Von wegen", knurrte der Rhythmusgitarrist und betrachtete demonstrativ den Nagel seines Mittelfingers. "Okay, eine Zigarettenlänge für die Wiedervereinigungszeremonien ist fair, die geb' ich euch. Aber dann packen alle mit an, okay?"

Alle nickten beifällig oder murmelten Zustimmung, aber natürlich hielt sich dann doch keiner an die Zeitvorgabe. Adam und Nancy riefen sich ihre Liebe schon zu, als sie noch aufeinander zu rannten, die anderen drei Pärchen ließen es etwas zurückhaltender angehen, hielten sich aber nicht minder innig in den Armen.

"Dass die sich immer gegenseitig in die Köpfe beißen müssen", raunte Enno Locke zu. "Tut das nicht weh?"

"Ich hab' mal ein Foto von zwei Krokodilen gesehen, die versucht haben, sich gegenseitig zu verspeisen", antwortete der Roadie, "daran erinnert mich das immer."

Die Mädchen hatten ganz unterschiedliche Fragen auf den Lippen.

"Habt ihr eigentlich auch geschlafen oder nur gefeiert?", wollte Mia von Julius wissen. "Du hast ganz schön dicke Ringe unter den Augen."

"Nö, die sind ganz frisch. Letzte Nacht haben wir gefeiert. Davor waren wir brav und haben an den nächsten Tag gedacht – jedenfalls meistens."

Svenja interessierte sich mehr für das große Ganze.

"Hat's Spaß gemacht?"

"Ja."

"War es eine lohnende Erfahrung?"

"Definitiv", antwortete Kilian voller Überzeugung.

"Lass' uns heute essen gehen", schlug Linda ihrem Leon vor. "Hier hat diese Woche eine neue Salatbar aufgemacht, die könnten wir mal ausprobieren."

"Kaninchenfutter?"

"Ein paar Vitamine täten dir bestimmt gut. Wie ich euch kenne, habt ihr zwei Wochen lang nur Junkfood in euch hineingestopft, oder?"

Finderling schüttelte grinsend den Kopf.

"Ich denke wir haben uns recht ausgewogen ernährt. Pizza Tonno, Pizza Prosciutto, Pizza Funghi. Immer schön im Wechsel und alles dabei: Fisch, Fleisch und Gemüse."

"Hast du oft an mich gedacht?", war Nancys drängendste Frage.

"Immer, Schatz!", versicherte Fleischer. "Immer! Und du?"

"Rund um die Uhr!"

Enno tat so, als funktioniere sein Feuerzeug nicht und ging wieder zu Locke, der sich daran gemacht hatte, die Rückspiegel des Busses zu putzen, um möglichst viel Distanz zwischen seine Ohren und die schwülstige Konversation zu bringen, die Adam und seine Angebetete führten. Nachdem er zwei Zigaretten hintereinander geraucht hatte, wurde er dann aber doch ungeduldig und räusperte sich sehr vernehmlich.

"Ja, du Spaßbremse", rief Langemesser ihm zu. "Schon verstanden."

Zeitgleich mit ihm löste sich auch Sandner von seiner Freundin, Leon war schon auf dem Weg zu den Stauräumen ihres Tourbusses. Nur der Leadgitarrist hing noch in den Armen seiner Partnerin, und es wurde nicht recht deutlich, wer von den beiden wen festhielt. Locke und der Rest der Band fingen einfach an.

Sie beschränkten sich darauf, alles unsortiert in den Proberaum zu stellen, und vertagten den sorgfältigen Aufbau auf die erste folgende Probe.

"Ich setz' mich doch jetzt nicht hin und schraub' die Becken an", blockte Julius die Avancen von Locke ab, ihm die Zimbeln anzureichen. "Irgendwann ist auch mal Schluss mit lustig. Das kann warten. Der Rest vom Sonntag gehört mir."

Trotz aller Eile nahmen sie sich noch Zeit für eine Verabschiedung, die ihre Frauen beeindruckte, weil nicht nur jeder jedem den üblichen Musikergruß-Handschlag gab, sondern weil alle sich paarweise gegenseitig umarmten und beieinander für die gute Zeit bedankten. Für Locke hatten sie sich eine Überraschung ausgedacht: Sie umringten ihn, hoben ihn hoch und warfen ihn wiederholt in die Luft. Erst als er androhte, sich übergeben zu müssen, hörten sie auf.

Sie waren zurück. Ausgelaugt, müde, erschöpft – aber glücklich.

Kilians kurze Krise

Auf dem Tisch der Couchecke vor den Proberäumen hatte Leon sein 'Sudelbuch' getauftes Arbeitsheft für Songtexte vor sich liegen, ein Stift lag einsatzbereit daneben. Er sog an einer Zigarette und starrte in Gedanken versunken seine linke Hand an, bei der er den kleinen Finger eingeklappt, die anderen gespreizt hatte. Drei der Jungs kamen gleichzeitig die Treppe herunter, Adam mit Gitarrenkoffer in der Hand, Julius mit einem Paar neuer Drumsticks und Enno mit einem Träger Bier.
"Was zählst du?", fragte Langemesser frech. "Deine Finger? Sind fünf."
Finderling lachte.
"Silben", erklärte er. "Wieso kommt ihr alle gleichzeitig? Habt ihr euch verabredet?"
"Nö, Reiner ist schuld", meinte der Trommler.
"Wer ist Reiner?"
"Reiner Zufall."
"Ach, der."
Sie tauschten Handschläge und natürlich wurden gleich neugierige Blicke in Finderlings Sudelbuch geworfen, obwohl – oder vielleicht auch weil – alle genau wussten, dass der Sänger ungern unfertige Texte herzeigte.
"Was wird das?", fragte Fleischer.
"Ein Songtext."
"Nein, ich meine das Geschmier rechts unten in der Ecke von der Seite. Oder ist dir da der Stift ausgelaufen?"
Julius warf einen Blick darauf.
"Das ist ein Tyrannosaurus rex bei der Attacke auf die Besatzung eines außerirdischen Raumschiffs", krähte er. "Das sieht man doch sofort."
"Jetzt, wo du es sagst …"
Wittstock verteilte inzwischen Bierflaschen.
"It's my destiny to go on stage and bleed in this world of disposable dreams – am I the icon of pain or the jester of truth or the devil who knows what it means", las der Leadgitarrist nun zwei Zeilen dem Text vor und sah seinen Sänger mit großen Augen an. "Mein Lieber, das klingt aber ganz schön großartig. Man könnte das schon fast als pathetisch bezeichnen. Ich hoffe, du nimmst mir den Begriff nicht übel."
"Ach was, warum sollte ich?", lachte Leon. "Es ist pathetisch. Natürlich ist es das. Es muss auch pathetisch sein, schließlich soll der Song nicht ohne Grund 'Anthem' heißen, wenn er fertig

ist. Es wird meine persönliche Nationalhymne. Eigentlich finde ich zwar, dass 'Rock and Roll Part 2' von Gary Glitter die beste Wahl für eine Nationalhymne wäre, aber dazu kann man sich hierzulande natürlich schon des englischen Titels wegen wohl nicht durchringen. Deshalb will ich es einfach mal mit einem eigenen Stück versuchen. Nur für mich – nicht gleich für das ganze Land. Ich bin nämlich nicht größenwahnsinnig."

"Auf keinen Fall", zwinkerte Adam. "Wie schaut's mit der Musik aus?"

"Kilian und ich sind schon dran. Das Grundgerüst machen wir in Heimarbeit. Für den Feinschliff bringen wir es dann mit, aber den Text will ich vorher fertig haben."

"Da du gerade von Kilian sprichst – wo steckt der Bengel?"

"Zu Hause", kam die Auskunft von Finderling. "Wir müssen heute ohne ihn proben. Der junge Mann deutete an, krank zu werden."

"Was soll es denn werden? Weltraumherpes[204]?", flachste Langemesser gleich.

"Manche Leute rufen den Notarzt, wenn sie Sodbrennen haben", spottete Wittstock.

"Nee, ohne Scheiß jetzt."

"Echt jetzt?"

"Ja, nee, jetzt echt."

"Wie meinst du das – krank?"

"Na ja, Schlucken tut weh, Nebenhöhlen sitzen zu, sein Schädel dröhnt ein wenig – könnte 'ne ausgewachsene Rüsselpest[205] werden."

"Dann sollte er sich heute Abend gepflegt abschießen", empfahl Fleischer sein persönliches Rezept. "Hilft bei mir immer. Man spült die Bazillen einfach raus. Wenn sie besoffen sind, können sie sich nämlich nicht wehren. Dann lassen sie los. Sobald am nächsten Tag der Kater weg ist, ist auch die Erkältung weg."

"Nee", widersprach Julius, "Nicht sinnlos besaufen. Ein warmes Bier und dann ins Bett. Klingt eklig, is' aber so! Altes Hausmittel und wirkt Wunder!"

"Uäh, warmes Bier – da würde ich lieber krank", merkte Enno an.

---

[204] Der Begriff 'Weltraumherpes' stammt aus der Science-Fiction-Komödie "Krieg der Eispiraten" (1984). Dabei handelt es sich im Film allerdings gar nicht um eine Krankheit, sondern um kleine gefräßige Tiere.
[205] Schnupfen

"Müssen wir uns Sorgen um den Gig am Wochenende machen?", fiel Julius als erstem auf, welche Gefahr sich mit einer Krankheit verband.

"Nö. Darum hab' ich ihn gleich ins Bett gesteckt", beruhigte ihn sein Sänger. "Auch wenn uns heute dann was im Sound fehlen wird."

"Dann können wir eigentlich auch kürzer proben", äußerte Wittstock. "Mir knurrt nämlich der Magen. Wollen wir schnell Fritten holen? Oder uns 'ne Mafia-Schindel bestellen und unterbrechen, wenn sie geliefert wird?"

"Zur Abwechslung könnten wir auch schnell zu IKEA[206] fahren und uns Köttbullar[207] holen. Das wäre doch mal was anderes", fand der Fleischer.

"Bäh! Elchklöten! Nee, lass' mal. Ich hätte Lust auf 'nen Salat", überraschte Julius alle mit einer Alternatividee.

"Du immer mit deinem Salat", bügelte Enno ihn ab. "Kein Zucker, keine Kalorien, kein Geschmack! Iss doch lieber 'nen anständigen Burger! Die machen zwar nicht richtig satt, dafür aber dick."

"Ich brauch' ab und zu eben auch Vitamine."

"Einmal Spinat mit Erdbeeren, bitte."

"Wir können 'ne Münze werfen", schlug Adam vor.

"Ja, und zwar so oft, bis die richtige Seite oben liegt", grinste Finderling. "Wenn wir noch lange diskutieren, können wir uns die Probe auch gleich sparen."

"Okay, wir bestellen was", beschwichtigte Wittstock. "Aber ich wette, dass wir gerade total konzentriert sein werden, wenn das Essen kommt, und wir nur noch schnell was zu Ende machen wollen – und wenn wir damit fertig sind, ist die Pizza wieder kalt."

Niemand wettete dagegen.

---

[206] *IKEA*, 1943 gegründet, ursprünglich schwedischer, heute in den Niederlanden ansässiger Konzern, der zwar in erster Linie für seine Möbel und Einrichtungsgegenstände bekannt ist, aber immerhin fast 5 % seines Umsatzes mit Nahrungsmitteln generiert.

[207] *Wikipedia* definiert Köttbullar als "traditionelle schwedische Fleischbällchen, die gebraten mit Preiselbeerkompott oder -marmelade, Sahnesoße und Kartoffeln oder Kartoffelpüree serviert werden."

Bald rum

Das Personenfährschiff zurück nach Neßmersiel schaukelte nicht stark. Es handelte sich mehr um ein sanftes Wiegen, mit dem Effekt, dass Linda anscheinend eingedöst war. Sie lag ausgestreckt auf einer Sitzbank und hatte den Kopf im Schoß ihres Freunds vergraben. Leon strich ihr liebevoll mit den Fingern durch das Haar. In wachem Zustand pflegte sie zu reagieren, wenn er dabei ihr Ohrläppchen touchierte. Da sie es nicht tat, nahm er an, dass sie schlummerte, wenn auch sicher nicht tief.

Das Paar fuhr jedes Jahr für ein verlängertes Wochenende an die Nordsee und eine Tagestour nach Baltrum gehörte zum festen Inventar ihres Programms. Andere Inselbesuche hatten in den Jahren verschiedene Ziele gehabt, mal war Norderney, mal Juist, mal Langeoog an der Reihe gewesen. Baltrum war ein gemeinsamer Nenner auf den sie sich immer wieder einigen konnten.

Dieser Gedanke brachte Finderling zu den Schwierigkeiten der Konsensfindung, die er mit Linda sonst so häufig hatte.

"Manchmal frage ich mich, wie lange das noch gutgeht mit uns", hatte er erst vor wenigen Wochen seinem Bassisten, Mitbewohner und engstem Vertrauten Kilian sein Herz ausgeschüttet. "Einerseits sagt sie nie, was sie will, andererseits bin ich angeblich zu dominant. Wenn sie überhaupt mal etwas von sich aus anspricht, dann ist es eine Beschwerde, dass ich mich zu wenig nach ihr richte. Ich hab' sie wirklich lieb, aber manchmal frage ich mich schon, was zwischen ihren süßen Ohren passiert. In der Regel äußert sie nicht einmal Wünsche, wenn ich sie frage, was sie tun möchte. 'Ich weiß nicht, sag' du', kommt dann. Wenn ich es nicht besser wüsste, müsste ich annehmen, sie wäre ständig auf Beruhigungsmitteln. Ich kann mich zwar auch zeitweise in meine innere Mongolei zurückziehen, aber lange halte ich es da nicht aus, weil ich normalerweise keinen Ärger möchte, in meiner Birne aber nun einmal ständig Krieg und Chaos herrschen. Ich bin jung, verdammt, wütend und voller Energie! Ich wünschte wirklich, ich könnte ihr ein bisschen abgeben. Wenn ich ein wenig weniger davon hätte und sie ein wenig mehr – schon wären wir viel näher beieinander. Manchmal ist es ganz schön, zur Ruhe zu kommen, aber wenn ich wieder aufgetankt habe, muss auch wieder etwas passieren. Dann brauche ich einen Sparringspartner, jemanden der Dinge mit mir durchspinnt – so wie du. Wenn ich ihr gegenüber die Frage aufwerfe, ob man für einen Besuch beim Hellseher einen

Termin braucht, hält sie das entweder für einen guten Witz oder schaut mich befremdet an, wie man denn auf so eine verrückte Frage kommt."

Wie an jenem Tag, als er Sandner sein Leid geklagt hatte, spürte Leon einen Kloß im Hals, als er sich daran erinnerte. Der Kopf des Mädchens ruhte noch immer in seinem Schoß und er hatte die ganze Zeit nicht aufgehört, sie zu streicheln. Seine Gefühle lagen irgendwo zwischen Ärger und Verzweiflung. Viel zu oft ertappte er sich bei negativen Gedanken, obwohl er so viel zärtliche Zuneigung für sie empfand.

Das Schiffshorn dröhnte und kündigte auf diese Weise die Einfahrt in den Hafen von Neßmersiel an. Linda schlug die Augen auf, streckte und räkelte sich ein bisschen und lächelte ihren Schatz an.

"Hast du trotz des tuckernden Motors und der kreischenden Möwen schlafen können?", fragte Finderling sie.

"Nicht richtig", gab sie zu und setzte sich auf, "aber es war trotzdem schön, deine Nähe zu spüren und deine Hand. Du bist so sanft. Außerdem hast du mich die ganze Zeit lieb angeschaut. Das hab' ich gemerkt."

Er bekam einen Kuss und hielt sie fest. Wenn sie zusammen nach Baltrum fuhren, war immer alles perfekt – ein Herz und eine Seele waren sie dann. Doch sie fuhren nur einmal pro Jahr zusammen nach Baltrum.

"Ich hab' dich lieb", sagte Linda ihm ins Ohr.

"Ich hab' dich auch lieb", antwortete er wahrheitsgemäß.

Dennoch spürte er tief in sich einen Schmerz, als reiße ihm jemand ohne Betäubung die Organe aus dem Leib.

Musikerpolizei

Links grüßte Kilian per Handschlag einen anderen Bassisten, rechts sprach Leon mit dem Schlagzeuger von *Humbug & Mumpitz*, einer Band, die Punkmusik mit Kabarett verband, und dazwischen stand Enno und bekam von einem Gitarristen, den er nicht kannte, dessen Meinung über die Vor- und Nachteile von Zehner-Saiten gegenüber dünneren Exemplaren aufgezwungen. Im *Racer's Club* spielte eine Nachwuchsband und nahezu die komplette Musikerpolizei der Stadt war anwesend.

Die Musikerpolizei war keine feste Organisation, schon gar keine offizielle, sondern bestand ohne Ernennung aus so ziemlich allen Musikern, die in der Szene der Stadt eine Rolle spielten oder dies zu tun glaubten, oder hofften, dies eines Tages tun zu können. Man konnte ihr Erscheinen bei den eigenen Konzerten als Ehre betrachten, manchen jagte es jedoch auch Ehrfurcht ein, wenn das Publikum zu einem Viertel aus Typen bestand, die mit verschränkten Armen in Richtung Bühne starrten und deren Mienen vor allem ausdrückten, dass sie selbst natürlich viel besser waren.

Auch *Hole of Fame* hatten diese Feuerprobe vor Jahren hinter sich bringen müssen und nach allgemeiner Einschätzung mindestens respektabel bestanden, jedenfalls deuteten die üblichen Zeichen darauf hin. Inzwischen war es nämlich längst so, dass sie in der Stadt als etabliert gelten konnten. Dies war beispielsweise daran ablesbar, dass auch Musiker von bekannteren Bands sie grüßten. Der jüngste Nachwuchs wollte zu allen möglichen Themen rund um das Musizieren von Tipps zu Komposition, Text und Arrangement über Auftrittsmöglichkeiten und Proberaummieten bis zu Einschätzungen über Instrumente und Verstärker ihre Meinung hören. Die Presse fragte nicht mehr jedes Mal, wer ihre Vorbilder seien. Und nicht zuletzt: Die Musikerpolizei verschränkte bei ihren Auftritten nicht mehr die Arme.

Wie bei vielen Konzerten im *Racer's Club* üblich, machte die Band in der Mitte des Sets eine Pause, und sämtliche anwesenden Musiker nutzen dies, um bei einem Bier über den ersten Eindruck zu diskutieren.

"Also der letzte Song klang für mich aber stark nach einem *Red Hot Chili Peppers*[208]-Abklatsch", befand der fremde Bassist. "Die dreiundzwanzigste billige Kopie davon braucht doch keiner."

"Ach, so schlimm fand ich das jetzt nicht", schaltete sich Wittstock ein, der kein weiteres Wort über die Vor- und Nachteile von Zehner-Saiten hören wollte, "die Kids sind schließlich noch sehr jung. Da ist es doch nicht schlimm, wenn man ihre Idole noch durchschimmern hört. Hauptsache, sie versuchen, etwas Eigenes daraus zu entwickeln."

Auch Finderling und der Punkschlagzeuger schlossen sich dem Gesprächs- und Analysekreis jetzt an.

"Seh' ich auch so, Einflüsse muss man nicht verleugnen", pflichtete der Sänger seinem Gitarristen bei und führte diesen

---

[208] *The Red Hot Chili Peppers*, amerikanische Rockband, gegründet 1983, erstes Album 1984.

auch gleich als Beispiel an. "Ich find' das so geil, dass seine Gitarrenriffs immer nach Steve Stevens klingen."

"Jau, Steve Stevens rockt", stimmte Kilian zu und hob einen Daumen.

Enno sah etwas verwirrt aus, während er die Augen zwischen seinen beiden Bandkollegen hin- und herwandern ließ.

"Wer ist eigentlich Steve Stevens?"

"Aber auf mich wirkt das eher, als ob sie noch keine Ahnung hätten, wohin sie eigentlich wollen", hakte der fremde Bassist nach. "Ein Song klingt nach *Metallica*, einer nach *Peppers* und einer nach *Ramones*[209]. Was kommt noch?"

"Na, lass' sie doch ausprobieren. Manche brauchen eben etwas länger, bis sie ihren eigenen Sound und Stil gefunden haben."

"Aber im Moment sind sie noch viel zu sprunghaft dabei. Das kommt mir vor, als würden sie immer, wenn sie einen Song gut finden, in den Proberaum gehen und versuchen, ihn zu kopieren – oder jedenfalls etwas in der Art zu machen."

"Ist das schlimm?", fragte der Trommler von *Humbug & Mumpitz*.

"Für so junge Kerle finde ich das okay", bewertete Leon, "das deutet immerhin an, dass sie kapieren, was in den Songs passiert. Außerdem ist der Blick über den Tellerrand wichtig. Er lohnt sich übrigens auch oft genug, weil man dabei Überraschungen erleben kann. Mir ging es zum Beispiel mit Prince[210] so. Als ich den Namen zum ersten Mal wahrgenommen hatte und einen Kumpel dazu befragte, bekam ich zur Antwort, das sei 'ein kleiner Neger mit eigenwilliger Stimme, der gut tanzen kann'. Das klang nicht so, als müsse ich mich dafür interessieren, aber ich hörte mir das Album 'Purple Rain'[211] dennoch an. Donnerschlag am Donnerstag, dachte ich mir plötzlich – der kann auch höllisch gut Gitarre spielen! Damit war die leicht lästerliche Beurteilung durch meinen Kumpel vergessen. Prince ist ein Riese! Ich gebe zu, dass viele seiner Songs nicht meinen Geschmack treffen. Aber das sagt nichts über seine herausragende Qualität, Musik kann auch gut sein, wenn sie mich nicht anspricht. Bei Prince ist das eben etwas häufiger so."

---

[209] *The Ramones*, amerikanische Rockband, gegründet 1974, erstes Album 1976, aufgelöst 1996.

[210] Prince, bürgerlich Prince Rogers Nelson (1958 – 2016), amerikanischer Rock- und Popmusiker. Erstes Album 1978.

[211] Sechstes und kommerziell erfolgreichstes Album von Prince, 1984 erschienen.

"Der heißt doch gar nicht mehr Prince, oder?", vergewisserte sich Sandner. "Hat der nicht gerade so eine Selbstverleugnungsphase?"

"Ach ja, die Nummer mit dem unaussprechlichen Symbol", lachte der Sänger. "Das ist doch toll, so etwas mache ich später auch: 'The Artist sooner known as Finderling', abgekürzt TASKAF[212]! Genial, oder?"

Die Runde schmunzelte, nur der Gitarrist mit dem ausschließlichen Interesse für Saitenstärken verstand den Witz offenbar nicht, verschwand grußlos aus der Runde und wandte sich der Theke zu.

"Aber wenn die jetzt auch noch einen Song spielen, der nach Prince klingt, passt das einfach nicht in ihr Programm", versuchte der fremde Bassist es noch einmal.

"Wenn die einen Song spielen, der nach Prince klingt, fall' ich vom Glauben ab", versprach Enno, "so gut sind die noch nicht."

"Es geht mir nicht um Prince, der war doch nur ein Beispiel. Es ist vollkommen egal, was du dir anhörst. Wichtig ist, dass du genau hinhörst. Ich habe viel zu spät gelernt, differenziert zu hören. Man muss ergründen, was die einzelnen Instrumente tun, und warum das zusammen funktioniert. Dann entwickelt man Verständnis für Komposition und Arrangement. Eine gute Akkordfolge reicht nicht. Wenn alle Instrumente das Gleiche spielen, kann man daraus höchsten zweiminütige Punksongs stricken, aber deren Haltbarkeitszeit ist ziemlich begrenzt, wie wir selbst einst herausfinden mussten."

"Ich kann das bestätigen", schaltete sich der H&M-Trommler ein, "wir schreiben dauernd neue Lieder, weil wir die alten nicht mehr hören können. Aber der Witz ist: Die neuen Songs klingen ganz genauso wie die alten. Das ist Punkrock."

Die Nachwuchsband kehrte auf die Bühne zurück, was für die Musikerpolizei allerdings kein Anlass war, auf der Stelle wieder die Ohren zu spitzen. Hellhörig wurden die meisten allerdings,

---

[212] Dies ist eine doppelte Anspielung: Prince wurde in der angesprochenen "Selbstverleugnungsphase" (1993 – 2000, tatsächlich waren Rechtsstreitigkeiten mit seiner Plattenfirma der Grund) in der Musikpresse zumeist TAFKAP genannt, was 'The Artist formerly known as Prince' bedeutete. Finderlings TASKAF bezieht sich hingegen auf 'Werner on Tour', einen bekannten Cartoon des deutschen Zeichners Rötger Feldmann alias Brösel (*1950) aus dessen Buch 'Werner – alles klar' (1982), in dem die Hauptfigur unter anderem ein Lied namens 'Tasskaff' – für Tasse Kaffee – zum Besten gibt.

als der Sänger ankündigte, sie würden nun eine Coverversion zum Besten geben, nämlich 'Rosanna'[213] von *Toto*[214].

"Ach, du Scheiße", bemerkte Enno. "Als das geschrieben wurde, haben die Jungs doch bestenfalls schon ihre Windeln vollgemacht. Wie kommt man denn auf so was, wenn man sonst versucht nach *Peppers* oder *Metallica* zu klingen?"

Finderling schaute auch sehr skeptisch drein.

"Das ist einer von diesen Songs, bei deren Aufführung jeder beteiligte Musiker einmal öffentlich masturbieren darf, oder?"

Tatsächlich hatten die jungen Musiker sich mit dem Stück restlos übernommen. Schlagzeuger und Sänger waren schon ihren normalen Parts nicht gewachsen, und die Solopassagen gingen bei allen in die Hose. Entsprechend rigoros reagierte das Publikum – viele Zuhörer, die nicht zum Freundeskreis der Band gehörten, gingen vor die Tür um frische Luft zu schnappen.

"Ja ja", merkte Sandner draußen an, "manche haben eine große Begabung dafür, sich öffentlich lächerlich zu machen."

"Faszinierend, oder? In der Pause waren wir doch alle noch ganz wohlwollend", stellte Leon fest. "Einen Song später haben wir keinen Bock mehr, uns den Scheiß anzuhören. Wenn man noch nicht so sicher auf seinem Instrument ist, sollte man sich vielleicht lieber Songs aussuchen, von denen man nicht überfordert ist. Wenn ich Bass spielen müsste, würde ich mich allenfalls an 'Thunderstruck'[215] herantrauen."

"Aber dann nach zwei Minuten mit Achteln auf einem Ton vermutlich den Break verpassen", ergänzte Kilian grinsend.

"Niemals!", bestritt der Sänger lachend. "Der Lauf ist so perfekt auf meinen Fähigkeiten am Bass zugeschnitten – den könnte ich geschrieben haben."

In diesem Moment kam auch Wittstock, der noch auf der Toilette gewesen war, aus dem Saal und stieß mit drei frischen Biergläsern zu den Kollegen.

"Oh Mann, ich fass' es nicht", sagte er.

"Was denn?"

"Ich hab' die ganze Zeit überlegt", berichtete er, "woher ich den Gitarristen kenne. Jetzt hab' ich es endlich, der war bei mir auf der Schule, ein paar Stufen unter mir. Den nennen sie 'Krümel' – und genauso belanglos ist auch, was er spielt."

---

[213] Aus dem Album 'Toto IV' (1982).
[214] *Toto*, amerikanische Rockband, gegründet 1977, erstes Album 1979, aufgelöst 2008, seit 2010 wieder aktiv.
[215] Ein Song von *AC/DC* aus dem Album 'The Razors Edge' (1990).

Sänger und Bassist grinsten sich an, weil sie das Gleiche dachten.

"Vollidioten lernen nichts aus Fehlern", philosophierte Sandner, "Durchschnittsmenschen lernen aus ihren eigenen und Genies aus denen der anderen."

"Was willst du uns mitteilen?"

"Wenn man noch kein Stammpublikum hat, kann man mit einem schlechten oder schlecht gespielten Song ein ganzes Konzert ruinieren."

"Da bin ich aber froh, dass wir aus Prinzip keine schlechten Songs haben und unser Zeug halbwegs können."

"Nee, im Ernst, der Fehler war doch, einen bekannten Song zu nehmen und ihn dann nicht ordentlich rüberzubringen. Jeder im Saal hat gemerkt, dass ihre Version ganz mies war. Wenn die Jungs ein eigenes Stück so verhunzt hätten, wäre es der Hälfte der Leute, die jetzt hier draußen stehen, gar nicht aufgefallen."

"Kilian, wir sind doch längst über das Stadium hinaus, in dem uns so etwas passieren könnte. Dafür sind wir zu routiniert."

Enno, der schweigend zugehört und sein halbes Bierglas leergetrunken hatte, zeigte seinen beiden Kollegen den Scheibenwischer.

"Was für eine überflüssige Grundsatzdiskussion! Oder wollt ihr einen Ratgeber für Nachwuchsbands schreiben? Wie werde ich eine gute, erfolglose Rockband in zehn einfachen Schritten. Zusammengetragen von Professor Sandner und Dr. Finderling, mit einem Vorwort von Campino[216]."

"Wieso von Campino?"

"Der hat doch zu allem was zu sagen."

"Keine schlechte Idee, aber zehn Kapitel reichen nicht. Ich brauche allein zwei Kapitel, um darzulegen, ob man besser deutsche oder englische Texte schreiben sollte."

"Also ein Kapitel geht mit Sicherheit für die Wahl des richtigen Equipments drauf", stieg Kilian sofort ein.

"Und eins für die Wahl des richtigen Bandnamens."

"Und des Bandlogos."

"Richtig, das ist auch ganz wichtig. Vor allem die Kombination aus Logo und Name. Denn auch wenn man sich ein total verschnörkeltes Logo ausdenkt, wird der Name 'The Destroyed Eggs' nicht besser. Darüber hinaus ist wichtig, wie man das Logo auf die Bassdrum malt, ohne dass es billig aussieht."

---

[216] Campino, bürgerlich Andreas Frege (*1962), Sänger von *Die Toten Hosen*.

"Aber eine Sammlung zehn guter Tipps für Nachwuchsmusiker gab es doch schon mal von *Motörhead*[217], fällt mir gerade ein! Der wichtigste Punkt, den ihr Schlagzeuger Mikkey Dee nannte, war: 'Versuche nie, Lemmy unter den Tisch zu trinken!' So viel Weisheit wird für uns schwer zu toppen sein."

"Wir machen doch ein ganzes Buch draus – in der Masse von Worten fällt bestimmt gar nicht auf, wie wenig Handfestes wir zu sagen haben, hehe."

Wittstock hielt sich längst die Ohren zu.

"Boah, Leute", rief er dazwischen. "Können wir nicht lieber über Ficken reden?"

"Das wäre bestimmt auch ein interessantes Kapitel für den Ratgeber", stimmte Leon zu – und für diesen gelungenen Konter klatschten alle drei sich gegenseitig ab.

In den *Racer's Club* gingen sie an diesem Abend nicht mehr zurück.

Love Me, Let's Dance

Nach Proben hatte es im Normalfall kein Mitglied der Band sonderlich eilig, nach Hause zu kommen, sofern dort nicht eine Frau wartete oder es früh am nächsten Tag hochgradig wichtige Termine einzuhalten gab. Oft genug suchten noch alle oder ein paar von ihnen eine Diskothek oder Kneipe auf. Nicht selten verbrachten sie halbe Nächte damit, Pläne zu schmieden oder sich Unsinn für die nächste Bühnenshow auszudenken. Selten blieb etwas Produktives von diesen Abenden übrig, aber durch den hohen Spaßfaktor stärkten sie den Zusammenhalt unter den Jungs.

"Was läuft heut' noch?", fragte Finderling, während er ein Mikrofonkabel aufrollte.

"Nix", knurrte Sandner. "Muss früh zum Zahnarzt morgen, verfickte Scheiße."

"Kilian, du solltest nicht dieses böse Wort in den Mund nehmen", mahnte Julius, "sonst musst du ihn dir noch eines Tages mit Seife auswaschen."

"Welches böse Wort? Verfickt oder Scheiße?"

"Zahnarzt!"

---

[217] In der deutschen Musikzeitschrift *Rock hard* gab es irgendwann in der zweiten Hälfte der 90er mal eine Doppelseite mit "Motörhead's Ten Easy Tips for Rock 'n' Roll Survival". Ich weiß aber leider nicht mehr, in welcher Ausgabe es war. Sorry für die ungenügende Quellenangabe.

"Willst du dir die Knabberleiste sandstrahlern[218] lassen?"
"Schön wär's. Der muss was flicken. Hohlraumversiegelung."
"Ich fahr' zu meiner Freundin, wir machen 'nen ruhigen Abend", erwähnte Adam, und keiner der anderen machte eine Bemerkung darüber, dass Fleischer seit Wochen nichts anderes tat, weil keiner von ihnen unglücklich war, dass Nancy seither nicht mehr ständig auf ihren Proben herumlungerte und ihren Gitarristen ablenkte.
"Ich hau' mich in die Tonne", ergänzte Langemesser. "Bin fix und fertig. Musste heute so früh raus, das ging gar nicht."
"Du kannst mit mir mitkommen, Leon", schlug Wittstock vor. "Würdest du mir sogar 'nen Gefallen tun. Ich bin mit 'ner süßen Maus verabredet. Will da mal 'n bisschen dran rumbaggern. Vielleicht geht was. Mit ein bisschen Glück könnte sie mein nächster Fehler werden – also Glück für sie natürlich. Versteht sich. Aber sie bringt 'ne Freundin als Anstandswauwau mit. Wär' nicht schlecht, wenn du die beschäftigen könntest, damit sie sich nicht langweilt, und ich auch was von meiner Kleinen hab'."
"Erzähl' mir aber morgen keiner was von Schiffen, die nachts am Hafen vorbeifahren", warf Julius feixend ein.
"Sieht die gut aus?", fragte Finderling, wohlwissend, dass der Rest der Band genau diese Phrase erwartet hatte, weshalb auch alle grinsten.
"Du kennst mich doch."
"Ich meine die Aufpass-Freundin."
"Ach so, keine Ahnung. Kenn' ich nicht."
"Na super – wenn ich jetzt zusage, laufe ich Gefahr, den Abend in Gesellschaft eines Gruselmonsters zu verbringen, damit du in Ruhe turteln kannst. Ich glaub', dann ruf' ich lieber Linda an, und frag' sie, ob wir noch zappeln gehen."
Enno setzte einen Bettelblick auf.
"Mhm – so 'nen kleinen Freundschaftsdienst kannst du mir doch nicht abschlagen. Wenn sie wirklich ein Monster ist, hast du was gut bei mir."
"Was denn?"
"Kannst du dir aussuchen."
"Das ist ein Wort."
Fünfzehn Minuten später fuhren sie los, und unterwegs gestand der Gitarrist, dass er die Reaktionen der Bandkollegen erahnt und seine Verabredung deshalb vorgewarnt hatte, er

---

[218] Professionelle Zahnreinigung

würde zu ihrem Treffen voraussichtlich in Gesellschaft seines Sängers auftauchen, worüber letzterer einigermaßen erstaunt war.

Silvana, so hieß der Anstandswauwau, war optisch alles andere als ein Monster, und war von ihrer Freundin Tabita, die schnell mit Enno in ein sehr leises, ab und zu von wechselseitigem Kichern durchsetztes Gespräch vertieft war, offenbar intensiv instruiert worden, mit wem sie es zu tun hatte. Sie kannte die Songs aller erhältlichen Demoaufnahmen von *Hole of Fame* mit Namen und hatte sich zu Leons Überraschung sogar eingehend mit deren Texten beschäftigt.

"Du hast die Texte gelesen?", staunte er strahlend. "Das ist der Hammer! Wow! Jetzt hast du schon einen Stein bei mir im Brett."

"Ihr könntet sie ruhig etwas größer drucken", merkte Silvana lachend an. "Ich find' sie auch gar nicht schlecht. Du kannst gut Englisch und gut reimen, und du benutzt eine interessante Bildsprache. Aber mir sind sie zu negativ."

"Zu negativ?"

"Na ja, die Welt ist schlecht, und ich zeig's euch allen. Das ist zwar nicht in allen Songs so, aber das Motiv kommt immer wieder durch."

"Schon, aber das ist doch eigentlich ein sehr positiver Ansatz", verteidigte Finderling. "Das spricht für Ambition. Es gibt 'ne Menge Bands, bei denen die Texte viel negativer sind: Die Welt ist schlecht, und die anderen sind schuld. Bevorzugt Frauen natürlich."

Silvana grinste. Leon mochte sie auf Anhieb.

"Wer auch sonst. Aber gibt es denn keine schönen Dinge im Leben, die es wert wären, besungen zu werden?"

Der Sänger verdrehte die Augen.

"Oh, Gott, natürlich. Love me, let's dance! Natürlich könnte ich auch solche Texte schreiben. Aber wären solche Texte von Belang? Würden sie zu unserer Musik passen? Wir haben nun einmal, wie so viele junge Männer, eine gewisse Portion Wut im Bauch, und anstatt jemandem mit der Faust auf die Fresse zu hauen, machen wir das eben musikalisch. Die Texte passen dazu. Wie du schon gesagt hast: Ich zeig's euch allen!"

Das Mädchen schmunzelte.

"Love Me, Let's Dance – das wäre wirklich mal ein netter Titel. Der würde im Zusammenhang eures Programms sicher auffallen. Es sagt ja keiner, dass so ein Lied nicht auch ein wenig ironisch sein dürfte."

"Okay", ließ Finderling sich auf den Vorschlag ein, "ich spinne mal ein wenig herum. In der ersten Strophe stelle ich fest, dass ich mich in einer üblen Situation befinde: Ich bin Sänger geworden, weil ich etwas zu sagen habe, muss aber feststellen, dass fast niemand sich für meine Texte interessiert und es deshalb eigentlich total unwichtig ist, was ich da so von mir gebe. In der zweiten Strophe gestehe ich ein, dass mich niemand gebeten hat, meine Gedanken auszukotzen. Aber es fällt mir aber schwer, sie bei mir zu behalten, während ich mitansehen muss, wie beschissen es auf der Welt zugeht. Dann kommt vollkommen zusammenhanglos der Refrain: Love me, let's dance! Drei- oder viermal, je nach Musik. Vielleicht noch eine dritte Strophe, in der ich anerkennen muss, dass ich die Welt zwar nicht ändern kann, aber lieber explodieren als resignieren würde. Noch ein Refrain oder zwei, und vielleicht ein Outro mit ein paar Bemerkungen, die möglichst keinen Bezug zueinander haben und am besten anmaßende Provokationen oder allgemeingültige Wahrheiten sind. Sagen wir, das Leben ist eine Seifenoper, und ich fühle mich wie ein B-Movie-Held. Die Welt ist eine Bühne, Glückseligkeit ist eine Lüge, Italienerinnen können nicht küssen. Die Hälfte der Menschheit ist so stumpf, dass man die andere Hälfte in ihren leeren Augen versenken könnte. Ich verachte eigentlich alles und jeden, aber irgendwie ist es auch egal, ob ich Phil- oder Misanthrop bin, weil das, wie immer, niemanden interessiert. Währenddessen wiederholt der Rest der Band als Backgroundgesang den Refrain."

Leon handelte sich ein anerkennendes Nicken ein.

"Nicht schlecht! Was von der Aufzählung am Ende wertest du als anmaßende Provokation und was als allgemeingültige Wahrheit?"

Er zuckte mit den Schultern.

"Keine Ahnung. Such' dir was aus."

"Italienerinnen können nicht küssen?"

"Das ist 'ne allgemeingültige Wahrheit."

Sie knuffte ihn.

"Hey, du Arsch! Ich bin Halbitalienerin."

"Vielleicht genügen die anderen 50 Prozent. Falls du auch nicht küssen kannst, hast du jetzt immerhin 'ne Ausrede."

Es gelang ihr nicht ganz, ihm einen hasserfüllten Blick zuzuwerfen, weil sie sich das Grinsen nicht vollständig verkneifen konnte.

"Willst du daraus im Ernst einen Song machen?", fragte sie ablenkend.

Wieder zuckten seine Schultern.

"Keine Ahnung, mal sehen. Generell hab' ich was dagegen, wenn in Songtiteln zu häufig das Wort 'Love' vorkommt. Ein- bis zweimal pro Band reicht vollkommen – und wir haben schon zwei. Wir sind schließlich nicht *Whitesnake*[219]."

"Wieso? Was ist mit denen?"

Silvana war nach Finderlings spontaner Vermutung zu jung, um von *Whitesnake* mehr als 'Here I Go Again'[220] zu kennen.

" Bei *Whitesnake* kommt gefühlt in jedem zweiten Songtitel das Wort 'Love' vor. 'Guilty of Love[221]', 'Fool for Your Loving'[222], 'Is this Love'[223], 'Give Me All Your Love[224]' und so weiter und so fort, und das ist bei weitem noch nicht alles. Kurz gesagt: Das hört gar nicht mehr auf bei denen. Das braucht doch keiner."

"Ja, man kann es wohl auch übertreiben. Beschäftigst du dich viel mit den Texten von bekannten Künstlern?"

"Viel ist relativ. Das meiste fließt zu einem Ohr rein und zum anderen raus. Aber es gibt immer mal Textzeilen, die mich packen. Dann interessiert der Rest mich schon. Natürlich ist es genau das, was ich selbst versuche: Jede Textzeile so gut zu machen, dass sie jemanden wie mich packen könnte."

"Klingt nach einem hohen Anspruch", bewunderte Silvana.

"Ja, vermutlich. Aber den muss man auch haben, meine ich, sonst kann man es lassen. Mit 'Love me, let's dance' würde man mich nicht kriegen."

"Womit denn? Nenn' mal ein Beispiel!"

Dem Mädchen gelang es mehr und mehr, Leon für sich einzunehmen. Er stieß so selten auf echtes Interesse an Songtexten – es mussten nicht einmal seine eigenen sein –, dass er vollkommen in das Gespräch eintauchte und seine Umgebung fast vergaß. Die Zeit verging im Fluge, und bald sammelten sich eine ganze Menge Striche auf dem gemeinschaftlichen Deckel von Tisch 4 an. Tabita und Enno turtelten fleißig, und Silvana und Leon bekamen nichts davon mit, weil sie sich einen beein-

---

[219] Whitesnake, britische Hardrockband, gegründet 1978, erstes Album im gleichen Jahr.

[220] Aus dem Album 'Saints and Sinners' (1982), 1987 auf einem mit der Jahreszahl betitelten Album in einer weichgespülten Remix-Version erneut veröffentlicht und in dieser Fassung ein Nummer-1-Hit in den USA.

[221] Aus dem Album 'Slide It In' (1984).

[222] Aus dem Album 'Ready and Willing' (1980).

[223] Aus dem Album '1987' (1987).

[224] Aus dem Album '1987' (1987).

druckenden Songtext nach dem anderen um die Ohren schlugen. Die Kellnerin tauchte für alle eher überraschend auf.
"Letzte Runde!"
Man bestellte noch einmal, diskutierte kurz, den Abend in einer anderen Lokalität fortzusetzen, was Tabita aber mit Verweis auf den folgenden Tag ablehnte, worauf Enno verkündete, ebenfalls Matratzenhorchdienst schieben zu wollen.
"Ich find' unsere Unterhaltung hochinteressant und sehr inspirierend", flüsterte Silvana in Finderlings Ohr, "und würde sie sehr gern noch fortsetzen. Wie wär's, kommst du noch auf 'nen Kaffee mit zu mir?"
Leon hatte schon mehrfach gehört, diese Frage sei der von Frauen benutzte Code, jemanden zum Sex einzuladen. Ihn interessierte durchaus, ob die These stimmte, er tat jedoch einigermaßen gleichgültig.
"Och ja, für ein Stündchen kann ich schon noch mitkommen", murmelte er, den Kopf hin und her wiegend. "Zum Glück muss ich morgen nicht ganz so früh raus."
Silvana lächelte. Dass sie ihrer angeblichen Rolle als Anstandswauwau zu keiner Sekunde nachgekommen war, schien sie nicht zu irritieren.
Trotz einiger verlockender Angebote war Leon, abgesehen von der intensiven Streichelaktion mit Tina im Urlaub, seiner Linda nie fremdgegangen, wie knapp er einige Male auch daran vorbeigeschrammt war, der Versuchung nachzugeben. Doch dieses Mal war irgendetwas anders bei ihm.
Noch einmal neigte Silvana dem Sänger den Kopf zu und hauchte ihm halb lachend, halb lasziv in den Gehörgang:
"Love me, let's dance!"
Zur Antwort sah Finderling ihr in die Augen und nickte kurz, aber sehr betont. Nun hatte ihn doch jemand mit dieser Zeile gekriegt.

Die Quittung

Mit großer Vorsicht drückte Langemesser die Kofferraumklappe seines Kleinwagens zu, um keine der bis unter den Himmel des Fahrzeugs gestapelten Trommeln in die Gefahr eines Kratzers zu bringen.
"Sitzt, passt, wackelt und hat Luft. Abfahrt?"
"Enno fehlt noch", erinnerte Sandner die anderen.

"Wo treibt der Bengel sich denn wieder herum? Den hab' ich sowieso heute nur seine Klampfen und den Verstärker verstauen sehen. Den Rest hat er schön uns überlassen, die faule Socke."

Die Ereiferung des Schlagzeugers war nur gespielt, seine Beobachtung entsprach dennoch den Tatsachen.

"Er hat gesagt, er macht die Abrechnung", gab Finderling zu Protokoll und erntete dafür verwunderte Blicke, da Wittstock sich sonst nicht um diese Aufgabe riss.

"Wieso das denn?"

"Keine Ahnung. 400 Steine abkassieren und dafür 'ne Quittung unterschreiben – das wird er schon hinbekommen."

"Warum dauert das dann so lange? In der Zeit haben wir komplett abgebaut und alles in die Autos gestopft. Ist der mit der Kohle durchgebrannt?"

Adam, Kilian und Leon zündeten sich Zigaretten an.

"Is' gut, ich geh' ihn suchen", fügte der Trommler sich und marschierte zurück zum Eingang von *Undines Bar* – dem vielleicht skurrilsten Laden, in dem *Hole of Fame* jemals aufgetreten war. Die Betreiberin, eine große und kräftige Endvierzigerin mit langen roten Locken, die sich bevorzugt in enge und tief ausgeschnittene Minikleider aus Leder zwängte, hatte etwa ein Jahr zuvor ein heruntergekommenes Pornokino übernommen und in einen schummerigen Club verwandelt. Unter der Woche spielten Bands auf, und in den Wochenendnächten strippten junge Mädchen an Stangen und auf Tischen, weshalb beeindruckende Türsteher bei ihr angestellt waren, die an Frei- und Samstagen nur volljährigen Gästen Einlass gewährten. Das Konzept war für die bis dahin eher biedere Szene am Nordrand des Ruhrgebiets so revolutionär gewesen, dass das Geschäft blendend lief und die Bands aus der Umgebung sich darum rissen, dort spielen zu dürfen. Die Jungs von *Hole of Fame* waren durchaus stolz, von Undine angerufen worden zu sein, während ihr andere ständig in den Ohren lagen, doch einmal eine Chance zu bekommen, sich bei ihr präsentieren zu dürfen.

Zwar war es aufgrund der relativ geringen Größe des Etablissements nicht so schwierig, den Saal mit Publikum gefüllt zu bekommen, doch Fleischer, der kurz vor Beginn des Auftritts noch Zigaretten holen gegangen war, hatte den anderen berichtet, dass draußen vor der Tür eine Schlange stände, der von den Gorillas wegen Überfüllung der Einlass verwehrt würde – das hatten sie bis dahin noch nicht geschafft.

Julius kehrte zu den anderen Jungs zurück, bevor diese ihre Kippen weggeschnippt hatten. Den vermissten Wittstock hatte er nicht im Schlepptau.

"Ihr werdet's nicht glauben", verkündete er, "aber ich erzähl's euch trotzdem. Ich latsch' rein, auf die Bühne – Überblick verschaffen. Nix, kein Enno in Sicht. Ich weiter – in Richtung Backstage. Der Gorilla vor dem Gang lässt mich auch brav durch. Ich schau' auf die Schilder an den Türen: Büro. Die Tür steht einen Spalt offen, fünf Zentimeter vielleicht – gerade soweit, dass ich Enno sehen kann. Der sitzt da breitbeinig auf 'nem Stuhl, Hosen runtergelassen. Undine kniet vor ihm auf dem Boden und verpasst ihm grad 'nen Tittenfick. Ich schätze, wir können solange noch n Bier trinken."

Die Reaktionen der drei Mitstreiter fielen vollkommen unterschiedlich aus.

"Ja, klar", spottete Finderling, "und meine Oma hat 'nen Rasenmäher, der raucht und geht abends in die Disco."

Auch Sandner war misstrauisch.

"Du verarschst uns doch jetzt, oder?"

Fleischer sagte nichts. Er trat seinen Zigarettenstummel aus und stapfte auf den Eingang von *Undines Bar* zu, um sich drinnen selbst ein Bild zu machen. Langemesser rannte ihm nach, um ihn aufzuhalten.

"Hey, nicht! Ich hab' die beiden extra nicht gestört und mich gleich wieder aus dem Staub gemacht. Gönn' ihm doch den Spaß!"

"Mach' ich doch. Ich will doch nur wissen, ob du uns verarscht."

"Ich hab' doch gesagt, dass ihr es nicht glaubt", seufzte der Schlagzeuger.

"Tun wir auch nicht", lästerte Leon. "Aber die Story ist cool. Enno nimmt gern mal bei Gelegenheit eine mit, aber 'ne 50-Jährige?"

"Immerhin hat sie Mördertitten", wandte Adam ein, der nach Langemessers Intervention zumindest stehengeblieben war.

"Was sie auch jedem zeigt, der ihren Laden betritt. Okay, lass' uns noch ein Bier trinken. Wenn Julius Scheiße erzählt hat, kann er Enno erklären, warum wir an der Theke hängen, statt uns auf den Heimweg zu machen."

"Ich erzähl' keine Scheiße. Ich erzähl' nie Scheiße."

Diese Behauptung allerdings war für einen allgemeinen Lacher gut.

Nach einem halben Glas entfernte sich Adam dann doch von den drei anderen, kam aber zu spät, um den Wahrheitsgehalt der Erzählung noch mit eigenen Augen überprüfen zu können. Wittstock kam ihm auf dem Flur im Backstagebereich entgegen.
"Hey, Adam – alles klar?"
"Wir haben dich gesucht", erklärte dieser. "Wir wollten eigentlich schon fahren. Jetzt haben wir alle noch ein Bier bestellt."
"Wie schnell packt ihr denn ein?"
"Wie lange brauchst du denn zum Kassieren?"
Als die fünf Musiker sich vor dem Tresen trafen, sagte keiner ein Wort, aber alle grinsten Enno erwartungsvoll an, in der Annahme, dass er mit seinem Abenteuer prahlen würde – sofern es nicht eine Erfindung des Trommlers war. Da sich keiner die Blöße geben wollte, auf dessen Märchen hereingefallen zu sein, blieb die Runde stumm, bis Wittstock sein Glas in die Höhe reckte und seine Freunde zum Anstoßen aufforderte.
"War 'n geiler Gig! Auf uns!"
"Auf uns!"
"Auf uns!"
"Auf geile Gigs!"
"Auf dicke Titten!"
Kilian verschluckte sich beinahe über Fleischers Antwort auf den Trinkspruch.
Zwei Bier später brach die Band auf. Finderling und Sandner stiegen in den großen Kombi mit der Gesangsanlage und den Gitarrenverstärkern, Langemesser zwängte sich in seinen überladenen Kleinwagen, und die Gitarristen nahmen in der alten Limousine Platz, in deren Kofferraum die Instrumentenkoffer aufgetürmt waren.
"Was hat denn nun beim Kassieren so lang gedauert?", wollte Adam nun, da sie unter sich waren, endlich die Wahrheit wissen.
Der Blick, den Enno dem Kollegen zuwarf, war für diesen nicht zu deuten.
"Nichts weiter", sagte er nach erstaunlich langer Pause nur kryptisch, "wir haben uns nur ganz gut unterhalten, Undine und ich."
Fleischer bettete sein Haupt gegen die Kopfstütze des Beifahrersitzes. Ihm fiel nichts ein, wie er Wittstock das Geheimnis hätte entlocken können, ohne möglicherweise als Opfer von

Julius' blühender Fantasie zu erscheinen. Per Seitenblick auf Ennos Gesicht stellte er fest, dass dieser selig lächelte.
"Der Gentleman genießt und schweigt", knurrte Adam.
Der Fahrer reagierte auch darauf nicht, und es blieb unklar, ob er es nicht gehört hatte oder nicht hatte hören wollen. Er griff zu einer Zigarette.

Evil-Fresse

Es war natürlich eine Frage von Stolz, nicht von Liebe, dass Leon ausgesprochen verletzt reagierte, als er erfuhr, dass seine Ex-Freundin Linda einen neuen Partner hatte. Seine Erwartung hatte darin bestanden, dass sie ihm nach der Trennung für den Rest ihres Lebens hinterher zu trauern hatte, mindestens aber länger, als er selbst bräuchte, sich eine Neue anzulachen. Das war nun schiefgegangen.
"Ich hätte nichts gesagt, wenn es ein gescheiter Kerl wäre", behauptete er leicht wahrheitswidrig jedem Vertrauten gegenüber, ob der es hören wollte oder nicht, "aber der Typ ist fett, hat ein hässliches Aknenarbengesicht und eine Popelbremse[225]. Ich denke, 'Evil-Fresse' wäre ein angemessener Spitzname für ihn."
Seine Mitstreiter waren wahre Freunde, sie standen zu Finderling, in guten wie in schlechten Zeiten, wie es sich für eine Ehe zu fünft gehörte. Sie waren für ihn da und stärkten ihm den Rücken. Der Name 'Evil-Fresse' wurde zum Bandinventar.
Leon brauchte nicht wirklich lange, um sich mit der Situation soweit zu arrangieren, dass er nicht ständig an seinen verletzten Stolz denken musste. Er zog seinen Streifen durch, studierte und probte und ging mit den Jungs auf Piste. Mühsam, das war allen klar, konnte es nur werden, wenn er entweder Linda oder Evil-Fresse, oder schlimmstenfalls beiden zugleich begegnete, was sich nicht immer würde vermeiden lassen, da sie durchaus ähnliche Vorlieben bezüglich der nächtlichen Vergnügungslokale hatten.
Zunächst ging alles gut, dann aber kam, was früher oder später passieren musste. Die ganze Stadt war mit Werbung für ein Nachwuchsfestival in einer zentralgelegenen Location plakatiert. Es war davon auszugehen, dort mehr oder weniger die ganze örtliche Musikprominenz und jeden, der sich dafür hielt,

---

[225] Schnurrbart

anzutreffen. *Hole of Fame* spielten nicht, sie galten nicht mehr als Nachwuchs. Nicht zuletzt ging es darum, zu sehen und gesehen zu werden. Leon ließ sich mit Enno blicken.

Die dritte der vier angekündigten Bands baute gerade auf. Finderling und Wittstock saßen draußen rauchend auf dem Rand eines Blumenkübels und analysierten die Stärken und Schwächen der zuletzt gehörten jungen Kollegen. Es ergab sich ein Gemisch aus Wohlwollen, da die Band harten Rock kredenzt hatte, und Verächtlichkeit, weil sie einige elementare Punkte augenscheinlich noch nicht verstanden hatte.

"Ein dreiminütiges Schlagzeugsolo kann man sich einfach nur erlauben, wenn der Trommler so gut ist, dass er es abwechslungsreich füllen kann. Abgesehen von der Lautstärke war das zum Einpennen. Der ist einfach noch nicht gut genug dafür."

"Ja, und die Nummer mit der Feedbackorgie am Schluss braucht auch kein Mensch mehr. *Motörhead* machen das seit hundert Jahren, und jeder weiß, dass es eine billige Imitation ist, wenn man das nachmacht."

"Na ja, das find' ich jetzt nicht so schlimm. Du weißt doch: Sie zeigen damit, dass sie die richtigen Vorbilder haben. Das schimmert auch in ihren Kompositionen durch. Das Riff aus dem letzten Song, das war doch fast eins zu eins von *Aero* …"

Enno sah Leon an, weil der mitten im Wort abgebrochen hatte. Zur Erklärung deutete er mit einem Kopfnicken in Richtung der Eisentreppe, die zum Eingang des Konzertsaals in der ersten Etage führte.

"Linda", knurrte der Sänger, "mit Evil-Fresse."

Wittstock schnippte seine Zigarettenkippe gekonnt in einen Gully, stand auf und ging gemessenen Schrittes davon. Finderling blieb sitzen. Die Pause vor der nächsten Band würde noch lang genug für eine weitere Zigarette dauern. Sein Feuerzeug klickte. Er beobachtete unauffällig die Umgebung. Alles war voller Musiker, ein paar hübsche Mädchen waren natürlich auch da, wie immer im Umfeld von Bands. Von weitem konnte er seinen Bassisten Sandner sehen, der nach einem Abendessen bei den Eltern endlich eingetroffen war. Er schien in ein Gespräch mit dem Keyboarder der Band *The Pretty Dirty Flowers* vertieft zu sein. Oben verschwanden Linda und Evil-Fresse im Saal.

"Schade, dass wir heute nicht spielen", murmelte er, wurde aber gleich unentschlossen. "Na, vielleicht ist es auch besser so. Den Heckenpenner brauch' ich nicht in meinem Publikum. Den braucht keiner!"

Er hatte durchaus Verständnis dafür, dass sie sich geschmeichelt gefühlt hatte, als der pickelige Fettsack ihr den Hof gemacht hatte, aber er hatte keinerlei Verständnis dafür, dass sie sein Flehen erhört hatte. So groß konnte ihre Not nicht sein, auch wenn sie nicht erwarten konnte, noch einmal so einen guten Fang wie Leon zu machen, fand Finderling in seiner zornigen Selbstgerechtigkeit.

Enno kam nach einigen Minuten zurück. Seine Augen leuchteten. Irgendetwas schien ihn völlig außer Fassung gebracht zu haben.

"Leon, das ist unglaublich!"

Finderling zog eine Augenbraue hoch.

"Was?"

"Ich dachte ehrlich, du hast Lindas neuen Typen nur 'Evil-Fresse' getauft, weil du so sauer auf ihn bist."

Der Sänger kannte seinen Rhythmusgitarristen gut genug, um zu wissen, dass noch etwas kommen würde. Die Pause war eine Kunstpause zur Verstärkung der Wirkung. Das war wie der unerwartete Break vor dem fulminanten Schlussrefrain.

"Aber der sieht wirklich so scheiße aus!"

Der Abend war gerettet. Es gab nichts Besseres als eine funktionierende Band.

Der Proberaum ist der Mittelpunkt des Universums (Folge 84)

Die beim Eintrudeln am Proberaum normalerweise üblichen Begrüßungsrituale der Jungs wichen dieses Mal vom Standardprozedere ab, weil Adam an Leon, der ausnahmsweise als Letzter ankam, eine Veränderung auffiel.

"Wo ist denn dein Bart?", fragte der Leadgitarrist ganz erstaunt.

"Im Ausguss."

Nun sahen auch die anderen Bandmitglieder genauer hin.

"Wieso denn bloß?", wollte Fleischer wissen.

Finderling zuckte mit den Schultern.

"Mal was anderes."

"Wegen Linda?", schaltete Julius sich von hinter den Trommeln ein.

Kilian und Enno tauschten vielsagende Blicke.

"Einfach nur mal so", knurrte der Sänger und machte sich daran, seine Songtexte aus dem Rucksack zu ziehen und auf seinen Notenständer zu klemmen.

"Das glaub' ich jetzt nicht", bekundete Langemesser sein Unverständnis. "Das bist doch nicht du! Sein Outfit verändern, weil 'ne Beziehung zu Ende ist – das machen doch nur Mädchen. Neue Frisur, neue Schuhe und so: Äußere Zeichen setzen, dass ab sofort alles anders ist. Aber doch nicht Leon Finderling!"

"Womit fangen wir an?"

Deutlicher hätte der Sänger nicht zum Ausdruck bringen können, dass er keine Lust verspürte, das Thema auszubreiten, aber die Freunde ließen nicht locker.

"Hey, okay", übernahm nun Wittstock das Wort, "Evil-Fresse ist 'ne Wurst, und du bist echt sauer, aber deshalb musst du dich doch nicht selbst verstümmeln."

Finderling presste die Lippen fest aufeinander und schaute grimmig zwischen den anderen hindurch ins Leere. Enno schüttelte den Kopf.

"So geht das nicht, so können wir nicht anfangen. Lasst uns erst mal zusammen eine rauchen und ein Bier trinken", bestimmte er.

Da alle anderen zustimmten, schloss Leon sich an. Der Rhythmusgitarrist öffnete zwei Flaschen und reichte ihm eine. Ein Feuerzeug machte die Runde.

"Prost, du Sack!"

Der Sänger zierte sich.

"Prost, ihr Säcke", fauchte er dann und plötzlich platzte ein Grinsen aus ihm heraus.

Es steckte alle an. Die Flaschen schlugen gegeneinander.

"Ihr seid echt Zecken", stellte Leon nach ein paar Schlucken fest.

"Mach' halt nicht so'n Scheiß", mahnte Julius und gab ihm einen Klaps auf den Kopf.

Weitere Worte fielen zu dem Thema nicht. Alle wussten, dass Finderlings Kinn schon zur nächsten Probe nicht mehr nackt sein würde. Er selbst auch.

Tag der Entscheidung

Allen war die Wichtigkeit des Treffens klar, obwohl Leon im Vorfeld nicht verraten hatte, welches Thema er auftischen wollte. Die Versammlung nicht mit einer Probe zu verbinden, nicht in eine Kneipe zu legen, und Bodo dazu einzuladen, waren drei starke Indizien, dass sie bedeutend werden musste. Allerdings machte sich jeder Gedanken, in welche Richtung sie gehen würde.

Kilian, von Natur aus nicht mit pauschalem Optimismus gesegnet, grübelte darüber, ob der Sänger möglicherweise schlechte Nachrichten zu verkünden hätte, seinen Ausstieg aufgrund eines Studienplatzwechsels beispielsweise. Immerhin war Finderling nicht mehr mit Linda zusammen, und Trennungen von langjährigen Partnern konnten den Wunsch nach gravierenden Veränderungen der Lebensumstände mit sich bringen. Hinzu kam, dass es dem Bassisten nicht gelungen war, schon im Vorfeld ein Stichwort aus seinem Mitbewohner herauskitzeln zu können.

Enno dachte in eine ganz andere Richtung. Er kannte Leons Ehrgeiz und rechnete mit dem Vorschlag, den wöchentlichen Probenaufwand noch weiter zu steigern.

Julius tippte, es würde um Geld gehen, um größere Anschaffungen für das Equipment der Band, die mit den Beständen der gemeinsamen Kasse nicht zu decken waren.

Adam glaubte, die Einladung an Bodo sei der Schlüssel zur Erkenntnis: Der Manager musste einen größeren Fisch an der Angel haben, zum Beispiel eine größere Promotion-Agentur oder vielleicht sogar ein interessiertes Plattenlabel, und bislang nur mit Finderling darüber gesprochen haben.

Der unterschiedlichen Erwartungshaltung entsprechend war die Anspannung bei den Jungs verschieden ausgeprägt, als sie sich bei Wittstock im Wohnzimmer trafen, zum Bier griffen und es sich auf Couch oder Sesseln bequem machten. Sandner war so nervös, dass er seine Flasche erst im dritten Versuch aufbekam. Er entspannte sich allerdings ein wenig, als er sah, dass der Sänger einen fröhlichen Eindruck machte. Die anderen pendelten sich eher zwischen Neugier und Skepsis ein.

"Dann spann' uns mal nicht länger auf die Folter und lass' die Katze aus dem Sack!", bat Fleischer, nachdem sie sich zugeprostet hatten, weil es ihn befremdete, dass vor lauter Ernsthaftigkeit kaum dummes Zeug geredet wurde.

Finderling grinste. Wenn er kein Faible für große Auftritte gehabt hätte, wäre er wohl nicht Sänger einer Rock-'n'-Roll-Band geworden.

"Ich hab' keinen Bock mehr, immer nur mit popeligen Vier-Song-Demos rumzueiern. Lasst uns 'ne richtige CD aufnehmen!"

Für einen Moment herrschte Totenstille, dann reagierten alle gleichzeitig.

"Geile Idee!"
"Wer bezahlt das?"
"So richtig im Studio?"
"Das ist zu teuer!"

Alle merkten bald, dass es unnütz war, alle Fragen durcheinander aufzuwerfen, zumal sie von Leon gewöhnt waren, seine Vorschläge zumeist schon im Vorfeld relativ weit zu durchdenken. Daher beruhigten sie sich. Vor allem Kilian war erleichtert, dass er mit seinen Vorahnungen komplett falsch gelegen hatte.

"Ich red' nicht von den Abbey Road Studios[226]", begann der Sänger seine Ausführungen, "aber ein klein wenig größer und besser als alles Bisherige von uns sollte die Scheibe schon werden. Ich hab' die Aufnahmen, die Felix bisher mit uns und anderen Bands gemacht hat, mal ein wenig unter dem Aspekt der Tonqualität angehört. Er hat sich im Laufe der Zeit wahnsinnig gesteigert. Sein Equipment wird immer besser, und er nutzt es immer besser. Momentan fährt er Acht-Spur-Maschinen, aber die Produktionen klingen besser als viele 16-Spur-Aufnahmen, die ich schon gehört habe. Ich hab' mich auch mit ihm darüber unterhalten. Er sagt, Zeit ist der entscheidende Faktor. Wenn er nicht mehr als einen Song pro Tag mischen muss, erreicht er diesen Level. Das ist immer das Problem, wenn man sich in professionelle, teure Studios einmietet: Um die Möglichkeiten richtig zu nutzen, muss man mit ihnen vertraut sein – und das bekommt man nicht hin, weil man es sich nicht leisten kann, so einen Laden für mehrere Wochen zu mieten, wenn man keinen Plattenvertrag hinter sich hat. Da heißt es immer, Zeit ist Geld. Genau aus der Schleife müssen wir raus, wenn wir was richtig Gutes abliefern wollen. Also lieber etwas beim Equipment sparen und bei den Räumlichkeiten, dafür aber nicht an der Zeit. Wenn Felix sein Equipment noch um ein paar Teile ergänzt, die man leihen kann, können wir die Basic-Tracks im Proberaum aufnehmen, also Schlagzeug, Bass und Rhythmusgitarren. Wichtig ist eigentlich nur, von jedem Song eine perfekte

---

[226] Tonstudio des britischen Schallplattenkonzerns *EMI* im Londoner Stadtteil Westminster an der Abbey Road – berühmt geworden vor allem durch die Aufnahmen der *Beatles*, die sogar eines ihrer Alben 'Abbey Road' nannten. Eingerichtet 1931, wird es bis heute intensiv genutzt.

Schlagzeugaufnahme hinzubekommen. Alles andere kann man auch bei Felix im Home-Studio noch einmal einspielen. Die Leadgitarren und alle Gesangsspuren sowieso. Ihr kennt sein Aufnahmezimmer. Die kleine Gesangskammer hinten links in der Ecke und so. Dann wird das alles auch nicht so kostenintensiv. Wir müssen ein paar Teile leihen, Mikros vor allem, und wir müssen Felix seine Zeit bezahlen. Dann kommen noch die Kosten fürs Mastering, zum Pressen der CDs und den Druck der Booklets. Bei der Gestaltung des Booklets wiederum kann man Kohle sparen. Mit Computerprogrammen ist es heutzutage kein riesiger Akt mehr, ein gescheites Layout zu entwickeln. Ich trau' mir durchaus zu, so ein Programm zu erlernen. Wenn es knifflig wird, kann Svenja mir bestimmt auch Tipps geben. Was meint ihr?"

Im ersten Moment meinte keiner der fünf anderen etwas. Offensichtlich waren sie geplättet. Sandner war noch immer erleichtert, dass sein Sänger ihm erhalten blieb, Langemesser lutschte an seiner Bierflasche, Wittstock kratzte sich an den Bartstoppeln und Fleischer betrachtete seine Fingernägel.

"Nicht schlecht", sagte schließlich Bodo und nickte anerkennend. "Hört sich alles sehr durchdacht an. Mit Felix kriegt ihr das hin. Wie viele Exemplare würdest du von der Scheibe pressen lassen?"

"Tja, die Druckerei macht immer 1.000 Stück von den Booklets, weniger geht nicht", antwortete Finderling, "das hab' ich schon raus. Wir müssten deshalb allerdings nicht 1.000 pressen, 500 geht auch. Theoretisch sogar 300, aber dann wird das Einzelstück relativ teuer. Das Negativ, wenn ich es so nennen darf, muss in jedem Fall erstellt werden, gleichgültig, ob dann nur zehn oder zehn Millionen Exemplare gepresst werden."

"Klar, die Rechnung ist einfach. Es gibt unveränderliche Fixkosten, aber der Stückpreis hängt davon ab, wie viele ihr macht – je mehr desto günstiger. Was aber keinen Zweck hat, wenn die dann am Ende irgendwo im Keller verstauben. Ihr müsst eine Zahl wählen, die dafür sorgt, dass euch die Dinger nicht ausgehen, die gleichzeitig aber so niedrig ist, dass ihr annähernd ausverkaufen könnt."

"Da klingt doch 500 nicht schlecht."

Erst jetzt löste sich die Schockstarre der anderen langsam auf.

"Wie viel Songs sollen da drauf?", wollte Adam wissen.

"Keine Ahnung. Full-Time-CDs fassen 74 Minuten. Das würde ich ausreizen wollen. Wenn ein Song im Durchschnitt vier Minuten lang ist, wären wir bei 18 Songs."
"Weißt du, wie lange es dauert, 18 Songs einzuspielen und zu mischen?"
"Lange. Darum will ich die Geschichte so aufziehen, dass mehr Zeiteinsatz nicht die Kosten explodieren lässt."
"Felix wird das aber auch nicht umsonst machen", wandte Kilian ein.
"Nö, aber sicher zu einem fairen Preis. Wir sind nicht irgendwer für ihn."
"Hast du alles schon mal durchkalkuliert?"
"Jep."
"Und?"
"Definitiv unter 10.000 Ocken machbar."
"10.000 Ocken?"
Enno machte große Augen.
"Unter 10.000 Ocken."
"Unter 10.000 kann vieles sein. 300 ist unter 10.000, aber 9.793 auch."
"Ich kann nicht einschätzen, wie viele Arbeitsstunden von Felix wir einkalkulieren müssten, und was er genau nehmen würde. Es kann sein, dass wir bei 8 oder 9 rauskämen, aber wenn wir schneller sind als erwartet, könnten wir es vielleicht auch mit 5 oder 6 schaffen."
"So viel haben wir nicht in der Bandkasse."
"Bei weitem nicht!"
"Nicht mal, wenn wir den Van verscherbeln. Das sollten wir aber sowieso nicht tun."
"Tja, dann wird wohl nichts draus."
Alle starrten Leon an, weil niemand damit gerechnet hatte, dass er so schnell einen Haken an die Sache machen würde. Schon regte sich Protest unter den Musikern, die eben noch Einwände erhoben hatten.
"Aber ich find' die Idee cool."
"Ich hätte schon Bock, das zu machen."
"Überlegt mal: 'ne eigene CD! Das wär' schon geil."
"Wir hauen die Bandkasse auf den Kopf und jeder tut noch was dazu – ginge das nicht?"
"Wir müssen halt noch ein paar Konzerte mehr spielen."
"Beides! Mehr spielen und dann noch ein bisschen dazutun."
"Ich würde auch mehr als ein Fünftel vom Restbetrag dazutun, wenn es sein muss."

"Scheiß' drauf, Leute, dafür geh' ich sogar zusätzlich arbeiten."
"Wir müssen das machen."
"Ich pump' meine Eltern an."
"Ich verkauf' mein Motorrad."
"Leon, das Ding läuft! Red' mit Felix!"
Den Rest des Abends verbrachten sie mit Diskussionen darüber, welche Songs für die Aufnahmen in die engere Wahl kommen würden. Als sie sich schließlich zwei Stunden später trennten, achtete Bodo darauf, zeitgleich mit Finderling zu gehen.
"Unter taktischen Gesichtspunkten", nickte der Manager dem Sänger anerkennend zu, "bist du ein Genie!"

Der depressivste Song der Welt

Die Aussicht auf die bevorstehenden professionellen Aufnahmen hatte die ganze Band elektrisiert. Die Jungs redeten von nichts anderem mehr, wenn sie sich trafen, von wenig anderem, wenn andere Menschen dabei waren – und es darf angenommen werden, dass sie auch sonst nicht an allzu viel anderes dachten.
Im Proberaum arbeitete man weiter mit Feuereifer und mühte sich, ganz Bodos Empfehlung folgend, jedes Detail zu perfektionieren. *Hole of Fame* berauschte sich geradezu an den eigenen Songs und an ihrer unerschöpflichen Arbeitswut. Auch von komplizierten Stücken ließen sie sich nur auf-, keinesfalls aber abhalten. Gemurrt wurde nie.
Kilian und Leon war schon bei Komposition und Arrangement klar geworden, dass 'Stranded' ein sperriger Song werden würde. Seine Struktur war schwierig, das gewünschte Klangbild entstand erst, wenn alle Instrumente ineinandergriffen, während ihre Linien eigenständig eher fad wirkten. Entsprechend holperte es für eine ganze Weile beträchtlich. Der Bassist musste häufig korrigierend eingreifen, bis jeder sicher war, was er zu tun hatte. Erst zum Ende der Session wurde erkennbar, wie alles zusammen funktionieren würde. So lange hatten sie seit Jahren nicht gebraucht, um ein Lied zum Klingen zu bringen.
"Okay, verstanden", bemerkte Adam. "Der Bass gibt sozusagen immer Antworten auf die Vorlagen, die meine Gitarrenlinie gibt. Deshalb klingt beides einzeln so unfertig und willkürlich, wenn man den Gegenpart nicht hört – richtig?"
"Richtig."

"Cooles Ding. Aber am geilsten finde ich, dass bei der Textzeile 'My heart stopped, stopped to beat' das Schlagzeug kurz aussetzt. Da sage noch einer, Texte wären unwichtig für die Musik. Aber wahrscheinlich wird das mal wieder keiner bemerken."

"Hat hier jemals einer behauptet, bei uns wären die Texte unwichtig?", fragte Leon mit provokantem Unterton in der Stimme, zugleich aber breit grinsend.

"Ja, ich", log Enno. "Aber was habt ihr euch eigentlich bei der Nummer gedacht? Wolltet ihr den depressivsten Song der Welt schreiben? Wer nicht auf so düsteres Zeug steht, könnte das ganz schön langweilig finden – vor allem das ewig lange Intro auf E."

"Moment – es gibt einen Unterschied zwischen Langeweile und Monotonie", fuhr Sandner dozierend dazwischen. "Deine Gitarrenlinie ist sicher monoton, aber langweilig ist sie allenfalls für sich genommen – durch die anderen Instrumente passiert so viel in dem Song, dass er ganz objektiv nicht langweilig wird."

"Außer der Hörer steht generell nicht auf Songs, die länger als fünf Minuten dauern", schwächte Finderling die Argumentation ab. "Aber dann ist er bei uns sowieso nicht gut bedient. Ein Song muss so lang sein, wie er eben lang sein muss. Das können manchmal eben auch mehr als fünf Minuten sein."

"Gute Songs fangen doch erst ab viereinhalb Minuten an", krähte Langemesser zwischen seinen Beckenstativen hindurch.

"Deine Vorliebe für depressive Musik ist hinlänglich bekannt", frotzelte Wittstock den Trommler an.

"Ich find' den Song gar nicht depressiv", merkte Leon an, "nur nachdenklich und melancholisch. Da finde ich andere Sachen viel depressiver."

"Ich auch", stimmte Fleischer zu.

"Ich bin umgeben von Trauerklößen", seufzte Enno.

"Also *Joy Division*[227] ist sicher depressiver", befand Julius.

"Genau, oder das Album 'Faith'[228] von *The Cure*[229]", ergänzte Adam.

"Ich finde 'The Final Cut'[230] von *Pink Floyd* total niederschmetternd", berichtete der Bassist seine Erfahrungen. "Manchmal kann ich die Scheibe nicht am Stück hören."

---

[227] *Joy Division*, englische Rockband, gegründet 1977, erstes Album 1979, nach dem Selbstmord des Sängers Ian Curtis 1980 aufgelöst.
[228] Drittes Studioalbum von *The Cure* (1981).
[229] *The Cure*, englische Rockband, gegründet 1976, erstes Album 1979.

"Ich kann Chris de Burgh[231] nicht ertragen", gestand der Sänger, "davon komme ich auf die Dauer ganz schlecht drauf."

"Chris de Burgh?", staunte Wittstock. "Da würde ich auch schlecht draufkommen. Den will ich mir gar nicht anhören."

"Oh, unterschätz' den nicht. Guter Musiker und rockiger, als man denken dürfte, wenn man nur das schreckliche 'The Lady in Red'[232] kennt. Aber die Stimmung, die er in seinen Balladen verbreitet, ist nichts für mich. Linda hat aber genau das Zeug zuweilen aufgelegt, wenn sie Kerzen angezündet hat und andere romantische Anwandlungen bekam. Meistens konnte ich sie dann noch in letzter Sekunde zu 'Shine On You Crazy Diamond'[233] von *Pink Floyd* oder einem Sampler mit Hardrockballaden überreden, aber manchmal ging es eben auch schief. Wenn ich dann nach Hause kam, musste ich immer sofort meine Ohren mit *AC/DC* oder *Motörhead* durchspülen."

"Oder du hast dir eine Gitarre geschnappt und selbst einen depressiven Song geschrieben."

"Nö, sonst hätten wir 'ne ganze Menge davon. Eine Band sollte ihr Repertoire niemals zu sehr von Frauen beeinflussen lassen."

"Na, in der Hinsicht sind wir aber alles andere als vorbildlich", knurrte Kilian, und Enno und Leon, die beiden Diskutanten, zogen grinsend die Köpfe ein.

Beide hatten schon mehr als einmal Songs zur Verarbeitung gescheiterter Beziehungen oder zum Ausdruck ihrer überbordenden Gefühle geschrieben.

"Hab' ich das richtig mitbekommen?", hakte Fleischer gleich ein. "Ist nicht in dem neuen Song auch von einem Weibsbild die Rede?"

"Ja", gab Finderling zu, "aber nur am Rande. Hauptsächlich geht es in dem Text um die Frage, wo man zu Hause ist."

"Da bin ich aber froh", zwinkerte der Leadgitarrist. "Aber weil ich da bald hin will, sollten wir den Song jetzt noch einmal spielen. Oder zweimal. Danach vielleicht noch eine Abgehnummer zum Ende. Um die Ohren durchzuspülen."

Leon ließ sich nicht provozieren, und auch die anderen legten keinen Protest ein. Enno stimmte noch seine H-Saite nach, dann

---

[230] Zwölftes Studioalbum von *Pink Floyd* (1983).
[231] Chris de Burgh (*1948), gebürtig Christopher Davison, nahm zu Beginn seiner Karriere als Musiker den Familiennamen seiner Mutter an, irischer Rockmusiker, erstes Album 1974.
[232] Aus dem Album 'Into the Light' (1986).
[233] Ein Stück aus dem Album 'Wish You Were Here' (1976).

schlug er den ersten Akkord an, natürlich ein E. Bald kam Finderling mit der Gesangslinie hinzu, Julius kreierte mit den Becken untermalende Akzente, bevor er mit dem ersten Akkordwechsel Wittstocks richtig einsetzte. Der Bass und die zweite Gitarre stiegen erst ein, als der langsame Aufbau des Liedes bereits auf seinen ersten Höhepunkt zusteuerte.

"Wisst ihr, was ich richtig geil finde?", fragte Enno, als der Nachhall des letzten Beckenschlags verklungen war. "Der Song atmet! Obwohl er voll instrumentiert ist, ist richtig Luft drin. Vergesst, was ich vorhin gesagt habe! Mir ist egal, ob es der depressivste Song der Welt ist. Er ist einfach gut!"

Philosophie

Wieder war eine Probe zu Ende, und die Band saß noch zusammen. Allerdings ging es nicht darum, gemeinschaftlich den Abend ausklingen zu lassen, vielmehr gab es zeitliche Planungen zu besprechen. Enno wollte noch einmal den Aufwand und auch die Notwendigkeit einer Vorproduktion erläutert bekommen, was Kilian und Leon gemeinschaftlich übernahmen.

"Der Aufwand hält sich wirklich in Grenzen – kleinere Spielfehler müssen gar nicht bereinigt werden. Einmal ein sorgfältiger Soundcheck, dann zwei oder drei Takes von jedem Song, Gesang oben drauf, fertig", führte Sandner aus.

"Gemixt wird auch nicht ausgiebig", ergänzte Finderling. "Keine Effekte drauf, die Gitarrenspuren im Panorama weit auseinander, am besten komplett auf die Seiten – so dass man alles gut hören kann, denn darum geht es in erster Linie. Wenn alles einzeln erkennbar ist und keinerlei Soundbrei entsteht, werden wir am ehesten auf Schwächen im Arrangement aufmerksam. Außerdem kann Felix sich in die einzelnen Spuren einhören, die dann im Laufe der richtigen Produktion auf ihn zukommen."

"Darum lassen wir auch den Backgroundgesang weg, der lenkt bei der Vorproduktion nur vom Wesentlichen ab."

"Machen das alle großen Bands so?", fragte Adam.

Sänger und Bassist sahen sich ratlos an.

"Vorproduktionen machen viele", antwortete Letzterer dann. "Ob man das so macht, wie wir es uns mit Bodo und Felix überlegt haben, wissen wir nicht. Leider haben die Jungs von *Metallica* uns zu ihren letzten Aufnahmen wieder nicht eingeladen."

"Die Säcke!"

"Für uns erschien uns dieses Vorgehen die passende und sinnvolle Philosophie. Es dient uns zur Suche nach Fehlern und Verbesserungsmöglichkeiten und Felix zum Kennenlernen der Songs im Detail – also Instrument für Instrument."

Julius hatte die ganze Zeit mit dem grünen Blättchen aus einer Packung Zigarettenpapier herumgespielt und stellte dieses nun einmal längs seiner Faltung aufrecht auf die Tischplatte. Dann zündete er es an der Spitze an und jubelte, als es sich, zur Hälfte abgebrannt, in die Luft erhob, ein wenig herumsegelte und dann genau im Aschenbecher landete.

"Wenn das passiert, darf man sich etwas wünschen, oder?"

"Klar", entgegnete Wittstock lapidar. "Geht allerdings genauso wenig in Erfüllung wie bei Sternschnuppen, Wunschbrunnen und all dem anderen Scheiß."

"Nancy hatte auch mal so 'ne Phase", wusste Fleischer zu berichten. "In der Zeit hat sie wirklich alles ausprobiert. Wahrscheinlich hat sie damals ein halbes Vermögen auf den Böden von irgendwelchen Brunnen versenkt."

"Sie meinte wohl, sie könnte dem Zufall die Würfel stehlen", mutmaßte Enno.

"So ungefähr. Sie hat aufgehört, als ich meinte, eher verwandelt Gargamel[234] mich in Papa Schlumpf[235], als dass das klappt. Das wollte sie dann wohl auch nicht."

"Das ist verständlich. Sonst wäre sie Schlumpfine[236]."

"Wobei die doch ganz niedlich aussieht", fand Langemesser.

"Das schon", winkte Wittstock ab, "aber sie muss doch 'ne alte Nutte sein. Allein in einem Dorf mit der ganzen Bande von Kerlen – die Konstellation war mir schon immer verdächtig. Aber sagt mal: Welche Farbe bekommen Schlümpfe, wenn man sie würgt? Das hab' ich mich schon immer gefragt. Konnte mir noch keiner schlüssig beantworten."

"Solche Fragen stelle ich mir auch dauernd", bekannte Finderling und gab gleich eine Kostprobe: "Sind nymphomane Hündinnen zwangsläufig?"

"Wenn *Stiftung Warentest*[237] Vibratoren testet", konterte Enno, ohne dem gebannt der Unterhaltung folgenden Rest der

---

[234] Gargamel ist der böse Gegenspieler der Schlümpfe in der Comicreihe 'Die Schlümpfe' des belgischen Zeichners Peyo.
[235] Papa Schlumpf ist Oberhaupt der Schlümpfe.
[236] Schlumpfine ist der einzige weibliche Schlumpf.
[237] *Stiftung Warentest* ist eine deutsche Verbraucherorganisation, die Waren und Dienstleistungen verschiedener Anbieter vergleicht, um Informationen über die jeweilige Qualität der Produkte zu ermitteln.

Band eine Erholungspause zu gönnen, "ist 'befriedigend' dann besser als 'gut'?"

"Gibt es in einer Teefabrik Kaffeepausen?"

"Ist ein Raumschiff, das ausschließlich mit Frauen besetzt ist, unbemannt?"

"Wenn Katholiken auf eine Demonstration gehen, sind sie dann Protestanten?"

"Ist Lattenrost eine Geschlechtskrankheit?"

"Genug, es reicht!", ging Sandner endlich dazwischen. "Ihr seid unschlagbare Philosophen. Aber wollten wir nicht eigentlich den Zeitplan für die nächsten Wochen besprechen? Vorproduktion und so? Svenja muss ganz schön geduldig mit mir sein, wenn wir demnächst noch mehr machen. Deshalb möchte ich sie nicht auch noch heute Abend länger als nötig warten lassen, weil ihr mal wieder nicht beim Thema bleiben könnt."

Seine Rede klang verärgerter, als er war, und das merkten die Anderen. Dennoch gab es ausnahmsweise keine Widerworte.

"Also gut. Wann liegt das an?"

"Sobald wir meinen, mit den Feinarbeiten an allen Songs, die für die CD in Frage kommen, fertig zu sein."

"Also in zwei bis drei Wochen, oder?"

"Könnte hinkommen."

"Wie lange wird die Vorproduktion dauern?"

"Alles mikrofonieren, Soundcheck und Regler am Pult einstellen, dann ein paar Testaufnahmen für jedes Instrument und alle zusammen", zählte Leon auf. "Ich würde schätzen, wir brauchen einen halben Tag, bis wir wirklich anfangen können. Wir müssen jeden der 18 Songs, die wir machen wollen, mit zwei, drei, höchstens vier Takes einspielen. Grob überschlagen also fünfzig- bis sechzigmal fünf Minuten. Macht ohne Pausen etwa fünf Stunden. Mein Vorschlag: Wir machen an einem Samstag in aller Ruhe die Vorbereitungen und treffen uns am Sonntag recht früh wieder, um dann satt Zeit zu haben, alles aufzunehmen. Mein Gesang kommt später – da brauche ich nur einen von euch, der aufs Knöpfchen drückt. Außerdem nehmen wir den Gesang immer nur beim besten von euren Takes auf. Das kann man dann auch die Abende der folgenden Woche verteilen."

"Aber dann können wir in der Woche nicht regulär proben", protestierte Julius.

"Guter Einwand", nickte der Sänger. "Okay, dann sollten wir schon am Samstag nach den Vorbereitungen anfangen, damit ich am Sonntagnachmittag noch einsingen kann. Dann werd' ich spätestens Montagabend fertig. Die Rough-Mixes mach' ich dann am folgenden Wochenende. Die werden nicht aufwändig. Schneller geht nicht, wenn wir trotzdem drei Proben in der Woche fahren. Muss aber aus meiner Sicht auch nicht schneller sein. Wir haben auch so noch genug zu tun."

Darin waren sich alle einig. Svenja musste nicht länger warten.

Everybody

Bei Dienstagsproben war die Wahrscheinlichkeit relativ hoch, in einer der Rauchpausen auf die Damen und Herren von *The Neon Sparks* zu treffen. Die Jungs von *Hole of Fame* hielten nicht viel von der Band, deren Raum sich am anderen Ende des Flurs befand. *The Neon Sparks* versuchten, sich durch ihre Besetzung mit Geige und zweistimmigem Gesang von Mann und Frau einen Touch von Außergewöhnlichkeit zu geben, waren allerdings bezüglich Komposition und Arrangement so durchschnittlich und langweilig, dass aus fast jeder Unterhaltung über sie binnen kürzester Zeit eher eine Lästerrunde wurde.

Am Schlagzeuger mäkelte Langemesser, der sonst durchaus Respekt vor den Kollegen aus anderen Bands zeigte, dieser werde stets innerhalb der Songs kontinuierlich langsamer. Für den Gitarristen und Sänger gab es Spott, weil er fast immer mit Clean-Sounds und offenen Akkorden arbeitete, wozu Finderling nicht zu Unrecht anmerkte, er könne das zwar auch nicht besser, aber deshalb überlasse er die Gitarren auf der Bühne auch Menschen, die sich damit auskennen. Keyboarder befand man generell für überflüssig, besonders aber solche, die wie jener von *The Neon Sparks* ohne Unterlass flächendeckende Streicherimitationen einsetzten, und damit jeden Song von vorne bis hinten zukleisterten.

Während der Bassist der Band als einziger halbwegs Gnade vor den Ohren der Proberaumnachbarn fand, und sie sich nur fragten, warum er sich diese Combo antat, wurde über die beiden Mädels intensiv hergezogen. Penelope, die pummelige Sängerin, war zwar stimmlich zu ertragen, zerstörte sich jedoch jede Chance, von den Jungs ernstgenommen zu werden, durch ihr tollpatschiges Auftreten. Permanent pendelte es zwischen dem gekünstelten Gehabe einer Operndiva und der ironiefreien Naivität eines Dummchens vom Lande hin und her. Fast genauso viel Fett bekam die spindeldürre Geigerin Annette ab. Sie intonierte selten sauber. Eigentlich hatten alle den Eindruck, sie wollte vor allem deshalb in einer Band sein, um gegenüber den coolen Jungs, auf die sie scharf war, vorgeben zu können, selbst zum Kreis der auserlesenen Künstler zu gehören. Andernfalls hätte man sie für ein anhimmelndes Groupie halten können. Die junge Frau war optisch unscheinbar und wäre von den meisten neutralen Beobachtern als weder hübsch noch hässlich bezeichnet worden. Ihr war vermutlich nicht bewusst, dass sie in der Szene eher dafür bekannt war, leichte Beute für ein schnelles sexuelles Abenteuer zu sein, als von irgendjemandem als Musikerin anerkannt zu werden. Wittstock hatte sich schon einmal während einer Party im Gebüsch hinter dem Haus von ihr blasen lassen, aber das wussten seine Mitstreiter nicht.

Adam Fleischer verteilte gerade eine Runde Zigaretten, als Penelope und Annette aus ihrer Lärmhöhle auftauchten.

"Das war klar, dass ihr wieder hier sitzt", versuchte die Sängerin zu frotzeln. "Wann probt ihr eigentlich eure Songs, wenn ihr immer nur hier hockt und raucht?"

"Wer probt, ist feige und fällt anderen Musikern in den Rücken", konterte Wittstock sie zur Erheiterung aller locker aus. "Wir treffen uns immer nur hier, weil es so gemütlich ist. Wir lieben das Flair durchgesessener ranziger Sofas."

"Und wann macht ihr eure Songs fertig?", bohrte sie nach. "Wollt ihr nicht demnächst ein neues Demo aufnehmen?"

"Nö, eine CD."

"Wie viele Songs habt ihr denn schon fertig?"

"Siebzehn."

Penelopes Augen wurden groß wie Wagenräder.

"Aber die habt ihr doch nicht alle erst gemacht, seit wir hier in den Proberaum eingezogen sind, oder?"

"Ich glaub', das sind acht."

"Acht? Seit Februar?"

"Ja."

Penelope sah Annette an, als wolle sie sich bei dieser vergewissern, von den Jungs nicht auf den Arm genommen zu werden. Das lag zwar normalerweise durchaus im Bereich des Möglichen, traf in diesem Fall aber tatsächlich nicht zu.

"Ja, Wahnsinn! Mann, seid ihr schnell! Wir haben seit Februar gerade zwei neue Songs fertig und zwei andere angefangen."

Keiner der Jungs antwortete, aber alle dachten dasselbe – und die Gedanken hatten etwas mit Talent, Qualität und Fokussierung zu tun.

Die Sängerin setzte sich auf eine Sesselkante und ließ sich von Fleischer Feuer geben. Annette hockte sich zu Langemesser und Finderling auf die Couch. Letzterer schielte auf den aus der Jeans der Geigerin ragenden Stringtanga, wurde jedoch abgelenkt, da die stets in weite schwarze Gewänder gehüllte Penelope das Wort an ihn richtete.

"Schreibst du auch die Texte so schnell?", wollte sie wissen.

"Ich schreibe fast jeden Tag an irgendwelchen Texten", ließ er sie wissen. "Ob die dann jemals Verwendung finden, erweist sich später."

"Wahnsinn. Fällt dir das so leicht?"

"Schon."

"Ich muss immer mit jeder Zeile kämpfen. Manchmal dauert das Wochen, bis ich einen fertig habe. Bis dahin muss ich auf Proben immer improvisieren. Vielleicht sollte ich mir mal von dir helfen lassen."

Leon schmunzelte milde.

"Ich glaube kaum, dass meine Art von Songtexten zu eurer Musik passt."

"Das stimmt natürlich auch wieder", gab sie zu. "Im Moment habe ich wieder so einen halbfertigen Text. Ich glaube, der wird gut. Ich weiß schon, wie er heißen soll: 'Everybody's Dreaming'. Everybody's dreaming – so fängt er auch an. Wie findest du das?"

Nun verdrehte der Sänger die Augen.

"Ehrlich? Klingt stinklangweilig. Ein Song, dessen Text mit 'Everybody' anfängt, ist fast immer Trollscheiße[238]. Entweder er hat eine hochnotpeinliche Weltverbesserungsattitüde á la 'Everybody wants to live in peace'[239] oder er fordert das Publikum in diktatorischer Weise zur Massengymnastik auf – 'Everybody clap your hands'[240] oder so ähnlich. Ausnahmen sind verdammt selten, 'Everybody Knows'[241] von Leonard Cohen[242] ist die einzige, die mir auf Anhieb einfällt. Wenn dein

---

[238] Wahrscheinlich zitiert Finderling hier aus dem Fantasy-Film 'Willow' (1988).
[239] Ob Leon sich an dieser Stelle nicht ganz korrekt auf den 1972 veröffentlichten Song 'Why Can't We Live Together?' von Timmy Thomas (*1944) bezog, der die Textzeilen "All we want is some peace in this world" und "Everybody wants to live together", nicht aber die von ihm vorgetragene Form enthält, oder etwas anderes im Sinn hatte, ist leider so viele Jahre danach nicht mehr ermittelbar.
[240] Auch hier wäre eine Quellenangabe sehr hilfreich gewesen.
[241] Aus dem Album 'I'm Your Man' (1988).
[242] Leonard Cohen (1934 – 2016), kanadischer Sänger, Songwriter und Schriftsteller.

Anspruch ist, gute Texte zu schreiben, die beim Hörer auch etwas auslösen, was über Fremdschämen hinausgeht, solltest du dich ganz schnell von Everybody-Texten verabschieden. Im Ernst!"

Penelope machte ein Gesicht, aus dem Leon nicht ablesen konnte, ob sie beleidigt war oder über seine Worte nachdachte. Sie antwortete jedenfalls nicht. Seine Jungs drückten ihre Kippen aus und erhoben sich.

"Auf geht's!", sagte Kilian, der Bassist. "Wir wollten noch an den Triolen im Schlussteil von 'Spiders' arbeiten. Leon, du kannst noch eine rauchen."

Der Sänger ließ sich gleich wieder auf die Couch zurückfallen und gestikulierte Richtung Fleischer, der ihn verstand und ihm die Zigarettenschachtel zuwarf.

Unmittelbar nachdem Sandner die Proberaumtür von innen geschlossen hatte, stand auch Penelope auf und zerquetschte die Glut ihres Tabakstäbchens am Rand des reichlich vollen Aschenbechers auf dem Tisch.

"Wir müssen auch weitermachen", sagte sie zu Annette, die sich noch nicht bewegt hatte, "die Jungs meckern sowieso immer über unsere langen Rauchpausen. Ich muss nur noch schnell auf die Toilette huschen."

Im Proberaum von *Hole of Fame* hatte Langemesser angezählt und nun drang gedämpft der rollende Rhythmus ihres aktuellen Übungssubjekts zur Sofaecke.

Finderling sah Annette auf den Hintern, während diese sich vorbeugte und nach dem Aschenbecher griff, weil auch ihre Zigarette am Filter angelangt war.

"Dein kleiner Arsch ist schon irgendwie süß", merkte er scheinbar beiläufig an.

Sie drehte sich so betont langsam zu ihm um, als wolle sie schauen, wer es wage, sich ihr gegenüber eine derart freche Bemerkung zu erlauben. Ihr Grinsen war nur eine Andeutung, doch es war da.

"Vielleicht treffen wir uns irgendwann mal hier, ohne dass die ganzen Anderen mit dabei sind", gab sie leise zur Antwort.

Penelope kehrte zurück, und Annette stand auf. Für einen Moment sahen sie und Leon sich direkt an. Er zog seine rechte Augenbraue in die Höhe und ließ sie sofort wieder fallen. Darauf grinste Annette offensichtlich. Ihre Sängerin hakte sich bei ihr unter und zog sie mit zum Proberaum von *The Neon Sparks* am anderen Ende des Flurs.

Leon zündete sich eine weitere Zigarette an und lauschte darauf, was seine Jungs taten. Der Song klang gut, fand er. Kilians Idee funktionierte. Entspannt lehnte er sich zurück. Erst als sich von der anderen Seite schräge Geigenklänge in den Gesamtsound mischten, verzog er schmerzverzerrt das Gesicht, und die kuschelige Sofaecke wurde ihm unbehaglich. Er leerte noch den Aschenbecher, dann ging er zu seinen Kollegen zurück, um ihnen seine Freude über das gelungene Arrangement mitzuteilen.

Die Schönheit des Verfalls

Das Zimmer von Leon in der Musiker-WG wäre für Treffen der ganzen Band besser geeignet gewesen als jenes von Kilian, weil der Sänger in der Mitte des Raums normalerweise nur einen gemütlichen großen Teppich liegen hatte, auf dem alle bequem Platz gefunden hätten. Da er zur Abmischung der Vorproduktion aber alles mit Equipment zugestellt hatte, versammelten die Jungs sich beim Bassisten, um über das Cover der geplanten CD zu sprechen und Ideen dafür zu sammeln.
"Machen wir neue Bandfotos?", wollte Adam wissen.
"Live-Fotos fänd' ich mal geil", bekundete Julius.
"Oh, ja", stimmte Fleischer gleich begeistert zu, "mit wehenden Haaren und durch die Gegend fliegenden Schweißtropfen und so. Fotos, die gleichzeitig nach harter Arbeit und Spaß aussehen – echt sexy!"
"Wenn es sexy aussehen soll, bin ich eher für ein paar nackte Frauen", krähte Enno dazwischen. "Natürlich jeweils zwei bei jedem von uns im Arm. Oder noch besser in heißen Dessous. Strapse und so."
"War klar", stöhnte Langemesser. "Wenn du mal 'ne Solokarriere machst, dürfen in deiner Begleitband nur Frauen mitspielen und müssen auf der Bühne Strapsen und High-Heels tragen, stimmt's?"
"Fast", nickte Wittstock. "Allerdings müssen sie außerdem auch noch überragend gut aussehen. Das sollte nicht unerwähnt bleiben."
"Ob sie spielen können, ist hingegen nicht so wichtig."
"Wenn sie wirklich überragend aussehen, achtet da sowieso niemand drauf."
Während Sandner die Augen Richtung Zimmerdecke verdrehte, schlug Finderling zwei Bierflaschen hart gegeneinander und

erreichte damit die beabsichtigte Wirkung, nämlich die Aufmerksamkeit aller auf sich zu ziehen.

"Jungs, die Vorstellung einer Begleitband in Strapsen und High-Heels ist wonderbra, wobei ich auch keine Einwände dagegen hätte, wenn wir erst einmal mit einem entsprechend wenig bekleideten Background-Chor anfangen würden. Wie ihr wisst, bin ich zudem der letzte, der etwas dagegen hat, zur allgemeinen Erbauung mal ein wenig vom Thema abzukommen. Aber wenn wir hier heute fertig werden wollen, sollten wir nicht gleich damit anfangen, sondern ausnahmsweise ein wenig systematisch vorgehen."

Der Schlagzeuger und die beiden Gitarristen tauschten vielsagende Blicke, protestierten aber nicht. Für einen Moment war es ungewöhnlich still.

"Ein paar Dinge müssen vorab allen klar sein", erklärte Kilian. "Wir haben nicht übermäßig viel Geld. Ein Booklet in Graustufen ist definitiv billiger als ein buntes, weil jede zusätzliche Farbe Kies kostet. Richtige Farbfotos haben massenweise Farbnuancen, dann muss die ganze CMYK-Palette bezahlt werden. Das geht also nicht. Außer wir machen nur wenige Seiten. Denn auch da gilt natürlich: Je mehr, desto teurer. Einfach nur ein Blatt, Vorder- und Rückseite bedruckt, eine sogenannte Covercard, wäre sehr preiswert. Da passt dann aber auch fast nichts drauf, was wir den Hörern bzw. Betrachtern mitteilen wollen. Dann hätten wir nur ein Frontcover und die Produktionsinformationen. Ein großes Blatt zum Aufklappen wäre ein Vierseiter. Wenn wir anfangen zu heften, muss die Seitenzahl immer durch vier teilbar sein. Sechs Seiten gehen nicht. Sieben auch nicht. Acht oder zwölf passt. Und so weiter. Soweit verstanden?"

"Nein", gestand Adam. "Was ist eine CMYK-Palette?"

"C steht für Cyan, das ist ein Blauton, M für Magenta, der Farbton ist von den Telekomikern[243] bekannt, Y steht für Yellow und K für Black – warum auch immer[244]. Aus diesen vier Farben kann in der Palette jeder andere Ton gemischt werden – also genaugenommen nicht jeder, aber so viele, dass der gewünschte zumindest annähernd getroffen wird. Da aber jede dieser vier Farben eine eigene Druckplatte braucht, muss die

---

[243] Die *Deutsche Telekom* tritt seit der Herauslösung des Unternehmens aus der *Deutschen Bundespost* im Jahr 1995 mit Magenta als Markenfarbe auf.

[244] Die Abkürzung "K" stammt von der Verwendung einer "Schlüsselplatte" (Key plate) im Druck; das ist die schwarz druckende Druckplatte, an der die drei farbigen Druckplatten ausgerichtet werden.

dann auch bezahlt werden, wenn man bunt will. Für Graustufen – im Volksmund zumeist nicht ganz korrekt Schwarz-Weiß genannt – braucht man aber nur eine Druckplatte, weil das Papier sowieso weiß ist."

"Wir reden jetzt nur vom vorderen Teil der CD-Hülle, oder?", vergewisserte sich Enno. "Hinten drin in dem Plastikteil, also hinter dem eigentlichen CD-Fach, gibt es doch auch noch ein Blatt. Was ist damit?"

"Du meinst das Inlay. Das müssen wir natürlich auch berücksichtigen, aber das zählt extra. Das brauchen wir auf jeden Fall. Haben wir in der Kalkulation also berücksichtigt, nimmt aber keinen Einfluss auf die Entscheidung bezüglich der Seitenzahl, außer, wir entscheiden uns bei allem für Vierfarbdruck. Ganz nebenbei: Das Plastikteil in der Hülle, in das die CD reingeklemmt wird, nennt man Tray."

"Was können wir uns denn leisten?"

"Vier Seiten mit Farben oder 16 Seiten in Graustufen. Denkbar wäre natürlich auch ein Gemisch: Frontcover und Rückseite vierfarbig, Rest in Graustufen. Dann wären wohl auch insgesamt zwölf Seiten drin, wenn wir das Inlay auch in Graustufen machen. Aber so ein Durcheinander fänden Leon und ich eher unvorteilhaft."

"Wollen wir die Texte abdrucken?"

"Ich würde mir das wünschen", gab deren Autor zu. "Aber dann haben wir gar keine Wahl mehr, denn wenn man die auf zwei Seiten quetschen will, wird man nichts mehr lesen können. Die Titelseite verwenden wir schließlich anderweitig und ein paar Angaben zur Produktion brauchen wir auch noch."

"Na, dann machen wir schwarz-weiß, sieht sowieso cooler aus", zeigte sich Julius sofort einverstanden mit dem Wunsch des Sängers.

"Texte abdrucken find' ich gut", hob auch Fleischer den Daumen.

"Aber nur die Texte sieht langweilig aus", warnte Wittstock.

"Nee, das würde ich auch nicht wollen", beruhigte Finderling ihn sofort. "Ich hätte folgenden Vorschlag: Wir machen 16 Seiten. Vorn das Titelbild, dazu gleich noch was. Hinten, also nicht auf das Inlay, sondern hinten auf das Booklet machen wir kleine Fotos von uns allen. Die Doppelseite in der Mitte ebenfalls mit kleinen Fotos von uns – gerne Bühnenfotos, die Idee find' ich auch gut. Dazu noch einmal jeder von uns im Portrait mit Namen und Instrument auf einer Einzelseite und eine Seite ist für Produktionsinformationen und Thankslist. Macht zehn. Bleiben sechs für die Texte – das wird klein genug von der Schrift. Auf den sechs Textseiten und bei der Thankslist liegen außerdem Fotos im Hintergrund, die thematisch und stilistisch mit dem Titelbild zusammenpassen. Das muss wie eine zusammenhängende Serie wirken. Bleibt noch das Inlay: Da stehen die Songtitel und ihre Spielzeiten drauf und dazu gibt es noch ein Foto aus der Themenserie. Dann müssten wir uns nur noch auf eine Themenserie einigen, zum Beispiel schöne Frauen in Strapsen und High-Heels. Wie klingt das für euch?"

"Schöne Frauen in Strapsen wirken in Farbe aber viel besser", meckerte Enno grinsend und zog gleich den Kopf ein, da Langemesser andeutete, ihm einen Schlag auf den Kopf verpassen zu wollen, als handle es sich dabei um ein Crashbecken.

"An was für ein Thema hast du denn gedacht?", ging Adam schon den nächsten Schritt, da er seinen Sänger gut genug kannte, um zu wissen, dass dieser auch hierzu bereits einen Vorschlag entwickelt hatte.

"Bevor ich das verrate, wüsste ich gern, ob schon jetzt Einwände genereller Art gegen dieses Grundkonzept mit seiner Aufteilung bestehen."

Da sich schnell herausstellte, dass sein kurzer Vortrag zu viele Details enthalten hatte, um von allen gleich vollständig aufgenommen worden zu sein, nahm Finderling schließlich einen Zettel zur Hand. Ohne große Bemühungen um Präzision malte er 17 Kästchen (16 für die 16 Seiten des Booklets und ein etwas breiteres für das Inlay) darauf und befüllte sie, je nach Bedarf, mit Linien, die Texte symbolisieren sollten, und Strichmännchen, die für die Portraits der Musiker standen.

"Das soll Adam sein?", lachte Wittstock. "So dünn ist der nicht."

"Maul, Paul!", fauchte dieser grinsend.

Abschließend markierte der Sänger jene Seiten, denen er ein Hintergrundfoto zugedacht hatte, durch eine angedeutete Schraffur.

"Sieht gut aus!", fand Julius. "Zimmermäßig!"

Auch die Gitarristen hatten keine Einwände.

"Jetzt aber raus mit der Sprache", forderte Fleischer. "Was soll das Thema der Fotoserie werden? Ich nehme nicht an, dass du wirklich schöne Frauen in Strapsen auf unserem Frontcover haben möchtest."

"Nö. Schöne Frauen muss ich nicht rumzeigen. Reicht, wenn sie mich in ihren Strapsen besuchen. Ihr wisst, dass Kilian gerne und gut fotografiert. Über die Jahre hat er eine tolle Serie mit alten Maschinen und Schrott gemacht. Heruntergekommene Industrie. Funktionale Dinge, die nicht mehr funktionieren. Viel Rost und so. Die Schönheit des Verfalls. Da ist einiges dabei. Im Prinzip, finde ich, ist es das. Wir müssten nur noch auswählen, welche Bilder wir daraus verwenden und auf welcher Seite des Booklets."

"Zeig' mal her!"

Sandner griff in eine Schreibtischschublade und holte einen Umschlag hervor, dem er etwa zwei Dutzend Fotos entnahm, die er vor den Jungs ausbreitete. Leon und er hatten richtig spekuliert: Alle waren angetan von den Bildern, die sie im Vorfeld ausgewählt hatten. Besondere Begeisterung riefen ein rostiges Zahnrad, das der Bassist in einem Schiffswrack auf dem Strand von Norderney aus verschiedenen Perspektiven vor die Linse genommen hatte, und Julius' altes Vampirschlagzeug hervor.

"Das muss rein!", rief der Trommler aus. "Wenn es eines Tages versehentlich ans Tageslicht kommt und zu Staub zerfällt, werden wir immer diese Erinnerung haben."

Über einzelne Fotos wurde länger diskutiert, aber nicht, weil die Geschmäcker zu stark voneinander abwichen, sondern eher, weil mehr Bilder der Serie alles in allem für geeignet befunden wurden, als sie Seiten im Booklet zur Verfügung hatten. Recht zügig stand fest, zwei der Aufnahmen von dem Zahnrad für Frontcover und Inlay zu verwenden. Bei den Hintergrundbildern im Innern des Booklets wurde dann nicht ganz so streng auf thematischen Zusammenhalt geachtet, weshalb auch ein Knäuel alter Basssaiten und ein paar verbogene Fahrradspeichen Eingang in die Auswahl fanden.

"Das ging viel leichter als befürchtet", wertete der Finderling später, als die beiden WG-Bewohner wieder allein waren.

"Wir funken eben nicht nur musikalisch auf einer Wellenlänge", stellte Kilian fest. "Ist wohl kein Zufall, dass wir eine Band sind."

Mehr Worte brauchte es nicht. Sie umarmten sich.

Aufnahmerituale

Aufgrund der Erfahrungen von früheren Aufnahmen und zahlreichen Konzerten, bei denen Felix die Band gemischt hatte, war das Vertrauen der fünf Musiker in ihren Tonmeister nahezu grenzenlos. Dennoch beobachteten sie jede seiner Handlungen bei der Mikrofonierung und Verkabelung der Instrumente beziehungsweise Verstärker ganz genau und stellten ihm auch die eine oder andere Frage.

"Warum stellst du die beiden Overheads am Schlagzeug über Kreuz?"

"Das verhindert Phasenauslöschungen."

"Was sind Phasenauslöschungen?"

"Physik. Willst du es genauer wissen?"

"Nö, danke, reicht."[245]

Mit dem Schlagzeug beschäftigte sich Felix lange.

"Ich hab' mal eine Band aufgenommen, deren Gitarrist und Sänger ganz eindeutig der Boss war", erzählte er. "Das an sich wäre nicht das Problem gewesen, aber er fand seine eigenen Mitstreiter offenbar auch ziemlich vernachlässigbar. Mit seinem Gitarrensound musste ich mich stundenlang befassen, für den Rest seiner Band hatte er hingegen nur einen lapidaren Satz übrig."

"Welchen?"

"Stellste halt 'n paar Mikros davor, und dann passt das schon!"

"Na, super!"

"Dabei ist das Schlagzeug das Wichtigste."

Julius nickte sofort mit leuchtenden Augen.

"Ohne Witz, das muss perfekt in den Kasten. Alles andere kann man zur Not ohne größeren Aufwand noch einmal aufnehmen. So solltet ihr in den nächsten Wochen auch arbeiten. Ein Take ist dann gelaufen, wenn ihr mit dem Schlagzeug zufrieden seid – ganz egal, ob die anderen Instrumente gut eingespielt sind. Die kann man immer noch korrigieren. Aber bei den Drums darf es keine Kompromisse geben, deshalb investiere ich dafür auch gerne einen halben Tag oder mehr, wenn es sein muss."

"Was ist denn das Schwierigste?", wollte Adam wissen. "Die Snare?"

"Eher nicht", schüttelte der Mischer den Kopf. "Die Snare ist meistens recht leicht, weil sie sich ohnehin durchsetzt."

"Aber die soll nicht nur im Sound mitschwimmen", wünschte sich Fleischer. "Ich hätte gerne eine richtig schön knackige Lucretia-Snare."

---

[245] Wir verraten es trotzdem: Treten zwei gleichartige Schwingungen am selben Ort, z. B. direkt vor einem Mikrofon, auf, löschen sich diese aus, wenn sie gegenphasig sind. Gegenphasig heißt, dass das Signal um seine halbe Wellenlänge verschoben ist. Da beide Schwingungen gleichzeitig am selben Ort auftreten, addieren sie sich, und ergeben null.

"Eine was?"
"So wie die Snare in 'Lucretia My Reflection'[246] von *The Sisters of Mercy*[247]. Die knallt! Kennst du die nicht?"
Felix überlegte.
"Das ist doch ein Drumcomputer."
"Na und?"
"Mach' dir keine Sorgen um die Snare. Die krieg' ich immer in den Griff. Lieber gebe ich der Kickdrum eine eigene Spur, und den Rest mischen wir auf zwei Spuren zusammen. Die Overheads sind nicht ganz einfach, weil sie alles gut einfangen müssen, aber das richtige Sorgenkind ist oft die Kickdrum. Es ist immer gut, sie einzeln zu haben, um sie nachbearbeiten zu können, zum Beispiel wenn der Punch nicht stimmt. Darum opfere ich auch gerne eine Spur, auch wenn wir insgesamt nur acht Stück haben."
"Kickdrum, zwei für den Rest der Drums, zwei Gitarren, Bass, Leadgesang und Background – das passt doch genau", addierte Leon zufrieden.
"So sieht's aus. Aber weitere Gitarrenspuren oder Keyboards – die zwei brauchen würden – gehen eben nur, wenn andere Instrumente entsprechend aussetzen."
"Ja, oder zweite Basslinien", schlug Kilian vor.
"Können wir später alles machen", wehrte der Techniker ab. "Aktuell zählt aber nur das Schlagzeug. Ich will nämlich ein wirklich gutes Ergebnis bekommen, da hilft die erste der drei Lügen des Rock nicht weiter."
"Die drei Lügen des Rock?"
Enno schaute fragend.
"Stammen von Chris von Rohr[248]. Der hat früher bei *Krokus*[249] gespielt und ein Buch[250] über die Zeit geschrieben. Liest sich ziemlich witzig."
"Aber was ist nun die Lüge, die du vermeiden möchtest?"
"We'll fix it in the mix."
Die Musiker schmunzelten.

---

[246] Aus dem Album 'Floodland' (1987).
[247] *The Sisters of Mercy*, britische Rockband, 1980 gegründet, erste Single 1980, erstes Album 1985.
[248] Chris von Rohr (*1951), 1976 – 1983, 1987 – 1989 und seit 2008 in verschiedenen Funktionen (Schlagzeuger, Sänger, Bassist) bei *Krokus* tätig, zudem Produzent, Schriftsteller und Radio- und Fernsehmoderator.
[249] *Krokus*, Heavy-Metal-Band aus der Schweiz, gegründet 1975, erstes Album 1976, 1989 – 1990, 1992 – 1994 und 1996 – 1999 vorübergehend aufgelöst.
[250] Von Rohr, Chris: Hunde wollt ihr ewig rocken. Lugano 1991.

"Sagtest du nicht, es sind drei Lügen? Wie lautet die zweite?"
"The cheque is in the mail."
"Das ist sicher eine Lüge. Und die dritte?"
"I won't come in your mouth."
"Die ist von mir", behauptete Wittstock.

Nachdem beim Schlagzeug allgemeine Zufriedenheit erreicht war, konnten Bass und Gitarre relativ schnell abgehandelt werden.

"Stellen wir ein paar Mikros davor, dann passt das schon, nicht wahr?", grinste Felix.

Sein Plan war, am ersten Aufnahmetag dabei zu sein, um seine Aufbauten noch einmal überprüfen und gegebenenfalls Fehleinschätzungen sofort korrigieren zu können, danach aber wollte er die Jungs allein werkeln lassen, um ihr Budget nicht unnötig zu belasten.

"Achtet auch ständig darauf, die Stimmung zu kontrollieren."

"Die Stimmung ist bei uns immer bombig", teilte Langemesser ihm mit. "Das müsstest du doch eigentlich schon lange wissen."

"Die Stimmung der Instrumente, du alte Butterbirne!"

"Ich was?"

"Keine Sorge", beschwichtigte Sandner, "da müssen wir sowieso aufpassen, weil wir die Songs in unterschiedlichen Stimmungen aufnehmen."

Das überraschte den Herrn der Regler.

"Warum?"

"Wir stimmen alles möglichst weit runter, weil es dann viel böser klingt", tat Enno mit Grabesstimme, als verrate er ein Geheimnis.

"Ja, und auf den Bass ziehen wir fünf tiefe H-Saiten", ergänzte Fleischer lachend.

"Im Ernst", löste Finderling die Frage auf, "einige Songs sind für mich einfach angenehmer zu singen, wenn sie einen Halbton tiefer sind. Haben wir im Proberaum ausgiebig ausprobiert. Live treibt das Adrenalin mich immer nach oben, aber im Studio müssen wir die Grenzen zur Unsauberkeit nicht streifen."

Felix nickte anerkennend.

"Clever, die Herrschaften! Ich schlage vor, Leon oder Adam fährt jetzt zur Frittenbude, während ich die letzten Checks mache, dann hauen wir uns den Bauch voll, ihr spielt ein paar Lieder testweise, und dann soll es für heute reichen."

"Von wegen", meinte Adam, "Leon und ich fahren zusammen zur Frittenbude."

Darüber gab es keine weiteren Diskussionen. Als sie zurückkamen, trommelte Julius gerade probehalber ein Lied, um sicherzustellen, dass keins der Mikrofone ihm dabei im Weg war. Felix sah ihm sehr genau zu.

"Echt krass", rief Fleischer seinem Sänger zu. "So alles voller Mikros."

"Ja", antwortete dieser. "Man könnte meinen, wir würden abgehört."

Kurze Zeit später saßen Felix und die fünf Musiker entspannt in der Couchecke.

"Zur Feier des Tages haben wir uns nicht lumpen lassen", verkündete der Leadgitarrist. "Sechsmal Schnitzel mit Pommes und Sinti-und-Roma-Soße."

"Mit was?"

"Sinti-und-Roma-Soße", erklärte er. "Zigeunersoße ist diskriminierend. Man sagt doch auch nicht mehr Negerkuss."

"Richtig", pflichtete Finderling bei. "Und morgen gibt's Kaliningrader Klopse, weil Königsberg jetzt so heißt."

Wittstock sprang auf und rannte zur Treppe, die er seine Verzweiflung hinaufbrüllte:

"Hilfe! Ich bin mit fünf Verrückten eingesperrt!"

Julius löste ihn dort ab:

"Hilfe! Ich auch!"

Als beide wieder saßen, zeigte sich Felix sehr zufrieden.

"Das wird gut. Ich glaube, technisch habe ich alles gut vorbereitet, und ihr habt genug Enthusiasmus, das Ding durchzuziehen, auch wenn es mal zäh wird – und damit meine ich nicht das Fleisch. Ihr seid nicht zuletzt deshalb so eine geile Band, weil es immer einen gibt, der in den anderen das Feuer neu entfacht, wenn es mal irgendwo hängt. Darauf ein Bier und ein leckeres Schnitzel. Wo habt ihr das Zeug eigentlich geholt?"

"Von dem Frittenschmied in der nächsten Seitenstraße. Neben der Treckerei."

Felix schaute verwirrt in die Runde, doch alle Übrigen mümmelten genüsslich an ihren Pommes frites herum und wirkten keineswegs irritiert.

"Was ist die Treckerei?"

"Na, das italienische Wort für Trecker ist trattore[251], wenn ich mich nicht irre", dozierte nun Leon, "folglich muss eine Trattoria doch eine Treckerei sein, oder?"

Der Mischer schlug sich gegen die Stirn.

---

[251] Korrekt.

"Bei uns heißt die schon lange so."
"Ja, das glaub' ich."
Eine gute Stunde später hatten sie nicht nur aufgegessen, sondern dem Plan des Tontechnikers folgend ein paar Songs locker durchgespielt, was ihn zu der einen oder anderen Korrektur an Mikrofonpositionen oder Abschirmungen der Verstärker veranlasst hatte, vereinzelt hatte er auch an Reglern herumgeschraubt. Endlich gab er das Signal, mit der Arbeit des Tages zufrieden zu sein.
"Ich glaube, es passt alles. Wann legen wir los?"
"Morgen?"
"19 Uhr?"
"So spät? Dann werden wir nicht viel schaffen."
"Davon solltet ihr sowieso nicht ausgehen. Mit frischen Ohren werde ich bestimmt noch Details verändern. Morgen schafft ihr höchstens zwei Songs. Vielleicht nicht einmal einen – das wird natürlich davon abhängen, wie Julius so in Form ist."
"Ey, hömma!", tat dieser so, als fühle er sich in seiner Ehre angegriffen.
"Mach' dich locker! Wir machen hier keinen First-Take-Wettbewerb. Hauptsache, es wird gut. Die Zahl der Versuche interessiert keine Sau."
"Ich hab' mal irgendwo gelesen", erzählte Enno, "dass Michael Hutchence[252] das von seinen Mitstreitern angeblich erwartet."
"Kann ich mir nicht vorstellen", wertete Felix. "Wenn es stimmt, ist er ein Idiot. Aber *InXS*[253] werden sowieso total überbewertet."
"*R.E.M.*[254] auch", fand Fleischer.
"Wie kommst du jetzt auf die?"
"Durch das Stichwort Überbewertung."
"Ach so. Wollen wir jetzt alle Bands aufzählen, von denen wir aus dem einen oder anderen Grund wenig halten, oder lieber entscheiden, wann es morgen losgeht?"
"Wir könnten erst noch über den Einfluss von Filzstiften auf die deutsche Populärmusik zu Beginn der 80er Jahre philosophieren", schlug Leon grinsend vor.

---

[252] Michael Hutchence (1960 – 1997), von 1977 bis zu seinem Tod Sänger von *InXS*.

[253] *InXS*, manchmal auch INXS (steht für 'in excess') geschrieben, war eine australische Rockband. 1977 als *The Farriss Brothers* gegründet, 1979 umbenannt, erstes Album 1980, aufgelöst 2012.

[254] *R.E.M.*, amerikanische Rockband, 1980 gegründet, erstes Album 1983, 2011 aufgelöst.

"Hä?"

"Wenn ich mich nicht irre, haben sich *Extrabreit*[255] nach einem *Edding* benannt und Blixa, immerhin der Vorname des Frontmanns[256] der *Einstürzenden Neubauten*[257], war eins der handelsüblichen Konkurrenzprodukte[258]."

"Bist du sicher?", vergewisserte sich Sandner.

"Nein. Sonst hätte ich nicht eingangs erwähnt, mich eventuell zu irren."

"Ich wusste immer", stöhnte Langemesser, der seine Stirn mit den Fingern bearbeitete wie es nur Schlagzeuger taten, "dass mein Sänger ein Hirn voller Scheiße hat. Aber ich staune immer wieder, was für Mengen von Scheiße sich darin befinden."

Felix beendete die Demonstrationen nutzlosen Wissens, indem er aufstand.

"Also dann morgen um 19 Uhr!", bestimmte er, da zuvor niemand einen anderen Vorschlag gemacht hatte.

"Treffen oder anfangen?", wollte Adam wissen, obwohl er gar nicht gefordert war.

"Anfangen!"

Für Finderling klang das Wort wie der Startschuss zu einem neuen Abenteuer.

Das Duett

Die Rhythmusgruppe hatte gerade begonnen, einen Take von 'Stranded' einzuspielen, einem der längeren Songs. Weil Adam zur *Dönerei* aufgebrochen war, um Nahrung für alle zu holen, saß Leon allein hinter den Reglern, als Penelope und Annette von *The Neon Sparks* die Treppe heruntergestolziert kamen. Er nahm den Kopfhörer ab.

"Probt ihr heute? Macht ihr doch sonst nie mittwochs."

Die Mädchen schüttelten die Köpfe.

"Stimmt schon. Dienstag und Freitag sind unsere regulären Probentermine. Heute nur wir zwei", gab Penelope Auskunft.

---

[255] *Extrabreit*, deutsche Rockband, gegründet 1978, erstes Album 1980, aufgelöst 1998, neu formiert 2002.
[256] Gemeint ist Blixa Bargeld (*1959).
[257] *Einstürzende Neubauten*, deutsche Rockband, wobei der Begriff 'Rock' hier doch sehr strapaziert wird, da die *Neubauten* stets so experimentell waren, dass sie eigentlich keinem Genre zuzuordnen sind. Gegründet 1980, erstes Studioalbum 1981.
[258] Korrekt. *Blixa* war eine Filzstiftmarke.

"Nur Geige und Gesang. Wir wollen was ausprobieren. Wird euch nicht bei den Aufnahmen stören, oder?"

Finderling winkte entspannt ab.

"Nee, nur bei Schlagzeug hätte ich Bedenken gehabt, weil wir gerade bei einer eher ruhigen Nummer sind. Sollte kein Problem sein."

Sie kamen zu ihm hinter das Mischpult. Sängerin Penelope stellte sich links neben ihn und sah mit Neugier und Ehrfurcht auf die vielen in mühevoller Kleinarbeit justierten Dreh- und Schieberegler hinab. Geigerin Annette ging zu seiner Rechten in die Hocke – sehr nah an seinem Bein, wie er fand. Er zog es nicht weg.

"Wann nehmt ihr denn den Gesang auf?", fragte Penelope.

"Keine Ahnung, das dauert noch. Erstmal müssen wir die Rhythmusgruppe für alle Songs in den Kasten kriegen, dann kommen die Leadgitarren. Ich bin erst danach dran. Wann das sein wird, weiß keiner, weil keiner weiß, wie schnell die Jungs mit ihren Teilen sind. Bei der Rhythmusgruppe sind wir aber gut in der Zeit."

Die Sängerin ließ nicht erkennen, was sie über diese Informationen dachte.

"Macht ihr den Rest auch hier?"

"Nein, Leadgitarren und Gesang machen wir bei Felix im Heimstudio."

Leon wusste, dass der Tonmeister auch für *The Neon Sparks* schon ein Demo produziert hatte und diesen deshalb persönlich bekannt war.

"Da wäre ich auch gerne dabei. Wie wär's – wollen wir nicht ein Duett singen?"

Sie erntete einen befremdeten Blick.

"Ähm – nein."

Selbstverständlich ließ Penelope sich nicht ohne Begründung abspeisen.

"Wieso denn nicht?"

"Ich dulde keine anderen Götter neben mir", antwortete Finderling lakonisch.

"Wie bist du denn drauf? Schade, ich fand die Idee gut."

"Ich nicht", wurde Leon sehr deutlich. "Du singst doch schon bei euch ständig Duette – reicht das nicht?"

"Aber das ist doch ganz andere Musik!"

"Eben – und zu unserer passt du so gut wie …, ach, ich weiß nicht, dazu fällt mir nicht einmal ein bescheuerter Vergleich ein."

Penelope schaute ihn pikiert an.

"Wie wäre es mit Backgroundgesang? Darf ich das machen?"

"Das machen die Jungs. Vielleicht holen wir noch Bodo dazu. Für dich ist leider kein Platz in unseren Arrangements vorgesehen."

"Sehr freundlich! Na, selbst schuld! Ich würde euren Songs eine ganz spezielle Note des Ungewöhnlichen geben. Ich bin schon mit Lisa Gerrard[259] verglichen worden."

"Wenn eine Strumpfhose drei Laufmaschen hat, ist sie deswegen noch lange nicht von *Adidas*[260]", konterte Finderling giftig.

"Also, das ist ja …"

Penelope rauschte beleidigt in Richtung ihres Proberaums davon. Annette folgte ihr nicht auf dem Fuße. Sie sah schmunzelnd zu Leon auf.

"Du kannst ganz schön fies ehrlich sein", sagte sie leise.

Finderling zuckte in einer Geste der Ratlosigkeit mit den Schultern.

"Wer ist Lisa Gerrard?"

"Die Sängerin von *Dead Can Dance*[261]. Eins von Pennys großen Vorbildern."

"Den Namen hab' ich schon mal gehört, glaub' ich. Was machen die noch gleich?"

"So Mittelaltermusik mit Ethno-Zeug gemischt. Gesanglich ist das wirklich anspruchsvoll, was die Lisa Gerrard macht. Die ganze Gothic-Ecke steht auf das Zeug. Da muss Penny natürlich ganz vorn mit dabei sein."

"Verstehe", nickte Leon.

Die Geigerin machte weiterhin keine Anstalten, sich zu verabschieden.

"Du magst Penny nicht, kann das sein?", fragte sie.

"Oh, so kann man das nicht sagen. 'Mögen' ist die falsche Kategorie. Sie ist eigentlich gar nicht unsympathisch. Ich schätze sehr, dass sie uns all die Sprüche, die wir ihr im Laufe der Zeit schon reingewürgt haben, nicht nachträgt und immer noch mit uns spricht. Aber für meinen Geschmack ist sie zu überdreht. Zu schrill. Und ich vermisse bei ihr die Fähigkeit, über sich selbst zu lachen."

---

[259] Lisa Gerrard (*1961), australische Musikerin, Sängerin von *Dead Can Dance* und erfolgreiche Komponistin von Filmmusik.

[260] Sportartikelmarke, bekannt für "die drei Streifen".

[261] *Dead Can Dance*, australische Musikgruppe, gegründet 1981, erstes Album 1984, aufgelöst 1998, wieder aktiv seit 2011.

Annette schnitt eine Grimasse.

"Ich weiß, warum du das denkst. Aber eigentlich ist sie gar nicht so. Sie kann schon auch über sich selbst lachen. Nur wenn es die Musik betrifft, ist ihr Humor plötzlich sehr eingeschränkt. Du kennst sie nur über die Musik, nicht wahr?"

"Ich kann mich nicht erinnern, sie schon einmal außerhalb dieses Hauses getroffen zu haben – abgesehen von Konzerten von uns, von euch oder von dritten Bands, die wir offenbar alle mal gehört haben wollten. Ach ja, und auf irgendeiner Party haben wir uns mal getroffen, aber da waren auch nur Musiker, glaub' ich."

"Ja, dann kennst du nur einen kleinen Teil von ihrer Persönlichkeit."

Finderling begriff, dass es mit dem Selbstbewusstsein von Penelope offenbar ganz anders aussah, als diese vorgab. Es war, das war ihm schon lange klar, ein weit verbreitetes Phänomen, die eigene Unsicherheit durch besonders forsches Auftreten überdecken zu wollen. Anscheinend war Penelope alles andere als überzeugt davon, wirklich eine gute Sängerin in einer guten Band zu sein, wie sie stets auszustrahlen versuchte.

"Nehmt ihr morgen auch auf?", wollte die Geigerin wissen, als ihr Leons nachdenkliches Schweigen zu lang wurde.

"Nein. Morgen können Enno und Julius nicht, soweit ich weiß."

Sie erhob sich.

"Vielleicht bin ich morgen Abend hier", verriet sie ihm fast flüsternd und sah ihm dabei direkt in die Augen. "Allein."

Ohne eine Antwort abzuwarten, wandte sie sich ab und ging nun endlich ihrer Sängerin hinterher. Sie blickte sich nicht mehr um. Leon sah ihr aufmerksam nach, runzelte die Stirn und griff nach seinem Kopfhörer. Die Rhythmusgruppe von *Hole of Fame* steuerte gerade auf den letzten Refrain von 'Stranded' zu.

Das Rückgrat

Gleich am ersten Aufnahmetag hatte Felix den Jungs noch einmal Perfektionismus und die dazugehörige Geduld mit sich selbst eingeschärft. Die ersten beiden Takes des ersten Songs hatten alle gemeinsam für unzureichend befunden, am dritten Versuch hatten sich die Geister geschieden. Die Gitarristen nickten, Julius hingegen hatte die Nase gerümpft.

"Es ist nur ein verdammter Snareschlag im zweiten Refrain – aber da ist mir zu wenig Rand drin. Der knallt nicht so wie er sollte."

Felix war ganz ruhig geblieben.
"Dann machen wir ihn nochmal."
"Den Schlag?"
"Das geht nicht. Den ganzen Song."
"Wegen eines Schlags?"
"Ja, freilich und selbstverständlich", hatte der erfahrene Mischer bekräftigt. "Wir sind doch hier nicht in der Notaufnahme."

Adam hatte zwar große Augen gemacht, aber nicht protestiert. Felix hatte es dennoch gesehen und den Zeigefinger zu einer Mahnung gehoben.

"Leute, ich bin nicht jeden Tag dabei. Das müsst ihr ab morgen selbst hinbekommen, solche Entscheidungen zu treffen. Lasst euch nicht von eurer Bequemlichkeit übermannen. Wenn nur einer meint, dass es besser geht, solltet ihr noch einen Take machen – besonders wenn es Julius ist und das Schlagzeug betrifft. Ihr müsst den vorigen nicht löschen. So lange ihr nicht das Gefühl habt, dass es nicht besser geht, ist es nicht gut genug. Ihr müsst immer an eure Grenzen gehen, vor allem an die von Julius! Alles klar?"

Alle hatten genickt.

Am ersten Abend hatten sie es bei dem einen Song belassen, waren aber nicht unzufrieden nach Hause gegangen, weil sie gemerkt hatten, dass sie der Aufgabe gewachsen waren, die sie sich selbst gestellt hatten. Die Aufnahmen würden ihren guten Kompositionen gerecht – die Überzeugung hatte nun tief gesessen.

In den folgenden Tagen hatte sich erwiesen, dass Felix' Botschaft, sich keine Nachlässigkeit zu erlauben, bei allen angekommen war. Vor allem Langemesser war in einer Weise selbstkritisch gewesen, die alle anderen beeindruckt hatte. Ständig hatte er Kleinigkeiten in den Aufnahmen gefunden, von denen er behauptete, sie besser spielen zu können, was er in aller Regel auch in einem der nächsten Takes unter Beweis gestellt hatte. Als Trommler geschätzt und als Mensch geliebt hatten seine Mitstreiter ihn sowieso schon – nun hatten sie auch seinen Eifer kennengelernt, sich selbst zu übertreffen.

Nur beim Song 'Spiders' hatte er sich schließlich am Ende seiner Kräfte gezeigt: Sie waren übereingekommen, die ohnehin mehr als fünf Minuten lange Nummer ins Unendliche auszu-

dehnen, um den monoton rollenden Schlussteil mit bedrohlichen Geräuschen von der Leadgitarre auskleiden und schließlich langsam ausblenden zu können – auch zum Zweck, die 74 Minuten Spielzeit einer CD möglichst exakt auszureizen, weil niemand gewusst hatte, ob es nicht ihre einzige Aufnahme dieser Art bleiben würde. Am Ende, nach fast siebeneinhalb Minuten, hatte Julius seine Trommelstöcke an die Wand geworfen und über die Overheadmikrofone deutlich hörbar gerufen:
"Ich hab' keinen Bock mehr! Spielt den Scheiß doch selber! Is' doch zum Kotzen!"
Er war nicht wirklich böse gewesen, er hätte ganz sicher einen weiteren Take gespielt, wenn es notwendig gewesen wäre. In diesem Moment jedoch hatte ihn die Erschöpfung übermannt – doch der Take hatte allen Ansprüchen genügt. Auch den längsten Song hatten sie damit schlagzeugseitig im Kasten gehabt.
Mit den Tagen war unter den fünf Musikern die Gewissheit erwachsen, etwas wirklich Großes zu erschaffen, und damit einhergegangen war ein Zuwachs an Euphorie, der die allseitige Konzentration jedoch eher beflügelt als beeinträchtigt hatte. Um zwischendurch abzuschalten, hatten sich bei Zigaretten- und Esspausen genügend Gelegenheiten gefunden. Meistens hatte der ansonsten unterbeschäftigte Adam für die Beschaffung der Mahlzeiten gesorgt, um allen anderen Zeit zu sparen.
"Soll ich deine Pizza in Viertel oder in Achtel schneiden?", hatte er eines Abends von Enno wissen wollen, der gerade dabei gewesen war, sich für einen weiteren Take von 'Crocodile Tears' bereitzumachen.
"Neuntel, bitte."
Fleischer hatte die Augen zusammengekniffen.
"Neuntel? Spinnst du?"
"Meinetwegen auch Siebtel. Was schwieriger ist!"
"Du Eiernacken!"
"Ich hätte gerne eine Pizza im Sieben-Achtel-Takt!", hatte Sandner grinsend eine Verbindung zur Musik hergestellt.
Wittstock hatte sieben sehr unterschiedlich große Pizzastücke bekommen.
Sie hatten an jedem Abend einen Song geschafft, am Wochenende manchmal auch mehr. Obgleich sie nicht jeden Abend hatten aufnehmen können, hatte es deshalb nur knappe drei Wochen gedauert, bis sie die Spuren der Rhythmusgruppe für alle 18 Songs auf ihrer Liste eingespielt hatten. Kilian und Enno hatten hin und wieder nachgebessert, wenn sie mit sich selbst

unzufrieden gewesen waren, an der Schlagzeugaufnahme aber niemand etwas auszusetzen gehabt hatte.

"Ich bin erschöpft, ich bin fertig – aber ich bin stolz!", fasste der Bassist seine Gefühle mit glänzenden Augen zusammen, als ihnen bewusst wurde, dass die erste Etappe nicht nur hinter ihnen lag, sondern auch erfolgreich abgeschlossen war.

"Das hast du schön gesagt", pflichtete Julius bei.

"Wieso? Geht doch jetzt erst richtig los", flachste Adam.

"Sieh' du erst zu, deine Parts genauso schnell in die Kiste zu bekommen", ging Langemesser zum Schein auf die Provokation ein.

"Das geht gar nicht", mischte Kilian sich ein, "denn die Leadgitarren machen wir bei Felix im Studio und da sind wir bezüglich der Zeiten nicht so selbstbestimmt."

Fleischer spielte dennoch weiter.

"Du wirst ganz schön blöd aus der Wäsche gucken", prophezeite er dem Trommler, "wenn ich dich anrufe, und dir sage, dass ich fertig bin."

"Das glaubst du doch selbst nicht", lästerte dieser.

"Doch, das wird passieren – und ich kann dir auch genau sagen, wann."

"Cool! Wann denn?"

"Ungefähr in zwei oder drei Wochen oder so."

"Ich liebe Präzision."

"Sabbelt nicht rum!", mahnte Enno die beiden. "Fasst lieber mit an. Wir müssen noch hunderttausend Kabel aufwickeln, und ich muss morgen früh raus. Die fragen mich auf der Arbeit eh schon dauernd, warum ich so fette Ringe unter den Augen hab'."

"Erinner' mich nicht daran", bat Adam. "Ich träume nachts so oft von meiner Arbeit, dass ich mich freue, wenn ich morgens wieder aufstehen darf."

"Das ist noch gar nichts", überbot Wittstock ihn. "Ich träume so viel von meiner Arbeit, dass ich gar nicht mehr hingehen müsste, wenn ich die Zeit stempeln könnte."

"Apropos Zeit – wann geht es denn los bei Felix?"

Die Frage galt Leon, der fast täglich mit dem Mischer telefonierte, um diesen auf dem Laufenden zu halten.

"Samstagnachmittag, wenn du bereit bist."

"Ich wäre sogar Samstagmorgen um vier bereit", verkündete Fleischer.

Alle vier klatschten wortlos mit ihm ab.

Die Handschrift beim i-Tüpfelchen

Per Handzeichen gab Felix dem hochkonzentrierten Adam zu verstehen, den Aufnahmeversuch vorzeitig abzubrechen.

"Sorry", sagte er. "Check' bitte noch einmal die Stimmung deiner Klampfe. Es kommt mir vor, als wäre da eine Nuance unsauber."

Fleischer fügte sich und kramte das Stimmgerät hervor.

"Du hast ein perfektes Gehör, kann das sein?", vergewisserte er sich, als er feststellte, dass der Mixer richtig lag.

"Fast", knurrte dieser. "Ich hatte früher den Kammerton im Ohr. Seit es sich aber in unserem Land eingebürgert hat, 443 Hertz für ein A herzunehmen, anstatt 440, wie früher, klingen für mich manchmal auch Stimmungen leicht neben der Spur, die eigentlich in Ordnung sind. Das hängt dann ein wenig von meiner Tagesform ab. Heute bin ich offenbar gut genug drauf. Aber nimm es mir nicht übel, wenn ich dich an einem anderen Tag einbremse – und du dann herausfindest, dass alles okay ist."

"Keine Sorge! Besser einmal zu viel als einmal zu wenig kontrolliert, oder?"

Nach Abschluss der Aufnahmen mit der Rhythmusgruppe im Proberaum waren sie fast nahtlos zum Einspielen der Leadgitarren übergegangen. Adams Verstärker stand in Felix' Wohnzimmer, war mit einem Mikrofon versehen, und die Kabel von Gitarre und eben diesem Mikrofon hatten sie mit großer Mühe unter den Türen des Wohnzimmers und des Studiozimmers hindurchgezwängt. Fleischer bekam die Musik der anderen Instrumente ebenso wie seine eigene Tonspur auf Kopfhörer serviert. Felix hockte vor dem Mischpult und sah ihm bewusst nie auf die Finger, und auch Kilian und Enno, die zumeist anwesend waren, um ihre Expertise als Gitarristen im Zweifelsfall einbringen zu können, zogen sich immer unauffällig in Zimmerecken zurück, wenn die Aufnahmetaste betätigt wurde.

Vor Beginn der Sessions hatten sie ausgiebig besprochen, worauf sie achten wollten und auch Leons eher poetisch als technisch ausgedrückte Vorgabe sehr ernsthaft in alle Überlegungen einbezogen:

"Ein Gitarrensolo muss den Teil des Songs erzählen, für den es keine Worte gibt", hatte der Sänger seine Sichtweise erklärt. "Denkt an 'Lonely Is the Word'[262] von *Black Sabbath*. "Denkt an

---

[262] Aus dem Album 'Heaven and Hell' (1980).

'Hotel California'[263]. Denkt an die Langversion von 'Purple Rain'[264]. Oder an 'Nichts haut einen Seemann um'[265] von Udo Lindenberg, falls ihr das kennt – hat auch so ein Killersolo. Denkt an David Gilmour und Slash. Ihr wisst schon, was ich meine, oder?"

Bei vielen Songs ging es weniger darum, was die Leadgitarre zu spielen hatte, da dies längst feststand und diverse Male geprobt oder auch auf der Bühne präsentiert worden war. Es ging mehr darum, wie es klingen sollte – deshalb war es vor allem Sandner wichtig gewesen, so häufig wie möglich anwesend zu sein. Finderling und er wussten, dass Felix, so sehr sie ihn in allen anderen Fragen schätzten, bei Gitarrensounds einen grundsätzlich anderen Geschmack als sie selbst hatte. Was sie als lebendig empfanden, war ihm zu weich, was er mochte, empfanden sie als steril. Sein eigenes Musikprojekt, *The Ministry of Sexual Affairs*, wurde von ihnen aufgrund seiner zweifelsfrei vorhandenen hohen kompositorischen Qualität respektiert, aber nicht geliebt. Wittstock, der alles mochte, was ein wenig schmutzig klang, und einmal erklärt hatte, das Knarzen der Saiten beim Umgreifen sei bei ruhigen Songs der beste Teil, war eine weitere potenzielle Absicherung für den Fall, dass der Tonmeister ganz unabsichtlich versucht hätte, Adam in seine Richtung zu beeinflussen. Allerdings wusste auch der Herr der Regler um die geschmackliche Differenz und versuchte, sich bezüglich der Gitarrensounds ganz nach den Wünschen seiner Kunden zu richten.

"Ihr seid ganz schön mutig, dass ihr einen Song aufnehmt, den ihr noch gar nicht bis zum Ende arrangiert habt", meinte Felix, als er erfuhr, dass der Instrumentalteil von 'Mister Sinister' zwar Raum für eine Leadgitarre enthielt, deren Part aber noch keineswegs ausgearbeitet war. "Ich weiß zwar, dass große Bands vieles erst im Studio festzurren, aber bei denen zahlt die Plattenfirma die Zeit, die sie im Aufnahmeraum verbraten. Was macht ihr, wenn euch jetzt nichts einfällt, was euch überzeugt?"

"Hey", hob Enno beschwichtigend die Hände, "mal' nicht den Teufel an die Wand! Wir sind hier drei Leute, die Gitarre spielen können. Das kriegen wir locker hin."

---

[263] Größter Hit der amerikanischen Rockband *The Eagles*, erschienen 1976 auf deren fünften Album, dessen Titelsong es war.
[264] Titelsong des bereits früher erwähnten vierten Studioalbums von Prince (1984).
[265] Aus dem Album 'Alles klar auf der Andrea Doria' (1973).

"Okay", nickte der Mischer. "Ich hab' mir die Passage angehört. Die schreit nach etwas Besonderem. Schwebt euch schon was vor?"

"Ich fänd' 'ne Rückwärtsaufnahme cool", regte Fleischer an, "wie bei 'Give It Away'[266] von den *Red Hot Chili Peppers*. Das hat was, wenn der Ton sich langsam aufbaut."

"Boah, nee", lehnte Felix ab, "nichts gegen die *Peppers*, und ich weiß, dass das gut klingt, aber gerade jetzt fände ich das zu abgedroschen, wenn ihr meinen Rat hören wollt. Eine Zeitlang war es sehr angesagt, Musik rückwärts zu hören und darin nach versteckten Botschaften zu suchen. Meistens waren das irgendwelche abgedrehten christlichen Fundamentalisten, die nachweisen wollten, dass Rockmusik von Satan persönlich kommt. Allerdings hab' ich mich immer gefragt, warum niemand meinte, in rückwärtslaufenden Filmen geheime okkulte Riten oder in rückwärtsgelesenen Büchern versteckte Beschreibungen von unanständigen Sexualpraktiken zu finden. Genauso absurd wäre es schließlich auch gewesen."

Die Musiker schmunzelten.

"Bei *Pink Floyd* gibt es doch diesen herrlichen Witz dazu", fiel Kilian ein. "Auf 'The Wall'[267]. In 'Empty Spaces'[268] haben sie eine Rückwärtsbotschaft versteckt, und sie lautet: 'Congratulations. You have just discovered the secret message.' Ich glaub', das können wir nicht mehr überbieten."

"Religiöse Eiferer haben leider keinen Humor", fasste Wittstock zusammen. "Hat eigentlich schon mal jemand untersucht, ob die Platten von satanischen Death-Metal-Bands rückwärts gespielt christliche Botschaften enthalten?"

"Okay, also nicht rückwärts", kam Adam zum Thema zurück. "Wie wäre es dann mit einer Talkbox[269]? Kennt ihr bestimmt

---

[266] Aus dem Album 'Blood Sugar Sex Magik' (1991).
[267] Elftes Studioalbum von *Pink Floyd*, 1979 erschienen.
[268] Achter Song auf dem Album 'The Wall' (1979) von *Pink Floyd*.
[269] Eine Talkbox ist ein Effektgerät in der Musik zur Veränderung des Klangs eines elektronischen Signals mit Hilfe des Mundraumes. Oft wird sie mit elektronisch abgenommenen Instrumenten wie der E-Gitarre verwendet. Das Signal wird entweder durch einen zusätzlichen Verstärker oder einen in der Talkbox eingebauten Verstärker verstärkt. Bei E-Gitarrenverstärkern kann es einen Ausgang für einen zusätzlichen Lautsprecher geben, an die auch eine Talkbox angeschlossen werden kann. Durch einen in einer kleinen Druckkammer montierten Lautsprecher (in der Regel ein kräftiger Horntreiber) wird das elektronische Signal in Schall umgewandelt und in einen Schlauch geleitet. Der Musiker hält das Ende dieses Schlauches im Mund, indem der Schlauch in der Hand gehalten, mit den Zähnen festgehalten

aus 'Living on a Prayer'[270] von *Bon Jovi*. Hat doch sein Leadgitarrist gespielt, wie hieß der noch?"
"Richie Sambuca[271]", ergänzte der Tonmeister.
"Sambora[272]!"
"Oh, ja, Entschuldigung!"
Keiner der anderen wusste, ob Felix sich mit Absicht versprochen hatte.
"Nette Idee", beurteilte Kilian den im Raum stehenden Vorschlag, "aber hast du so ein Teil und kannst du damit umgehen?"
Spontan kam keine Antwort.
"Und kennst du", fragte der Bassist weiter, "außer 'Livin' on a Prayer' noch einen Song, in dem eine Talkbox eingesetzt worden ist?"
"Auf Anhieb fällt mir keiner ein", gab Adam zu.
"Siehst du – und das ist das Problem", erklärte Sandner seine Bedenken. "ich könnte dir zwar durchaus ein paar nennen, aber ich denke jetzt mal an Durchschnittshörer. Von denen wird jeder sofort *Bon Jovi* mit dem Song assoziieren."
"Hast Recht."
Zum Zeichen, eine Idee zu haben, schnippte Enno mit den Fingern.
"Wie heißen diese Dinger, die man über eine Saite hält und die diese dann per Magnet in Schwingungen versetzen, so dass lange haltende Summtöne entstehen?"
"Ah, ich weiß, was du meinst", fiel Fleischer sofort begeistert ein, "das ist es, glaub' ich, das sollten wir probieren."
"Ich schätze, ihr meint 'nen E-Bow[273]", vermutete Kilian.

---

oder z. B. an einen Mikrofonständer montiert wird. Der Schall wird so durch die Mundöffnung in den Vokaltrakt geleitet. Genau wie beim Bilden von Vokalen kann durch Veränderung der Stellung von Zunge und Lippen (evtl. auch des Kiefers) der Resonanzraum verändert werden. Der Mundraum bildet ein akustisches Filter und Formanten können aufgeprägt werden, indem bestimmte Frequenzen im Vergleich zu anderen stärker hervortreten. Der so veränderte Schall wird üblicherweise durch ein Mikrofon vor dem Mund wieder aufgenommen. Er kann so zur Aufnahme verwendet oder weiter verstärkt und z. B. über eine Beschallungsanlage wiedergegeben werden. (Quelle: Deutsche Wikipedia, Stand 6. Juli 2015)

[270] Aus dem Album 'Slippery When Wet' (1986).
[271] Sambuca ist ein in der Regel farbloser, klarer Likör mit 38 bis 42 Volumenprozent Alkohol. Er wird mit Anis, Sternanis, Süßholz und anderen Gewürzen aromatisiert und stammt wahrscheinlich aus Italien.
[272] Richie Sambora (*1959), bekannt vor allem als Gitarrist von Bon Jovi, vereinzelt auch solo und mit anderen Instrumenten aktiv.

"Bingo! Kennen wir jemanden, der so ein Teil hat?"
"Bodo vielleicht?"
"Ich ruf' ihn an", beschloss Wittstock. "Wenn er einen hat, fahr' ich hin und hol' das Teil. Ihr könnt dann schon mal den Rest vom Song einspielen. Geht das mit dem reinschneiden, Felix?"
"Kein Problem, sind ausreichend lange Breaks vor und nach dem Instrumentalteil. Das Telefon ist nebenan. Hast du die Nummer?"
Am Abend hatte 'Mister Sinister' eine Leadgitarre mit E-Bow.

Bei anderen Songs experimentierten sie weniger, ließen es sich aber auch nicht nehmen, bereits seit langer Zeit fertig arrangierten Stücken eine neue Note zu geben, indem sie, wo die Zahl der verfügbaren Spuren es hergab, teilweise dritte Gitarren oder bei 'Money' auch einmal einen zweiten Bass einzuspielen.

Julius und Leon waren begeistert, als sie die Ergebnisse hörten, und auch ihr Managerfreund Bodo bekam Kostproben zu hören und war voll des Lobes.

"Ihr macht das genau richtig", pries er sie. "Nicht nachlassen jetzt!"

Auf die Idee wären sie allerdings ohnehin nicht gekommen.

Stimme und Stimmung

Der erste Tag der Gesangsaufnahmen lief hervorragend. Leon war in Topform, schaffte gleich mehrere First-Takes und war häufiger kritisch mit sich selbst als Felix mit ihm. Meistens waren nur kurze Passagen korrekturbedürftig.

Der Techniker hatte es verstanden, Finderlings ohnehin große Motivation durch eine Ansprache über Leidenschaft richtig zu kanalisieren.

"Wenn du ein Vorbild in Sachen emotionaler Intensität beim Gesang brauchst, hör' dir noch mal schnell 'Like the Way I Do'[274] von Melissa Etheridge[275] an – und zwar laut! Es mag

---

[273] Der E-Bow ist ein Effektgerät für elektrisch verstärkte Gitarren, das vom Gitarristen mit der Schlaghand gehalten wird und eine Saite elektromagnetisch in Schwingung versetzt. Ähnlich wie mit dem Bogen eines Streichinstruments kann dadurch ein lang anhaltender, gleichmäßiger Ton erzeugt werden. (Quelle: Deutsche Wikipedia, Stand 6. Juli 2015)
[274] Aus dem Album 'Melissa Etheridge' (1988).
[275] Melissa Etheridge (*1961), amerikanische Rockmusikerin, erstes Album 1988.

andere Sachen von anderen Sängern auf vergleichbarem Niveau geben, aber ich kenne nichts Beeindruckenderes. Man nimmt es ihr einfach ab, das 'Fight, kill and die', wenn man die Inbrunst hört, mit der sie es singt. Es ist ihr anscheinend egal, ob sich ihre Stimme nah an der Schwelle zum Überschlagen bewegt – und das ist genau richtig! Einfach raushauen! Wenn so viel Energie im Gesang ist, ist die Gefahr, den Ton nicht zu treffen, auch viel geringer, als wenn man sich vorsichtig herantasten will. So müssen Liebeslieder klingen – und Hasslieder auch. Nein, so müssen alle Lieder klingen!"

Obwohl Leon das Lied kannte, hörten sie es (laut) und er bekam eine Gänsehaut nach der anderen. Gleich darauf brachten sie die Aufnahmen zu 'Out of the Blue', 'The Lodge of the Damned' und der Ballade 'Moon' aufs Band.

"Emotional ist es hervorragend", lobte Felix den Sänger, "und auch sauber intoniert und im Timing gut und alles. Das kann man so nehmen. Ich bin nur immer im Zweifel über diesen ganz ruhigen Mittelteil, in dem du nur sprichst. 'In a romantic night, we lost the moon, but I found it again and I gave it to you' – das klingt so kitschig!"

Finderling schmunzelte und nickte über den Gesichtsausdruck des Herrn der Regler, der ein wenig aussah, als hätte er unvorbereitet in eine Zitrone gebissen.

"Klar ist das kitschig", stimmte er ganz offen zu. "Der Song basiert auf einer realen Geschichte – und die Szene war tatsächlich so. Auf einmal war der Mond weg, wir konnten ihn nicht mehr sehen, obwohl keine Wolke am Himmel war. Als ich ihn eine Weile später plötzlich wiederentdeckte, hab' ich ihn ihr mit den Worten 'für dich!' gezeigt. Die Stelle im Song ist so kitschig, weil die Situation im richtigen Leben auch so kitschig war. Ich hatte keine andere Wahl, als ich den Text schrieb."

Felix' Miene entspannte sich.

"Okay, das versteh' ich. Dann muss es so sein."

Nicht an jedem Tag lief es so glatt. Manchmal musste Felix auch Tricks anwenden oder Leon einbremsen, wenn dieser zu viel wollte. So lief es zum Beispiel bei 'God', einem der neuesten und gesanglich aggressivsten Songs im Repertoire der Band.

"Du verkrampfst", sagte er ihm. "Wir haben diesen mistigen Refrain jetzt schon fünfzehn Mal aufgenommen, und die Wahrheit ist: Es wird immer schlechter! Ich bewundere dein Arbeitsethos und kann verstehen, dass du keine Pause machen willst, bevor das Ding nicht im Kasten ist, aber es haut so nicht hin. Also ab mit dir auf die Terrasse, rauch' eine, trink' was – und ich komm' gleich dazu. Ich muss dich sowieso noch was fragen, was nichts mit diesem Song zu tun hat."

Widerwillig fügte sich Finderling.

"Ich finde es total geil, dass wir diese Aufnahmen machen", eröffnete der Mischer, nachdem er sich zu Leon gesellt hatte, "und zwar nicht nur, weil ich damit Geld verdiene und Erfahrung sammle, sondern weil ihr eine geile Band seid. Ich kenne euch fast von Anfang an und bin total fasziniert, in welcher Geschwindigkeit ihre eure Qualität gesteigert habt. Ihr schreibt immer bessere Songs, arrangiert sie immer besser und spielt sie immer besser. Auf der Bühne seid ihr schon in einer ziemlich hohen Liga angekommen. Ich bin immer wieder beeindruckt von der hohen Rampensaudichte bei euch. Aber jetzt möchte ich doch gern mal von dir persönlich hören, was der Auslöser dazu war, dass ihr euch gerade jetzt entschlossen habt, mal richtig professionelle Aufnahmen zu machen."

"Es war einfach mal an der Zeit", antwortete der Sänger kurz und bündig.

"Ihr hättet warten können, bis ihr genug Geld durch Gagen eingespielt habt."

"Wir hätten auch warten können, bis wir schwarz sind."

"Könnte es nicht vielleicht auch sein, dass deine Trennung von Linda etwas damit zu tun hat? Soll Leute geben, die sich in Arbeit stürzen, um besser mit privaten Rückschlägen fertigzuwerden. Hilft erfahrungsgemäß recht häufig."

"Hey", knurrte Leon. "Ich hab' mich von ihr getrennt – nicht andersherum!"

"Trotzdem bist du es gewesen, der wochenlang 'ne Fresse gezogen hat."

"Aber nicht wegen der Trennung."

"Sondern?"

"Weil sie sich sofort Evil-Fresse an den Hals geworfen hat."

"Na, und?", wunderte sich Felix. "Darf sie doch. Ich will dich nicht belehren, aber wenn du sie in die Wüste schickst, ist es ihr gutes Recht, sich nach anderen Typen umzuschauen."

Finderling schnaubte.

"Du kennst Evil-Fresse nicht. Das ist nicht einfach irgendein Typ. Er ist fett und hässlich und hat es schon gewagt, sie anzubaggern, als sie noch mit mir zusammen war – und das, obwohl er mich kannte. Das ist ein No-Go!"

"Du hättest sie behalten können, wenn du das hättest verhindern wollen."

"Felix, nerv' mich bitte nicht mit so einem Scheiß! Lass' uns lieber weitermachen!"

Der nächste Versuch, den Refrain einzusingen, gelang wunschgemäß.

"Geht doch", lachte der Tontechniker. "Kaum provoziert man dich, bringst du das Ding mit der exakt angemessenen Aggressivität! Ich hätte Psychologe werden sollen."

Leons verlor kurz die Kontrolle über seine Gesichtszüge, dann schmunzelte er versöhnlich.

"Oder Manipulator. Du Arsch! Nur deswegen hast du dieses blöde Thema angeschnitten? Um mich wütend zu machen? Das war aber ganz schön hoch gepokert."

"Eigentlich nicht", fand Felix. "Ich kenn' dich. Im schlimmsten Fall hättest du mich angeschrien. Das halte ich aus. Noch besser war, dass du das Mikrofon angeschrien hast. Jetzt haben wir einen perfekten Take. Welcher Song kommt jetzt?"

Soweit war der Sänger noch nicht.

"Ich hab' mich verarschen lassen wie ein Frischling", schüttelte er den Kopf.

Felix zeigte ihm zum Spaß eine lange Nase.

"Freu' dich doch! Jetzt haben wir die Aufnahme, die wir wollten, und niemand außer uns wird je erfahren, wie wir sie zustande gebracht haben. Falls es dich beruhigt: Adam habe ich bei den Leadgitarrentakes auch einmal drangekriegt, als es nicht so schnell geklappt hatte, wie er wollte. Ich hab' zum Schein an seinem Verstärker rumgefummelt und ihn gebeten, seine Melodie mal probeweise mitzuspielen, weil ich noch etwas bezüglich der Mikrofonposition testen müsse. In Wirklichkeit hab' ich aber gar nichts verändert und Kilian hat den Take auf mein Zeichen hin heimlich mitgeschnitten. Er wurde perfekt, weil Herr Fleischer plötzlich wieder ganz locker war."

Finderling runzelte die Stirn.

"Wo lernt man solche Tricks?"

"Bei den Profis. Ich hab' mal in einem richtig großen und renommierten Tonstudio hospitieren dürfen. Ein Wahnsinnsladen mit allem technischen Schnickschnack, den du dir vorstellen kannst. Sobald an der Bandmaschine auf den Recording-Knopf gedrückt wurde, leuchteten im ganzen Haus rote Lampen. Sogar in der Küche und auf dem Klo – damit bloß keiner unbedacht in den Aufnahmeraum latscht. Tja, und eines Tages hatte der Sänger, mit dem wir gerade arbeiteten, eine Blockade. Da meinte der Chef des Hauses zu ihm, er solle sich mal locker machen und den Song einfach drei- oder viermal nur für sich singen.

Nach dem zweiten Mal unterbrach er ihn – er hatte den Take. Keine einzige rote Lampe im Haus hatte geleuchtet. Das hab' ich mir gemerkt."

Für die restlichen Songs mit Leon brauchte Felix keine psychologischen Tricks mehr, weder an diesem Tag, noch an den folgenden.

Das Ganze ist mehr als die Summe seiner Teile

Jedes Bandmitglied wäre am liebsten jeden Tag rund um die Uhr beim Mixing dabei gewesen, aber sie sahen ein, dass es für Felix zu anstrengend gewesen wäre, ständig fünf kritische Hörer um sich herum ertragen zu müssen, deshalb waren sie übereingekommen, ihm nur Leon ständig zur Seite zu stellen. Die übrigen wechselten sich ab, nicht regelmäßig, sondern in Abhängigkeit von den Songs, die an der Reihe waren und den Musikern unterschiedlich stark am Herzen lagen. Um 'Mister Sinister' hatten sich alle außer Enno beworben, Adam hatte ihn schließlich bekommen.

Schon zum Intro machte sich der Tonmeister viele Notizen, weil er die Geräusche, die Adam hinter den basslastigen Anfang gelegt hatte, auf eine gleiche und dezente Lautstärke einpegeln wollte. Strophen und Refrain gingen vergleichsweise schnell von der Hand, so dass es Finderling und Fleischer gleich auffiel, als der Techniker sich eine Passage wieder und wieder anhörte, als sie von einer kurzen Frischluftpause zurück ins Studio kamen.

"Stimmt was nicht?", fragte der Gitarrist gleich.

"Nein, nein, alles okay."

"Du bist mit dem Gesang zugange", erkannte Leon, weil Felix mit Ausnahme des Schlagzeugs alle Instrumente ausgeblendet hatte.

"Ist alles in Ordnung. Die Stelle erinnert mich nur an irgendetwas. Die Melodieführung kenne ich – ist nur diese eine winzige Zeile."

"In the deeds and the lies of your past?"

"Genau die – aber nicht der Text. Die Melodie. Nur bei dieser Zeile, danach nicht mehr. Es liegt mir auf der Zunge, ich hab's gleich."

"Er wird dich doch nicht etwa des Diebstahls bezichtigen?", grinste Adam seinen Sänger provozierend an.

"*Scorpions*[276]!", brüllte der Herr der Regler in diesem Augenblick. "Haha! *Scorpions*, ausgerechnet! 'Big City Nights'[277], glaube ich. Das ist großartig – die liebe ich ganz besonders. Kennt ihr den Radiospot von denen, in dem sie sich für die Kampagne 'Don't drink and drive' eingesetzt haben? Zu komisch, sage ich euch."

"Was für ein Radiospot?"

"Hi", rief er mit verstellter Stimme. "Wir sind Klaus Meine[278] und Rudi Schenker[279] von den *Scorpions*. Auf Party geben wir uns das volle Brett. Aber wenn wir besoffen Auto fahren, lassen wir die Hände vom Steuer."

Die beiden Musiker prusteten los. Es dauerte einen Moment, bevor sie zum Auslöser der Anekdote zurückfanden.

"Okay – und was genau erinnert dich jetzt an 'Big City Nights'?", wollte Finderling dann aber doch noch wissen.

"Ach, vergesst es. Außer mir merkt das kein Mensch. Eine winzig kleine Tonfolge von drei oder vier Noten in der Gesangslinie hat mich daran erinnert – die Intervalle sind die gleichen. Ansonsten besteht keine Ähnlichkeit. Du bist nicht Klaus Meine. Du lässt nicht beim Autofahren die Hände vom Steuer."

"Schon gar nicht besoffen."

"Okay. Viel wichtigere Fragen sind die, ob wir die Leadgitarre im Instrumentalteil von Anfang an in Szene setzen oder ob wir sie langsam von Part zu Part in den Vordergrund rücken und wie viel und welchen Effekt wir ihr verpassen."

"Und welche Stellen vom Backgroundgesang wir über den Refrain hinaus benutzen."

"Richtig. Und ob wir den Schlusston ausklingen lassen oder wegdrehen."

"Und ob wir auf dem Cover das Wort 'Mister' im Titel ausschreiben oder abkürzen."

"Und ob wir wohl heute noch zu Entscheidungen kommen."

"Und was der Sinn des Lebens, des Universums und des ganzen Rests[280] ist."

"Und ob das Ei zuerst da war oder die Henne."

---

[276] The Scorpions, erfolgreichste deutsche Hardrock-Band, gegründet 1965, erstes Album 1972.
[277] Aus dem Album 'Love at First Sting' (1984).
[278] Klaus Meine (*1948), Sänger von *The Scorpions* seit 1969.
[279] Rudolf Schenker (*1948), Gründer und Gitarrist von *The Scorpions*.
[280] Die Frage darf durchaus als Anspielung auf das Buch 'Das Leben, das Universum und der ganze Rest' von Douglas Adams verstanden werden.

"Und warum in Michigan, genauer gesagt in Rochester Hills, ein Denkmal für Skanderbeg[281] steht. Das wollte ich auch immer schon wissen."

"Sagt Bescheid, wenn ich störe", warf Fleischer dazwischen. "Auch wenn ich die Leadgitarre selbst gespielt habe, bin ich dafür, sie im Instrumentalteil relativ leise beginnen zu lassen und nach und nach immer lauter werden zu lassen. Das ist wirkungsvoller, zumal sie am Anfang noch keine richtige Melodie spielt. Der E-Bow kommt, glaub' ich, auch so ziemlich gut zur Geltung."

"Gut", fand Felix. "Dazu hätte ich auch tendiert. Probieren wir das mal aus. Bei dem Song werden wir während der Mischung eine ganze Menge zu tun haben. Vermutlich brauchen wir sogar alle sechs vorhandenen Hände. Das müssen wir trainieren."

Sie zwängten sich nebeneinander hinter das Pult und testen aus, wer wann welche Regler in welcher Weise zu bedienen hatte.

"Nein", korrigierte der Tonmeister den Gitarristen nach dessen drittem Fehlversuch. "Du schiebst zu schnell hoch. Dann hast du am Ende, wenn der Wechsel zum Solo erfolgt, keinen Spielraum mehr. Entspann' dich!"

Auch die nächsten beiden Durchläufe fanden keine Gnade vor seinen Ohren.

"Du übst wohl immer die gleichen Fehler, was? Pass' auf, ich zeig's dir nochmal. Zuhören und hinschauen bitte! Beides!"

"Ich darf vor dem Wechsel nicht auf dem Strich sein, oder?"

"Ob du auf dem Strich Erfolg hättest, kann ich nicht beurteilen", flachste Felix, "aber wenn die Steigerung in der Lautstärke nicht abflachen soll, solltest du die Markierung als eine Art rote Linie betrachten, solange wir nicht im zweiten Teil der Gitarrenlinie sind."

"Adam hat schon mal in einer Top-40-Band ausgeholfen", erwähnte Leon, "in dem Sinne ist er also tatsächlich eine Nutte. Aber wir können auch tauschen. Ich kann den Regler übernehmen und du schaltest an der richtigen Stelle das Delay zu."

"Okay, das krieg' ich hin", ging Fleischer dankbar darauf ein.

Zwei Versuche später hatten sie den Mix im Kasten.

"Wieder ist ein Song fertiggestellt, der die Geschichte des Hardrock umschreiben wird", verkündete Adam im Brustton

---

[281] Gjergj Kastrioti, 1405 – 1468, genannt Skanderbeg, gilt als albanischer Nationalheld.

der Überzeugung, nachdem sie das Ergebnis noch einige Male kritisch abgehört hatten.

"Für mich ist das eher Heavy Metal", streute Felix seine Zweifel ein.

"Den Unterschied versteht doch sowieso fast keiner", tat Finderling den Einwand ab.

"Stimmt", bekannte sein Gitarrist. "Ich zum Beispiel auch nicht. Nancy meint, *AC/DC* sei Hardrock, und *Metallica* sei Heavy Metal. Das hilft mir in Bezug auf unsere eigene Musik aber auch nicht weiter."

"Genau, deshalb finde ich den Ansatz auch falsch, das über Bands zu definieren", antwortete Leon ganz ernsthaft. "Was machst du denn dann zum Beispiel mit *Iron Maiden*? Sind die nun *Metallica* ähnlicher oder *AC/DC*? Und warum gerade anhand von diesen beiden Bands definieren? Die waren doch nicht einmal zuerst da. Das funktioniert so nicht. Ich denke, es ist eine Frage der Kompositionsweise. Hardrock kommt vom Rock und im Rock treffen sich Blues und europäische Liedkunst, meistens mit ziemlich klaren Songstrukturen – Strophe, Refrain, Strophe, Refrain, Zwischenteil, Refrain oder so. Varianten gibt es natürlich immer mal wieder. Heavy Metal orientiert sich im Aufbau viel stärker an klassischer Musik, da geht es sehr häufig um die Variation von musikalischen Themen. Demnach wäre *AC/DC* tatsächlich wohl in erster Linie eine Hardrockband und *Metallica* mehr im Heavy Metal unterwegs. *Motörhead* zum Beispiel wäre entgegen weit verbreiteter Meinung jedoch keine Metal-Band.[282] Aber die meisten Kapellen unseres Metiers – und wir auch – bewegen sich munter von Song zu Song mal hier und mal dort. Manchmal sogar innerhalb eines Songs. Keine Ahnung, ob diese Definition es zu allgemeiner Anerkennung bringen kann, aber mir erscheint sie stimmig. Letztlich ist es sowieso egal. Hauptsache, die Musik ist gut. Dann kann sie meinetwegen auch als Cybersoulboogie definiert werden. Ich brauch' die Schubladen nicht. Ich brauch' nur Rock 'n' Roll."

"Amen", fügte Felix hinzu.

Sie mischten niemals mehr als einen Song pro Tag, manchmal gönnten sie sich auch zur Ohrenerfrischung vor endgültigen Entscheidungen eine Pause über Nacht. Bei aller Vorfreude auf

---

[282] Eine Ansicht, die Lemmy selbst viele Jahre später bestätigte: "We got stuck in with heavy metal, which is not what we are. We're hard rock—we have a lot of the blues in us." (Aus einem Interview mit dem Magazin *Bass player* vom 23.12.2015, dem letzten seines Lebens.)

das fertige Werk erhielten sich alle sechs die Geduld, die Qualität über die Geschwindigkeit zu stellen. So bekam Felix auch nie Widerspruch oder auch nur einen Satz des Bedauerns zu hören, wenn er mitteilte, für den Abend genug zu haben.

Felix war ein Typ, in dessen Brust zwei Herzen schlugen: Eigentlich wollte auch er in erster Linie gern Musiker sein, liebte die Studioarbeit jedoch mehr als den Bühnenauftritt. Deshalb fand er selten für längere Zeit Mitstreiter, da die meisten die Tüftelei im Studio dann doch nur als zweitschönsten Teil am Musikerdasein empfanden. Entsprechend schwer tat er sich, bei seinen Eigenkompositionen Kompromisse mit anderen Instrumentalisten einzugehen. Aus seiner Sicht hatten sich diese schließlich nicht die Mühe gemacht, das Arrangement bis ins letzte Detail zu verfolgen – wie er es durch immer neue Takes an langen Abenden zwischen seinen Gerätschaften zu tun pflegte.

Auftragsarbeiten wie für *Hole of Fame* gingen ihm leichter von der Hand. Die Absprachen waren glasklar. Er durfte jeden Vorschlag anbringen, der ihm in den Sinn kam, aber die Bandmitglieder hatten als geistige Eigentümer der Songs immer das letzte Wort. Manchmal wünschte er sich, entsprechende Autorität seinerseits würde auch von den Kollegen akzeptiert, denen seine Werke zumindest anfangs gut genug gefielen, um sie mit ihm aufführen zu wollen. Tief in seinem Inneren ahnte er wohl bereits, dass er in seinem Leben mehr Zeit hinter den Reglern als im Aufnahmeraum verbringen würde. Manchmal war er darüber glücklich – manchmal aber eben auch nicht.

"Das war's", rief Finderling aus und klatschte mit dem Mischer ab, als sie den letzten Song abgeschlossen hatten. "Es ist tatsächlich vollbracht!"

Felix nickte. Sie sahen sich an und konnten in den Augen des anderen lesen, dass sie noch Wochen hätten weitermachen können. Deshalb fielen sie sich in die Arme.

Song 8

Die Studioarbeit war vorbei, vom Mastering abgesehen, dennoch gab es für die Jungs genug zu tun. Das Cover, das Kilian und Leon aus Kostengründen den gemeinsamen Absprachen folgend in Eigenarbeit entwarfen, bevor die gelernte Grafik-Designerin Svenja ihm den Feinschliff verpassen sollte, war fertig zu stellen. Präsentationskonzerte waren zu vereinbaren –

hier half Bodo tatkräftig mit – und zu bewerben. Zuvor waren noch die Entscheidungen zu treffen, in welcher Reihenfolge die Songs auf den Silberling gepresst werden sollten, und welches Stück ausscheiden musste. Die Addition der Spielzeit hatte ergeben, dass sie eine Nummer zu viel aufgenommen hatten.

Um selbst ein bisschen Abstand zu gewinnen, hatten sie bewusst eine Woche lang keinen der 18 zur Wahl stehenden Songs auf Proben angespielt und sich zudem für die Woche auch ein totales Hörverbot erteilt, um die Auswahl danach mit frischen Ohren etwas neutraler angehen zu können. Wie so oft trafen sie sich zur Diskussion in der Couchecke im Keller des *Bienenkorbs*, vor ihrem Proberaum, und gönnten sich zunächst Pizza, Bier und Zigaretten. Die Mädchen von *The Neon Sparks* schauten vorbei, wurden aber – wie meistens – mit ein paar augenzwinkernden Sprüchen abgefertigt.

"Wieso seid ihr hier? Seid ihr nicht im Studio?", wunderte sich Penelope.

"Schon fertig, Lady."

"Ich staune immer wieder, wie schnell ihr seid."

"Live fast, die young!"

"Wie wird die Platte denn heißen?"

"Abhängen in der Couchecke."

"Sehr witzig!"

"Wie würdest du sie denn nennen?"

"Habt ihr nicht 'nen Song namens 'Gothic'? Doch, der ist doch auf dem Demo von euch, das ihr mir mal gegeben habt. Das ist doch ein toller Titel für die CD."

"Stehen zwei Gruftis vor 'ner Gewitterfront", trompetete Enno. "Sagt der eine: 'Boah, voll gothic, das Wetter!'"

Während seine Mitstreiter lachten und Geigerin Annette zumindest schmunzelte, reagierte die hinsichtlich ihrer Kleidung durchaus in dieser subkulturellen Ecke zu verortende Sängerin Penelope nicht übermäßig amüsiert.

"Fragt mich halt nicht, wenn ihr es nicht wissen wollt."

"Sei doch nicht so empfindlich", bat Finderling. "Wir haben nicht vor, der Platte einen Titelsong zu geben – das wertet alle anderen Stücke ab. Also weil du es bist, und dir vermutlich nicht einmal der örtliche *Tagesanzünder* für die Information etwas zahlen würde, verraten wir es dir: 'Looking Back in Anger' soll unser Baby heißen."

Penelope rümpfte die Nase.

"Haut mich jetzt nicht gerade aus den Socken."

"Da haben wir noch mal Glück gehabt", lästerte Fleischer lachend und hielt sich demonstrativ die Nase zu.

"Dann muss es wahrhaftig ein großartiger Titel sein", kommentierte Wittstock sogar noch entschieden schärfer.

"Blödmänner", schmollte die Diva und zog sich in ihren Proberaum zurück.

Annette schlich hinterher, zwinkerte den Jungs allerdings noch heimlich zu, was jedoch nicht alle von ihnen wahrnahmen.

Sandner und Langemesser räumten die Pizzakartons beiseite, Wittstock entsorgte fünf leere und öffnete fünf volle Bierflaschen, Fleischer klopfte den Inhalt beider Aschenbecher in einen Mülleimer aus, und Finderling legte einen großen Zettel auf den Tisch, auf dem die Titel aller 18 Songs standen, die sie aufgenommen hatten. Dazu teilte er fünfzehn kleine Zettel und fünf Stifte aus, jeder bekam drei Zettel und einen Stift. Zum Schluss platzierte er einen alten, zerbeulten Kochtopf, den er der Küche der Obdachlosen entnommen hatte, in die Mitte zwischen den beiden Aschenbechern.

"So, jeder schreibt drei Songs auf, die er für unverzichtbar auf der Platte hält", erklärte er das Auswahlprozedere. "Wenn wir uns alle einig sind, stehen damit erst drei Nummern fest, aber das ist natürlich sehr unwahrscheinlich. Wenn wir uns komplett uneinig sind, stehen danach 15 Songs fest. Dann haben wir noch drei, von denen es dann einen erwischt. Wahrscheinlich wird das Ergebnis irgendwo dazwischen landen. Schauen wir mal, was passiert. Zettel schön falten und in den Topf in der Mitte werfen!"

Als alle fertig waren, zogen sie die Zettel wie Lose aus dem Topf und machten eine Strichliste auf dem Übersichtsblatt. Am Ende hatten zehn Stücke mindestens eine Nennung bekommen, womit das Ergebnis fast exakt in der Mitte lag.

"Okay, die zehn Songs sind sicher dabei. Weiter geht's – neue Runde. Jeder wieder einen Zettel bitte. Von den übrigen acht noch einen Song aufschreiben, der drauf soll. Bin gespannt, ob wir danach bei elf oder bei 15 sind."

Sie kamen bei 14 heraus und schauten ein wenig ratlos drein, wie nun die letzte Entscheidung zu treffen sei. Leon grübelte ein wenig, während Enno neben ihm nasereibend so tat, als sei er *Wickie* aus *Wickie und die starken Männer*[283]. Dann fand der Sänger eine Lösung für das weitere Vorgehen.

---

[283] Zeichentrickserie auf Basis der Kinderbuchreihe 'Vicke Viking' von Runer Jonsson, ab 1974 ausgestrahlt.

"Jetzt drehen wir es um. Es sind noch vier Songs da. Jeder schreibt jetzt jenen dieser vier Songs auf, den er rauswerfen würde. Die einzige mögliche Stimmverteilung, die uns nicht zu einer Entscheidung bringt, wäre 2:2:1:0 – dann müssten wir zwischen zwei Songs eine Stichwahl machen. In jedem anderen Fall haben wir ein Ergebnis."

"Echt?", fragte Adam nach.

"Wenn ein Song drei oder mehr Nennungen bekommt, hat er sowieso verloren. Bei der breitesten Streuung, also eine Stimme für jeden Song, ist aber noch eine Stimme übrig – und die entscheidet dann. Nur bei dem erwähnten 2:2:1:0 müssen wir noch einmal ran."

"Klingt logisch."

"Ist ja auch höhere Mathematik", verkündete Julius in einem Tonfall, als habe er die Erklärung gegeben.

"Nein", widersprach Finderling. "Ist nur Kopfrechnen. Höhere Mathematik ist eher nicht so mein Gebiet."

Die Entscheidung fiel mit vier von fünf Stimmen: Mit 'Premonition' wurde einer der beiden ältesten Songs aussortiert.

"Okay, das war schwer", seufzte der Sänger. "Zufällig ist dies übrigens genau die Entscheidung, die Bodo auch getroffen hätte, wie ich euch nun verraten kann. Er meinte, dem Song hört man inzwischen an, wie früh wir ihn geschrieben haben. Die Linien der einzelnen Instrumente sind noch nicht so ausdifferenziert wie bei unseren neueren Stücken. Er wird froh sein, wenn er von unserer Entscheidung erfährt."

"Wieder einen Manager glücklich gemacht", feixte Kilian.

"Aber ab jetzt wird's nicht einfacher. Bringen wir die 17 Songs in eine Reihenfolge, mit der wir alle einverstanden sind. Der einzige Vorschlag, den ich zum Vorgehen habe, ist, dass wir uns zuerst auf den Opener und auf den Schlusssong einigen."

"Nein, als erstes müssen wir Song 8 festlegen", verlangte Wittstock mit durchaus ernster Miene. "Song 8 ist der wichtigste."

"Wieso Song 8?"

"Ihr kennt Dragan, meinen guten Freund. Dragan sagt, wenn er im Laden in eine neue Platte reinhört, macht er immer zuerst Song 8 an. Die besten Songs an den Anfang stellen kann jeder. Aber wenn Song 8 gut ist, dann hat die Band sich mit der ganzen Platte verdammte Mühe gegeben."

Finderling nickte, und auch Sandner konnte der Argumentation etwas abgewinnen.

"Keine schlechte These. Allerdings ist es Zufall, dass Dragan immer Song 8 nimmt. Karl-Heinz, der die gleiche These vertritt, nimmt aber Song 7."

"Welcher Karl-Heinz?", fragte Fleischer verwundert.

"Karl-Heinz Spock."

"Wer ist das?"

"Na, der Typ von Raumschiff Entenscheiß[284]."

"Der heißt Karl-Heinz?"

"Ja, wusstest du das nicht? Das Geheimnis haben doch *Die Ärzte*[285] schon im Lied 'Der lustige Astronaut'[286] verraten."[287]

"Was hat der mit Song 8 zu tun?"

"Nichts. Er nimmt doch Song 7."

"Hä?"

Die Herren Langemesser, Wittstock und Sandner lagen angesichts des Dialogs längst vor Lachen in den Polstern.

"Was lacht ihr?", beschwerte sich Adam. "Ich wäre froh, wenn ich wenigstens Bahnhof verstehen würde."

Kilian kam als Erster wieder zu ausreichenden Luftreserven.

"Okay, Problem verstanden. Ist für uns aber nicht relevant, denn wir haben uns mit allen Songs Mühe gegeben und ich denke, das kann man hören. Ob wir dabei Spocks Geschmack für Song 7 und Dragans Geschmack für Song 8 treffen, ist Glückssache und sollte uns nicht so sehr beschäftigen. Am Ende hört sich ein Plattenproduzent Song 9 an und engagiert uns deswegen – oder eben nicht."

"Also womit fangen wir an?"

"Am Anfang muss es knallen!"

"Jau!"

"Jau!"

"Jau!"

"Was knallt?"

Bezüglich des Auftakts – 'Crocodile Tears' – fand die Band schnell Konsens, auch beim Abschluss der Platte – 'Out of the Blue' – bestand zügig Einigkeit. Doch für nahezu alles, was

---

[284] Gemeint ist natürlich 'Raumschiff Enterprise' – das an früherer Stelle bereits erwähnte *Star Trek*. Die Verballhornung des Namens stammt aus der deutschen Synchronisation des Films 'Spaceballs' (1987).

[285] *Die Ärzte*, deutsche Punkrockband, 1982 gegründet, erste EP 1983, erstes Album 1984. 1988 aufgelöst, seit 1993 wieder aktiv.

[286] Aus dem Album 'Die Ärzte früher!' (1989).

[287] Der bereits früher erwähnte Mr. Spock aus 'Raumschiff Enterprise' hatte weder in der TV-Serie noch in einem der abendfüllenden Spielfilme jemals einen Vornamen.

dazwischen lag, immerhin 15 Stücke, tauschten sie Standpunkte aus, die jeder auf seine Weise Berechtigung hatten und im Grunde kaum widerlegbar waren, da sie viel mit persönlichen Empfindungen zu tun hatten.

"Wenn wir 'Hate', 'Love' und 'Sun'[288] hintereinander bringen, ist 'Stranded' danach genau das Richtige. Irgendwann müssen die Leute schließlich auch mal durchatmen. Wenn wir denen erst einen Hammer nach dem anderen um die Ohren knallen, haben wir die ganzen längeren Nummern, die sich langsamer aufbauen, alle am Ende. Das könnte der eine oder andere dann auch ermüdend finden."

"Nee, das ist doch gerade das Geile! Erst hauen wir in kurzer Folge alle schnellen Songs raus und dann – Überraschung – zeigen wir, dass wir auch anders können."

Kilian leerte zwischendurch immer mal wieder die Aschenbecher aus, Enno versorgte jeden mit einem frischen Bier, sobald eins leer war, und sie waren längst dazu übergegangen, alle 17 Songtitel auf kleinen Zetteln auf dem Tisch hin und her zu schieben, als Penelope und Annette ihre Zwei-Frauen-Probe mit Geige und Gesang beendeten und sich verabschiedeten. Einer der Obdachlosen von *Home Is Hope* hatte sie bereits zweimal um Zigaretten angeschnorrt, und noch immer war nicht alles beschlossen.

"Was macht ihr da eigentlich?", wollte Penelope noch wissen, als sie, zum Gehen bereit, am Fuß der Treppe stand.

"Wir spielen Origami."

"Wir losen aus, wer beim nächsten Konzert nackt auf die Bühne muss."

"Wir ziehen eine grandiose Show ab, um dich zu verwirren."

"Haha! Schon klar!"

"Nee, ohne Witz. Wusstest du nicht, dass sich ein Wunsch erfüllt, wenn man beim Origami 1.000 Kraniche gefaltet hat? Da wir alle den gleichen Wunsch haben, können wir das auch gemeinsam machen. Sind nur 200 Kraniche für jeden. Das geht schneller."

"Schöne Geschichte. Und im Ernst?"

"Wir legen die Reihenfolge der Songs für unsere CD fest."

"Puh", staunte sie. "Bei uns würde Eppi das festlegen."

Eppi war der von den Jungs wenig geschätzte Sänger und Gitarrist ihrer Band.

"Ihr diskutiert das zu fünft aus?", vergewisserte sie sich.

---

[288] Eigentlich 'The Sun Is Shining and It Looks Like a Pretty Good Day to Die'.

"Ja, in manchen Dingen sind wir richtig demokratisch. Und zwar wirklich – also nicht einfach nur per Abstimmung. Das ist meistens dann nur eine Diktatur der Mehrheit. Wir suchen Kompromisse, mit denen alle zufrieden sein können. Auch wenn es eine lange Nacht werden könnte."

Die Nacht wurde lang, doch als die Jungs auseinandergingen, hatten sie tatsächlich eine Reihenfolge gefunden, mit der alle weitgehend einverstanden waren, obwohl – oder vielleicht auch weil – keiner sich in allen Punkten durchgesetzt hatte.

"Wann fangen wir an, neue Songs zu schreiben?", fragte Wittstock zum Abschluss grinsend in die Runde.

Eine Antwort bekam er nicht, die Blicke der anderen waren Antwort genug. Die CD war noch nicht veröffentlicht, doch schon waren sie alle begierig, das nächste Kapitel in ihrer Bandgeschichte zu schreiben.

So viel Zorn muss sein

Mit 'Looking Back in Anger' stellen **Hole of Fame** *dieser Tage ihr Debütalbum vor. Für unsere Zeitung hat Raimund Ostermann es gehört und ist begeistert.*

Darauf hat die hiesige Szene gewartet: Die bereits als fulminanter Live-Act einschlägig bekannte Hardrockband Hole of Fame *legt endlich ihre erste CD vor. 'Looking Back in Anger' ist ein wahrer Longplayer geworden: volle 74 Minuten, 17 Songs – und dazwischen praktisch keine Verschnaufpausen. Wer in der Geschichte der harten Gitarrenmusik bewandert ist, kann die ganze Ahnenreihe von* Black Sabbath *über* Thin Lizzy[289] *und* Iron Maiden *bis* Metallica *in Details wiederfinden, und auch jüngere Größen wie* Monster Magnet *oder* Rammstein[290]. *Dennoch geht dabei nie die Eigenständigkeit der fünf Jungs verloren, die lokal und regional inzwischen bald jede Clubbühne bespielt haben dürften. Diese Erfahrung haben sie in ihre Arrangements und die Aufnahmen einfließen lassen.*

Der Sound ist hart und druckvoll, die Scheibe laut aufgenommen: Die Party beginnt mit dem Kracher 'Crocodile Tears', dessen fulminantes Eröffnungsriff sich sofort in die Hirnrinde jedes haarschüttelfreudigen Metalheads brennt. Mit 'Not' folgt

---

[289] *Thin Lizzy*, irische Rockband, gegründet 1969, erstes Album 1971, aufgelöst 1983.

[290] *Rammstein*, deutsche Rockband, gegründet 1994, erstes Album 1995.

eine rollende, drückende, stampfende Maschine, deren erster Refrain durch Reduktion zu überraschen weiß: Plötzlich fehlen die Gitarren im Klangbild und verleihen dem zweiten Teil bei ihrer Rückkehr umso mehr Wucht. Im Anschluss bestechen die mit gesellschaftskritischen Texten auch inhaltlich anregenden 'God' und 'Embryo' mit punktgenauer Aggressivität, bevor die Ballade 'Moon' den Hörer bei seiner romantischen Ader packt.

Acuh danach hört der Abwechslungsreichtum nicht auf. 'Anthem' ist wahrhaftig eine Hymne, 'Hate', 'Love' und 'The Sun Is Shining and It Looks Like a Pretty Good Day to Die' (ein dankbarer Titel für Journalisten, die nach Zeichen bezahlt werden) geben Einblicke in menschliche Abgründe und 'Stranded' beginnt ausgesprochen luftig, um mit fortschreitender Dauer immer beklemmender zu werden.

Danach wird es hitverdächtig. Die Gesangsmelodien der Refrains von 'Money' und 'Mister Sinister' gehen nicht nur direkt ins Ohr – sie wollen dort auch nicht so schnell wieder hinaus. Beide Stücke sind derart detailverliebt arrangiert, dass man bei jedem Hören neue Überraschungen erlebt. 'Black Princess' und 'Gothic' sind wieder eher hymnisch – letzteres überrascht am Schluss mit einer Klavierpassage.

Das folgende 'The Lodge of the Damned' fordert die üblichen Hörgewohnheiten mit diversen Rhythmus- und Taktwechseln heraus, fügt sich auf wunderbare Weise aber dennoch zu einer runden und gelungenen Einheit zusammen – Heavy Metal at it's best! Kurz vor Ende der CD schafft das über sieben Minuten lange 'Spiders' noch einmal eine Atmosphäre höchster Bedrohung, die sich im versöhnlichen 'Out of the Blue' auflöst – dem vielleicht herkömmlichsten Rock-'n'-Roll-Song auf dem Album, was absolut positiv gemeint ist, wenn es sich dabei um Herkömmlichkeit auf einem derart hohen Niveau handelt.

Zusammengefasst hat dieser Silberling keinen Ausfall – und das ist eine beeindruckende Erkenntnis, nicht nur wegen der 17 Songs, sondern auch, wenn man berücksichtigt, dass es sich um ein Debüt handelt. Hole of Fame *haben es geschafft, ihre von der Bühne ohnehin bekannten Qualitäten ins Studio rüberzubringen.*

Die Präzision der Rhythmusgruppe aus Julius Langemesser (Schlagzeug), Kilian Sandner (Bass) und Enno Wittstock (Gitarre) ist die eines Uhrwerks, ihre Wucht ist Dynamit. Auf dieser mehr als soliden Basis fällt es Leadgitarrist Adam Fleischer und Sänger Leon Finderling leicht, jedes der 17 Stücke mit Glanzpunkten zu versehen. Nicht alle Songs sind schnörkellos, doch kein Schnörkel kann als störend empfunden werden. Perfektioniert wird der gute Gesamteindruck durch ein ästhetisches und durchdachtes, vollständig in Schwarz-Weiß gehaltenes Booklet, das einige Fotos und sogar sämtliche der anspruchsvollen Songtexte enthält. Ein rundum gelungenes Werk und ein Muss für alle Fans – zu deren Vermehrung 'Looking Back in Anger' definitiv beitragen wird.

Könige für einen Abend

Die Laune der fünf Musiker war während der Proben für die Präsentationskonzerte ein wenig anders als sonst. Selbstverständlich war man inzwischen viel routinierter als vor Premieren in ihrer Frühzeit wie dem ersten Auftritt überhaupt oder dem ersten Auftritt vor komplett unbekanntem Publikum. Dennoch agierte man ein wenig konzentrierter als sonst vor Gigs üblich, und war zugleich von spürbarer Vorfreude auf das besondere Ereignis geprägt, was sich in immer wieder blitzartig auftretenden extremen Schwankungen zwischen absoluter Fokussierung und überbordender Albernheit bemerkbar machte.

"Jetzt mach' ich die Ansage", verkündete Adam im Brustton der Überzeugung, als nach einem Drittel der geplanten Setlist eine kurze Pause entstand, weil Leon sich eine Notiz machte. "Das wollte ich immer schon mal tun."

"Du weißt doch nicht einmal, wovon unsere Songtexte handeln", neckte Enno den Kollegen, obwohl er selbst es – anders als Kilian oder Julius – auch nicht von allen Stücken im Repertoire gewusst hätte.

"This is a song about dangerous animals", ließ sich Fleischer nicht beirren. "This is called 'Crocodile Tears'."

"Mensch Adam", fuhr Finderling ihm in die Parade, "schau' mal auf den Zettel! 'Crocodile Tears' ist doch noch gar nicht an der Reihe. Erst kommt 'Spiders' dran."

Der Leadgitarrist zog eine Grimasse, dann korrigierte er sich.

"Öhm, hm ... This is a song about dangerous animals. This is called 'Spiders'."

Sie hatten sich fest vorgenommen, am Premierenabend alle 17 Songs ihrer CD zu kredenzen, und da sie keine Vorband hatten, würde dafür auch genug Zeit sein – es war sogar noch Luft, weil ein zweiteiliges Set geplant war. Sie hatten sich entschieden, auch 'Premonition' zum Besten zu geben, jenen Song, der es knapp nicht auf die Scheibe geschafft hatte. Als Zugabe planten sie mit 'Amber' eine Nummer ein, die sie seit einer gefühlten Ewigkeit nicht angeboten hatten, und waren auf die Idee verfallen, drei Coverversionen in ihr Programm einzuflechten, zwei davon frecher Weise gleich zum Auftakt.

"Bodo wird es wahrscheinlich kommerziellen Selbstmord nennen", feixte Leon, "aber solange wir nicht reich und berühmt sind, nutzen wir eben aus, dass wir machen können, was wir wollen, ohne die Erwartungen von Fans, Management oder Plattenfirmen zu vergrätzen. Ich find' die Idee geil."

Die anderen sahen es nicht anders. Daher übten sie als Konzertintro 'Science Fiction/Double Feature'[291], den Eröffnungssong aus Richard O'Briens[292] 'Rocky Horror Show'[293], in einer zunächst auf Bass, Hi-Hat und Gesang beschränkten Minimalversion ein. Diese lebte von den beiden Überraschungen, zum Refrain durch treibende Gitarren und vollen Schlagzeugeinsatz das Publikum mehr oder weniger zu überrumpeln und bereits nach eben diesem ersten Refrain abzubrechen und über eine kurze Feedbackorgie in eine Crossover-Version des 80er-Jahre-Hits 'Warriors of the Wasteland'[294] von *Frankie Goes to Hollywood*[295] überzugehen. Musikalisch hatten diese beiden Songs nun wirklich nichts miteinander zu tun. Erst danach würden sie Gewohntes bieten.

Als der Abend dann kam, übertraf er alle Erwartungen. Der *Racer's Club* war gerammelt voll, die Luft zum Schneiden, das Bier floss in Strömen, und sie wurden bereits bejubelt, als sie nur die Bühne betraten.

"So muss Starruhm schmecken", raunte Sandner seinem Sänger zu.

Felix war dabei, um für einen perfekten Sound zu sorgen, Bodo hatte einen Stand in der Nähe der Theke, um die CDs zu verkaufen, die ausgesprochen schön geworden waren, wie alle fanden, und die Band präsentierte sich in Topform. Von der ersten Sekunde an war die Stimmung im Saal überragend, und

---

[291] Wie im Text erwähnt: Eröffnungsstück des Musicals "The Rocky Horror Show' (1973).
[292] Richard O'Brian (*1942), Schauspieler, Texter und Komponist, erfolgreich durch das von ihm im Alleingang verfasste Musical 'The Rocky Horror Show'.
[293] Ein Musical, das 1973 uraufgeführt wurde und bis heute weltweit populär ist, nicht zuletzt dank seiner Verfilmung als 'The Rocky Horror Picture Show' aus dem Jahr 1975.
[294] Aus dem Album 'Liverpool' (1986).
[295] Frankie Goes to Hollywood, britische Popband, gegründet 1980, erstes Album 1984, aufgelöst 1987.

die Wellen der Begeisterung wogten von der Bühne ins Publikum und wieder zurück.

In der Pause zwischen den beiden Teilen des Konzerts wurden die Musiker derart umlagert, dass sie ihren eigenen Zeitplan durcheinander brachten und erst nach 20 Minuten weiterspielten, was jedoch keinen Bruch in der Atmosphäre erzeugte.

"Wir wurden schon manchmal gefragt, warum wir eigentlich nie ein lustiges Lied spielen", sprach Leon ins Mikrofon und sah dabei Linda an, die ihm allen früheren Differenzen zum Trotz die Ehre ihrer Anwesenheit erwies und freundlicherweise sogar Evil-Fresse zu Hause gelassen hatte. "Wir haben uns entschlossen, heute eine musikalische Antwort auf diese Frage zu geben. Der nächste Song ist 'Die Laughing'[296]!"

Wie zu Beginn eröffneten sie mit einer Coverversion, in diesem Fall hielten sie sich allerdings mit ihrer Interpretation ziemlich eng ans Original. Danach ging es gewohnt furios weiter, und als sie zwei Zugabenblöcke abgeliefert hatten, gab es viele Zuhörer im Saal, die noch immer nicht genug hatten, was Finderling dazu nutzte, sowohl die Termine der nächsten Konzerte mitzuteilen, als auch zum Kauf der CD aufzufordern.

Bodo wurde an seinem Verkaufsstand phasenweise richtiggehend belagert. Die Jungs trockneten sich Backstage nur kurz ab und wechselten die T-Shirts – danach stürzten sie sich in die Menge, um an diesem Abend im Ruhm zu baden.

Leon traf Linda nur kurz, sie war bereits im Aufbruch begriffen.

"Ihr seid richtig gut geworden", nickte sie ihm zu. "Respekt!"

"Danke!"

Mehr trauten sie sich nicht zu sagen. Das Schweigen zwischen ihnen begann, eine sehr intensive Geschichte zu erzählen, in der die weibliche Hauptfigur verletzt war, weil die männliche Hauptfigur ihre Beziehung beendet hatte, und die männliche Hauptfigur die Beziehung beendet hatte, um die weibliche Hauptfigur nicht zu verletzen. Gerade rechtzeitig, bevor die Erde zum vollständigen Stillstand hätte kommen können, zeigte die junge Frau ihrem Ex-Freund noch schnell andeutungsweise, dass in ihrer Jackentasche eine CD steckte, lächelte dazu etwas unbeholfen und ließ sich von der Menge verschlucken, die dem Ausgang zustrebte, weil viele der Enge entfliehen oder Frischluft schnappen wollten.

---

[296] Ein Song von *Therapy?*, einer 1989 in Nordirland gegründeten Rockband, erschienen 1994 auf deren Album 'Troublegum'.

Adam ließ sich von Nancy feiern, Enno unterhielt sich mit jedem Mädchen, das ihm über den Weg lief, und Kilian und Julius wurden von Musikerkollegen umlagert, bekannteren, die ihnen mit ihrem Interesse so etwas wie den Ritterschlag verpassten, und unbekannten, die sich später vor ihren Freunden damit schmücken würden, mit den coolen Jungs von *Hole of Fame* ausgiebig über Dieses oder Jenes gequatscht zu haben.

"Sind schon über 30 Stück verkauft", hörte Finderling den Manager raunen, als er diesem ein Bier brachte. "Man sollte prinzipiell nur Präsentationskonzerte spielen. Manche kaufen bestimmt umso lieber, wenn sie wissen, dass sie die ersten sind. 'Entdeckersyndrom' würde ich das Verhalten nennen."

Der Sänger zuckte mit den Schultern. Ihm war es gleichgültig, ob solche Aspekte bei der Kaufentscheidung der Konzertgäste eine Rolle spielten. Für ihn zählte nur, dass der Abend offenbar einigen Anwesenden so viel Spaß gemacht hatte, dass sie die CD als Erinnerung daran mit nach Hause nehmen wollten. Er selbst würde ihn nie vergessen, dessen war er sich sicher. Die Melancholie, die ihn wegen Linda erfasst hatte, versuchte er zu verdrängen. Es war seine Entscheidung gewesen, alles zu beenden, und er hatte sie getroffen, um nicht entweder gegen Verlockungen ankämpfen zu müssen oder seiner Freundin wiederholt wehzutun. Er hatte nun diese Freiheit. Der Preis dafür war, Linda manchmal zu vermissen. Wenn sie gefragt hätte, wäre er in dieser Nacht sicher mit zu ihr gefahren und hätte sich vielleicht sogar darauf eingelassen, einer Beziehung eine zweite Chance zu geben. Aber sie hatte nicht gefragt. Er würde sein Adrenalin anderweitig abbauen müssen. Folgerichtig suchte er nach Wittstock. In dessen Nähe waren die Mädchen.

2010

"Manche Leute versuchen sehr krampfhaft, ihre Klugheit unter Beweis zu stellen, indem sie möglichst häufig Fremdwörter benutzen – sogar solche, die sie gar nicht richtig verstehen", dozierte Julius Langemesser. "Dabei gehen sie nicht selten mit bronchialer Gewalt vor."

Es muss die Liebe zu dem sein, was man tut, in diesem Fall also zur Musik, aber auch die Seelenverwandtschaft innerhalb der Gruppe. Aus Ruhm und Reichtum ist nichts geworden und jedem der Beteiligten ist dies längst klar, aber man hat trotzdem nie ernsthaft daran gedacht, wegen Erfolglosigkeit aufzuhören. Vielleicht ist auch Trotz dabei, deshalb macht man weiter: Die Welt wollte uns nicht, okay, aber wir brauchen auch die Welt nicht, wir genügen uns selbst. Weil man gemeinsam dagegen angekämpft hat, erwachsen zu werden, ist man nur umso mehr eine verschworene Gemeinschaft, fast so etwas wie eine Geheimgesellschaft, eine Loge der Illusion ewiger Jugend, eine Loge der Verdammten.

Anbruch einer neuen Zeit

Niemals wäre es Elena in den Sinn gekommen, Leon zu verübeln, dass er eingenickt war. Immerhin ging es längst auf fünf Uhr morgens zu und er hatte sie seit Stunden fest im Arm gehalten. Mit jeder Faser seines Körpers hatte er ihr das Gefühl von Nähe und Liebe gegeben. Er hatte ihre Tränen geküsst, sie in eine Vliesdecke gewickelt, Tee für sie gekocht, ihr den Nacken massiert und auf ihre Frage hin mit leuchtenden Augen glaubhaft versichert, wie selbstverständlich es für ihn sei, all dies für sie zu tun.

Sie hatte sich alles so anders vorgestellt. Nie hätte sie sich träumen lassen, von Eberhard einfach aus dem Haus geworfen zu werden. Sie fragte sich immer wieder, ob sie ihren Mann in fast 20 Jahren Ehe so wenig kennengelernt hatte. Immer hatte er sich in seinen Handlungen von der Vernunft leiten lassen, hatte sie gedacht, so sehr, dass es sie, die doch manchmal von ihren ungestümen Gefühlen einfach mitgerissen wurde, fast wahnsinnig und mitunter zornig gemacht hatte. Auf jedes Problem hatte er mit Sachlichkeit reagiert, stets das Für und Wider vor einer Entscheidung abgewogen.

Heute hatte sie ihm endlich eröffnet, was sie seit vielen Monaten in ihrem Herzen mit sich herumgetragen hatte.

"Eberhard, es geht nicht mehr weiter mit uns", hatte sie gesagt. "Ich schätze und ich respektiere dich, aber ich liebe dich nicht mehr. Ich kann nicht mehr Tisch und Bett mit dir teilen und gegenüber dir, den Kindern, den Nachbarn und allen so tun, als sei die Welt in bester Ordnung. Sie ist es nicht. Ich fühle mich wie eine Sklavin dieses Lebens. Ich kann so nicht mehr weitermachen. Wir müssen uns trennen."

Sie hatte erwartet, dass er sie auf die Vorteile ihres Daseins, das Haus und die finanziell sicheren Verhältnisse aufmerksam machen würde, dass er ihr eine gemeinsame Eheberatung anbieten würde, getrennte Schlafzimmer vielleicht, dass er auf die Kinder verweisen und an ihre Vernunft appellieren würde. Sie hatte nicht ausgeschlossen, dass er, so dies alles nichts hülfe, sie beknien würde, es sich noch einmal zu überlegen, ihr vielleicht eine Trennung auf Zeit anböte oder auch nur einen längeren Urlaub ohne den Rest der Familie. Sie hatte auch für wahrscheinlich gehalten, dass er gelobte, von nun an alles besser zu machen, was ihr an ihm missfiele, so sie doch nur sage, was es sei, und sie hatte mit Vorwürfen gerechnet, wieso sie denn nicht

viel früher etwas gesagt habe, wenn sie jetzt meine, es sei bereits zu spät, ihre Ehe noch zu retten.
Nichts davon hatte er getan.
"Es gibt einen anderen, oder?", hatte er ganz leise, fast flüsternd gefragt.
Sie hatte beschämt genickt.
"Es gibt ihn schon lange, oder?"
Sie hatte nur still zu Boden geblickt.
"Ich fand es nie normal, dass eine Frau jenseits der 40 mit zwei Kindern im Haus plötzlich wieder anfängt, mit einer Freundin um die Häuser zu ziehen. Immer wieder musstest du auch bei ihr übernachten, angeblich, um etwas trinken zu können und nicht mehr fahren zu müssen. Brigitte war immer nur ein Alibi, oder?"
Elena hatte es vorgezogen, darauf nicht zu antworten.
"Und ihn – ihn liebst du?", hatte er sich vergewissert.
Ihr erneutes Nicken war nur ein Hauch gewesen, eine Andeutung. Bis hier war Eberhards Tonfall zwar resigniert, aber noch immer nüchtern gewesen. Dann aber war ihm seine Beherrschung abhandengekommen:
"Dann geh' zu ihm", hatte Eberhard gesagt, nun erstmals wieder in normaler Lautstärke, die im Folgenden stetig angeschwollen war, "und zwar sofort. Ich will dich nicht mehr sehen! Pack' deine Koffer und verschwinde aus meinem Haus! Nimm meinetwegen den *Polo*[297]. Die Kinder bleiben hier! Den Rest klären unsere Anwälte."
"Aber ich kann doch nicht …"
"Hab' ich mich nicht klar ausgedrückt?", hatte er ihr das Wort abgeschnitten. "Oder hat er vielleicht gerade keine Zeit für dich, dein neuer Stecher? Das wäre aber schade. Schlaf' doch am Straßenrand! Wenn du mich monate- oder gar jahrelang belügen und betrügen konntest, hättest du dir vielleicht einen besseren Zeitpunkt für dein Geständnis aussuchen müssen. Jetzt ist es zu spät! Los jetzt! Pack' deine Koffer! Sieh' zu, dass du keinen Lärm machst – die Kinder schlafen!"
Wieder kamen Elena Tränen der Demütigung, als Eberhards Worte durch ihren Kopf hallten. Sie drückte ihr Gesicht fester an Leons Brust, der sogar im Schlaf reagierte und seinen Arm wieder fester um sie legte.
Elena hatte tatsächlich monatelang gezögert, ihrem Gatten die Wahrheit zu sagen, die Trennung, die sie innerlich längst voll-

---

[297] Der *VW Polo* ist ein Automodell des Herstellers *Volkswagen*.

zogen hatte, auch äußerlich einzuleiten. Einer der Gründe für ihr Zögern war Mitleid gewesen. Sie hatte angenommen, er wäre am Boden zerstört, und diese seelische Vernichtung hatte sie ihm nicht gern antun wollen.

Dieses Mitleid war durch seine harschen Worte fortgeblasen gewesen, vor allem der Begriff 'Stecher' und die Bemerkung über den Straßenrand hatten in ihr etwas zerbrochen. Sie hatte genickt, nun deutlicher, war aufgestanden und packen gegangen. Etwa ein Drittel ihrer Kleidung hatte sie ausgewählt, ein wenig Schmuck und ein paar private Dinge, die sie zwischen der Wäsche versteckt gehabt hatte und die ihrem Mann keinesfalls in die Hände fallen sollten. Aus dem Badezimmer hatte sie sich die wichtigsten Utensilien für den täglichen Bedarf zusammengeholt, und ein Fotoalbum von ihren Kindern hatte sie eingesteckt. Schuhe hatten noch gefehlt. Es hatte eine Stunde gedauert. Eberhard war zwischendurch mehrfach aufgetaucht und wortlos wieder verschwunden.

Nach vier Kilometern Fahrt war sie an eine Tankstelle gefahren, hatte sich Zigaretten gekauft und mehrere davon hintereinander geraucht. Dann hatte sie Leon angerufen und gefragt, ob sie zu ihm kommen dürfe.

"Jetzt?"

Durch den Moment ihres Schweigens hatte er verstanden, dass etwas anders war als sonst und sehr gefühlvoll reagiert.

"Elena, ich liebe dich. Du bist jederzeit bei mir willkommen, selbstverständlich auch jetzt. Ich wundere mich nur, ob es mit Blick auf die Geheimhaltung unserer Affäre gegenüber deinem Mann so sinnvoll ist, wenn du dich um kurz nach Mitternacht zu einem Besuch bei mir anmeldest. Ist er verreist, oder stimmt etwas nicht?"

"Ich brauch' dich jetzt."

"Dann komm'! Ich bin für dich da! Aber fahr' vorsichtig!"

Die Koffer hatte sie zunächst im Auto gelassen, hatte nur noch in Leons Arme fliegen wollen. Er hatte sie gehalten, und erst nach einer Weile war sie in der Lage gewesen ihm Bericht zu erstatten.

"Natürlich kannst du bei mir bleiben", hatte er in ihr Ohr geflüstert. "Heute Nacht und morgen – und wenn du willst, für immer. Ich liebe dich."

Er hatte keine Einschränkung gemacht und keine Bedingung gestellt. Nachdem Eberhard sich so ganz anders verhalten hatte, als sie es erwartet hätte, war sie sich dessen plötzlich nicht mehr sicher gewesen. Doch Leon hatte sie nicht enttäuscht. Er hatte sie nie enttäuscht. Er hatte so viel Pragmatismus an den Tag gelegt, wie nötig war, ihre Koffer hereingetragen und ihr versprochen, sich gleich morgen nach einem guten Anwalt umzuhören, ansonsten hatte er sie nur gehalten und hin und wieder mit Tee versorgt, die Decke zurechtgerückt, das Zimmer gelüftet oder den Aschenbecher ausgeleert. Nun waren ihm eben die Augen zugefallen. Sie hob den Kopf und sah ihn liebevoll an.

"Ich weiß nicht, ob ich das für dich oder für mich getan habe", flüsterte sie dem schlafenden Sänger zu, "aber ich hoffe, wir werden es beide nicht bereuen."

Sie kuschelte sich wieder an seine Brust und schloss die Augen, eigentlich hoffnungslos, in dieser Nacht noch Schlaf finden zu können, doch überraschend schnell versank sie ebenfalls im Reich der Träume. Irgendwann meldete ihr Bewusstsein eine Veränderung, und als sie registrierte, von Leon ins Schlafzimmer getragen zu werden, ließ sie es einfach geschehen. Er legte sie auf sein Bett, deckte sie zu, zog sich im Dunkeln aus und kroch zu ihr unter die Decke, wo er sich an sie löffelte, wie um sie zu wärmen. Es wäre nicht nötig gewesen, denn obwohl sie im Halbschlaf war, wurde sie in diesem Moment von dem Gefühl gewärmt, angekommen zu sein.

Vertrauen ist gut, Dessous sind besser

Seit vielen Jahren war Sigrid daran gewöhnt, als Seelenmülleimer für Nancys Leiden und Blitzableiter für ihre Wut zu fungieren. Das Dauerfeuer negativer Energie, mit dem sie an diesem Abend konfrontiert wurde, gleich nachdem sie den Telefonhörer abgenommen hatte, überraschte sie dann aber doch.

"Es läuft jedes Mal gleich! Nichts, nichts, nichts hat sich geändert. Als wäre ich überhaupt nicht weg gewesen. Wir verabschieden uns freundschaftlich, wenn wir uns getroffen haben, er sagt, es sei nett gewesen, und wir machen noch lose aus, wir könnten uns bald mal wieder sehen. Dann kommt wieder nichts, und ich warte mir ein Loch in den Bauch. Irgendwann halte ich es nicht mehr aus und rufe ihn an. Er tut dann so, als wäre das eine Riesenüberraschung, macht aber trotzdem keine Anstalten, sich mit mir zu verabreden, bis ich mit einem Vorschlag um die Ecke komme. Den nimmt er dann an, falls es in seinen Band-Zeitplan passt – wenn nicht, macht er nicht einmal einen Gegenvorschlag, sondern sagt nur, dass er zu dem Termin nicht kann. Wenn wir es dann endlich auf die Reihe gebracht haben, treffen wir uns, machen irgendwas, und danach geht das Spiel von vorn los. Ich hab' es so dick! Nicht ein einziges Mal hat er bei mir angerufen, seit ich wieder da bin, außer um eine Verabredung abzusagen, wenn ihm etwas dazwischen gekommen war. Er macht keine Vorschläge von sich aus, und er ruft nie, nie, nie einfach nur so an, um mit mir zu plaudern. Er vertraut mir keine Sorgen und Gefühle an, er sagt kaum etwas von sich aus, abgesehen davon, wie sehr er sich auf den nächsten Auftritt freut, oder wie müde er manchmal nach der Arbeit ist oder solche uninteressanten Sachen. Alles Relevante muss ich ihm aus der Nase ziehen, und oft genug schaffe ich nicht einmal das. Das kotzt mich so an, dass ich …"

"Schätzchen, ich will nicht deine Gefühle verletzen", schnitt Sigrid ihr mit einer gewissen Schärfe in der Stimme das Wort ab, "aber du rennst ihm jetzt schon seit einer Ewigkeit hinterher, ohne dass etwas dabei herumkommt. Es müssen doch schon bald zwei Jahre sein, die ihr euch im Kreis dreht. Du warst ein ganzes Jahr beruflich in den USA. In der Zeit habt ihr nur hin und wieder belanglose E-Mails ausgetauscht, hast du gesagt. Nun bist du zurück und ich höre von dir den gleichen Scheiß wie vorher. Als du das Angebot von deinem Chef bekamst, für ein Jahr nach Boston zu gehen, haben wir mehrfach stundenlang diskutiert, welche Auswirkungen es auf deine Pläne hinsichtlich Adam haben würde, wenn du es annimmst. Wir haben beide darin die Chance gesehen, dass der zeitlich begrenzte räumliche Abstand ihm endlich bewusst macht, wie sehr du ihm fehlst. Anscheinend ist das aber nicht passiert. Meinst du nicht, dass es langsam genug ist? Adam scheint allen Ernstes nicht wieder zu dir zurückzukommen – ob nun mit Absicht oder aus reiner Blödheit. Irgendwann solltest du es einsehen."

"Du musst gerade reden", fauchte Nancy zurück. "Du sitzt seit bald vier Jahren jeden Abend nackt vor dem Computer und machst es dir selbst, wenn dein Internet-Lover dir schreibt, wie er ihn dir reinschiebt. Bei euch gibt es doch auch keinerlei Fortschritt."

"Das stimmt nicht. Wir sind schon längst zu Telefonsex übergegangen."

"Na super, aber getroffen habt ihr euch immer noch nicht. In vier Jahren!"

"Das ist halt nicht so einfach. Er ist doch verheiratet."

"Ja, und ganz offensichtlich will er es auch bleiben. Wieso glaubst du seine Liebesschwüre eigentlich, wenn er nicht einmal Anstalten macht, ein Date zu arrangieren?"

Sigrid schwieg einen Moment, dann beruhigte sie ihre Stimme.

"Okay, okay, Schluss mit den Vorwürfen. Denken wir lieber noch einmal nach, was du noch versuchen kannst. Lock' ihn doch mal zu dir nach Hause und verführ' ihn. Hast du es schon mit schicken Dessous probiert? Wenn du ihn ins Bett kriegst, will er doch bestimmt wieder. Das ist doch bei allen Männern so. Wahrscheinlich hat er nach all den Jahren nur vergessen, wie geil der Sex mit dir war."

"Das will ich ihm nicht raten, das vergessen zu haben!"

"Jetzt werd' nicht zickig, das hilft nicht. Es wäre sogar kontraproduktiv, wenn du einen Kerl zurückgewinnen willst, der sich damals von dir getrennt hat, weil du zu zickig warst. Du solltest sogar froh sein, wenn es nur das ist."

Nun war es an Nancy, sich zu beruhigen.

"Entschuldige, Süße!"

"Ja, mach' ich. Also, was hältst du von dem Vorschlag? Da langsame Annäherung offenbar die ganze Zeit über nicht funktioniert hat, könntest du es mit dem Holzhammer probieren. Zieh' dir Reizwäsche drunter, lad' ihn zu dir ein, bekoch' ihn und dann leg' einen wunderbaren Strip hin, den du auf seinem Schoß beendest. Er wird dahinschmelzen, wenn er ein Mann ist. Alle Männer schmelzen dahin, wenn eine Frau für sie Reizwäsche anzieht."

"Reizwäsche?"

Nancys Stimme befand sich irgendwo zwischen Empörung und Ekel.

"So etwas besitze ich gar nicht."

"Dann wird's aber Zeit, Schätzchen!"

"Ich will Adam heiraten, nicht die Schlampe für ihn spielen."

Sigrid seufzte.

"Oh, Gott, Nancy! Sei nicht so rückständig! Die meisten Männer hätten am liebsten eine Ehefrau, die alles gleichzeitig ist: Ihre Mama, ihre Schwester, ihre Köchin, ihre Putzfrau, ihre Psychologin, ihr Fan, ihre Schutzbefohlene, ihre seriöse Begleiterin und ihre versaute Bettschlampe. Wahrscheinlich hab' ich sogar noch ein paar Wünsche vergessen. Putzfrau, Fan und Schutzbefohlene warst du früher schon, seriöse Begleiterin wahrscheinlich auch. Im Moment bist du Schwester und Psychologin, nun könntest du ihm noch demonstrieren, dass du auch Köchin und Bettschlampe kannst."

Leichter Trotz kam von Nancys Seite noch immer.

"Du gibst seit Jahren die Bettschlampe für deinen Internet-Lover und hast ihn immer noch nicht dazu gekriegt, sich wenigstens mal mit dir zu treffen."

"Dummerweise hat er auch schon eine Ehefrau. Außerdem reden wir hier nicht von mir. Ich will ihn nicht heiraten und brauche deshalb auch die Rollen als Schwester, Köchin und so weiter nicht einzunehmen. Du hast gerade explizit gesagt, dass du Adam heiraten willst. Also musst du auch etwas dafür tun, dass er auf die Idee kommt, dich zu fragen. Nett in der Kneipe sitzen und plaudern, spazieren gehen oder Kinofilme anschauen scheint jedenfalls nicht zu reichen. Schalt' endlich ein paar Gänge hoch! Ich verstehe, dass du versucht hast, langsam wieder Vertrauen aufzubauen, dazu hab' ich dir auch geraten. Nach deiner Rückkehr musstest du auch erst wieder langsam anfangen. Aber das Vertrauen sollte inzwischen halbwegs da sein – nach so langer Zeit. Der Kontakt während deiner Abwesenheit mag sporadisch gewesen sein, aber er ist erhalten geblieben. Das ist ein positives Zeichen. Aber jetzt muss mehr kommen. Mach' den nächsten Schritt, Schätzchen!"

Nancy seufzte.

"Reizwäsche! Wenn das meine Mutter wüsste!"

Sigrid lachte.

"Wenn du wüsstest, was deine Mutter so alles hinten im Schrank versteckt hat."

"Du kennst meine Mutter nicht."

"In dem Punkt kann es auch sein, dass du deine Mutter nicht kennst. Die eigenen Eltern haben einen gezeugt, sind ansonsten für das Kind aber eher asexuelle Wesen. Mehr als Küssen wird nicht realisiert."

"Du kennst meine Mutter wirklich nicht."

"Und wenn! Du musst ihr nicht auf die Nase binden, wie du deinen Adam zurückerobert hast, wenn du sie eines Tages zu eurer Hochzeit einlädst."

"Sie wäre sowieso dagegen."

"Das kann ich sogar verstehen, schließlich hat sie eure Dramen mitbekommen und war vermutlich auch nicht begeistert, als du nach dem Ende eurer Beziehung wieder bei ihr zu Hause eingezogen bist. Auch ich bin bis heute nicht sicher, ob du das Richtige tust. Das habe ich dir auch schon mehr als einmal gesagt."

"Ja, hast du. Nicht nötig, es noch einmal aufzuwärmen."

"Schon gut, ich bin schon still. Ich hab' dir auch gesagt, ich helf' dir trotzdem, wenn ich kann. Du weißt, dass ich das tue,

sonst würden wir nicht so oft über das Thema sprechen. Mein Rat lautet: Du hast dich auf ihn fixiert, darum zieh' es jetzt durch!"
"Mach' ich! Wo kauft man eigentlich Reizwäsche?"
"Gibt's in jedem Kaufhaus mit Damenunterwäsche. Wenn es gewagter sein soll, kannst du auch zu *Beate Uhse*[298] gehen. Oder bestell' im Internet, das ist diskreter."
Wenn Adam Thema war, empfand Sigrid lange Telefonate mit Nancy meistens als anstrengend. Dementsprechend tat es ihr gut, zum Abschluss des Gesprächs eine positive Resonanz zu bekommen.
"Süße?"
"Ja?"
"Danke für die Anregungen."
"Keine Ursache, Schätzchen."
"Ich fühl' mich ein bisschen besser jetzt."
"Das freut mich."
Nachdem sie aufgelegt hatten, ging Sigrid in die Küche. Reden machte durstig.

Im dritten Zugabenblock

Eigentlich hatte Kilian bei seinem Gitarristen Enno angerufen, um über ein Songarrangement zu sprechen, aber er merkte schnell, dass der alte Freund schlecht gelaunt war und sich nicht wirklich auf das Thema konzentrieren konnte.
"Was ist denn los?"
"Ach, alles Scheiße! Ich häng' wieder nur den Abend vor der Glotze rum, anstatt was Gescheites zu machen. Das geht seit Wochen so. Kann mich nicht zu sinnvollen Dingen aufraffen. Hab' schon zwei Bier platt gemacht, momentan sind keine Weiber am Start, und zu allem Überfluss kotzt mein Job mich an. Heute mussten wir mal wieder Steckdosen in einem neuen Bürobau anbringen. Sechs Stockwerke plus Keller, den ganzen Tag. Diese Strippenzieherei ist so öde, die tötet mir noch den letzten Nerv. Was meinst du, was da oben für ein fieser Wind durch den Bau zog! Ich steh' da im Blaumann und friere mir den Arsch ab, und wenn ich zum Chef was sage, krieg' ich auch

---

[298] Die *Beate Uhse AG* ist ein in 15 Ländern tätiges Handelsunternehmen für Erotikzubehör.

noch 'nen dummen Spruch reingedrückt. Am liebsten hätte ich ihn vom Gerüst geschubst."

Sandner runzelte die Stirn.

"Klingt, als hättest du 'ne handfeste Midlife-Crisis."

Das Geräusch vom anderen Ende der Leitung klang, als würde eine weitere Bierflasche von ihrem Kronkorken befreit.

"Midlife-Crisis? Scheiße, Mann, meine Midlife-Crisis hatte ich mit 15. Wenn ich den Maßstab von damals anlege, befinde ich mich schon im dritten Zugabenblock. Es geht mir einfach auf den Sack, jahrelang das Gleiche zu tun und das noch nicht einmal für mich. Früher sagte man: Ich war jung und brauchte das Geld. Was kann ich jetzt sagen? Ich bin alt und brauche das Geld immer noch. Fühlt sich super an."

Mehrfaches Schlucken war zu hören.

"Aber so geht es uns doch allen", relativierte Kilian das Lamento. "Wir hätten Rockstars werden müssen, um aus diesem Kreislauf ausbrechen zu können."

"Ach, nee! Ich will nicht Gelegenheiten nachtrauern, die wir nie hatten. Ich habe nichts gegen Arbeit – das weißt du. Aber ich möchte entweder Spaß daran haben oder selbst Hauptprofiteur sein."

"Dann musst du dich selbstständig machen", riet der Bassist.

"Darüber denke ich ernsthaft nach."

"Was soll es denn werden? Gitarrenlehrer?"

Enno lachte auf.

"Lehrer? Ich? Nein, dazu fehlt mir die Geduld. Außerdem tut es mir weh, wenn so ein Gitarrenschüler ständig daneben greift. Davon kriege ich früher oder später Ohrenkrebs. Nein, danke. Vielleicht sollte ich 'nen Puff aufmachen."

Sandner rollte mit den Augen.

"Du könntest es doch nicht ertragen, wenn deine Kunden sich mit den hübschen Mädels vergnügen und nicht du."

Wittstock räusperte sich.

"Kann sein. Dann eben eine Kneipe."

Die Idee nahm der Bassist ernst.

"Wer nichts wird, wird Wirt – und meist sein bester Kunde. Weißt du, wie schwierig es ist, eine Kneipe aufzubauen und erfolgreich zu führen? Die Mehrzahl der Läden ist nach weniger als fünf Jahren wieder dicht. Du brauchst einen geeigneten Standort und ein perfekt zu diesem Standort und dessen Publikum passendes Konzept. Der Rest hat dann viel mit Rechenarbeit zu tun – präzise Kalkulation. Das ist das geringere Problem. Aber ein Standort mit ausreichend großem potenziellen Stammpublikum und möglichst auch noch ein wenig Laufkundschaft ist nicht so einfach zu finden."

Ennos Knurren machte deutlich, dass er keine rechte Lust verspürte, sich ernsthaft mit den Bedenken auseinanderzusetzen.

"Mach' dich locker. Ich hab' nicht behauptet, ich hätte einen Plan, geschweige denn, einen ausgereiften. Aber man muss unsortierte Gedanken in den Raum schmeißen, wenn man anschließend über eine Idee stolpern will."

"Das ist nicht nur inhaltlich richtig, das ist ein verdammt guter Spruch. Starkes Bild. Wenn man damit Geld verdienen könnte, solltest du Aphoristiker werden."

"Ich weiß nicht einmal, was das ist. Aber wenn man davon nicht leben kann, will ich es auch gar nicht wissen. Das lenkt mich nur vom Kern der Sache ab. Was auch immer es wird – es muss schon ein Laden sein, der Geld abwirft, wenn ich mich selbstständig mache. Sonst könnte ich auch einen Brennholzverleih eröffnen."

Darüber musste Kilian lachen.

"Du hast Ideen! Aber im Ernst: Du bist doch ein vielseitiger Typ. Du kannst doch fast alles, womit du dich ernsthaft auseinandersetzt. Was würde dir so viel Spaß machen, dass du dir vorstellen kannst, dich jahrelang damit zu beschäftigen? Denk' jetzt nicht gleich daran, ob es Geld bringt. Im ersten Schritt brauchst du eine Vorstellung von der Richtung. Besser wären mehrere Möglichkeiten. Dann kann man im zweiten Schritt schauen, was davon realistisch ist und wie viel man damit verdienen kann."

"Weißt du, was ich an dir und Leon immer zugleich gehasst und bewundert habe? Euer planvolles Vorgehen! Es ist zwar nicht so, dass ich unfähig wäre, Pläne zu schmieden, aber ihr habt die Dinger dann auch wirklich durchgezogen. Das war mir immer ein Graus. Wenn etwas zu zäh wird, ist es nicht mein Ding. Scheiße, Mann, wenn ich die Kohle nicht bräuchte, würde ich morgen kündigen."

Sandner hätte zwar widersprechen können, weil es auch in Finderlings und seinem Leben genügend Brüche und Inkonsequenzen gab, aber er wusste, was sein Gitarrist meinte, und im Kern traf dessen Aussage zu.

"Ja, und vor 20 oder 15 Jahren hättest du es auch getan, obwohl du die Kohle gebraucht hättest. Du hast doch dazugelernt."

"Das hilft mir jetzt aber auch nicht. Die Frustration wird dadurch jedenfalls nicht geringer. Ich brauch' 'ne Perspektive."

"Wie schon gesagt: Die entscheidende Frage ist: Worauf hast du Bock? Was kannst du dir vorstellen, längerfristig zu tun? Wenn dir dazu ein paar Sachen einfallen, stehe ich dir gern zur Diskussion der Vor- und Nachteile zur Verfügung."
"Machst du jetzt Berufsberatung?"
"Für meine Freunde schon."
Erneute Schluckgeräusche folgten. Danach schien Wittstock sich beruhigt zu haben.
"Danke, Mann."
"Keine Ursache."
"Wann ist Probe?"
"Morgen."
"Echt? Ist heute schon der 20.?"
"Ja."
"Scheiße. Ich kann mir nie das Datum merken."
"Lohnt sich auch nicht. Stimmt morgen sowieso schon nicht mehr."
"Das ist wahr."
Sie kamen doch noch auf das Songarrangement zu sprechen. Letzten Endes gab es wenig, was diese fünf Jungs über längere Zeit hätte davon abhalten können, sich mit ihrer Musik zu beschäftigen. Ohne sie war alles nichts.

Fest, ganz fest

Am ersten Tag nach dem vollzogenen Bruch in ihrem Leben hatte Elena von Leon ein Rundumfürsorgepaket erhalten. Er hatte früh am Morgen seinen Chef angerufen und spontan einen Urlaubstag genehmigt bekommen. Danach hatte er ihr wie einer Kranken Kaffee und Frühstück ans Bett gebracht und anschließend im Wohnzimmer einige weitere Telefonate geführt, von deren Inhalt sie nichts wusste. Im Laufe des Vormittags war es ihr dank seiner liebevollen Betreuung gelungen, den Schock der Nacht nach und nach abzustreifen. Sogar das unregelmäßig aufflammende Unbehagen bezüglich der Kinder hatte sie immer wieder aus der vordersten Front ihrer Gedanken zurückdrängen können.
"Ich habe mich entschieden", sagte sie mehr als einmal zu sich selbst, "ich habe gewusst, dass es wehtun würde, aber weiterhin nichts zu tun, hätte die Lage nur verschlimmert." Und: "Lieber ein Ende mit Schrecken als ein Schrecken ohne Ende."

Nach dem Mittagessen, von dem sie nur wenig nahm, zerrte sie den total übermüdeten Leon ins Bett, wurde eins mit ihm und wachte anschließend über seinen Schlaf, von dem sie ihm in der Nacht so viel geraubt hatte.

Erst am Abend sprachen sie über die nähere Zukunft.

"Ich habe ein bisschen telefoniert", sagte er zu ihr, "und einen Anwalt empfohlen bekommen, der auf Familienrecht, Ehescheidungen und Fragen des Sorgerechts spezialisiert ist. Seine Nummer steht auf dem Zettel hier. Aber missversteh' mich bitte nicht! Ich dränge dich zu nichts. Du hast selbst gesagt, dass etwas passieren muss. Wenn du es tun willst, ruf' ihn an. Aber auch wenn du dich anders entscheidest, muss dir bewusst sein, dass nichts mehr wie früher sein wird. Dein Mann weiß jetzt, dass es mich gibt. Ich nehme nicht an, dass er dich zurückkehren lässt, aber den Fortbestand deiner Affäre mit mir duldet. So wie ich die Lage sehe, stehst du unmittelbar vor einem Punkt, an dem es keine Umkehr gibt. Du wirst dich von einem deiner beiden Männer trennen müssen."

Elena nickte.

"Scheidung", murmelte sie. "Ein großes Wort. Eine Freundin von mir hat sich vor einigen Jahren scheiden lassen. 'Der Akt kostet 2.000 Euro und dauert sechs Minuten' – so hat sie es danach knochentrocken zusammengefasst."

"Ich kenne andere Akte, die auch nicht länger dauern, langfristig aber viel teurer kommen", kommentierte Finderling.

Darüber musste Elena laut lachen.

"Ich weiß", verriet sie dann. "Solche Akte habe ich zweimal mitgemacht."

"Vielleicht sollte man mal durchrechnen, ob es nicht eine lukrative Geschäftsidee sein könnte, Veranstalter von Scheidungspartys zu werden."

"Ich staune manchmal, wie du so fiese Dinge auf eine so charmante Art sagen kannst. Wahrscheinlich wirst du demnächst auch Scheidungsmusik komponieren."

"Interessante Idee."

"Könnte auch eine Marktlücke sein, oder?"

"Du musst die Entscheidung natürlich nicht sofort treffen", kehrte ihr Liebster nach einem Augenzwinkern und einem Kuss für sie zum Ausgangpunkt zurück. "Morgen hast du viel Zeit zum Nachdenken, denn ich werde wieder zur Arbeit gehen müssen. Abends könnte ich proben. Aber du hast Vorrang. Ich bin für dich da, und ich halte meine Versprechen. Die anderen können auch ohne mich an einem neuen Song arbeiten."

"Wie heißt der Song?"

Leon lachte über ihre Frage, stand auf, zog sie vom Sofa zu sich hoch, drückte sie fest an sich und küsste ihr mehrfach auf die Stirn.

"Der Song heißt 'Superphobia'. Ich hoffe, du entscheidest dich für mich. Ich kann mir nicht vorstellen, dass jemand besser zu mir passt als du. Ich habe dir vor Jahren versprochen, nicht zu zögern, wenn eine gleichwertige Lady auftaucht, die – im Unterschied zu dir – zu haben ist. Aber es kam nie eine. Ich glaube, es würde auch nie mehr eine kommen, da könnte ich warten, bis ich schwarz werde. Du bist die Beste!"

"Du kannst morgen Abend proben gehen", lächelte Elena. "Wenn ich hierbleiben darf, wärme ich gerne das Bett für dich an."

Sie küssten sich wieder.

Nach der Probe am Folgetag fragte Leon nicht, ob sie den Anwalt angerufen hatte, was sie als seinen Stolz interpretierte, sie tatsächlich zu nichts drängen zu wollen. Dass sie noch nicht angerufen hatte, ärgerte sie hingegen selbst. Sie nannte sich insgeheim selbst feige, nicht endlich Nägel mit Köpfen zu machen, schreckte aber noch vor eben dieser Endgültigkeit zurück, weil sie an ihre Kinder dachte. Sie fragte sich ohnehin, was Eberhard ihnen wohl erzählt haben mochte. Die Antwort darauf bekam sie einen Abend später.

Finderling kam gerade von der Arbeit nach Hause, als Elenas Handy klingelte. Es war ihr Mann. Auf der Stelle brach kalter Schweiß bei ihr aus. Sicherheitshalber setzte sie sich auf die Couch, bevor sie das Gespräch annahm.

"Hallo", sagte sie – es war zur Hälfte ein Seufzer.

"Ich bin's."

Eberhard verzichtete darauf, seinen Namen zu nennen.

"Ich hör's."

Leon fragte ohne Worte gestikulierend, ob er das Zimmer verlassen solle, wurde aber durch heftiges Kopfschütteln von Elena daran gehindert.

"Du bist bei ihm, oder?", klang es aus dem Hörer.

Elena schwieg.

"Wie lange soll das Theater eigentlich noch weitergehen?", fragte Eberhard in einigermaßen ruhigem Ton. "Du bist jetzt den dritten Tag in Folge weg. Ich weiß langsam nicht mehr, was ich den Kindern noch sagen soll."

"Was hast du denn bisher gesagt?"

"Dass du dringend verreisen musstest, und sie sich keine Sorgen machen sollen."

Davon war Elena überrascht und hatte nicht gleich eine Antwort parat. Weil sie nichts sagte, nahm Eberhard seinen Faden wieder auf.

"Der Zirkus muss jetzt ein Ende haben. Du hast deinen Spaß gehabt, jetzt muss das normale Leben weitergehen. Wenn wir diese Farce jetzt beenden können, bin ich bereit, mir alle Mühe zu geben, dir deine Eskapaden zu verzeihen – vorausgesetzt, dass sie sich nicht wiederholen. Die Kinder brauchen eine Mutter."

Elena merkte, dass sie zu zittern begann. Sie winkte Leon herbei, der sich zu ihren Füßen hinkniete, ihre freie rechte Hand zwischen seinen beiden festhielt und sie von unten herauf voll Sorge und Mitgefühl ansah, wie es nur ein liebender Mensch konnte. Sie spürte, dass sie sich ihm mehr verbunden fühlte als dem Mann, der am Telefon zu ihr sprach, und dessen rechte Hand der gleiche goldene Ring zierte wie ihre.

"Glaubst du wirklich", fragte sie, "die Kinder haben etwas davon, wenn wir ihnen eine heile Welt vorspielen, die in Wahrheit nicht existiert? Glaubst du nicht, dass sie das früher oder später merken? Kinder sind nicht dumm."

"Aber warum sollten wir nicht wieder zueinander finden können?", rief ihr Gatte trotzig, nun auch etwas lauter. "Kann sein, dass ich mir zu wenig Mühe gegeben habe in der letzten Zeit. Aber ist das ein Grund, gleich alles hinzuwerfen? Lass' uns darüber reden, wenn du wieder hier bist. Wir müssen beide vieles besser machen. Das Wichtigste ist, dass du jetzt erst einmal nach Hause kommst."

Elena ließ die Worte einen Augenblick lang sacken. Dann sammelte sie Kraft. Die Augen hatte sie geschlossen, dreimal atmete sie tief durch, dann sprach sie den Satz aus, vor dem sie sich gefürchtet hatte – vielleicht, weil er wahr war:

"Ich bin jetzt zu Hause, Eberhard."

Darauf kam so lange keine Antwort, dass sie sich schon fragte, ob die Verbindung möglicherweise von der Wucht ihrer Aussage abgerissen worden war.

"Wie du meinst", sagte Eberhard endlich und legte ohne jedes weitere Wort auf.

Elena fiel ihr Handy mehr aus der Hand, als dass sie es weggelegt hätte, und sie brach auf der Stelle in Tränen aus. Leon hielt ihre Hand sofort noch fester, und sein Gesicht machte deutlich, wie sehr er ihren Schmerz teilte.

"Halt' mich nur fest", bat sie mit tränenerstickter Stimme, "ganz fest!"

Finderling sprang auf, nahm dicht neben ihr Platz, legte die Arme um sie und hielt sie fest, ganz fest.

Sie hatte es getan, sie hatte es gesagt. Sie hatte den Punkt überschritten, an dem es keine Umkehr gibt – sie wusste, dass Eberhard sein letztes Angebot gemacht hatte. Es war vorbei, die Entscheidung war getroffen. Morgen würde sie den Anwalt anrufen.

Als sie an diesem Abend zu Leon unter die Bettdecke kroch, trug sie keinen goldenen Ring mehr. Sie hatte ihn zum Händewaschen im Badezimmer abgenommen und danach auf dem Bord über dem Waschbecken liegengelassen. Sie würde ihn nie wieder tragen.

Dessert nach dem Dessert

Zum Kauf von Reizwäsche hatte Nancy sich nicht durchringen können, aber sie achtete sehr genau auf die Auswahl ihrer Kleidung – auch der Unterbekleidung. An der Bluse ließ sie einen Knopf mehr offen, als es sonst ihre Gewohnheit war, und sie zog auch entgegen ihrer Gepflogenheiten schicke Schuhe anstelle der Hausschlappen an, in denen sie sich sonst in ihrer Wohnung zu bewegen pflegte. Zwischendurch führte sie noch ein Blitztelefonat mit Sigrid und klagte ihr Leid:

"Alles, was ich tragen werde, ist zweite Wahl. Meine Lieblingsbluse hat einen kleinen Riss, und bei meinen Lieblingsschuhen ist der Absatz angebrochen. Ich frage mich, ob das nicht etwas zu bedeuten hat."

"Definitiv! Es bedeutet: Kauf' dir mal ein paar neue Klamotten, Schätzchen!"

Der elegante Aufzug war beim Kochen ein wenig hinderlich, da sie besonders vorsichtig agieren musste, um sich nicht zu bekleckern. Sie fluchte mehrfach, wenn etwas spritzte, kam jedoch letztlich ohne Unfall durch die Zubereitung des Vier-Gänge-Menüs, das sie sich für Adams Besuch ausgedacht hatte.

Alles sollte einem Plan folgen, den sie nicht nur bis ins letzte Detail entworfen, sondern sich auch von ihrer Freundin Sigrid hatte absegnen lassen. Der Rest war dem nur bedingt kalkulierbaren Risiko ausgesetzt, wie der zurückzugewinnende Ex-Freund reagieren würde, doch Sigrid hatte sich optimistisch gegeben, abgesehen davon, dass sie Nancys Entscheidung gegen die Reizwäsche bedauerte.

Fleischer kam pünktlich und hatte sogar Blumen mitgebracht – ein perfekter Anfang aus Nancys Sicht. Sie belohnte ihn mit Wangenküsschen und gab sich alle Mühe, für das Geschenk in ihrer besten Vase einen Ehrenplatz im Wohnzimmer zu finden.

"Die sind wirklich schön – du bist ein Schatz", schmeichelte sie ihm.

"Na, wenn du mich einfach so zu einem fürstlichen Essen einlädst, kann ich doch nicht mit leeren Händen auftauchen", bemühte er eine umständliche Erklärung, die Nancy überhaupt nicht hatte hören wollen.

Sie ging darüber hinweg und bot ihm ein Glas Wein an.

"Du bist doch hoffentlich nicht mit dem Auto gekommen."

"Nein, du hattest doch gesagt, dass es einen leckeren Wein geben soll."

Sie achtete sehr genau darauf, ihm beim ersten Anstoßen tief in die Augen zu sehen, dabei zu lächeln und sich dezent über die Lippen zu lecken. Irgendjemand hatte ihr einmal erzählt, dieses scheinbar beiläufige Signal löse beim Gegenüber einen unbewussten Kusswunsch aus. Sie hoffte inständig, dieser Bericht sei keine Legende und Adam nicht immun gegen derartige psychologische Tricks – sie hatte sogar heimlich vor dem Spiegel geübt.

"Auf uns", sagte sie ganz forsch.

"Auf einen schönen Abend", antwortete Fleischer.

Die Kelche gaben einen lange klingenden Ton von sich, und während sie trank, überlegte Nancy, ob Adams Antwort ein bewusstes Ausweichen der Wiederholung ihres Trinkspruchs gewesen war, oder ob er Anlass zur Hoffnung bot, sie würde an eben diesem – hoffentlich schönen – Abend ihr ersehntes Ziel erreichen.

Beim Tischgespräch zwischen zwei eleganten Kerzenleuchtern, die sie sich speziell für diesen Anlass gekauft hatte, war sie zunächst noch nicht so mutig. Sie hielt es für klug, ihren Schatz erst einmal in Erzähllaune zu bringen und stellte ihm zu diesem Zweck Fragen über seine Band und die ihr von früher durchaus bekannten Mitstreiter. Ihre Hoffnung lag darin, dass Adam im Redefluss durstiger würde, mehr Wein tränke und leicht alkoholisiert viel empfänglicher für alles würde, was sie als Dessert nach dem Dessert eingeplant, aber nicht auf die Speisekarte geschrieben hatte.

"Wie geht es denn Julius?", fragte sie beispielsweise. "Sag' nicht, der ist nach all den Jahren immer noch mit seiner Mia zusammen!"

"Doch natürlich", bekam sie zu hören. "Inzwischen sind sie sogar schon seit einer Weile verheiratet und haben ein Kind. Wusstest du das gar nicht? Die beiden sind immer noch ein Herz und eine Seele. Ich glaube, sie macht das ganz geschickt. Sie liebt seinen Humor, tut aber so, als ob sie seine komödiantische Ader nur duldet. Er scheint das jedenfalls zu glauben. Deshalb freut er sich nur umso mehr, wenn sie über seine Sprüche laut mitlacht. 'Hinter jedem witzigen Mann steht eine Frau, die mit den Augen rollt', hat sie letztens zwinkernd gesagt. Das ist mal wieder so eine Lebensweisheit, zu der man vermutlich nur kommen kann, wenn man so lange zusammen ist wie die beiden. Oder Kilian und Svenja – die kennst du doch auch noch von früher, oder?"

"Ja, sicher. Die haben es auch schon so lange geschafft? Wahnsinn! Haben die auch geheiratet? Und Kinder?"

"Ah, nein, bis jetzt jedenfalls nicht. Wir necken ihn hin und wieder nach dem Motto, er würde bestimmt der Nächste sein. Aber er wiegelt immer ab. Einerseits liebäugelt er durchaus damit, glaube ich. Ich habe schon mehrfach mitbekommen, wie er Julius Fragen zu dem Thema gestellt hat, die auf größeres Interesse schließen lassen. Andererseits weiß er halt auch sehr genau, dass sie sich dann in vielen anderen Dingen einschränken müssten. Die beiden reisen gern, Svenja ist es wichtig, Vollzeit zu arbeiten, und Kilian macht neben der Band auch noch für sich selbst Musik – dazu hätte er mit Kind wohl keine Zeit mehr. Ich glaube, er ist bei dem Thema sehr unentschlossen."

"Aber Enno und Leon werden ihm wohl nicht zuvorkommen, oder?"

"Sieht jedenfalls nicht danach aus", bestätigte Fleischer.

Sie aßen sich von Gang zu Gang und plauderten vollkommen unverkrampft über Berufliches und Familiäres, gemeinsame Bekannte und gegen Ende der sehr langgezogenen Mahlzeit auch über alte Zeiten – wobei Nancy selbstverständlich peinlichst genau darauf achtete, nur an eindeutig positiven und unverfänglichen Erinnerungen zu rühren. Dieser Abend war nicht dazu gedacht, an alten Narben zu zerren.

"Haha, und weißt du noch, als wir das Wochenende in Berlin waren", kramte Adam gerade einen Schwank von früher heraus, "und aus dem Taxi heraus die Leuchtreklame für das 'Tomatencasino' fotografieren wollten? Als der Fahrer anfuhr, mussten wir dann ganz enttäuscht feststellen, dass wir nur die ersten beiden Buchstaben nicht hatten sehen können. Ein Straßenschild hatte sie verdeckt, und in Wahrheit war der Laden leider doch nur ein ganz langweiliges 'Automatencasino'."

Es spielte keine Rolle, ob Nancy sich daran erinnerte, sie hätte in diesem Moment in jedem Fall mitgelacht, sogar wenn Adam die Anekdote falsch erzählt hätte. Sie beobachtete stattdessen sehr genau die Entwicklung seines Alkoholpegels und seiner Laune. Sie waren fast fertig mit dem Dessert. Bis hierher war alles perfekt gelaufen. Aber der kritische Teil sollte erst noch kommen. Nancy war nervös.

Dass es Adam bald nach Beendigung des Essens zum Rauchen auf den Balkon ziehen würde, hatte Nancy vorausgesehen und als wichtigen Bestandteil in ihren Plan eingearbeitet. Zuerst räumte sie in aller Eile das Geschirr in die Küche, dann gesellte sie sich, bewusst unter Verzicht auf eine Jacke, zu ihm in die kühle Nachtluft. Die äußeren Bedingungen waren ideal, um ein wenig zu frösteln – besonders mit einem offenen Blusenknopf – und deshalb die Nähe des Geliebten zu suchen.

In dieser Situation zeigte der Gitarrist allerdings nicht die gewünschte Reaktion. Er nahm ihr Schaudern und Zittern zwar durchaus wahr, bot ihr jedoch nicht seine wärmenden Arme an, sondern ging in aller Gemütsruhe in die Stube und holte eine Jacke, die er Nancy mit der Gestik eines Gentlemans um die Schultern legte. Sie bedankte sich lächelnd, obwohl sie viel lieber laut geflucht hätte.

Drinnen bat sie ihren Gast nun auf die Couch.

"Puh", ließ sie fallen. "Hier drin ist es im Vergleich aber doch ganz schön warm. Vielleicht hätte ich heute nicht heizen sollen."

Schon während der Bemerkung hatte sie noch zwei weitere Blusenknöpfe geöffnet, stockte jedoch, als Adam zum zweiten Mal nicht wie erhofft reagierte.

"Ich find' es eigentlich genau richtig", meinte er.

"Mein neuer BH kratzt", ließ sie ihn wissen. "Vielleicht ist da was an der Halterung kaputt, dann müsste ich ihn umtauschen. Kannst du mal schauen? Ich kann das nicht richtig sehen, wenn ich ihn nicht abnehme."

"Nancy!"

Auch sein scheinbares Entsetzen auf ihre Bitte und das zeitgleiche vollständige Aufknöpfen ihrer Bluse gehörte nicht zu den erwünschten Reaktionen.

"Jetzt stell' dich bloß nicht wie ein Priester an, du hast meine Titten schließlich schon über tausend Mal nackt gesehen", hätte sie ihm am liebsten entgegengeschleudert, konnte sich aber noch rechtzeitig bremsen und ging einfach darüber hinweg.

"Da", deutete sie auf eine Stelle am linken unteren Rand ihrer linken Brust. "Schau' doch mal, kannst du da irgendetwas sehen? Ist das schon rot da?"

Sie griff nach seiner Hand und führte einen Finger an die Position, an der sie vorgab, von latenter Reibung heimgesucht zu werden.

"Ich seh' nichts", meinte er, "da ist auch nichts rot", und bemühte sich, seinen Finger schnellstmöglich wieder wegzuziehen.

Nancy ließ es nicht zu.

"Deine Berührungen fühlen sich immer noch sehr gut an", flüsterte sie und versuchte, Adams Hand insgesamt näher an ihre Brust zu bringen. "Manchmal sehn' ich mich danach, von dir angefasst zu werden."

Es hätte nur noch ein Millimeter gefehlt, um seine Handfläche auf ihrer Rundung abzulegen, wo sie diese dann gern festgehalten hätte, doch Fleischer setzte nun Kraft ein, um seine Finger aus Nancys Griff zu befreien.

"Das geht nicht!", sagte er – erschreckend laut im Vergleich zu der zarten Stimme, die sie in der letzten Minute eingesetzt hatte, um ihn einzulullen. "Das kann ich nicht!"

Sie sah ihn mit den geweiteten Augen des Entsetzens an, weil sie nicht wahrhaben wollte, so kurz vor dem Ziel ins Straucheln zu geraten.

"Tut mir leid, Nancy", sagte Fleischer und stand vom Sofa auf, die Hände in einer Abwehrhaltung. "Ich fand es schön, dass wir uns in letzter Zeit wieder ein wenig angefreundet haben, und ich hab' mich wirklich über die Einladung und das tolle Essen heute gefreut. Aber das hier geht zu weit. Wir sind kein Paar mehr. Es ist zu viel passiert! Ich kann das einfach nicht. Es wird besser sein, wenn ich jetzt gehe. Tut mir wirklich leid."

Er ging tatsächlich. Er schnappte sich seine Jacke und schlug nach wenigen Sekunden die Wohnungstür von außen zu.

Nancy saß reglos mit offener Bluse auf ihrem Sofa, die Hände noch immer nah an ihrer linken Brust, wo Adams Finger ihnen unvorhergesehen und ungewollt entglitten waren, und starrte ihm fassungslos hinterher.

"Der lässt mich einfach hier sitzen?"

Ihre Stimme machte unkontrollierte Kapriolen, während sie das unglaubliche Geschehen zu begreifen versuchte. Dann aber kam die Wut.

"Ich hau' mir hier vier Gänge raus, obwohl kochen mich nervt, ich richte die ganze Wohnung für einen romantischen Abend her, ich donner' mich auf, ich biete mich ihm quasi als Nachtisch an – und der haut' einfach ab?"

Erst jetzt knöpfte sie ihre Bluse wieder zu.

"Wart's nur ab!", zischte sie. "Eines Tages krieg' ich dich doch, Adam Fleischer! Das schwöre ich bei allem, was mir heilig ist! Wart's nur ab – du Laus!"

Den Rest des Abends zerdepperte sie eine halbe Geschirrgarnitur, rannte zweimal um den Häuserblock, um Aggressionen abzubauen, sah ein, dass dies nicht half, trat daraufhin auf eine Mülltonne ein, bis ihr Fuß schmerzte, verbrauchte dann heulend eine Turnierpackung Taschentücher und rauchte schließlich, auf dem Balkon in eine Decke eingewickelt, eine ganze Schachtel Zigaretten am Stück. Danach war ihr schlecht.

Sie schlief in der Nacht, weil sie vollkommen erschöpft war. Dennoch fühlte sie sich am anderen Morgen ziemlich gerädert. Das Leben stank.

Der Siriusfall und andere Kniffe, um leichtgläubige Mädchen auszunutzen

Zu den interessanten gruppendynamischen Prozessen bei *Hole of Fame* gehörte das Phänomen, dass es bei den fünf Männern auch nach fast 20 Jahren intensiver Freundschaft nicht vorhersehbar war, in welche Richtung sich Gespräche in den Probenpausen entwickeln würden. Diese Unberechenbarkeit war einer der Faktoren, die stets für Frische und Anregung sorgten. Dieses Mal ging das Thema ungeplant von Kilian aus, der Leon mit einer Frage zu einem uralten Song überraschte.

"Du, Svenja hat sich die Tage – übrigens ganz ohne mein Zutun – mal wieder unsere erste Scheibe angehört und mich auf den Text von 'Love' angesprochen. Sie meinte, die Konstellation sexueller Hörigkeit eines Mannes einer Frau gegenüber sei aber doch eher unrealistisch. Ich hab' ihr dann erklärt, dass sie das völlig falsch verstanden hat, weil es in dem Song um die Sichtweise eines Kleintiers auf sein Frauchen geht, und Sex dabei überhaupt keine Rolle spielt. Das fand sie dann auch viel besser und interessanter. Hab' ich das richtig in Erinnerung gehabt?"

"Wie jetzt", ging Adam dazwischen, "wieso Kleintier? Ich dachte immer, der Song handelt von Nancy und mir."

Durch einen schnellen Seitenblick auf Fleischers Gesichtsausdruck vergewisserte sich Finderling, ob der Gitarrist seinen Einwurf ernst gemeint hatte und war einigermaßen erleichtert, dass es anscheinend nicht der Fall war.

"Nö, stimmt schon", bestätigte er dann. "Der Text ist eindeutig – die Leute neigen immer nur dazu, nach Metaphorik und Übertragbarkeit zu suchen. Aber 'a bottle and some grains and a cage to feel mad' oder 'a stick and a carrot for whatever I've done' sind völlig wörtlich gemeint. Hätte ich vorausgeahnt, wie viele Leute sich durch die eigene Suche nach Inhalt zwischen den Zeilen auf die falsche Fährte locken lassen, hätte ich es allerdings definitiv mit voller Absicht erst recht so gemacht."

"Und vermutlich genau dann niemanden damit hereingelegt", lachte Enno.

"Richtig, davon gehe ich auch aus."

"Es kommt eben immer anders, als man denkt."

"Aber nicht immer schlimmer. Nur meistens. Übrigens haben wir 'Love' seit einer Ewigkeit nicht gespielt. Sollen wir das gleich mal kurz einstreuen?"

"Oh je, wie ging das noch?"

"Okay, wir spielen es – scheint dringend nötig."

"Sexuelle Hörigkeit klingt aber auch spannend", trug nun auch Julius etwas zum Gespräch bei. "Hast du zu dem Thema auch schon mal was gemacht?"

"Gibt es das denn wirklich?", wollte Adam wissen. "Klingt für mich eigentlich eher nach irgendwelchem pseudopsychologischen Schwachsinn."

"Auch wenn es schwer vorstellbar ist", antwortete Sandner, "scheint es das wirklich zu geben. Überleg' doch mal, wie oft man von irgendwelchen fetten Gurus hört, die in ihren Sekten ein halbes Dutzend oder mehr Frauen zur Verfügung haben. Die geben sich dem Kerl bestimmt nicht hin, weil er so toll aussieht. Der kommt mit irgendwelchen Versprechungen bezüglich des Seelenheils, faselt was von freier Liebe, und weil es sich immer um Mädels handelt, die irgendwie dahingehend gestört sind, dass sie unheimlich viel spirituellen Halt brauchen, kriegt er sie auf diese Weise rum."

"Aber sind die dem dann hörig?"

"Teilweise schon. Es gibt auch Berichte über die Zustände in den Kommunen bei den alten 68ern. Da heißt es doch teilweise über die Wortführer, die hätten sich sogar tagelang nicht gewaschen, haben aber trotzdem wie die Karnickel mit den Mädels rumgevögelt. Svenja würde mir aber was erzählen, wenn ich mich nicht mehr waschen würde!"

"Oder nimm Charles Manson", pflichtete Leon ihm bei, "der hielt sich auch gleich mehrere – die übrigens alle gleich aussahen. Die haben sogar in seinem Auftrag Morde begangen. So was bringst du doch nicht, wenn nicht jemand im Schleudergang dein Gehirn gewaschen hat – und nichts anderes ist doch sexuelle Hörigkeit."

"Verstehe", mischte sich Julius grinsend ein, "die Typen waschen den Frauen das Gehirn, damit sie sich selbst nicht mehr waschen müssen."

Trotz des ernsten Themas machte ein allgemeines Schmunzeln die Runde.

"So ungefähr", stimmte Kilian zu. "Der krasseste Fall von Hörigkeit, von dem ich je gelesen habe, war aber der sogenannte 'Siriusfall'. Kennt ihr den?"

Da alle die Köpfe schüttelten, begann der Bassist zu berichten.

"Bevor ihr gleich ungläubig guckt: Den Fall hat es wirklich gegeben. Stand letztens in irgendeiner Online-Zeitung, weil es gerade 25 oder 30 oder 50 Jahre her war[299], ganz genau weiß ich das jetzt nicht mehr. Es geht dabei um ein ziemlich unsicheres und wahrscheinlich auch nicht sehr intelligentes Mädel. Sie hatte einen Typen kennengelernt, der für sie zu so einer Art Halbgott wurde: Egal, was für ein Problem sie hatte, er war immer für sie da und wusste immer Rat. Psychologie, Philosophie, was auch immer: Die beiden sprachen täglich stundenlang über Gott und die Welt – oder es war wohl eher so, dass er sprach und sie begierig alles aufnahm, was er erzählte, ohne es jemals groß zu hinterfragen. Das ging über Jahre so. Eines Tages verfiel er dann auf die durchgeknallte Idee, ihr weißmachen zu wollen, er käme vom Sirius, und sein Auftrag sei es, würdige Menschen ausfindig zu machen, die in naher Zukunft die Erde verlassen und sich den Sirianern auf deren Welt, die natürlich viel besser als unsere ist, anschließen dürften. Ob ihr's glaubt

---

[299] Das Urteil des Bundesgerichtshofs erging am 5. Juli 1983. Dessen 25. Jahrestag könnte Anlass für das von Kilian konsumierte Presseorgan gewesen sein, das Thema aufzugreifen.

oder nicht – die Alte hat ihm sogar das abgekauft. Danach war er dann wohl vollständig davon überzeugt, ihr jeden Scheiß auftischen zu können, und fing an, ihr Vertrauen und ihre Leichtgläubigkeit auszunutzen. Er erzählte ihr was von einer teuren meditativen Sitzung mit irgendeinem Mönch, die dazu dienen sollte, sie langsam auf ihre Reise zum Sirius vorzubereiten, worauf sie tatsächlich einen Kredit aufnahm, um dazugehören zu können. Er vertröstete sie dann ständig und verprasste genüsslich ihre Kohle."

"Coole Sau", merkte Wittstock an.

"Weiß nicht, ob ich das so cool finde", kommentierte Sandner den Einwurf, "vor allem das, was jetzt kommt, geht mir dann doch ein bisschen zu weit. Die gute Frau wurde nämlich nicht einmal misstrauisch. Sie nervte wohl nur weiter herum, sie wolle jetzt endlich ihre ersten Schritte zur versprochenen Erlösung machen. Deshalb hat er sich neuen Quatsch ausgedacht, verbunden mit einer weiteren Idee, ohne Mühe an einen Haufen Asche zu kommen. Er sagte ihr, sie brauche für die Reise einen neuen Körper, der alte sei dafür nicht robust genug – oder so. Jedenfalls müsse sie sich dafür vollständig von ihrem alten Leben verabschieden und sich – anscheinend – umbringen, und würde in der Sekunde ihres Todes in einem neuen, besseren Körper an einem anderen Ort wieder aufwachen. Die Idee fand sie super. Er fädelte dann noch ein, dass sie eine Lebensversicherung abschloss, natürlich mit ihm als Begünstigtem, da sie auch im neuen Leben Geld brauche, das er ihr dann bringen würde. Aus diesem Grund musste ihr Tod, der ja nur ein Körperwechsel sein sollte, auch nach einem Unfall aussehen. Er schlug vor, sie solle sich in die Badewanne setzen und einen Fön ins Wasser fallen lassen. Tja, und das hat die Dumpfbacke dann auch gemacht – ist aber schiefgegangen. Wieso das Ganze dann herausgekommen ist, stand in dem Artikel leider nicht drin, nur dass der Kerl dann vor Gericht des versuchten Mordes für schuldig befunden worden ist, obwohl er selbst gar nicht Hand angelegt hat.[300] Krass, oder?"

"Völlig krass!"

"Wenn das jetzt einer von den anderen erzählt hätte und nicht du", stellte Fleischer fest, "würde ich kein Wort glauben."

"Was soll das denn heißen?", protestierte Langemesser.

---

[300] Sowohl der 'Siriusfall' selbst, als auch das Urteil werden von Kilian weitgehend korrekt wiedergegeben. (Quelle: Deutsche Wikipedia, Stand 6. Juli 2015)

"Ja, ihr denkt euch doch immer alle so 'n Scheiß aus", erläuterte der Leadgitarrist seine Aussage, musste aber dabei selbst lachen.

"So was würde ich mir nie ausdenken", widersprach Finderling. "Das glaubt doch kein Schwein. Allein deshalb muss es wahr sein."

"Ich find' den Typen voll Banane", befand Enno nun nach reiflicher Überlegung. "Wenn mir die Alte geglaubt hätte, dass ich vom Sirius komme, hätte ich sie natürlich mit außerirdischem Sex beglückt, aber die Nummer mit der Lebensversicherung und dem Selbstmord ist echt allerunterste Schublade. Voll übel der Typ."

"Also doch keine coole Sau", erinnerte Kilian den Rhythmusgitarristen kühl an dessen früheres Urteil.

"Nee", gab dieser zu, "echt nicht. Ich hab' auch schon mal Scheiß erzählt, um eine rumzukriegen, aber Poppen macht schließlich beiden Spaß. Das ist nichts, wovon die Lady nichts hätte."

"Was denn so?", wollte Julius wissen. "Dass du später bestimmt mal ein berühmter Rockstar wirst, und sie dann mit dir angeben kann?"

"Das sowieso. Wenn's sein musste, auch mal was von einer Beziehung, auf die ich angeblich schon lange scharf gewesen wäre, oder dass ich sie schon seit einer Ewigkeit heimlich anschmachte oder was in der Art. Das hat öfter mal ganz gut funktioniert. Die Mädels haben sich dann immer gewundert, dass sie das noch nie gemerkt hätten, weil ich doch immer so arrogant durch sie durch geguckt hätte. Dann hab' ich natürlich gesagt, das sei eben meine Tarnung gewesen, um mir nichts anmerken zu lassen. Scheint 'ne ziemlich glaubwürdige Behauptung gewesen zu sein, wenn ich es mir so recht überlege."

"Was Weiber angeht, warst du schon immer ein Arsch, oder?"

"Ich kann nichts dafür", rechtfertigte Enno sich, "ich folge nur einer Anweisung. Vor vielen Jahren ist mir der Geist im unsichtbaren Bikini[301] erschienen und hat es mir befohlen."

Mit dieser Ausrede war die Unterhaltung auf eine sehr lockere Ebene zurückgekehrt, und die Freunde wurden sich ihrer Umgebung und dem eigentlichen Zweck ihrer Zusammenkunft wieder bewusst.

"Wollen wir mal weitermachen?", fragte Langemesser.

---

[301] Unglaublich, aber wahr: Es gab 1966 einen amerikanischen Spielfilm mit dem Titel 'Ghost in the Invisible Bikini'.

Zwei Minuten später schallte das Anfangsriff von 'Love' aus dem Proberaum.

Reden wir über Musik

Grundsätzlich hatte das Leben sich radikal verändert: Elena kam nicht mehr alle paar Wochen zu Besuch bei Leon vorbei, sie wohnte jetzt bei ihm. Es war keine Ausnahme mehr, dass sie sich trafen. Es geschah jeden Abend.

Nicht verändert hatte sich dadurch, zu Leons Überraschung, Elenas fast ständige Neugier bezüglich seines Daseins als Sänger. Irgendeine Frage über Musik fiel ihr immer ein, und auch dafür liebte Leon sie so sehr. Er musste nur die Gitarre in der Hand gehabt und eine Tonfolge angespielt haben, dann war ihr Interesse geweckt. Manchmal wurden richtig lange Gespräche daraus. Ihm machten sie nicht nur Spaß, weil er gern über das Thema dozierte, sondern auch, weil es darin hin und wieder Punkte gab, über die er noch nie nachgedacht hatte. So kam er zu neuen Erkenntnissen, oft genug zu Selbsterkenntnissen. Elenas Fragen bewirkten, dass Finderling sich und seinem Tun einen Spiegel vorhielt.

"Was war das?"

"Weiß ich selbst noch nicht genau. Könnte ein neuer Song werden."

"Ideen gehen dir nie aus, oder?"

"Ich glaube nicht. Aber falls mal eine Weile lang nichts kommt, habe ich einen großen Fundus in Reserve."

"Die anderen Jungs gibt es auch noch."

"Richtig – aber wenn ich einen Song schreibe, schreibe ich ihn. Natürlich ist es schön, ihn eines Tages live zu spielen, aber wenn nicht, ist es auch kein Drama."

"Hast du viele Songs geschrieben, die nicht im Bandprogramm zu finden sind?"

"Natürlich."

"Die waren nicht gut genug für die Band?"

"Im Gegenteil! Sie waren sogar noch viel besser. Die Band bekommt nur den Ausschuss. Die guten Songs behalte ich für mich. Wäre ja noch schöner, wenn jemand sie eines Tages zu hören bekommen würde."

"Okay, du nimmst mich auf den Arm. Aber erklär' mir die Kriterien, nach denen du entscheidest, welcher Song für die Band gut genug ist!"

"Da gibt es verschiedene Ausleseprozesse. Der erste ist mein Geschmack und mein Gefühl, ob ein Song zur Band passt. Wenn ich nicht sicher bin, spiele ich ihn eben einem der Jungs vor – dann sehe ich seine Reaktion. Wenn ich überzeugt bin, bringe ich ihn auf einer Probe ein. Wenn ich ihn verwerfe – na ja, dann verschwindet er eben in meinen Archiven. Angenommen, er hat es in den Probenbetrieb geschafft, ist er aber noch nicht durch. Denn wir feilen dann daran. Irgendwann sollte der Punkt kommen, an dem wir alle den Song geil finden. Oder zumindest vier von uns. Wenn das nicht passiert, kann er auch noch scheitern. Vielleicht schon vor seiner Live-Premiere, vielleicht auch erst danach. Manchmal verabschiedet man sich auch erst nach einer Weile von einem Song, weil er dann zumeist von besseren verdrängt wurde. Man lässt uns ja keine vierstündigen Konzerte spielen. Also lassen wir unser Repertoire auch nicht ausufern."

"Wenn es geklappt hat mit dem guten Lied, spielt man es mit der Band solange, bis man es selbst nicht mehr hören kann?"

"Soll vorkommen. Aber muss nicht. Angus Young hält einen Abend ohne 'Hells Bells' für undenkbar, obwohl er die Nummer schon ungefähr 60.000-mal gespielt haben muss."

"60.000-mal?"

"Man hat mir schon 1.349.658-mal gesagt, ich solle nicht immer so maßlos übertreiben."

"Verstehe."

"Trotzdem kann ich nachvollziehen, was Angus meint. Es gibt Songs von mir, die mir selbst auch nach vielen Jahren noch eine Gänsehaut bescheren können, was ich als Zeichen interpretiere, dass sie nicht ganz missraten sind."

"Gibt es viele Songs, die dir eine Gänsehaut bescheren?"

"Von mir selbst?"

"Nein, überhaupt."

"Mmh …, zwei Dutzend. Ist das viel?"

"Bei der Masse an Musik, die du kennst, vermutlich nicht."

"Ich weiß nicht, ob ich viel Musik kenne."

"Was daran löst die Gänsehaut aus? Bei mir ist es häufig gar nicht die Musik, sondern eine Erinnerung, die ich damit verbinde."

"Das Phänomen kenne ich zwar auch, ist bei mir aber eher selten. Meistens ist es bei mir sogar eine konkrete Stelle im Lied, nicht das ganze Stück. Eine Textzeile, ein Gitarreneinsatz, eine Basslinie, ein Schlagzeugbreak, eine Gesangsbetonung –

da gibt es verschiedene Möglichkeiten. Oder es gibt unheimliche Koinzidenzen, aber das ist auch eher selten."

"Was ist denn das?"

"Zufällige Übereinstimmungen. So ein Song ist für mich 'Black Velvet'[302] von Alannah Myles[303]. Kennst du bestimmt, war ein Riesenhit Anfang der 90er."

"Ja, kenne ich. Ein sehr schönes, gefühlvolles Lied. Ich habe nur nie verstanden, wovon eigentlich der Text handelt."

"Von Elvis."

"Im Ernst?"

"Ja, schau' ihn dir mit diesem Vorwissen bei Gelegenheit noch einmal an."

"Was war denn nun mit dir und dem Song?"

"Ah ja, die Story fehlt noch. Eines Tages war ich beruflich auf Reisen – das dürfte vier oder fünf Jahre her sein, vielleicht auch nur drei. Im Flugzeug nutzte ich die Zeit, mir Antworten auf Fragen eines schriftlichen Interviews zu überlegen. Bei einer Frage ging es um Bassläufe. Ich erklärte zur Antwort etwas und nannte als Beispiel besagtes Lied – übrigens hat dieser Song einige gänsehautfähige Elemente, unter anderem einen fantastischen Basslauf – aber das nur am Rande. Als ich am Zielort aus dem Flugzeug in ein Taxi stieg, hatte der Fahrer das Radio laufen: 'Black Velvet'! Was für eine Koinzidenz!"

"Nicht schlecht. Seitdem bekommst du eine Gänsehaut bei dem Lied?"

"Unregelmäßig war das schon vorher so, ich erwähnte ja, dass es einige prädestinierte Stellen hat. Aber dieses Erlebnis habe ich nie vergessen. Richtig krass wird es allerdings erst jetzt: Das gleiche Spiel ist mir noch einmal passiert. Im zweiten Fall war ich hier zu Hause, ich weiß noch, dass es ein Sonntag war. Ich bastelte an einem Intro und dachte mir, dass es nur von Schlagzeug und Bass getragen sein sollte, die Gitarren nur Akzente zu setzen hätten. Wie bei 'Black Velvet'. Als ich fertig war, legte ich mich zu einem Mittagsschläfchen hin. Um nicht zu lange zu schlafen, stellte ich meinen Radiowecker. Der weckte mich eine halbe Stunde später mit: 'Black Velvet'!"

"Krass!"

"Ja, da kann man mal sehen, wie häufig diese Nummer im Radio laufen muss, denn dir ist vermutlich gar nicht bewusst,

---

[302] Aus dem Album 'Alannah Myles' (1989).
[303] Alannah Myles (*1958), kanadische Sängerin und Schauspielerin, erstes Album 1989.

wie selten ich Radio höre. Morgens fünf Minuten, wenn der Wecker angeht. Ansonsten nur zufällig in Lokalen, Geschäften, Taxen – der Öffentlichkeit eben. Aber es hat zu diesem Erlebnis gereicht, seither ist 'Black Velvet' für mich der Song, der immer von selbst auftaucht, wenn ich nur mal kurz an ihn denke. Negativ könnte man das als Aufdringlichkeit auslegen, zumal ich ihn dann meistens tagelang als Ohrwurm mit mir herumtrage und nicht mehr loswerde, aber ich mag ihn dennoch."

"Oh, Ohrwürmer sind auch ein tolles Thema."

"Toll? Na, ich weiß nicht. Lass' uns das bitte nicht ausführen. Es gibt Songs, bei denen es genügt, mal kurz an sie zu denken und schon werde ich tagelang von ihnen gequält. Also bitte nicht. Ich will kein Beispiel nennen. Ich will nämlich an gar kein Beispiel denken. Das ist mir wirklich zu gefährlich."

"Weil es auch Ohrwürmer gibt, die du eigentlich gar nicht magst?"

"Richtig!"

"Du hast selten Musik nebenbei laufen. Woran liegt das?"

"Weil ich richtig hinhöre – oder es eben lasse. Ich will verstehen, was das Schlagzeug tut, ob die Gitarren ineinander greifen, wie ein Kontrapunkt gesetzt wird, oder was auch immer da gerade passiert. Das war schon ganz früh so. Während die meisten meiner Mitschüler in Sophie Marceau[304] verliebt waren, interessierte ich mich mehr für *Black Sabbath* und *Iron Maiden*. Wenn ich Musik nebenbei höre, und mir fällt eine entsprechende Stelle auf, muss ich immer den Song neu starten. Das ist doch lästig."

"Das heißt, du sezierst die Lieder. Du achtest auf ihre Bestandteile, aber nicht auf das Große und Ganze."

"Doch, aber dann bewusst."

"Kannst du eigentlich auch normal Musik nebenbei hören?"

"Klar! Beim Sex!"

Elena lachte.

"Eine andere Antwort war von dir nicht zu erwarten. Aber gibt es nicht auch die Sorte Musik, die eine passende Untermalung für bestimmte Tätigkeiten ist?"

Darüber dachte Finderling eine ganze Weile nach.

"Ja", sagte er dann, "die gibt es. Wobei es da große Unterschiede in der Bewertung gibt. Eine Art Geheimcode."

"Wie soll ich das verstehen?"

---

[304] Sophie Marceau (*1966), französische Schauspielerin.

"Schwierig zu erklären. Ich will es mal so versuchen: Wenn ich Reggae als hervorragende Begleitmusik beim Geschirrspülen klassifiziere, ist das nicht negativ gemeint. Wenn ich den Song 'Shake Dog Shake'[305] von *The Cure* als ideale Untermalung zum Staubsaugen bezeichne, schwingt darin sogar Lob mit. Aber die Feststellung, ein Song störe nicht beim Bügeln, ist eine ziemlich abwertende Aussage."

"Zu welcher Art von Musik würdest du tanzen?"

"Zu jeder, wenn ich sie mag und sie zu meiner Stimmung passt. Zu Musik, die ich nicht mag, kann ich gar nicht tanzen. Ich tauche dann nicht ein in die Musik. Ich bleibe ein Fremdkörper, weil ich sie nicht fühlen kann. Ich bin dann wie ein Ölfilm auf dem Wasser. Das hat keinen Sinn, darum lasse ich es bleiben."

"Das heißt, zu deinen eigenen Songs würdest du tanzen."

"Unbedingt. Mache ich in gewisser Weise – wenn auch meine Bewegungen auf der Bühne vielleicht nicht exakt das sind, was jeder unter Tanzen verstehen würde."

"Ich würde Bewegung zu Musik generell Tanz nennen. Man muss doch kein ausgebildeter Tänzer sein, um Freude daran zu haben."

"Das ist lieb von dir. Also gut: Dann tanze ich auf der Bühne. Zu meiner eigenen Musik. Warum auch nicht? Ich mag sie ja. Das war ohnehin immer mein Antrieb. Es gibt immer die Sprüche, Jungs würden in einer Band spielen, um an Mädels heranzukommen. Das ist naiv. Die Mädels wissen die Qualität nämlich durchaus einzuschätzen. Sie kommen erst, wenn man ein gewisses Niveau erreicht hat. Bis dahin hängt man, sofern man durchhält, wöchentlich mehrere Stunden mit den Jungs im Proberaum und bekommt gar nichts von den Mädels zu sehen. Klappt also nicht. In der Phase kann man Mädels viel eher damit beeindrucken, dass man sie am Parfüm erkennt oder besagtes Parfüm namentlich benennen kann. Ist mir mehrfach gelungen. An *Trésor*[306] erinnere ich mich – und an *Vendetta*[307]. Wobei mir einige Sorten eher wie in Flakons gefüllte Sexuallockstoffe vorkamen. Keine Ahnung, ob es die noch gibt, und keine Ahnung, ob ich sie immer noch erkennen würde. Aber ich schweife ab. Die Liebe zur Musik ist auch nicht bei allen Jungs der wichtigste Beweggrund, einer Band beizutreten. Der wich-

---

[305] Aus dem Album 'The Top' (1984).
[306] Parfüm der Marke Lancôme aus dem Hause L'Oréal.
[307] Ein vom italienischen Modeschöpfer Valentino Garavani (*1932) kreiertes Damenparfüm.

tigste Grund ist erst einmal folgender: Man ist in einer Band, weil es cool ist, in einer Band zu sein. Klingt simpel – und ist es auch. Das reicht allerdings nicht auf Dauer. Die Spreu trennt sich ebenso schnell vom Weizen, wie bei jenen, die nur auf die Mädels schielen. Es wird nämlich anstrengend, wenn man plötzlich an seinem Instrument üben muss, weil die anderen immer besser werden. Dann steigen viele lieber wieder aus. Sie können der Band erst einmal verbunden bleiben, das heißt, sie hängen mit im Proberaum rum und machen bei Konzerten den Roadie. Meistens lässt das irgendwann nach, aber der Prozess ist schleichend, das geht Arsch an Arsch."

"Was? Arsch an Arsch?"

"Ach, kennst du das noch nicht? Das ist unsere bandeigene und – zugegeben – etwas freie Übersetzung für peu à peu."

"Aber müsste es dann nicht Po à Po heißen?"

"Die Franzosen aus Französien sprechen doch fast alles wie ö. Schönömöpah rögrett ri-en[308] – oder wie das heißt. Ich wusste nicht, ob du Französisch kannst – die Sprache, meine ich. Ansonsten hege ich keine Zweifel."

Leon zwinkerte und Elena errötete leicht.

"Mein Antrieb wandelte sich bald dahingehend", fuhr er fort, "dass ich Musik machen wollte, die ich selbst gern höre. Ich musste feststellen, dass es bis dahin ein sehr weiter Weg war. Unser erster musikalisch halbwegs ausgereifter Song hieß 'Dance on the Graves' und war ungefähr der 15., den wir gemacht haben. Erst unser fünftes Demo war unsere erste wirklich hörbare Aufnahme – nach vier Jahren! Gut, so beurteile ich das rückblickend. Aber ich bin auch nicht verbittert, dass es gedauert hat. Wir waren eben keine Überflieger. Wir konnten in der Anfangszeit nicht so gut spielen, aber wir waren Dynamit. Immer Vollgas. Unserer Energie auf Konzerten konnten sich wenige entziehen. Das war unser Potenzial. Alles andere haben wir mühsam gelernt."

"Du meinst die Beherrschung eurer Instrumente?"

"Die auch. Aber die kommt fast von allein, wenn man sich mit dem Instrument befasst und viel probt. Zusammenspiel, Komposition, Arrangement. Zu Anfang waren wir eigentlich eine Punkband, obwohl wir uns immer im düsteren Hardrockbe-

---

[308] Gemeint ist wahrscheinlich "Non, je ne regrette rien" (frz. "Nein, ich bedaure nichts"), das berühmteste Chanson von Édith Piaf (1915 – 1963), das von Charles Dumont (Musik) und Michel Vaucaire (Text) geschrieben und 1960 veröffentlicht wurde. Ganz sicher ist das allerdings nicht, denn Leon ist der französischen Sprache eben tatsächlich nicht wirklich mächtig.

reich gesehen haben. Aber es hat gedauert, bis wir da ankamen. Vom Grunge lernten wir, dass man auch in der harten Musik keine Gitarrensoli mehr braucht, in sich geschlossene Songs kamen besser. Deshalb war auch Jimi Hendrix damals kein Gott für mich, auch wenn ich seine Bedeutung für die Entwicklung der Rockmusik inzwischen verstanden habe. Die Sechziger waren vorbei, die Neunziger begannen. Zum Glück waren Adam und Enno auch nicht versessen darauf, sich ständig in den Vordergrund zu spielen. Die hatten beide nie ein Problem damit, auch mal ein Riff über einen ganzen Song zu wiederholen, wenn es der Nummer gut bekam. Oder sie konzentrierten sich darauf, einen bestimmten Sound als stimmungskreierendes Element zu verwenden. Von Robert Smith[309] lernte ich, wie gewalttätig und aggressiv ein Kuss sein kann. Die beiden Jungs griffen meinen Hinweis auf und beschäftigten sich mit dieser Art des Gitarrenspiels, ohne es zu kopieren. Das war fantastisch."

"Ein Kuss? Jetzt kann ich dir nicht mehr folgen."

"Oh, der Song, von dem ich spreche, heißt 'The Kiss'[310], stammt von *The Cure* aus dem Jahr 1987 – was für Gitarrensounds! Okay, muss ich dir bei Gelegenheit mal vorspielen. Das ist so ein Musikersong, glaube ich. Man muss Musiker sein, um davon beeindruckt zu sein. Aber das probieren wir aus."

"Jetzt hast du schon zweimal *The Cure* erwähnt – waren die so ein maßgeblicher Einfluss für euch? Davon hört man herzlich wenig, finde ich."

"Wir haben nie versucht, wie *The Cure* zu klingen, wenn du das meinst, und ich glaube auch nicht, dass es jemals versehentlich passiert ist. Aber es war eine Band, mit der wir uns befasst haben. Gute Musiker einfach. Da lohnt sich das Hinhören, auch wenn es kein Hardrock ist. Man kann von fast allen etwas lernen."

"Das ist spannend. Was waren denn andere genrefremde Bands, mit denen ihr euch befasst habt? Vielleicht kenne ich davon ein paar."

"Oh, da ist das Spektrum groß. Von *Slayer* bis Prince, von Billy Idol bis *The Jesus and Mary Chain*. Und hundert andere. Wie gesagt, man kann von fast allen was lernen, wenn man nur genau hinhört."

---

[309] Robert Smith (*1959), Sänger und Gitarrist von *The Cure*.
[310] Aus dem Album 'Kiss Me, Kiss Me, Kiss Me' (1987).

"Prince und Billy Idol kenn' ich."

"*Slayer* ist unglaublich hart und schnell. *The Jesus and Mary Chain* sind faszinierend, weil sie eigentlich ganz schlichte Popsongs mit geradezu zärtlichen Melodien geschrieben haben – und diese durch den exorbitanten Einsatz von Feedback hinter gigantischen Wällen von Lärm versteckt haben. Bei der Band haben schon Leute ihre Stereoanlagen untersucht, weil sie fürchteten, ihre Boxen wären kaputt."

"Übernimmt man viel, wenn man sich mit der Musik einer anderen Band auseinandersetzt? Irgendeinen Einfluss wird das doch haben."

"Ach, das def-leppert[311] sich so zusammen. Wenn ein Gitarrist sich mit Billy Idol befasst, der andere mit *The Cure* und der Bassist mit *Slayer*, ist die Gefahr gering, dass es hinterher abgekupfert klingt. Übrigens ist auch Nachspielen eine ganz gute Schule. Das hätte ich zwar mit 17 nicht hören wollen, stimmt aber trotzdem."

"Na ja, vermutlich versteht man dann besser, was in dem Song eigentlich passiert."

"So ist es – und wenn man die richtigen Schlüsse daraus zieht, kann man sie auch für eigene Kompositionen und Arrangements anwenden."

"Aber ihr habt nicht nachgespielt."

"Wenig. Im Proberaum immerhin ab und zu. Ach so, und dann gab es noch diese Geschichte mit dem *Dorian Gray*. Du kennst den Laden?"

"Da ist häufig Live-Musik, oder?"

"Ja, und da gibt es einmal im Monat eine offene Session. Ein Schlagzeug, eine Gesangsanlage und ein paar Verstärker stehen auf der Bühne herum. Wer will, kann sich zusammenfinden und dort musizieren."

"Klingt spannend."

"Keine Ahnung, ehrlich gesagt. Ich war nur einmal da. Das kam so: Eines Tages traf ich Waldemar in der Stadt, den Sänger und Gitarrist von *Bowels of Love*. Kennst du die?"

"Die sind etwas bekannter, oder?"

"Richtig. Inzwischen haben wir sie vermutlich eingeholt, aber die spielten schon in halb Deutschland, als wir noch die Jugendheime in der Umgebung abklapperten. Na ja, ich kannte ihn nicht gut, aber schon seit einer Weile, und an dem Tag

---

[311] Das Wortspiel bezieht sich natürlich auf die britische Heavy-Metal-Band *Def Leppard*, gegründet 1977, erstes Album 1980.

sprach er mich an, ob ich nicht Bock hätte, mit Kilian zusammen bei einem kurzen Sideprojekt einzusteigen. Kian und Derek sollten auch dabei sein, das sind der Schlagzeuger und der Leadgitarrist von *The Queens of Hunting*."
"Die kenn' ich!"
"Ja, klar, die kennt jeder hier. Ich kenn' die Jungs gut. Bodo, der früher ein bisschen unser Manager war, hat auch viel mit ihnen zu tun. Coole Typen, gute Musiker. Ich war auf jeden Fall sehr beeindruckt. Sein Plan war, ein paar Leute, die immer auf diesen Sessions im *Dorian Gray* herumhängen und doch jedes Mal nur die gleiche langweilige Bluesimprovisation in G-Dur abziehen, kräftig zu verarschen. 'Such' dir drei oder vier Songs aus, die du gut singen kannst, die proben wir dann ein- oder zweimal, und dann gehen wir zur nächsten Session, tun so, als ob wir alle nur zufällig da sind und reißen die vier Stücke runter.' Ich fragte ihn, wie er denn auf Kilian und mich käme. 'Kian hat euch empfohlen. Ihr seid gut, und ihr seid in Ordnung.' Natürlich sagte ich zu, lediglich mit dem Vorbehalt, Kilian erst fragen zu müssen. Aber was glaubst du, wie stolz ich war. Überleg' mal: *The Queens of Hunting* und *Bowels of Love*! Das war wie ein Ritterschlag. Ein Aufstieg in die 1. Liga, zumindest innerhalb der Stadt. Natürlich waren wir dabei. Es war uns eine Ehre. Wir nannten uns *The Dildos from Hell* und spielten 'Sleeping My Day Away'[312] von *D.A.D*[313], 'Pet Sematary'[314] von den *Ramones* und 'Bombtrack'[315] von *Rage Against the Machine*[316]. Auf dieser einen Probe habe ich irre viel gelernt. Die Selbstverständlichkeit, mit der Waldemar Songs so lange hin und her transponierte, bis sie ideal zu meiner Stimme passten – ein Traum. 'Mach' dich bloß nicht verrückt', sagte er. '*D.A.D* schreiben die Songs so, dass sie ihrem Sänger perfekt liegen, warum sollen wir das dann nicht machen? Dass es so nicht original ist, merkt keiner, der nicht das Original direkt dagegen hört.' Es mag banal klingen, aber diese Arbeitsweise hatten wir für unser eigenes Zeug bis dahin nie angewandt. Dabei schrieben Adam,

---

[312] Aus dem Album 'No Fuel Left for the Pilgrims' (1989).
[313] *D.A.D*, dänische Hardrockband, gegründet 1982, erstes Album 1986.
[314] Aus dem Album 'Brain Drain' (1989). Die falsche Schreibweise – 'Sematary' statt 'Cemetery' – geht auf Buch (1983, deutsch 1985) und Film (1989) 'Pet Sematary' (deutsch: 'Friedhof der Kuscheltiere') zurück, die dort beabsichtigt ist.
[315] Aus dem Album 'Rage Against the Machine' (1992).
[316] Rage Against the Machine, amerikanische Crossover-Band, gegründet 1991, erstes Album 1992, aufgelöst 2000, wieder aktiv seit 2007.

Enno oder Kilian ihre Riffs natürlich nicht mit Blick auf meinen Gesang, sondern waren nur darauf aus, sie gut klingen zu lassen. Es war also durchaus denkbar, dass eine andere Tonart mir zum Singen sehr entgegengekommen wäre. Später haben wir ständig mit leichten Verschiebungen gearbeitet: Im Studio immer einen Halbton tiefer als auf der Bühne. Du glaubst gar nicht, wie viel einfacher Aufnahmen für mich geworden sind."

"Vielleicht war es einfach eine wichtige Erfahrung für euch, mal mit anderen Musikern zusammen zu spielen?", schloss Elena aus seinem langen Monolog.

"Vielleicht auch das. Aber ehrlich gesagt: Das Wichtigste war, von diesen guten Jungs als gleichwertig anerkannt zu werden. Für mein Selbstvertrauen bedeutete das wahnsinnig viel. Es zeigte mir, dass wir über die Jahre einiges richtig gemacht haben mussten. Es ist nur eine winzige Episode in meinem Musikerleben, aber ich möchte sie keinesfalls missen. So ähnlich ist es mit einer winzigen Bemerkung, die Jost Remscheider mal über mich fallen ließ. Jost ist auch Musiker."

"Was hat er denn über dich gesagt?"

"Er hat mich seiner großen Schwester vorgestellt: 'Dies ist Leon – ein Urgestein der hiesigen Musikszene.' Ein Urgestein – ich! Darüber muss ich jedes Mal schmunzeln – aber irgendwie macht es mich eben auch stolz, dass es Leute gibt, die mich so sehen."

"Süß."

"Das Urgestein oder dass es mich stolz macht?"

"Beides."

Finderling runzelte die Stirn.

"Ja, ich weiß – irgendwie kindlich, oder?"

Elena streichelte ihm zärtlich über die Wange.

"Vielleicht ein bisschen. Aber für mich ist das ein sehr sympathischer Zug. Und du bist sehr bescheiden. Du musst nicht der größte Rockstar aller Zeiten sein. Es macht dich schon stolz, zur 1. Liga deiner Stadt zu gehören und ein Urgestein zu sein. Wenn ich dich nicht sowieso lieben würde, hätte ich mich jetzt gerade in dich verliebt, glaube ich."

Darauf wusste Leon nichts zu sagen, deshalb küsste er seine Liebste – und hörte für lange Zeit nicht wieder damit auf.

Lass' uns Freunde sein

Der Eklat nach dem gemeinsamen Abendessen bei Nancy hatte zu Adams Erstaunen kaum Spuren hinterlassen. Ja, da waren die Selbstvorwürfe gewesen, die er sich gemacht hatte, ihre Einladung zu einem zweisamen Menü bei Kerzenschein überhaupt angenommen zu haben. Ja, da waren die Zweifel gewesen, ob er nicht doch hätte über seinen Schatten springen und sich auf ihre Avance einlassen sollen. Immerhin war seit ihrer Bitte, die Fehler der Vergangenheit zu verzeihen, nie etwas neues Negatives zwischen ihnen vorgefallen: nicht in den Monaten, bevor sie in die USA ging, und auch nicht, seit sie zurück war. Allein der Schatten, der zwischen ihnen lag, war nie vollständig verschwunden. Immer hatten die Narben gezwickt. Sein Herz hatte stets Angst signalisiert, zu viel emotionale Nähe zuzulassen.

Dann hatte er sich gefragt, ob er sie unfair behandelt hatte, einfach aufzustehen und zu gehen. Doch bevor er eine unruhige Nacht und einen unkonzentrierten Arbeitstag später zu einer Entscheidung gekommen war, hatte sie ihn angerufen und sich für ihr Verhalten am Vorabend entschuldigt. Die Stimmung, die Freude über den gelungenen Abend, die Vertrautheit und schließlich der Alkohol – so hatte sie argumentiert, ohne dies als Rechtfertigung verstanden wissen zu wollen: Sie sähe schon ein, hatte sie beteuert, zu weit gegangen zu sein und ihn in unverschämter Weise bedrängt zu haben.

"Lass' uns Freunde sein", hatte sie gefleht. "Mehr will ich doch gar nicht."

Die nächste Nacht hatte er gut geschlafen, der folgende Arbeitstag war gut gelaufen, auf der abendlichen Probe mit der Band hatte er seinen Spaß gehabt – alles hatte sich eingerenkt. Es war nicht mehr wie früher: Nancy sah nun ein, wenn sie Fehler machte, und sie gab ihm Zeit, Dinge zu verarbeiten. Erst eine Woche nach ihrer Entschuldigung hatte sie wieder angerufen und gefragt, ob sie nicht gemeinsam ins Theater gehen wollten. Nach kurzer Bedenkzeit hatte er zugesagt und einen angenehmen und inspirierenden Abend mit ihr verbracht, ohne jedes Problem im zwischenmenschlichen Bereich.

"Wenn es doch nur immer so einfach mit ihr gewesen wäre", hatte er im Rückblick einen Stoßseufzer ins Leere geschickt.

Danach hatten sie, stets Nancys nimmermüden Initiativen folgend, auch zwei Partys und einen Restaurantbesuch ohne Zwischenfälle überstanden. Deshalb nahm Fleischer inzwischen an, der Versuch einer Verführung sei tatsächlich nur ein dem Wein geschuldeter Ausrutscher ihrerseits gewesen. Natürlich schmeichelte es auch ein stückweit seinem Ego, dass sie es überhaupt versucht hatte. Allerdings war er weiterhin überzeugt, dass es gesünder für ihn war, aus Sicherheitsgründen einen Restabstand von ein paar Zentimetern zwischen ihr und ihm stets aufrecht zu erhalten.

Mitten in seine grundsätzlichen Gedanken hinein klingelte sein Telefon, und ausgerechnet Nancy war dran. Er verriet ihr nicht, gerade an sie gedacht zu haben.

"Hey, ich hab' gerade das Fernsehprogramm studiert", verkündete sie ihm. "Nächste Woche Donnerstag kommt abends 'Pretty Woman'[317] – magst du den mit mir schauen?"

"Das ist der Film mit Julia Roberts[318] als Bordsteinschwalbe und Richard Gere[319] als …"

"Ja, genau der. Bitte! Der ist doch lustig!"

Adam verzog das Gesicht, was Nancy natürlich nicht sah.

"Der ist vor allem kitschig."

"Ja, das ist doch das Lustige", lautete ihre aus seiner Sicht gewagte These. "Der ist so kitschig, dass man schon drüber lachen muss."

Fleischer schlug einen Handel vor.

"Nur wenn du dieses Wochenende auf unser Konzert kommst."

"Das mach' ich doch glatt", ging Nancy sofort darauf ein.

Er erklärte ihr, wann und wo sie spielen würden und rief gleich darauf bei Kilian und Svenja an, um die Freundin des Bassisten zu bitten, ebenfalls zu erscheinen und den Versuch zu machen, Nancy über ihre Ambitionen ihm gegenüber auszuhorchen. Ganz verwunden hatte er ihren Überfall nach dem Abendessen eben doch noch nicht.

"Von Frau zu Frau", argumentierte er Svenja gegenüber, "geht so etwas doch ganz gut, zumal ihr euch schon früher gekannt habt. Das läuft doch unter dem Motto: 'Ewig nicht gesehen, was macht das Leben, die Liebe und alles?' Wenn einer von den Jungs das versucht, wird sie bestimmt nicht mit der Wahrheit rausrücken."

"Ich bin nicht überzeugt, dass sie mir gegenüber offen ist", wandte Svenja ein. "Wir kennen uns zwar schon lange, aber

---

[317] Amerikanische Filmkomödie von 1990.
[318] Julia Roberts (*1967), amerikanische Schauspielerin.
[319] Richard Gere (*1949), amerikanischer Schauspieler.

nicht gut. Ich hätte sie nie im Leben zu meinen Freundinnen gezählt, und ich glaube auch nicht, dass sie das mit mir getan hätte. Wir hatten einfach nichts miteinander zu tun, abgesehen davon, dass unsere Kerle zusammen in einer Band gespielt haben. Mehr Gemeinsamkeiten gab es nie."

"Versuchst du es trotzdem?", bat Adam.

Nachdem ihr Lebensgefährte zu verstehen gegeben hatte, sich ebenfalls zu freuen, wenn sie nach langer Zeit mal wieder einem Gig beiwohnen würde, hatte Svenja zugesagt.

Danach ließ Sandner sich den Hörer geben und hielt Adam eine Predigt:

"Ich kann mich noch erinnern, wie du damals bei uns aufgeschlagen bist, als sie dich nachts nach einem Konzert zu Hause überfallen hatte. Du hast seitdem auch immer wieder Bericht erstattet, und so wie ich die Dinge sehe, versteht ihr euch gut und macht ab und zu etwas zusammen, so wie Freunde es tun. Hört sich gut an! Zimmermäßig! Aber damals, als du hier ziemlich verwirrt bei uns ankamst, hast du berichtet, dass sie angedeutet hat, sie hätte es gern, wenn du ihr euren Verlobungsring noch ein zweites Mal schenkst. Auch wenn sich zwischen euch nichts in diese Richtung entwickelt hat, schlage ich dir vor, die Ansage von damals immer im Hinterkopf zu behalten, mein Lieber."

Gerade, weil er seinem Bassisten nichts von dem missglückten Verführungsversuch seiner Ex-Freundin erzählt hatte, war Adam für diesen Hinweis besonders dankbar.

"Ich bin froh, dich zum Freund zu haben", beendete er das Gespräch.

Egal, aber nicht ganz

Nach zehn Uhr am Abend erwartete Enno normalerweise keine Anrufe mehr, sofern sie nicht angekündigt waren, aber da der Film, den er sich ansah, ihn ohnehin nicht sonderlich fesselte, fühlte er sich auch nicht davon gestört.

"Städtisches Krematorium", meldete er sich.

"Guten Abend, die Kriminalpolizei hier", bekam er zu hören. "Wir sind auf der Suche nach einer Leiche namens Wittstock. Liegt die zufällig bei Ihnen herum?"

Natürlich erkannte der Gitarrist den schlagfertigen Anrufer an der Stimme. Für diese Art von Späßen hatte er genau den Richtigen erwischt.

"Julius! Wie läuft's?"
"Warm am Bein runter. Was machst du so?"
"Ach, ich sitz' hier. Kopf nach oben, Arsch nach unten. Fällt die nächste Probe aus, oder wie komme ich zur Ehre deines späten Anrufs?"
"Nee, keine Sorge", beruhigte der Schlagzeuger. "Mia hat mir nur vorhin etwas erzählt, wovon ich dachte, dass es dich vielleicht interessiert."
Enno mochte Frau Langemesser. Davon abgesehen, dass sie mit seinem Schlagzeuger verheiratet war, hatte er aber normalerweise keine Berührungspunkte zu ihr. Umso neugieriger war er.
"Dann lass' mal hören."
"Sie hat heute Sibylle getroffen. Deine vor Ewigkeiten verflossene."
Unter all den Beziehungen und Affären, die hinter Wittstock lagen, spielte Sibylle für ihn keine besondere Rolle mehr. Deshalb wunderte er sich, welchen Nachrichtenwert die Begegnung für ihn haben sollte.
"Oh, Mann – die Uralt-Echse? Das muss doch 50 Jahre her sein. Da wird doch jede Schildkröte neidisch."
"Schildkröten sind keine Echsen", belehrte ihn Julius, der studierte Biologe. "Mia meinte, sie haben sich sofort wieder erkannt, Sibylle und sie. Vielleicht liegt es daran, dass Sibylle gerade deine Freundin war, als Mia und ich zusammenkamen. Sie war halt deine erste, die Mia erlebt hat. So etwas prägt sich ein."
"Ja, kann sein. War eine der längeren Beziehungen – für meine Verhältnisse. Aber ich hab' schon ewig nichts mehr von ihr gehört. Das letzte Mal muss mindestens zehn Jahre her sein. Damals hat sie gerade ihr zweites Kind gekriegt, glaub' ich."
"Inzwischen hat sie sechs davon."
Enno war ein Typ, dem es selten die Sprache verschlug, doch in diesem Moment war es soweit. Sein Mund stand offen, und er starrte ins Leere.
"Sagtest du gerade 'sechs'?"
"Ja. Ein Ohrenarzt wird an dir nichts verdienen können."
Wieder dauerte es einige Augenblicke, bis der Gitarrist Worte fand.
"Alle vom gleichen Macker?"
"Ja, und sie sind auch immer noch ein Paar."
Noch einmal herrschte für lange Sekunden Funkstille.
"Warum machen die das? Muss Sibylle beschäftigt werden?"

"So etwas Ähnliches hab' ich auch gefragt, als Mia es mir erzählte."
"Was genau?"
"Haben die keinen Fernseher?"
"Irgendetwas in der Art muss der Grund sein", befand Wittstock die Theorie für schlüssig. "Aber jetzt mal von Anfang an, bitte. Wie haben die beiden sich denn getroffen, Sibylle und deine Frau? An der Supermarktkasse?"
"Nein, aber auf den ersten Blick ähnlich zufällig. Auf einem Spielplatz. Mia war mit unserem Zwerg unterwegs, und auf einmal kam Sibylle mit einem Teil ihrer Brut daher. Ganz so zufällig war die Begegnung dann aber doch nicht, denn die sind vor kurzem bei uns ins Viertel gezogen, wie sich herausstellte."
"Na, das ist 'n Ding!"
"Das dachten wir uns auch. Die beiden Damen haben sich erkannt und sind ins Gespräch gekommen – natürlich vor allem darüber, was seit damals so passiert ist. Tja, und dabei kam heraus, dass Sibylle inzwischen sechs Bälger hat. Deshalb sind sie auch hergezogen – die alte Bude war zu klein für ihre Herde."
"Total krass!", staunte Enno immer noch. "Ich meine, die meisten meiner Echsen sind mir egal und Sibylle auch, so lange wie das her ist, aber das sind schon krasse Neuigkeiten. Hätte nie gedacht, dass die Kleine von so einem überbordenden Reproduktionsdrang besessen ist. Oder sich als Gebärmaschine missbrauchen lässt. Was auch immer."
"Ich weiß auch nicht", gab Langemesser zu, "ob ich es dir erzählt hätte, wenn ich nicht angenommen hätte, dass sie dir aufgrund der langen Zeit inzwischen wirklich egal ist. Denn andernfalls will man so etwas irgendwie gar nicht wissen."
"Ach, die war mir doch ganz schnell egal."
Der Schlagzeuger lachte.
"Nein, das kann ich nicht bestätigen. Es gibt nämlich einen Unterschied zwischen Personen, die dir egal sind, und solchen, die dir Leck'-mich-am-Arsch-egal sind. Wenn du ehrlich bist, gehörte Sibylle jahrelang eher zur zweiten Sorte."
"Leck' mich am Arsch!"
"Ja, schon klar, das musstest du jetzt sagen."
"Ja, du hast schon Recht. Sibylle war nicht irgendeine. Aber es ist so lange her – das tut nicht mehr weh. Es verstört mich nur ein wenig, dass sie so eine Richtung eingeschlagen hat. Ich meine, vielleicht gefällt es ihr, keine Ahnung – und zu mir ge-

passt hätte sie damit sowieso nicht. Aber es gruselt mich irgendwie trotzdem."

"Das versteh' ich."

Da es nicht wirklich mehr zum Thema zu sagen gab, plauderten sie noch ein paar Minuten über anstehende Termine mit der Band und beschlossen dann, sich bald zur Nachtruhe zu begeben, und zu diesem Zweck aufzulegen.

Ein wenig aufgewühlt war Wittstock nach dem Telefonat dann aber doch. Zur Beruhigung gönnte er sich ein halbes Glas Wein.

"Nach fast 20 Jahren sollte mich das eigentlich nicht schocken", mahnte er sich selbst, um aber gleich anzufügen, warum der Bericht ihn traf. "Sechs Kinder – Wahnsinn! Die schlanke, schmale Sibylle! Wenn das einer vorausgesagt hätte, den hätte ich ausgelacht. Ein oder zwei sind normal, drei hätten mich wohl auch nicht umgehauen. Aber sechs?"

Er begann, darüber nachzudenken, wie viele seiner früheren Partnerinnen inzwischen Kinder hatten, soweit er davon wusste. Dabei kam er immer wieder durcheinander, weil es ihm schwerfiel, nicht ständig gedanklich von hier nach dort zu springen. Schließlich schaltete er den Fernseher ab, kramte einen Zettel und einen Stift heraus und bemühte sich als ersten Schritt, eine Liste aller Ex-Freundinnen und Affären zu erstellen.

"Leon und Kilian würden garantiert chronologisch vorgehen. Die sind immer so ordentlich. Mal sehen, ob ich das auch hinbekomme."

Obwohl er One-Night-Stands bewusst wegließ, weil er annahm, sich bei diesen nicht einmal an alle Namen zu erinnern, gab er nach einer halben Stunde entnervt auf.

"Es sind zu viele. Wer soll sich das merken? Woher soll ich wissen, welche davon schon geworfen haben?"

Beim Zähneputzen musste er schmunzeln.

"Adam hätte es leichter. Seine Liste bestünde aus Nancy, Nancy und Nancy."

In der Nacht wurde er im Traum von einer Kinderschar verfolgt, die enormen Lärm machte und ihn 'Papa' rief. Enno wachte schweißgebadet auf.

Charakterfragen

Aus der Küche drangen Geräusche, die Finderling überzeugten, Elena dort zu finden. Er griff ihr von hinten an die Hüften und rieb seine Nase zärtlich an ihrem Hinterkopf. Sie hatte gerade begonnen, einen Salat vorzubereiten, und hielt in der Bewegung inne, um die zärtliche Geste zu genießen. Eberhard, ihr Noch-Ehemann, hatte so etwas seit Jahren nicht getan, oder wenn, dann hatte es mechanisch und pflichtschuldig auf sie gewirkt. Leon tat es für sich selbst, weil er das Bedürfnis hatte, sie zu streicheln und an ihrem Haar zu riechen, dessen war sie sich sicher. Außerdem spürte sie bei jeder seiner Berührungen sein unterschwelliges Begehren. Sie war glücklich über jede Sekunde in Gesellschaft ihres neuen Mannes, bei dem sie ohne jede Vorwarnung aufgetaucht war. Er hatte sie einfach aufgenommen, ohne Diskussionen, ohne Einwände, ohne Bedingungen. Er liebte sie.

"Weißt du eigentlich, worauf du dich mit mir eingelassen hast?", fragte er in diesem Moment, und sie wunderte sich, weil die Frage scheinbar gut zu ihren zuvor gehegten Gedanken passte.

"Ich glaube und hoffe, es zu wissen", antwortete sie. "Warum fragst du?"

Für einen Augenblick umschlang er sie mit beiden Armen von hinten und drückte sie ganz fest an sich, dann ließ er los und küsste ihren Hinterkopf. Sie drehte sich zu ihm um und sah ihn breit grinsen.

"Du erinnerst dich an unser Gespräch über die befallene Zimmerpflanze?"

"Jene, die dich schon befürchten ließ, du hättest einen braunen Daumen?"

"Genau die."

"Hast du ihr gut zugeredet?"

"Nein. Ich halte die These für totalen Quatsch, man müsse mit Pflanzen reden. Die gehen eher ein, wenn man sie ständig volllabert. Die wollen auch lieber ihre Ruhe. Aber darauf wollte ich nicht hinaus. Dass sie Insektenbefall haben, steht sowieso fest. Dann helfen nur noch schwere Geschütze."

"Gift."

"Genau. Ich habe sie eben mit selbigem begossen. Dabei habe ich etwas über mich selbst gelernt."

"Jetzt bin ich gespannt."

"Dreißig Jahre Heavy Metal hören nimmt durchaus Einfluss auf den Charakter – ich hoffe, das ist dir bewusst. Ich konnte nämlich nicht anders, als diesen Vorgang mit einem herzhaft gegrunzten 'Die!' zu begleiten."

Elena schmunzelte.

"Okay, das wusste ich nicht. Gibt es da noch mehr Abgründe?"

Finderling machte ein ernstes Gesicht.

"Ich glaube fest daran, dass in eckigen Teichen nur Stäbchenfische schwimmen."

Da war der nächste Punkt, an dem Elena festmachte, warum sie mit Leon so viel glücklicher war als in ihrer Ehe, warum die Trennung für sie vollkommen zurecht, allenfalls zu spät erfolgt war, und warum sie sogar den schmerzhaften Verlust der täglichen Nähe zu ihren Kindern verkraftete: Leon schaffte es fast jeden Tag, sie in irgendeiner Weise zu überraschen, und brachte sie sehr häufig zum Lachen. Rückblickend kam ihr die Ehe mit Eberhard vom ersten Tag an freudlos und verloren vor, auch wenn sie wusste, dass diese Erinnerung verfälscht und ungerecht war.

Sie griff nach der Küchenrolle und wischte sich die Hände ab. Sie fühlte das dringende Bedürfnis, ihren Geliebten auf der Stelle fest zu umarmen und abzuküssen. Falls dieser Entschluss in der Konsequenz zu spontanem Sex in der Küche führen sollte, würde es ihr auch Recht sein. Der Salat konnte sowieso nicht anbrennen.

Pretty Woman

Eine Entwarnung hatte Adam von Svenja nach ihrem Versuch, Nancy deren Sicht der Dinge zu entlocken, nicht bekommen.

"Sie hat nur betont, wie sehr sie sich freue, dass ihr es nach den früheren Krisen und der langen Zeit der Funkstille geschafft hättet, zu einem so guten freundschaftlichen Verhältnis zu finden. Das könnte aus einem Handbuch für Diplomaten stammen, wenn du mich fragst. Das kann wahr sein – oder auch nicht."

Das Konzert selbst hatte allen, Musikern und Publikum, Riesenspaß gemacht. Die ganze Band war in Topform gewesen und Leon hatte seine Mitstreiter mit besonders durchgeknallten Ansagen verblüfft.

"Leute, ist euch bewusst, dass wir uns jetzt in diesem Moment gerade genau über dem Mittelpunkt der Erde befinden?", hatte er in die Menge gebrüllt, als die Stimmung sich auf dem Höhepunkt befunden hatte.

Fleischer hatte für die Dauer des halben nächsten Songs gegrübelt, bis er den Witz verstanden hatte.

Inzwischen war Donnerstag, und er klingelte bei Nancy, weil sie verabredet waren, gemeinsam 'Pretty Woman' anzuschauen. Er wunderte sich noch immer, dass er sich darauf eingelassen hatte, sah sich aber bei ihr im Wort, da sie auch am zurückliegenden Wochenende wie versprochen zu seinem Konzert erschienen war.

Die Tür ging zunächst nur einen Spalt auf, dann verhakte sie sich und Adam hörte Nancy von drinnen ächzen, bevor die Pforte sich ruckartig weit öffnete.

"Irgendetwas stimmt seit ein paar Tagen mit der blöden Tür nicht. Die klemmt dauernd", meckerte die Gastgeberin mit Zornesfalten auf der Stirn, bevor sie sich wieder entspannte und mit ihrem Ex-Freund die obligatorischen Wangenküsschen zur Begrüßung austauschte. "Wenn ich eines Morgens nicht mehr rauskomme, ruf' ich dich an."

Fleischer lachte.

"Dann solltest du lieber einen Handwerker anrufen. Ich bin Goldschmied, das weißt du doch. Mit so großen Objekten wie Türen kenne ich mich auch nicht aus."

Sie machten es sich auf der Couch bequem, wobei Adam darauf achtete, eine Handbreit Abstand zu Nancy einzunehmen. Er merkte auch, dass sie seine Lieblingssorten Salzgebäck aufgetischt hatte, sah aber darin keinen Anlass, nicht zuzugreifen. Als die Schale leer war, stand die Gastgeberin auf und füllte nach. Ihm kam es vor, als hätte sie sich im Anschluss dichter neben ihn gesetzt. Da er wissen wollte, ob die zufällig geschehen war, futterte er auch die zweite Runde Erdnüsse. Das Spiel wiederholte sich – und tatsächlich saß Nancy anschließend nur noch zwei Finger breit entfernt.

Als Vivian Ward, die von Julia Roberts gespielte Prostituierte, in der von Edward Lewis – verkörpert von Richard Gere – angemieteten Luxussuite ein ausgiebiges Bad nahm, an dessen Ende sie von ihm eine Schulter- und Nackenmassage erhielt, erwähnte Nancy, wie gut auch ihr eine solche Massage tun würde.

Adam zeigte keine Reaktion. Wenn Nancy massiert werden wollte, musste sie sich Massagen verschreiben lassen. Er hatte jedenfalls nicht vor, ihr auf diese Weise näher oder zu nahe zu kommen. Zu viele einschlägige Erinnerungen verbanden sich für ihn mit bewussten Berührungen ihrer Haut.

Als die Szene kam, in der Edwards Anwalt Vivian gegenüber handgreiflich wird, brachte Nancy Erschrecken und ihren Ekel zum Ausdruck. Zur eigenen Beruhigung, wie der Blick, den sie ihm kurz zuwarf, wohl ausdrücken sollte, lehnte sie ihren Kopf an Adams Brust. Er merkte wohl, dass sie ihn dort beließ, und überlegte sich, wo die Grenze dessen lag, was er zu dulden imstande war. Noch war sie nicht überschritten.

Das Märchen auf dem Bildschirm nahm seinen bekannten Verlauf. Vivian begnügte sich nicht damit, Edwards Edelkurtisane zu werden und zog sich zurück. Er benötigte noch den dezenten Tritt in den Hintern vom Hotelmanager, um ihr hinterher zu fahren, was er dann aber auch tat und ihr formvollendet einen Heiratsantrag machte.

"Fast so schön wie du damals", flüsterte Nancy, drehte den Kopf und küsste Adam von schräg unten das Kinn.

Im Kopf des Leadgitarristen rappelten alle Alarmglocken auf voller Lautstärke. Sofort war präsent, woran Kilian ihn noch vor kurzer Zeit erinnert hatte. Nancys Worte nach ihrer letzten Entschuldigung, die Bitte um nicht mehr als eine vertrauensvolle Freundschaft, waren eine Sache, ihr Verhalten nun zum zweiten Mal in relativ kurzer Zeit eine ganz andere. Letzteres passte viel besser zu ihrer vor zwei Jahren im Treppenhaus vor Fleischers Wohnung geäußerten Hoffnung auf eine Wiederholung der Verlobung. Vielleicht hatte sie dabei schon damals an ein kitschiges Happyend wie in 'Pretty Woman' gedacht.

Adam schob sie sanft, aber mit Nachdruck zur Seite und stand auf.

"Ich hätte nicht unbedingt gleich zum Ende des Films gehen müssen, aber wenn du jetzt wieder so anfängst, ziehe ich mich zurück."

"Warte!"

Fleischer wartete nicht. Zielsicher griff er nach seiner Jacke und strebte zügig auf den Ausgang zu. Einzig die schwergängige Tür hinderte ihn daran, die Wohnung noch schneller zu verlassen als beim letzten Mal.

"Warum klemmt diese verdammte Tür bloß?", fluchte er, durchaus in Sorge, Nancy wäre gleich bei ihm und könnte versuchen, ihn festzuhalten.

"Sie möchte, dass du bleibst", hauchte seine Ex-Freundin flehend.

Adam warf ihr einen eisigen Blick zu – er konnte nicht anders. Er versuchte sich noch einmal an der widerspenstigen Wohnungstür und zwängte sich hindurch, sobald der Spalt groß genug dazu war.

Als er nach einer Fahrt wie in Trance zu Hause den Wagen geparkt hatte, stützte er den Kopf auf dem Lenkrad ab. Ihm war sehr bewusst, dass er nun schon zum zweiten Mal vor ihr geflohen war.

Er war stinkwütend – und zugleich unendlich traurig. Er schloss nicht aus, dass seine Ex-Freundin sich binnen kurzer Zeit telefonisch melden und entschuldigen würde, wie sie es auch nach dem Ausrutscher nach dem Vier-Gänge-Menü getan hatte. Er empfand es immer noch als neuartige Erfahrung, dass Nancy sich ohne Umschweife bei ihm für ein Verhalten entschuldigte. Früher hatte sie nie von sich aus Fehler eingestanden und auf Vorwürfe mit Gegenangriffen reagiert oder ihre Handlungsweise zumindest in ein Licht der Berechtigung zu rücken versucht. So kleinlaut, wie sie ihm vor zwei Jahren im Treppenhaus den Verlobungsring zurückgegeben hatte, war auch ihr Auftritt nach dem peinlichen Verführungsversuch gewesen. Sie hatte sich wirklich verändert, war charakterlich gewachsen. Dazu passte aus seiner Sicht nur nicht, dass es überhaupt zu diesen unangenehmen Situationen kam – in der letzten Zeit sogar gehäuft. Er war unsicher, ob er überhaupt eine weitere Entschuldigung von ihr hören wollte.

Fleischer ließ die Szene vor seinem inneren Auge noch einmal Revue passieren und achtete dabei auf seine Empfindungen, wie Svenja und Kilian es ihm immer wieder eingeschärft hatten. Eigentlich hatte es ihm mehr wehgetan, Nancy wegschieben zu müssen, weil tief in ihm ein starkes Sehnen war, sie für immer festzuhalten. Doch sein Verstand wusste ganz genau, dass ihm das niemals gelingen würde und es die Reste seines Herzens zerfetzen würde, wenn er sich noch einmal auf sie einließe, und sie ihm dann wieder entglitte. Es war schon einmal zu oft passiert. Diese Frau war Gift für seine Seele, auch jetzt noch, da sie so viel reifer auftrat als früher. Seine Liebe zu Nancy kam ihm vor wie eine Warze: Sie zu entfernen war schmerzhaft, und sie kam doch immer wieder zurück.

Verpasste Abzweigungen

Gleichgültigkeit war nicht der treffende Begriff, um zu beschreiben, was Enno dem überwiegenden Teil seiner ehemaligen Gespielinnen entgegenbrachte. Bis vor kurzem hatte er selbst gedacht, die meisten wären ihm herzlich egal, doch seit den Nachrichten über Sibylle hatte er sich intensiv mit Teilen seiner Vergangenheit beschäftigt und dabei entdeckt, dass die Sachlage eine andere war. Wittstock wusste von der Mehrzahl seiner Verflossenen nicht, wie es ihnen ging, wo sie waren, und was sie taten, und er gab sich auch keine Mühe, es herauszufinden. Gleichgültig waren sie ihm dennoch nicht, das hatte er durch das Telefonat mit Julius festgestellt.

Was ihn besonders faszinierte, war die Erkenntnis, dass er es im Leben nicht für möglich gehalten hätte, dass jene Sibylle, die er einst gekannt und eifersüchtig bewacht hatte, einmal Mutter von sechs Kindern werden könnte.

"Man fragt sich, was passiert ist, dass es dazu kommen konnte", sagte er zu seinem alten Kumpel Dragan, der nach langer Zeit mal wieder zu Besuch gekommen war, "und man fragt sich, was hätte passieren müssen, um es zu verhindern."

"Warum hast du damals Schluss gemacht?"

Von niemandem, nicht einmal den engsten Freunden, konnte erwartet werden, sich an alle Trennungsgründe zwischen Enno und seinen Frauen zu erinnern, wenn Wittstock selbst sich nicht einmal an alle Frauen erinnerte.

"Ich wollte mit den Jungs zusammen Urlaub in Spanien machen. Wir haben alles geplant – und erst danach hab' ich Sibylle davon erzählt. Darauf hat sie mir 'ne fette Szene gemacht, und das hab' ich mir nicht bieten lassen. Das war's dann."

"Dass du das noch weißt", wunderte sich der Besucher.

"Na ja, Urlaub mit den Kumpels ist selbst für mich ein ungewöhnlicher Trennungsgrund", zwinkerte der Gitarrist. "Ich weiß das wahrscheinlich nur deshalb noch so genau, weil wir dann gar nicht gefahren sind. Irgendeiner war krank oder so, da war irgendwas. Jedenfalls hab' ich dann überlegt, ob ich mich mit ihr versöhnen sollte. Hab' es aber bleiben gelassen. Ich glaub', wir haben erst Monate später wieder miteinander gesprochen. Egal, vorbei. Aber mich interessiert wirklich, wie die Dinge sich anders hätten entwickeln können."

Dragan drehte sich eine Zigarette.

"Na, ist doch klar: Wenn ihr euch versöhnt hättet, wärt ihr wieder ein Paar geworden. Schon hätte sich die Geschichte verändert."

"Für den Moment, ja. Aber langfristig? Wir wären doch sowieso nicht ewig zusammengeblieben. Sie hat immer viel zu viel mit anderen Kerlen geflirtet, das ging mir auf den Sack."

"Lüg' dich nicht selbst an, sie hat überhaupt nicht geflirtet. Sie hat sich nur mit den Typen unterhalten. Bei Sibylle warst *du* verrückt, *das* weiß *ich* noch genau. Wenn sie nur einer angesehen hat, bist du schon eifersüchtig geworden."

"Das spielt doch für meine Frage überhaupt keine Rolle", knurrte Enno, der nicht gern an seine schlimmsten Zeiten erinnert werden wollte.

"Die Frage können wir aber gar nicht beantworten", schoss Dragan zurück. "Du hattest nichts mehr mit ihr zu tun, deshalb weißt du nicht, was in ihrem Leben passiert ist – und wiederum deshalb weißt du nicht, was hätte anders laufen müssen oder können, um zu verhindern, dass sie den Zuchthengst zum Mann bekommt, den sie jetzt hat. Mach' dir lieber mal ein paar Gedanken über die Abzweigungen, die du in deinem eigenen Leben verpasst hast. Das ist zwar auch hypothetisch, aber daraus kannst du vielleicht etwas für zukünftige Entscheidungen lernen. Das geht bei Sibylle nicht."

Wittstock schaute den alten Kumpel erstaunt an.

"Abzweigungen?"

"Na, davon redest du doch."

"Von welchen Abzweigungen?"

"Es ist ein Bild, mehr nicht. Stell' dir jede Entscheidung deines Lebens als Kreuzung vor! Manchmal gabelt sich der Weg in zwei, manchmal in drei, vier oder noch mehr Pfade. Mit deiner Entscheidung hast du einen davon eingeschlagen. Hättest du einen anderen genommen, wäre dein Leben vielleicht anders verlaufen. Vielleicht treffen sich die Wege aber auch früher oder später wieder. Das weiß keiner, weil man seinen Weg nur einmal gehen kann. Ist das Bild so schwer nachzuvollziehen?"

"Und die verpassten Abzweigungen …"

"… sind die Wege, die du nicht eingeschlagen hast. Ich nenne sie zwar die 'verpassten', aber das ist nicht wertend gemeint. Das bedeutet nicht, dass sie die besseren Wege gewesen wären. Das weiß niemand. Mit 'verpasst' meine ich nur, dass man sie nicht mehr ausprobieren kann. Man hat sie passiert."

Enno dachte darüber nach, dann begann er, sich für den Vergleich zu begeistern.

"Das Bild gefällt mir. Mann, Dragan, du bist ein richtiger Philosoph. Total spannend, sich das Leben als ein Geflecht von Wegen vorzustellen, die sich trennen, verzweigen, vereinen. Nur, dass man in Städten immer auch zurück kann, passt nicht."

"Okay, dann stell' dir vor, du bist mit dem Auto oder Motorrad unterwegs, keinesfalls zu Fuß. Alle Wege sind Einbahnstraßen. Alle!"

"Ja, das passt. Bitter wird's nur", lachte Wittstock plötzlich auf, "wenn man dann auch noch in eine Sackgasse gerät."

"Das ist dann das Ende", kommentierte Dragan.

Er suchte nach einem Feuerzeug.

"Rauch' bitte draußen auf dem Balkon", bat Enno, "ich hab' keinen Bock, hier ständig neu tapezieren zu müssen."

Der alte Kumpel nickte und erhob sich.

"Wie kommt's eigentlich, dass du rauchst?", fragte Wittstock. "Hast du doch sonst nur gemacht, wenn du gesoffen hast. Typischer Gelegenheitsraucher halt."

Dragan hielt inne.

"Was denn? Ich *bin* Gelegenheitsraucher. Ich rauche zu jeder Gelegenheit."

"Scheiße, der Spruch ist so doof, der hätte auch von Julius, Leon oder mir selbst sein können. Lässt du mich eine drehen? Ich hab' keine mehr."

Im weiteren Verlauf der Unterhaltung schüttete Enno seinem Freund noch das Herz bezüglich seiner unbefriedigenden beruflichen Situation aus, doch Dragan konnte auch nicht viel mehr dazu beisteuern, als Kilian das schon früher telefonisch getan hatte.

"Natürlich könntest du dich von Stellenanzeigen inspirieren lassen", schlug er noch vor. "Aber wenn du wirklich das Gefühl haben willst, etwas für dich selbst zu tun, solltest du eher über Selbstständigkeit nachdenken, da hat dein Bassist schon Recht."

Als sie sich verabschiedeten, mahnten sie sich gegenseitig, häufiger von sich hören zu lassen, und wussten doch, dass es an ihrer tiefen und alten Freundschaft nichts ändern würde, sollte es nicht so kommen. Dieses Wissen tat beiden gut.

Loyalität

Die ersten Tage nach ihrer Flucht in Leons Arme hatte Elena überwiegend damit verbracht, während seiner arbeitsbedingten Abwesenheit viel über sich und ihr bisheriges Leben nachzudenken. Abends hatte sie sich dann in erster Linie gefreut, bei ihm sein zu können, oder, wenn er probte, die Ruhe zu genießen und sich endlich einmal physisch nicht erschöpft zu fühlen, was wiederum ihrer Psyche guttat.

Nachdem sie sich soweit stabilisiert hatte, nicht zumindest einen Weinkrampf pro Tag zu bekommen, hatte sie begonnen, sich in Leons Haushalt nützlich zu machen. Zu ihrem Erstaunen war dies bei einem alleinstehenden Mann weit davon entfernt, ausfüllendes Tagwerk zu sein – so anders als in einem Haushalt mit zwei Kindern.

"Du musst das nicht tun", hatte Finderling zu ihr gesagt, als er mit leichter Überraschung geputzte Fenster wahrgenommen hatte. Es war sogar ein Anflug von Empörung in seinen Worten angeklungen, aus dem sie abgeleitet hatte, dass er durchaus stolz war, seinen Haushalt allein in Ordnung halten zu können.

"Ich möchte es aber gerne. Es hilft mir, mich besser zu fühlen."

Darüber hatte er nachgedacht und dann genickt.

"Okay, dann tu' es! Aber halte mir niemals vor, ich würde dich zur Haushaltshilfe degradieren oder etwas in der Art. Auch wenn ich mich darüber freue, wenn du dich bei mir zu Hause fühlst, bist du irgendwie immer noch mein Gast."

"Es nagt schon an mir, dass ich sonst nichts beitragen kann", hatte Elena gestanden. "Früher oder später muss ich mir einen Job suchen. Wenigstens halbtags. Ich will nicht nur herumsitzen, auf dich warten und mir den Kopf zerbrechen."

"Das verstehe ich. Wenn du Bewerbungen schreiben willst: Dort steht mein Computer. Ich kann dir alles zeigen, was du brauchst."

In den ersten Tagen hatte sie noch keine konkrete Vorstellung, welche Sorte von Beruf für sie in Frage kam. Sicher war nur, dass es wohl keine sehr anspruchsvolle Tätigkeit werden würde, nachdem sie seit etwa 15 Jahren in keinem Beschäftigungsverhältnis mehr gestanden hatte. Dann hatte sie die Annonce eines Blumenladens gesehen. Gesucht wurde eine Verkäuferin für vier Vormittage in der Woche. Elena hatte sich überlegt, dass dies kein schlechter Anfang sei, um sich langsam wieder an ein von Dienstzeiten und nicht von quengelnden Kindern geregeltes Leben zu gewöhnen. Leon unterstützte sie.

Als eines Nachmittags ihr Handy rappelte, während sie gerade Wäsche aufhängte, ging sie mit der festen Überzeugung an den Apparat, die angezeigte Nummer als jene der im Vorstellungsgespräch sehr sympathischen Blumenladenbesitzerin identifiziert zu haben und nun eingestellt oder abgelehnt zu werden. Doch sie hatte sich geirrt.

"Brigitte hier", hörte sie auf ihre Meldung hin vom anderen Ende der Leitung.

Dass Elena Brigitte nicht eingespeichert hatte, ging auf ihre lange Phase der heimlichen Treffen mit Leon zurück, in der sie dessen Nummer unter dem Namen ihrer zum Daueralibi umfunktionierten Freundin gesichert hatte.

"Oh, du bist's. Wir haben uns lange nicht gesprochen."

"Das kann man wohl sagen", stimmte Brigitte zu, "und wie ich höre, hast du in der Zwischenzeit angefangen, eine Menge Mist zu bauen."

Elenas kurzzeitig aufgeflammte Freude erlosch sofort.

"Wie meinst du das?"

"Tu' nicht so, als ob du nicht wüsstest, wovon ich rede! Bist du verrückt geworden, deinen Mann und deine Kinder sitzenzulassen? Was ist denn das für ein Kerl, der dich zu so einer bescheuerten Geschichte überredet hat?"

Elena hatte ihrer Freundin nie gesagt, dass sie den Sänger, von dem sie damals in einem Straßencafé angesprochen und zu seinem Konzert eingeladen worden waren, wiedergesehen hatte. Brigitte hatte keine Ahnung, um wen es sich bei ihrem Liebhaber handelte. Vielleicht hätte sie sich nicht einmal an ihn erinnert.

"Es lief schon lange schlecht zwischen Eberhard und mir. Das weißt du genau! Ich möchte sogar behaupten, das wusste kaum jemand so gut wie du. Dann habe ich eben jemanden kennengelernt – und mich verliebt."

"Der Kerl zerstört eine Familie", zischte Brigitte.

"Tut er nicht! Die Familie war längst kaputt. Er hat mir sogar explizit gesagt, dass er das nicht will. Er hat nur versprochen, für mich da zu sein, wenn ich es möchte. Jetzt möchte ich es eben."

"Jetzt?"

Brigittes angedeutetes Lachen sollte Hohn ausdrücken.

"Du hast Eberhard doch schon lange belogen."

Aus einem Verteidigungsreflex heraus wollte Elena widersprechen, biss sich aber im letzten Moment auf die Lippen, weil Brigitte in diesem Punkt Recht hatte. Spontan fiel ihr ein, wie sie eines Nachts im Sommer gegen halb eins aus dem Bett aufgestanden war und ihrem verwunderten Gatten mitgeteilt hatte, sie könne nicht schlafen und würde deshalb jetzt ein Stündchen mit dem Auto in der Gegend herumfahren. In Wahrheit war sie mit Leon zu einem Quickie am Waldrand verabredet gewesen. Derart skrupelloses Vorgehen war eine absolute Ausnahme geblieben, Gewissensbisse waren ihr jedoch weder deswegen noch sonst jemals gekommen. Sie sah ihre Lügen als Notlügen aus verzweifelter Hilflosigkeit.

"Na klar, du hättest deinem Mann bestimmt sofort auf die Nase gebunden, wenn du eines Tages gemerkt hättest, dass es einen anderen gibt, der besser zu dir passt."

An Brigittes kurzem Zögern glaubte Elena zu erkennen, sie durch diesen plötzlichen Gegenangriff ein Stück in die Defensive gedrängt zu haben.

"Das behaupte ich gar nicht. Aber ich hätte sicher nicht ständig eine ahnungslose Freundin als Alibi vorgeschoben, mit der du angeblich dauernd um die Häuser ziehst. Eberhard hat es mir erzählt. Du scheinst einmal im Monat mit mir auf Achse gewesen zu sein und auch fast jedes Mal bei mir übernachtet zu haben. Komisch nur, dass ich nichts davon weiß. Mit mir warst du nur alle halbe Jahr mal unterwegs – und bist auch immer brav nach Hause gefahren. Hast du jedenfalls gesagt."

"Was hätte ich denn machen sollen? Außer dir hatte ich keine Freundin in der Stadt, die ich glaubhaft hätte vorschieben können."

"Das war aber trotzdem verantwortungslos von dir. Was wäre denn passiert, wenn Eberhard mich schon viel früher angerufen hätte?"

"Das Risiko musste ich eingehen. Wenn ich dich eingeweiht hätte, wärst du doch sowieso nicht auf meiner Seite gewesen, wie man jetzt sieht."

"Das könnte sein, denn so eine miese Tour hat Eberhard nicht verdient."

"Ach ja?"

Elena kochte nun vor Wut.

"Was bildest du dir eigentlich ein, beurteilen zu können, was Eberhard verdient hat?", fauchte sie Brigitte an. "Ich dachte, du wärst *meine* Freundin! Aber so etwas wie Loyalität scheint dir fremd zu sein."

"Na, *das* sagt die Richtige. Belügt und bescheißt ihren Mann nach Strich und Faden und faselt dann von Loyalität."

"Ich wusste schon, warum ich dir nie ganz getraut habe."

"So ist das? Das sagst du mir jetzt?", schrie Brigitte.

"Ja, sage ich! Warum sollte ich auch nicht? Ich bin sowieso gerade dabei, reinen Tisch zu machen. Von Eberhard werde ich mich scheiden lassen, und was die Freundschaft zu dir wert war, weiß ich jetzt auch."

"Soll ich dir sagen, was ich von dir denke?"

"Glaubst du, dass mich das noch in irgendeiner Weise interessiert?"

"Du bist ein verlogenes und wertloses Flittchen!"

"Und du bist eine neidzerfressene falsche Schlange!"

"Das reicht jetzt! Ich will nie wieder mit dir zu tun haben!"

"Das kannst du haben!"

"Komm' bloß nicht auf die Idee, dich bei mir ausweinen zu wollen, wenn dir bewusst wird, was du weggeworfen hast."
"Das wird nicht passieren. Beides nicht!"
"Werden wir ja sehen, ob du glücklich wirst mit deinem neuen Supermann."

Es klickte, bevor Elena Brigitte noch hätte entgegenschleudern können, sie plane nicht, es ihr auf die Nase zu binden, und zudem werde sie sicher glücklicher, als diese in ihrer eingerosteten Beziehung jemals war. Brigitte hatte die Leitung getrennt, um das letzte Wort gehabt zu haben. Elena war überzeugt, dass es der von diesem Augenblick an ehemaligen Freundin sonst nicht gelungen wäre.

Sie suchte eilig nach Zigaretten, fand nur eine und ging deshalb schnell einkaufen. Sie besorgte sich gleich eine ganze Stange, obwohl sie bis zu jenem Abend, an dem sie Eberhards Haus verlassen hatte, nur Partyraucherin gewesen war.

Als Finderling abends von der Arbeit nach Hause kam, fand er seine Freundin mit verweinten Augen in der Couchecke kauernd vor. Ohne ein Wort der Begrüßung oder auch nur seine Jacke auszuziehen, setzte er sich zu ihr und nahm sie fest die Arme.

Elena liebte Leon auch, weil er nach ihrem Eindruck immer sah, was sie brauchte, und immer das Richtige tat.

"Findest du auch, dass ich ein wertloses Flittchen bin?", fragte sie ihn leise, und mit einiger Anstrengung, um dabei nicht zu schluchzen.

"Ein wertloses Flittchen hätte mich höchstens für eine Nacht interessiert", antwortete er, ohne auch nur eine Sekunde zu zögern.

Sie bewunderte ihn dafür, dass er es sagte, ohne vorher zu forschen, wie sie auf diese Idee gekommen sei. Dann erzählte sie ihm die ganze Geschichte.

Hölle für zwei

Sich am Boden zerstört zu fühlen, war für Nancy inzwischen nicht mehr neu. In Momenten besonderer Zerknirschung kam es ihr vor, als bestünde ihr Leben nur noch daraus, sich bei Adam dafür entschuldigen zu müssen, ihn zu lieben – und letzteres nicht einmal sagen zu dürfen. Die größte Schwierigkeit bestand stets darin, demütig aufzutreten und nicht in Rechtfertigungen zu verfallen. Sie wusste, dass sie im Verteidigungsmodus eher

Gräben vertiefen als zuschütten würde und ihn nur entwaffnen konnte, wenn sie alle Schuld auf sich nähme und sich ihm schutzlos auslieferte. Nackt quasi.

Über diesen Gedanken lachte sie bitter.

"Als ich ihm nackt gegenübertreten wollte, fand er das ja auch nicht toll."

So genau hatte sie sich ihr Vorgehen beim gemeinsamen Fernsehabend vorher zurechtgelegt. Erdnüsse und Salzstangen hatte sie bereitgestellt, sich hingegen wohlweislich verkniffen, ihm dazu ein Glas Wein anzubieten. Sie hatte gefürchtet, damit bei Adam sogleich unangenehme Erinnerungen an seinen letzten, abrupt beendeten Besuch in ihrer Wohnung heraufzubeschwören.

Ihrer Erwartung entsprechend hatte er zu Anfang auf dem Sofa einen Sicherheitsabstand von geschätzten 20 Zentimetern eingehalten. Sie hatte heimlich penibel darauf geachtet, sich jedes Mal, nachdem sie aufgestanden war, zum Beispiel, um die Erdnüsse nachzufüllen, bei ihrer Rückkehr ein Stück näher als zuvor an seiner Seite zu platzieren.

Der Film, den sie sowieso beinahe hätte auswendig mitsprechen können, hatte sie davon nicht ablenkt. Sie hatte ihn in ihr Spielchen eingebunden. Ganz genau hatte sie wahrgenommen, dass Adam nicht abweisend reagiert hatte, als sie sich an ihn geschmiegt hatte, weil der Vergewaltigungsversuch durch Edwards Anwalt doch so aufregend war. Sie hatte es als positives Zeichen interpretiert – und damit komplett falsch gelegen, wie sie nun wusste. Der Kuss war zu viel gewesen.

Nancy seufzte, dann wählte sie seine Nummer. Jedes Mal, wenn sie dies tat, seit sie wieder Kontakt miteinander hatten, verfiel sie in die Angst, er könnte ihren Anruf ignorieren, sobald er die Nummer auf dem Display erkannte. Er hatte es in den etwa zwei Jahren zwar nie getan, doch ihre Sorge war nie einem guten Gefühl gewichen.

"Hi!", meldete er sich scharf.

"Hallo", sagte Nancy leise. "Ich möchte mich bei dir entschuldigen. Ich hätte dir nicht so nah auf die Pelle rücken dürfen. Ich hätte wissen müssen, dass du es nicht möchtest. Es tut mir leid. Ich hoffe, du kannst mir verzeihen."

Es brauchte einen Moment, bis Fleischer antwortete.

"Ich werd' mir Mühe geben."

Das war nicht die Antwort, die sie sich gewünscht hatte.

"Erklär' mir nur, was los war", bat er.

Sie betete gedanklich um höheren Beistand, die richtigen Worte zu finden.

"Ich war den ganzen Tag schon etwas melancholisch", sagte sie. "Abends war ich müde. Der Film ist so romantisch. Das alles zusammen hat ein Kuschelbedürfnis ausgelöst. Du warst da. Du bist nicht irgendwer für mich, das weißt du. Zu dir hab' ich Vertrauen. Bei dir kann ich auch mal schwach sein. Melancholisch, müde, romantisch. Weiter hab' ich in dem Moment nicht gedacht. Wir haben uns schließlich mal sehr lieb gehabt. Das ist ja nicht alles weg. Ich wollte dich keinesfalls in unangenehme Erinnerungen stürzen. Nichts liegt mir ferner."

"Mhm", machte Adam. "Ist aber leider passiert."

"Ich hab's gemerkt. Darum ruf' ich an. Es ist mir wichtig, dass du weißt, wie sehr es mir leidtut. Ich hoffe, du kannst mir verzeihen."

Heimlich war sie empört über seine Aussage, Kuschelstunden mit Nancy als unangenehme Erinnerung zu klassifizieren. Davon sagte sie natürlich nichts.

"Es ist lieb, dass du dich entschuldigst", sagte er. "Ich weiß das zu schätzen. Aber wir müssen auch sehen, dass wir Probleme dieser Art nun schon mehrmals hatten. Es scheint dir schwerzufallen, mein Bedürfnis nach körperlichem Abstand zu respektieren. Damit tust du mir weh. Wir können so nicht weitermachen. Ich glaube, wir sollten uns in der nächsten Zeit nicht sehen. Ich bitte dich, mich nicht mehr anzurufen."

"Nein!", rief sie. "Bitte nicht! Wir wollten doch gute Freunde sein! Unter guten Freunden verzeiht man sich doch! Es gibt so viel, was uns verbindet. Wirf das bitte nicht weg! Wir haben uns so viel gegeben!"

Adams Schnaufen ließ sie innehalten.

"Das beurteile ich in der Rückschau ein wenig anders. Der richtige Partner ist die Person, mit der man gemeinsam auch durch die Täler des Lebens gehen kann. Das haben wir beide aber leider nie so richtig hingekriegt. Ich hab' dir damals viel gegeben, ja. Aber du hast mir nichts gegeben – und das ist alles, was ich jetzt habe. Es tut mir leid, dass das hart klingt, aber so sehe ich die Dinge nun einmal. Tut mir wirklich leid. Ich kann gegen diese Empfindung nicht ankämpfen. Ich lege jetzt auf."

"Nein! Warte!", flehte sie vergeblich.

Die Leitung war tot.

Im ersten Reflex drückte sie auf Wahlwiederholung, brach den Versuch jedoch ab, bevor das Freizeichen ertönen konnte. Sie begriff, dass eine Fortsetzung des Gesprächs im aktuellen emotionalen Zustand beider keinen Sinn hatte und legte das Telefon weg.

"Das hat er nicht gesagt, oder?", fragte sie in den Raum hinein.

Sie sprang auf, rannte planlos herum wie ein aufgeschrecktes Huhn, hielt inne und setzte sich wieder auf ihre Couch.

"Er hat das gesagt."

Es war, als hätte er Schluss gemacht, obwohl sie gar keine Beziehung geführt hatten. Wieder einmal trug Nancy erheblich zur Gewinnsteigerung der Zellstoffindustrie bei.

Der Film des anderen Lebens

Wochenenden ohne Auftritte wurden von Julius genutzt, um sich seinem Kind zu widmen, während Kilian – und seit neuestem auch Leon – die Zeit der Ruhe mit ihren Freundinnen genossen. Die beiden ungebundenen Gitarristen hingegen schlugen sich ihrem fortgeschrittenen Alter zum Trotz in aller Regel zumindest einen der beiden Abende ausgehend um die Ohren: Adam mit ein paar Bier und auf der Suche nach guter Unterhaltung als Ablenkung von seinem ewigen Problem Nancy, Enno stets offen für physische Kontakte mit weiblichen Wesen oder auch einfach nur so zum Spaß.

Fleischer war einigermaßen erstaunt, als Wittstock ihm für den bevorstehenden Samstagabend telefonisch absagte.

"Sorry, aber ich brauch' Zeit für mich", teilte der Rhythmus- dem Leadgitarristen mit.

"Das ganze Wochenende?", wunderte sich dieser. "Du hattest den Freitagabend, du hattest heute Vormittag, du hast noch den Nachmittag vor dir und den Sonntag gibt es auch noch. So viel Zeit kann man doch gar nicht für sich brauchen. Sag' mir jetzt nicht, dass du Fußball schauen musst! Ich weiß nämlich, dass du das nicht tust."

"Nein, Fußball hat mich noch nie interessiert."

"Na, sag' ich doch. Vermutlich gehst du auch nicht joggen."

"Nein, auch nicht. Hab's ein paar Mal gemacht. Nach dem Joggen fühl' ich mich wie nach schlechtem Sex: Körperlich erschöpft, aber innerlich vollkommen unbefriedigt. Damit kann man mich nicht locken. Es ist viel einfacher: Ich will in aller Ruhe nachdenken – ausgiebig und ohne Unterbrechung."

"Verstehe. Geht's um Weiber? Darüber grübelt man viel zu viel – das kann ich dir aus leidvoller Erfahrung sagen. Das ist doch genau der Grund, warum ich mir hin und wieder gern mit dir einen auf die Lampe gieße – ansonsten denke ich nämlich viel zu viel nach. Das ist nicht gut für die geistige Gesundheit."

"Ja, bei dir kann man das wohl so sagen", stichelte Enno. "Das ist nicht normal, was ihr da veranstaltet. Nancy ist völlig erkenntnisimmun, kann das sein? Wie lange läuft sie dir jetzt schon hinterher? Zwei Jahre?"

"Eins davon war sie in den USA."

"Aber danach war es genauso wie davor. Offenbar kannst du dich nicht dazu entschließen, wieder mit ihr zusammenzukommen, aber sie ignoriert die Signale, die du gibst bzw. nicht gibst. Ist dieses ewige Rumeiern nicht auch für dich völlig unerträglich? Warum sagst du es ihr nicht einfach ins Gesicht?"

"Hör' bloß auf!", wehrte Adam ab. "Was glaubst du denn, wie oft ich es ihr schon gesagt habe. Aber sie kommt dann immer mit der Gute-Freunde-Tour und will mich ab und zu sehen, und wenn ich mich darauf einlasse und es soweit ganz nett ist, fängt sie wieder mit Andeutungen an, dass wir doch zusammengehören und so."

"Dann lass' dich halt nicht darauf ein! Sag' ihr, dass du nicht kannst, wenn sie schon nicht akzeptiert, dass du nicht willst! Du hast doch auch so genug zu tun. Du hast deinen Job, du hast die Band, und wenn ich nicht – wie heute – ausnahmsweise einmal absage, kannst du mit mir weggehen. Es ist auch nicht so, dass Leon, Kilian und Julius nie Zeit hätten, sich mit dir zu treffen, sofern es nicht gerade eine Sauftour werden soll. Wenn du nicht willst, musst du gar keine Zeit für Nancy haben."

"Du hast keine Ahnung, wie schwierig das für mich ist."

"Doch natürlich – ich seh' es. Wenn du sie dir warm halten wolltest, um ab und zu mit ihr zu vögeln, würde ich es halbwegs verstehen, aber du behauptest immer, es liefe absolut gar nichts zwischen euch."

"Tut es auch nicht", bekräftigte Fleischer. "Wir knutschen nicht einmal. Mehr als Wangenküsschen gibt es nicht. Das ist auch gut so. Ist leider nicht so, dass ich nicht noch immer irgendwie auf sie stehen würde. Aber ich kann die Vergangenheit nicht ausblenden und habe deshalb Angst vor einer Zukunft mit ihr. Loslassen geht aber auch nicht, denn das lässt sie nicht zu. Wie ich's auch dreh' und wende – nur Scheiße ohne Ende. Das reimt sich wenigstens, das ist ein Trost. Gerade gestern Abend habe ich wieder versucht, es ihr beizubringen. Vielleicht kapiert sie es dieses Mal, aber allzu viel Hoffnung sollte ich mir wohl nicht machen, wenn ich meine bisherigen Versuche anschaue.

Wahrscheinlich beschäftigt mich das bis zur Bahre. Aber wieso reden wir überhaupt schon wieder von meinen Problemen? Du bist doch derjenige, der ein ganzes Wochenende mit Nachdenken verbringen will. Jetzt sag' mal, worum es geht!"

Wittstock war nicht böse, das nicht zum ersten Mal ergebnislose Gespräch über Adams emotionalen Zwiespalt abbrechen zu können. Er verspürte allerdings auch wenig Lust, sich über seine eigenen Schwierigkeiten auszulassen, weil es genug Dinge gab, mit denen er zunächst selbst ins Reine kommen wollte.

"Ach, da gibt es einige Themen", umschiffte er eine direkte Antwort, ließ sich aber immerhin zu zwei Andeutungen hinreißen. "Job und Lebensplan und so. Im Moment will ich nicht viel drüber sagen. Hatte schon ein paar ganz gute Gespräche mit Kilian und Julius und meinem alten Kumpel Dragan. Deshalb brauch' ich das Wochenende zum Nachdenken. Ich muss den Input verarbeiten. Ist nicht persönlich gemeint – hat nichts mit dir zu tun. Wenn ich einen Diskussionspartner brauche, melde ich mich. Versprochen!"

"Na, toll! Wegen deiner Grübelei muss ich heute allein saufen gehen. Weißt du, wie langweilig das ist?"

Der Leadgitarrist tat nur so, als sei er verärgert, und der Rhythmusgitarrist hörte das genau. Nach fast 20 Jahren Freundschaft konnten sich die beiden in dieser Hinsicht nichts mehr vormachen – und versuchten es auch gar nicht.

"Wirst es schon überstehen", bekundete Enno seine Zuversicht. "Ansonsten bleib' zu Hause und schreib' 'nen neuen Song. Dann freuen sich die anderen."

"Mal sehen. Ist Montag Probe?"

"Geh' ich von aus."

"Cool. Dann sehen wir uns Montag."

"Verlass' dich drauf!"

Kaum hatten sie aufgelegt, war Wittstock auch schon wieder bei seinem neuen Lieblingsthema – Dragans Theorie der verpassten Abzweigungen.

"Vielleicht verpasse ich jetzt die Frau meines Lebens, weil ich heute Abend nicht auf Piste gehe. Vielleicht hätte ich aber auch einen Unfall gebaut oder von einem blöden Türsteher eins aufs Maul gekriegt. Das sind die Filme eines anderen Lebens, die ich nicht sehen muss. Ich frage mich nur, was passiert wäre, wenn dieser Mister Nullplan damals nicht so ein Laberkopp gewesen wäre. Hätten wir dann Karriere gemacht? Oder wenn Julius sich damals nicht den Arm gebrochen hätte, kurz bevor wir die

Chance hatten, als Support für *Selig*[320] auf dem Open Air am See zu spielen. Scheiße, war das ärgerlich!"

Er machte sich ein Bier auf. Es entsprach nicht unbedingt Ennos Gewohnheit, an einem ganz normalen Samstagmittag ohne Auftritt schon Bier zu trinken, aber ihm war danach. Zum Essen bestellte er sich eine Pizza.

Der Auslöser der Idee vom Film des alternativen Lebens, rekapitulierte er für sich, war die Nachricht von Sibylles sechs Kindern. Auch Tage danach war es für ihn noch immer eine Horrorvorstellung. Mit ihr, das war ihm sonnenklar, wäre er bestimmt nicht auf die Dauer glücklich geworden, auch nicht in einem Alternativ-Film. Andere Mädchen hätten vielleicht besser gepasst, wenn er sich hätte zähmen lassen.

"Der Film des anderen Lebens könnte mir verraten, ob das ein Fehler war", teilte er seiner Flasche mit. "Vermutlich hängt es davon ab, von wem ich mich hätte zähmen lassen. Total verwirrt hat mich die kleine Marion von nebenan. Mann, von der hab' ich doch noch vor ein paar Wochen heiß geträumt. Ich war scharf wie 'ne Strandhaubitze, als ich aufgewacht bin. Total krass!"

Ihm fiel auf, dass er sie ewig nicht gesehen hatte. Beide hatten sich von ihm zurückgezogen, Marion und ihre Mutter, nicht einmal im Hausflur hatte er sie in letzter Zeit getroffen. Er merkte, dass ihm gar nicht klar war, wann der schleichende Prozess der Distanzierung eingesetzt hatte und fand die Geschichte komisch.

"Aber so ein junges Mädel wie Marion hätte mich wohl auch nicht zähmen können. Wenn aus uns was geworden wäre, hätte sich bestimmt früher oder später wieder meine alte krankhafte Eifersucht eingestellt."

Damit war er wieder bei Sibylle, denn bei ihr war diese am schlimmsten gewesen. Er nahm einen großen Schluck Bier. Lucia fiel ihm ein, bei der er ebenfalls sehr eifersüchtig gewesen war. Dann Inna und dann Florentina. Er grinste.

"Aber war jemals eine dabei, für die es sich gelohnt hätte, monogam zu werden? Entweder haben sie mich wahnsinnig gemacht, oder sie waren zu anhänglich. Das richtige Maß hat eigentlich keine gefunden."

Wittstock griff zu einer Zigarette.

---

[320] *Selig*, deutsche Rockband, gegründet 1993, erstes Album 1994, aufgelöst 1999, wieder aktiv seit 2008.

"Am nächsten dran war noch Gela. Wahrscheinlich bin ich doch ruhiger geworden im Laufe der Zeit. Sie war die Einzige in den letzten Jahren, die ich als ernsthafte Beziehung betrachtet habe. Aber letztlich war ihr ihre Karriere wichtiger als ich. Ihr Gemecker und Genörgel wurde am Ende ziemlich nervig."

Er verstellte seine Stimme.

"Du machst nichts aus dir", äffte er die Ex-Freundin nach, "du wirfst dein Leben weg, du bist zu faul, du kriegst den Arsch nicht hoch, du hast nur Flausen im Kopf, du verschwendest deine Talente, du denkst nur an deinen Spaß."

Enno schnaufte verächtlich.

"Kann sein, dass es so ist. Ich bin halt so. Ich wollte nie sein wie all die Typen, die ohne Flamme im Herzen über die Straßen hetzen. Die haben die Chance auf ein selbstbestimmtes Leben schon früh weggeworfen und sich für ein Dasein als Untote entschieden. Die rennen nur von A nach B und nehmen gar nicht mehr wahr, was dazwischen liegt – als ob der Raum leer wäre. Ein Haus muss her, ein neues Auto – ansonsten scheint es nichts zu geben. Diese Leute haben sich die Zeit um den Arm geschnallt, im Glauben, sie hätten damit alles unter Kontrolle. In Wahrheit haben sie damit nur ihre Sinne betäubt und sich eine Uhr in ihre Seelen implantiert. Es gibt genug Gründe, sich zu hinterfragen, aber sie haben sich in ihren Lügenwelten versteckt und glauben sogar daran. Nein, Gela, so wie diese Typen war ich nie, und so wäre ich auch nie geworden. Um mich zu ändern, hättest du eine bessere Lüge erschaffen müssen. Aber das kann ich wohl nur selbst. Ich bin das, was ich fühle. Lieb' mich so, wie ich bin, oder lass' es bleiben, aber versuch' nicht, mich umzuerziehen, sonst gefalle ich dir am Ende sowieso nicht mehr. Take it or leave it! Na ja, hat sie dann auch gemacht. Blöde Kuh! Ob sie sich später einen von diesen Typen geangelt hat? Vielleicht sollte ich froh darüber sein, aber ich weiß nicht einmal das."

Erst jetzt zündete er die Zigarette an.

"Wenn ich doch auf Gela gehört hätte? Sähe der Film des anderen Lebens in beruflicher Hinsicht dann besser aus? Zu der Zeit war es doch eigentlich sowieso schon zu spät. Mein Studium hatte ich abgebrochen, und ich musste arbeiten, weil sie nichts verdiente. Hat sich da auf 'ne bequeme Position zurückgezogen, die alte Schlange. Lebte auf meine Kosten und warf mir auch noch vor, mich mit Jobs durchzuschlagen, die unter meinem intellektuellen Niveau wären. Als sie endlich fertig war mit all ihren Prüfungen und Praktika, hat sie sich verpisst. Eigentlich war nur das erste halbe Jahr mit ihr gut, wenn ich das jetzt so rekapituliere. Danach hat sie mich mehr oder weniger verarscht. Na gut, sie hat mich mit Sex warm gehalten, und sie hat nie meine Eifersucht provoziert. Wenn das Berechnung war, war es ganz schön clever von ihr."

Da sich der Aschenbecher auf dem Balkon befand, um dem bequemen Mieter ständig in Erinnerung zu rufen, dass er nicht in seiner Wohnung qualmen wollte, stand Wittstock auf und ging nach draußen. Normalerweise führte er selten lauthals Selbstgespräche, aber er hatte das Gefühl, dass es ihm half, seine Gedanken zu sortieren, deshalb hörte er nicht damit auf, sondern dämpfte lediglich seine Stimme, als er an die frische Luft trat.

"Die verpassten Abzweigungen in beruflicher Hinsicht liegen bei mir doch schon viel länger zurück – also jedenfalls, wenn es um Jobs mit größeren Verdienstmöglichkeiten geht. Dann hätte ich Akademiker werden oder irgendeinen Meister machen müssen. Das wäre alles mit Lernen verbunden gewesen. Das lag mir noch nie."

Es klingelte an der Tür. Die Pizza kam.

"War klar, dass das genau in dem Moment passiert, wenn ich mir gerade eine Kippe angezündet habe", seufzte er und drückte sie aus.

Bis zum Ende seiner Mahlzeit war Enno zu der Erkenntnis gelangt, dass er den Film des anderen Lebens abhaken konnte. Den Rest des Wochenendes wollte er nutzen, um über Geschäftsideen nachzudenken. Kilians Verweis auf die Selbstständigkeit faszinierte ihn. Das war es, worum es letztlich ging: Selbst der Hauptprofiteur der eigenen Arbeit zu sein, ob sie nun mit den Händen oder dem Kopf vollbracht wurde.

"Was kann ich denn eigentlich und mache es auch gerne?", fragte er sich zunächst, nachdem er den Pizzakarton entsorgt und ein neues Bier aufgemacht hatte.

"Schrauben. Aber Autowerkstätten gibt es wohl schon genug hier. Wenn, dann müsste ich eine übernehmen – und das kann ich mir nicht leisten. Vielleicht müsste ich mich spezialisieren. Eine Nische finden. Tuning vielleicht, oder, nein, Motorradtuning – das könnte wirklich in Frage kommen. Oder Gitarrenbau. Ich wollte schließlich schon immer eine Gitarre mit einem Korpus in Pentagrammform haben. Warum sollte man dann nicht ein Geschäft daraus machen können? Ja, Gitarrenbau ist eine Option."

Mit einem Schlag wurde aus der nebulösen Unzufriedenheit eine konkrete Idee, über die er das Wochenende nachdenken konnte. Vielleicht begann gerade ein neuer Film.

Viel zu früh

Normalerweise ging Elena in Leons Wohnung, die doch nun auch ihr zu Hause war, nur dann ans Telefon, wenn ihr die Nummer auf dem Display bekannt war. Dies kam fast nie vor. Ihre Kinder, der jüngst engagierte Anwalt und die wenigen Freundinnen, die ihr den Bruch mit ihrem alten Leben nicht verübelt hatten, pflegten auf ihrem Handy anzurufen. In diesem Fall machte sie eine Ausnahme, weil Leon eben zur Tür hinausgesprungen war, um Müll zu entsorgen. Sie hatte Kilian an der Strippe, der zwar keine Andeutungen machte, ihr aber dennoch nicht verheimlichen konnte, dass etwas nicht in Ordnung war. Taktvoll, wie sie war, fragte sie nicht, sondern übergab den Hörer gleich nach Rückkehr ihres Liebsten an diesen und beobachtete durchaus sorgenvoll, dass dieser sich entgegen sonstiger Gewohnheiten während des Gesprächs hinsetzte.

"Shit!", sagte er.

Offenbar gab es wirklich schlechte Nachrichten.

"Wann?", fragte er.

Sie sah, dass er den Kopf senkte und wäre am liebsten gleich zu ihm geeilt, um ihn zu streicheln, unterdrückte den Reflex aber, da sie nicht wusste, worum es ging – und ob die Geste angebracht war.

"Shit!"

Allein die Einsilbigkeit seiner Aussagen sprach Bände.

"Wann ist das?"

Sie hatte gewusst, dass sie eines Tages auch Leons Lebenstäler würde mitdurchschreiten müssen, wie er es ohne Zögern mit ihren getan hatte und weiterhin tat, doch sie hatte heimlich gehofft, es würden niemals welche kommen.

"Wir gehen alle hin, oder?"

Der Satz klang nach Beerdigung.

"Okay, danke. Dann sehen wir uns."

Finderling legte auf und blieb reglos sitzen. Erst jetzt traute Elena sich, zu ihm zu treten. Er sah aus, als ringe er mit seiner Fassung, sprach dann aber von selbst aus, was er eben von seinem Bassisten erfahren hatte.

"Bodo ist gestorben. Ein Musikerfreund. Älter als wir. Er war früher so etwas wie unser Ratgeber, väterlicher Freund und Manager in einem. So ein bisschen wie ein Mentor. Er hatte Krebs. Wir wussten das schon länger, aber niemand hat erwartet, dass es so schnell gehen würde. Scheiße, Mann, die guten Jungs erwischt es immer zu früh."

Nun wagte sie, ihre Hand in seinen Nacken zu legen, und er ließ es sich gefallen.

"Gerade knapp über 50", berichtete er weiter, "das ist doch kein Alter."

Elena ging selbst auf die 50 zu.

"Man kann das natürlich nicht bemessen, aber nach meinem Gefühl verdanken wir ihm viel. Er hat uns viele Tricks fürs Songarrangement verraten, gute Tipps in Sachen Bühnenpräsenz gegeben und immer ein Auge auf Verträge geworfen, die ein Veranstalter oder sonst wer mit uns abschließen wollte. Im Laufe der Zeit hatten wir diese Dinge dann selbst im Griff. Die letzten zehn oder zwölf Jahre hat er nichts mehr für uns tun müssen. Aber wenn wir Fragen hatten, konnten wir ihn immer anrufen. Wenn wir hier in der Stadt gespielt haben, kam er fast immer vorbei, um zu schauen, wie wir uns machen."

"Wirklich ein Freund", fasste Elena zusammen.

"Ja", nickte der Sänger. "Einer von der Sorte, die du zwischendurch mal ein halbes Jahr nicht sprichst, und dann triffst du ihn oder rufst an, und alles ist wie immer. Ohne Anlaufzeit! Bei ihm war es egal, ob man sich zweimal in einem Jahr sprach oder zweimal an einem Tag. Du hast auch nie das Gefühl von ihm bekommen, uns als nicht gleichwertig zu betrachten, weil wir jünger waren. Ich meine: Typen Anfang 20 sind zu groß geratene Kinder. Aber er hat uns wie erwachsene Männer behandelt, wenn es nötig war, und mit uns Quatsch geredet, wenn wir bei ein paar Bier zusammensaßen. Einer von uns!"

Sie glaubte, ihn zu verstehen.

"Außerdem war er es, der mir Dr. Köhlbrand, deinen Anwalt, vermittelt hat."

"Oh!"

Sie war bislang sehr zufrieden mit ihrem Anwalt. Der hatte ihrem Mann nämlich umgehend klargemacht, sich in Teufels Küche zu bringen, sofern er Elena verweigere, ihre Kinder zumindest jedes zweite Wochenende zu treffen.

"Wann ist das Begräbnis?", fragte sie.

"Donnerstag."

"Ihr geht natürlich alle hin, oder?"

"Kilian sagt allen Bescheid."

"Möchtest du, dass ich mitkomme? Ich verdanke ihm auch etwas."

"Du gehörst zu mir, oder?"

Leon sah es nicht, aber Elena lächelte.

"Wäre es angemessen, wenn ihr ein Lied spielen würdet?"

Finderling schüttelte den Kopf.

"Er hatte selbst eine Band. Da müssen wir uns nicht vordrängen. Wenn sie einen Gitarristen brauchen, leihen wir ihnen einen, keine Frage. Falls sie es wollen. Kilian wird das regeln. Wir müssen einfach nur da sein und Abschied nehmen – und ihn in unseren Herzen behalten, denn dann lebt ein Teil von ihm in uns weiter. Seltsam. Das sind fast genau die Worte, die er vor vielen Jahren mal selbst gesagt hat, als eine Bekannte von Enno verunglückt ist. Ich glaube, es ist ein guter Anfang, dass sie mir jetzt so schnell eingefallen sind."

"Du könntest einen Nachruf für ihn schreiben", schlug Elena vor.

Leons Lächeln war dünn, aber es kam von Herzen.

"Todesanzeigen sind für die Lebenden", murmelte er.

Er umarmte sie von seinem Stuhl aus und hielt sie lange fest – oder vielleicht hielt er sich an ihr fest, das wusste sie nicht.

Tod eines Musikers

Die Gitarre liegt in ihrem Koffer. Offen, weil ich noch nicht ganz fertig bin. Dies ist nur ein Boxenstopp. Batterien kann man füllen. Die Odyssee endet nicht, jedenfalls nicht hier – das kann nicht sein. Der größere Koffer daneben bleibt leer.

Ambition ist ein großes Wort. Es ist alles eine Frage der Resonanz. So entsteht Klang, so entsteht Gefühl. Die Liebe wird präsentiert, zur Schau gestellt. Wenn nur ein Mensch sie erwidert, hat die Arbeit sich gelohnt. Da ist neue Resonanz.

Emotion ist Rohstoff, daraus wird Energie. Dass die Saiten rostig sind, spielt keine Rolle, die Finger sind es nicht. Da ist etwas im Herzen, das sie aufs Brett bringen wollen. Es ist nicht Ambition, es ist Emotion.

Die Kerze schmilzt immer von beiden Enden – oder ist es eine Stange Dynamit? Die letzte Ausfahrt ist eine winzige Nothaltebucht. Man begreift nur, was man selbst fühlen kann – und manchmal nicht einmal das. Wer versteht, wie eine Seele brennt?

Ich will einen Namen dafür finden, einen Titel. Klare Sprache, einfach. Halt' es kurz. Die Stimme der Empfehlung ist mir fremd, als wäre sie meine eigene. Das hat etwas von Resonanz. Die Anderen hören sie auch – sie sind meine Geschwister. Einer tut immer ein neues Rohstofflager auf. Liebe ist ein unerschöpfliches Reservoir für ständige Desaster. Das setzt Energie frei. Die Finger tasten wieder nach dem Brett.

Ein Vertrag mit der Industrie hilft nichts, wenn sie plant, dich zum Lagerarbeiter zu machen. Doch diese Unbilden können uns nicht bremsen. Wir können nicht anders. Der Blick auf die beiden Koffer löst nur Trotz aus, nicht Resignation.

Man hört nie auf, nicht einmal, wenn man nicht mehr weitermacht. Man wechselt nur die Straßenseite, aber die Richtung bleibt gleich. Die Koffer bleiben offen. Wir werden niemals fertig sein. Die Odyssee endet nicht.

Bodo, in unseren Herzen wirst du immer mit uns auf der Bühne stehen.

Adam, Enno, Julius, Kilian, Leon

Zum Orion

Vom ersten Moment an war Imke froh, dass Lale nicht allein gekommen war. Zwar mochte irgendjemand es vielleicht geschmacklos finden, zur Beerdigung ihres langjährigen Lebensgefährten in Begleitung eines neuen zu kommen, doch Imkes ältere Schwester brauchte diesen als Stütze. Sie ging langsam und mühsam, als sei sie doppelt so alt, wie sie in Wahrheit war, und schien dem Zusammenbruch nah.

Nach und nach nahmen alle ihre Plätze im Saal ein. Vorne stand der Sarg des Musikers, überwiegend mit weißen Rosen geschmückt. Es schien ihr unbegreiflich, dass er tatsächlich darin liegen sollte. Imke musste den Gedanken verdrängen. Sie sah sich um und erkannte einige der Gäste. Bodos Bruder, seine Band selbstverständlich, aber auch die Jungs von *Hole of Fame*, von denen sie seit ihrem 40. Geburtstag wusste, dass Bodo sie einst gemanagt hatte. Adam und Kilian weinten, auch Julius und Leon kämpften mit den Tränen. An der Seite des Sängers saß eine Frau, die Imke nicht kannte. Es war nicht der richtige Anlass für zu große Neugier, aber aus der Ferne musterte sie die Brünette kurz und schätzte sie als Altersgefährtin ihrer großen Schwester ein, älter als Leon also.

Christliche oder andere Riten gab es nicht. Bodo war zwar, wie fast alle, als Kind getauft worden, aber nie Anhänger einer Religionsgemeinschaft gewesen und schon während seines Studiums aus der Kirche ausgetreten, das wusste Imke.

Ein Mann, von dem sie annahm, dass er im Leben nichts mit Bodo zu tun gehabt hatte, trat auf einer Art Kanzel an ein Mikrofon und räusperte sich.

"Sehr geehrte Damen und Herren, liebe Angehörige und Freunde, Bodo hat testamentarisch verfügt, auf seiner Beerdigung keine Reden halten zu lassen. Meine Aufgabe besteht daher ausschließlich darin, Ihnen allen diesen letzten Willen des Verstorbenen mitzuteilen, den wir natürlich respektieren, und Ihnen anzukündigen, dass er darum gebeten hat, anstelle einer Rede, die Komposition 'Orion'[321] der amerikanischen Band *Metallica* in hoher Lautstärke abspielen zu lassen. So soll es nun geschehen. Vielen Dank!"

Der Mann trat von der Kanzel ab und ging selbst in einen kleinen Regieraum, um die Musik zu aktivieren. Bei dem Song handelte es sich um ein langes und sehr abwechslungsreiches Instrumentalstück, was Imke überraschte. Sie fragte sich, ob es all den Langhaarigen wohl schwerfalle, in diesem Moment nicht dazu die Haare zu schütteln oder wenigstens mit einem Fuß im Takt zu wippen. Dann fand sie sich selbst deswegen ein wenig pietätlos, obwohl sie annahm, dass Bodo keinesfalls etwas dagegen gehabt hätte.

Als die Musik verklungen war, begann die Prozession zur Grabstelle. Bodos Bandkollegen trugen den Sarg vorweg, die Trauergäste schritten hinterdrein. Lale klammerte sich weiterhin fest an den Arm ihres neuen Freundes. Auch Leon und seine Begleiterin hielten sich aneinander fest. Zwischenzeitlich befand sich ihr Nachbar Enno genau neben Imke. Sie nickten sich kurz zu.

Der Sarg wurde in der Grube nicht mit Erde, sondern mit frischen Schnittblumen bestreut, was Imke sehr angenehm war. Erde hatte so etwas Schweres und Schwermütiges, irgendwie Düsteres. Bei den roten, gelben und weißen Blumen hingegen, mochte sie sich vorstellen, deren Leichtigkeit begleite Bodos Geist hinauf zum Orion, dem Sternbild der Jäger, wo die tapferen Krieger und die Barden festlich bewirtet wurden. Unter anderen Umständen hätte sie über diesen Gedanken vielleicht

---

[321] Aus dem Album 'Master of Puppets' (1986).

geschmunzelt, in diesem Moment hielt er jedoch vor allem etwas Tröstliches bereit.

Es wurde wenig gesprochen, aber viele Hände schüttelten einander und eine Menge Umarmungen wurden ausgetauscht, wobei die leeren Blicke einander manches Mal auszuweichen versuchten. Jeder schien allein in seinem Tunnel der Trauer zu sein und dennoch froh, von Lebenden umgeben zu sein, die genauso einsam mit ihren Gedanken waren, die den Verstorbenen festhalten wollten und daran scheiterten.

"Bodo war ein Großer", hörte sie jemanden leise sagen, vielleicht Leon, der gerade mit dem Bassisten von Bodos Band und einem Imke unbekannten dritten Langhaarigen zusammenstand. Sie hielten sich zu dritt die Hand, als hätten sie sich abklatschen wollen und dabei durch einen plötzlich aus dem Nichts aufgetauchten Klebstoff an ihren Händen nicht mehr voneinander lösen können.

Die Trauergesellschaft wanderte langsam zu einem Saal, in dem Kaffee und Kuchen gereicht wurden. Den Begriff 'Leichenschmaus' hatte Imke schon immer verabscheut. Sie nahm an, dass Bodo es ohnehin lieber gesehen hätte, wenn auf ihn ein paar Bier getrunken worden wären. Die Stimmung blieb gedrückt.

Sie fuhr bei Enno im Wagen mit nach Hause. Auf der ganzen Fahrt sagten sie beide kein Wort, aber daheim im Treppenhaus entschloss sich Imke kurzerhand, ihn am Ärmel zu zupfen und mit einer Kopfbewegung aufzufordern, noch mit zu ihr hereinzukommen. Sie machte Kaffee und lehnte sich auf dem Sofa an Wittstocks Schulter.

"Wo ist eigentlich Marion?", fragte er irgendwann. "Ich hab' sie ewig nicht gesehen. Man könnte meinen, sie wohnt gar nicht mehr bei dir."

Imke rang sich ein Schmunzeln ab.

"Tut sie auch nicht. Sie studiert in Barcelona."

"In Barcelona?", staunte Enno. "Wow! Das erklärt einiges."

Sie schwiegen beide eine ganze Weile, dann aber stellte Wittstock die Frage, auf die Imke unterbewusst gehofft hatte.

"Was ist vor zwei Jahren eigentlich passiert? Wir hatten uns so gut verstanden. Wir haben zusammen abends ein Glas Wein getrunken oder am Wochenende gefrühstückt, ich hab' dir mit der defekten Klingel geholfen, du hast mir deinen Staubsauger geborgt und so weiter. Irgendwie ist das alles verloren gegangen, und inzwischen sind wir nur noch Nachbarn, die einander zwar freundlich grüßen, aber sonst genauso aneinander vorbeileben wie Unbekannte. Von einem Tag auf den anderen warst du distanzierter, jedenfalls kam es mir so vor. Erst dachte ich, okay, vielleicht Stress zwischen Marion und dir, ich lass' euch mal in Ruhe, aber ihr kamt nicht wieder. Beide nicht. Mit der Zeit habe ich mich daran gewöhnt, aber es gab eine Phase, in der ich etwas vermisst habe."

Sie griff nach seiner Hand. Es war schon lange an der Zeit, darüber zu reden. Sie hätten es viel früher tun sollen.

"Ich bin froh, dass du fragst", eröffnete sie dann auch. "Das Thema steht schon viel zu lange unausgesprochen zwischen uns. Ich hab' auch gemerkt, dass du mich fragend angeschaut hast, wenn wir uns zufällig trafen. Die Wahrheit ist: Zeitweise bin ich dir ausgewichen. Ich hatte Angst. Völlig blödsinnig war das. Du hast mir nicht einmal etwas getan. Du kannst gar nichts dafür. Es ist eigentlich eine total bescheuerte Geschichte. Es wird Zeit, sie aus der Welt zu schaffen."

Sie sah Enno an, dass er vollkommen im Dunkeln tappte, was kommen würde.

"Ich muss gestehen, dass ich damals emotional ziemlich verwirrt war. Ich fühlte mich ein wenig zu dir hingezogen und konnte nicht damit umgehen."

"Deshalb bist du auf Distanz gegangen und geblieben?"

"Das allein war es nicht. Da war auch noch Marion. Ich hatte das Gefühl, dass sie vorsichtig in deine Richtung flirtete. Das passte mir nicht. Ich fand, dass sie viel zu jung für dich gewesen wäre. Aber da war noch ein weiteres Gefühl. Ein seltsames Gefühl, das ich meiner Tochter gegenüber so nicht kannte. Ich brauchte eine Weile, es mir einzugestehen, aber ich war eifersüchtig."

Zu ihrer leichten Verwunderung blieb Wittstocks Gesicht trotz ihres Geständnisses ziemlich ausdruckslos, doch er hing an Imkes Lippen.

"Das machte mich ziemlich fertig", fuhr sie fort. "Ich konnte doch nicht mit meiner eigenen Tochter um einen Mann konkurrieren. Ich wollte nicht, dass zwischen euch etwas läuft. Aber was wäre passiert, wenn ich es dadurch verhindert hätte, selbst etwas mit dir anzufangen? Verstehst du mein Problem? Hätte ich Marion damit verletzt? Wie sehr hätte es mich verletzt, wenn sie mit dir angebändelt hätte? Dazu durfte es nicht kommen."

Enno schwieg noch immer. Imke hatte oft über die Entwicklungen nachgedacht. Da sie nun begonnen hatte, ihrem Herzen

Luft zu machen, wollte sie die Gelegenheit nutzen, reinen Tisch zu machen, alles auszusprechen.

"Dann kam auch noch ein Gespräch mit Bodo dazu – wir haben es auf der Party zu meinem 40. Geburtstag geführt. Vielleicht ist heute der richtige Tag, darüber zu sprechen, jetzt da er gestorben ist. Er hat mir erzählt, wie er dich über die Jahre so kennengelernt hat. Versteh' das bitte nicht falsch, Bodo wusste nichts davon, dass ich ein Auge auf dich geworfen hatte. Es ergab sich zufällig, weil ich zuvor nicht gewusst hatte, wie gut ihr euch kanntet. Er hat einfach ein wenig geplaudert und dabei kamen ein paar deiner Abenteuer zum Vorschein. Eigentlich nichts schlimmes, so sind Jungs doch, wenn sie um die 20 sind und sich ausprobieren, weil die Welt erobert werden will – besonders die Damenwelt. Aber ich bekam Angst, weil sich bei mir der Eindruck festsetzte, du seist ein kleiner Herzensbrecher. Vor allem bekam ich Angst um Marion. Das hatte dann nicht mehr viel mit Eifersucht zu tun. Ich wollte um ihretwillen verhindern, dass sie sich richtig in dich verliebte. Als Ausweg fiel mir nur ein, die Distanz zwischen dir und mir wieder zu vergrößern und darauf zu hoffen, dass dies auch die Distanz zwischen Marion und dir vergrößern würde. Wenn ich dich weiterhin ständig zum Weintrinken oder Sonntagsfrühstück zu uns eingeladen hätte, wärst du in ihrem Leben viel präsenter und damit gefährlicher gewesen. So sah sie dich kaum – unter der Woche eben nicht mehr, weil wir nicht mehr zusammen Wein tranken, und am Wochenende viel weniger, weil wir nicht mehr zusammen frühstückten. Anscheinend hat es funktioniert. Jetzt ist sie in Barcelona. Was sie dort tut, tut sie. Ich bin weit weg. Sie muss jetzt ihr eigenes Leben führen, ihre eigenen Erfahrungen sammeln. Du bist wegen dieses Geständnisses vermutlich jetzt geschockt, verletzt und wütend."

Wittstock sagte erst einmal nichts. Sie sah, wie es in ihm arbeitete. Sie spekulierte, ob er sich eine harsche Antwort zurechtlegte und rechnete mit dem Schlimmsten.

"Wütend bin ich eigentlich nicht", stellte er dann fest. "Geschockt – na ja, schon ein bisschen. Ob auch verletzt, weiß ich noch nicht. Was, zum Henker, hat Bodo denn über mich erzählt? Der alte Schwätzer!"

"Ach, nimm das bloß nicht schwer", wiegelte sie ab, um die Situation zu verharmlosen und Bodos Andenken nicht am Tag seiner Beerdigung zu beschädigen. "Nichts Böses eigentlich. Wie ich schon sagte, ein paar Anekdoten, die mit dir, Mädchen und gebrochenen Herzen zu tun hatten. Nicht nur von dir im

Übrigen. Auch von Leon. Es war einfach ein lustiges Gespräch über alte Zeiten. Ihr wart damals wohl manchmal etwas wild und habt euch ausgetobt. Daran ist doch nichts falsch. Ich hatte nur Angst um Marion."

Er nahm seinen Arm, der zuvor lange auf ihrer Schulter geruht hatte, zu sich.

"Gut, ich war also der böse Herzensbrecher und damit eine große Gefahr für deine Tochter. Deshalb musste ich aus deinem Leben verbannt werden, so gut das unter Nachbarn möglich war. Hat hervorragend geklappt. Nun ist deine Tochter schon seit einer ganzen Weile in Sicherheit. Wie geht es jetzt weiter?"

"Du bist verletzt", erkannte sie.

Enno schnaufte kurz.

"Wie würdest du es finden, als Gefahr betrachtet zu werden?"

"Das kommt ganz auf die Umstände an", meinte sie nach kurzer Überlegung und sah ihm ins Gesicht. "Es kann auch eine Ehre sein. Immerhin habe ich dir zugetraut, für Marion trotz des Altersunterschieds interessant zu sein. Ich wäre vielleicht anders mit der Sache umgegangen, wenn ich nicht selbst Gefühle für dich hätte."

"Hast du?"

"Ich kann nicht leugnen, dass es sich zugleich sehr aufregend und sehr angenehm angefühlt hat, mit dir hier so kuschelig auf der Couch zu sitzen", gestand sie und fügte nach einer kurzen Pause flüsternd hinzu: "Es hat mir nicht gefallen, dass du eben deinen Arm weggenommen hast, der mich die ganze Zeit so schön gehalten hat."

Nun erwiderte Wittstock ihren Blick.

"Suchst du einen Trostonkel, weil wir heute alle etwas mitgenommen sind, oder spielst du jetzt ein Spiel?"

Imkes verzog reumütig das Gesicht.

"Vielleicht möchte ich einerseits etwas wieder gut machen und andererseits an etwas anknüpfen, was früher einmal gut war."

Sie zögerte kurz, bevor sie fortfuhr: "Allerdings weiß ich bis heute nicht, ob du überhaupt jemals etwas für mich empfunden hast."

Enno sagte nichts darauf. Er legte seinen Arm wieder zurück, zog seine Nachbarin fester an sich und lächelte, wenn auch ein wenig grimmig. Er gab ihr einen Kuss aufs Haar.

Blues in B

Die erste Probe von *Hole of Fame* nach Bodos Aufbruch zum Orion kam nicht in die Gänge. Zunächst hatten die fünf Musiker lange rauchend in der Couchecke gesessen und leise über ihre Gefühle bei der Beerdigung des alten Managers gesprochen. Kilian hatte erwähnt, das ausgewählte Lied von *Metallica* sei, sicherlich nicht zufällig, auch jenes gewesen, das zur Bestattungszeremonie von Cliff Burton[322] einst gespielt worden war.
"Ich war froh, dass seine Band wenigstens darum gebeten hatte, ihren Gitarristen auf seinem letzten Gang nicht durch Anzüge und Krawatten zu beleidigen", gestand Julius. "Damit hätte ich mich gefühlt wie Marilyn Manson[323] in Filzpantoffeln."
"Mir ist schmerzhaft bewusst geworden, wie alt wir geworden sind", gab Enno zu.
"Na, so alt sind wir nun auch wieder nicht", protestierte Langemesser. "Bodo war gerade 50, und wir sind noch weit weg davon."
"Für Musiker ist das alt."
"Tina Turner[324] und Cher[325] müssen inzwischen ungefähr 700 Jahre alt sein."
"Man ist so alt, wie man sich fühlt, sagt man. Auf der Beerdigung wäre ich demnach reif für die Rente gewesen."
"Ja, und vor drei Wochen hättest du noch in den Kindergarten gehen können. Das ist doch nur eine hohle Phrase."
"Trotzdem habe ich zum ersten Mal die Last des Alters voll auf meinen Schultern gespürt. Und nicht nur auf meinen. Ich hab' Bodos Jungs gesehen. Und euch. So wie Leon aussah, hätte

---

[322] Clifford Lee Burton (1962 – 1986), von 1982 bis zu seinem Unfalltod Bassist von *Metallica*.
[323] Marilyn Manson (*1969), eigentlich Brian Hugh Warner, amerikanischer Rocksänger, erstes Album 1996.
[324] Tina Turner (*1939), eigentlich Anna Mae Bullock, amerikanische Pop- und Soulsängerin sowie Schauspielerin, bekannt geworden als weibliche Hälfte des Duos *Ike & Tina Turner*, erstes Album 1960, erstes Soloalbum 1974, seit 1977 nur noch solo aktiv.
[325] Cher (*1946), manchmal auch Chér, eigentlich Cherilyn Sarkisian, amerikanische Popsängerin und Schauspielerin, bekannt geworden als weibliche Hälfte des Duos *Sonny & Cher*, erstes Album 1965. Cher nahm schon früh auch parallel solo Songs auf, erstes Album ebenfalls 1965. Ab 1971 erzielte sie solo größere Erfolge als mi ihrem Ehemann Sonny, von dem sie sich 1974 trennte. Seither nur noch solo aktiv.

er an einem Iggy-Pop[326]-Ähnlichkeitswettbewerb teilnehmen können. Das passte nicht, fand ich. Wir sind Rock 'n' Roller! Rock 'n' Roll ist jung. Jazzer sind alt."

"Manche Dinge relativieren sich mit zunehmendem Alter", schaltete Kilian sich ein, "aber mit Jazz kann ich immer noch nichts anfangen."

"Ach, Unsinn", fand Leon, "dass eine Band in die Jahre gekommen ist, merkt man daran, dass ihre Songtexte inzwischen mehr von Nahrungsmitteln als vom Austausch von Körperflüssigkeiten handeln. Und das", betonte er mit erhobenem Zeigefinger, "ist bei uns bisher noch nicht der Fall."

Sie rafften sich auf, doch dann standen sie schweigend im Proberaum, die Instrumente in den Händen, und legten nicht los. Die Trauer lastete wie ein Albdruck auf ihnen, jeder hing seinen Gedanken nach, missmutig und unentschlossen.

"Irgendwie fühlt es sich falsch an, jetzt einfach weiterzumachen wie bisher", fand Adam. "Bodo hatte zwar die letzten Jahre nicht mehr so viel mit uns zu tun, aber irgendwie war er doch ein Teil von uns."

"Das ist der Schock und wird sich legen", vermutete Sandner.

"Vielleicht sollten wir erst an dem Tag weitermachen, wenn er sich gelegt hat."

"Das hat keinen Sinn", widersprach Finderling. "So funktioniert Trauer nicht. Es ist nicht so, dass du eines Tages aufwachst, und der Schmerz weg ist. Es ist eher so, dass du eines Tages zurückschaust, und nicht mehr weißt, wann er soweit nachgelassen hat, dass du ihn auch mal zeitweise vergessen konntest. Dann sind diese Phasen immer länger geworden. Aber ganz verlässt er dich vielleicht nie. Es wird bei jedem von uns unterschiedlich lange dauern, worauf wir übrigens gegenseitig Rücksicht nehmen sollten. Aber wenn wir auf den Tag warten wollen, bis jeder von uns gemerkt hat, dass der Schmerz weitgehend weg ist, müssten wir ganz aufhören. Das hätte Bodo ganz sicher nicht gewollt. Im Gegenteil! Jetzt erst recht, hätte er gesagt."

"Ja, und sei es zu seinem Andenken", nickte Kilian.

"Dann sollten wir zu seinem Andenken einen Song schreiben", schlug Fleischer vor.

"Eine Art Requiem?"

---

[326] Iggy Pop (*1947), eigentlich James Newell Osterberg, amerikanischer Punk- und Rocksänger, zunächst bekannt als Sänger von *The Stooges*, gegründet 1967, erstes Album 1969, aufgelöst 1974, danach solo aktiv, erstes Album 1977.

"Keine Ahnung. Der Text ist dein Job. So etwas überlässt man besser jemandem, der sich damit auskennt – und das bist du."

"Aber keine Ballade", bat Wittstock.

"Vielleicht einen Blues?", regte Sandner an.

"Wir haben noch nie einen Blues gemacht."

"Tja, vielleicht ist auch Blues ein Stückweit eine Altersfrage", sann Leon und schloss damit einen Gedankenkreis. "Ich hab' keine Ahnung, ob ich zum Bluessänger tauge."

"Blues in B wie Bodo", murmelte Adam.

Finderling nickte eifrig.

"Guter Titel. 'Blues in B for Bodo' – den kauf' ich."

Der Leadgitarrist gab ein Riff vor, auf das Kilian sofort und Julius etwas später einstieg. Enno fand hingegen keinen Zugriff, so dass die anderen schließlich abbrachen.

"Übernimm meine Linie", bot Fleischer dem Kollegen an, "ich glaube, ich habe noch eine zweite in den Fingern."

Wittstock nickte dankbar und übernahm. Mit der Zeit variierten sie viel und erhöhten nach und nach auch die Spielgeschwindigkeit. Aus dem langsamen Blues wurde ein wuchtiger Midtempo-Hardrocksong, der traurige Wut transportierte, Es war jene Wut, die aus Hilflosigkeit erwächst, wie man sie nach einem Schicksalsschlag spürt, den man als ungerecht empfindet, wohlwissend, dass das Schicksal nicht über Kategorien wie Gerechtigkeit verfügt. Manche Dinge passieren einfach.

Etwas war anders als auf hunderten, oder eher tausenden Proben von *Hole of Fame* in der langen Geschichte der Band: Sie machten keine Pausen. Abgesehen von den winzigen Unterbrechungen, in denen ein Musiker den anderen einen Hinweis gab, wie ein Detail noch verbessert werden konnte, arbeiteten sie manisch weiter. Man nippte zwischendurch mal kurz an einem Getränk, aber niemand verlangte nach Rauch- oder Verschnaufpausen. Als gäbe es die geheime Verabredung, den Raum nicht zu verlassen, bevor der Song für ihren Manager fertig sei. Selbst Leon arbeitete bereits am Text, er kniete auf dem Boden und nutzte einen Gitarrenkoffer als Schreibunterlage.

Wieder einmal überblendete das Adrenalin alle Schmerzen.

Entdeckung eines Kleinods

In mancher Hinsicht mochte Darina anders sein als viele andere Frauen, nicht aber dahingehend, dass sie den Hang hatte, sich etwas zu gönnen, wenn sie frustriert war und dies zu kompensieren versuchte. Einen neuen Minirock hatte sie sich gekauft, was nicht sehr befriedigend gewesen war, weil sie tatsächlich einen brauchte. Ein Paar Stilettos gehörte zu ihrer Beute, von dem sie keinen Schimmer hatte, zu welcher Gelegenheit sie es jemals würde tragen können, weshalb es ihre Laune schon wesentlich gebessert hatte. Aber noch war sie nicht fertig, denn sie hatte eine große Demütigung zu kompensieren.

Nichtsahnend war sie am Vorabend in den Proberaum ihrer Band *The Naked Mushrooms* marschiert, um dort von den Jungs zu erfahren, dass diese sich entschieden hätten, künftig mit einem männlichen Sänger arbeiten zu wollen.

"Frontfrauen nimmt doch keiner ernst", hatte der Schlagzeuger gesagt.

"Die glotzen doch sowieso alle nur auf deine dicken Glocken", hatte der Gitarrist geäußert.

"Männer können viel besser shouten", hatte der Bassist behauptet.

Keins davon war aus ihrer Sicht ein wirklich überzeugendes Argument gewesen, aber die Jungs hatten keine Bereitschaft gezeigt, eine Diskussion zu führen. Sie hatten einfach entschieden, sie aus der Band zu werfen. Darina war für *The Naked Mushrooms* Geschichte und *The Naked Mushrooms* für Darina.

Musikalisch hätte sie den Bruch verschmerzen können, da sie sowieso nie eine einheitliche Linie in den Kompositionen der Band hatte ausmachen können. Es wechselten sich Crossover-Songs mit Reminiszenzen an die *Doors*[327] ab, um anschließend von punk-artigen Hau-drauf-Nummern abgelöst zu werden, bevor Popballaden an die Reihe kamen. Die Jungs hatten keine wirkliche Idee davon gehabt, was sie eigentlich spielen wollten und deshalb alles ausprobiert, ohne einen Stil zu finden. Geschätzt hatte Darina allerdings die Freiheit, ihre Melodien und Texte selbst entwickeln zu dürfen.

Zum Abschied hatten sie ihr versprochen, sich nicht an ihren Rechten zu vergreifen und mit dem neuen Sänger alles neu zu erarbeiten, was bei ihr aber auch nur Schulterzucken ausgelöst hatte. Dass *The Naked Mushrooms* ohne sie erfolgreich werden würden, erschien ihr unvorstellbar, da es schon mit ihr nicht besonders verheißungsvoll gelaufen war. Vier mäßig besuchte Konzerte hatten sie gespielt – innerhalb eines ganzen Jahres.

---

[327] *The Doors*, amerikanische Rockband, 1965 gegründet, 1973 aufgelöst.

Nicht zum ersten Mal hatte Darina das Gefühl, ihre musikalische Karriere stünde unter einem schlechten Stern. Bei *Desert Snow,* ihrer alten Coverband, hatte man sie immer geschnitten und nur als optisches Highlight auf der Bühne missbraucht. Nach dem Flop mit Ringo Dylan Reed und den *Acid Space Cowboys* war sie, dem Rat von Leon Finderling folgend, bei der Auswahl ihrer Mitstreiter für das nächste eigene Projekt sehr geduldig, vorsichtig und sorgfältig vorgegangen und hatte vornehmlich auf den Charakter des jeweiligen Kandidaten geachtet, der zu ihr passen sollte.

Es hatte gedauert, eine Besetzung zusammen zu bekommen, aber die Mühe schien sich gelohnt zu haben. Zu Beginn war alles prächtig gelaufen, so gut sogar, dass sie bald *Desert Snow* den Rücken gekehrt hatte. Keiner der von ihr auserwählten Jungs hatte Einwände gehabt, mit Melodien und Texten von ihr zu arbeiten, keiner hatte sich ihrem Wunsch verweigert, das Projekt unter dem Namen *Darina* bekannt zu machen und keiner hatte ihren Vorstellungen von der musikalischen Richtung widersprochen. Allerdings war auch keiner ein sonderlich guter Musiker gewesen, wie sich bei ihrem Premierenkonzert bemerkbar gemacht hatte. Das hatte, dank fleißig betriebener Werbung, zwar vor fast hundert Zuhörern begonnen, leider aber vor nur ungefähr fünf geendet, die zudem nicht Zugaben gefordert hatten, sondern einen Strip der Sängerin. Der Name *Darina* war nach diesem Desaster in der Stadt verbrannt, was aber auch keine große Rolle mehr gespielt hatte, da ihre Mitstreiter backstage nach dem Auftritt ohnehin durch gegenseitige Schuldzuweisungen bezüglich der Zahl der Spielfehler heftig in Streit geraten waren. Die Sache war nicht bereinigt worden, der Gitarrist und der Schlagzeuger waren sich beim ersten Probetermin danach sogar an die Gurgeln gegangen, hatten in überraschender Einmütigkeit verkündet, nie mehr mit dem anderen zusammenspielen zu wollen, und ihre Plätze geräumt. Nachdem es Darina nicht gelungen war, sie kurzfristig zu ersetzen, hatte sich ein paar Wochen später auch der Keyboarder verabschiedet, woraufhin sie dem Bassisten mitgeteilt hatte, sich nun ihrerseits nach Bands umzuschauen, die eine Sängerin gebrauchen könnten. So war sie schließlich bei *The Naked Mushrooms* gelandet – mit bekanntem Ausgang.

Darina betrat das Ladenlokal eines Juweliers. Sie wusste nicht genau, was sie wollte, aber Schmuck gehörte zu ihren Leidenschaften, besonders wenn sie frustriert war, und ihr der Sinn danach stand, ohne solchen Geld auszugeben. Vielleicht sollte sie sich ein Armbändchen gönnen? Oder ein Bauchkettchen? Sie sah sich die Vitrinen an.

"Kann ich Ihnen helfen?", fragte ein Mann, den sie nicht hatte kommen sehen, weil sie sich in die Auswahl der goldenen Fußkettchen vertieft hatte.

Sie sah auf, um dem Verkäufer mitzuteilen, sich zunächst nur umschauen zu wollen, doch sie stockte, als sie ihn ansah.

"Wir kennen uns doch", stammelte sie stattdessen, "also ich bin sicher, dass wir uns schon gesehen haben. Du spielst doch in einer Hardrockband! Bist du nicht Gitarrist?"

Adam Fleischer lächelte.

"Stimmt", gab er zu. "Ich erinnere mich auch dunkel an dich. Aber verzeih' mir, dass ich nicht darauf komme, in welcher Band du spielst."

"Wahrscheinlich hast du mich mal bei *Desert Snow* gesehen. Da bin ich zwar nicht mehr, aber mit denen hatte ich die meisten Auftritte."

"*Desert Snow*, hm", überlegte er, "ja, mit denen haben wir vor ewigen Zeiten mal auf einem Festival gespielt. Auf dem Parkplatz vor dem *Bienenkorb* war das."

"Genau", bekräftigte sie strahlend, bekam aber zugleich einen Schreck, weil ihr nun eingefallen war, in welcher Band der Gitarrist spielte. "Du bist bei *Hole of Fame*."

"Wow! Du kennst uns!", freute er sich.

"Ja, eure Bühnenperformance hat mich damals tierisch beeindruckt."

Sie verschwieg, dass sie von zwei von Adams Kollegen in den Stunden beziehungsweise Tagen danach noch eine andere Art von Performance kennengelernt hatte.

"Wo spielst du jetzt?", fragte er und rannte damit eine offene Tür ein.

"Im Moment hab' ich leider keine Band", zog sie eine Grimasse der Frustration. "Aber mächtig viele Ideen. Leider fehlen mir die Mitstreiter dazu. Kennst du vielleicht jemanden, den du mir empfehlen kannst?"

"Dazu müsste ich wissen, was es werden soll."

"Tja, das kann ich nicht so einfach mit zwei Worten beschreiben", wich sie aus. "Wollen wir uns vielleicht mal am Wochenende auf eine Tasse Kaffee treffen? Dann beschreib' ich dir meine Vorstellungen in aller Ruhe."

Fleischer lächelte erneut.

"Können wir machen, sofern ich mit der Band keine Termine hab'. Das weiß ich grad nicht auswendig. Willst du mich in den nächsten Tagen mal abends zu Hause anrufen? Da hab' ich dann meinen Terminkalender greifbar."

Darina war sofort einverstanden. Sie bekam seine Nummer, speicherte sie umgehend in ihr Handy ein und versprach, sich bald zu melden. Bevor sie ging, kaufte sie sich noch ein Fußkettchen, von dem Adam gesagt hatte, er fände, es sei exzellent gearbeitet, für den Preis sehr hochwertig und stehe ihr ausgesprochen gut.

Nicht einmal 24 Stunden nach ihrem deprimierenden Rauswurf bei *The Naked Mushrooms* sah sie plötzlich wieder Licht am Ende des Tunnels. Sie hoffte inständig, es handle sich dabei nicht um einen entgegenkommenden Zug.

Zur Feier ihrer nun wieder gehobenen Stimmung gönnte sie sich zum Abschluss ihrer Shoppingtour einen Schoko-Muffin.

"Schlecht für die Figur", jammerte sie leise, "aber gut für die Laune."

Der Rosenkrieger

Ohne mit der Wimper zu zucken, angelte Dr. Zosche eine Küchenrolle aus seiner Schreibtischschublade und half Eberhard, die Wasserlache vom Tisch abzuwischen. Es war nicht das erste Mal, dass ein Mandant in seiner Kanzlei saß und vor Aufregung sein Getränk verschüttete. Gerade bei bevorstehenden Scheidungen waren heftige emotionale Ausbrüche keine Seltenheit, wie er aus langjähriger Erfahrung wusste.

"Vielleicht sollte ich dir einen Schnaps anbieten", schlug er vor.

"Danke, ich muss noch fahren."

"War auch nicht wirklich ernstgemeint. Allerdings fürchte ich, dass du nicht gerade erfreut sein wirst, wenn ich dir auf deine Ausführungen geantwortet habe. Ich werde ehrlich zu dir sein. Ich bin grundsätzlich ehrlich zu meinen Mandanten, aber manchmal halte ich es für klug, nicht alles auf einmal zu sagen."

Er sah seinen Gast durchdringend an und senkte seine Stimme, als er weitersprach.

"Wir kennen uns sehr lange, Eberhard. Wir haben für die Partei gemeinsam manche Schlacht geschlagen. Ich kann dir nichts verschweigen. Du bist im Moment sehr aufgewühlt und wütend, was ich verstehen kann. Aber wenn das, was du eben gesagt hast, dein Ernst war, werde ich dir einige Plomben ziehen müssen."

Dr. Zosche las Anspannung in Eberhards Gesicht. Eine Antwort bekam er aber nicht, daher fuhr er fort.

"Deine Vorstellungen sind leider ziemlich unrealistisch. Die Zeiten, in denen bei einer Scheidung einer Partei die Schuld zugesprochen wurde, sind schon seit einer Weile vorbei. Die Kriterien, nach denen über Sorgerecht und Unterhalt entschieden wird, haben heutzutage zumeist eher mit den konkreten Lebensumständen der Beteiligten zu tun, nicht mit ihren Verfehlungen während der Zeit der Ehe. Natürlich sieht es für dich so aus, als seien bei Elena in letzter Zeit gleich mehrere Sicherungen durchgebrannt. Sie ist dir fremdgegangen, sie hat dich belogen, und zum Schluss hat sie sogar dein Angebot ausgeschlagen, gemeinsam Versöhnungsstrategien zu erarbeiten. Es ist wirklich nicht verständlich, was in ihr vorgeht. Dennoch wird kein psychiatrischer Gutachter in diesem Land sie deswegen für unzurechnungsfähig erklären. Um ihr das Sorgerecht für die Kinder vollständig zu entziehen, müssten viel gewichtigere Gründe vorliegen."

"Was sollte denn noch gewichtiger …"

Mit einer Handbewegung schnitt der Rechtsanwalt Eberhard das Wort ab.

"Drogen- oder Medikamentensucht wären Beispiele. Oder eine wiederholt auftretende Psychose. Veruntreuung von Kindesvermögen. Misshandlung eines Kindes. Ein richtig schweres Kaliber, verstehst du? Das alleinige Sorgerecht zu erreichen, ist sehr schwer und besonders für den Mann liegen die Hürden bei Gericht sehr hoch. Vor allem aber muss beweisbar sein, was vor Gericht als Grund für einen Sorgerechtsentzug standhalten soll. Es müssten nachweisbare Gefahren für das Kindeswohl vorliegen, um das Familiengericht zum Handeln in deinem Sinne zu bringen. Das sehe ich nicht. Elena ist nicht psychisch krank, nur weil sie sich plötzlich verhält, als wäre sie wieder 20. Du weißt selbst, dass sie sich den Kindern gegenüber nichts hat zuschulden kommen lassen."

Eberhards Schnaufen war seine Missbilligung des Gehörten anzumerken.

"Ich weiß, was du denkst", behauptete Dr. Zosche. "Schlag' es dir aus dem Kopf! Der Satz, 'entscheidend ist nicht, was die Wahrheit ist, sondern was die Leute für die Wahrheit halten', mag im Wahlkampf zu Erfolgen führen, vor Gericht wird er schnell zum Eigentor. Denn ein Gericht macht sich im Zweifel die Wahrheitsfindung zur Aufgabe. Eine Schmutzkampagne ist da wenig förderlich und kann schnell nach hinten losgehen. Nein, Eberhard, vor Gericht eine Verleumdungstaktik für das alleinige Sorgerecht anzuwenden, würde schiefgehen. Da sind zu viele Fallstricke. Das Jugendamt würde ins Spiel kommen, möglicherweise Sachverständige – und die Richter sind sowieso zumeist eher dazu geneigt, den Müttern Rechte zuzusprechen. Beim Familiengericht mögen sie es nicht besonders, wenn die Eltern sich gegenseitig mit Schlamm bewerfen – und reagieren sogar tendenziell allergisch darauf, wenn nur eine Seite Dreck schleudert."

Der Anwalt goss sich nun selbst ein Glas Wasser ein und trank einige Schlucke. Eberhard nutzte die Gelegenheit zu einer – nun eher kleinlauten – Rückfrage.

"Gibt es also keine Möglichkeit, das alleinige Sorgerecht zu bekommen?"

"Wenn du nachweisen könntest, dass Elena dir die Kinder ohne Grund vorenthält, und sie sich partout weigern würde, ihnen den Umgang mit dir zu ermöglichen, wäre vielleicht etwas zu holen. Aber da die Kinder momentan bei dir sind, können wir damit nichts anfangen. Das würde erst relevant, wenn sie zu ihr kommen, und du plötzlich außen vor bist. Nur eins verstehe ich nicht: Was liegt dir überhaupt an einem alleinigen Sorgerecht? Du bist wütend auf sie und hältst sie für verlogen und unzuverlässig – alles gut und schön und berechtigt. Um die Kinder bei dir zu behalten, ist es aber überhaupt nicht notwendig, dass von der gemeinsamen Ausübung des Sorgerechts Abstand genommen wird, sofern ihr es schafft, bezüglich der Belange der Kinder halbwegs kooperativ miteinander umzugehen. Warum solltet ihr das nicht schaffen?"

"Weil sie säuft und rumhurt und den Verstand verloren hat!", explodierte Eberhard. "Weißt du, was sie geantwortet hat, als ich meinte, sie solle nach Hause kommen? 'Ich bin jetzt zu Hause' hat sie gesagt. Kannst du dir das vorstellen? Wo soll sie denn zu Hause sein? Bei irgendeinem dahergelaufenen Kerl, der ihr das Blaue vom Himmel versprochen hat? Sie ist drauf reingefallen. Stell' dir das vor! Zu Hause, dass ich nicht lache! Mit so einer soll ich kooperativ umgehen? Wird sie doch auch nicht! Sie wird mir die Kinder nicht lassen. Nach allem, was du vorhin gesagt hast, habe ich vor Gericht keine Chance, sie zu bekommen, wenn die Lebensumstände zählen. Sie hat sich ein faules Leben zu Hause gemacht, während ich die Kohle ranschaffen musste. Jetzt sieht man, wozu sie ihre Freizeit genutzt hat.

Lacht sich einen Kerl an und zeigt mir eine lange Nase. Wer weiß, ob es der erste war. Vielleicht läuft das Spiel schon viel länger, und ich wusste nichts davon. Vielleicht ist es mit dem neuen Kerl nur etwas ernster als mit fünf anderen zuvor."

Dr. Zosche stand auf, ging zu einem Schrank und kam mit zwei Schnapsgläsern und einer Flasche zurück. Er schenkte beiden ein und setzte sich.

"Ich ruf' dir nachher ein Taxi", sagte er. "Aber jetzt musst du mal wieder runterkommen. Also trink! Und dann atme tief durch! Du verlierst bei dem Thema immer noch so vollständig die Beherrschung, dass wir froh sein müssen, uns nicht schon vor Gericht zu befinden. Die Hälfte von dem, was du gesagt hast, war unhaltbar. Mindestens. In deinem verletzten Stolz schießt du weit über das Ziel hinaus. Beleidigungen und böswillige Unterstellungen bringen uns nicht weiter, im Gegenteil, sie verhärten nur die Fronten und bringen auch die Entscheider gegen dich auf. Aber eins hast du richtig verstanden: Wenn Elena dir die Kinder nicht freiwillig lässt, wirst du sie nicht bekommen. Deshalb vergiss jeglichen Konfrontationskurs. Wir müssen anders vorgehen."

Eberhard goss sich den Schnaps in den Schlund.

"Entschuldige! Es ist alles noch so frisch."

Der Advokat zwang sich zu einem milden Lächeln.

"Ich weiß. Und unbegreiflich noch dazu."

"Kann ich noch einen Schnaps haben?"

Der Gastgeber füllte nach, und sein Klient trank. Erst jetzt folgte er Dr. Zosches Rat und atmete mehrmals in Folge tief durch.

"Okay, erklär' mir deinen Plan", bat er dann.

Dr. Zosche erklärte.

Ein Engel erscheint

Schon am nächsten Abend hatte Darina bei Adam angerufen, weil Gelegenheiten nach ihrer Auffassung nicht dazu da waren, sie verstreichen zu lassen. Er hatte sich erinnert und zugesagt, sich mit ihr zu treffen, dabei aber gleich die Einschränkung gemacht, nicht zu wissen, ob er ihr wirklich helfen könne. Sie hatte das für fair befunden und ihrerseits mit sich gekämpft, um nicht zu viele Hoffnungen in das Treffen zu legen.

Nun saß sie in seinem Wohnzimmer auf dem Sofa und bewunderte die eindrucksvolle Instrumentensammlung. Der Gitarrist von *Hole of Fame* besaß nicht nur sieben E-Gitarren, sondern auch drei akustische, dazu einen Bass, eine Mandoline und ein Keyboard. Keiner ihrer bisherigen Mitstreiter hatte einen derartigen Fundus besessen, nicht einmal die Jungs von *Desert Snow*, die sich doch als Halbprofis verstanden hatten.

Sie waren nicht lange im Café geblieben. Darina hatte von Adam ein Kompliment bekommen, wie gut ihr das neue Fußkettchen stehe. Es war für sie selbstverständlich gewesen, es bei dieser Verabredung zu tragen. Dann hatte sie ihm ausführlich ihr Leid geklagt, im Laufe ihrer bisherigen musikalischen Karriere bisher ausschließlich auf arrogante Arschlöcher (*Desert Snow*), Spinner (*The Naked Mushrooms*) oder Dilettanten (*Darina*) getroffen zu sein – oder eine Kombination aus mehreren dieser Kategorien (*Acid Space Cowboys*). Dabei wolle sie doch nichts weiter, als Leadsängerin einer gut funktionierenden Band mit Musik, die sie mag, gemeinsamen Zielen und vielen Auftritten zu sein. Dass sie am liebsten eine verschworene Gemeinschaft um sich gehabt hätte, wie *Hole of Fame* ihrer Einschätzung nach eine war, hatte sie verschwiegen, weil sie nicht zu schmeichlerisch auf ihren Gesprächspartner hatte wirken wollen. Fleischer hatte bekundet, ganz sicher nicht als fester Gitarrist für eine zweite ambitionierte Kapelle zur Verfügung zu stehen, sich aber die eine oder andere Hilfsmaßnahme vorstellen zu können.

"Es ist doch viel einfacher, die richtigen Mitstreiter zu finden, wenn du ein halbwegs hörbares Demo vorlegen kannst", hatte er gesagt. "Dann kann jeder gleich einschätzen, ob das seine Richtung ist, ob das sein Niveau ist und so weiter. Hast du Songs?"

"Ich hab' Melodien im Kopf. Leider kann ich kein Instrument spielen, um sie jemandem zu zeigen. Ich kann sie immer nur vorsingen."

"Dann lass' uns zu mir gehen, ich mach' das für dich."

So einfach hatte es mit Adam Fleischer angefangen, und inzwischen leuchteten ihre Augen wie Sonnen, weil er Wort hielt.

"Sing' noch mal die Strophe, ich glaub' da fehlt mir noch was", bat er.

Darina schloss die Augen und sang. Am Anfang war sie ein wenig schüchtern gewesen, wie er ihr mit der Gitarre in der Hand gegenübergesessen hatte und sie erwartungsvoll angeschaut hatte, aber nachdem er binnen Sekunden die Tonart gefunden und sie fast auf Anhieb passend begleitet hatte, war ihr Vertrauen schnell gewachsen.

"Okay, ich hab's", brach er ab. "Das Grundgerüst steht. Ich überleg' mir dazu mal ein bisschen was. Leadgitarre und Bass und so. Nur vom Schlagzeug versteh' ich nicht so viel, aber es wird nicht schlimm sein, wenn wir am Anfang nur mit Metronom arbeiten. Einen Schlagzeuger kann ich mir sowieso von unserem Trommler Julius empfehlen lassen, der gibt nebenbei Unterricht. Da ist bestimmt jemand dabei, der brauchbar ist – und falls nicht, wird er mir das schon sagen. Darauf können wir uns verlassen."

So viel Glück hatte Darina seit langer Zeit nicht empfunden. Zu ihrer Verwunderung erfuhr es schon im nächsten Moment eine Steigerung, denn Fleischer holte eine Vier-Spur-Maschine aus einem Schrank, nahm ein Metronom auf und spielte dann die eben entwickelte Rhythmusgitarrenfigur ein. Sie konnte es nicht fassen: Er fing einfach an, ihr ein Demo zu produzieren.

"Den Bass halte ich sehr simpel", erklärte er. "Wenn du einen richtigen Bassisten findest, wird er schon wissen, was er daraus machen kann."

Im Anschluss mischte er die beiden frisch aufgenommenen Spuren auf der letzten freien zusammen, löschte die alten und brauchte nur zwei Takes, um eine ansprechende Leadgitarre aufs Band zu bringen.

Vollständig stand ihr der Mund offen, weil er danach ein Mikrofonstativ aufstellte, verkabelte und sie erwartungsvoll anlächelte:

"Jetzt bist du dran! Wie heißt der Song eigentlich?"

"The Backside of Light."

"Abgefahrener Titel!"

Eine halbe Stunde später hatte Darina ihr erstes vollständig eigenes Lied. Zwar war die erste Version mehr als roh – ohne Effekte auf dem Gesang und ohne richtiges Schlagzeug, aber als Musiker konnte man erahnen, wie das Stück klingen würde, wäre es erst vollständig instrumentiert und bearbeitet.

"Siehst du, so schwierig ist das alles gar nicht. Natürlich müsste man viel mehr Zeit investieren, um daraus einen richtig guten Song zu machen. Aber da will ich deiner zukünftigen Band nicht vorgreifen. Nun hast du ein Gerüst, mit dem du Mitstreiter finden kannst, und mit dem diese Mitstreiter arbeiten können."

Darina war so sprachlos vor Glück und Dankbarkeit, dass ihr nichts anderes einfiel, als Adam um den Hals zu fallen, worüber er lachte.

"Wenn du morgen Zeit hast", bot er ihr zu allem Überfluss auch noch an, "komm' doch einfach wieder vorbei. Dann machen wir gleich noch ein zweites Stück auf die gleiche Art und dann hast du bald genug Material, mit dem du Leute davon überzeugen kannst, dass es sich lohnt, mit dir eine Band zu gründen."

Sie schaffte es nicht, mit grinsen aufzuhören.
"Natürlich hab' ich Zeit. Wann darf ich dich heimsuchen?"
Wieder lachte er, und sie empfand großes Glück dabei.
"Mittags? Nachmittags? Wann du willst!"
Sie kündigte sich für 15 Uhr an und hielt Wort.

Kneipenweisheiten

Bei der Frage, ob es ein vorherbestimmtes Schicksal gibt, oder ob das Leben aus einer Verkettung von Zufällen besteht, war Imke nie zu einer Entscheidung gekommen. Als sie an diesem Abend auf dem Heimweg von ihrer Schwester Lale war, bei der sie seit Bodos Tod ab und zu nach dem Rechten sah, dachte sie nicht über diese Frage nach – auch nicht, als sie durch das Fenster in den Schankraum der Eckkneipe *Altes Fass* blickte und dort ihren Nachbarn Enno im Gespräch mit seinem Freund Leon entdeckte. Ihr Herz begann sofort, beschleunigt zu schlagen, und ohne lange Abwägung änderte sie ihren ursprünglichen Plan, nach Hause und ins Bett zu gehen, und betrat die Gaststätte, in der sie sich zu den beiden Musikern gesellte.

"Hey, na, ihr zwei?"
"Hey, hi", erwiderte Wittstock den Gruß. "Was machst du denn hier?"
"Hi, Imke", nickte auch Finderling.
"Ich wohn' hier um die Ecke, stell' dir vor", konterte sie ihren Nachbarn aus.
"Meine Fresse! Was du nicht sagst!", spielte dieser ihr grinsend Erstaunen vor. "Leon: Imke, meine Nachbarin."
"Nachbarin klingt aber sehr beiläufig", spöttelte der Sänger.
"Okay, Nachbarin und gute Freundin", korrigierte der Gitarrist. "Rein platonisch!"
"Soso. Das lässt ja tief blicken."
Leon schmunzelte, und seine Augen blitzten dabei.
"Der Begriff der platonischen Freundschaft", behauptete er, "entstand nämlich in Wahrheit, weil es dem Philosophen immer wieder gelang, seinen Kollegen weis zu machen, zwischen de-

ren Ehefrauen und ihm laufe nichts. War ein ziemlicher Fuchs, der olle Platon[328]."

Zwar lachte Enno, doch zugleich rollte er mit den Augen.

"Herrje, wie soll ich sie dir denn vorstellen, ohne dass du sie für eine unbedeutende Affäre von mir hältst?"

"Enno!", mischte sich nun Imke selbst ein: "Leon hält mich nicht für irgendwen oder irgendwas. Wir kennen uns zwar vielleicht nicht gut, aber schon seit Jahren."

"Oh, Schuljunge!"

"Wobei störe ich euch eigentlich gerade?", ging Imke über die Vergesslichkeit ihres Nachbarn hinweg. "Plant ihr die nächste Aufnahme?"

"Nein", gab Finderling Auskunft. "Ich habe Enno nur auf den aktuellen Stand meines Beziehungslebens gebracht. Macht man manchmal unter alten Freunden. Wir sind aber gerade fertig damit. Du störst also gar nicht."

"Ja", bestätigte Wittstock, "und die Geschichte bestärkt mich in meiner Auffassung, dass man niemals heiraten sollte, weil Liebe eben etwas Momentgebundenes ist."

Imke wurde durch mehrere Stichworte hellhörig, verbarg es aber noch rechtzeitig hinter einer Fassade der Ausdruckslosigkeit.

"Momentgebunden? Wie meinst du das? Nur beim Sex oder wie?"

"Nö. Oder: Auch. Aber nicht nur. Man kann auch ohne Liebe Sex haben."

"Man kann auch ohne Spaß Alkohol haben", warf Leon grinsend ein.

"Genau", pflichtete sein Gitarrist bei. "Also stellt euch vor: Ich schaue mir zusammen mit meiner Auserwählten gerade einen herzergreifenden Film an. Dabei kuscheln wir romantisch auf der Couch. Dann fragt sie mich, ob ich sie liebe. Da ist die Wahrscheinlichkeit doch sehr hoch, dass ich wahrheitsgemäß bejahe. Wenn wir dann miteinander schlafen, wird das Gefühl wahrscheinlich noch intensiver. Aber das heißt doch nicht, dass es dann tage-, wochen-, monate-, jahre- oder gar lebenslang anhält. Ich will euch auch das Gegenbeispiel geben: Wir streiten uns – also sie und ich. Es ist egal, worum es geht, wer Recht hat, wer schuld ist und so weiter, nur heftig muss es sein. Die Fetzen fliegen und die Fliegen fetzen. Ein Wort gibt das andere, wir sind beide sauer, und wenn alles gesagt ist, wird geschmollt.

---

[328] Platon (428 oder 427 – 348 oder 347 v. Chr.), griechischer Philosoph.

So. Und nun kommt sie an, um zu fragen, ob ich sie liebe. Was für ein Scheiß! Natürlich nicht! Schließlich bin ich gerade stinksauer. Wie soll ich sie da lieben?"

"Wie wäre es mit Versöhnungssex?", schlug sein Sänger vor.

"Zur Versöhnung oder nach der Versöhnung?"

"Zur Versöhnung."

"Dann liebe ich sie danach vielleicht wieder."

"Moment", meldete Imke sich nun auch wieder zu Wort. "Liebe ist doch ein viel tieferes Gefühl. Natürlich bist du sauer wegen des Streits, aber würdest du dich deshalb von ihr trennen? Wenn du sie nicht mehr liebst, müsstest du das tun. Wenn du es aber tust und anschließend bereust, hast du sie wohl doch geliebt, oder?"

"Siehst du: Darum sind Beziehungen Bullshit – und die Institution der Ehe erst recht. Ständig müsste man sich trennen und wieder zusammenkommen. Da lässt man es doch gleich offen, freut sich am anderen, wenn es für beide gerade passt, und hält sich voneinander fern, wenn es gerade nicht passt."

"Dann reduziert es sich doch auf eine Bettgeschichte", folgerte Imke.

"Kann so sein, muss aber nicht. Man kann auch gemeinsam Urlaub machen oder eben einfach zusammen auf der Couch sitzen und romantische Filme anschauen. Millionen Ehepaare machen das – und ich kann es auch ohne Trauschein."

"Wenn jeder das so sehen würde, hätten wahrscheinlich alle zwei Partner – einen fürs Bett und einen für die seelische Nähe im Urlaub und auf der Couch."

Ennos Geste drückte aus, sich bestätigt zu fühlen.

"Wäre das so schlimm?"

"Liebe ist eine vorübergehende hormonelle Störung", fasste Finderling zusammen.

"Und wie zieht man dann Kinder groß?", warf die Frau am Tisch ein.

"Einer an den Armen und einer an den Beinen."

"Blödmann", streckte sie Leon die Zunge heraus, grinste aber dann.

"Du bist auch nicht mit Marions Vater zusammengeblieben, nur damit sie einen Vater hat", erinnerte Wittstock seine Nachbarin.

"Schlechtes Beispiel! Der wäre auch nicht geblieben, wenn ich es gewollt hätte."

"Warum ist er dann ein schlechtes Beispiel?"

"Ich liebe meine Tochter, aber sie war ein Unfall. Wir hatten nicht einmal eine richtige Beziehung, ihr Erzeuger und ich."

"Tja, nun – und nun plädiere ich eben dafür, dass man gar nicht erst zwanghaft aus allem eine Beziehung machen muss. Jedenfalls keine, die auf die Ewigkeit angelegt ist. Man weiß schließlich sowieso nicht, wie die Dinge sich entwickeln."

"Also nur noch Lebensabschnittsgefährten?"

"Genau. Mein alter Kumpel Dragan hat das übrigens auf seinem Kopfkissenbezug stehen. Hat ihm seine Freundin geschenkt."

"Muss sehr aufbauend für ihn sein", vermutete Imke.

"Er hat herzlich gelacht", wurde sie von Enno aufgeklärt, "und ihr als Revanche auch einen bedruckten Bezug geschenkt."

"Mit Lebensabschnittsgefährtin?"

"Nein, das wäre langweilig."

"Was dann?"

"Betthäschen."

"Sehr respektvoll!"

Grinsen musste Imke dennoch.

"Führen die beiden eine Beziehung?"

"Ja, klar."

"Siehst du?"

"Nur weil Dragan meine Einstellung kennt und respektiert, muss er sie nicht teilen. Aber einen Heiratsantrag wird er ihr wohl nicht machen, wenn sie ihn nicht auf die eine oder andere Art dazu erpresst."

"So wie du es darstellst, könnte man meinen, dass nur Frauen immer scharf auf Treueversprechen und feste Bindungen sind."

"Ich freue mich immer, wenn ich eine treffe, bei der es nicht so ist."

Dieser Satz brannte sich tief in Imkes Gedächtnis. Eine direkte Antwort gab sie darauf allerdings nicht, was auch dem Umstand geschuldet war, dass Leon in diesem Augenblick seine Geldbörse herauskramte.

"Nehmt es mir nicht übel, aber ich muss heim", erklärte er. "Ich weiß, am Wochenende feiern kann jeder, aber ich bin inzwischen zu alt, um es laufend an Vorabenden von Arbeitstagen zu tun. Außerdem habe ich zurzeit gravierende Gründe, abends bei mir daheim sein zu wollen – die hormonelle Störung ist bei mir momentan relativ akut."

Enno lächelte wissend. Imke wusste noch, worüber die beiden Männer vor ihrer Ankunft gesprochen hatten, und konnte daher aus Leons Bemerkung die richtigen Schlüsse ziehen. Zudem fiel ihr auch plötzlich wieder ein, den Sänger auf Bodos Beerdigung in Begleitung einer Frau gesehen zu haben.

"Dann sollten wir uns auch auf den langen, beschwerlichen und gefahrvollen Heimweg machen, junge Frau", schlug Wittstock seiner Nachbarin vor.

"Wie viele Meter sind das?", fragte Finderling. "Hundert? Oder doch nur fünfzig?"

Die Musiker zahlten an der Theke. Imke, die nichts getrunken hatte, wartete am Ausgang auf die beiden Herren.

"Probe übermorgen?", vergewisserte sich der Gitarrist beim Sänger.

"Präziser hätte man es nicht ausdrücken können."

Imke bekam Wangenküsschen, dann entschwand Leon zu seinem Auto. Enno legte den Arm um sie, als sie sich in Bewegung setzten. Sie sah ihn nicht an. Einerseits ahnte sie, einige seiner Aussagen von diesem Abend erst verdauen zu müssen. Andererseits genoss sie seine Nähe. Das Leben war kompliziert.

Dr. h. c.

Obwohl Leon ganz genau wusste, dass Elena niemals Einwände erhob, wenn er einen neuen Konzerttermin nannte, fragte er sie dennoch, was sie davon hielt. Sie freute sich darüber, denn sie fühlte sich dadurch stärker in sein Leben einbezogen. Zudem war sie immer bereit, ihn zu begleiten, sofern die Termine nicht mit jenen Wochenenden kollidierten, die sie mit den beiden Kindern aus ihrer gescheiterten Ehe verbrachte. Manchmal machte ihr zu schaffen, ihre Söhne bis zur endgültigen Klärung der Situation nur vierzehntägig zu sehen, daher wollte sie auf keinen Fall auch noch eine dieser seltenen Gelegenheiten auslassen.

"Wenn wir annehmen", gab der Sänger eine wichtige Zusatzinformation, "müssen wir allerdings heute und morgen Abend noch proben."

Elena sah ihm wieder einmal an, wie viel die Band ihm bedeutete.

"Ihr probt doch sonst nie am Vorabend eines Konzerts", wunderte sie sich.

"Sonst spielen wir unseren eigenen Kram."

Ihr Blick machte ihre Verblüffung deutlich.

"Lass' dich überraschen, Schatz", grinste Finderling.

Sie kannte ihn längst gut genug, um zu wissen, dass jeder weitere Versuch, ihm schon im Vorfeld weitere Informationen zu entlocken, vollkommen aussichtslos war. Sie nahm sich allerdings insgeheim vor, darauf zu achten, welche Musik ihr Süßer in den verbleibenden zwei Tagen hörte, denn sie nahm zu Recht an, dass er sich auch über die Proben hinaus auf das besondere Konzert vorbereiten würde. Es gelang ihr jedoch nicht, da er sich stets hinter Kopfhörern verschanzte und ihr lächelnd Handküsse aus der Ferne zuwarf und sein Abspielgerät stoppte, sobald sie in seine Nähe kam.

Nicht einmal auf der Fahrt zum Veranstaltungsort gab er etwas preis.

Während die Jungs ihr Equipment aufbauten, sah sie sich im Saal um und fand durch einige Ankündigungsplakate schnell heraus, dass es sich um eine *Die-Ärzte*-Mottoparty handelte, tat sich allerdings schwer, diese Entdeckung mit *Hole of Fame* in Verbindung zu bringen. Umso erstaunter war sie, als ihr Liebster, wie seine Mitstreiter in einen weißen Kittel gehüllt, die Bühne betrat und das Publikum begrüßte:

"Freunde der Medizin, liebe Krankenschwestern, verehrte Patienten", brüllte er ins Mikrofon und spielte mit einer Hand mit einem Stethoskop um seinen Hals, "ich freue mich, euch hier heute Abend so zahlreich begrüßen zu dürfen. Erlaubt mir ein paar Worte zu meinen geschätzten Mitstreitern: Hinter mir an den Trommeln sitzt der sagenumwobene Dr. Vogelfutter, den Bass zupft bei uns Dr. med. Wurst, die Stromgitarren bedienen Dr. Rock und Dr. Sommer[329], mein Name ist Dr. Eisenkopf, wir alle sind Dr. h. c. – und der erste Song heißt 'Schrei nach Liebe'[330]! Let's go!"

Elena kannte den Song, der mit einem wuchtigen Gitarrenstakkato begann, und staunte, wie authentisch er klang – die Streicherpassagen im Refrain spielte Adam Fleischer mit einem am linken Bühnenrand aufgebauten Keyboard ein. Sie hatte gar nicht gewusst, dass die Band ein solches Instrument besaß, und erst jetzt fiel ihr wieder ein, wie Leon einmal beiläufig erwähnt hatte, dass Adam es bedienen konnte.

---

[329] Anspielung auf 'Dr. Jochen Sommer', der von 1969 – 1984 in der Zeitschrift *Bravo* die Fragen von jugendlichen Lesern zu den Themen Liebe und Sexualität beantwortete. In Wahrheit war Dr. Jochen Sommer ein Pseudonym und die Fragen wurden von einem Team bearbeitet, das vom Psychotherapeuten Martin Goldstein (1927 – 2012) geleitet wurde, der zwar promovierter Mediziner, jedoch nie praktizierender Arzt war.

[330] Aus dem Album 'Die Bestie in Menschengestalt' (1993).

In Anbetracht des Konzertbeginns und der Umgebung hätte sie damit rechnen müssen, doch ein wenig wunderte sie sich schon, als ihr klar wurde, dass *Hole of Fame* ein komplettes Set von *Die-Ärzte*-Songs spielten, ohne ein einziges eigenes Werk einzustreuen. Sie zogen das Programm ungerührt durch und wurden dabei von einem frenetisch mitgrölenden Publikum angefeuert und gefeiert. Zwar wusste wohl jeder, dass die Band auf der Bühne nicht *Die Ärzte* waren, allein die Anzahl der Musiker, fünf statt drei, sprach dagegen, dennoch kochte die Stimmung so hoch, als handle es sich um die Originale. Nach einer Stunde Zugaben wurden die Jungs endlich in den verdienten Feierabend entlassen.

"Es hat riesigen Spaß gemacht", versicherte Elena Leon nach der Show, "aber ein paar Dinge musst du mir trotzdem erklären."

Es dauerte ein paar Sekunden, bis er hinter seinem Handtuch hervorkroch.

"Zum Beispiel?"

"Woher könnt ihr so viele von deren Songs spielen?"

"Proberaum – gestern und vorgestern Abend."

"Zwei Proben reichen?"

Finderling zwinkerte, und sie bemerkte einen gewissen Stolz in seinem Gesichtsausdruck, weil er erkannte, wie beeindruckt sie von dieser Leistung war.

"Na ja, wir sind keine Anfänger mehr – und wir kennen die Songs sowieso. Man muss sich nur ein paar Feinheiten merken, dann geht das ziemlich locker."

"Aber sonst spielt ihr doch nie nach."

"Nö, ist auf Dauer öde."

"Warum dann hier und heute?"

"Kilian kennt die Veranstalter der Party – und die haben ihn vor drei Tagen völlig verzweifelt angerufen, weil die eigentlich von ihnen engagierte *Die-Ärzte*-Coverband abgesagt hat. Deren Gitarrist hat sich den Arm gebrochen. Ziemliches Problem für einen Gitarristen. Theoretisch dürfte es zwar nicht so schwierig sein, nur mal schnell einen Ersatzgitarristen zu integrieren, aber offenbar konnte oder wollte die Kapelle das nicht. Da haben sie Kilian gefragt, ob wir einspringen können. Wir haben ein wenig hin und her telefoniert und dann zugesagt. Songs ausgewählt, vorgestern ausprobiert, welche davon mir stimmlich am besten liegen, und gestern dann nochmal geübt. So kam es. Der ganze Schnickschnack drum herum, die Kittel, das Stethoskop, den

Band- und unsere Künstlernamen – das haben wir uns alles in den Rauchpausen der Proben ausgedacht."

"Wahnsinn – so schnell?"

Leon winkte ab.

"Ach, da gibt ein Wort das andere, und schon wird aus einem albernen Spruch eine umsetzbare Idee. Du glaubst gar nicht, wie viel Blödsinn fünf Männer auf einem Haufen in zehn Minuten reden können, wenn sie die gleiche Wellenlänge haben."

Elena lachte. Immer wieder bemerkte sie an Kleinigkeiten, dass ihr Leons Welt der Musik weiterhin fremd war, aber sie stellte auch fest, dass diese fremde Welt ihr gefiel. Nach ihrem Eindruck ging es in dieser Welt warm und herzlich zu.

"So langsam fange ich an, es zu glauben. Wann hast du die Texte gelernt? Davon habe ich wenig mitbekommen. Du hast zwar viel Musik gehört in den letzten Tagen, aber ich habe dich nicht singen oder auch nur Texte aufsagen gehört."

"Das war nicht viel – die meisten Songs kenne ich gut genug. Ich hatte auch ein paar Spicknotizen auf meiner Setlist. Meistens reicht mir der Anfang einer Strophe, dann fließt der Rest von selbst. Das ist ein Automatismus."

Sie drückte ihm einen Kuss auf, und er freute sich.

"Ich bin zutiefst beeindruckt. Wollt ihr das öfter machen?"

Der Sänger zog die Oberlippe kraus.

"Ich denke nicht. Wenn man zu häufig den Vergleich zwischen einem Publikum in Ekstase hat und der Grundskepsis, die uns von fremden Zuhörern so häufig entgegen gebracht wird, gewöhnt man sich am Ende daran und schmückt sich nur noch mit fremden Federn. Das wäre nicht meins. Nichts gegen Side-Projekte, aber sie dürfen nicht zur Hauptsache werden. Die Gefahr besteht bei guten Coverbands immer. Wir haben noch nicht darüber gesprochen, aber ich glaube, wir lassen das lieber. Würdest du es bedauern, Zeugin eines einmaligen Ereignisses geworden zu sein?"

"Nein, sicher nicht", wehrte sie ab. "Ich höre und schaue euch immer gern zu, ganz egal, was ihr spielt."

Er nahm ihre Hand in seine und drückte sie. Vom Arm aus wurde Elenas ganzer Körper von einem warmen Gefühl durchströmt.

"So fest und zugleich zärtlich", sagte sie stumm zu sich selbst, um es zu verstehen, "das können nur Künstler."

Melodie für sie

Für das Konzert von *Dr. h. c.*, dessen Geheimnis Adam der überraschten Darina gegenüber schon am Vorabend telefonisch preisgegeben hatte, hatte sie hörbar enttäuscht absagen müssen, weil sie bereits bei ihrer Schwester als Babysitterin im Wort gestanden hatte. Umso mehr hatte er sich gefreut, mit welcher Begeisterung sie seine Einladung angenommen hatte, am folgenden Tag nachmittags zum Kaffeetrinken bei ihm vorbeizukommen.

"Aber wir machen keinen neuen Song", hatte er klargestellt. "Am Tag nach einem Konzert fasse ich normalerweise kein Instrument an. Ich kann dir erzählen, wie es war, und wir können uns einfach so unterhalten, wenn du dazu Lust hast. Ich würde mich freuen. Es macht Spaß, ein wenig die Produzentenrolle für dich einzunehmen."

Je mehr er ihr von der Party und dem Undercover-Auftritt von *Hole of Fame* erzählt hatte, desto intensiver hatte sie ihre Sehnsucht zum Ausdruck gebracht, selbst wieder auf der Bühne zu stehen, begleitet von einem gewissen Gejammer über den noch vor ihr liegenden langen Weg dorthin.

"Wenn du erst einmal die passenden Musiker gefunden hast", meinte Fleischer dazu, "kannst du auch den Weg genießen. Jede Probe, auf der ein neuer Song fertig wird, fühlt sich geil an. Es fühlt sich an, als wäre der Weg das Ziel. Leon hätte dazu jetzt bestimmt das passende Zitat von *Aerosmith*[331] oder so. Du kannst dem Baby beim Wachsen zuschauen. Es ist, als wärst du Gott – du hauchst einer Sache Leben ein."

"Aber nichtsdestotrotz dauert es lange, bis man genug Material hat, um Konzerte zu spielen", seufzte sie. "Man muss mindestens eine Stunde Programm haben, vermutlich sogar mehr, wenn man den Abend allein bestreitet."

"Man kann sein Programm auch ein wenig mit Coverversionen auffüllen", riet Adam nach kurzer Bedenkzeit. "Nicht zu viele natürlich. Vielleicht drei von 18 Songs oder so. In unserer Anfangszeit waren wir sogar noch vorsichtiger. Nur ein Cover pro Konzert, nur als Zugabe und jedes Mal ein anderes Stück. Wir wollten auf keinen Fall über unsere Coverversionen definiert werden. 'Das ist doch die Band, die …' – du weißt schon. Man wird auf eine Nummer reduziert, die man noch nicht ein-

---

[331] Hätte er tatsächlich: "Life's a journey, not a destination" – aus 'Amazing' vom Album 'Get a Grip' (1993).

mal selbst geschrieben hat. Das wollten wir unbedingt vermeiden. Wobei es in einem Fall im Nachhinein betrachtet sehr bedauerlich ist. Wir haben Bob Dylans 'Knockin' on Heaven's Door'[332] nämlich schon mit verzerrten Gitarren gespielt, bevor die Version auf der 'Use Your Illusion'[333] von *Guns N' Roses* erschienen ist. Glaubt uns heute natürlich kein Mensch mehr, ist aber trotzdem wahr."

Darina grinste.

"Mein Lieber, ich genieße es, Anekdoten zu hören und an deinem Erfahrungsschatz teilhaben zu dürfen, aber als ehemalige Sängerin einer Top-40-Band sind Coverversionen so ziemlich das Letzte, woran ich musikalisch derzeit interessiert bin."

Adam lachte. Er lachte viel in ihrer Gesellschaft, das war ihm selbst aufgefallen, und er genoss es. Es war auch der Grund, warum er ihr vorzeitig das Geheimnis um *Dr. h. c.* verraten und sie ohne Anlass zum Kaffeetrinken eingeladen hatte. Er hatte diese junge und erfrischend unkomplizierte Frau gern um sich. Wie groß war der Unterschied zu Nancy, bei der er sich stets genötigt gesehen hatte, jedes Wort auf die Goldwaage zu legen und vor jeder Bewegung nachzudenken, wie diese interpretiert werden könnte. Wenn Darina bei ihm war, fühlte er sich frei von derartigen Zwängen und Sorgen – er war einfach er selbst, Adam Fleischer, Gitarrist und Goldschmied, im Grunde seines Herzens ein fröhlicher Mann. Er fragte sich, wie lange er das vergessen hatte.

"Ich hab' noch keine Idee, wie ich die neue Band nennen will", holte Darina ihn aus diesen Gedanken zurück. "Einfach nur *Darina* geht wohl nicht, nachdem mein erstes Projekt mit dem Namen so schrecklich gefloppt ist."

Fleischer setzte eine nachdenkliche Miene auf.

"Letztlich sollte eine Band so etwas natürlich gemeinsam entscheiden. Aber wenn du schon ein paar gute Vorschläge parat hast, wird das ganz bestimmt nicht schaden. Unser Sänger Leon meinte einmal, wenn er jemals ein Soloprojekt machen sollte, würde er es *Soulblack* nennen. Ich find' den Namen toll. Da ich nicht glaube, dass Leon jemals ein Soloprojekt machen wird, weil er schließlich all seine musikalischen Ideen mit uns verwirklichen kann, würde ich ihn einfach fragen, ob er dir den Namen abtritt, wenn du möchtest. Mehr als ablehnen kann er

---

[332] Aus dem Album 'Pat Garrett & Billy the Kid' (1973).
[333] Tatsächlich veröffentlichen *Guns N' Roses* 1991 zeitgleich zwei Alben unter dem Namen 'Use Your Illusion'. Die Coverversion des Songs von Bob Dylan befindet sich auf 'Use Your Illusion II'.

nicht. Kennst du ihn eigentlich schon persönlich – also über die Gigs hinaus, die du von uns gesehen hast?"

Darina betrachtete aufmerksam ihre Schuhe.

"Wir haben uns ein paar Mal unterhalten. Ist aber lange her."
"Ist ein guter Typ."
"Ich weiß."

Entgegen seiner Ankündigung nahm Adam nun doch eine Gitarre in die Hand.

"Sekunde mal", bat er, "ich hab' da grad' was im Ohr."

Mit wenigen kurzen Versuchen probierte er ein paar Tonfolgen aus, dann hatte er erfasst, was ihm durch den Kopf gespukt war.

"Das wird cool, das könnte dich interessieren", behauptete er. "Hast du den Anspruch, in deiner neuen Band die Grundgerüste für alle Songs selbst entwickelt zu haben?"

Sie hielt den Kopf schräg.

"Das kann ich doch jetzt schon nicht mehr guten Gewissens behaupten. Schon die ersten beiden Songs hast du doch stark bearbeitet."

"Ach, was", winkte Fleischer ab, "das ist noch keine wirkliche Bearbeitung. Das ist nur ein bisschen Begleitung rund um deine Gesangsmelodien. Ich möchte es betonen: rund um *deine* Gesangsmelodien! In diesem Fall wäre es etwas anderes. In diesem Fall wäre es meine Idee für eine Gitarrenfigur, die du dann mit deiner Gesangsmelodie zusammenführst – einer Melodie, die du dir freilich erst noch ausdenken musst. Wir hätten das Stück dann also gemeinsam komponiert."

"Willst du denn eine Idee für eine Gitarrenfigur nicht lieber für deine eigene Band verwenden?", fragte sie erstaunt.

"Passt nicht zu uns", befand er, "viel zu poppig. Ich würde sie nicht nutzen. Da schenke ich sie lieber dir, falls du sie haben möchtest."

Bevor sie etwas sagen konnte, fing er an zu spielen – dieses Mal von Anfang bis Ende, ohne Unterbrechungen und in normaler Lautstärke. Hin und wieder warf er kurze Erklärungen ein, indem er Strophe, Überleitung und Refrain auch mit diesen Namen benannte, einmal deutete er an, sich an dieser Stelle gut eine zweite Gitarre oder ein Klavier mit einem kurzen Solo vorstellen zu können. Den letzten Ton ließ er ausklingen und sah seinen Gast an wie ein Kind, dem man gerade erzählt hat, der Weihnachtsmann sei in Wirklichkeit eine Frau.

"Das willst du mir nicht wirklich schenken!", zweifelte sie dann auch gleich.

"Wenn es dir nicht gefällt …"

Er hatte sein gleichgültiges oder vielleicht sogar eingeschnapptes Schulterzucken noch nicht beendet, als ihn Darinas eiliger Widerspruch erreichte.

"Nein, nein, es ist wunderbar, es ist ein Traum, es ist viel zu gut für mich. Das kann ich nicht annehmen. Das hat doch Hitpotenzial, das musst du selbst nutzen!"

Nun lachte Adam wieder so glücklich wie so oft, wenn Darina bei ihm war.

"Wenn es wirklich ein Hit wird, verdiene ich an den Credits ordentlich mit. Da macht es nichts, wenn ich es nicht mit meiner Band gespielt habe."

"Adam, ich kann das nicht annehmen."

"Warum nicht?", fragte er sehr leise. "Es würde mir etwas bedeuten, wenn du zu diesem Lied singen würdest."

An dieser Stelle fiel Darina kurzzeitig die Kinnlade herunter. Gleich darauf wurde sie rot, wahrscheinlich war es ihr bewusst geworden. Fleischer beobachtete all dies ganz genau, und als sie seine Blicke bemerkte, fing sie an zu glühen.

"Jetzt heißt es, Farbe bekennen", zog sie sich selbst durch den Kakao, worüber beide gemeinsam herzlich lachten.

Als sie sich wieder beruhigt hatten, bat sie ihn, die Gitarre kurz wegzustellen und fiel ihm daraufhin um den Hals.

"Adam, vielleicht lachst du mich aus", flüsterte sie ihm ins Ohr, "aber ich trau' mich jetzt einfach, es zu sagen. Ich hab' bei dir das Gefühl, einem Engel begegnet zu sein. Ich hab' immer so sehr nach jemandem gesucht, der meine musikalischen Ideen respektiert und mir hilft, daraus etwas zu machen, und ich habe dabei nie wirklich Glück gehabt. Jetzt kommst du und tust es, und es ist alles so einfach mit dir und wir lachen so viel. Nun willst du mir auch noch diesen wundervollen Song schenken – allmählich fürchte ich, das Schicksal hält mir etwas hin und wird es wieder wegziehen, sobald ich aufhöre, misstrauisch zu sein. Ich will nicht, dass es aufhört."

Er lachte sie nicht aus.

"Der Engel bist doch du", sagte er stattdessen. "Du lockst mich aus meinem Schneckenhaus, was seit Jahren keine geschafft hat. Du bringst mich zum Lachen, was sonst nur meine Jungs schaffen. Du inspirierst mich zu ganz anderer Musik, und du … mit dir ist auch alles so einfach. Du zickst nicht rum. Du hältst Verabredungen ein. Du machst kein Drama daraus, wenn man mal absagen muss. Du quengelst nicht, wenn du deinen Willen nicht bekommst. Du redest, wie du denkst. Du suchst bei den Dingen, die ich sage, nicht ständig nach dem Haar in der Suppe. Du bist ..."

Weiter kam er nicht, weil sie zu knutschen begonnen hatten. Später waren beide nicht so ganz sicher, wer damit angefangen hatte, und nach einigen ergebnislosen Diskussionen entschieden sie, künftig jedem, der danach fragte, zur Antwort aufzutischen, sie hätten zugleich losgelegt.

So weit waren sie allerdings noch nicht. Zunächst hatte Adam massiv mit einer totalen Überflutung seiner Sinne zu kämpfen. Zum einen klang ihm bei jedem Kuss das Echo seiner eigenen Worte im Kopf nach, von denen er ahnte, dass Darina sie nicht alle mit einer konkreten Bedeutung zu füllen wusste. Zum anderen war vor allem die Erkenntnis beeindruckend, wie wunderschön es war, mit einer Frau zu knutschen, die nicht Nancy war. Aber er hatte auch den Eindruck, über die Jahre der Abstinenz vergessen zu haben, wie schön Knutschen überhaupt war. Hinzu kam die Wärme, die von ihr ausging. Sie im Arm zu halten, die Haut ihrer Hände mit seinen Fingerspitzen zu erforschen: Das alles kam ihm vor, als hätte er es noch nie erlebt, obwohl er doch sogar jahrelang mit der großen Liebe seines Lebens – wie er gedacht hatte – unter einem Dach gelebt hatte.

Sie hörten überhaupt nicht mehr auf. Dass Fleischer zwischendurch einmal meinte, eine Melodie im Kopf zu haben, war für ihn kein Anlass, eine Kusspause auch nur in Erwägung zu ziehen. Eine gute Melodie würde ohnehin wiederkommen.

Gegen Abend rafften sie sich auf, zusammen essen zu gehen, wozu er sie einlud, danach trennten sie sich mit dem Versprechen, am Dienstag dort weiterzumachen, wo sie vor dem Aufbruch zum Restaurant aufgehört hatten.

Frau Professor Freud schießt ein Eigentor

Mit einem Kopfschütteln über das eigene Verhalten war es eigentlich nicht getan, aber Imke wusste die radikalen Wechsel selbst nicht recht einzuordnen, denen ihre Art des Umgangs mit ihrem Nachbarn unterworfen war. Einst hatte sie seine Nähe gesucht, sich gefreut, wenn er zum sonntäglichen Frühstück oder abends auf ein Glas Wein herüberkam. Dann hatte sie ihn aus Angst vor einem komplizierten Dreiecksverhältnis zwischen ihrer Tochter, ihm und ihr gemieden. Nun lauerte sie ihm geradezu auf. Ständig lauschte sie, wenn Geräusche aus dem Treppenhaus in ihre Wohnung drangen. Manchmal lag sie nachts still in ihrem Schlafzimmer und bildete sich ein, über die offenen Fenster sein Schnarchen hören zu können, obwohl sie nicht einmal wusste, ob Enno überhaupt schnarche.

Dennoch war sie jedes Mal nervös, wenn sie ihn traf, unabhängig davon, ob es zufällig geschah, von ihr herbeigeführt oder verabredet war. Seit sie sich wieder regelmäßig sahen, führten sie ein ums andere Mal intensive Gespräche über ihre Lebensentwürfe, Gefühle, Enttäuschungen, Verletzungen und andere prägende Erlebnisse. Sie meinte zu spüren, dass sie sich einander annäherten, obwohl sie die zugleich freundschaftliche und kuschelige Atmosphäre der Stunden auf der Couch nach Bodos Beerdigung nie wieder hergestellt oder gar durch Intimitäten intensiviert hatten.

Imke war – soweit sah sie klar – bis zum Hals in Enno verliebt, sehnte sich nach seiner Gesellschaft, und hatte zugleich panische Angst davor, bei ihm auf Gegenliebe zu stoßen. Um ihrer Unsicherheit Herr zu werden, schnitt sie bei seinen Besuchen gerne Themen an, die mit seiner Musik zu tun hatten. Das wirkte interessiert, was sie auch war, hatte aber etwas Unverfängliches. Außerdem kam er dabei häufig ins Erzählen, was ihr lieb war, weil sie somit nichts von sich preisgeben musste und auf diese Weise kaum Gefahr lief, das Chaos in ihrem Innenleben für ihn ersichtlich zu machen.

Sie schenkte Wein ein und bemühte sich tapfer, den Abstand zwischen ihm und sich auf der Couch weder zu groß noch zu klein werden zu lassen.

"Ich hab' mal eine Freundin gehabt, die der Ansicht war, zum großen Künstler brauche man mehr Marketingtalent als künstlerische Begabung", eröffnete sie. "Ich verstehe auch, was sie meint, aber ich habe nie so recht geglaubt, dass das stimmt. Es muss sich wohl eher beides die Waage halten, meinst du nicht?"

Wittstock hob abschätzig die Augenbrauen.

"Ich denke, es gibt einen Unterschied zwischen dem, was deine Freundin als 'großen Künstler' bezeichnet, und dem, was ich so nennen würde. Der Unterschied dürfte, wenn wir uns auf Musiker beziehen, in Verkaufszahlen liegen. Aber wenn du 'groß' mit 'kommerziell erfolgreich' ersetzt, hat sie vielleicht Recht."

"Demzufolge hat es euch an Marketingtalent gefehlt."

"Kann schon sein. Aber ich war nie ein Fan von sogenannten Marketingmaßnahmen, die über Plakate und Flyer hinausgehen. Man muss sich doch nicht zum Affen machen. Irgendjemand hat uns mal geraten, wir sollten uns in Feinripp-Unterhosen auf die Bühne stellen, damit kämen wir bestimmt in die Zeitung, und dann würden beim nächsten Mal ein paar Neugierige mehr bei unseren Konzerten vorbeischauen."

Imke schmunzelte.

"Ihr habt es nicht gemacht, oder?"

"Natürlich nicht! Wir wollten immer unsere Musik für uns sprechen lassen, vielleicht noch unsere Texte, unsere Bühnenshow und unsere Plattencover. Aber doch nicht so einen Scheiß! Was hätten wir denn davon, wenn jemand zu uns kommt, weil er mal diese Typen in Eierbechern sehen will? So ein Gag zieht doch auch nur einmal."

Sie nickte zustimmend.

"Ärgert es dich eigentlich sehr, dass ihr den großen Durchbruch im Musikgeschäft nie geschafft habt?"

Enno schaute sie verblüfft an.

"Wie kommst du darauf?"

"Weil du immer wie ein Getriebener auf mich wirkst. Immer ein wenig gehetzt, unruhig. Nimm es mir bitte nicht übel: So wie jemand, der zu realisieren beginnt, dass er seine großen Ziele nicht erreichen wird."

Wittstocks Überraschung schien noch zugenommen zu haben.

"Rastlos?"

"Ja", nickte sie, "auch kein schlechter Begriff dafür."

"So hat Leon es mal genannt. Allerdings hat er es positiv gemeint. Wir haben uns etwas bewahrt, er und ich, etwas, das so viele andere verloren haben. Ich kann mich an eine ganze Menge junger Kerle erinnern, die von Unrast und ihrer inneren Wut getrieben so laut wie möglich Punk oder Metal spielten. Heute sind die meisten von ihnen biedere Familienväter mit Reihenhaus in der Vorstadt, und an Punk erinnern sie noch ungefähr so stark wie das langsam zu einem hilflosen Grundrauschen verklingende Geräusch sich entfernender Kehrmaschinen. Musik ist zwar immer noch ihr Hobby, aber die Hälfte ihrer Songs handelt inzwischen von Essen und Trinken, nicht mehr von den Ungerechtigkeiten dieser Welt oder dem unkontrollierbaren eigenen Gefühlshaushalt. Ich galt immer als derjenige in der Band, der sich am wenigsten um Leons Texte scherte, aber ich weiß dennoch, wovon unsere Lieder handeln, weil ich es fühle. Dazu muss ich nicht jedes Wort kennen. Wenn du den biederen Familienvätern in jüngeren Jahren Bilder von ihrem jetzigen Leben gezeigt hättest, wäre fast jeder von ihnen bereit gewesen, einen Schwur zu leisten, nie so zu werden. Aber das hätten sie auch längst vergessen, die meisten jedenfalls. Manchmal glaube ich, Leon und ich sind die einzigen, die durchgehalten haben, uns selbst treu geblieben sind. Wir haben immer noch diese Wut, die Rastlosigkeit. Es gibt aus unserer Sicht noch viel zu viel zu sagen, um sich auf die Bequemlichkeiten eines Spießerlebens zurückzuziehen. Regulären Berufen gehen wir nur nach, weil wir Geld brauchen. Das heißt nicht, dass wir anders ticken als früher. Ich verstehe, dass es andere befremden kann, wenn jemand die Entwicklung nicht mitmacht. Aber ich verstehe nicht, warum wir so wenige geworden sind. Unruhig und gehetzt? Mag sein. Vielleicht sind wir wirklich Getriebene. Aber die Sache mit den großen Zielen, die ist falsch. Es ging nicht darum, berühmt zu werden. Es ging darum, sich selbst treu zu bleiben. Darin haben wir gewonnen. Anscheinend fast als einzige."

Nun war die Reihe an Imke, verblüfft zu schauen.

"Schläfst du deshalb so oft es geht mit jungen Frauen? Um dich selbst jünger zu fühlen? Näher an dem, was du warst und gern geblieben wärst?"

Nun wurde Ennos Miene feindselig.

"Nein, ich schlafe so oft mit jungen Frauen, weil ich überhaupt gern mit Frauen schlafe. Ist daran etwas verwerflich, solange ich ungebunden bin?"

"Nein. Aber bist du vielleicht nur ungebunden, damit du nie ablehnen musst, wenn sich eine Gelegenheit ergibt?"

"Ich war häufig genug gebunden, um mich nicht mehr der Illusion hinzugeben, ein Treueversprechen hätte irgendeinen Wert. Das gilt für beide Seiten. Treue muss eine Lust sein, keine Last – darum sollte man keine Versprechen geben. Oder vielleicht auch mehr als man brechen kann, wie Leon es mal in einem Songtext formuliert hat."

"Hat er das?"

"Ja. In 'The Lodge of the Damned'[334], glaub' ich. Ziemlich alte Nummer. Sage noch einer, ich hätte keine Ahnung von unseren Songtexten. Ha!"

"Aber du gefällst dir auch in der Rolle des charmanten Verführers", kam Imke zum Thema zurück. "Künstler und Herzensbrecher – je mehr, desto besser."

"Jetzt übertreib' nicht. Als nächstes wirst du mir vorwerfen, ich würde sogar Yogakurse besuchen, um Frauen kennenzulernen."

---

[334] Richtig zitiert von Herrn Wittstock. Die Textzeile, auf die er anspielt, lautet: 'I learned to always make more promises than I can break.'

"Besuchst du Yogakurse?"
"Nein."
Für eine Weile sagten beide nichts. Imke versuchte, Ordnung in ihre Gedanken zu bringen, was ihr nur bedingt gelangt, weil sie dabei immer wieder von starken Gefühlsaufwallungen gestört wurde. Heimlich biss sie sich auf die Zunge, obwohl es natürlich längst zu spät war. Sie ahnte, dass sie ein Eigentor geschossen hatte.
"Ich geh' dann jetzt mal", sagte Enno plötzlich.
"Nein, warum denn?"
"Es ist mir zu kompliziert mit dir. Wir führen ein POG nach dem anderen, obwohl wir auch einfach knutschen und poppen könnten. Ich hab' dich echt gern, aber du machst aus unserer Bekanntschaft inzwischen 'ne richtig fette Psychonummer! Das ist mir zu anstrengend. Dafür bin ich nicht der richtige Typ."
"Warte!"
Der Gitarrist hatte sich erhoben.
"Nö, Imke, lass' mal. Das klärende Gespräch nach Bodos Beerdigung musste wohl sein, das hab' ich verstanden, auch wenn ich ein paar Kröten dabei schlucken musste. Aber dass du jetzt bei jeder Gelegenheit Frau Professor Freud[335] heraushängen lässt, wird mir zu viel. Mit uns würde es niemals in einer richtigen Beziehung funktionieren – und darüber entscheidet nicht mein Verständnis von Treue, sondern deine Art, mein Verhalten sezieren zu wollen. Du kannst gern anklopfen, wenn du mal Hilfe brauchst, ich will gern ein guter Nachbar sein. Aber alles andere endet hier."
"Warte!"
Wittstock wartete nicht. Er kannte den Weg, und Imke war zu konsterniert, um auf den plötzlichen Abgang zu reagieren. Sie sah ihm nur nach und zuckte zusammen, als sie ihre Wohnungstür einrasten hörte.
"Scheiße!", flüsterte sie.

Leons schwierigster Auftritt

Schon die Frage, was man mit einem 14- und einem 7-jährigen Jungen gleichzeitig unternehmen kann, ohne einen von

---

[335] Eine Anspielung auf Sigmund Freud (1856 – 1939), den Begründer der Psychoanalyse.

beiden zu langweilen, empfand Finderling als ziemliche Herausforderung.

"Jetzt weißt du, vor welchem Problem ich alle zwei Wochen stehe", lachte Elena. "Sich ständig etwas Besonderes auszudenken, ist auch gar nicht so einfach. Früher konnte ich sagen: 'Geht doch im Garten spielen!' Manche Möglichkeiten weiß man eben erst zu schätzen, wenn man sie nicht mehr hat."

Leon willigte ein, als Elena einen gemeinsamen Zoobesuch vorschlug. Angesichts der vielen exotischen Tiere würde es leichter sein, bei der ersten Begegnung zwischen ihrem neuen Freund und ihren Kindern eine verkrampfte Atmosphäre zu vermeiden.

"Mit 14 wäre ich nicht auf die Idee gekommen, in den Zoo zu gehen", gestand Leon, "aber vermutlich hätte ich es auch nicht gehasst. Außerdem fällt mir keine bessere Alternative ein. Schwieriges Unterfangen, beiden gerecht zu werden."

"Ich halte es für wichtiger, Sebastian zu begeistern", antwortete die Mutter. "Philipp ist alt genug, sich auf die Unterhaltung mit dir konzentrieren zu können, wenn ihn die Tiere nicht interessieren. Er versteht auch mein Anliegen. Ihr sollt euch beschnuppern – und dazu gehen wir in den Zoo. Für Sebastian ist es eher andersherum. Wir gehen in den Zoo, und du bist auch dabei. Wahrscheinlich ist das auch ganz gut so."

Sie machten sich mit ihrem Auto auf den Weg zum Bahnhof, weil es im Gegensatz zu seinem einen Kindersitz hatte. Wie es sich seit einer Weile eingespielt hatte, waren die Kinder von Eberhard in den Zug gesetzt worden, Elena musste nur rechtzeitig am Bahnsteig sein, um sie in Empfang zu nehmen. Für Sebastian waren die Bahnfahrten ohne Elternteil, Kindergärtnerin oder Lehrerin immer noch Abenteuer. Elena wusste von Philipp, dass der Kleine schon die Reise selbst, nur vom großen Bruder begleitet, wahnsinnig aufregend fand. Unter Umständen half auch diese Art neuer Erfahrungen ein wenig über den Verlust der Mutter im Alltag hinweg.

"Für den Moment hilft das bestimmt", meinte auch Leon. "Aber wenn an zwölf von 14 Tagen die Mami nicht mehr da ist, kann das schon ein herber Schlag sein. Würdest du es eigentlich begrüßen, wenn Eberhard sich eine neue Freundin anlachen würde? Oder würdest du es als Gefahr für das Verhältnis zwischen den Kindern und dir ansehen?"

Elena antwortete nicht sofort, sie musste darüber nachdenken.

"Das kann ich gar nicht so recht sagen", meinte sie dann. "Eberhard gegenüber hätte ich wohl weniger schlechtes Gewissen, wenn er eine hätte."

Dann zögerte sie und korrigierte sich.

"Nein, das ist Unsinn. Ich habe kein schlechtes Gewissen gegenüber Eberhard", stellte sie fest. "Wir hatten ein paar gute Jahre und danach viele schlechte. Ich hätte ihn vielleicht nicht belügen und betrügen sollen, aber ich wusste damals schließlich auch nicht, wohin die Reise gehen würde. Hätte ich mich von ihm trennen sollen, nur weil ich beim Einkaufsbummel mit Brigitte einen unglaublich interessanten Mann kennengelernt habe? Weil ich dem Mann am Abend noch beim Musizieren zugeschaut und ihm dann seine Telefonnummer abgeschwatzt habe? Oder weil ich diesen tollen Mann wiedergetroffen und mit ihm geschlafen habe? Ja, ich hab' mich in sehr kurzer Zeit in dich verliebt, aber so schnell wirft man eine Ehe dann auch nicht weg. Es musste sich doch erst herauskristallisieren, dass ich wirklich zu dir gehöre – nicht mehr zu ihm. Das Herz wusste es früh, aber der Kopf musste es nachvollziehen und die Konsequenzen akzeptieren. Der einzige Fehler, den ich mir vorwerfen kann, ist der, vielleicht länger mit dem Schnitt gewartet zu haben, als notwendig war. Aber das hat mehr mit den Kindern zu tun als mit Eberhard und dir."

Finderling lächelte.

"Gut, dein Gewissen gegenüber Eberhard spielt also keine Rolle. Was ist mit den Kindern? Wäre eine hypothetische neue Freundin Eberhards eine Gefahr?"

"Tja, das ist wirklich sehr hypothetisch. Vielleicht wäre sie eine, vielleicht auch nicht. Das käme wohl darauf an, wie sie mit den Kindern umgehen würde, ob sie mit im Haus wohnen würde, ob die Kinder sie mögen würden und so weiter."

"Hm, stimmt. Schwer zu sagen."

"Ich meine, da ist alles vorstellbar. Im besten Fall würde sie gut mit den Kindern umgehen, ohne dabei zu versuchen, mich aus deren Leben zu drängen. Im schlechtesten Fall würde sie sie mies behandeln, vielleicht, weil es nicht ihre sind, oder versuchen, sie mir abspenstig zu machen."

"Okay, ich ziehe die Frage zurück. Die Möglichkeiten sind zu vielfältig. Aber weißt du, was mir an deiner Reaktion gefallen hat: Es kam weder ein pauschales Ja, noch ein pauschales Nein. Du hast genug emotionale Distanz zu dem Thema, um rational heranzugehen und die Dinge differenziert zu betrachten. Das ist bewundernswert."

Zum Glück standen sie gerade an einer roten Ampel, denn Elena musste laut loslachen und Leon wusste im ersten Moment nicht, wie ihm geschah.

"Wenn ich dich nicht besser kennen würde", sagte sie, noch immer von aufflackerndem Lachen durchsetzt, "würde ich denken, du nimmst mich auf den Arm. Ich und rational. Zwei Welten, die sich selten begegnen."

"Selten vielleicht – aber deine Rede von gerade war ein solcher Moment."

"Im Ernst? Ich glaube nicht, dass ich mich je auf eine Verabredung mit dir eingelassen hätte, wenn ich stets rational handeln würde."

"Puh!", machte Finderling. "Aber alles sprach dafür: Ich war der Typ, der dir so gut gefiel, dass du dir vorstellen konntest, vom ihm die Dinge zu bekommen, die Eberhard dir nicht geben wollte oder konnte."

Sie überlegte.

"Nein, anfangs habe ich das nur gefühlt – nicht gedacht. Nix Ratio. Ratio war immer Eberhards Sache. Manchmal ging mir das ziemlich auf den Keks."

"Aber als du zu mir kamst, war Eberhard nicht so rational gewesen."

"Das hatte mich auch überrascht. Mist. Falls die Anzeige da vorn stimmt, ist das Parkhaus voll. Gibt es hier eine Alternative?"

Leon dachte eine Sekunde nach und wies ihr dann den Weg in ein anderes Parkhaus – es lag auf der Bahnhofsrückseite.

"Für Kurzparker ist es hier sogar erschwinglich."

Sie fand eine freie Box. Kurz darauf ging das Paar auf die Haupthalle zu.

"Vielleicht ist der Zeitpunkt nicht so günstig, das Thema noch anzuschneiden", entschuldigte Finderling sich auf dem Weg zwischen Auto und Bahnsteig, "aber du hast mir nie genau erklärt, warum du jetzt eigentlich die Entscheidung zur Trennung getroffen hast, nachdem du dich vorher zwei Jahre lang nicht dazu hattest durchringen können. Immerhin erinnere ich mich, dass wir schon sehr früh im Laufe unserer Affäre einmal derartige Szenarien durchgespielt haben. Damals habe ich dich gebeten, die Entscheidung unabhängig von mir zu treffen. Hat es damit zu tun?"

"Nein", entgegnete Elena. "Sie war nicht unabhängig von dir. Dazu war ich jetzt nicht fähig und früher auch nicht. Wenn es dich nicht gäbe, wäre ich noch heute unglücklich an Eberhards

Seite. Anfangs habe ich die Kinder im Zweifel noch über alles gestellt. Ich habe mir eine Zeitlang vorgemacht, ihnen ein heiles Zuhause bieten zu können und mir die Kraft für diese Schauspielerei bei dir holen zu können. Meine größte Angst in jener Zeit war, dass du von der Seltenheit unserer Treffen irgendwann frustriert sein könntest und mich zum Teufel schickst. Aber das hast du nicht getan – und dadurch mein Vertrauen gestärkt, der Richtige zu sein. Dann wurde mir immer klarer, dass die Kinder letztlich nichts davon haben, in einem Umfeld von Unwahrheit und Verstellung aufzuwachsen. So kam ich der Entscheidung immer näher, wenn es auch ein langsamer und mühsamer Prozess war. Eine wichtige Frage war natürlich, ob Eberhard mir die Kinder lassen würde. Eigentlich hatte ich damit gerechnet. Der Rauswurf kam dann völlig überraschend. Nun müssen die Anwälte klären, ob die Kinder bei ihm bleiben oder doch noch zu mir kommen. Ich würde dann mit ihnen in eine eigene Wohnung ziehen – aber in deine Nähe. So sah mein Plan aus, den er ziemlich durchkreuzt hat. Zum Glück hatte ich die Möglichkeit, dass er sie bei sich behalten will, auch in Betracht gezogen, deshalb schockt es mich jetzt nicht, dass es offenbar tatsächlich so ist. Irgendeinen Grund muss es haben, dass sein Anwalt sich so viel Zeit lässt, von sich hören zu lassen. Im Nachhinein betrachtet wurde durch den anderen Verlauf der Dinge sogar vieles einfacher für dich und mich, denn so konnte ich sofort zu dir kommen. Mit den Zwergen im Schlepptau wäre das nicht möglich gewesen. Inzwischen habe ich mich arrangiert und finde es für mich gar nicht so übel, wie es gekommen ist. Ob es für die Kinder besser oder schlechter ist, kann niemand beurteilen, weil man nicht vergleichen kann. Allerdings horche ich die Kinder bei jedem Treffen ein wenig aus, um festzustellen, ob ich Anzeichen erkennen kann, dass es ihnen schlecht geht. Wenn es so wäre, müsste Dr. Köhlbrand Wege finden, die juristische Klärung der Angelegenheit zu beschleunigen. Aber bisher ist das zum Glück nicht der Fall. Ich hoffe, es bleibt so. Eberhard ist kein schlechter Mensch. Nur nicht mehr der richtige Mann für mich – falls er es je war. Aber dich kannte ich nun einmal nicht früh genug, um seine Frage abschlägig zu bescheiden. Das Schicksal hat uns erst spät zusammengeführt."

"Ich bezweifle, ob du dich damals für mich interessiert hättest", schmunzelte Leon, "immerhin war ich noch nicht einmal volljährig, als du geheiratet hast – und hatte eigentlich nur Flausen im Kopf. Na gut, das ist noch heute so – aber bestimmt hätte ich gar nicht gemerkt, wenn du dich für mich interessiert hättest. Ich war damals ziemlich schwer von Begriff in dieser Hinsicht."

"Ach, du, das hätten wir schon hinbekommen. Vermutlich wäre ich dir zur Not jahrelang hinterhergelaufen. Aber da wir uns nie begegnet sind, haben wir uns eben erst vor zwei Jahren getroffen. In einem Straßencafé am Rande eines Flohmarkts – das ist so kitschig, dass man einen Roman daraus machen müsste, meinst du nicht?"

"Oder einen Song?"

Elena gab Leon einen schnellen Kuss. Der Zug fuhr gerade in den Bahnhof ein.

"Bist du bereit?", fragte sie ihn.

"Die zwei Kids machen mich nervöser als 500 Zuhörer bei einem Konzert", gestand Finderling. "Aber da muss ich jetzt durch. Wird schon werden!"

Sie sahen die Kinder sofort. Sebastian stürmte gleich auf seine Mutter zu und sprang ihr in die Arme. Philipp blieb eher cool im Hintergrund, bewachte die Reisetasche der beiden und ließ sich kaum mehr als ein Wangenküsschen für Elena entlocken. Vielleicht trieb ihn die Sorge um, überschwängliche Ausbrüche von Emotionalität würden ihn kindlich wirken lassen.

Für Leon hatte er immerhin einen festen Händedruck parat. Sebastian zeigte sich scheu. Mehr als ein ziemlich genuscheltes Hallo bekam er nicht heraus. Elena nahm ihn bei der Hand und bedeutete ihrem Liebsten, es erst einmal dabei zu belassen.

Auf der Fahrt zum Zoo drehte Finderling sich vom Beifahrersitz aus zu Philipp um fragte ihn nach dessen Hobbys.

"Ach, nichts Besonderes eigentlich", zeigte der Ältere sich zunächst nicht sehr auskunftsfreudig. "Abhängen mit den Kumpels und so."

Leon sah, wie seine Mutter den Mund öffnete, offenbar versucht, in das Gespräch einzugreifen, wehrte die beabsichtigte Hilfe aber mit einer Handbewegung ab.

"Es gibt irgendwie immer was, worüber man mit den Kumpels quatschen kann, oder? Das war bei uns auch so. Coole Musik, neue Filme, Weiber, ätzende Lehrer – ist nicht so, dass man nichts zu besprechen hätte."

"Hattest du auch ätzende Lehrer?"

Innerlich beglückwünschte Leon sich, einen Türöffner gefunden zu haben.

"Klar, was denkst du? Nervten immer mit Hausaufgaben rum und taten so, als wäre ihr Fach das einzig Wahre und Wichtige im Leben."

"Ich weiß eh nicht, wozu ich später im Leben mal Physik brauche. Ich versteh' den Scheiß einfach nicht. Ist doch egal, ob gebrochenes Licht bunt wird."

"Tja, nachdem das alles schon ein paar Jahre hinter mir liegt, kann ich schon ein bisschen verstehen, warum sie es trotzdem unterrichten. Bei euch in der Klasse wissen die meisten jetzt noch nicht, was sie später mal machen wollen, deshalb gibt man euch sicherheitshalber von allem ein bisschen mit. Aber damals gingen mir ein paar Fächer genauso auf die Nerven wie dir jetzt. Davon kannst du ausgehen."

Das Eis schien ein wenig zu tauen.

"Echt? Welche denn?"

"Ach, alle Naturwissenschaften eigentlich. Mit Sprachen und Geisteswissenschaften konnte ich mehr anfangen – aber das hat mit meinen Talenten zu tun. Aber wenn der Lehrer ätzend war, nützte auch die größte Begabung nicht. Konnte man auch an meinen Noten ablesen. In der 10. Klasse hatte ich eine 2 in Geschichte. In der 11. nur noch eine 4 – weil ich eine andere Lehrerin bekommen hatte, und die und ich uns nicht leiden konnten. Nicht so toll, aber war eben einfach so. Später ist sie gestorben – hat mich überhaupt nicht mitgenommen, auch wenn das jetzt vielleicht gemein klingt."

Finderling sah, wie Philipp grinste.

"Mom hat gesagt, du hast 'ne Band. Wie ist denn das so?"

Aus dem Augenwinkel bekam der Sänger mit, wie Erleichterung auf dem Gesicht der fahrenden Mutter aufschien.

"Frag' mich gleich nochmal, wenn wir da sind und durch den Zoo spazieren."

Eine halbe Stunde später waren Zebras, Nashörner, Pinguine oder Löwen für Leon nur Randerscheinungen, weil er spürte, wie gebannt Philipp seinen Ausführungen lauschte, und dieser Aufmerksamkeit gerecht werden wollte. Die Nervosität vor einem Auftritt, der Adrenalinschub, den das Spiel mit dem Publikum bedeutet, die Sicherheit, die eine perfekt eingespielte Rhythmusgruppe dem Frontmann gibt, der Stolz auf die Aufnahme eines hörbaren Songs – auf jede Frage des Jungen gab er ausführlich Antwort.

"Es kommt nicht darauf an, welche Art von Musik man machen will. Jeder muss seine eigene Richtung und die dazu passenden Mitstreiter finden. Entscheidend ist der Willen, das Optimum herauszuholen. Aus dem Song, aus sich selbst und den Bandkollegen, und aus den technischen Möglichkeiten. Ein guter Song ist auch dann ein guter Song, wenn man sich kein teures Aufnahmestudio leisten kann. Aber wenn man es sich leisten kann, sollte man die Qualität hinterher auch hören können."

"Aber wie hast du herausgefunden, dass dir das Spaß macht?"

"Am Anfang war es keine Frage, ob es Spaß macht. Ich musste es einfach tun. Die Songs waren in mir drin, und sie mussten raus. Der Spaß wurde mir erst mit der Zeit bewusst. Ich habe nie in Frage gestellt, was ich da mache."

"Und heute?"

"Heute ist der Spaß ein sehr wichtiger Bestandteil. Da ich kein Geld damit verdiene, muss das auch so sein. Aber der ursprüngliche Antrieb ist auch immer noch da. Ich habe keinen richtigen Namen dafür. Manchmal nenne ich es 'Wut'. Etwas, das raus muss. Ich fühle mich besser, wenn ich mit den Jungs laut Musik gemacht habe. Wenn es dann auch noch Zuhörer gab, denen es gefallen hat, ist das umso besser. Aber es ist nicht das Wichtigste. Auch im Proberaum einen Song fertigzustellen, ist einfach geil und bedeutet mir immer noch viel, obwohl ich es nun schon ungefähr hundertmal erlebt habe. Es ist, als ob man einen Stein zum Leben erweckt."

Hinter Philipps Rücken warf Elena Leon zu dessen stillem Vergnügen heimlich Kusshände zu. Augenscheinlich freute sie sich so sehr darüber, dass ihr älterer Sohn dem neuen Partner der Mutter an den Lippen hing.

"Ich könnte mir schon vorstellen, mit meinen Kumpels auch mal etwas auszuprobieren. Aber wir können alle kein Instrument spielen. Da käme doch nichts dabei heraus."

"Der Anfang ist immer schwer, aber dann hängt es von eurem Ehrgeiz ab. Wenn ihr fünf Leute wärt, die gleichzeitig auf ihren Instrumenten anfangen, und drei davon den Biss haben, zu üben und besser zu werden, ziehen die beiden anderen mit oder hören bald wieder auf. Da trennt sich die Spreu recht schnell vom Weizen."

"Ich wüsste nicht einmal, welches Instrument ich spielen wollte. Mom meint, ich hätte Rhythmusgefühl, aber einer meiner Kumpels sprach auch schon mal davon, er wolle Schlagzeug lernen – dann wären wir zwei."

"Dann müsste man vielleicht einfach mal ein paar Stunden Schlagzeugunterricht für euch beide arrangieren und die Meinung des Lehrers einholen, wer mehr Talent hat", überlegte Finderling laut. "Das Problem ist übrigens immer der Bass. Fast niemand will Bass spielen, obwohl das ein total geiles Instrument ist. Aber weil jeder, der nicht differenziert Musik hört, also auf alle Instrumente achtet, dazu neigt, den Bass zu überhören, ist das Instrument bei Anfängern eher unbeliebt. Sänger zu sein muss man sich hingegen trauen. Es ist nicht jedermanns Sache, seine eigene Stimme laut zu hören und erst recht nicht, bei einem Auftritt den Leuten in der ersten Reihe in die Augen schauen zu müssen."

"Und wie machst du das?"

"Ich habe gelernt, es zu lieben. Am Anfang hatte ich auch Angst. Aber es gibt gute Tricks. Wenn man Angst hat, sollte man sich im Publikum einen Kerl aussuchen, von dem man denkt, dass er bestimmt der größte Skeptiker von allen ist. Den fixiert man, singt ihn an, strahlt ihn an. Meistens fängt man ihn damit ein – und das bekommt der Rest des Publikums irgendwie unterschwellig auch mit und lässt sich mitreißen. Oh, wir tauchen schon tief in die Geheimnisse einer guten Bühnenperformance ein. Das geht zu weit für eine Band, die noch nicht einmal gegründet ist. Machen wir lieber einen Schritt zurück. Sprich doch mit deinen Kumpels, ob sie nicht Bock hätten, eine Band zu gründen."

So schnell Leon Philipp um den Finger gewickelt hatte, so distanziert blieb Sebastian. Er klebte ununterbrochen an der Hand der Mutter, ließ sie nicht einmal los, wenn er ein aufregendes Tier entdeckt hatte und war auch nicht für den Spielplatz zu begeistern. Lediglich das Eis am Stiel, das Finderling zwischendurch für alle holte, nahm auch der Kleine an, allerdings ohne ein Wort der Dankbarkeit, obwohl Elena ihn dazu aufforderte. Leon nahm es nicht schwer, sondern zwinkerte dem 7-Jährigen zu.

Ganz bewusst ließ Elenas neuer Freund die Familie gegen Ende des Ausflugs einmal für ein paar Minuten allein, vorgeblich um die Wandtafel mit den großzügigen Unterstützern des Tierparks zu studieren, tatsächlich natürlich, um nicht im Weg zu sein, falls es Dinge auszutauschen gab, die ihn nichts angingen.

Auch beim Abschied am Bahnsteig hielt er etwas Abstand. Philipp allerdings schüttelte ihm wieder kräftig die Hand und merkte sogar an, er würde über die Sache mit der Bandgründung nachdenken. Sebastian wirkte etwas mitgenommen von der neuerlichen Trennung von der Mutter, daher drängte Leon sich ihm nicht auf. Der Sänger winkte auch nicht, als der Zug abfuhr, dies blieb Elena und ihrem jüngsten Sohn vorbehalten.

Als der letzte Waggon außer Sichtweite war, fiel Elena in Leons Arme.

"Puh!", machte sie nur.

"Anstrengend?"

"Ich wollte es mir nicht eingestehen, aber ich war ganz schön nervös."

"Ich nehme an, du hast dich gefühlt wie die Frau eines Einbrechers."

Auf ihren Pupillen formten sich Fragezeichen.

"Du musst die Dinge ihren Lauf nehmen lassen", erläuterte er die Metapher. "Du hast wenig oder keinen Einfluss auf das Geschehen, und hoffst, alles geht gut."

"Was du immer für erstaunliche Bilder im Kopf hast – bewundernswert! Aber du hast Recht. So ungefähr habe ich mich tatsächlich gefühlt. Mir lag doch Einiges daran, dass die Kids dich nicht als Feind betrachten."

"Ob das bei Sebastian geklappt hat, bin ich aber noch nicht so sicher."

"Er ist ängstlich und weiß immer noch nicht recht, was das alles zu bedeuten hat. Für ihn ist so vieles neu."

"Das gilt für uns alle: Sebastian, Philipp, Eberhard und uns beide."

"Ja, schon, aber Sebastian ist eben noch ein Kind."

"Ja – und sehr auf die Mutter fixiert, kann das sein?"

"Zumindest fällt es ihm wohl schwerer, sich an die neue Situation zu gewöhnen, als allen anderen Beteiligten, ja."

"Du wirst das im Auge behalten, oder?"

Elena nickte.

"Wenn er dich nötiger braucht als ich …"

"… werde ich dich dennoch nicht aufgeben und auch nicht zu Eberhard zurückkehren. Kommt nicht in Frage! Beides nicht. Ich würde nicht einmal darüber nachdenken. Aber ich liebe dich auch für deine Rücksichtnahme."

Hand in Hand gingen sie zum Auto zurück. Elena blieb die Heimfahrt über schweigsam und Leon nahm an, dass sie in Gedanken die Erlebnisse des Tages noch einmal Revue passieren ließ. Er fühlte sich ihr zutiefst verbunden und glaubte fest daran, mit ihr gemeinsam jedes Problem lösen zu können.

Rockstar

Weder hatte Adam sich für Darina als die befürchtete kleine Gemeinheit des Schicksals herausgestellt, noch Darina sich für Adam als Fata Morgana entpuppt. Montag und Mittwoch hatte er geprobt, Dienstag- und Donnerstagabend aber mit ihr knutschend und mit guten Gesprächen (Anteile ca. 80:20) verbracht und sie nur ungern wieder nach Hause gehen lassen. Am Freitagabend schließlich hatte er sich getraut, ihr an die Wäsche zu gehen, und sie war umgehend darauf eingestiegen. Nach einem sehr ausgiebigen Nachspiel hatte er sich ein Herz gefasst und sie gefragt, ob sie bei ihm bleiben wolle – und sie hatte bejaht. Er hatte ihr seine Freude und Erleichterung darüber ausgedrückt und gleich im Anschluss ein anderes, ihm in diesem Zusammenhang wichtiges Anliegen angesprochen.

"Wir haben morgen einen Gig irgendwo auswärts", sagte er, "das Kaff heißt Falkenberg oder so, ich weiß selbst nicht genau, wo das liegt, aber es ist relativ weit weg. Wir müssen schon mittags losfahren. Versteh' mich jetzt bitte, bitte nicht falsch, aber ich möchte, dass du morgen nicht mitkommst. Ich sag' dir natürlich auch den Grund: Du machst mich so glücklich, dass ich es noch nicht fassen kann! Und so lange ich es noch nicht fassen kann, möchte ich dieses Glück noch niemandem zeigen. Ich glaube nicht, dass es lange dauern wird, aber für den Moment möchte ich noch ein Geheimnis daraus machen, verstehst du das? Wenn ich dann soweit bin, darfst du selbstverständlich zu jedem weiteren Konzert von uns mitkommen, wenn du willst. Ich möchte das dann sogar."

Darina schluckte kurz, das sah er, dann aber akzeptierte seine Bitte.

"Na klar. Wir haben uns doch ein wenig über deine schwierige Beziehungsvergangenheit unterhalten. Nimm dir so viel Eingewöhnungszeit, wie du brauchst. Ich hab' nicht vor, morgen wieder zu verschwinden. Und auch nicht übermorgen. Ich werde schon noch zu ein paar Konzerten von euch mitkommen. War sie früher eigentlich häufig dabei?"

Adam lächelte dankbar, auch, weil Darina seine Angewohnheit, die direkte Nennung von Nancys Namen zu vermeiden, anscheinend instinktiv übernommen hatte.

"Ganz früher fast immer. Natürlich wurde es im Laufe der Zeit dann weniger. Als wir dann nach Ende ihres Studiums zusammenwohnten, lief es so ähnlich: Erst war sie ständig dabei, nach einer Weile kam sie dann aber eigentlich nur noch mit, wenn sie glaubte, einen Grund zur Eifersucht zu haben. Zwei- oder dreimal war das so. Ich weiß bis heute nicht, was sie da geritten hat. Ich war immer eine treue Seele. Tja, und jetzt in den letzten zwei Jahren, als wir uns wieder häufiger gesehen haben, kam sie normalerweise nicht zu unseren Auftritten. Ich glaube, sie wollte sich nicht zu forsch in mein Leben drängen. Sie war nur einmal dabei, da hatte ich sie explizit eingeladen. Das ist noch gar nicht so lange her. Morgen wird sie ganz sicher nicht dort sein, mach' dir keine Sorgen. Ich denke, sie weiß nicht einmal, wo wir spielen – falls sie überhaupt weiß, dass wir spielen."

Darina gab ihm einen Kuss und strahlte ihn an.

"Ich mach' mir keine Sorgen."

Diese Feststellung musste Fleischer erst verarbeiten. Danach befragte er sie zu ihren früheren Beziehungen, denn darüber hatten sie noch nicht gesprochen. Die Berichte hörten sich allerdings nicht dramatisch an, und auch sie betonte ausdrücklich mit einem Augenzwinkern, nicht das Gefühl eines seelischen Schadens zu haben.

"Hast du auch schon Abenteuer erlebt?", wollte er noch wissen.

"Klar, hier oder da natürlich auch. Aber nichts Wichtiges."

Dann knutschten sie erneut, schliefen noch einmal miteinander, unterhielten sich wieder, und endlich fasste er sich auch ein Herz und bat sie, in der Nacht bei ihm zu bleiben. Sie sagte freudig zu. Vor dem Einschlafen wurde Adam noch einmal ernst.

"Mein Engel, ich will bestimmt keine magischen Momente zerstören, aber weil ich – wie du inzwischen in groben Zügen weißt – ein gebranntes Kind bin, muss ich dir die Frage stellen, was du eigentlich an mir findest, abgesehen davon, dass ich dir mit deiner Musik helfe. Ich meine, ich bin mehr als zehn Jahre älter als du. Du stehst in der Blüte deines Lebens, bist knackig und alles – ich dagegen bin inzwischen einigermaßen verbraucht. Die Jahre und das Leben haben ihre Furchen so langsam in mein Gesicht gebrannt, dass ich es lange Zeit nicht bemerkt habe, bis ich eines Tages von einer jungen Frau, die ich angesprochen hatte, angeschaut wurde, als sei ich ein lüsterner alter Sack – und so habe ich mich nach einigen prüfenden Blicken in den Spiegel dann auch gefühlt. Und jetzt kommst du, bist wahrscheinlich genauso alt wie das Mädel von damals, und tust so, als wäre da gar nichts, was uns trennt. Versteh' mich bitte nicht falsch! Ich bin total fasziniert von dir und blühe geradezu auf, weil du dich so sehr für mich interessierst, aber ich möchte nicht, dass du eines Tages neben mir aufwachst, und dich fragst, was du da eigentlich tust."

Darina lächelte ihn an und schüttelte den Kopf.

"Du bist ein Rockstar und du siehst gut aus", sagte sie dann, und so wie sie es betonte, ohne jede Spur von Ironie, gelang es Fleischer tatsächlich, ihr zu glauben.

Die weibliche Seite

Die Luft in Ennos Wohnzimmer kam Imke zum Schneiden vor, aber sie wusste, dass mit der Luft alles Ordnung war, und es nur daran lag, dass sie sich unwohl fühlte. Sie hatte sich ein paar Tage gequält, in den Nächten kaum geschlafen und so ziemlich alles fahrig und unkonzentriert erledigt, bevor sie genug Mut gesammelt hatte, bei ihrem Nachbarn zu klingeln und ihren Fehltritt zu bereinigen. Sie hatte sich kleinlaut und reumütig gezeigt, wenig zu erklären versucht und aufrichtig um Verzeihung gebeten.

"Ich weiß nicht, warum ich dich so attackiert habe. Ich hätte es nicht tun dürfen. Ich wollte dir nicht wehtun und dich nicht beleidigen. Es tut mir leid."

Sie hatte alles schon einmal mit anderen Worten gesagt, aber sie wiederholte die Essenz, weil sie Wittstocks Schweigen nicht ertrug. Sein Gesicht glich einer Maske. In dunklen Augen, fiel ihr auf, hatte sie noch nie lesen können.

"Ist okay", sagte Enno leise. "Ich verzeihe dir."

Der Fels in ihrem Herzen lockerte sich, aber er fiel noch nicht.

"Ich schätze, ich sollte dir erklären, warum ich so heftig reagiert habe", fuhr der Gitarrist fort. "Das konntest du nicht wissen."

"Du musst nichts erklären", beschwichtigte seine Nachbarin. "Ich war es doch, der dich mit blöden Unterstellungen angegriffen hat."

"Ich glaube, es ist besser, wenn ich es dir erkläre", widersprach er. "Du kannst nicht alles über mich wissen. Du warst nicht die Erste, die mir bezüglich meines Umgangs mit Frauen, mit Treue, mit Beziehungen und all dem Zeug Vorwürfe gemacht hat. Ist nicht so, dass ich noch nie versucht hätte, eine richtige Beziehung zu führen – also richtig in dem Sinne, wie die Allgemeinheit das versteht. Weil ich das nie über längere Zeit hinbekommen habe, bin ich selbst immer wieder ins Grübeln geraten. Ich hab' es sogar mal mit einer Psychotherapie versucht. Wusstest du das?"

"Nein."

Imke staunte tatsächlich. Diese Neuigkeit passte nicht in ihr Bild von Wittstock.

"Tja, der Anfang war ganz okay. Zunächst ging es um meine Macho-Attitüde. Frauen gehören an den Herd oder ins Bett und so – diese Sorte von Sprüchen kam mir durchaus hin und wieder im unpassenden Moment über die Lippen. Dabei meine ich das eigentlich gar nicht so. Meine Mutter arbeitet, seit ich denken kann. Warum sollte ich etwas gegen berufstätige Frauen haben? Eigentlich fand ich Geschlechterrollenklischees immer eher witzig. Du weißt schon: Frauen bringen es fertig, sich bei ihren Kerlen zu beschweren, diese seien doch nur an ihrer Optik, nicht aber an den inneren Werten interessiert, während sie vor dem Spiegel stehen und sich schminken. Ich meinte es selten ernst, wenn ich Bosheiten über Frauen vom Stapel ließ, mein Problem lag eher darin, dass die Frauen das nicht verstanden – manchmal definitiv auch nicht verstehen wollten. Meine Psychotherapeutin glaubte das nicht. Sie nahm die Sprüche ernst, weil sie letztlich doch tief aus meinem Inneren kämen. Sie vermutete, jedenfalls sagte sie das irgendwann, ich wolle damit von meiner ausgeprägten weiblichen Seite ablenken. Ob ich mir schon einmal Gedanken über eben diese weibliche Seite gemacht hätte, fragte sie. Das war dann sozusagen erst einmal meine Hausaufgabe. Findest du, dass ich eine ausgeprägte weibliche Seite habe?"

Imke schaute einigermaßen ratlos.

"Ich weiß nicht – ich hatte den Gedanken bei dir so noch nicht. Hat nicht jeder Mann auch eine weibliche Seite und jede Frau eine männliche?"

"Ja, das meint die Therapeutin ganz bestimmt. Die eine Frage ist, wie stark diese andere Seite ist, und die andere Frage ist, ob man mit ihr in Einklang lebt, oder ob man sie verleugnet und gegen sie ankämpft. Mir hat sie wohl unterstellt, letzteres zu tun. Ich hab' ihr dann berichtet, was mir dazu einfiel."

"Was war das?"

"Meine weibliche Seite – oder was meine Psychotherapeutin dafür hielt – kam schon in jungen Jahren zum Vorschein. Mit neun Jahren wollte ich eine Halskette aus Silber haben. Mit elf wollte ich lange Haare haben, was einen ziemlich langen Kampf mit meinen Eltern auslöste. Meine während der Pubertät aufkeimende Lust auf lackierte Fingernägel konnte ich halbwegs unauffällig anbringen. Ich entschied mich für schwarz und kombinierte den Nagellack mit Kleidung, die der Gothic-Subkultur angepasst war, der ich mich kurzzeitig zugehörig fühlte. Letzteres fuhr ich schnell wieder zurück als ich feststellte, auf der Gitarre immer nur Hardrock und Heavy Metal zu produzieren, was mit dem Musikgeschmack der düsteren Gestalten in meinem Umfeld nur wenig kompatibel war. Tatsächlich war es auch nur die Kleidung gewesen, die mich an der Gothic-Szene angezogen hatte. Ständig allen zu erzählen, wie geil es ist, heute wieder total depressiv zu sein, war eigentlich nicht so mein Ding. Außerdem gab es in der Szene zu viele fette Mädels."

"Das war natürlich ein Kriterium."

"Na klar! Die schlanken, hübschen, wilden hingen mehr mit den härteren Typen rum, zu denen ich musikalisch sowieso viel besser passte. Na ja, es war halt eine kurze pubertäre Verirrung. Unbedeutend und schnell vorüber. Dann war es auch mit dem Nagellack vorbei. Von allen anderen Marotten, die mein Vater als unmännlich betrachtete, verabschiedete ich mich allerdings nie. Ob meine Psychotherapeutin mit der Antwort zufrieden war, erschloss sich mir nicht so richtig, ganz klar gesagt hat sie weder ja noch nein. Sie machte weiter mit ihrem Programm. Sie fragte mich – anfangs ziemlich verklausuliert, als ich nicht verstand dann aber schließlich doch sehr direkt – ob ich vielleicht heimlich schwul sei und dies unterdrücke. Das fand ich erst einmal total krass."

Imke hob die Augenbrauen.

"Kann ich mir vorstellen. Find' ich auch krass."

"Denkst du, sie hat Recht?"

"Verstehe ich das richtig? Sie meint, du bist ein Macho und Schürzenjäger, um dich selbst von deiner Homosexualität abzulenken?"

Enno nickte.

"So hat sie sich ihre Theorie wohl zurechtgelegt."

"Interessant", staunte seine Nachbarin. "Versteh' mich nicht falsch – ich hätte große Zweifel am Wahrheitsgehalt der These, so wie ich dich kenne, aber interessant ist der Gedankengang allemal, das muss ich ihr lassen."

"Nachdem ich den ersten Moment der Überraschung überwunden hatte, dachte ich das auch, und darum hab' ich mir wirklich Gedanken darüber gemacht."

"Zu welchem Ergebnis bist du gekommen?"

"Ich erklärte ihr voller Überzeugung – also nicht, um ihr erwünschte Antworten zu liefern – ich hätte mich noch nie bewusst sexuell zu einem Mann hingezogen gefühlt, hätte aber auch nicht unbedingt Angst davor, sollte es eines Tages so kommen."

"Meinst du das wirklich so?"

"Klar, wieso nicht? Ich kann mir zwar nicht vorstellen, dass es passiert, aber falls doch, habe ich nicht vor, aus meinem Herzen eine Mördergrube zu machen."

Imke freute sich über die unverhofften Einblicke und wähnte die Last der zurückliegenden Tage seit ihrem Fauxpas nun von ihr gefallen.

"Wie passte deine Antwort ins Bild der Psychotherapeutin?"

"Tja, jetzt kommt die Kehrseite der Geschichte. Sie war so erfreut über meine Offenheit und die ehrliche Bereitschaft, die ich an den Tag legte, mich mit meinen Problemen wirklich auseinanderzusetzen, dass sie vorschlug, das Gespräch mal abends bei ihr zu Hause bei einem Glas Wein fortzusetzen. Sie meinte, sie sei inzwischen so sehr an meinem Fall interessiert, dass sie ihre Analyse weiter vertiefen wolle, ohne dabei mein Budget für Therapiestunden über die Maßen zu strapazieren. Es ging ihr, so sagte sie, um die wissenschaftliche Seite, für die sie ein derartiges Opfer mit meinem Einverständnis gerne bringe."

"Hast du eingewilligt?"

"Leider ja. Am nächsten Abend besuchte ich sie daheim auf ein Glas Wein – so war zumindest die Abmachung. Mein Plan sah nicht anders aus. Nach der zweiten Flasche begann sie, auf ihre häufig verstockten Klienten zu schimpfen, nach der dritten Flasche weinte sie sich bei mir über ihre eigenen Beziehungsprobleme aus, und nach der vierten Flasche hat sie mir einen geblasen. Ich konnte gar nichts dafür! Sie hatte nur das dringende Bedürfnis, endlich jene Triebe aus der kindlichen oralen Phase auszuleben, die ihre Eltern damals unterdrückt hatten. Manches holt man erst viele Jahre später nach. Ihr Daumen war ihr dazu offenbar nicht attraktiv genug."

Die Formulierung erzeugte ein Grinsen bei der Zuhörerin.

"Vor der nächsten Therapiesitzung", fuhr Wittstock fort, "malte ich mir dann in schillernden Farben aus, sie in ihrem steifen Kostümrock auf der Couch in ihrer Praxis von hinten zu vögeln. Deshalb entschied ich mich kurzfristig, nicht hinzugehen. Ich hätte es nicht ertragen, wenn sie dieses Ansinnen abgelehnt und mich weiterhin über meine angeblichen Probleme ausgefragt hätte, quasi zur Tagesordnung übergegangen wäre. Seit jener Erfahrung hat sich für mich nicht nur jede Debatte über Geschlechterrollenklischees erledigt, ich bin auch fertig mit Therapien und Psychoanalyse."

Imke schloss langsam ihren Mund, von dem ihr eben erst aufgefallen war, dass er offen gestanden hatte.

"Wahnsinn!", kommentierte sie nur.

"Tja", machte Enno. "Verstehst du jetzt so ein bisschen, warum ich allergisch auf jede Form von Psychoanalyse reagiere? Jeder liest doch nur in meinem Verhalten, was er darin lesen will. Wir bräuchten eigentlich alle ab der Pubertät und für den Rest des Lebens einen Psychiater. Das sollte man als staatliche Versorgungsleistung für alle Bürger im Grundgesetz festschreiben. Aber die Psychiater selbst bräuchten jeder mindestens zwei. Die kochen doch Wasser nach Rezept! Wenn sich dann – ohne dir zu nahe zu treten – ein Amateur aus meinem privaten Umfeld als Aushilfsseelenklempner probiert, wird das ganz bestimmt auch nicht zu einem besseren Ergebnis führen."

"Ja, ich verstehe."

Imkes Antwort kam sehr leise, da sie ein wenig geschockt war. Sie hatte mehr und andere Informationen bekommen, als sie je erwartet hätte, während sie an Wittstocks Tür geklingelt hatte, um dieses klärende Gespräch zu suchen.

"Also zurück zum Anfang", sagte dieser. "Nun weißt du, was mein Problem war. Vorher konntest du es natürlich nicht wissen, und außerdem hast du mich um Verzeihung gebeten. Das rechne ich dir hoch an, und ich verzeihe dir. Allerdings ändert es nichts an meiner Gefühlslage. Ich bin immer noch nicht schlau daraus geworden, ob du eigentlich eine Beziehung mit mir in Erwägung gezogen hast oder nicht, aber nun spielt es auch keine Rolle mehr. Du musst es nicht verraten. Ich könnte mich jetzt sowieso nicht mehr darauf einlassen. Dafür ist nun zu viel Porzellan zerschlagen. Die Psychogespräche haben alle Gefühle abgetötet. Ich will dich nicht aus Mitleid in den Arm nehmen und nicht nur zum Triebabbau mit dir ins Bett gehen. Das entspricht nicht deiner Vorstellung von Beziehungen und das respektiere ich. Deshalb bleibt es bei meinem Schlusswort vom letzten Mal, auch wenn ich nicht mehr sauer auf dich bin. Aber mehr als gute Nachbarschaft ist für uns beide auf absehbare Zeit nicht drin. Wenn ich jetzt Dinge gesagt habe, die vollkommen am Ziel vorbeischießen, weil du sowieso kein derartiges Interesse an mir gehabt hast, vergiss den letzten Teil einfach. Dann ist sowieso alles im grünen Bereich."

Imke mied Ennos Blick.

"Ist schon okay", sagte sie ziemlich tonlos.

Sie schaffte es mit Mühe, sich für das Gespräch und die Verzeihung zu bedanken und pannenfrei den Rückzug anzutreten.

Drüben in ihrer Wohnung schloss sie behutsam die Tür und lehnte sich von innen an sie an.

"Keine Panik!", flüsterte sie sich selbst beschwörend zu. "Er hat mir vom Kopf her verziehen, vom Herzen her nicht. Er ist immer noch verletzt, aber das muss nicht immer so bleiben. Die Wahrheit ist manchmal hart, aber damit muss ich leben. Ich habe das Gespräch gesucht, und ich habe es bekommen. Den Verlauf hatte ich mir anders vorgestellt, das Ergebnis erst recht. Aber so kann es eben gehen im Leben. Es macht auch keinen Sinn, jeden Morgen die Waage vom Balkon zu werfen, wenn mir das Ergebnis nicht passt. Ich würde doch jeden Tag wieder eine neue kaufen."

Die Luft in Imkes Wohnzimmer kam ihr zum Schneiden vor. Sie fühlte einen Fels in ihrem Herzen. Er war kleiner als das Exemplar von vor ihrem Besuch bei Wittstock, aber beklemmend war er dennoch.

Entspannungspolitik

Der Anruf von Dr. Köhlbrand, Elenas Anwalt, hatte sie für Leon spürbar unter Spannung gesetzt. Die Tage der Entscheidungen nahten. Sie bat ihn, ihr seelischen Beistand zu leisten, und er nahm sich dafür einen Nachmittag frei und begleitete sie zur Kanzlei, wo sie freundlich empfangen wurden und nicht lange warten mussten.

Alle nahmen zur Besprechung an einem runden Stehtisch auf Barhockern Platz, der Anwalt ließ Kaffee servieren und fragte höflich nach Elenas Befinden. Er war erfreut zu hören, dass sie ihre Arbeitszeit im Blumenladen in der Zwischenzeit auf 30 Wochenstunden aufgestockt hatte. Wie er aus Erfahrung wusste, war es nicht selbstverständlich, dass Frauen in ihrem Alter, die lange Zeit ein Hausfrauendasein geführt hatten, nach relativ kurzer Zeit wieder in der Arbeitswelt Fuß fassten.

"Auch ich habe gute Nachrichten – aus meiner Sicht als Verhandlungsführer jedenfalls. Die Gespräche mit Rechtsanwalt Dr. Zosche, der Ihren Gatten vertritt, waren von einer sehr sachlichen und lösungsorientierten Atmosphäre geprägt. Er hat ein Angebot vorgelegt, dass ich für mehr als akzeptabel halte – unter einer grundlegenden Voraussetzung allerdings, von der alles weitere abhängt."

Dr. Köhlbrand reichte Elena einige bedruckte Papiere.

"Zur alles entscheidenden Grundvoraussetzung kommen wir gleich. Ihr Gatte ist bereit, Ihnen Unterhalt zu zahlen – die Summe, die er anbietet, sehen Sie hier."

Er zeigte darauf.

"Das ist weit mehr, als er anbieten müsste. Darüber hinaus überschreibt er Ihnen das Auto, das Sie derzeit benutzen, und ist bereit, die Transportkosten für jene Dinge, die Sie noch aus dem Haus holen wollen, vollständig zu übernehmen. Zudem wird er in eine einverständliche Scheidung unmittelbar nach Ende des Trennungsjahrs einwilligen, oder, falls sich da etwas machen lässt, sogar in ein beschleunigtes Verfahren."

Der Advokat machte eine dramaturgisch effektive Pause.

"Der entscheidende Punkt, ob es zu einer gütlichen Einigung zwischen Ihnen kommen kann, ist aus Sicht Ihres Gatten der Verbleib der Kinder. Sofern Sie sich einverstanden erklären, dass beide Kinder bei ihm verbleiben, tritt alles in Kraft, was ich eben aufgezählt habe. Hinsichtlich der Aufrechterhaltung des gemeinsamen Sorgerechts hätte er unter diesen Umständen keine Einwände. Er sichert zu, dass Sie die Kinder jedes Wochenende zu sich holen können, sofern diese – und Sie – das wollen, abgesehen von ein oder zwei Phasen pro Jahr, in denen er gern mit beiden in den Urlaub fahren möchte. Nun geht es, sofern Sie zu diesem Angebot keine Fragen haben, um Ihre grundsätzliche Bereitschaft, auf diesen Vorschlag einzugehen. Selbstverständlich müssen Sie nicht sofort entscheiden, ein paar Tage Bedenkzeit sollten Sie sich nehmen – das sieht übrigens auch Ihr Gatte so."

Elena wirkte ein wenig überrascht, vor allem aber erleichtert. Finderling und der Anwalt sahen ihr an, wie die Anspannung Stück für Stück aus ihren Gesichtszügen wich.

"Nach dem Verlauf der Trennung und unseres einzigen Telefonats danach hätte ich nicht erwartet, dass er so milde gestimmt ist."

Rechtsanwalt Dr. Köhlbrand schenkte Kaffee nach.

"Es muss nicht so sein, dass er milde gestimmt ist", sagte er. "Auch auf mich hatte er eher einen unversöhnlichen Eindruck gemacht, als ich vor einigen Wochen wegen der 14-tägigen Besuche der Kinder bei Ihnen kurz mit ihm telefonierte. Ich nehme eher an, dass Dr. Zosche ihm erläutert hat, wie seine Chancen stehen, sofern er sich konfrontativ verhält."

"Schlecht?"

"Sehr schlecht. Das einzige, was für ihn ins Feld geführt werden könnte, und das ist tatsächlich ein Punkt, den auch Sie jetzt in Ihre Überlegungen mit einbeziehen sollten, ist das soziale Umfeld der Kinder. Sie sind weggezogen – die Kinder müssten die Schule wechseln und ihren Freundeskreis verlassen, um zu Ihnen zu kommen. Alle anderen Aspekte sprechen für Sie. Sie sind es, die Zeit für die Kinder haben, sofern Sie wieder auf Halbtagsarbeit zurückschrauben, während er wohl für die Nachmittage eine Betreuung organisieren muss. Sie sind die wichtigste familiäre Bezugsperson, da Sie als Hausfrau all die Jahre immer für die Kinder da waren, während er arbeiten ging. Da er wohl kaum in der Lage wäre, Ihnen Erziehungsunfähigkeit anzudichten, ist die Wahrscheinlichkeit ziemlich hoch, dass ein Gericht im Streitfall zu Ihren Gunsten entscheiden würde. Ihrem Gatten bleibt also gar nichts anderes übrig, als Sie mit einem für Sie sehr vorteilhaften Angebot zur Einwilligung zu ködern, wenn ihm so viel daran liegt, die Kinder bei sich zu behalten. Dazu kommt noch der Appell an Ihre Vernunft – Sie wissen schon, das soziale Umfeld der Kinder – und fertig ist das vorliegende Angebot. Jetzt liegt es an Ihnen. Wenn Sie die Kinder um jeden Preis zu sich holen wollen, lehnen wir ab. Dann wird kein Angebot der Welt ihm helfen. Wenn Sie sich damit anfreunden können, die Kinder nur an den Wochenenden zu sehen, sollten Sie dieses Angebot annehmen. Es ist nach meinem Ermessen sehr großzügig."

Elena war beeindruckt. Sie sagte erst einmal nichts. Dr. Köhlbrand lächelte.

"Ich lasse Sie mal kurz allein, damit Sie sich ungestört austauschen können."

Unmittelbar nachdem er die Tür von außen geschlossen hatte, platzte es auch schon aus Elena heraus.

"In finanzieller Hinsicht hätte ich ein solches Angebot auf keinen Fall erwartet", bekannte sie. "Ich hätte auch nicht darauf gedrängt. Ich hätte auch darauf verzichtet, auf eine beschleunigte Scheidung zu drängen. So wie ich es verstanden hatte, wäre das nur bei unzumutbarer Härte gegen seinen Willen durchsetzbar gewesen. Aber das hätte ich nicht gewollt. Ich habe in den letzten zwei Jahren genug gelogen. Ich würde nicht so weit gehen wollen, Eberhard seelische oder gar physische Grausamkeiten anzudichten, auch wenn ich nie wieder eine Nacht mit ihm unter demselben Dach verbringen will."

Leon nickte.

"Ich würde auf Dr. Köhlbrands Rat vertrauen. Das Angebot klingt großzügig. Mehr zu fordern wäre wohl vermessen. Es hängt also ausschließlich von deiner Grundsatzentscheidung ab, wo die Kinder künftig leben sollen. Aber in diese Entscheidung kann dir niemand reinreden. Nimm dir dafür ein paar Tage Zeit."

Entsprechend lautete ihre Nachricht an ihren Gatten, die sie dem Anwalt nach dessen Rückkehr in das Besprechungszimmer mitteilte.

"Ja, ich werde darüber nachdenken", sagte sie. "Reicht eine Antwort Anfang der übernächsten Woche?"

"Selbstverständlich."

Sie bedankten und verabschiedeten sich, und draußen gab Elena endlich ihrem Bedürfnis nach, Leons Hand zu ergreifen und bis zum Erreichen seines Autos zwei Straßen weiter nicht wieder loszulassen. Erst zu Hause unterhielten sie sich richtig.

"Nur mal theoretisch angenommen", legte sie ihre Gedanken dar, "es wäre mir zu wenig, die Kinder nur an den Wochenenden zu Besuch zu haben, dann bräuchte ich eine eigene Wohnung – denn diese ist zu klein, um zwei Kinder aufzunehmen, und wir haben nie darüber gesprochen, ob ich dir das zumuten kann."

Leon zog eine Grimasse, die ihr zeigte, dass diese Feststellung nicht nach seinem Geschmack war.

"Ich wollte eigentlich nie Einflussfaktor für die Entwicklung deiner Ehe sein, wie ich dir schon sehr bald nach Beginn unserer Affäre gesagt habe. Nun möchte ich eigentlich auch kein Einflussfaktor auf dein Bedürfnis nach Nähe zu deinen Kindern sein."

"Mein größtes Bedürfnis nach Nähe bezieht sich auf dich", bekannte Elena so schnell, dass er ganz verblüfft dreinschaute.

"Wenn man bedenkt, unter welchen Bedingungen wir zueinander gefunden haben und uns füreinander entschieden haben, wäre die Vorstellung, dass du nicht bei mir wohnst, nicht dazu geeignet, mir Angst einzujagen. Das wäre für mich kein Rückzugsgrund. Die räumliche Distanz sollte nur bitte nicht größer werden."

"Ich komme mir wie eine Rabenmutter vor. Aber ich muss feststellen: Abgesehen von den Sorgen, wie sich diese Angelegenheit bezüglich der Kinder entwickelt, und abgesehen von den Freundschaften – oder was ich dafür gehalten habe – die nun verloren sind, habe ich mich nie so wohl gefühlt, wie in den zurückliegenden Wochen. Ich fühle mich bei dir zu Hause. Es ist ein schönes Gefühl, mich abends auf deine Heimkehr freuen zu können, und noch schöner, wenn du dann da bist."

"Du bist keine Rabenmutter. Ich weiß, dass du deine Kinder liebst."

"Andere Mütter würden für ihre Kinder sterben. Ich lasse sie zurück, wenn ich das Angebot von Eberhard annehme."

"Aber du sagst selbst, dass er kein schlechter Vater ist. Manchmal etwas faul, zu oft hat er dir die schwierigen Situationen überlassen, aber im Prinzip nicht übel. Dann sind sie doch in guten Händen. Künftig würde er sich Faulheit oder Drückebergerei nicht mehr erlauben können – was seine eigene Entscheidung ist."

"Ja, ein klein wenig hat es mich aus diesen Gründen erstaunt, wie resolut er darauf besteht, die Kinder bei sich zu behalten. Aber wahrscheinlich geht es ihm dabei um seinen Stolz. Wenn er mich schon nicht halten kann, müssen wenigstens die Kinder bleiben, sonst lägen die letzten 20 Jahre seines Lebens vollständig in Trümmern. Auch wenn er sich damit die nächsten Jahre selbst schwerer macht, als es manchmal sein Stil war."

"Ich kann jedenfalls nicht ihren Ersatzvater spielen. Das ist nicht meine Welt und wird es auch nie sein. Ich habe bewusst entschieden, nicht Vater werden zu wollen – daher würde ich eine Entscheidung deinerseits gegen mich akzeptieren, wenn du die Nähe zu deinen Kindern höher priorisieren würdest."

"Ich werde mich nicht gegen dich entscheiden. Dass eine Lösung mit zwei Wohnungen denkbar wäre, hast du schließlich selbst vorhin gesagt."

Finderling lächelte.

"Gut, damit bin ich als Einflussfaktor für diese Entscheidung aus dem Spiel. Mehr wollte ich doch gar nicht."

Elena erwiderte das Lächeln.

"Im Übrigen – und versteh' das bitte nicht als Überredungsversuch – glaube ich gar nicht, dass du dich nicht mit den Kindern arrangieren könntest. Philipp mag dich."

"Er findet mich cool, weil ich Musiker bin."

"Nicht nur. Er mag dich wirklich."

"Aber Sebastian nicht. Für ihn bin ich der Dieb seiner Mutter."

"Ich hoffe, er wird eines Tages verstehen, dass du kein Dieb bist, sondern der Mann, der mir das Gefühl zurückgegeben hat, glücklich sein zu können."

"Frühestens, wenn er erwachsen ist, fürchte ich."

"Nicht unbedingt. Ich werde jedenfalls versuchen, es ihm zu erklären. Es gibt Dinge, bei denen auch Kinder wissen, dass sie nicht alles haben können und sich zwischen zwei Möglichkeiten entscheiden müssen. Ich werde versuchen, ihm verständlich zu machen, dass ich mich nicht gegen ihn entschieden habe. Die Wahl bestand letztlich zwischen einer stets anwesenden, aber schlecht gelaunten Mutter, und einer fröhlichen Mutter, die er nur am Wochenende sehen kann. Ich hoffe schon, dass er es mit dieser Darstellung der Problematik begreift. Ich vertraue auf Sebastians emotionale Intelligenz."

"Die kann ich nicht beurteilen", gab Leon zu. "Aber ich meine, aus deinen Worten eine Tendenz herauszuhören – oder täusche ich mich?"

Elena schüttelte den Kopf.

"Nein, du täuscht dich nicht. Ich muss natürlich noch Einiges sacken lassen. Damit meine ich nicht den finanziellen Teil des Angebots. Ich kann selbst arbeiten, wie ich nun wieder weiß – und sei es in einem Blumenladen. Ich muss noch einmal in Ruhe in mich hinein horchen, ob ich mich wirklich damit arrangieren kann, in Zukunft nur noch Zaungast im Leben meiner Kinder zu sein. Das klingt hart und ich hätte es mir lange Zeit nicht vorstellen können, schließlich habe ich die letzten 14 Jahre fast nur für die Zwerge gelebt. Nun habe ich ein neues Leben begonnen. Dessen Start war anders als erwartet, aber bisher fühle ich mich erstaunlich gut damit. Abgesehen von meinen Kindern möchte ich gar nicht mehr viele Verbindungen zu meinem alten Leben haben – das hat mich der Streit mit Brigitte gelehrt. Ich habe dich – das ist schon viel. Deine Freunde sind wertvolle Menschen, die ihre Treue zu dir schon bewiesen haben. Das kann ich von jenen, die sich nun von mir abgewandt haben, eben nicht sagen. Ich glaube, dass ich in deinem Umfeld besser aufgehoben bin. Du bist von guten Menschen umgeben – und du selbst bist ganz besonders."

Finderling runzelte die Stirn.

"Vielleicht gehöre ich zu den guten Jungs, seit ich nicht mehr daran glaube, es zu tun."

"Red' keinen Unsinn! Ich vermute zwar, Eberhard würde, wenn er meine Worte eben gehört hätte, wahrscheinlich meinen Verstand anzweifeln, wie ich mich dir auf Gedeih und Verderb ausliefern kann, aber ich habe das Gefühl, genau das tun zu wollen. Du bist meine Zukunft! Ich hoffe, ich mache dir keine Angst."

Anstatt direkt zu antworten, nahm Leon seine Freundin fest in die Arme.

"Du machst mir keine Angst, sondern Hoffnung", flüsterte er ihr ins Ohr.

"Und du machst mich glücklich", hauchte sie zurück. "Wollen wir die guten Nachrichten vom Anwalt heute Abend feiern?"

Finderling zeigte seine Aufgeschlossenheit für den Vorschlag mit einem Lächeln.

"Was schwebt dir denn vor?", erkundigte er sich. "Lecker essen gehen? Ein langer Stadtbummel? Champagner trinken? Stundenlang vögeln?"

Nun lächelte auch Elena.

Warum nicht alles nacheinander?"

"Das klingt nach einem Plan."

Eine Woche später signalisierte sie Dr. Köhlbrand ihre Zustimmung.

Auf dem Holzweg

Nur mit halbem Ohr hörte Leon dem Gespräch zwischen Fahrer Julius und Beifahrer Kilian zu, obwohl das Thema durchaus Unterhaltungswert hatte.

"Die regen sich bei uns im Viertel auf", berichtete Langemesser gerade, "weil am Rande des angrenzenden Gewerbegebiet ein Bordell gebaut werden soll – und zwar auf dem Grundstück direkt neben dem Kindergarten, mit dem das Wohngebiet endet. Ich frag' mich, womit die Leute ein Problem haben – die Lage ist doch eher schlecht für das Bordell als für den Kindergarten. Die meiste Kundschaft hat so ein Hurenhaus doch sowieso abends oder nachts, wenn im Kindergarten nichts los ist – und angesichts der Nachbarschaft dürfte zumindest sichergestellt sein, dass kein Mann aus der Umgebung dort tagsüber hingeht. Die wollen doch alle nicht erleben, nach ein paar Tagen vom Nachbarskind zu hören, dass es sie beim Haus neben dem Kindergarten gesehen hat. Sorgen machen würde ich mir, wenn sie neben dem Kindergarten eine Giftmülldeponie oder eine Munitionsfabrik eröffnen wollten. Aber ein Bordell? Wo ist das Problem?"

"Ich hab' mal in 'ner Gegend gewohnt, da war die Infrastruktur noch viel extremer und, wenn du so willst, sehr speziell", wusste Sandner dazu beizutragen, "es gab mehr Bordelle als Bäckereien. Wenn das nicht eine Aussage über die Grundbedürfnisse ist."

Finderling lehnte sich zurück, was es schwerer machte, dem Gespräch vorne zu folgen. Er dachte an die großen Veränderungen, die sein Leben derzeit dadurch erfuhr, dass Elenas Leben noch viel größeren Umwälzungen unterworfen war. Alles geschah nach seinem Empfinden so atemberaubend schnell, dass er kaum Zeit zur Reflexion fand. Seit etwa sieben Jahren hatte der Sänger mit der Frage abgeschlossen, ob er den Rest seines Daseins mit einer Frau an seiner Seite und einem wirklich miteinander geteilten Leben führen wollte. Nun war plötzlich doch eine da, und es handelte sich nicht um irgendeine, sondern um jene, die ihn schon zuvor dazu gebracht hatte, mit einer Menge seiner Lebensgewohnheiten zu brechen. Wann hatte er je freiwillig so viel Freiheit aufgegeben?

"Männer sind schon komische Typen", dachte er und murmelte es so leise, dass seine Mitstreiter nichts davon mitbekamen, obwohl sie keine Musik laufen hatten, weil der CD-Player im Wagen einen Schaden hatte und nur noch eine Scheibe störungsfrei abspielte – 'Greatest Hits'[336] von *Queen* – die sie dementsprechend nicht mehr hören konnten.

Leon grinste.

"Enno würde an dieser Stelle wahrscheinlich die rhetorische Frage stellen, was man nicht alles für einen geilen Weiberarsch tut."

Er grinste noch breiter.

"Und Elenas Arsch ist geil. Like Jesus' feet: worth kissing.[337]"

Er kehrte zu dem Faszinosum zurück, mit welcher Leichtigkeit Elena die Sicherungen, Ketten und Absperranlagen seiner abgeschlossener Themen aufgebrochen hatte – und wahrscheinlich nicht einmal mit Absicht.

"Frauen sind irgendwie zu allem fähig", sann er. "Sie können gleichzeitig ihre Frisur richten, sich die Fußnägel lackieren, telefonieren, fernsehen und einen Salat zubereiten. Und wenn sie das alles erledigt haben, fangen sie dein Herz ein."

Vorn waren die Kollegen inzwischen bei grundsätzlichen Themen.

"Warum behaupten eigentlich alle Eltern zu jeder Zeit, es sei unglaublich toll, Kinder zu haben?", wollte sein Bassist gerade wissen.

"Geteiltes Leid ist halbes Leid", gab der Schlagzeuger sarkastisch zur Antwort. "Sie wollen die kinderlosen Paare mit in die Scheiße reiten."

---

[336] Kompilationsalbum, erschienen 1981.
[337] "Your ass like Jesus' feet: worth kissing". Zitiert aus dem Song 'A Moment of Clarity', aus dem 1995 erschienenen Album 'Infernal Love' der nordirischen Band *Therapy?*.

Alle Gespräche und Gedanken endeten abrupt an einer Straßensperre. Ein freundlicher Polizist ging von Wagen zu Wagen und erklärte die Sachlage.

"Wegen einer Großveranstaltung in der Innenstadt ist diese gesperrt. Wenn Sie daran teilnehmen wollen, suchen Sie sich bitte hier in der Gegend eine Parkmöglichkeit und gehen den Rest des Wegs zu Fuß. Wenn Sie Durchgangsverkehr sind, folgen Sie bitte den Umleitungsschildern, die Sie auf die Bundesstraße nach Norden zurückführen."

"Aber wir …"

Der Beamte war schon wieder fort, auf dem Weg, Fleischer und Wittstock im Van die gleiche Geschichte zu erzählen.

"Falkenberg liegt nicht an der Bundesstraße! Wie kommen wir denn jetzt zu der Abzweigung, die wir brauchen?"

"Dass wir aber auch immer in solchen Käffern spielen müssen", maulte Kilian.

"Hast du ein Navi in deinem Handy?", fragte Julius ihn.

"Vergiss es! Wenn wir jetzt ein Navi benutzen, erzählt uns das nach der ersten Abzweigung, wir müssten wenden und zurückfahren. Navis wissen nichts über spontane Straßensperrungen. Das klappt nie."

"Gib' mir mal den Atlas", bat Leon.

Er bekam ihn und sah sich die Lage an.

"Okay, das krieg' ich hin", versprach er. "Es gilt zwar heute als altmodisch, aber ich kann immer noch Straßenkarten lesen und ich führe euch nach Falkenberg. Sagt einer schnell hinten den anderen Bescheid?"

Sandner sprang hinaus und war umgehend zurück.

"Also fahr' hier rechts", wies Finderling den lenkenden Schlagzeuger an.

"Rechts? Bist du sicher?"

"Ja. Mädchenlinks – falls du das besser verstehst."

"Ich weiß, wo rechts und das andere Rechts sind. Aber die Umleitung führt nach links, sagen die Schilder."

"Die Umleitung nehmen wir aber nicht."

"Okay. Zum Kuckuck mit dem Falken!"

"Der Straße folgen, bis wir aus der Stadt raus sind."

"Ist das weit?"

"Dem Plan nach nicht."

Die Bebauung endete sogar ziemlich schlagartig.

"Nächste links, da vorn."

Langemesser setzte den Blinker.

"Bist du sicher?", fragte nun Kilian, der aufmerksam die Umgebung studierte. "Der Name der Straße lautet 'Holzweg'."

Alle schmunzelten, aber Leon blieb bei seiner Meinung. Julius vertraute ihm und bog tatsächlich in die schmale und unebene, zwischen Äckern gelegene Landstraße ein, die nicht einmal eine Mittelmarkierung hatte.

Sandner wurde nach zwei oder drei Kilometern unruhig, weil die Gegend sich überhaupt nicht veränderte. In der Ferne war hin und wieder ein Bauernhof zu sehen.

"Du bist wirklich sicher, oder?"

"Hey – du warst früher oft genug mit mir im Urlaub, abgesehen von unseren ungezählten Fahrten zu Konzerten. Hab' ich dich jemals in die Irre geführt?"

"Ich weiß, aber wir sind hier mitten im Nichts."

"Das waren wir schon oft. Sorgen machen würde ich mir nur, wenn nicht demnächst mal eine Kreuzung auftaucht."

"Da kommt eine", teilte Langemesser sofort mit.

"Na also."

"Biegen wir da ab?"

"Nö, das war nur zur Orientierung. Wir sind richtig. Es geht noch ca. zwei Kilometer so weiter. Dann kreuzen wir eine größere Straße, auf die wir rechts einbiegen müssen. Ob ihr's glaubt oder nicht: Rein kilometermäßig war der Weg dann sogar kürzer, als wenn wir durch die Stadt gefahren wären."

"Dann ist der Holzweg also eine Abkürzung."

"So sieht's aus."

"Der Kerl kann nicht nur singen, der kann auch noch Karten lesen. Kilian, wusstest du, dass wir ein Universalgenie in der Band haben?"

"Klar, deshalb hab' ich ihn doch damals engagiert."

"Wir müssen aufpassen, dass das niemand erfährt. Sonst bietet ihm eines Tages noch jemand ernsthafte Karrierechancen an."

"Als was denn? Als Bundeskanzler?"

"Nee, eher als Kandesbunzler!"

"Hört bloß auf!", lachte Finderling. "Damit komme ich nicht einmal zu *Wetten dass?*[338] in die Sendung. Obwohl", überlegte er dann laut, "falls ich in 50 Jahren noch lebe, bin ich dann vielleicht der letzte Deutsche, der noch Straßenkarten lesen kann."

---

[338] *Wetten dass?* war von 1981 bis 2014 eine Samstagabend-Fernsehshow im deutschsprachigen Raum.

"In 50 Jahren bist du 90 und jeder wird vor deiner Weisheit in Ehrfurcht erstarren."
"Weisheit?"
Der Sänger lachte erneut.
"Weisheit ist auch ein ziemlich relativer Begriff. Ich schätze, wenn ich 90 bin, hätte ich lieber Zähne als Weisheit."
"Cooler Spruch, woher hast du den denn?"
"Von Hägar."
"Von wem?", wunderte sich Julius. "Sammy Hagar[339]?"
"Nein", wurde er aufgeklärt, "*Hägar der Schreckliche*, die Cartoon-Figur' von Dik Browne[340]. Hägar ist ein Wikinger, aber das ist hierfür nebensächlich. Der Spruch stammt von seinem Vater oder Großvater."
"Okay, das reicht nicht für *Wetten dass?* – keine Chance."
Fast hätten sie die Abzweigung nach Falkenberg übersehen. Sandner war es, der gerade noch rechtzeitig darauf hinwies. Zur Krönung des bei den Männern ohnehin bereits vorhandenen Gefühls, sich im Nirgendwo zu befinden, befand sich der Parkplatz des Veranstaltungsorts auch noch hinter einer Kirche nebst angrenzendem Friedhof.
"Friedhofsmauern sind die sinnlosesten Bauwerke der Menschheitsgeschichte", nörgelte Leon. "Keiner will rein, keiner will raus – wozu braucht man die?"
Sie begrüßten ihre Gitarristen, als hätte man sich seit einer Ewigkeit nicht gesehen.
"Irgendwas ist am Van im Eimer", teilte Enno ihnen mit. "Da kommen Abgase ins Führerhaus. Bei geschlossenen Fenstern hätten wir schon 'ne Kohlenmonoxidvergiftung. Wir stinken wie die Iltisse."
"Kannst ja mal fragen, ob die hier 'ne Dusche haben", schlug Julius vor.
"Klar, wenn du mir Shampoo leihst."
"Mach' ich gerne, ich hab' nur keins."
"Pappnase!"
"Ist es eigentlich unhygienisch, wenn mehrere Leute sich ein Stück Seife teilen?", wollte Sandner wissen und grinste.

---

[339] Hagar, Sammy (*1947), amerikanischer Rocksänger unter anderem der Bands *Montrose*, *Van Halen* und *Chickenfoot*, auch häufig solo bzw. mit eigener Band unterwegs.
[340] Dik (eigentlich Richard) Browne (1917 – 1989), amerikanischer Comiczeichner, Illustrator und Werbegrafiker, Schöpfer u. a. des *Chiquita*-Logos und der Cartoonreihe 'Hägar der Schreckliche', die seit seinem Tod von seinem Sohn Chris weitergeführt wird.

Der Bühnenaufbau ging routiniert wie immer vonstatten, begleitet natürlich von obligatorischem Genörgel.

"So viele Jahre im Geschäft und immer noch keine Roadies."

"Ist schon erschreckend, wie alt wir geworden sind: Früher hätten wir uns eher über den Mangel an Groupies beklagt."

"Hört auf! Wir werden allmählich zu Weltmeistern im Jammern."

Der Soundcheck kostete sie nur wenige Minuten, auch darin hatten sie so viel Erfahrung, dass es keine Last mehr bedeutete. Enno und Adam konnten tatsächlich noch in Ruhe eine Dusche nehmen, bevor es gemeinsam mit den Veranstaltern Abendessen gab, und sie danach in Ruhe ihr übliches Prozedere zur Vorbereitung eines Auftritts angingen. Kilian spielte mit Qigong-Kugeln herum, Julius machte Liegestütze und ein paar Dehnübungen, Leon sang sich warm. Die Gitarristen klimperten auf ihren Saiten herum.

Finderling sah sich im Backstageraum um und war dankbar. So lange es diese Konstante in seinem Leben gäbe, wusste er, würde er jede andere Veränderung überstehen.

Das Honigkuchenpferd

Der Samstag mit dem Konzert in Falkenberg, den die Jungs vom Start am Proberaum um die Mittagszeit bis zur Rückkehr zu Selbigem tief in der Nacht durchgehend miteinander verbracht hatten, war für Adam ausgesprochen anstrengend gewesen, weil es nicht seine Art war, gegenüber den Freunden ein Geheimnis aus seinem Gefühlshaushalt zu machen. Zwar hatte er es durchgehalten, den Bemerkungen der anderen zu seiner ausgesprochen guten Laune mit scherzhaften Ausflüchten zu begegnen, ihm war jedoch bewusst geworden, wie schwer er sich tun würde, dieses Gebaren über einen längeren Zeitraum beizubehalten, zumal der Glauben an die Notwendigkeit verschwunden war.

Schon am Sonntagnachmittag, als er Darina (endlich) wieder in seine Arme geschlossen hatte, war sein bisheriger Hang zum Zweifel schon durch die Leidenschaft, mit der sie ihn begrüßt hatte, einem neuen Gefühl der Sicherheit gewichen, und er hatte ihr angekündigt, die Jungs auf der nächsten Probe einzuweihen. Ihren darauffolgenden kurzen Moment der Verunsicherung hatte er nicht wahrgenommen.

"Schon vor Probenbeginn stehen fünf Flaschen Bier auf dem Tisch und mittendrin sitzt Adam und grinst wie ein Honigkuchenpferd", stellte Julius fest, als er die Treppe herunterkam, von der aus man fast direkt in die Sitzgruppe lief. "Das hat doch etwas zu bedeuten!"

Die anderen, die ihm folgten, teilten die Meinung des Schlagzeugers. Sandner und Wittstock stellten ihre Instrumentenkoffer im Übungsraum ab, Finderling und Langemesser blieben gleich bei ihrem Leadgitarristen, öffneten die bereitstehenden Flaschen und zündeten sich Zigaretten an. Der große Moment kam, alle hingen an Fleischers Lippen, der sich bemühte, nicht zu laut zu sprechen.

"Männer, ich hab' 'ne neue Freundin."

Die erste Rückfrage – eine Vergewisserung – kam von Enno, und Kenner der fünf Herren und ihrer Lebensgeschichten hätten sie voraussehen können.

"Sagtest du 'neu'?"

"Ja."

"Nicht 'neu-alt'?"

"Nein. Neu."

"Hört sich gut an!", fand Kilian. "Zimmermäßig!"

"Kein Revival mit Nancy?", wollte nun auch Julius bestätigt bekommen.

"Nein. Das ist vorbei."

"Was ist die Steigerung von 'zimmermäßig'?", wollte Leon wissen.

"Leute, darauf sollten wir trinken", rief Wittstock.

Alle griffen zu den bereitstehenden Flaschen und stießen zuerst mit Adam an, danach auch untereinander. Nach dem ersten großen Schluck aber stand einer nach dem anderen auf und alle umarmten den alten Freund, weil sie über die Jahre hautnah miterlebt hatten, wie sehr er unter seinem missratenen Liebesleben gelitten hatte. Die Freude war ungeschminkt, echt und ehrlich, sie alle gönnten ihm diesen Erfolg von Herzen.

"Seit wann?", fragte Sandner, der sich gut daran erinnerte, wie oft er und seine Lebensgefährtin Svenja Telefon- oder sonstige Notseelsorge bei Herrn Fleischer hatten betreiben müssen und sich bereits darauf freute, ihr nach der Probe von diesem unverhofften Happyend berichten zu können.

"Letzte Woche schon", gab Adam zu. "Ich hab' beim Konzert am Wochenende nichts gesagt, weil ich es selbst noch nicht glauben konnte."

"Ich hab' mich schon gewundert, warum du so extrem gut drauf warst", behauptete sein Kollege von der Sechs-Saiten-Front.

"Ja, aber nun lass' doch mal die Katze aus dem Sack", bat Langemesser.

"Genau!", krähte der Rhythmusgitarrist. "Sieht die gut aus? Dicke Titten?"

Auch diese Fragen hätte ein Kenner der Band erwarten können.

"Zimmermäßig!", behauptete nun Fleischer und hatte die Lacher damit auf seiner Seite.

"Nee, im Ernst", insistierte der Trommler. "Wer ist es? Kennt man die? Wie alt? Was macht sie so? Woher kennst du sie?"

"Nicht so schnell, nicht so schnell", bat der frisch Verliebte. "Vom Sehen kannte ich sie schon lange, aber kennengelernt haben wir uns eigentlich nur, weil sie vor nicht langer Zeit eher zufällig bei uns in den Juwelierladen geschneit kam. Wir sind ins Gespräch gekommen, haben uns verabredet – tja, und dann hat es sich eben entwickelt. Wie das eben so geht – ihr kennt das ja! Sie ist 27, führt das Büro einer Gemeinschaftspraxis von Ärzten, heißt Darina und ist außerdem Sängerin."

Die Flut der Antworten machte die vier Zuhörer nur kurzzeitig sprachlos.

"Sängerin? Darina?", grübelte Enno laut. "Muss mir das was sagen?"

Finderlings Gedächtnis war besser.

"Das ist doch die Sängerin von *Desert Snow*, oder nicht? Diese unsägliche Coverband, mit der wir vor ein oder zwei oder drei Jahren mal auf dem Festival hier draußen auf dem Parkplatz gespielt haben."

"Sie *war* die Sängerin", verbesserte Adam. "Sie ist ausgestiegen."

"War das nicht die Weltmeisterin in Arschwackeln?", fragte Julius.

Wittstock lachte.

"Ja! Jetzt erinner' ich mich. Die hatte wirklich einen einprägsamen Hüftschwung."

"Weltmeisterin im Arschwackeln ist aber gemein", fand Kilian kichernd.

"Wieso ist das gemein?", wehrte sich Langemesser. "Ehre, wem Ehre gebührt! Sie ist zwar bei ihren ersten beiden Teilnahmen jeweils in der Vorrunde ausgeschieden, aber letztes

Jahr hat sie den Titel gewonnen. Stand doch sogar groß in der Zeitung."

Sandner schaute seinen Schlagzeuger zweifelnd an.

"Es gibt doch keine Weltmeisterschaften in Arschwackeln."

"Es gibt sogar Weltmeisterschaften im Schnick-Schnack-Schnuck[341]."

Leon dachte bei der Erwähnung von Darinas Hinterteil an ganz andere Erfahrungen, die er angesichts der eben von Fleischer gebeichteten Entwicklungen für sich zu behalten gedachte. Enno entschloss sich unabhängig davon genauso, wie ein wahrer Gentleman zu schweigen. Die zwei Schwerenöter hatten nie gewusst, beide innerhalb von nicht einmal einer Woche mit der kleinen Abenteurerin intim gewesen zu sein, und in dieser Sekunde entschied sich, dass auch keiner es jemals vom anderen erfahren würde. Darina wurde erst später bewusst, dass die beiden Herren nie geplaudert hatten.

"Was macht sie denn inzwischen musikalisch?", wollte Finderling wissen, der sich erinnerte, damals von ihr um Tipps und um Kontakte zu anderen Musikern gebeten worden zu sein, woraufhin er ihr einen Schlagzeuger vermittelt hatte.

"Sie versucht gerade, eine neue Band aufzubauen", gab Fleischer Auskunft. "Ich werd' dabei nicht mitmachen, aber ich greife ihr ein wenig unter die Arme."

"Ach, lüg' doch nicht!", witzelte Wittstock. "Du greifst ihr doch viel lieber an die Titten – die übrigens ganz schön groß sind, wenn ich mich richtig erinnere."

"Echt?", fiel ihm Julius ins Wort. "Ach, stimmt, jetzt erinner' ich mich auch. Bei der Kleinen wackelte nicht nur der Arsch! Ja, Wahnsinn! Hat unser Adam es auf seine alten Tage doch noch geschafft, sich 'ne Frau mit dicken Dingern zu angeln, nachdem er nur zwei Jahrzehnte lang davon geträumt hat."

Da es Kilian nicht sonderlich behagte, wenn über eine der aktuellen Musiker-Freundinnen so sexistisch gesprochen wurde, führte er das Thema auf die künstlerischen Ambitionen von Adams neuer Partnerin zurück.

"Was willst du denn für sie machen? Songs schreiben?"

"Vielleicht auch", nahm dieser den zugespielten Ball seines Bassisten dankbar auf. "Vor allem aber arrangiere ich ihre eige-

---

[341] Kein Witz. In dem Spiel, das auch unter dem Namen 'Schere, Stein, Papier' bekannt ist, werden seit 2002 jährlich Weltmeister ermittelt. (Quelle: Deutsche Wikipedia, Stand 10. Juli 2015)

nen Ideen. Sie kann kein Instrument spielen, deshalb hat sie es sehr schwer damit."

"Wenn du mich brauchst, helf' ich auch mit", bot Sandner gleich an. "Gern auch bei Aufnahmen, sofern sie noch keinen festen Bassisten hat."

"Hat sie denn schon 'nen Schlagzeuger?", stieg nun auch Julius ein. "Ich müsste mal was hören, dann könnte ich überlegen, ob einer meiner Schüler in Frage kommt."

"Darauf wollte ich dich sowieso noch ansprechen."

"Jetzt muss nur noch Leon seine Hilfe bei Texten anbieten", schlug Enno vor, "dann bekommt sie das *Hole of Fame*-Rundumsorglospaket."

"Na, warum auch nicht?", befand Kilian die Idee für gut. "Als Adams neue Freundin gehört sie quasi ab sofort zur Familie. Da hilft man sich."

"Nein, keine Texte. Aber einen Bandnamen könnte unser Wortakrobat vorschlagen, falls er zufällig einen übrig hat."

"Gestern fiel mir *The Zoo of Vanity* ein. Wollte ich erst als Songtitel verwenden, habe es aber wieder verworfen. Kann sie haben, falls es ihr gefällt."

"Ich frag' sie."

Fast zeitgleich hatten alle ihre Bierflaschen geleert und stellten sie auf dem Tisch ab. Finderling war der Erste, dem auffiel, dass der eigentliche Anlass ihrer Zusammenkunft, die Probe, völlig aus ihrem Fokus geraten war.

"Wollen wir es eigentlich für heute bei einer lockeren Runde mit Bier und Kippen belassen?", fragte er grinsend. "Oder machen wir auch noch Sound?"

"Auf jeden Fall machen wir noch Sound", insistierte Wittstock. "Ich hab' ein neues Riff entdeckt, das müsst ihr euch anhören."

"Warst du tauchen?", fragte Langemesser sofort nach.

Sie begaben sich in ihren Raum und an ihre Instrumente. Bevor sie loslegten, nahm Fleischer jeden von ihnen noch einmal kurz in den Arm und bedankte sich für das Angebot zur Unterstützung der musikalischen Pläne seiner neuen Freundin – viel mehr aber noch für die Anteilnahme in den langen Jahren ihrer Freundschaft.

Nostalgie

Mit Schwung hievte Leon die Kiste mit den Lebensmitteln auf die Anrichte. Dann holte er sich einen Kuss ab.
"Alles bekommen?", fragte Elena.
"Ich glaub' schon. Was ich vergessen habe, fällt uns bestimmt sowieso erst auf, wenn wir es brauchen. Das ist immer so."
Sie strich ihm mit sanfter Hand eine ausgefallene verirrte Wimper von der Wange, wünschte sich und ihm in Gedanken gemeinsames Glück und pustete sie davon.
"War es voll?"
"Es ging. Vor Feiertagen kaufen Deutsche zwar immer ein, als stünde mindestens ein Atomkrieg unmittelbar bevor", erläuterte er seine Erfahrungswerte, "aber wenn man es schafft, vor zehn Uhr an der Kasse zu stehen, sind selbst Samstage erträglich. Außerdem steht um die Zeit noch nicht der ganze Parkplatz mit Hausfrauenpanzern[342] voll."
Es gab noch einen Kuss, dann wandte sich Finderling der Kiste zu, packte ein paar Dinge aus und zog von weiter unten einen Karton hervor.
"Eine kleine Lampe hab' ich mitgebracht, war ein Schnäppchen."
"Wofür?"
"Schlafzimmer."
Er packte sie aus und überreichte ihr das kugelförmige Objekt.
"Die ist ja rot."
"Fickbeleuchtung", erklärte Leon, ohne eine Miene zu verziehen.
Der Blick, den Elena ihm unter angedeutetem Kopfschütteln zuwarf, enthielt mehr Belustigung als echte Missbilligung.
Nach einem weiteren Kuss öffnete Finderling den Kühlschrank und ließ sich von seiner Liebsten die erworbenen Waren anreichen.
"Dass ich Trendskeptiker bin, weiß ich schon länger", berichtete er währenddessen. "Ich bin zum Beispiel der Meinung, dass *iPads*[343] im Allgemeinen total überbewertet und im Speziellen Zeitungen rettungslos unterlegen sind. Okay, ihr Format ist bei der Lektüre in dichtgedrängten Nahverkehrsmitteln sicher etwas handlicher, aber versuch' mal, deinen Einkauf beim Fischhänd-

---

[342] SUVs
[343] *iPad:* Tablet-Computer des Herstellers *Apple*, seit 2010 im Handel.

ler in ein *iPad* wickeln zu lassen. Oder denk' nur einmal daran, dein Wohnzimmer zu streichen: Die Wochenendausgabe einer Tageszeitung dürfte genügen, um den Boden vor Farbklecksen zu schützen, *iPads* braucht man dafür hingegen gleich ein paar Dutzend. Oder Kleintierhaltung: Die armen Wüstenspringmäuse werden ganz schöne Schwierigkeiten haben, sich in ihrem Käfig ein Nest aus *iPads* zu bauen."

Er wartete das Ende von Elenas Heiterkeit nicht ab.

"Was mich aber gerade wirklich beschäftigt, ist die Frage, ob ich eigentlich inzwischen nostalgisch werde. Gerade stand an der Kasse in dem Supermarkt ein 20-jähriger Schönling vor mir und bezahlte eine Dose *Red Bull*[344] und ein *Balisto*[345]. *Red Bull*! Ein *Belasto*! Als ich in dem Alter war, kaufte man samstags um diese Zeit eine Schachtel *Lucky Strike*[346] ohne Filter, falls man noch wach war, und bestellte im Bahnhofscafé eine Tasse schwarzen Kaffee und einen Whiskey. Bogart[347]-Frühstück nannte man das. Die Zeiten haben sich wahrlich geändert seit damals. Scheiße, ich bin alt und nostalgisch."

"Dich hätte aber zu jener Zeit wahrscheinlich auch niemand als 20-jährigen Schönling bezeichnet, Liebling."

"Das ist wahr. Schon gar nicht um die Uhrzeit."

"Vielleicht ist der junge Mann, den du eben beobachtet hast, aber auch gestern Abend früh zu Bett gegangen und strahlt deshalb wie der frische Morgen."

"Wenn er ausgeschlafen ist, braucht er aber keinen Gummibärchensaft[348]. Dieses permanente Koffeindoping ist sowieso nur was für Weicheier. Bevor ich 25 wurde, habe ich nicht einmal Kaffee getrunken. Früher waren wir einfach härter."

---

[344] *Red Bull:* Energy-Drink des gleichnamigen österreichischen Getränkeherstellers.

[345] *Balisto:* Ein Schokoriegel von *Mars Inc.*, der zeitweise in der Werbung als gesund (ballaststoffhaltig) angepriesen wurde. In diesem Zusammenhang erklärt sich auch sein Name.

[346] *Lucky Strike:* Amerikanische Zigarettenmarke, durch Einführung einer Variante mit Filter ab 1989 in Deutschland zeitweise sehr populär geworden, während die Version ohne Filter schon lange im Handel war und als die angeblich einst von Humphrey Bogart bevorzugte Sorte Kultstatus hatte.

[347] Humphrey Bogart (1899 – 1957), amerikanischer Schauspieler, der häufig harte, erfahrene, oftmals zynische und konsequent einem inneren Moralkodex folgende Charaktere verkörperte, die in der Regel gern Alkohol und Tabak zusprachen.

[348] *Red Bull*. Das Getränk hat hinsichtlich der Inhaltsstoffe (abgesehen von Zucker) nichts mit Gummibärchen zu tun, riecht aber so ähnlich.

"Ja, wir haben auch alle keine Fahrradhelme getragen. Schatz: Du bist wirklich nostalgisch, wusstest du das schon?"
"Ich bin immer noch nicht vollständig überzeugt. Gibt es weitere Indizien?"
Elena überlegte kurz.
"Abgesehen davon, dass nahezu sämtliche Fotos, die du von dir und deinen Freunden an den Wänden dieser Wohnung verteilt hast, mindestens zehn Jahre alt sind, die Musik, die du bevorzugt hörst, aus der gleichen Zeit stammt, und du immer noch ein ganzes Regal voll Vinyl-Schallplatten und mehrere Schubladen mit selbst aufgenommenen Kassetten besitzt: Nein, ich glaube nicht."
"Gut, ich bin beruhigt."
Leon klappte das Eisfach auf.
"Ist es auch nostalgisch, in meinem Alter immer noch Tiefkühlpizza zu essen?"

Enno vom Sirius

Schon als er den Vorschlag in einer der obligatorischen Rauchpausen ausgesprochen hatte, war Enno nicht sehr hoffnungsvoll gewesen, einen seiner Mitstreiter für die Idee begeistern zu können. Julius war, seit er Vater geworden war, ohnehin für Aktivitäten jenseits des gemeinsamen Musizierens nicht mehr sonderlich zugänglich. Kilian hatte schon zu Beginn der Probe geäußert, sich seit zwei Wochen chronisch unausgeschlafen zu fühlen und zu nichts zu gebrauchen zu sein. Adam und Leon entsprachen nun seiner Erwartung und zeigten sich wenig aufgeschlossen für den Besuch der vierteljährlich im *Serail*, einer kleinen Innenstadtdiskothek, stattfindenden 'Indian-Trance-Party'.
"Meinen die indisch oder indianisch?", wollte Fleischer zunächst wissen.
"Indisch. Da wird mit der Deko auf Goa-Strand-Flair gemacht. Der ganze Laden wird mit Tüchern behängt und so. Auf einem Teil der Tanzfläche streuen die sogar Sand aus, weil einige Leute gern barfuß tanzen."
"Seit wann stehst du denn auf Pseudo-Hippiezeug?", lästerte Sandner.
"Ach, mir geht's doch gar nicht um die Musik", bekannte Wittstock. "Einfach mal was anderes erleben! Außerdem will

ich heute Abend noch weggehen, und sonst ist donnerstags in der Stadt doch der Hund begraben, wie wir alle wissen."

"Stimmt. Hier ruht Hasso", merkte Langemesser an. "Gestorben im Mai 2004 an Maul- und Klauenseuche. Er war wie ein Teil der Familie für uns, und wir werden ihn nie vergessen. In Liebe, deine Emma."

"Hunde erkranken nicht an Maul- und Klauenseuche", wusste Kilian.

"Normal nicht", konterte Biologe Julius schlagfertig, "deshalb ist der arme Hasso ein besonders trauriger Fall."

"Ich hab' weder Bezug zu Indien noch zu Trance-Musik", brachte Finderling das Gespräch auf Ennos Frage zurück. "Außerdem fürchte ich, da hängen sowieso ausschließlich mit Pillen zugedröhnte Leute rum. Dann hat man nicht mal die Gelegenheit, irgendjemanden über sein geistesabwesendes Grinsen hinaus kennenzulernen, weil die alle zu breit sind, um auch nur das Wort 'Halluzination' stolperfrei aussprechen zu können."

"Aber sonst hast du keine Vorurteile, oder?"

"Wieso? Ist es nicht so?"

"Keine Ahnung", bekannte Wittstock. "Ich war noch nie da. Wir könnten hingehen und herausfinden, ob du Recht hast."

"Ach, so brennend interessiert mich das eigentlich nicht. Wenn du trotzdem gehst, und ich mich irre, kannst du es mir hinterher erzählen."

"Faule Sau! Los! No risk, no fun!"

"Nee, echt nicht. Nicht bei indischer Trancemusik. Ist die nicht eigentlich schon seit mindestens fünf Jahren total out?"

"Hin und wieder stehen die Leute eben auf Revivals. Deshalb findet die Party nur vierteljährlich statt. Aber wenn sie schlecht laufen würde, gäbe es wohl nicht regelmäßig Wiederholungen. Was ist mit dir, Adam? Lässt du mich auch hängen?"

"Der Reiz ist jetzt nicht so groß, deswegen morgen auf der Arbeit den ganzen Tag neben mir zu stehen, muss ich ehrlich zugeben", bekannte der Leadgitarrist.

"Ihr seid alle Weicheier."

"Jep, alt, faul und träge", nickte Leon.

"Ist faul und träge nicht das gleiche?", mischte Sandner sich ein.

"Doppelt hält besser!"

Die Pausenunterhaltung drehte sich im weiteren Verlauf um 'Lady Jekyll and Miss Hyde', eine neue Songidee, die Finderling und Fleischer den anderen gerade zum weiteren Arrangement vorgestellt hatten.

Enno verzichtete der Aussichtslosigkeit wegen darauf, im Anschluss an die Probe auf seinen Vorschlag zurückzukommen, obwohl er selbst fest entschlossen war, die Party aufzusuchen, zumal das *Serail* von seiner Wohnung aus bequem zu Fuß zu erreichen war.

"Die Musik ist zwar Scheiße, aber da laufen echt heiße Miezen rum", hatte sein alter Freund Dragan ihm den Tipp gegeben, "wenn die unter Strom stehen, ziehen die sich auch mal auf der Tanzfläche aus und so was."

Hübsche Mädchen mit Hang zur Freizügigkeit waren für Wittstock schon immer ein unwiderstehliches Lockmittel gewesen.

Die Party war bereits in vollem Gange, als er gegen Mitternacht den Eintritt entrichtete und die Lokalität betrat. Die Lautstärke der Musik erschien ihm höher als bei jedem Hardrockkonzert, vielleicht lag seine Empfindung aber auch an der Monotonie der pulsierenden Bässe. Das Licht war diffus. Rund um die Theken und auf der Tanzfläche strahlte es hell, dazwischen waren sämtliche Lampen von Tüchern verhüllt und gaben den gepolsterten Sitzgruppen eine gewisse Schlafzimmeratmosphäre. In diesem Bereich konnte er kaum erkennen, ob die Möbel von Menschen belegt waren, geschweige denn, wohin er trat, weshalb er sich lieber erst einmal einer der Theken zuwandte und ganz profan und wenig zum Stil der Veranstaltung passend ein Bier bestellte. Wohlversorgt begab er sich mit dem Glas an den Rand der Tanzfläche, um die Gäste zu sondieren.

Batikmuster und Jesuslatschen waren nach Ennos erstem Eindruck unter den Gästen so verbreitet wie ein geistesabwesender Gesichtsausdruck. Mit seiner Lederjacke und den schwarzen Stiefeln an den Füßen fühlte er sich so fremd wie ein Hippie in Wacken[349] und begann schnell, der Ansicht zuzuneigen, Leons Prophezeiungen seien alles in allem ziemlich berechtigt gewesen. Er vermutete, sein Sänger hätte an dieser Stelle etwas vom Verkleidungswahn des spießigen Deutschen philosophiert, der sich bei älteren Herrschaften in bestimmten Städten in Karnevalsmützen, bei jüngeren eben in Anpassung an vorgegebene Motto-Partys zu äußern pflegte.

"Na gut, das war dann wohl ein Griff ins Klo", murmelte Wittstock und zog sich mit seinem Bier an die Theke zurück,

---

[349] Gemeint ist das *Wacken Open Air*, das weltweitgrößte Heavy-Metal-Festival, das seit 1990 jährlich nahe des Dorfes Wacken in Schleswig-Holstein stattfindet.

wo wenigstens die Bedienungen nüchtern und eher pragmatisch als dem Anlass entsprechend gekleidet wirkten.

Nach etwa einer Viertelstunde tauchte neben ihm eine rothaarige junge Frau auf, deren glasigen Blick er etwas abschreckend fand. Ansonsten gefiel ihm ihr Anblick ausgesprochen gut. Auf der Tanzfläche hatte er sie nicht wahrgenommen, daher nahm er an, sie habe sich zuvor in einem der abgedunkelten Bereiche der Diskothek aufgehalten. Mit ihrem wie selbstgestrickt aussehenden Wollminikleid in Regebogenfarben und den nicht wirklich dazu passenden Cowboystiefeln wäre sie ihm andernfalls bestimmt aufgefallen. Die Maschen des Kleids waren groß genug, um ihn sehr genau erkennen zu lassen, dass sich darunter kein BH befand.

"Wolle direkt auf der Haut", schüttelte es ihn, "wäre mir zu kratzig."

Das Mädchen redete eindringlich auf eine der Bedienungen am Tresen ein, erntete aber nur mehrfaches Kopfschütteln.

"So ein Mist!", schimpfte sie anschließend, nun auch für Enno verständlich, und sank dabei resigniert auf dem Barhocker zu seiner Rechten zusammen.

Bevor er sich dazu entschließen konnte, sie nach dem Grund ihres Missfallens zu fragen, quatschte sie ihn bereits an.

"Du, ich frag' echt ungern, aber kannst du mir bitte einen Drink ausgeben? Ich bin leider völlig pleite und dehydriere allmählich. Auf dem Klo haben sie an den Waschbecken das Wasser abgestellt, weil da immer alle hingehen, um Kohle zu sparen. Das machen sie seit einiger Zeit immer so auf diesen Partys – echt voll ätzend!"

Wittstock war wenig begeistert, nun auch noch als Almosenspendieronkel missbraucht zu werden. Er bereute bereits, Dragans Tipp gefolgt zu sein. Vermutlich waren Partys wie diese nur zu ertragen, wenn man selbst auf einem Trip war – und sich dann auch strippende Weiber auf der Tanzfläche einbildete.

"Ein Tonic nur. Bitte!"

Der Gitarrist ließ sich erweichen und bestellte ihr das Getränk. Immerhin bewirkte seine Großzügigkeit, dass sie nicht umgehend mit dem servierten Glas in irgendeine dunkle Ecke verschwand, sondern offensichtlich gewillt war, zum Abbau ihrer Schuld ein Gespräch mit dem großzügigen Spender zu führen.

"Das ist voll nett von dir, echt wahr. Was für ein Sternzeichen bist denn du?"

Das war nicht unbedingt die Frage, die Enno als erste erwartet hätte.

"Ähm, Skorpion."

"Echt?"

Das Mädchen schien zu staunen.

"Das ist krass! Skorpione sollen normalerweise total egoistisch sein. Wow! Danke! Jetzt muss ich echt überlegen, ob das nicht doch ein Vorurteil ist."

Wittstock musste schmunzeln und wusste nicht recht, was er darauf entgegnen sollte, kam aber auch gar nicht in die Verlegenheit, dazu etwas sagen zu müssen, da die junge Dame gleich ihre nächste Frage anbrachte.

"Wie heißt du denn?"

"Enno."

"Ich bin Saphira – wie die blauen Edelsteine", erklärte sie und beugte jeglichem Zweifel gleich mit einer Bekräftigung vor: "Das ist wirklich mein Name. Meine Mutter wollte mich unbedingt so nennen, weil der Saphir für Ruhe, Reinheit und Frieden steht. So bin ich auch geworden. Ausgeglichen und sanft. Ein wahrer Saphir! Schau' mal, ich hab' sogar immer einen bei mir."

Aus ihrem Kragen nestelte sie ein Lederband hervor, an dem ein eingefasster blauer Stein von der Größe eines Daumennagels hing. Enno wunderte sich, dass er ihm zwischen den großen Maschen ihres Wollkleids zuvor nicht aufgefallen war, so sehr, wie er nun im Licht der Thekenbeleuchtung glänzte.

"Der hat Heilkräfte", versicherte Saphira.

Wittstock lag ein lästerlicher Kommentar auf der Zunge, doch im letzten Moment entschied er sich dagegen, ihn auszusprechen.

"Meine Mutter hat auch so einen Stein", behauptete er stattdessen vollkommen wahrheitswidrig, "wenn es ihr mal nicht so gut geht, nimmt sie den immer mit ins Bett und am anderen Morgen ist es dann schon viel besser."

"Siehst du", frohlockte die Rothaarige, "so ist das nämlich. Mann, endlich glaubt mir mal jemand. Ich bin echt froh, dass du dich damit auskennst."

Sie trank von ihrem Tonic und beugte sich wieder zu Enno.

"Ich finde, die Angestellten hier haben alle 'ne ganz miese Aura", erklärte sie. "Ich meine, nicht nur, weil die mir nicht einfach so ein Wasser geben wollten. Die sind auch sonst total unfreundlich und so. Die tun so, als würden böse Geister ihren Laden in Besitz nehmen. Ich kann die schwarzen Wolken spüren, die ständig über ihren Gedanken schweben."

Wittstock dachte an entsprechende Zeichnungen von schlecht gelaunten Menschen in Comics und stieg grinsend auf die Metapher ein.

"Ich kann sogar Blitz und Donner über ihren Köpfen fühlen."

"Ja, echt, du spürst es auch?", begeisterte sich Saphira. "Siehst du, dann bild' ich mir das nicht nur ein. Die können sich auch gar nicht entspannen. Ständig kreist ein Gläsergeier um alle Leute rum und zerrt ihnen die leeren Gläser aus der Hand. Als ob man die klauen wollte. Eigentum ist sowieso irgendwie eine total veraltete Weltanschauung."

Hätten Ennos Augen nicht während der Unterhaltung auf den nur unzureichend verdeckten zierlichen Brüsten der schlanken Frau geruht, wäre ihm möglicherweise bald das Interesse an einem derart verquasten Gespräch vergangen. So aber trug er bereitwillig sein Teil dazu bei, den Dialog am Leben zu halten.

"Ja, es ist wirklich ein Jammer. Wenn einige Menschen nicht so habgierig wären, könnte auf der Welt von allem für alle genug da sein."

"Da sagst du was", stimmte sie sofort zu. "Ich muss gestehen, dass ich da total übel vorgeprägt worden bin als Kind. Mein Vater war auch einer von diesen Typen. Haben, haben, haben – und bloß nichts abgeben! Ein elender Geizhals! Sogar meine Mutter und mich hat er als sein Eigentum betrachtet. Als wir ihn verlassen haben, hat er die Welt nicht mehr verstanden und ist in Depressionen versunken."

"Vielleicht hätte er mal zum Psychiater gehen sollen."

"Ha!", machte Saphira, "das hat meine Mutter ihm auch empfohlen."

"Und?"

Sie schüttelte den Kopf.

"Mein Vater ist nie zu einem Psychiater gegangen, weil es das Eingeständnis gewesen wäre, etwas könnte nicht in Ordnung sein."

"Wie blöd. Was ist aus ihm geworden?"

"Hat sich umgebracht", antwortete das Mädchen schulterzuckend, nachdem sie ihr Glas geleert hatte. "Schon ein paar Jahre her. Der hatte eben auch 'ne ganz schlechte Aura. Ich glaub' nicht, dass ihn irgendjemand vermisst. Puh, Scheiße, ich hab immer noch Durst. Aber ich kann dich nicht schon wieder um einen Drink anschnorren. Außerdem hab' ich leichte Kopfschmerzen. Ich könnte 'ne *Aspirin*[350] vertragen. Aber die haben hier bestimmt keine. Oder wenn, wollen sie Geld dafür. Mist! Sieht aus, als müsste ich bald mal gehen, wenigstens raus an die frische Luft."

Wittstock dankte dem Schicksal für diese Steilvorlage.

"Wir können kurz zu mir gehen", schlug er vor. "Ich wohne fast um die Ecke, habe jede Menge Wasser in der Leitung und wahrscheinlich sogar 'ne *Aspirin* im Schrank. Und auf dem Weg dahin gibt es frische Luft."

Saphira sah nicht so aus, als würde sie sich über irgendetwas Sorgen machen.

"Hey, echt? Na, das klingt doch super", fand sie. "Warte kurz hier, ich hol' nur schnell meine Jacke."

Noch während sie davonrauschte, ballte Enno siegesgewiss die Beckerfaust[351]. Dann nahm er den letzten, längst schalen Schluck von seinem Bier, schob das Glas auf der Theke einer der Bedienungen zu und erhob sich.

Die angekündigte Jacke war kaum mehr als ein Hauch von Stoff, der sicher nicht dazu diente, seine Trägerin warm zu halten. Nach Vermutung des Musikers war deren Funktion einzig, mit ihren beiden winzigen Reißverschlusstaschen einen halbwegs sicheren Aufenthaltsort für einen Schlüsselbund und ein wenig Kleingeld darzustellen. Saphira drückte ihm das Kleidungsstück in die Hand.

"Warte bitte nochmal kurz", bat sie. "Ich geh' schnell präventiv pinkeln. Wer weiß, was auf dem Weg so passiert."

Wittstock war viel mehr an der Frage interessiert, was nach dem Weg passieren würde, sagte aber selbstverständlich nichts Derartiges.

Fünf Minuten später waren sie draußen. Die Nacht war klar, aber nicht so kalt, dass man sich angesichts Saphiras luftiger Bekleidung sehr hätte beeilen müssen. Sie machte ihn auf ein blinkendes Etwas am Firmament aufmerksam.

"Sieht aus wie ein Raumschiff, findest du nicht?"

---

[350] *Aspirin* ist ein schmerzstillendes, entzündungshemmendes, fiebersenkendes und thrombozytenaggregationshemmendes Medikament, das auf dem Wirkstoff Acetylsalicylsäure basiert und unter seinem Markennamen vom deutschen Pharma-Konzern *Bayer* 1897 auf den Markt gebracht wurde. Inzwischen darf der Name *Apsirin* als Synonym für Schmerzmittel gelten.

[351] Motivations- oder Jubelgeste mit geballter Faust und angewinkeltem Arm, die der berühmte Tennisspieler Boris Becker (*1967) zwar nicht erfunden, aber in Deutschland populär gemacht hat.

Das Stichwort löste bei Enno eine Gedankenkette aus, die unter anderem ein etwas länger zurückliegendes, hochinteressantes Proberaumgespräch streifte und an deren Ende er heimlich verschmitzt grinste.
"Wahrscheinlich ist es eins", antwortete er.
"Glaubst du an Raumschiffe?", fragte sie.
Er war nun ziemlich sicher, nicht mehr viel falsch machen zu können.
"Ich glaube nicht daran, ich weiß, dass sie existieren."
"Außerirdische aus anderen Welten?"
"Ja!"
"Ich hab's immer geahnt", meinte sie.
Offenbar genügte ihr die Gewissheit, die er bei seiner Feststellung ausgestrahlt hatte, als Beweis. Jedenfalls lächelte sie selig.
Im Treppenhaus zu seiner Wohnung fand Enno durch höfliche Gewährung des Vortritts für die Dame heraus, dass sie unter ihrem grobmaschigen Kleid ein sehr stoffarmes rotes Höschen trug, und nahm ihr, weiterhin im Gentleman-Modus, im Flur seiner Wohnung das dünne Jäckchen ab, das er mittels eines Kleiderbügels an seine Garderobe hängte, als wäre es ein schwerer Wintermantel.
"Die Küche ist dort links, da gibt es Gläser, einen Wasserhahn und wahrscheinlich auch *Aspirin* – das muss ich aber erst suchen."
Während er seine Medikamentenschublade durchforstete, stürzte Saphira vier oder fünf Gläser Leitungswasser auf ex in ihren Schlund. Sie musste wirklich äußerst durstig gewesen sein. Danach entfuhr ihr ein Rülpser, worüber sie laut kicherte.
"Lass' mal die *Aspirin*", bremste sie ihn, "ich glaub', ich war wirklich nur dehydriert. Geht schon viel besser jetzt."
"Umso besser", murmelte Wittstock und schloss die Schublade.
"Ich kann immer noch nicht glauben, dass du Skorpion bist", kam die junge Frau unvermittelt wieder auf den Beginn ihrer Unterhaltung zurück. "Ich dachte wirklich immer, Skorpione sind rücksichtslos und egoistisch. Aber du bist ganz anders. Du verstehst sogar etwas von Heilkräften und Schwingungen und so."
Enno dachte kurz darüber nach, ihr etwas von Planetenkonstellationen und dem Mond im dritten Haus des Uranus zu erzählen, verwarf die Idee aber sofort wieder. Stattdessen trat er einen Schritt auf sie zu und senkte die Stimme.

"Kann ich dir ein Geheimnis anvertrauen?"

"Ich kann schweigen wie ein Grab", behauptete Saphira mit Überzeugung und schaute Wittstock so treuherzig wie neugierig in die Augen.

Enno gab einen Moment des Zögerns vor.

"Du musst wissen, dass ich in Wahrheit vom Sirius komme", verkündete er dann.

"Ist das so?"

Ihre Augen waren sehr weit aufgerissen.

"Ja."

"Ist das nicht ein Stern – eine Sonne also?"

"Ja, schon.[352] Also tatsächlich komme ich natürlich nicht vom Sirius selbst", erklärte er, "da wäre es zu heiß. Genaugenommen komme ich von einem Planeten aus dem System Sirius. Aber dessen Name würde dir nichts sagen."

"Wie heißt er denn?"

"Atleda."

"Wie?"

"Atleda. Ich wusste doch, es würde dir nichts sagen."

Sie senkte den Blick, als schämte sie sich für ihre Unwissenheit.

"Das stimmt. Und wieso bist du hier?"

"Wir Sirianer sind eine sehr vergeistigte Rasse. Wir führen eigentlich fast ununterbrochen philosophische Gespräche."

"So wie wir beide?"

"Nein. Das heißt: Ja, auch", verbesserte er sich schnell. "Aber – ohne dir zu nahe zu treten – zumeist auf noch viel höherem Niveau."

"Noch höher?"

In ihrer Stimme lag echtes Erstaunen.

"Ja."

Wittstock gab ihr Zeit, die Nachricht zu verdauen, da er ihrem hübschen Gesicht ansah, dass sie nicht an deren Wahrheitsgehalt zweifelte.

"Und warum bist du dann hier? Ist es dir auf Abeba zu anstrengend?"

"Atlena. Nein, ganz sicher nicht. Ich bin mit einem offiziellen Regierungsauftrag hier. Ganz geheim! Ich befinde mich auf einer Forschungsreise."

---

[352] In Wahrheit ist Sirius ein Doppelsternsystem, hat also sogar zwei Sonnen, aber mit derartigen Details hielt sich Enno natürlich in diesem Moment nicht auf.

Saphiras Mund stand für einen Moment offen.
"Willst du herausfinden, ob wir Menschen mit euch mithalten können? So geistig und philosophisch und so."
"Nein, das wissen wir schon. Ein paar wenige können es. Aber die Mehrheit nicht. Es geht um etwas vollkommen anderes. Der Hintergrund ist eigentlich eine eher traurige Geschichte. Wir Sirianer haben verlernt, das Leben zu genießen, weil wir so vergeistigt sind. Uns fehlt es ein wenig an Sinn für körperliche Freuden. Mein Auftrag ist, deren Geheimnisse für uns wiederzuentdecken. Denn all die Intelligenz nützt uns doch nichts, wenn wir stets alle griesgrämig sind, verstehst du?"
Er bemühte sich sehr, eine mitleiderregende Miene auf sein Antlitz zu legen.
"Ja. Das ist eine furchtbare Vorstellung."
"In der Tat, es ist nicht schön auf Atheba. Schon morgens zum Frühstück diskutieren wir Themen, bei denen Aristoteles[353] staunend und ehrfürchtig schweigend am Rand gesessen und sich seiner Dummheit geschämt hätte. Aber wir sind nicht fröhlich. Wir lachen nicht und wir genießen nicht. Wir stopfen das Essen lustlos in unsere Mäuler und wir nehmen einander nie zärtlich in die Arme, um uns Gutes zu tun."
"Wie schrecklich", rief Saphira und wirkte ehrlich entsetzt über die Vorstellung. "Da möchte ich nicht leben."
Enno schaute sehr ernst drein und nickte gewichtig.
"Das kann ich verstehen. Ich möchte aber sehr gern dorthin zurück, wenn ich den anderen Sirianern beibringen kann, wie man wieder Lust am Leben verspürt. Die Erdenmenschen können das viel besser. Darum bin ich hier. Ich möchte alles darüber lernen. Ich möchte alles erforschen. Ich möchte jeden Rausch kennenlernen, ich möchte Fressorgien veranstalten und ich möchte Liebe erfahren und die Reaktionen meines Körpers schulen und verstehen: Bringst du mir das bei? Schläfst du mit mir?"
"Ja!"
Auf Saphiras klare und positive Reaktion hatte Wittstock längst gehofft, aber dass sie sofort den Saum ihres gestrickten Regenbogenkleids ergriff und es über den Kopf hinweg auszog, verblüffte ihn dann doch. Ihr roter Stringtanga flog kaum eine Minute später im hohen Bogen auf den Küchenschrank. Erst für die zweite Runde zogen beide ihre Stiefel aus und begaben sich in sein Bett.

---

[353] Aristoteles (384 – 322 v. Chr.), griechischer Philosoph.

Wie er ohne eine Sekunde Schlaf den Freitag am Arbeitsplatz pannenfrei überstanden hatte, wusste Enno abends allerdings nicht. Er fiel um acht ins Bett und schlief bis zum Samstagmittag durch.

Der Proberaum ist der Mittelpunkt des Universums (Folge 226)

Durch Hinwendung zu seinem Verstärker ermöglichte Adam seiner Gitarre, den ausklingenden letzten Ton des Songs in eine Rückkoppelung kippen zu lassen. Die anderen griffen bereits zu ihren Getränken. Normalerweise ließ Fleischer den Lärm noch etwa fünf Sekunden klingen, bis er den Lautstärkeregler an der Gitarre auf null drehte, doch dieses Mal starrte er ganz fasziniert Löcher in die Luft und schien überhaupt nicht wahrzunehmen, wie die anderen stirnrunzelnd wahlweise auf ihre Armbanduhren, ihre Fingernägel oder ihre Trommelstöcke blickten. Enno gab ein ungeduldiges Handzeichen, doch Adam schaute weiterhin ins Leere. Ob ihn das Feedback in eine andere Welt entrückt hatte, war für seine Mitstreiter nicht erkennbar. Doch sie fragten ihn, als er endlich, nach mehr als einer halben Minute, den Ton abdrehte.
"Was ist denn mit dir los? Hast du 'ne Vision gehabt?"
"Neue Songidee?"
"Bock auf 'nen Termin beim Ohrenarzt?"
"An den letzten Sex gedacht?"
Fleischer schüttelte heftig den Kopf.
"Nein, nein, mir ist nur etwas in den Sinn gekommen, was ich heute gelesen habe. Ganz genau konnte ich mich aber nicht erinnern, deshalb musste ich nachdenken."
"Das kann man natürlich am besten, während man den Raum mit Feedback beschallt. Ist es dir wenigstens wieder eingefallen?"
"Ja, ich glaube schon. Der medizinische Begriff für die Angst, von einer Ente beobachtet zu werden, lautet 'Anatidaephobie'. Das war das Wort, nach dem ich suchen musste. Schwierig, sich daran zu erinnern. Vielleicht stimmt es auch nicht genau, aber ich denke schon. Wusstet ihr das? Ich hab' das wirklich nicht gewusst."
Die anderen vier sahen entweder ihn oder sich gegenseitig fragend an.

"Genau genommen wusste ich nicht einmal, dass es dafür einen medizinischen Begriff gibt", bekannte Kilian freimütig.

"Mir war nicht bewusst, dass jemand eine Phobie entwickeln könnte, von einer Ente beobachtet zu werden", ergänzte Leon.

"Faszinierend, oder?"

Ein klein wenig verträumt sah Adam immer noch aus.

"Das ist doch ein alter Hut", behauptete Enno schelmisch grinsend. "Weißt du denn auch, wie man jemanden nennt, der panische Angst davor hat, ein Elefant könnte ihm um Mitternacht an Silvester in einer Bar am Nordpol das letzte Bier wegtrinken?"

"Nein, keine Ahnung", gab Fleischer offenherzig zu.

"Vollidiot!", grölte Wittstock.

Julius schlug seine Sticks gegeneinander und zählte den nächsten Song ein.

Die Reifeprüfung

Mit dem Handtuch um den Hals kehrte Finderling ans Mikrofon zurück.

"Okay, ihr habt es so gewollt, ihr bekommt noch eine Zugabe. Es ist sogar eine besondere Zugabe. Ein neuer Song! Eine Weltpremiere! Ladies and Gentlemen – zum ersten Mal live auf der Bühne: 'Fox on the Run'!"

Sie ließen es krachen und noch einen weiteren neuen Song folgen – und im Anschluss einen zweiten und letzten Zugabenblock mit drei alten Liedern, von denen sie zwei seit Jahren nicht vor Publikum gespielt hatten. Ein Vorteil daran, außerhalb ihrer Heimatstadt nicht übermäßig bekannt zu sein, lag darin, keine Erwartungen des Publikums hinsichtlich der Songauswahl erfüllen zu müssen. Die Jungs nutzten diesen Umstand immer wieder weidlich aus und würzten ihr Programm in solchen Fällen zu ihrem eigenen Vergnügen mit Stücken, die in ihrer Heimatstadt nicht zum Standardrepertoire gehört hätten.

Zum Konzert in Langenberg war Elena nicht mitgekommen. Natürlich spielte *Hole of Fame* zumeist an Wochenenden, was ohnehin häufig mit den Besuchen ihrer Söhne kollidierte. Dieses Mal war es ihr jedoch besonders wichtig gewesen, Zeit mit den Kindern zu verbringen, da Ferien herannahten, in denen sie mit Eberhard in den Urlaub fahren würden – den ersten ohne die Mutter. Leon hatte es mit Verständnis aufgenommen. Sie selbst hingegen fand ärgerlich, nicht beides miteinander verbinden zu können. Philipp, ihr älterer Sohn, hätte vermutlich sogar Interesse gehabt, den neuen Freund seiner Mutter mit dessen Band auf der Bühne zu erleben, aber mit dem jungen Sebastian war der Besuch eines Hardrockkonzerts nicht zu machen, deshalb hatte keine Chance bestanden.

Am Proberaum hatten Julius und Adam bereits begonnen, den Van zu beladen, als Enno und Leon eingetroffen waren. Die Begrüßungen zwischen den beiden Ankömmlingen und der erstmals die Band begleitenden Darina, die gerade Fleischers Gitarrenkoffer getragen hatte, waren hier wie dort von leichter Befangenheit geprägt gewesen.

Kilian hatte Langemesser kurz angerufen, um mitzuteilen, er würde sich leicht verspäten. Erst in letzter Sekunde war ihm aufgefallen, keine Ersatzsaiten mehr zu haben, deshalb sei er zum Einkaufen noch schnell einen Umweg gefahren.

"Nanü?", hatte Adam sich gewundert. "So vergesslich kennen wir Herrn Sandner gar nicht. Ist seine Freundin vielleicht schwanger?"

"Nee", war der Trommler, bislang einziger Vater in der Runde, überzeugt gewesen, "er klang eher genervt. Jemand der gerade erfahren hat, dass er Vater wird, schwebt aber entweder auf Wolke 7 oder redet nur wirres Zeug."

"Oder ist am Boden zerstört", hatte Wittstock ergänzt und breit gegrinst.

"Ja, du bestimmt", war gleich eine Retourkutsche gekommen. "Du wüsstest vermutlich nicht einmal, wer die Mutter ist."

Die gespielt beleidigte Reaktion des Rhythmusgitarristen auf den Treffer war im allgemeinen Gelächter untergegangen.

Beim Eintreffen des vermissten Bassisten waren sie bereits mit Einladen fertig gewesen und daher umgehend losgefahren. In Langenberg war alles nach Plan gelaufen und der für 150 Personen ausgelegte Saal brechend voll geworden.

"Ihr wart fantastisch", lobte Finderling mit Recht das begeisterungsfähige Publikum zum Abschluss der Veranstaltung. "Uns hat es Riesenspaß gemacht. Wenn es euch auch so gegangen ist, hoffen wir, euch auf unserem nächsten Konzert wiederzusehen – nächsten Samstag ab 20 Uhr im *Café Ölpfütze* in Lichtenau. Bis dahin! Ciao!"

Auf Bitte des Veranstalters bauten sie schnell ab und beluden den Van, wollten danach aber noch in Ruhe gemeinsam ein Bier trinken und das wohlige Gefühl eines erfolgreichen Auftritts auskosten, das sie noch immer stets erfasste, obwohl sie nicht mehr weit von ihrem 500. Gig entfernt waren.

Darina umschwärmte ihren Adam, der erfreut zurückschwärmte. Kilian setzte Enno auseinander, warum er es so erhebend fand, dessen uralte Komposition 'Heart', die sie eigentlich schon lange vor der ersten CD-Aufnahme aus dem Programm geworfen hatten, nun wieder hervorzukramen, neu zu arrangieren und als Zugabe auf die Bühne zu bringen. Julius wurde von einem Konzertgast, der selbst Schlagzeug spielte, mit Fachgesprächen über Felle und Becken vereinnahmt, und Leon durfte sich noch ein paar warme Worte des Veranstalters anhören. Als dieser sich verabschiedet hatte, bekam der Sänger Gesellschaft von einer schlanken Blondine, die den Barhocker neben ihm eroberte und ihn auf die abschließende Ankündigung für das Folgewochenende ansprach. Sie hatte genau die Haarfarbe, die seine Hose zu eng werden ließ.

"Eure Musik ist genau mein Ding", schwärmte sie. "Hat mir gut gefallen und würde ich mir gern wieder anhören. Lichtenau ist auch gar nicht so weit. Aber im *Café Ölpfütze* war ich noch nie. Was ist das denn für ein Laden?"

"Das ist 'ne Rockerkneipe", gab Finderling Auskunft. "Da haben wir schon öfter gespielt. Meistens geht ziemlich die Post ab – einmal waren allerdings nur zehn Leute da, das war nicht so befriedigend. Aber das ist schon ein paar Jahre her."

"Das muss ernüchternd sein, wenn so wenige Gäste kommen."

"Ja, das ist durchaus ein Problem. Es ist viel schwieriger, sich für so wenige Zuhörer zu motivieren, aber wenn man eine gute Band sein will, muss man auch das hinbekommen. Die wenigen, die gekommen sind, können schließlich nichts dafür, dass die anderen nicht da sind. Also haben sie eine gute Show verdient."

Er fand, er klang nach Bodo, als er sich so reden hörte, was seinem Herz einen Stich versetzte, gleich gefolgt von einem wohligen Gefühl der Wärme, weil der verstorbene Ex-Manager doch auf diese Weise in ihm weiterlebte.

"Ich bin sicher, dass ihr es geschafft habt."

"Ich denke, es war okay."

Während sie ein frisches Getränk bestellte, sah Leon sich die lächelnde Frau heimlich genauer an. Er schätzte sie auf Anfang bis Mitte 30, sie trug eine Lederjacke, einen kurzen Rock und – wie er sie nannte – 'Ruf!-mich!-an!-Stiefel'[354]. Domina-Look war normalerweise nicht sein Geschmack, aber er hätte sofort

---

[354] Overknee-Stiefel mit sehr hohen Absätzen.

zugegeben, dass seine Gesprächspartnerin darin weder beängstigend noch albern aussah. Ihr Outfit stand ihr.

"Wie heißt du eigentlich?", fragte sie. "Ihr habt euch auf der Bühne gar nicht namentlich vorgestellt – oder hab' ich das verpasst?"

"Leon", antwortete er, "wir machen das fast nie. Wir sind eine Band – eine Einheit. Es ist nicht so wichtig, wer im Einzelnen die Instrumente bedient."

"Ich bin Lana", stellte sie sich vor und reichte dem Sänger die Hand.

Die schlanken, langen Finger fühlten sich sehr angenehm an.

"Ein schöner Name", befand er.

"Ja", stimmte sie zu, "man darf ihn aber nicht rückwärts lesen."

Finderling hätte sich vor Lachen fast verschluckt.

"Cooler Spruch", konstatierte er.

Sie schnitt ein neues Thema an.

"Ihr seid schon lange im Geschäft, oder?"

"Ach, was heißt Geschäft? Wir sind keine große Band. Aber wir spielen schon lange zusammen, ja. Unser 20-jähriges Jubiläum ist schon fast in Sichtweite."

"Wahnsinn! Aber leben könnt' ihr davon nicht, oder?"

"Ach, bewahre", winkte er ab. "Wir zahlen sogar drauf. Instrumente, Proberaummiete, Aufnahmen, Sprit: Musik ist ein teures Hobby. Aber wir haben immerhin genug erlebt, um nicht so einfach aufhören zu können. Es macht auch einfach immer noch viel zu viel Spaß. Wenn man denkt, dass man zu alt für Rock 'n' Roll ist, ist man es vermutlich. Aber bisher denken wir das nicht – keiner von uns, das würde ich beschwören. Es ist immer noch ein geiles Gefühl, auf der Bühne zu stehen, oder wenn man zum ersten Mal einen neuen Song im Proberaum von vorne bis hinten spielt und gemeinsam das Gefühl bekommt, dass er gelungen ist. Gänsehaut! Immer noch!"

"Ja", stimmte sie zu, "gemeinsam das Gleiche zu fühlen ist geil. Das versteh' ich. Davon krieg' ich auch nie genug."

Leon überlegte, ob diese Bemerkung anzüglich gemeint gewesen sein könnte. Er musste nicht lange warten, bis er die Antwort bekam.

"Für Musiker hatte ich schon immer ein Faible", gestand ihm Lana nämlich, "wusstest du, dass Musiker meistens auch bessere Liebhaber sind? Einfühlsam, weil sie sich auch in ihre Musik einfühlen können müssen, harmonisch, um den Körper der Frau zum Klingen zu bringen wie sonst ihr Instrument, und immer in einem gemeinsamen Rhythmus."

Finderling grinste sehr breit.

"Natürlich wusste ich das – ich bin selbst einer. Allerdings habe ich selten eine Frau getroffen, der das so bewusst war, dass sie es derart präzise hätte formulieren können. Ich bin zutiefst beeindruckt."

Es war praktisch eine Bewegung, in der Lana ihre Hand sanft auf seinem Oberschenkel platzierte und sich zu ihm herüberbeugte, um ihm etwas ins Ohr zu sagen:

"Kann ich dich dazu überreden, ein paar von diesen wunderbaren Fähigkeiten mit mir auszuleben? Den gemeinsamen Rhythmus zum Beispiel?"

Weil Leon nicht sofort antwortete, schob sie noch zwei Fragen nach:

"Jetzt gleich? Irgendwo draußen oder im Auto?"

Im ersten Moment glaubte der Sänger, noch nie so offensiv angemacht worden zu sein. Dann aber erinnerte er sich an Darina, die gerade dabei war, am Rande seines Blickfelds mit seinem Leadgitarristen zu knutschen. Gleich darauf fiel ihm auch ein, dass er vor vielen Jahren mal ein weniger attraktives und etwas anstrengenderes Groupie mit nicht ganz so gewählter Ausdrucksweise, aber ebenfalls sehr direkter Ansprache erlebt hatte. Dessen Name war ihm allerdings nicht im Gedächtnis geblieben.

"Das Angebot ist ungeheuer verlockend", gab er zu, "aber ich habe zu Hause eine tolle Frau sitzen, und mir liegt zu viel daran, sie nicht zu verärgern. Deshalb muss ich leider ablehnen – mit großem Bedauern, das versichere ich dir."

"Aber sie müsste nichts davon erfahren."

"Müsste nicht. Aber ganz sicher kann man sich nie sein", äußerte er seine Bedenken, "und warum sollte ich das riskieren?"

"Weil es sich lohnen könnte."

"Fühl' dich jetzt bitte nicht beleidigt, aber genau das bezweifle ich. Nicht, weil ich glaube, es wäre kein außergewöhnliches Erlebnis mit dir. Es hat gar nichts mit dir zu tun. Du bist bestimmt eine Sünde wert. Du siehst toll aus, hast Intelligenz, Witz und alles – aber die Frau bei mir zu Hause ist die Beste, die mir im Leben begegnet ist. Und mir sind viele Frauen begegnet. Diese möchte ich behalten!"

Finderling fürchtete, seine Worte seien zu harsch ausgefallen, doch die blonde Lana, die sich nun langsam wieder von seinem Ohr zurückzog, die Hand jedoch vorerst auf seinem Bein beließ, schenkte ihm ein Lächeln, das nicht einmal süß-sauer aussah wie ein asiatisches Salatdressing, sondern eher interessiert.

"Klingt wie eine Szene aus einem Liebesroman."

"Ich fühle mich auch in letzter Zeit, als wäre ich die männliche Hauptrolle in einem. Derzeit sieht es nach einem Happyend aus."

"Man weiß nie, ob sich das nicht noch ändert. Der Autor könnte überraschende Wendungen in die Geschichte einbauen."

"Die liegen schon hinter uns – sonst wäre ich gar nicht mit der Frau zusammen."

Leon war ein wenig erleichtert, die attraktive Frau nicht vor den Kopf gestoßen zu haben, oder zumindest nicht so stark, dass sie schroff reagiert hätte. Zudem fand er ihre Art der Gesprächsführung fantasievoll und hochgradig spannend.

"Weiß die Frau ihr Glück zu schätzen?"

Der Sänger lächelte und bekam beinahe ein schlechtes Gewissen, weil er nicht verhindern konnte, sich sehr geschmeichelt zu fühlen.

"Ich glaube schon."

Nun zog Lana ihre Hand doch noch von Finderlings Bein ab und kramte in ihrem winzigen schwarzen Handtäschchen, das ihm bis dahin gar nicht aufgefallen war. Sie zog ein Stück Pappe hervor und überreichte es ihm. Es war eine Visitenkarte.

"Falls sie es eines Tages vergisst, oder der Autor doch noch eine überraschende Wendung in den Roman einbaut – ruf' mich einfach an. Ich werde mich an dich erinnern."

"Jetzt wird der Roman aber kitschig", spottete Leon.

"Ich hab' doch schon erwähnt, dass ich schon immer ein Faible für Musiker hatte."

Finderling las den Text. *Lana Königs.* Sie hieß also wirklich Lana. *Immobilienmaklerin.* Nicht der Typ Frau, der normalerweise nach Hardrockkonzerten einen der Musiker abzuschleppen versuchte. *Hauptstraße 7, Marienfeld.* Ein Nest wie Langenberg, Lichtenau oder das Kaff, aus dem Elena stammte. Und ähnlich weit weg von seiner Wohnung. Er hatte früher geglaubt, die interessanten Frauen würden nach dem Schulabschluss immer in die großen Städte abwandern. Die Gegenbeispiele häuften sich.

"Das ist deine Geschäftsadresse und -telefonnummer, richtig?"

"Auf dem Handy erreichst du mich fast immer."

"Du darfst nicht damit rechnen, dass ich es probiere."

Ihr Lächeln wirkte auf ihn jetzt süffisant.

"In Liebesromanen rechne ich mit allem und nichts."

Eigentlich hatte Leon eine Antwort auf der Zunge, doch Sandner und Langemesser traten an ihn heran und lenkten ihn mit dem Hinweis ab, sie wollten sich bald auf den Heimweg machen, und er müsse entscheiden, ob er mit ihnen im Van fahren wolle oder später mit Fleischer im PKW. Die Gitarristen und Darina würden noch bleiben.

Hätte der Sänger sich noch mit der scharfen Lana vergnügen wollen, wäre seine Antwort wohl eindeutig ausgefallen – so tat sie es ebenfalls, jedoch in der anderen Richtung.

"Ja, ihr habt Recht – war ein langer Tag. Ich komm' mit."

In gewisser Weise floh er. Der Grund war nicht die konkrete Gefahr, den Verführungskünsten der Immobilienmaklerin doch noch zu erliegen. Es genügte ihm, jeweils für eine Sekunde an Elena zu denken, um zu wissen, dass und warum er auch bei längerer Unterhaltung weiter standhaft geblieben wäre. Seine Sorge lag eher darin, dass Lana sein Verweilen vielleicht als Gelegenheit zu weiteren Annäherungsversuchen interpretiert hätte. Er wollte ihr und sich ersparen, sie durch seine Ablehnung frustriert zurückzulassen. Er verabschiedete sich mit der Wiederholung des Verweises auf das Konzert in Lichtenau am Folgewochenende und stand von seinem Barhocker auf.

"Falls ich Zeit habe, schaue ich vorbei", sagte sie recht unverbindlich.

Auf der Heimfahrt saß Julius am Steuer und setzte offenbar ein früher begonnenes Gespräch mit Kilian fort. Es ging um die Frage, ob er glücklich sei, Vater geworden zu sein. Der Trommler fand, die Antwort sei situationsabhängig. Sein Kind sei zwar manchmal überaus anstrengend, oft genug aber auch ein Goldstück. Finderling, der auf der Dreierbank ganz rechts saß, hörte nicht richtig zu, auch wenn Kinder für ihn dank Elenas Söhnen inzwischen eine nicht mehr ganz so fremde Welt waren wie früher.

Er dachte an den fast unglaublich anmutenden Werbeversuch der eben kennengelernten Frau Königs und seine Reaktion darauf. Es erstaunte ihn selbst ein wenig, wie gut er sich damit fühlte, das Angebot abgelehnt zu haben. Er war selten untreu gewesen, aber des Öfteren hatte er sich im Nachhinein geärgert, eine Gelegenheit ausgelassen zu haben. Nichts ging über das Erlebnis von Nähe, und sein Herz war immer groß genug gewesen, mehreren Frauen ausreichend Platz darin einzuräumen. Elena hatte ihm nie ein Treueversprechen abgenommen. Früher, als sie selbst notorisch fremdgehende Ehefrau, er hingegen offiziell ganz ungebunden gewesen war, wäre es ein Hohn gewesen. Nach ihrer Trennung von Eberhard war das Thema nie zur Sprache gekommen. Sie hatte ihn auch nie gefragt, ob er während der Jahre ihrer Affäre parallel andere Liebschaften gehabt hatte. Ihr musste klar sein, dass er, der Seltenheit ihrer Treffen wegen, genug Spielraum dazu gehabt hätte. Vielleicht interessierte es sie nicht, weil sie wusste, dass er sie liebte, die anderen hingegen nur zum Vergnügen dagewesen wären. Aber vielleicht fragte sie auch nicht, weil sie es eben lieber nicht wissen wollte. Entsprechend unsicher war er, ob er ihr von Lanas offensiver Avance erzählen sollte. Falls Elena auf die Idee käme zu fragen, ob er unter anderen Umständen auf das Angebot der Maklerin eingegangen wäre, hätte er nicht verneint. Allein Lanas direkte Art hätte ihn bestimmt verlockt, vom kurzen Rock und der Haarfarbe ganz zu schweigen. Noch einmal horchte er in sich, verspürte aber keine Reue.

"Bin ich jetzt erwachsen geworden?", fragte er sich und erschrak, dass er es nicht nur gedacht, sondern sogar ausgesprochen hatte.

Sandner und Langemesser plauderten gerade über den allgemeinen Mangel an Kindergartenplätzen in der Stadt. Sie hatten ihn nicht gehört.

Schön und übrig

Nach Feierabend noch in den Supermarkt hetzen zu müssen, gehörte zu den Dingen, die Enno ziemlich hasste. Leider gingen ihm jedoch hin und wieder Lebensmittel aus, die er für unverzichtbar hielt, bevor wieder Wochenende war – und dann musste das Übel eben in Kauf genommen werden. Um Zeit zu sparen, erledigte er den Einkauf auf dem Heimweg in einem Laden, den er kaum kannte, und wo es ihn nicht störte, im Blaumann wie ein unzivilisierter Außerirdischer zu wirken. Zu solchen Gelegenheiten wurde ihm bewusst, dass es auch solche Momente waren, für die er seinen Job hasste. Hinzu kam seine fatale Neigung, magengesteuert einzukaufen: Wenn er hungrig war, wie kurz nach Feierabend, lachte ihn fast alles an, und er musste sich sehr disziplinieren, um nicht das halbe Geschäft zu plündern. Am Wochenende hingegen war er kaum in der Lage, einen planvollen Großeinkauf für die nächste Woche zu tätigen, wenn er erst nach dem Frühstück aufbrach, weil er gesättigt nicht auf die Lockungen der gefüllten Regale ansprang.

Seit ein paar Wochen war er noch aus einem anderen Grund von der Notwendigkeit des Nahrungsmittelerwerbs genervt: "Beim *Lidl*[355] bei mir um die Ecke haben sie jetzt 'Eltern-mit-Kind-Parkplätze' eingerichtet", hatte er seinen Freunden berichtet. "Behindertenparkplätze gab es schon lange und ihre Notwendigkeit sieht jeder ein. Bei 'Eltern-mit-Kind-Parkplätzen' bin ich hingegen nicht so überzeugt davon. Eltern befinden sich – wie man auch an Sportsfreund Julius sieht – zumeist in einem Alter, in dem es ihnen nichts ausmachen sollte, ihren Einkaufswagen zehn Meter weiter zu schieben. Falls sie es eilig haben, sollten sie ihr Kind beim Einkauf ohnehin daheim lassen. Vielleicht geht es aber auch nur um das gesellschaftspolitische Signal, so wie es jetzt überall LGBT[356]-Initiativen gibt. Und natürlich Anti-Raucher-Kampagnen, die eher wie Hexenjagden aussehen, was aber keiner zugibt. Und eine Gleichstellungsbeauftragte natürlich. Und Antidiskriminierungsvorschriften hinsichtlich Alter, Religion und Hautfarbe. Wobei ich sehr fragwürdig finde, dass all dies in den Topf mit der Aufschrift 'Toleranz' geworfen wird, denn die Bevorzugung von Frauen durch das Einwirken einer Gleichstellungsbeauftragten diskriminiert Männer zumindest indirekt. Über Anti-Raucher-Kampagnen müssen wir an dieser Stelle gar nicht reden. Ich glaube, ich werde demnächst bei *Lidl* um die Einrichtung von 'Ledige-heterosexuelle-Männer-mittleren-Alters-Parkplätzen' bitten. Wahrscheinlich werden sie in der hintersten Ecke des Grundstücks angelegt. Dort, wo das Gelände von Schlaglöchern übersät ist und abends Betrunkene ihre Notdurft verrichten. So, wie der Stellenwert meiner Randgruppe in der Gesellschaft heute eben ist."

Besagten Stammdiscounter mied er seither, stellte aber nun mit Enttäuschung fest, dass herkömmliche Supermärkte zwar keine diskriminierenden Parkplätze, dafür aber andere Nachteile hatten. An der Kasse ging es nicht recht voran, und Wittstock rechnete bereits aus, wie viel er zu zahlen hätte, als er von hinten angesprochen wurde.

"Wir kennen uns von früher, oder?"
Er drehte sich um und erkannte – Nancy.
"Ja, kann man sagen."
"Hallo Enno."
"Hallo Nancy."

---

[355] *Lidl* ist eine Kette von Lebensmitteldiscountern.
[356] LGBT: Lesbian, Gay, Bi, Transgender

"Ich weiß schon, dass Adam 'ne Neue hat", fiel sie mit der Tür ins Haus. "Du musst also jetzt keine inneren Kämpfe ausfechten, ob du mir das wohl sagen darfst. Er hat es mir sogar selbst erzählt. Ist kein Geheimnis mehr."
Wittstock lächelte.
"Okay, danke."
"Nebenan ist ein Stehcafé. Wollen wir kurz quatschen?"
"Meinetwegen."
Richtig begeistert war der Rhythmusgitarrist nicht. Er hatte mit Fleischers ewiger On-Off-Freundin nie viel anfangen können. Andererseits war man inzwischen erwachsen und hatte sich tatsächlich seit langer Zeit nicht gesehen.
Fünf Minuten später rührten beide mit Plastiklöffeln in Plastiktassen.
"Wie geht's dir?", eröffnete Nancy mit einer Floskel und bekam eine zurück:
"Muss ja. Man lebt halt. Und du?"
"Na ja, Scheiße halt. Ist doch klar. Wie ist sie so, die Neue?"
Enno wusste, dass er auf dünnem Eis stand, und zwar in doppelter Hinsicht. Er durfte Darina nun weder in zu schillernden Farben malen, noch zu schlecht wegkommen lassen, und er durfte keinesfalls andeuten, selbst einmal etwas mit ihr gehabt zu haben.
"Nett."
Normalerweise hielt Wittstock nichts davon, jemanden als 'nett' zu bezeichnen, weil dies aus seiner Sicht den Beigeschmack von 'uninteressant' und 'langweilig' hatte. "Nett ist mein Schuldirektor", pflegte er früher immer zu sagen – und wäre sogar beleidigt gewesen, wenn jemand das Wort im Zusammenhang mit ihm gebraucht hätte. Aber in diesem Fall war es angenehm nichtssagend und unverbindlich.
"Ich hab' sie gesehen", verriet Nancy, und Enno spürte schon an diesen vier Worten den verletzten Stolz und den unterdrückten Zorn seiner Gesprächspartnerin. "Sie ist noch ziemlich jung, oder?"
"Alt genug, um zu wissen, was sie tut", murmelte der Blaumannträger mehr in seine Kaffeetasse, als es wirklich laut zu sagen.
"Ich hab' sie gesehen. Tiefausgeschnittene Bluse, Minirock und ziemlich hohe Stilettos. So stand sie da herum und machte einen auf sexy. Billig und nuttig sah das aus! Adam ist so tief gesunken, wenn er darauf steht. High-Heels – also wirklich. Da kann doch kein normaler Mensch mit rumlaufen."

"High-Heels sind auch nicht zum Rumlaufen gedacht, sondern zum Festhalten für den Mann beim Sex", erklärte Wittstock frech.

Darüber musste sogar die erboste Nancy grinsen.

"Die beiden sind schwer verliebt, oder?"

Enno nickte.

"Schaut so aus, ja."

"Ich hab' zwei Jahre darum gekämpft, ihn zurückzugewinnen, und jetzt lässt er sich von so einem Flittchen angeln", schnaubte die Ex-Freundin.

"Tja, das Leben ist manchmal grausam", kommentierte Wittstock lakonisch. "Bei Adam ist auch nicht immer alles nach Plan gelaufen. Und bei anderen auch nicht. Nimm Leon. Der hat jetzt 'ne Freundin, die sich gerade von ihrem Mann scheiden lässt und zwei Kinder hat. Das hätte er sich bestimmt nicht so ausgesucht, wenn er gekonnt hätte. Und sie erst recht nicht. Aber die Dinge kommen eben nie so, wie man sie eigentlich haben möchte, auch wenn man sich vorher alles noch so schlau ausgemalt hat."

Ihm fiel die Sache mit den verpassten Abzweigungen des Lebens wieder ein, über die er vor einer Weile mal intensiv nachgedacht hatte. Da Nancy nur in ihre Kaffeetasse starrte, erklärte er ihr seine Überlegungen von damals.

"Das sagt sich so leicht", wehrte sie ab. "Wenn ich früher kapiert hätte, dass Adam die große Liebe meines Lebens ist, hätte ich natürlich früher reagiert und dann vielleicht bessere Chancen gehabt. Aber ich wusste es nicht."

"Darum geht es nicht", widersprach Enno. "Natürlich würden wir immer die gleichen Entscheidungen treffen, wenn man uns in der Zeit zurückschicken würde, ohne uns die später gemachten Erfahrungen mitnehmen zu lassen. Mich interessiert nur einfach, was passiert wäre, wenn man sich damals, aus welchen Gründen auch immer, an einer bestimmten Wegkreuzung im Leben für die andere Abzweigung entschieden hätte. Natürlich ist das hypothetisch. Ich stelle mir vor, ich könnte mir einen Film ansehen, wie die Dinge sich in dem Fall entwickelt hätten – einfach nur, um es zu wissen. Das birgt selbstverständlich das Risiko, dass man sich anschließend ärgert, weil alles besser gelaufen wäre. Wahrscheinlich neigen wir auch dazu, dieser Theorie zu folgen. Es ist aber auch das Gegenteil möglich. Vielleicht wäre alles viel schlimmer gekommen. Vielleicht würde Adam heute mit irgendeiner Thusnelda glücklich verheiratet mit zwei Kindern in einem Reihenhaus am Stadtrand von Wolfenbüttel leben, wenn bei euch früher irgendetwas anders gelaufen wäre. Oder als Rockstar in einer Villa in Beverly Hills. Oder er wäre tot. Oder du wärst tot. Mir könnte es genauso gehen. Aber ich lebe noch, bin immer noch hier, habe keine Familie, nicht einmal eine Freundin, und mache einen Job, der mir auf den Keks geht. Ich muss sehen, dass ich an der nächsten Kreuzung die richtige Abzweigung nehme."

"Mhm", machte Nancy. "Die Theorie klingt nett, aber sie ist nutzlos. Es ist nun einmal so, wie es eben ist. Ich glaube, dein und mein Problem war über all die Zeit, dass wir zu gut aussehen. Kurioserweise bleiben nämlich die schönsten Menschen am Ende übrig und haben niemanden zum Heiraten gefunden. Aber vielleicht ist es auch gar nicht so erstaunlich, wenn man mal länger darüber nachdenkt, sondern die Schönheit ist genau der Grund für das Phänomen: Wir könnten jeden Partner haben, entscheiden uns deshalb nie ernsthaft, lassen Chance um Chance verstreichen und stehen am Ende mit leeren Händen da, weil niemand auf uns warten wollte. Darum haben deine Freundinnen und Affären dich immer früher oder später sitzengelassen und Adam hat sich für den einfachen Weg, nämlich dieses billige Flittchen entschieden, weil ihm die gerupfte Krähe am Hals lieber ist, als der stolze Adler auf dem Dachfirst."

Wittstock schmunzelte über die messerscharfen Formulierungen, die Darina herabwürdigten und die Sprecherin und auch ihn in den Himmel hoben, nicht zuletzt, weil er Fleischers Ex-Freundin nie so sprachmächtig erlebt hatte. Zugleich staunte er über Nancys Theorie, die nach seiner Ansicht allerdings vom verallgemeinernden und daher falschen Ansatz ausging, jeder Mensch suche nach dem Partner zum Heiraten. Dieses Gefühl hatte er selbst nie gehabt. Dass er zudem nicht geneigt gewesen wäre, Nancy in die Riege der überwältigend schönen Menschen einzuordnen, verschwieg er geflissentlich.

"Ich weiß, dass es wie ein blöder Scheißspruch klingt und du ihn garantiert im Moment nicht hören möchtest, aber ich sage ihn trotzdem: Du wirst darüber hinwegkommen. Adam ist in Ordnung, aber er ist nicht der einzige gescheite Mann auf diesem Planeten. Klar, du wirst deine Zeit brauchen, aber wenn du akzeptierst, dass es nicht sein soll, wird es eines fernen Tages auch nicht mehr wehtun. Ich habe auch geschluckt, als ich erfahren habe, dass Sibylle nicht nur inzwischen verheiratet ist, sondern sechs Kinder hat – ja, sechs! Du hast dich nicht verhört. Frag' nicht, wie viele meiner Verflossenen inzwischen verheiratet sind. Mir persönlich zeigt das nur, dass sie alle nicht die

Richtigen für mich waren. Die kommt noch – oder auch nicht. Man weiß es nicht."

Sie hatten längst ausgetrunken, und Enno hörte seinen Magen ziemlich laut knurren, weshalb er den Entschluss fasste, sich bald auf den Heimweg zu machen. Nancy nickte, als er es ihr mitteilte, war gedanklich allerdings noch nicht ganz so weit.

"Manchmal wünschte ich, ich hätte ihn nie kennengelernt."

Wittstock zuckte mit den Schultern.

"Tja, das ist dann wieder so eine verpasste Abzweigung. Vielleicht nicht in deinem Leben, sondern in dem deiner Eltern. Hätte dein Vater woanders Arbeit gefunden, wärst du in einer anderen Stadt zur Schule gegangen und hättest Adam nie getroffen. Ganz egal, ob du es als Zufall oder als Schicksal betrachtest, du konntest es nicht beeinflussen. Weil es die Möglichkeit mit dem Film des anderen Lebens eben nicht gibt, wirst du nie erfahren, ob es anderenfalls besser oder schlechter gelaufen wäre."

Diesem Schlusswort hatte auch Nancy nichts mehr hinzuzufügen. Sie verabschiedeten sich und gingen ihrer Wege. Die Gedanken beider blieben allerdings noch für eine ganze Weile an ihrer Unterhaltung hängen.

Beim Abendessen setzte sich der Gitarrist noch einmal mit der Theorie auseinander, weshalb nach Nancys Ansicht die schönen Menschen übrig blieben, kam aber erneut zu der Schlussfolgerung, dass sie auf ihn nicht zuträfe, weil er nie nach einer Frau zum Heiraten gesucht hatte. Der Gedanke war ihm immer fern geblieben, auch in der Zeit, als sein Freund und Schlagzeuger Julius diesen Schritt getan hatte.

"Nein, Nancy, so leid es mir tut, die Theorie gehört im besten Fall in die Vitrine für gewagte Thesen. Eigentlich brauche ich nur eine Lady, die Lust auf Sex mit mir hat", fasste er zusammen. "Wenn ich wirklich verliebt war, wurde es immer viel zu schnell viel zu kompliziert. Wie bei Imke. Wenn ich allein dran denke, wie lange es gedauert hat, bis sie mal damit rausgerückt ist, auch an mir interessiert zu sein! Hat sich zurückgezogen, weil sie Angst hatte, ihre Tochter könnte auch in mich verliebt sein. War sie es nun eigentlich oder nicht? Das weiß ich immer noch nicht. Aber war es auch ein Grund, mich bei jeder Unterhaltung mit diesem Psychomist vollzulabern, jetzt, da Marion sowieso in Barcelona ist? Das ist echt nicht mein Ding! Beziehungen sind einfach nichts für mich."

Enno zog in Erwägung, sich die rothaarige Saphira warmzuhalten, ihre Telefonnummer hatte er immerhin, verwarf den Gedanken aber schnell wieder.
"Die wirft zu viel ein. Wenn ich mir jemanden aus der städtischen Opferparade angeln will, muss ich nur in die einschlägigen Läden gehen."
Er machte sich mit einem Feuerzeug eine Flasche Bier auf und trank darauf, der Liebe entsagt zu haben. Dann griff er sich eine Gitarre, suchte nach ein paar Akkorden und nickte zufrieden, als er sie gefunden hatte.
"In einem Punkt hat Nancy allerdings Recht."
Er spielte die gefundenen Akkorde und sang dazu:
"The only one who looks good at all – is me!"[357]
Wittstock nahm einen großen Schluck.

Perfide Pläne

Am Abend kam endlich der ersehnte Rückruf. Es war selten, dass Sigrid sich erst mit einem Tag Verzögerung zurückmeldete, wenn sie von Nancy eine Notruf-SMS bekommen hatte, dementsprechend entschuldigte sie sich auch gleich zur Begrüßung.
"Tut mir leid, Schätzchen. Heute war den ganzen Tag über Alarm im Büro und gestern Abend war ich zu beschäftigt."
Nancy ahnte schon, womit.
"Wie läuft es mit deinem Internet-Lover?", fragte sie, ohne dass es sie wirklich interessiert hätte. "Macht ihr immer noch ständig Telefonsex?"
"Es geht voran. Wir sind inzwischen multimedial unterwegs. Wir haben jetzt auch Webcams und schauen uns gegenseitig beim Masturbieren zu, während wir uns übers Telefon schöne Dinge ins Ohr flüstern."
Nancy verdrehte die Augen himmelwärts.
"Das ist ein Fortschritt", wertete sie, obwohl sie das Gegenteil dachte.
Sigrid ließ sich nicht anmerken, ob der ironische Unterton bei ihr angekommen war.

---

[357] Ennos eigene Version von 'The Only Thing that Looks Good on Me Is You' von Bryan Adams aus dessen Album '18 'til I Die' (1996).

"Was war bei dir gestern los? Du hast nur geschrieben, etwas Schreckliches sei passiert, und du bräuchtest mich so schnell wie möglich."

"Kann man wohl sagen", kam ein Schnauben zurück. "Der schlimmste aller möglichen Fälle ist eingetreten. Die ultimative Katastrophe! Ich weiß gar nicht, wie ich es bis jetzt ohne deinen Beistand ausgehalten habe. Adam hat eine Neue!"

Zunächst herrschte Schweigen.

"Ach, du Scheiße", kam dann vom anderen Ende.

Danach kehrte das Schweigen noch einmal zurück.

"Woher weißt du es?"

"Von ihm selbst. Gesehen hab' ich sie aber auch."

"Erzähl'!"

"Auf dem Heimweg bin ich gestern am *Neuen Lichtspielpalast* vorbeigekommen. Vor der Kasse war 'ne ewig lange Schlange. Der Bürgersteig war voll mit Leuten, da musste man richtig Slalom laufen. Ich hab' gar nicht weiter auf irgendetwas geachtet, bis mir plötzlich jemand hinterher rief."

"Adam?"

"Richtig. Er kam auch gleich angelaufen. Es sei gut, dass er mich treffe, meinte er, er müsse mir nämlich etwas Wichtiges sagen."

"Dass er 'ne Neue hat."

"Genau."

"Mitten in der Stadt bei einer zufälligen Begegnung vor dem Kino. Zwischen Tür und Angel quasi. Na, super! Sehr stilvoll!"

"Du sagst es, Süße."

"Was hat er noch gesagt?"

"Ich müsse das verstehen, schließlich sei unsere Vergangenheit einfach zu belastet, und alles sei außerdem ganz überraschend gekommen, und er sei nun frisch verliebt und richtig glücklich und hoffe, ich käme damit klar."

"Na, toll! Danach hat er sich wieder in die Schlange eingereiht und das war's?"

"Man könnte meinen, du wärst dabei gewesen."

"Männer sind halt berechenbar."

Es war tröstlich für Nancy, Sigrid auf ihrer Seite zu wissen.

"Tja", machte sie. "Ich bin nicht sofort weitergegangen. Wahrscheinlich war ich zu geschockt. Ich hab' ihm hinterhergeschaut. Dann hab' ich sie gesehen, weil er natürlich mit ihr zusammen da war. Das frisch verliebte Paar geht gemeinsam ins Kino. Wie romantisch! Ich könnte kotzen."

Sigrid war so taktvoll, Nancy nicht darauf hinzuweisen, dass diese die Romantik des gemeinsamen Kinobesuchs selbstverständlich für vollkommen angemessen gehalten hätte, wäre sie selbst die Frau an Adams Seite gewesen.

"Bist du sicher, dass sie es war?"

"Ja, sie haben sich geküsst. Man sah es aber auch so. Es braucht nicht so wahnsinnig viel Beobachtungsgabe, ein frisch verliebtes Paar zu erkennen."

"Was hast du gemacht?"

"Mein erster Impuls war, zu ihr hinzugehen und ihr das Gesicht zu zerkratzen. Das riesige Dekolletee am besten gleich dazu. Aber das habe ich natürlich nicht gemacht, weil ich Adam damit nur gegen mich aufgebracht hätte. Nachdem mir das klar geworden war, bin ich brav nach Hause getorkelt, ohne irgendetwas wahrzunehmen. An den Weg kann ich mich nicht einmal erinnern. Ich war wie in einem Tunnel. Hier habe ich dann dir die SMS geschrieben. Dann habe ich gewartet, dass du anrufst."

"Entschuldige, Schätzchen. Hätte ich das gewusst, hätte ich sogar meinen Lover abgewimmelt. Er hätte das verstanden."

"Ja, schon gut, mein Fehler. Ich hätte die Katze sofort aus dem Sack lassen können. Schwamm drüber! Ich hoffe, er hat dich wenigstens befriedigt. Aber was mache ich jetzt? Du wirst mich zwar für bescheuert erklären, aber ich will den Typ immer noch wiederhaben. Oder vielleicht sogar jetzt erst recht!"

"Bist du sicher?"

Sigrid verhehlte ihre Zweifel nicht.

"Ja."

"Gegen frische Verliebtheit kommt man aber nur schwer an. Dazu brauchst du verdammt viel Geduld. Traust du dir das zu, nachdem du nun schon zwei Jahre lang auf die sanfte Tour erfolglos an ihm rumgebaggert hast?"

"Ja."

Trotz gehörte zu Nancys hervorstechenden Charakterzügen.

"Na, gut", lenkte Sigrid ein, weil alles andere sowieso sinnlos war. "Dann brauchen wir einen Plan. Irgendwelche Ideen?"

"Gestern Abend habe ich vor allem darüber nachgedacht, wie ich an sie herankomme, um sie zu vergiften. Aber wenn mir das gelänge, würde er vermutlich heulend über ihrem Sarg hängen und sich bestimmt nicht von mir trösten lassen. Das bringt also nichts. Heute früh habe ich die *Gelben Seiten* gewälzt, ob es in dieser verdammten Stadt vielleicht irgendwo eine fähige Voodoo-Hexe gibt. War natürlich Fehlanzeige. Wenn man mal jemanden braucht, der wirklich etwas kann, ist hier nichts zu holen. Außerdem wäre es wahrscheinlich auch nicht ganz einfach, unauffällig an ein paar Haare von ihr zu kommen."

Sigrid konnte sich ein Schmunzeln nicht verkneifen.

"Okay, die Hasstiraden sind angekommen. Jetzt im Ernst, bitte."

"Ich hab' keine Ahnung."

"Du musst sie nicht ausschalten, sondern ausstechen. Du bist schließlich besser für ihn. Also, womit kannst du punkten? Worin bist du ihr überlegen? Du hast sie doch gesehen! Wie sieht sie denn überhaupt aus?"

"Wie eine Nutte! Kleiner als ich, niedliches Gesicht, dicke Möpse und runder Arsch. Die ist bestimmt zehn Jahre jünger als ich und hält sich für ziemlich sexy. So zieht sie sich jedenfalls an. Ausschnitt bis zum Gürtel, der Minirock verdeckt kaum das Höschen und sogar Stilettos hatte sie an. Stilettos! Die wollten bestimmt im Kino fummeln."

Sigrid stöhnte.

"Klar! Man sucht sich zum Fummeln auch ein Kino mit 'ner Großen Anakonda vor der Kasse aus. Logisch. Weil man da so schön ungestört ist."

"Mit 'ner was?"

"Mit 'ner Riesenschlange."

"Ach so."

"Hättest du nur damals auf mich gehört und dir doch einen Satz Reizwäsche zugelegt, um ihn zu vernaschen. Ich wusste doch, da stehen alle Männer drauf. Seine kleine Neue zieht bestimmt Reizwäsche für ihn an."

"Sitzt du auch manchmal in Reizwäsche vor deiner Webcam?"

"Ja, sicher."

"Ach, du Scheiße."

Sigrid blieb beim Thema.

"Ich hab' dir doch damals schon erklärt, dass Männer in Wahrheit nicht eine Frau suchen, sondern mindestens ein halbes Dutzend. Sie wollen 'ne Mutter, 'ne Schwester, 'ne Köchin und so weiter. Und eben auch 'ne Schlampe. Wer die meisten von diesen Rollen abdecken kann, gewinnt. Gerade am Anfang einer Beziehung ist es taktisch wohl nicht ganz unklug, auf die Schlampen-Rolle sogar einen gewissen Schwerpunkt zu legen. Vielleicht stellt seine Neue sich in der Hinsicht ziemlich clever an. Wer weiß? Aber vielleicht hat sie auch nur diese eine Rolle drauf. Das müssten wir herausfinden."

"Ich könnte das Gerücht verbreiten, dass sie 'ne Nutte ist."

"Wenn sie sich immer so billig anzieht, ist das wohl eher ein Zeichen dafür, dass er im Moment drauf steht, sich mit Flittchen zu umgeben, meinst du nicht? Weißt du eigentlich, wo er sie kennengelernt hat?"

"Nein, keine Ahnung. Wahrscheinlich ist sie 'n Groupie von seiner Band. So sieht sie jedenfalls aus. Der Enno hatte früher auch öfter mal nach Konzerten plötzlich diesen Typ Tussi im Arm. Ist wohl normal bei denen."

"Wer ist Enno?"

"Der andere Gitarrist aus seiner Band."

"Ach so."

"Den hab' ich übrigens heute getroffen. Hat aber auch nicht viel über sie erzählt. Meinte nur, sie wäre nett. Nett! Wer braucht eine, die 'nett' ist?"

"Na ja, nett und nett im Bett – schon kein schlechter Anfang für sie."

"Ob Adam sie immer noch so nett findet, wenn er hört, dass sie 'ne Nutte ist? Ich find' die Idee gar nicht schlecht, wenn ich so drüber nachdenke. Wer nimmt schon eine, die es mal für Geld gemacht hat?"

"Wie meinst du das jetzt?"

"Na, so wie ich es eben schon sagte. Ich verbreite das Gerücht, dass die Alte mal als Prostituierte unterwegs war. Wer sie sieht, glaubt das sofort."

Bei Sigrid fiel erst jetzt der Groschen.

"Ach, so meintest du das. Ich hatte den Begriff 'Nutte' in deiner Rede nur als Synonym für 'Flittchen' oder 'Schlampe' interpretiert. Jetzt versteh' ich."

"Ich müsste nur aufpassen, dass man das Gerücht nicht bis zu mir als Urheberin zurückverfolgen kann."

Die Nachdenklichkeit am anderen Ende der Leitung war fast zu hören.

"Der Plan ist scheiße, Schätzchen, vergiss' ihn!"

"Wieso?"

"Zu riskant. Aus dem Grund, den du eben schon selbst genannt hast. Wenn rauskommt, dass du das Gerücht in die Welt gesetzt hast, hast du bei Adam bis ans Lebensende verschissen, das ist noch sicherer als das Amen in der Kirche. Aber selbst, wenn es nicht rauskommt, ist doch sehr die Frage, ob er es glauben würde. Vermutlich würde er sie fragen und ihr glauben, wenn sie es entrüstet zurückweist. Warum sollte er ihr nicht glauben? Er ist verknallt. Er vertraut ihr. Das bringt's nicht. Du musst viel subtiler vorgehen, Schätzchen. Ich sagte doch schon, du wirst verdammt viel Geduld brauchen, wenn du seine neue Beziehung zerstören willst, und er noch nicht einmal merken soll, was du tust, damit er später zu dir zurückkommt. Da wird es mit einem bösen Gerücht nicht getan sein."

"Dann schlag' mir was Besseres vor."

"Lass' mich nachdenken!"

"Einen anderen Typen auf sie ansetzen!"

"Theoretisch nicht schlecht. Aber hast du einen im Auge?"

"Nein", musste Nancy zugeben.

"Das macht es etwas schwierig", konstatierte Sigrid. "Der Typ müsste mörderattraktiv sein, weil er es schaffen soll, den Blick einer frisch Verliebten auf sich zu ziehen, und zudem auf sie stehen, denn wenn er kein Eigeninteresse daran hat, dürfte er nicht den Elan entwickeln, den es braucht, um so eine Sache zum Erfolg zu bringen. Kennst du 'nen Bäcker, der dir so einen Kerl backen kann? Falls ja, lass dir von ihm doch gleich deinen eigenen Traumtyp backen, das wäre weniger kompliziert."

"Mein Traumtyp heißt Adam Fleischer."

"Dann vergiss' das mit dem anderen Typen!"

"Was dann?"

"Langsam, Schätzchen, lass' mich nachdenken! Ja, ich glaube, ich habe den richtigen Ansatz. Aber ich warne dich: Das wird 'ne langwierige Nummer."

"Mir egal, sag' an!"

Sigrid holte tief Luft.

"Also, pass' auf, folgender Plan entspinnt sich in meinem kranken Hirn: Nach außen musst du jetzt erst einmal heucheln, dass du dich für Adam freust und lediglich gut mit ihm befreundet bleiben möchtest. Verstanden?"

"Ich freu' mich aber nicht."

"Wenn du das nicht vortäuschen kannst, wird der Rest auch nicht klappen."

"Gut, erzähl' weiter!"

"Zum Zweck der Pflege der guten Freundschaft zeigst du ständig Präsenz."

"Er wird sich kaum mit mir treffen wollen, wenn er jetzt die andere hat."

"Schätzchen, ich habe nicht gesagt, dass du nur bei ihm Präsenz zeigen sollst. Es macht überhaupt nichts, wenn sie auch da ist. Im Gegenteil, das hat sogar positive Nebeneffekte. Lass' die beiden so selten wie möglich in Ruhe! Dabei machst du ständig Anspielungen auf den positiven Teil eurer gemeinsamen Vergangenheit, selbstverständlich ohne dabei direkte Angriffe auf die kleine Schlampe zu fahren. Du bist immer nett, freundlich und zuvorkommend zu ihr. Fast so, als wolltest du dich mit ihr auch anfreunden. Niemand darf merken, dass das Gegenteil der Fall ist."

"Wenn ich das hinbekomme, hab' ich 'nen *Oscar*[358] verdient."

"Oder 'nen Adam! Hör' zu, das war längst noch nicht alles! Wichtig ist auch, dass du deinen Altersvorteil ausspielst. Du gehörst zu Adams Generation, während die kleine Schlampe doch viel jünger ist und über viele Dinge aus der Vergangenheit gar nicht mitreden kann. Dabei darfst du natürlich nie so wirken, als würdest du deswegen von oben auf sie herabschauen, aber mit der Zeit sollte schon deutlich werden, dass dich und Adam eben viel mehr verbindet, als sie ihm zu bieten hat."

"Okay, damit sollte ich wirklich punkten können."

"Siehst du", freute sich Sigrid über Nancys Einsicht. "Aber jetzt wird es wieder schwierig. Mit großer Vorsicht musst du dann allen vorspielen, du würdest ganz langsam zarte Bande zu einem anderen Typen knüpfen."

"Wie bitte? Wo soll ich den denn hernehmen?"

"Das findet sich. Er muss nicht eingeweiht sein. Schlimmstenfalls bildet der andere Typ sich ein, du wolltest wirklich etwas von ihm. Wahrscheinlich wäre das sogar gut, weil alles dann echter wirkt. Sinn und Zweck der Aktion ist nämlich, bei Adam Eifersucht zu erzeugen. Er hat sich gefreut, dass du ihm seine neue Liebe gegönnt hast, aber nun stellt er überraschend fest, dass es sich bei ihm seinerseits doch irgendwie nicht so verhält. Plötzlich zweifelt er an seinem kleinen Flittchen und überlegt sehr ernsthaft, ob du nicht doch viel besser zu ihm passen würdest. Denn während er sich bis dahin immer sicher war, dich noch in greifbarer Nähe zu haben, sieht er nun auf einmal mit eigenen Augen, wie du ihm entgleiten könntest. Er muss also nachdenken, ob er nicht besser noch schnell aktiv wird, bevor es dazu zu spät ist, weil du dann nicht mehr zu haben bist."

"Er hätte mich jetzt haben können."

"Das wäre aber zu einfach gewesen. Das Leben ist kompliziert, Schätzchen, und die Liebe ist noch viel komplizierter. Ich hab' noch eine Idee, mit der aber ebenfalls sehr behutsam umgegangen werden muss: Man könnte – vorausgesetzt, bis hier-

---

[358] *Oscar*, offizieller Name 'Academy Award of Merit', ein Filmpreis, der alljährlich von der US-amerikanischen *Academy of Motion Picture Arts and Sciences (AMPAS)* für die besten Filme des Vorjahres verliehen wird. Gilt als bedeutendster Filmpreis der Welt.

her hat alles geklappt – zusätzlich noch versuchen, in seinem Umfeld das Gerücht zu streuen, die kleine Tussi würde schlecht über dich reden. Dann steht sie als die eifersüchtige Bitch da. Wenn das Gerücht bei ihm ankommt, könnte es zu einer sich selbst erfüllenden Prophezeiung werden. Adam spricht seine Freundin darauf an und provoziert damit, dass sie es anschließend in ihrer Empörung über diese Unterstellung tatsächlich tut, woraufhin er hoffentlich – und auch nicht ganz unwahrscheinlich – damit beginnen wird, dich zu verteidigen. Das ist perfide, aber dann hättest du schon halb gewonnen. Mindestens!"

Nancy vollzog die einzelnen Schritte nach.

"Klingt alles in allem nicht übel", befand sie. "Allerdings sind wir leider weit davon entfernt, den Plan als todsicher einstufen zu können. Es bleiben eine Menge Unwägbarkeiten. Lange dauern wird es außerdem."

"Korrekt!", bestätigte Sigrid. "Beides lässt sich nach meiner Einschätzung der Sachlage aber derzeit nicht vermeiden."

Die unglückliche Freundin seufzte.

"Ach, Süße, was würde ich ohne dich nur machen?"

Sigrid antwortete lakonisch.

"Ausschließlich Unsinn, Schätzchen, das steht fest."

Damit war alles gesagt, und mit dem Versprechen, sich etwas häufiger gegenseitig auf dem Laufenden zu halten, verabschiedeten sie sich herzlich voneinander. Nancy schlief in dieser Nacht viel besser.

Der sechste Sinn

Scheinbar ohne Anlass wurde Elena wach. Im schwachen Licht des Mondes, der ein paar Strahlen zwischen den Wolken hindurch ins Schlafzimmerfenster schickte, erkannte sie, dass der Platz neben ihr auf der Matratze verwaist war. Zudem stand die Zimmertür sperrangelweit offen. Ihr wurde bewusst, dass Leon und sie im Schlaf immer Hautkontakt hielten. Manchmal löffelte sich einer an den anderen, manchmal hielten sie Händchen, manchmal legte auch nur einer seinen Fuß auf dem Bein des anderen ab, doch irgendeine Berührung fand zwischen ihnen fast immer statt. Es war einer der Gründe, warum sie so sehr das Gefühl hatte, bei ihm endlich dort angekommen zu sein, wo sie schon immer hingehört hätte. Eberhard hatte immer einen halben Meter von ihr entfernt geruht, sogar in jenen Zeiten, als sie noch angemessen häufig Sex miteinander gehabt hatten. Nach dem Gute-Nacht-Kuss war er immer auf Abstand gegangen. Leon tat das nie. Er suchte immer ihre Nähe – und wenn es nur mit einem Finger oder einem halben Fuß war. Vielleicht war sie aufgewacht, weil ihr diese körperliche Verbindung unterbewusst gefehlt hatte.

Im nächsten Augenblick hörte sie ein Geräusch aus dem Wohnzimmer, das klang, als ob jemand die Terrassentür schloss. Kurz darauf registrierte sie den vertrauten Klang von Leons nackten Füßen, auf denen er durch den dunklen Flur herantappte. Sie setzte sich auf, zum Zeichen, dass sie wach war.

"Was ist los?", fragte sie, als Finderling eintrat.
"Alles okay", antwortete er. "Schlaf' weiter!"
"Was war denn?"
Er ließ sich neben ihr nieder und deckte sich zu.
"Nichts Wichtiges. Ich erzähl' es dir morgen irgendwann. Du musst schlafen. Ich will dich nicht davon abhalten."
"Du musst auch schlafen."
"Noch ein Grund, jetzt nicht davon zu reden."
Elena suchte unter der Decke mit der Hand nach seinem Oberschenkel und legte sie sanft darauf ab.
"Immerhin hat es dich zum Aufstehen veranlasst."
Sie konnte ihren Freund schmunzeln hören, dann griffen seine Arme nach ihr und zogen sie zu sich herab.
"Du bist aber hartnäckig", flüsterte er.
"Ja, wenn es um dich geht, schon."
"Es war aber nur die Katze."
"Welche Katze?"
"Truffaut. Der zutrauliche schwarze Kater mit den weißen Flecken im Fell, der hier immer durch die Nachbarschaft streunt. Den hast du doch bestimmt auch schon mal gesehen."
"Der einem ohne Vorwarnung auf den Schoß springt, wenn man auf der Terrasse sitzt und ein Buch lesen will?"
"Ja, sowas macht er manchmal."
"Ich bin nicht sicher, ob er mit 'zutraulich' richtig beschrieben ist", bekundete sie Zweifel an seiner Wortwahl. "Vielleicht sollte man ihn eher 'aufdringlich' nennen. Aber irgendwie muss man das Vieh einfach gern haben. Was war denn mit ihm?"
"Er maunzte, weil er raus wollte."
"Raus?"
"Ja, er saß bei uns im Wohnzimmer vor der Terrassentür und wollte raus. Frag' mich nicht, wann und wie er reingekommen

ist – und vor allem nicht, wo er sich in der Zwischenzeit drinnen versteckt hatte."

Auch Elena musste grinsen.

"Eigentlich hätte der kleine Frechling es verdient gehabt, zur Strafe für sein heimliches Eindringen die ganze Nacht im Wohnzimmer verbringen zu müssen. Aber es ist lieb von dir, dass du ihn begnadigt hast. Woher weißt du, dass er Truffaut heißt?"

"Steht auf seinem Halsband. Aber ich habe auch schon mal mit seinem Dosenöffner gesprochen. Der heißt Carl, wohnt drei Gärten weiter und hat eine Glatze. Er grüßt immer freundlich, sieht meistens irgendwie melancholisch aus, und hat mir mal erzählt, dass er lange in Frankreich gelebt hat. Wahrscheinlich hat der Kater deshalb einen französischen Namen. Was auch immer 'Truffaut' bedeutet. Ich kenne nur einen Regisseur, der so heißt.[359] Carl ist aber Deutscher. Ich erinnere mich übrigens genau, dass Truffaut im gleichen Sommer in meinem Leben aufgetaucht ist wie du."

"Also 2008."

"Genau. Ich saß auf der Terrasse im Klappstuhl, die Füße auf meinem kleinen Gartentisch, rauchte und starrte Löcher in die Gegend. Da kam der Kater um die Ecke und beobachtete mich. Ich sprach ein wenig mit ihm, aber er schaute und schaute nur. Er verschwand aber auch nicht. Dann machte ich meine Zigarette aus, nahm die Füße vom Tisch und fragte den Kater, ob ihm nicht langweilig würde. Daraufhin kam er, scharwenzelte kurz um meine Beine herum und hüpfte dann auf meinen Schoß. Einfach so. Als ich begann, ihn zu kraulen, fing er an zu schnurren und machte sich richtig breit. So haben wir Freundschaft geschlossen. Er kommt öfter mal zu Besuch. Nur wenn ich rauche, hält er Abstand, das mag er nicht. Und ich mag es nicht, wenn er in die Wohnung will, wegen der Haare. Was ihn aber nicht immer davon abhält, hereinzukommen. Heute hab' ich es gar nicht gemerkt – und du anscheinend auch nicht. Er muss sich gut versteckt haben."

"Wenn ich eine Katze wäre, würde ich auch schnurren, wenn du mich streichelst."

"Immerhin konntest du dich gerade noch beherrschen, mir gleich bei der ersten Begegnung auf den Schoß zu hopsen."

---

[359] François Truffaut (1932 – 84), französischer Filmregisseur, Filmkritiker, Schauspieler und Produzent. Leon landet hier – freilich ohne es zu wissen – mit seiner Vermutung einen Glückstreffer: Der Kater ist nach dem Regisseur benannt.

"Aber nur weil Brigitte dabei war", lachte Elena.
"Es wird mir immer ein Rätsel bleiben, woher du so schnell wusstest, dass es mit uns beiden so gut passen würde. Denn wenn du es nicht gewusst hättest, wäre es nicht nötig gewesen, mich gleich am Abend nach meiner Telefonnummer zu fragen."
"Ich hab' es nur gehofft, nicht gewusst. Ich bin keine Katze. Die haben bekanntlich einen sechsten Sinn dafür, wer ihnen guttut."
"Carl meinte, Truffaut ist bei jedem zutraulich, der eine ruhige Ausstrahlung hat."
"Die hast du ohne Zweifel. Als wir uns damals auf dem Flohmarkt begegnet sind, gehörte sie zu den Eigenschaften, die mich sofort zu dir hingezogen haben. Ich hab's dir noch nie verraten, glaub' ich, aber ich hab' schon nach wenigen Minuten in dem Café den Drang verspürt, mit dir zu knutschen."
"Ich schätze mich überaus glücklich, dass du den Plan energisch weiterverfolgt hat", gab Leon zurück und zog sie fester an sich.
Sie nutzte die Gelegenheit, um ihn zu küssen und am ganzen Körper zu streicheln.
"Wahrscheinlich hast du doch so etwas wie einen sechsten Sinn", sagte er noch, aber Elena reagierte darauf nicht mehr. Sie fuhr mit den Händen unter sein T-Shirt und machte sich mit den Lippen an seinem Hals zu schaffen.
"Wenn man bedenkt, dass wir beiden morgen arbeiten müssen und dringend schlafen sollten, ist das ganz schön bescheuert, was wir gerade tun", merkte er amüsiert an.
"Ich will mit dir schlafen", hauchte sie ihm ins Ohr, "jetzt sofort."
Sie zogen nicht einmal ihre Nachtwäsche aus. Elena rollte sich auf den Rücken und zog ihren Liebsten mühelos auf sich. Sie genoss die seltsame Mischung aus der Zärtlichkeit seiner Küsse und der Härte, die er zugleich in seinen Griff und seine Stöße legte, vielleicht, weil ihr Wunsch wie ein Befehl geklungen hatte. Als er kam, fühlte sie sich eins mit ihm. Diese Momente waren das Höchste für sie, weil sie nicht zu hoffen gewagt hatte, etwas Derartiges noch erleben zu dürfen, als sie sich Jahre zuvor in ihrer Ehe eingestanden hatte, sich wie eine Gefangene zu fühlen. Wenn Leon mit ihr schlief, war sie frei.
"Wie bist du ausgerechnet jetzt auf die Idee gekommen, mich zu vernaschen?", fragte er sie, als er wieder einigermaßen bei Atem war.

"Aus Dankbarkeit", lächelte sie, "dafür, dass du dem armen Truffaut die Tür aufgemacht hast. Und weil ich scharf auf dich war."

"Deine psychologischen Fähigkeiten sind bewundernswert", lobte er und freute sich. "Die gute Tat wird umgehend belohnt. Perfekte Konditionierung. Ich kann dir gar nicht sagen, wie froh ich bin, dass du ausgerechnet mich liebst."

Zur Antwort gab sie ihm einen Kuss.

"Aber jetzt bin ich fix und fertig", gestand er. "Ich muss schlafen. Ich kann kaum noch die Augen offen halten."

"Dann schlaf' doch, mein Lieber", gestattete sie fröhlich, "stopf' dir ein Kissen unter den Kopf und bleib' liegen!"

Leon sah ihr in die Augen, anscheinend unsicher, ob er den Sinn ihrer Worte richtig verstanden hatte. Zur Sicherheit fragte er nach.

"Auf dir?"

Elena nickte.

"Ja, bitte!"

"Aber ..."

"Keine Widerrede! Ich kann mir nichts Intimeres vorstellen", erläuterte sie. "Kannst du mir mehr Vertrauen beweisen, als auf mir einzuschlafen?"

"Aber ich möchte dich nicht erdrücken."

"Notfalls werfe ich dich ab. Versprochen!"

Elena war überzeugt, dass sie es nicht tun würde.

Die Wahrheit über *Hole of Fame*

Am Sonntagabend lädt die Band Hole of Fame *zum Jubiläumskonzert. Für den 500. Auftritt sind die fünf Hardrocker zu ihren Wurzeln zurückgekehrt und spielen dort, wo vor 18 Jahren alles begann: Um 21:00 Uhr legen sie im* Racer's Club *los, der einst auch Schauplatz ihres Konzerts im Rahmen der von dieser Zeitung geförderten Newcomerreihe "A Star Is Born" war. Im Interview hat unser Reporter Erich Alt gemeinsam mit Sänger Leon Finderling und Gitarrist Enno Wittstock in Erinnerungen gewühlt.*

EA: Ihr spielt am Sonntag euer 500. Konzert. Trotzdem gibt es immer noch Leute, die euch noch nicht kennen.
Finderling: Sag', dass das nicht wahr ist!
EA: Leider doch! Wie würde ihr euren Musikstil bezeichnen?

Wittstock: Wir machen Psychedelic-Country-Funk-Wave-Core-Hip-Metal.
EA: Darunter kann man sich aber nicht viel vorstellen.
Finderling: Dagegen gibt es ein einfaches Mittel. Kommt zu unseren Konzerten oder kauft unsere CDs. Dann versteht ihr, was wir meinen.
EA: Aber vielleicht könnt ihr den unwissenden Lesern eine kurze Beschreibung eurer Musik geben.
Finderling: Ein weiser Mann[360] hat einmal gesagt, der Versuch, Musik zu beschreiben, sei ungefähr so sinnvoll, wie der Versuch, zu Architektur zu tanzen.
EA: Sehr philosophisch. Nach 499 Konzerten stellt sich für mich die Frage, was euch eigentlich antreibt. Ihr müsst doch inzwischen fast alles erlebt haben.
Wittstock: Wir machen es des Geldes wegen. Eigentlich hassen wir Musik.
EA: Viele Musiker behaupten, die Aufmerksamkeit der Mädchen sei ursprünglich ihr Antrieb gewesen.
Wittstock: Das ist gelogen. In Wahrheit ist das Gegenteil der Fall. Jungs gründen eine Band, um unter sich zu sein und endlich mal ihre Ruhe vor den Weibern zu haben.
EA: Ihr seid keine 16 mehr. Hofft ihr noch auf den großen Durchbruch?
Wittstock: Nein, haben wir auch nie. Wenn ich groß bin, will ich Bundesbrauminister werden. Das ist meine wahre Berufung.
Finderling: Das dauert aber noch. Die *Stones* haben noch nicht bei uns im Vorprogramm gespielt. So lange müssen wir weitermachen.
EA: Ah, ein gutes Stichwort. Reden wir von Vorbildern.
Wittstock: Schönes Thema. Wir verhalten uns stets vorbildlich.
EA: Noch nie ein Büffet verwüstet?
Wittstock: Nein, wir bekommen nie eins. Aber als es auf einem Festival bei Niederhausen einen riesigen Pott Gulaschsuppe gab, haben wir ihn gegessen – nicht durch die Gegend geworfen oder unseren Schlagzeuger hineingetunkt.
Finderling: War wahrscheinlich ein Fehler – darüber schreibt nämlich keine Sau.
EA: Ich behaupte, in eurer Musik hört man Einflüsse von *Iron Maiden*.

---

[360] Rodney Orpheus (*1960), u. a. Sänger von *The Cassandra Complex*.

Finderling: Aber nur, wenn man unsere Platten rückwärts und auf halben Tempo unter Wasser abspielt. Verdammt, Enno! Er hat unsere geheime Botschaft gefunden!
Wittstock: Mach' dich locker! Gut, er hat sie gefunden. Aber das heißt noch lange nicht, dass er sie verstanden hat.
Finderling: Puh, Glück gehabt. Ich bin froh, dass wir sie doppelt verschlüsselt haben. Ach, was sag' ich: Dreifach! Vierfach!
Wittstock: Nicht, dass am Ende jemand unser Geheimnis ergründet.
Finderling: Deshalb haben wir es auch aufgenommen.
EA: Im Ernst: Wie stark schlagen Einflüsse anderer Bands auf eure Musik durch? Und wie hat sich das im Laufe der Jahre verändert?
Finderling: Okay, erwischt – ich gestehe alles. Mein großes Idol ist Luciano Pavarotti[361]. Anfangs habe ich ständig versucht, zu klingen wie er. Nachdem ich aber merkte, dass ich viel besser aussehe, hat das stark nachgelassen.
EA: Wie sieht die nähere Zukunft aus? Sind neue Tonträger geplant?
Wittstock: Die Sache mit den Tonträgern halte ich für ein Gerücht. Ich kann mir vorstellen, als Hosenträger zu arbeiten, auch Wasserträger käme in Frage, aber einen Job als Tonträger hat mir noch niemand angeboten. Warum auch? Warum sollte man Töne von A nach B tragen? Man kann sie doch auch vor Ort erzeugen. Es gibt schon echt sinnfreie Berufe. Zitronenfalter ist auch so ein Job, mit dem ich nichts anfangen kann. Wer braucht gefaltete Zitronen? Und wer bezahlt für so einen Scheiß?
Finderling: Mein Reden! Scheinwerfer, das wäre noch was für mich, Scheibenwischer dagegen ist zu schlecht entlohnt. Aktenordner finde ich ziemlich öde. Oder Buchhalter. Sogar, wenn man den Job im Sitzen machen darf.
Wittstock: Was ist, wenn du das Buch dabei selbst lesen darfst?
Finderling: Hm, das könnte akzeptabel sein.
Wittstock: Gut. Unterschreibe bitte hier.
EA: Wenn man auf 500 Konzerte zurückblickt – oder 499, das 500. kommt am Sonntagabend – muss man eine Menge erlebt haben. Könnt ihr eine Anekdote zum Besten geben, was euch am meisten beeindruckt hat?
Wittstock: Kalte Pizza! Egal, wo man spielt: Überall ist die Pizza kalt.

---

[361] Luciano Pavarotti (1935 – 2007), italienischer Opernsänger.

Finderling: Außer es gibt gar keine.
Wittstock: Du meinst, dort wo es keine Pizza gibt, ist sie warm?
EA: Das Publikum! Wo hat euch das Publikum am meisten beeindruckt und warum?
Finderling: Publikum? Welches Publikum? Haben wir Publikum?
Wittstock: Ich glaube, er meint die Leute, die nicht für irgendwelche zweifelhaften Serviceleistungen große Teile unserer Gage haben wollen.
Finderling: Gibt es die?
Wittstock: Sagt man.
EA: Leon, Enno: Ich bedanke mich für das Gespräch.

Nachwort

Meine erste Rockband, die diesen Namen zumindest insofern verdiente, als sie regelmäßig probte und mehr als einen Song zustande brachte, gründete ich mit 16. Falls sich außer mir niemand an sie erinnern kann, bin ich darüber überhaupt nicht traurig.

Erstmals auf die Bühne ging es 18-jährig mit Band Nr. 2, aber einigermaßen beständig und musikalisch halbwegs interessant wurde es erst eineinhalb Jahre später mit der Gründung von Band Nr. 4, die innerhalb der ersten Wochen ihres Bestehens zweimal den Namen wechselte und fortan unter *Stroke of Fate* firmierte.

Die Ähnlichkeit des Bandnamens (und auch des auf dem Cover dieses Buches abgebildeten Logos) zwischen dieser echten und der fiktiven Gruppe *Hole of Fame* ist natürlich gewollt. Viele der erwähnten Songs existieren und waren Bestandteile unseres Repertoires. (Die Ausnahmen sind im Anhang gelistet.) Das Vampirschlagzeug hat es ebenfalls tatsächlich gegeben. Inzwischen ist es leider zu Staub zerfallen.

Damit hören die Ähnlichkeiten dann aber auch schon weitgehend auf. Das ist wichtig zu erwähnen, um den Mitstreitern jener Jahre bei Lektüre dieses Romans das permanente Rätselraten zu ersparen, ob sie dieses oder jenes wirklich gesagt oder getan haben. Sofern sie sich nicht daran erinnern können, war es wahrscheinlich auch nicht so. Also, ja, ich habe einzelne Anekdoten verarbeitet, die sich wirklich so oder so ähnlich zugetragen haben, aber sehr vieles ist durch fiktive Elemente angereichert oder vollständig von mir ersonnen. Es wird nicht notwendig sein, sich umgehend auf Alzheimer, Demenz, Amnesie oder vergleichbare Krankheiten untersuchen zu lassen, auch wenn all die Jahre mit den Begleiterscheinungen des Rock 'n' Roll eventuell die eine oder andere Gehirnzelle in Mitleidenschaft gezogen haben. Ein bisschen Schwund ist immer, sagt der Volksmund nicht zu Unrecht.

Entsprechend sieht es mit den Charakteren Adam, Enno, Julius, Kilian, Leon und auch Bodo und Felix aus: Jede Figur ist von mir aus mehreren realen Vorbildern zusammengemischt und um eine gehörige Portion Fantasie erweitert worden.

Auch bei der Band habe ich frei gedichtet. *Stroke of Fate* haben es nicht auf 500 Konzerte gebracht, hatten nie einen Manager, nicht einmal in Teilzeit, und waren nie auf Deutschland-Tournee, schon gar nicht im Tourbus – dafür haben sie allerdings hin und wieder vor Konzerten warme Pizza serviert bekommen. Es sind neben den eigenen auch Erfahrungen, Erlebnisberichte, Anekdoten und vielleicht im einen oder anderen Fall auch Legenden befreundeter Musiker eingeflossen. Anderes ist definitiv erfunden. Ich bin als Autor so unanständig, die jeweiligen Passagen nicht entsprechend zu kennzeichnen. Die Mixtur ergibt eine hoffentlich unterhaltsame Geschichte, an der lediglich wahr ist, dass sie so hätte passiert sein können.

Vollständig zurechtgesponnen sind die Frauen im Roman und folglich auch sämtliche Liebesgeschichten, Affären und One-Night-Stands der Protagonisten. Bei vielen Schauplätzen der Handlung habe ich bewusst offen gelassen, habe ich bewusst offen gelassen, um welche Stadt es sich handelt. Bielefeld kann es aus allgemein bekannten Gründen nicht sein.

Nicht auszuschließen ist, dass im Mittelteil des Romans die zeitlichen Bezüge zu erwähnten Veröffentlichungen bekannter

Bands und Musiker nicht immer ganz korrekt passen. Ursache hierfür ist mein Mangel an Bereitschaft, mich bei den Anekdoten aus der Frühphase der Band hundertprozentig auf bestimmte Jahre festzulegen, in denen sie sich abspielten[362]. Die Anekdote und die Wahrheit sollten sich im Rock 'n' Roll eben besser nie begegnen, das ist für beide gesünder.

Nichtsdestotrotz habe ich mir die Mühe gemacht, für den in der Geschichte des Rock 'n' Roll nicht so bewanderten Leser eine Reihe von Fußnoten mit Zusatzinformationen über die erwähnten oder zitierten echten Bands und Musiker einzufügen, die deren Fans wahrscheinlich überlesen haben, weil sie diese Dinge sowieso längst gewusst haben[363]. Macht nichts – deshalb sind es Fußnoten.

Da wir gerade bei bekannten Bands und Musikern sind: Nicht nur *Hole of Fame*, sondern auch alle anderen nicht bekannten Bands, Musiker und Musikprojekte, die in diesem Buch erwähnt werden, sind ausgedacht, nämlich (in alphabetischer Reihenfolge):

Acid Space Cowboys, Arturo Fox, Bad Luck, Bible John, Bowels of Love, Captain Rudu & the Hello Train, Darina, DDT, Desert Snow, The Destroyed Eggs, The Dildos from Hell, Dr. h. c., Feedback, Gasoline Jesus, The German Pilseners, Humbug & Mumpitz, Just for Fun, Lack of Remorse, The Ministry of Sexual Affairs, The Naked Mushrooms, The Neon Sparks, Out of Chicago, The Pretty Dirty Flowers, The Queens of Hunting, Ringo Dylan Reed, Soldiers of Peace, Soulblack, The Trust, The Zoo of Vanity.

Sollte es tatsächlich gleichnamige Bands geben, ist die Übereinstimmung rein zufällig und war von mir in keiner Weise beabsichtigt. Jede Behauptung des Gegenteils gehört in die Vitrine für gewagte Thesen.

Nicht in der Vitrine für gewagte Thesen, sondern in der Vitrine meines Herzens gibt es für all jene Damen und Herren einen Ehrenplatz, denen ich mich zu Dank verpflichtet fühle, weil sie positiven Einfluss auf mein Musikerleben und/oder dieses Buch hatten, ohne dass ihr Beitrag an dieser Stelle im Detail erläutert werden könnte:

---

[362] Ohne diese Erwähnung hätte es wahrscheinlich kaum jemand gemerkt – zu viel Ehrlichkeit im Nachwort ist der Fluch eines professionellen Lügners (d. h. eines Schriftstellers).

[363] Oder selbst Rockmusiker sind, die bekanntlich überwiegend keine Noten lesen können.

Corinna Babicz, Wolfgang Beitl, Rosa Blau, Uli Böhme, Christoph Börner, Markus Brüggemann, Len Davies, Moni Diethert, Rudi Dinkela, Oliver Dost, Gerrit Eilert, Anja Filges, Jens Fischer, Jutta Fischer, Tom Frick, Peter Gesmann, Gaby Goldhausen, Karsten Granow, Christian Grimm, Tom Günzel, Sabine Hagin-Schuster, Katja Hallbauer, Philipp Hellwig, Alexandra Hochstein, Jörg Holz, Tina Janker, Björn Johann, Carlos Jünemann, Helge Kaiser, Alexander Kruse, Lisa Kunkel, Paul Kurtz, Emanuela Lembo, Eddie McGrogan, Boris Mense, Peter Nienhaus, Michael Nirschl, Oliver Ortlinghaus, Daniel Panning, Ingo Pohlmann, Bernard Przygoda, Sebastian Puia, Guido Pukownik, David Rebel, Dirk Reinhardt, Anna Rinn-Schad, Gioia Russo, Jana Sager, Marek Sawitza, Jan Schäferhoff, Andreas Schiller, Melanie Schmidt, Kim Schmitz, Michael Schmitz, Tom Schröer, Christian Schulz-Blut, Andreas Sickel, Simon Skidmore, Volker Stanjek, Andreas Stitz, Carsten Thomas, René Torkler, Romy Uhlig, Jörg Zimmermann.

Natürlich wäre es angemessen, das Nachwort nun mit einer Anekdote zu beenden, was aber nicht möglich ist, da ich die Besten schon im Roman verbraten habe. Das letzte Wort soll daher Lemmy gehören, denn, ob Weltstar oder Local Hero, was am Ende zählt, hat er (wer sonst?) schon trefflich formuliert:

"I got rock 'n' roll to save me from the cold
And if that's all there is, it ain't so bad"[364]

In diesem Sinne: \m/

---

[364] Zitiert aus 'Rock 'n' Roll', dem Song vom gleichnamigen *Motörhead*-Album aus dem Jahr 1987.

ANHANG

Die Songs **Crocodile Tears, Not, God, Embryo, Moon, Anthem, Hate, Love, The Sun Is Shining and It Looks like a Pretty Good Day to Die, Stranded, Money, Mister Sinister, Black Princess, Gothic, The Lodge of the Damned, Spiders** und **Out of the Blue** sind allesamt 1999 auf der ersten und einzigen CD von *Stroke of Fate* erschienen, die wie das Debüt von *Hole of Fame* den Titel 'Looking Back in Anger' trägt.

Premonition haben wir damals ebenfalls aufgenommen, doch wie im Buch fiel es der Tatsache zum Opfer, dass wir einen Song eben streichen mussten.

Die Stücke **Dance on the Graves, Heart, Ophelia, Radio Song** und **The River** haben es in früheren Zeiten der Band zu Demo-Aufnahmen gebracht, The River sehr rudimentär mit Drum-Computer, die übrigen mit voller Bandbesetzung. Zum Zeitpunkt der CD-Aufnahme waren sie aber bereits nicht mehr Bestandteil des Band-Repertoires.

Ein wenig kompliziert ist es mit **Burnin' Alive**, denn ein Teil der Komposition war damals in einem Stück namens 'Welcome to Hell' verarbeitet und ich habe jenes später umgebaut, neu betextet und betitelt. Dass ich es im Roman unter dem neuen Titel laufen lasse, hat den egoistischen Grund, dass ich auf Wiedererkennung hoffe, falls ich es eines Tages noch aufnehmen und veröffentlichen sollte.

Amber ist alt genug und stammt von mir, war allerdings nie ein Bandsong, da wir damals das Gefühl hatten, er passe nicht so recht zu unserem Stil.

Das Instrumentalstück **Wild Love** ist in Wirklichkeit von der mit uns befreundeten Band *Ceridwen* und 1994 auf deren CD 'Thunderride' erschienen.

Captain Rudus Hitsingles **On the Hello-Train** und **Summertime** haben wir wirklich geschrieben, allerdings nie aufgenommen.

Die Stücke **Alien Blues, Fox on the Run, Hymn 42, Lady Jeckyll and Miss Hyde, Mind Bomb, More Chords but Still Lying, Superphobia, Tears of Cain** und **The Opera of the Phantom** gibt es. Sie sind ganz oder in Teilen von mir, haben aber nichts mir *Stroke of Fate* zu tun, da sie erst danach entstanden sind.

Der geringfügig überlange Titel **The Prophet Nostradamus Gets Chased by a Pack of Space Monsters and Didn't See It Coming** war während der Entstehung des Romans nur ein Witz, den ich aber inzwischen tatsächlich getextet und komponiert habe. Die Zeit wird zeigen, ob er eines Tages noch hörbar wird.

So bleiben, falls ich nichts übersehen habe, am Ende nur zwei übrig, die es in Wirklichkeit eben doch nicht gibt: Während **Love Me, Let's Dance** unvertonter Text geblieben ist, ist **Blues in B for Bodo** allein der Romanhandlung entsprungen.